国家出版基金项目
NATIONAL PUBLICATION FOUNDATION

中外文学交流史

钱林森　周宁　主编

中国－加拿大卷

梁丽芳　马佳　主编

梁丽芳　马佳　张裕禾　蒲雅竹　著

山东教育出版社

目 录

总序

一

中外文学关系的研究，是中国比较文学学术传统最丰厚的领域，前辈学者开拓性的建树，大多集中在这一领域的研究，如范存忠、钱锺书、方重等之于中英文学关系，吴宓之于中美，梁宗岱之于中法，陈铨之于中德，季羡林之于中印，戈宝权之于中俄文学关系的研究，等等。20世纪中国比较文学研究前后两个高峰，世纪前半叶的高峰，主要成就就在中外文学关系研究上。20世纪后半叶，比较文学在新时期复兴，30多年来推进我国比较文学学科发展的支撑领域，同时也是本学科取得最多实绩的研究领域，依旧在中外文学关系研究。中外文学关系研究所获得的丰硕成果，被学术史家视为真正"体现了'我们自己的比较文学'的特色和成就"[1]，成为我国比较文学复兴发展的一个重要标志[2]。

1. 王向远：《中国比较文学研究二十年·前言》，南昌：江西教育出版社，2003年版。

2. 王向远教授在其28章的大著《中国比较文学研究二十年》中，从第2章到第10章论述国别文学关系研究，如果加上第17、18"中外文艺思潮与中国文学关系"、"中外文学关系史的总体研究"两章，整整占11章，可谓是"半壁江山"。

学术传统是众多学者不断努力、众多成果不断积累而成的。在中外文学关系研究领域，从20世纪80年代中期开始，先后已有三套丛书标志其阶段性进展。首先是乐黛云教授主编的比较文学丛书中的《中日古代文学交流史稿》（严绍璗著）、《近代中日文学交流史稿》（王晓平著）、《中印文学关系源流》（郁龙余编）。乐黛云教授和这套丛书的相关作者，既是继承者，又是开拓者。他们继承老一辈学者的研究，同时又开创了新的论题与研究方法。

其次是20世纪90年代初，北京大学和南京大学联合推出《中国文学在国外》丛书（10卷集，乐黛云、钱林森主编，花城出版社），扩大了研究论题的覆盖面，在理论与方法上也有所创新。再其后就是经过20年积累、在新世纪初期密集出现的三套大型比较文学丛书：《外国作家与中国文化》（10卷集，钱林森主编，宁夏人民出版社）、《跨文化沟通个案研究》丛书（乐黛云主编，北京出版社）、国别文学文化关系丛书《人文日本新书》（王晓平主编，宁夏人民出版社），这些成果细化深化了该研究领域，在研究范式的探究和方法论革新方面，也取得较大进展。

从某种意义上说，中外文学关系研究带动了整个中国比较文学研究。从"20世纪中国文学的世界性因素"的讨论，到中外文学关系探究中的"文学发生学"理论的建构；从中外文学关系的哲学审视和跨文化对话中激活中外文化文学精魂的尝试，到比较文学形象学与后殖民主义文化批判……所有这一切探索成果的出现，不仅推动了中国比较文学学科深入发展，反过来对中外文学关系问题的研究，也有了问题视野与理论方法的启示。

二

在丰厚的研究基础上，如何进一步推进中外文学交流研究，成为学术史上的一项重要使命。2005 年 7 月初，南京大学比较文学与比较文化研究所与山东教育出版社在南京新纪元大酒店，举行《中外文学交流史》丛书首届编委会暨学术研讨会，正式启动大型丛书《中外文学交流史》的编写工作，以创设一套涵盖中国与欧洲、亚洲、美洲等世界主要国家及地区的文学交流史。

中外文学交流史研究既是一项研究，又是关于此项研究的反思，这是学科自觉的标志。学者应该对自己的研究有清醒的问题意识，明确"研究什么"、"如何研究"和"为何研究"。

20 世纪末以来，国际比较文学研究一直面临着范式转型的问题，不同研究范型的出现与转换的意义在于其背后问题脉络的转变。产生自西方民族国家体系确立时代的比较文学学科，本身就是民族国家意识形态的产物。影响研究的真正命题是确定文学"宗主"，特定文学传统如何影响他人，他人如何从"外国文学"中汲取营养并借鉴经验与技巧；平行研究兴盛于"冷战"时代，试图超越文学关系的外在的、历史的关联，集中探讨不同文学传统的内在的、美学的、共同的意义与价值。"继之而起的新模式没有一个公认的名称，但是和所谓的后殖民批评有着明显的关系，甚至可以把后殖民批评称为比较研究的第三种模式。这种模式从后结构理论吸取了'话语'、'权力'等概念，致力于清算伴随着资本主义扩张的帝国主义和殖民主义，尤其是其文化方面的问题。这种批评的所谓'后'字既有'反对'的意思，也有'在……之后'的意思。""后殖民批评的假设前提是正式的帝国／殖民主义时代已然成为历史。在第二次世界大战之后这一点已经成为普遍的共识，当时不同政治阵营能够加之于对方的最严厉的谴责莫过于'帝国主义'了。这种共识是后殖民批评能够立于不败之地的先决条件。"[1]

1.陈燕谷：《比较文学与"新帝国文明"》，载《中国社会科学院院报》，2004年2月24日。

伴随着后殖民主义文化批评在1970年代后期的兴起，西方比较文学界对社会文本的关注似乎开始压倒既往的文学文本。翻译、妇女、生态、少数族裔、性别、电影、新媒体、身份政治、亚文化、"新帝国治下的比较研究"[2]等问题几乎彻底更新了比较文学的格局。比如知

2.陈燕谷指出："现在我们也许有理由提出比较研究的第四种模式，也就是'新帝国治下的比较研究'。……当'帝国'去而复返……自然意味着后殖民批

名文化翻译学者苏珊·巴斯奈特在1993年出版的专著《比较文学批评导论》（*Comparative*

评不再具有不证自明的有效性。今天这种情况正在发生，比较研究必须在新帝国条件下重新界定自己的任务和方向。"陈燕谷：《比较文学与"新帝国文明"》。

Literature: A Critical Introduction）中就明确指出："后殖民"用最恰当的术语来表达，就是近年来出现的新跨文化批评，而"除此之外，比较文学已无其他名称可以替代"。[3]

3.Susan Bassnett, *Comparative Literature: A Critical Introduction*,Oxford and Cambridge:Blackwell,1993, p.10.

本世纪初，比较文学的学科理论建设工作似乎依然徘徊在突围西方中心主义的方向和路径上。2000年，蜚声北美、亚洲理论界的明星级学者G.C.斯皮瓦克将其在加州大学厄湾分校的"韦勒克文学讲座"系列讲稿结集出版，取了个惊世骇俗的名字《一门学科的死亡》（*Death of A Discipline*），这门学科就是比较文学。其实斯皮瓦克并无意宣布比较文学的终结，而是在指出当前的欧美比较文学的困境，即文学越界交流过程中的不均衡局面，以及该学科依然留存着欧美文化的主导意识并分享了对人文主义主体无从判定的恐惧等问题后，希望促成比较文学的转型，开创一种容纳文化研究的新的比较文学范型，迎接全球化语境的文化挑战。[4]

4.Gayatri C. Spivak, *Death of A Discipline*, New York: Columbia University Press,2003.

然而，我们也要清楚地看到，后殖民主义文化批判试图颠覆比较文学研究的价值体系，却没有超越比较文学的理论前提。因为比较研究尽管关注不同民族、不同国家文学之间的关系，但其理论前提却是，不同民族、国家的文学是以语言为疆界的相互独立、自成系统的主体。而且，比较文学研究总是以本国本民族文学为立场，假设比较研究视野内文学之间的关系是一种自我与他者的关系，只不过影响研究表示顺从与和解，后殖民主义文化批判强调反写与对抗。对于"他性"的肯定，依然没有着落。

坦率地说，中外文学关系研究仍属于传统范型，面临着新问题与新观念的挑战。我们在第三种甚至第四种模式的时代留守在类似于巴斯奈特所谓的"史前恐龙"[5]的第一种模式的研究

5.Susan Bassnett, *Comparative Literature: A Critical Introduction*, p.5.

领域，是需要勇气与毅力的。伴随着国际学术共同体间的密切互动与交流，北美比较文学的越界意识也在20世纪末期旅行到了中国。虽然目前国内比较文学也整合了文化批评的理论方法，跨越了既往单一的文学学科疆界，开掘了许多富于活力和前景的学术领域，但这些年来比较文学领域并不景气：一方面是研究的疆界在扩大也在不断消解，另一方面是不断出现危机警示与

研究者的出走。在这个大背景下，从事我们这套丛书写作的作者大多是一些忠诚的留守者，大家之所以继续这个领域的研究，不是因为盲目保守，而是因为"有所不为"。首先，在前辈学人累积的深厚学术传统上，埋头静心、勤勤恳恳地在"我们自己的比较文学"领地里精心耕作，在喧嚣热闹的当下，这本身就是一种别具意味的学术姿态。同时，在硕果纷呈的比较文学研究领域，中外文学关系问题始终是一个基础但又重要的问题，不断引起关注，不断催生深入研究，又不断呈现最新成果，正如目前已推出的这套丛书所展示的，其研究写作不仅在扎实的根基上，对中外文学交流史的论题领域有所拓展，在理论与方法探索上也通过积极吸收、整合其他领域的成果而有所推进。最后，在中国作为新崛起的世界经济大国的关键历史节点上重新思考中外文学关系问题，直接关涉到中外文学关系研究的学科自觉。这事实上是一个如何在世界文学图景中重新测绘"中国文学"的问题，也即当代中国文学如何在世界中重新创造自己的身份和位置。通过中外文学关系研究，我们可以重新提炼和塑造中国文学、文化的精神感召力、使命感和认同感，在当代世界的共同关注点上，以文学为价值载体去发现不同文化之间交往的可能和协商空间，进而参与全球新的世界观的形成。

三

　　中外文学关系研究，就学科本质属性而言，属实证范畴，从比较文学研究传统内部分类和研究范式来看，归于"影响研究"，所以重"事实"和"材料"的梳理。对中外文学关系史、交流史的整体开发，就是要在占有充分、完整材料的基础上，对双向"交流"、"关系""史"的演变、沿革、发展作总体描述，从而揭示出可资今人借鉴、发展民族文学的历史经验和历史规律，因此它要求拥有可信的第一手思想素材，要求资料的整一性和真实性。

　　中外文学关系研究的开发、深化和创新，离不开研究理论方法的提升与原理范式的探讨。某种新的研究理念和理论思路，有助于重新理解与发掘新的文学关系史料，而新的阐释角度和策略又能重构与凸显中外文学交流的历史图景，从而将中外文学关系的研究向新的深度开掘。早在新时期我国比较文学举步之时和复兴之初，我国前辈学者季羡林、钱锺书等就卓有识见地强调"清理"中外文学关系的重要性和必要性，把它提到中国比较文学特色建设和拥有比较文学研究"话语权"的高度。[1] 30 年来，我国学者在这方面不断努力，在研究的观念与方法上进行了深入的探讨。钱林森教授主持的《外国作家与中国文化》丛书，曾经就中外文学关系研究中的哲学观照和跨文化文学对话的观念与方法进行过有益的尝试与实践。其具体思路主要体现在如下五个方面：

1) 依托于人类文明交流互补基点上的中外文化和文学关系课题，从根本上来说，是中外哲学观、价值观交流互补的问题，是某一种形式的精神交流的课题。从这个意义上看，研究中外文化、文学相互影响，说到底，就是研究中外思想、哲学精神相互渗透、影响的问题，必须作哲学层面的审视。2) 考察两者接受和影响关系时，必须从原创性材料出发，不但要考察外国作家、外国文学对中国文化精神的追寻，努力捕捉他们提取中国文化（思想）滋养，在其创造中到底呈现怎样的文学景观，还要审察作为这种文学景观"新构体"的外乡作品，又怎样反转过来向中国文学施于新的文化反馈。3) 今日中外文学关系史建构，不是往昔文学史的分支研究，而是多元文化共存、东西哲学互渗时代的跨文化比较文学研究重构。比较不是理由，比较中达到对话并且通过对话获得互识、互证、互补的成果，才是中外文学关系研究学理层面的应有之义。4) 中外文学和文化关系研究课题，应以对话为方法论基点，应当遵循"平等对话"的原则。对研究者来说，对话不止是具体操作的方法论，也是研究者一种坚定的立场和世界观，一种学术信仰，其研究实践既是研究者与研究对象跨时空跨文化的对话，也是研究者与潜在的读者共时性的对话，通过多层面、多向度的个案考察与双向互动的观照、对话，激活文化精魂，进一步提升和丰富影响研究的层次。5) 对话作为方法论基点来考量的意义在于，它对以往"影响研究"、"平行研究"两种模式的超越。这对所有致力于中外文学关系的研究者来说，都是一种富有创意的、富有挑战性的学术探索。

从学术史角度看，同一课题的探讨经常表现为研究不断深化、理路不断明晰的过程。中外文学关系史研究在中国比较文学界已有多年的历史，具有丰厚的学术基础。《中外文学交流史》丛书是在以往研究基础上的又一次推进，具有更高标准的理论追求。钱林森主编在 2005 年编委会上将丛书的学术宗旨具体表述为：

> 丛书立足于世界文学与世界文化的宏观视野，展现中外文学与文化的双向多层次
>
> 交流的历程，在跨文化对话、全球一体化与文化多元化发展的背景中，把握中外文学

---

1. 20 世纪 80 年代初，钱锺书先生就提出："要发展我们自己的比较文学研究，重要的任务之一就是清理一下中国文学与外国文学的相互关系。"季羡林在《资料工作是影响研究的基础》一文中强调："我们一定先做点扎扎实实的工作，从研究直接影响入手，努力细致地去收集材料，在西方各国之间，在东方各国之间，特别是在东方与西方之间，从民间文学一直到文人学士的个人著作中去搜寻直接影响的证据、爬罗剔抉、刮垢磨光，一定要有根有据，决不能捕风捉影。然后在这个基础上归纳出有规律性的东西。"他明确反对"那些一无基础、二无材料，完全靠着自己的'天才'、'灵感'，率而下笔，大言不断，说句难听的话，就是自欺欺人的所谓平行发展的研究"。参见王向远：《中国比较文学研究二十年》，第 9 页，南昌：江西教育出版社，2003 年版。

相互碰撞与交融的精神实质：1）外国作家如何接受中国文学，中国文学如何对外国作家产生冲击与影响？具体涉及到外国作家对中国文学的收纳与评说，外国作家眼中的中国形象及其误读、误释，中国文学在外国的流布与影响，外国作家笔下的中国题材与异国情调等等。2）与此相对的是，中国作家如何接受外国文学，对中国作家接纳外来影响时的重整和创造，进行双向的考察和审视。3）在不同文化语境中，展示出中外文学家就相关的思想命题所进行的同步思考及其所作的不同观照，可以结合中外作品参照考析，互识、互证、互补，从而在深层次上探讨出中外文学的各自特质。

4）从外国作家作品在中国文化语境（尤其是 20 世纪）中的传播与接受着眼，试图勾勒出中国读者（包括评论家）眼中的外国形象，探析中国读者借鉴外国文学时，在多大程度上、何种层面上受制于本土文化的制约，以及外国文学在中国文化范式中的改塑和重整。5）论从史出，关注问题意识。在丰富的史料基础上提炼出展示文学交流实质与规律的重要问题，以问题剪裁史料，构建各国别语种文学交流史的阐释框架。

6）丛书撰写应力求反映出国际比较文学界近半个世纪相关研究成果和我国比较文学 20 多年来发展的新成果。

四

在已有成果基础上从事中外文学关系史研究，要求我们要有所反思与开辟。这是该丛书从规划到研究，再到写作，整个过程中贯穿的思路。中外文学关系研究，涉及基本概念、史料与研究范型三方面的问题。

首先是基本概念。

中外文学关系，顾名思义，研究的是"关系"，其问题的重心在中国文学的世界性与现代性问题。在此前提下进行细分，所谓中外文学关系的历史叙述，应该在三个层次上展开：1）中国与不同国家、地区、语种文学在历史中的交流，其中包括作家作品与思潮理论的译介、作家阅读与创作的"想象图书馆"、个人与团体的交游互访等具体活动等。2）中外文学相互影响相互创造的双向过程，诸如中国文学接受外国文学并从与外国文学的交流中获得自我构建与自我确认基础，中国文学以民族文学与文学的民族个性贡献并参与不同国家、地区、语种文学创造等。3）存在于中外文学不同国家、地区、语种文学之间的世界文学格局，提出"跨文学空间"的概念，并将世界文学建立在这样一种关系概念上，而不是任何一种国家、地区、语种文学的普世性霸权上。

中外文学关系研究"中外文学"的关系，另一个必须厘清的概念是"中外文学"：1）中外文学关系不仅是研究"之间"的关系，更重要的是研究不同国家、地区、语种文学各自的文学史，比如研究法国文学对中国现代文学的影响，真正的问题在中国现代文学，反之亦然。2）中外文学关系在"中"与"外"二元对立框架内强调双向交流的同时，也不能回避中国立场。首先，中外文学研究表面上看是双向的、中立的，实际上却有不可否认的中国立场甚至可以说是中国中心。因此"中外文学"提出问题的角度与落脚点都应是中国文学。3）中国立场的中外文学关系研究的理论指归在于中国文学的世界性与现代性问题。它包括两个层次的意义：中国在历史上是如何启发、创造外国文学的；外国文学是如何构筑中国文学的世界性与现代性的。

中外文学关系基本概念涉及的最后一个问题是"史"。中外文学关系史属于文学史的范畴，它关系到某种时间、经验与意义的整体性。纯粹编年性地记录曾经发生过的文学交流事件，像文学旅行线路图或文学流水账单之类，还不能够成为文学交流史。中外文学交流史"史"的最基本的要求在于：1）文学交流史必须有一种时间向度的研究观念，以该观念为尺度，或者说是编码原则，确定文学交流史的起点、主要问题、基本规律与某种预设性的方向与价值。2）可能成为中外文学关系史的研究观念的，是中国文学的世界性与现代性问题。中国文学是何时、如何参与、如何接受或影响世界文学的，世界性因素是何时并如何塑造中国文学的。3）中外文学交流史表现为中国文学在中外文学交流中实现世界性与现代性的过程。中国文学的世界化分两个阶段，汉字文化圈内东亚化与近代以来真正的世界化，中国文学的世界化是与中国文学的"现代化"同时出现的。

其次是史料问题。

史料是研究的基础。研究的成败，从某种意义上说，取决于史料的丰富与准确程度。史料是多年研究积累的成果，丰富是量上的要求；史料需要辨伪甄别，尽量收集第一手资料，这是对史料的质上的要求。史料自然越丰富越好，但史料的发现往往是没有止境的，所以史料的丰富与完备是相对的，关键看它是否可以支撑起论述。因此，研究中处理史料的方式，不仅是收集，还有在特定研究观念下剪裁史料、分析史料。

没有史料不行，仅有史料又不够。中外文学关系史研究在国内，已有多年的历史，但大多数研究只停留在史料的收集与叙述上，丛书要在研究上上一个层次，就不能只满足于史料的收集、整理、叙述。中外文学关系的研究与写作应该分为三个层次：第一个层次，掌握资料来源并尽量收集第一手的资料，对资料进行整理、分析、阐释，从中发现一些最基本的"可研究的"问题。第二个层次是编年史式资料复述，其中没有逻辑的起点与终点，发现的最早的资料就是起点，该起点是临时的，随着新资料的发现不断向前推，重点也是临时的，写到哪里就在哪里结束。第三个层次是使文学交流史具有一种"思想的结构"。在史料研究基础上形成不同专题的文学交流史的"观念"，并以此为线索框架设计文学交流史的"叙事"。

最后，中外文学交流研究的第三大问题是研究范型。学术创新的途径，不外乎新史料的发现、新观念与新的研究范型的提出。

研究范型是从基本概念的确立与史料的把握中来的。问题从何处来，研究往何处去。研究模式包括基本概念的确立、史料的收集与阐发、研究方法的选择等内容。任何一项研究，都应该首先清醒地意识到研究模式，说到底，就是应该明确"研究什么"和"如何研究"。研究的基本概念划定了我们研究的范围，而从史料问题开始，我们已经在思考"如何研究"了。

中外文学交流作为一个走向成熟的研究领域，必须自觉到撰写原则或述史立场：首先应该明确"研究什么"。有狭义的文学交流与广义的中外文学交流。狭义的文学交流，仅研究文学与文学的交流，也就是说文学范围内作家作品、思潮流派的交流，更多属于形式研究范畴，诸如英美意象派与中国古典诗词、《雷雨》与《俄狄浦斯王》；广义的文学交流史，则包括文学涉及的广泛的社会文化内容，文本是文学的，但内容与问题远超出文学之外，比如"启蒙作家的中国文化观"。本书的研究范围，无疑属于广义的中外文学交流。所谓中外文化交流表现在文学活动中的种种经验、事实与问题，都在研究之列。

但是，我们不能始终在积极意义上讨论影响研究，或者说在积极意义上使用影响概念，似乎影响与交流总是值得肯定的。实际上，对文学活动中中外文化交流的研究，现有两种范型：一种是肯定影响的积极意义的研究范型，它以启蒙主义与现代民族文学观念作为文学交流史叙事的价值原则，该视野内出现的问题，主要是一种文学传统内作家作品与社团思潮如何译介、传播到另一种文学传统，关注的是不同语种文学可交流性侧面，乐观地期待亲和理解、平等互惠的积极方面，甚至在潜意识中，将民族主义自豪感的确认寄寓在文学世界主义想象中，看中国文学如何影响世界。我们以往的中外文学关系研究，大多是在这个范型内进行的。另一种范型关注影响的负面意义，解构影响中的"霸权"因素。这种范型以后现代主义或后殖民主义观念为价值原则，关注不同文学传统的不可交流性、误读与霸权侧面。怀疑双向与平等交流的乐观假设，比如特定文学传统之间一方对另一方影响越大，反向影响就越小，文学交流往往是动摇文学传统的霸权化过程；揭示不同语种文学接触交流中的"背叛性"因素与反双向性的等级结构，并试图解构其产生的社会文化机制。

中外文学关系研究的开发、深化和创新，离不开研究理论方法的提升与原理范式的研讨。某种新的研究理念和理论思路，有助于重新理解与发掘新的文学关系史料，而新的阐释角度和策略又能重构与凸显中外文学交流的历史图景，从而将中外文学关系的"清理"和研究向新的深度开掘。以往的中外文学交流研究，关注更多的是第一种范型内的问题，对第二种范型内的问题似乎注意不够。丛书希望能够兼顾两种范型内的问题。"平等对话"是一种道德化的学术理想，我们不能为此掩盖历史问题，掩盖中外文学交流上的种种"不平等"现象，应分析其霸权与压制、他者化与自我他者化、自觉与"反写"（Write Back）的潜在结构。

同时，这也让我们警觉到我们的研究范型中可能潜在着的一个矛盾：怎能一边认同所谓"中国立场"或"中国中心"，一边又提倡"世界文学"或"跨文学空间"？二者之间是否存在着某种对立？实际上在中国文学的世界性与现代性问题前提下叙述中外文学交流，中国文学本身就处于某种劣势，针对西方国家所谓影响的"逆差"是明显的。比如说，关于中国文学对西方文学的影响，我们可以以一个专题写成一本书，而西方文学对中国现代文学的影响，则是覆盖性的，几乎可写成整部文学史。我们强调"中国立场"本身就是一种"反写"。另外，文学史述实际上根本不存在一个超越国别民族文学的普世立场。启蒙神话中的"世界文学"或"总体文学"，包含着西方中心主义的霸权。或许提倡"跨文学空间"更合理。我们在"交流"或"关系"这一"公共空间"内讨论问题，假设世界文学是一个多元发展、相互作用的系统进程，形成于跨文化跨语种的"文学之际"的"公共领域"或"公共空间"中。不仅西方文学塑造中国现代文学，中国文学也在某种程度上参与构建塑造西方现代文学。尽管不同国家、民族、地区的文学交流存在着"不平等"的现实，但任何国家、民族、地区的文学都以自身独特的立场参与塑造世界文学，而世界文学不可能成为任何一个国家、民族或语种文学扩张的结果。

我们一直在试图反思、辨析、确立中外文学交流研究的基本概念、方法与理论范型，并在学术史上为本套丛书定位。所谓研究领域的拓展、史料的丰富、问题域的明确、问题研究的深入、中外文学交流整体框架的建构，都将是本套丛书的学术价值所在。我们希望本套丛书的完成，能够推进中国比较文学界中外文学关系研究领域走向成熟。这不仅是个人研究的自我超越问题，也是整个比较文学研究界的自我超越问题。

五

钱林森教授将中外文学交流研究的问题细化为五大类，前文已述。这五大类问题构成中外文学交流史的基本问题域，每一卷的写作，都离不开这五大类基本问题。反思这套丛书的研究与写作，可以使我们对中外文学交流史的研究范型有一个基本的把握。在丛书写作的过程中，钱林森教授不断主持有关中外文学关系史的笔谈，反思中外文学关系研究的基本问题与理论范式，大部分参与丛书写作的学者都从不同角度发表了具有建设性的思考，引起了国内学术界的关注。

其中，王宁教授从国家文化战略的高度理解中外文学关系史研究，认为："探讨中国文化和文学在国外的接受和传播，应该是新世纪中国比较文学学者研究的一个重要课题，通过这一课题的研究，不仅可以从根本上打破中外文学关系研究领域内长期存在的西方中心主义思维定势，使得中国学者的民族自尊心和自豪感大大地提升，而且也有助于中国文化走出去战略的实施。在这方面，比较文学学者应该先行一步。"王宁先生高蹈，叶隽先生务实，追问作为科学范式的文学关系研究的普遍有效性问题，他从三个方面质疑比较文学学科的合法性：一是比较文学的整体学术史意识，二是比较文学的思想史高度，三是比较文学作为一门具体学科的"文史根基"与方寸。葛桂录教授曾对史料问题做过三方面的深入论述：一是文献史料，二是问题域，三是阐释立场。"从比较文学学科的传统研究范式来看，中外文学关系研究属于'影响研究'

范畴，非常关注'事实材料'的获取与阐释。就其学科领域的本质属性来说，它又属于史学范畴。而文献史料的搜集、鉴辨、理解与运用，是一切历史研究的基础性工作。力求广泛而全面地占有史料，尽可能将史料放在它形成和演变的整个历史进程中动态地考察，分辨其主次源流，辨明其价值与真伪，是中外文学关系研究永远的起点和基础。"缺少史料固然不行，仅有史料又十分不够。中外文学关系研究"问题意识"必不可少，问题是研究的先导与指南。葛桂录教授进一步论述："能否在原典文献史料研究基础上，形成由一个个问题构成的有研究价值的不同专题，则成为考量文学关系研究者成熟与否的试金石。在文学关系研究的'问题域'中进而思考中外文学交往史的整体'史述'框架，展现文学交流的历史经验与历史规律，揭示出可资后人借鉴、发展本民族文学的重要路径，又构成中外文学关系研究的基本目标。"

文献史料、问题域、阐释立场是中外文学关系研究的三大要素。文献史料的丰富、问题域的确证、研究领域的拓展、观念思考的深入，最终都要受研究者阐释立场的制约。中外文学关系研究，理论上讲当然应该是双向的、互动的。但如要追寻这种双向交流的精神实质，不可避免地要带有某种主体评价与判断。对中国学者来说，就是展现着中国问题意识的中国文化立场。"中外文学"提出问题的出发点与归宿都指向中国文学。这样看来，中外文学关系研究的理论关注点，在于回答中国文学的世界性与现代性问题。也就是，中国文学（文化）在漫长的东西方交流史上是如何滋养、启迪外国文学的；外国文学是如何激活、构建中国文学的世界性与现代性的。这是我们思考中外文学交流史的重要前提，尤其是要考虑处于中外文学交流进程中的中国文学是如何显示其世界性，构建其现代性的。

六

乐黛云先生在致该丛书编委会的信中，提出该丛书作为中外文学关系研究的"第三波"的高标："如果说《中国文学在国外》丛书是第一波，《外国作家与中国文化》是第二波，那么，《中外文学交流史》则应是第三波。作为第三波，我想它的特点首先应体现在'交流'二字上。它不单是以中国文学为核心，研究其在国外的影响，也不只是以外国作家为核心讨论其对中国文化的接受，而是要着眼于'双向阐发'，这不仅要求新的视角，也要求新的方法；特别是总的说来，中国文学对其他文学的影响多集中于古代文学，而外国文学对中国文学的影响却集中于现代文学。如何将二者连缀成'史'实在是一大难点，也是'交流史'能否成功的关键。"

本套丛书承载着中国比较文学百年学术史的重要使命，它的宏愿不仅在描述中国与世界主要国家的文学关系，还在以汉语文学为立场，建构一个"文学想象的世界体系"。中外文学交流史的研究要点在"文学交流"，因此研究的核心问题是"双向阐发"，带着这个问题进入研究，中外文学关系就不是一个简单的译介、传播的问题，中外文学相互认知、相互影响与创造才是问题的关键。严绍璗先生在致主编钱林森的信中，进一步表达了他对本丛书的学术期望，文学交流史研究应该"从一般的'表象事实'的描述深入到'文学事实'内具的各种'本相'的探讨和表达"：

> 我期待本书各卷能够是以事实真相为基础，既充分展现中华文化向世界的传播，又能够实事求是地表述世界各个民族文化对中华文化和中华文明丰富多彩性的积极的影响，把"中外文学关系"正确地表述为中国和世界文化互动的历史性探讨。"文学关系"的研究，习惯上经常把它界定在"传播学"和"接受学"的层面上考量，三十年来比较文学的研究，特别是中国比较文学研究，事实上已经突破了这样一些层面而推进到了"发生学"、"形象学"、"符号学"、"阐释学"和"叙事学"等等的层面中。在这些层面中推进的研究，或许能够更加接近文学关系的事实真相并呈现文学关系的内具生命力的场面。我期待着新撰的《中外文学交流史》各卷，能够从一般的"表象事实"的描述深入到"文学事实"内具的各种"本相"的探讨和表达。

2005 年南京会议之后，丛书的编写工作正式启动，国内著名学者吕同六、李明滨、赵振江、郁龙余、郅溥浩、王晓平等先生慷慨加盟，连同其他各位中青年学者，共同分担《中外文学交流史》丛书的写作。吕同六先生曾主持中意文学交流卷，却在丛书启动不久仙逝，为本丛书留下巨大的遗憾。在丛书编写过程中，有人去了有人来，张西平、刘顺利、梁丽芳、马佳、齐宏伟、杜心源、叶隽先生先后加入本套丛书，并贡献出他们出色的成果。

在整个研究写作过程中，国内外许多同行都给予我们实际的支持与指导，我们受用良多。南京会议之后，编委会又先后在济南、北京、厦门、南京召开过四次编委会，就丛书编写的具体问题进行讨论，得到山东教育出版社的一贯支持。丛书最初计划五年的写作时间，当时觉得已足够宽裕，不料最终竟然用了九年才完成，学术研究之漫长艰辛，由此可见一斑。丛书完成了，各卷与作者如下：

(1)　《中国 - 阿拉伯卷》（郅溥浩、丁淑红、宗笑飞　著）

(2)　《中国 - 北欧卷》（叶隽　著）

(3)　《中国 - 朝韩卷》（刘顺利　著）

(4)　《中国 - 德国卷》（卫茂平、陈虹嫣等　著）

(5)　《中国 - 东南亚卷》（郭惠芬　著）

(6)　《中国 - 俄苏卷》（李明滨、查晓燕　著）

(7)　《中国 - 法国卷》（钱林森　著）

(8)　《中国 - 加拿大卷》（梁丽芳、马佳　主编）

(9)　《中国 - 美国卷》（周宁、朱徽、贺昌盛、周云龙　著）

(10)　《中国 - 葡萄牙卷》（姚风　著）

(11)　《中国 - 日本卷》（王晓平　著）

(12)　《中国 - 希腊、希伯来卷》（齐宏伟、杜心源、杨巧　著）

(13)　《中国 - 西班牙语国家卷》（赵振江、滕威　著）

(14)　《中国 - 意大利卷》（张西平、马西尼　主编）

(15)　《中国 - 印度卷》（郁龙余、刘朝华　著）

(16)　《中国 - 英国卷》（葛桂录　著）

(17)　《中国 - 中东欧卷》（丁超、宋炳辉　著）

本套丛书的意义，就在于调动本学科研究者的共同智慧，对已有成果进行咀嚼和消化，对已有的研究范式、方法、理论和已有的探索、尝试进行重估和反思，进行过滤、选择，去伪存真，以期对中外文学关系本身，进行深入研究和全方位的开发，创造出新的局面。

钱林森、周宁

前言

　　一部中加文学交流史，自然离不开两国之间文化交流的历史背景。中国人 19 世纪中叶随着淘金潮开始移民加拿大，几乎同时，加拿大的传教士奔赴中国传播基督宗教。早期华工为建筑横贯加国东西的交通大动脉——太平洋铁路吃苦流血，立下汗马功劳，功照日月；而加拿大传教士远离都市，深入中国穷乡僻壤，送医兴学，劝诫芸芸众生信奉基督，还把中国五千年的文明通过各种方式介绍到西方，同样彪炳史册。

　　1947 年前的加国华人在排华浪潮里，饱受凌辱，几经挣扎；在中国，反基运动加上连年的战乱，也曾殃及不少无辜的加拿大传教士。缘于第二次世界大战的同盟关系，加拿人华人勇于参战，使得他们终于获得宽松的对待，但之后中国国共政权的更迭，又使两国交往和交流频生波澜。从 1970 年杜鲁多政府承认中华人民共和国，加上计分移民政策的实行和多元文化概念的落实，使得两国政府在外交、经济贸易和民间互动方面揭开了新的一页，中加文学交流便是在这样复杂多变的历史背景下徐徐展开的。

　　在过去的一百五十多年里，中加两国之间的交流，并非一帆风顺，而是曲折多变，经历了排斥与歧视、冲突与磨合，最终达到现今彼此能够宽容和（或）接受。然而，历史的反复是不可预期的，今日的宽容和接受，并非代表永远的宽容和接受，我们只能从历史的回顾和反思中，获取教训，希望不会重蹈覆辙。故此，本书以历史的转变为经，以文学活动现象和作品为纬，探讨中加文学交流的生发轨迹、特征，以及在曲折起伏的过程中创造的业绩。

　　加拿大华人文学这个领域，包括了华文文学、英语文学和法语文学三种语言的作品。本书首先聚焦于华文文学如何在加拿大落地成长，以及如何吸收加拿大元素影响的一面。华人移民背井离乡奔赴枫叶国，也将中华文化移植到这片广袤的土地上。但碍于语言障碍，直到如今，传播一直受到局限。幸赖汉学家们以国际通用的英语（或者法语）来翻译、评介、研究、分析中华文化和文学，使得华语圈外的读者也能自然地进入其境。从加拿大汉学的发展、演变的梳理中，凸显出中加文学交流的影像。换言之，即中国文学通过汉学家的介入，进入了世界的视野。

　　如果说传教士在中加文化（文学）交流上，扮演的是主动而带有殖民色彩地传播西方宗教和文化的角色，那么，华人先辈则是在无意识之中，通过自身的迁移把本土文化带到"金山"，经年累月，吸取异地营养而开花结果。一波又一波的移民，持续地以横的移植方式，不断补充着，维持着它的生命力。因此，"补充论"是探讨华文文学（甚至华人后代的英／法语文学）的重要考虑，也是华人文学与原籍国维持交流的关键所在。

早期无数来自中国岭南等地的华人自踏上西岸不列颠哥伦比亚省的那一天起，便开始了加拿大华文文学的草创（虽然他们并未意识到这点）。他们留在海关移民拘留间墙上的"壁诗"，不仅刻下在异国他乡遭受的屈辱、金山梦碎和孤独心绪，也刻下了对故乡的怅惘和对亲人的思恋。他们在抗争歧视的艰难岁月，不忘筹款赈灾，关怀祖国。这些可歌可泣的历史，都以文学形式出现在《大汉公报》等华人报纸刊物中，成为珍贵的史料，也成为日后以家族史、族裔史、社区史为背景的加拿大华裔作家传记文学必不可少的部分。

"二战"以后的几十年间，岭南和港澳新移民的入境给加拿大带来了新的文学活力，华文文学进入了蓬勃的发展时期。它在保持和发扬岭南文化的同时，兼具香港英式西化的情调，也掺杂了台湾文学的现代派风姿，不论是古典诗词、粤剧和粤讴班本，还是现代形式的散文、诗歌和小说，早已经融入了加拿大的生活内容。如果说加拿大华文文学萌芽草创期总体上还是旧瓶装旧酒，发展期则显示出旧瓶装新酒的特征。到了后期，特别是1990年代以后，加拿大华文文学的发展更是新瓶装新酒了。因为来自世界各地特别是中国大陆新移民的大量移入，这一时期的创作形式和手法丰富多彩，不仅有传统的小说、传记文学、散文、诗歌、剧本，还有新兴的小小说（微型小说）、双语诗歌、散文诗、诗体散文、纪实体文学等；不仅有现实的、白描的、抒情的、浪漫的、批判的、讽刺的手法，更有现代意义的心理分析、魔幻现实主义、现代派、后现代派、后殖民主义、现代都市主义等层出不穷的艺术探索。在全球化背景下，特别是互联网的影响下，加拿大华文文学今后与中国大陆、港澳台、新马等地区华文创作，处在一个同声共气、良性互动的状态，而非过去历史上加拿大华文文学被动地从以中国本土为中心的大中华圈拿来和接受的模样。可见华人离散文学的内涵也随着时代的变迁而不断修正。

如果说先辈华人是无意识地把中华文化（文学）带到加拿大，那么，用英法语写作的华人后代，就是有意识地为他们沉默的先辈发声。从19世纪和20世纪之交的鼻祖水仙花姐妹（Sui Sin Far sisters）开始，到1979年第一个包括华裔和日裔的诗歌和短篇小说选集《难舍的稻米》

出版，再到 2000 年前后华裔作家英语和法语创作屡屡获奖，频创佳绩，奠定了他们在加拿大文坛的地位。他们在题材上或多或少都涉及到移民和移民史（包括与此同时的中国近现代史），表现了客居—离散漂流—孤独—杂糅—聚合—独立的过程，以及身份认同、种族歧视、融入主流、文化寻根、多元意识等母题。他们小说化了的家族史和社区历史在刻画华人在金山的坎坷经历之余，也为先辈的贡献树立英伟形象，建立族裔的自信和尊严。从中国大陆新来的移民作家，也有对 1949 年后这段中国异常动荡历史的追忆和反思，为华人英语文学添砖加瓦。

至于加拿大文学在中国的传播与接受，我们应当首先肯定传教士的贡献。从 1880 年代到 1950 年代这六十多年的时段内，传教士在中国的活动和他们的回忆录等记述文字，成为日后汉学研究的开始。他们以传记为主的英文作品在中国的翻译出版，成为加拿大文学在中国影响（接受）最早的一部分。从 20 世纪末开始，加拿大传教士的传记作品陆续被翻译成中文在中国出版。中国对加拿大文学的翻译和介绍，虽然可以追溯到清末，但真正成气候还是 1980 年代以后，尤其是 2000 年前后的翻译更是如火如荼。中国对加拿大文学的研究方兴未艾，研究者多集中在设有加拿大研究中心的大学和社科系统，或是海外华裔研究和华文文学研究机构，其中包括香港、澳门和台湾的一些大学。

加拿大是个英法双语国家。因此，本书的一个特点便是将加拿大的法语文学和中国文学的交流互动单列第八、九、十章，以便清晰而不加干扰地梳理出彼此之间同样源远流长的互动关系。例如，其中的第八章用人类学和社会历史学的方法探讨加拿大法语区对带有文学性的中国文化传统的认识和接受过程，就显现出明显的地域性特征。

综上所述，我们是把中加文学的交流放在东方主义（Orientalism）和离散研究（Diaspora Study）等相关的理论框架下加以研讨。早期传教士对汉学的好奇加考证，加上后期专业汉学家专业精神指导下的研究成果，共同奠定了中国文化和文学在这块北美广袤土地上的基石，它是中加之间或暗或明但从未间断的文化（文学）交流互动的最强有力的背书。从早期传教士有计划地刻意播种西方宗教文明的意图出发到为中华文明倾倒而转化为主动的汉学研究和传播，无疑是中外文化（文学）交流的一个带有反讽意味的收获。

在收集、梳理与探讨加拿大华人的中、英、法文的作品和文献时，我们从这三个相互关联却又特征分明的角度，除了可以看出离散文学"无根"和"飘零"的共性，也同时看到了加拿大华裔离散文学和母国文化坚韧的内在联系。我们也明显地观察到贯穿这些旧移民、新移民、土生华裔作家的，是他们都拥有的"中间性"（in betweenness/ interculturalité）。"中间性"提供了一个弹性的空间，使他们能够越界驰骋，扩大了创造出亦中亦西、亦此亦彼的丰富文本的可能性。

　　本书是研究中加文学交流史的开山之作，同时，是加拿大华文文学发展史首次系统的呈现和梳理，也是加拿大华裔英语／法语文学发展史第一次比较完整的中文论述。在没有前例可循的情况之下，开辟这个新的领域，筚路蓝缕自不待言。我们的工作重点，因而不在于理论的高谈和应用，也不能对所有重要的个别作品细读分析，而是侧重原始资料的收集和梳理，以图建立这个新领域的基础框架和发展脉络，为后来者建立一个清晰扎实的参照系。我们的资料来源有三：一是原始的报刊、作家作品、社团出版物、访问、书信、档案等；二是相关的论著、网上资料等；三是个人的生活观察、亲身参与等。四位写作者分别来自加拿大的温哥华（梁丽芳博士）、多伦多（马佳博士）、魁北克（张裕禾博士）和中国成都（蒲雅竹女士）。其中，张裕禾负责法语部分的三章（第八、九、十章），蒲雅竹撰写了加拿大文学在中国的部分（第七章），其余的章节及前言、附录和参考文献的汇总整理，均由主编梁丽芳（第二、三、四章）、马佳（第一、五、六章）承担。特别要感谢的，是《中外文学交流史》的主编南京大学钱林森教授对我们的信任，使我们得以从天涯海角走到一起，成为这个意义重大的学术项目的合作者，我们不会忘记，他自始至终给予我们宝贵的意见和鼓励。

　　加拿大卷乃是《中外文学交流史》这个包括十多卷的庞大项目的最后加入者。由于时间的限制（实际写作时间不到两年），虽然大家都竭尽全力，但疏漏错误在所难免。我们真诚地希望专家批评指正，也期待着不久的将来能有机会补充完善。

　　在本书的写作过程中，我们几个撰稿人获得不少热心人士的协助，例如两位加拿大驻中国前文化参赞——前西门菲沙大学林思齐国际交流中心王健（Jan Walls）教授和布洛克大学查尔斯·伯顿（Charles Burton）教授、北京外国语大学李洪峰教授、广州外语外贸大学程依荣教授、南京大学副教授赵庆庆女士、南京大学博士生马玉华女士、魁北克拉瓦尔大学马克西米廉·拉罗什教授、法国电力公司北京办事处潘敏女士、五邑大学梅伟强教授、埃尔伯塔大学图书馆东亚部主任左永业先生、不列颠哥伦比亚大学亚洲图书馆馆长袁家瑜女士、温哥华中华会馆主任黄觉钟先生、《大汉公报》资深编辑林岳鋆先生和杨国荣先生、温哥华中华文化中心艺术行政总监杨裕平先生、加拿大华裔作家协会会长陈浩泉先生、多伦多华人作家协会会长陈孟贤博士、加中笔会前会长曾晓文女士、现任会长孙博先生，还有其他很多给予鼓励和资讯的汉学家和良师益友，我们皆表示衷心的感激，恕不能一一在此具体鸣谢了。

梁丽芳　马佳

2013 年 11 月 30 日于温哥华—多伦多

第一章　　中加文学交流的历史文化背景

引言

　　自 15 世纪开始的地理大发现以来，殖民、移民，乃至迁徙、离散，日

渐成为一种世界现象。历史上，中华民族其实一直崇尚安土重迁、落叶归

根的传统理念，虽然中国人漂洋过海、出外谋生的历史可以从唐朝或者更

早的朝代算起，但在近代之前，由于人数少、规模小，几无史料可查。16

世纪以来，特别是 19 世纪中叶鸦片战争以后，中国才出现了大规模迁居海

外的现象。从 1840 年鸦片战争至 1941 年太平洋战争爆发前夕的一百年里，

中国人出洋人数将近 1 000 万，足迹遍及五大洲数十个国家。1949 年后很

长一段时间里，中国大陆因为冷战背景下的系列政策，导致一般国民与外

界隔绝而罕有移民，这个时期海外的华人移民主要来自港澳台以及一些华

人集聚的东亚、东南亚国家，这种情况一直到 1978 年改革开放，国门渐

开才逐渐改变。保守估计，现在移居世界各地的华人约为 3 500 万，其中

85% 以上已经加入了当地国籍，成了外籍华人。[1]

1. 朱建成：《中国文化在加拿大》，广州：广东外语外贸大学加拿大研究中心，2004 年。参见中国加拿大研究网（www.
canadastudies.com.cn）的说法。也有人认为有 4 千万，或者更多。但因为没有一个准确的统计（实际上也很难做到），只能
是个大概的数字。

　　虽然早期无论殖民或移民，不同族裔在初到异国他乡之时，出于生存

的需要，都会以族裔文化为纽带，形成不同的族裔社区，彼此界域明显。

但相对于 15 世纪开始散布于美洲、非洲大陆，甚至是部分亚洲地区的欧洲

殖民者，中国人的移民要滞后不少，加上东西文化长期缺乏有效而广泛的

交流，因而，中国人所到之处，就特别强调把中国文化特有的伦理道德、

哲学观念、文学艺术、衣食住行等中国传统文化保留，或做某种程度的本

土化后再散布开去。如今，海外华人所秉持的汉文化和许多所在国主流文

化相融交织，业已成为其不可或缺的一部分。

　　一部中加文学交流史，自然离不开两国之间政治、经济、文化交流的

历史背景。19 世纪中叶中国人开始有规模地移民加拿大，几乎与此同时，加拿大的传教士奔赴中国传播基督宗教。早期华人劳工为建筑横贯加国东西的交通大动脉——太平洋铁路吃苦流血，立下汗马功劳，功照日月；与此同时，加拿大传教士远离都市，深入中国穷乡僻壤，访贫问苦，送医兴学，行劝诚芸芸众生信奉基督的宗教使命，并把中国五千年的文明通过各种方式介绍到西方。1947 年前的加国华人在甚嚣尘上的排华浪潮里，饱受凌辱，几经挣扎；而在中国，反基督教运动加上连年的战乱，也曾殃及不少无辜的加拿大传教士。由于中加在第二次世界大战的同盟关系，两国进入了平等互惠的阶段，但之后中国国共政权的更迭，又使两国交往和交流频生波澜。[1]1970 年代加拿大以杜鲁多（Pierre

1. 但当时加拿大保持着和港澳台不同层面的联系。

Trudeau）为首的自由党政府承认中华人民共和国，两国间政府外交、经济贸易和民间互动揭开了新的一页。由此可见，中加文学交流便是在这样复杂多变的历史背景下徐徐展开。因此，要透彻清晰地梳理中加文学交流的历史，我们不得不先一页页地揭开近代中加经济、政治、文化交流的历史篇章。

第一节　从淘金、筑路到定居唐人街：加拿大早期的中国移民

据说，公元 499 年之前，有一个僧侣慧深到达了北美大陆的西海岸。这可能是第一个到达北美大陆的中国人。[1] 关于慧深和扶桑国的传说，最早记载在公元 7 世纪唐朝史学家姚思廉（557——

> 1. 李东海：《加拿大华侨史》，第 27—28 页，出版地点不详：加拿大自由出版社，1967 年版。

637 年）编撰的《梁书》中：

> "扶桑国者，齐永元元年，其国有沙门慧深来至荆州，说云：'扶桑在大汉国东二万余里，地在中国之东，其土多扶桑木，故以为名。扶桑叶似桐，而初生如口，国人食之，实如梨而赤，绩其皮为布以为衣，亦以为绵。作板屋。无城郭。有文字，以扶桑皮为纸。无兵甲，不攻战。'"[2]

> 2. 《梁书卷五十四·列传四十八 诸夷 海南诸国 东夷 西北诸戎》。

齐永元元年，便是公元 499 年。以上《梁书》中的记述，与其说是史实，倒不如说是更接近于类神话的传说。但其中透露的信息至少告诉我们，当时的中国人对中原大陆以东浩淼无垠大海中可能存在的遥远国度充满了好奇，并意欲探索。而《梁书》这段中关于慧深和扶桑国的记载，也成了日后考古学家、历史学家探索和研究早期美洲移民的参照乃至某种程度上的依据。

另有研究表明，从 16 世纪中叶开始，占据菲律宾的西班牙人就开始和中国、夏威夷以及今天的墨西哥进行海路的贸易往来。与此同时，更多的西班牙人在哥伦布的美洲地理大发现后便蜂拥而至，开始连续不断地蚕食着这块"印第安人"率先居住的新大陆。据相关研究，华人最早在美洲大陆定居地实为中南美洲的古巴和秘鲁。

16 世纪 30 年代开始，在墨西哥城一带出现了所谓的 Chinos，他们成了来自太平洋一带移民的统称。1761 年，法国汉学家金勒吉尼（J.De Guignes）根据《梁书》的记载，认为扶桑即为墨西哥。有趣的是，约翰·吉普生（John Murray Gibson）在其论著中认为，中国古书中的"扶桑"一词，不是指墨西哥，而是指卑诗省一带。[3] 加拿大历史学家麦奇威（Mekelvie）则认为，最早到达加拿大的中国人为 13 世纪元大帝忽必烈远征日本的水师残部。[4] 而"加拿大"一词，

> 3. 李东海：《加拿大华侨史》，第 29 页。

> 4. 李东海：《加拿大华侨史》，第 29 页。

则来源于印第安语，意为"村庄，村落"。1534 年法国航海家卡特尔（Jacques Cartier）抵达此处后，沿用至今。

18 世纪末，加拿大和中国开始有了最早的皮货贸易，一时间，来自加拿大的皮草成了京城

达官贵人的最爱。1788 年,也就是清乾隆五十三年,英国船长约翰·米尔斯 (John Mears) 来广

州做生意,回船经澳门时招雇了 50 到 70 名广东铁匠和木匠,来到今加拿大西部的温哥华岛附近

的一个港湾——奴加生港 (Nootka Sound) 。这些广东的铁匠和木匠在此建造了北美第一艘

40 吨重的"西北美洲号"(Northwest America) 三桅大帆船。首航去往夏洛特女皇岛 (Queen

Charlotte Islands) 时,"西北美洲号"是由一位英国船员和一位中国船员共同驾驶的。米尔

斯船长对这些中国雇员非常满意。[1] 这些早期华人拓荒者还教给当地印第安人耕种技艺。[2]

1.Alexander Begg, *History of British Columbia*. Toronto: McGraw-Hill Ryerson,1972, p.25.
2. 李东海:《加拿大华侨史》,第 442 页。

　　广东珠江三角洲的居民是最早进入加拿大的华人。广州在公元 1757 年是清政府指定的唯

一可以和西方商人交易的港口。所以,关于新大陆、新世界(即后来所谓的"金山")的传说

自然飘到了当地农民的耳朵里,他们因为信息灵通,加上土地四季可耕,随时可以用稻米等农

作物就近交易,形成了善于理财、惯于动迁的不同于内地农民的生存样态。[3] 而另一方面,从

3.Paul Yee, *Saltwater City: An Illustrated History of the Chinese in Vancouver*. Vancouver: Douglas & McIntyre, 1988, p.5.

明朝开始中国政府就一直以严刑峻法阻止国民的"海飘",清朝更强化了明朝的法律,"移民

者及其同谋,一旦被抓获,即被处死"。[4] 无奈极端的政治动荡不安,加上人口增长带来的人

4. 陈国贲:《烟与火:蒙特利尔的华人》,第 10 页,北京:北京大学出版社,1996 年版。

均耕地急剧减少的压力,使得不仅是无田可耕无处谋生的贫苦农民"乐于"铤而走险,甚至一

些遁入困境的小康之家如小地主、富农和小商贩等也加入了这个行列。除了广东以外,中国东

南部的广西和福建,是近代以来另外两个出现大量海外移民的省份。这至少说明,这三个紧邻

的省份在地理位置上接近外部世界,便于迁移,在生存观念上相对开放。

　　19 世纪处于清朝末年的中国多灾多难,但人口即便在战争、饥荒和苛捐杂税的重压下,依

然增长。与此同时,农业的耕作水平并没有提高,拥有土地资源的地主只能雇佣少量的人手,

更多的佃农面对高涨的生活成本,苦苦挣扎。火上浇油的是清政府法律法规和社会秩序的崩溃。

于是,1851—1864 年的太平天国运动便是历史的必然。太平天国广西金田起义,一时间应者云集,

所向披靡,打得清军节节败退,并很快在南京建立了足以和北京清政府抗衡的南方政权。由此,

造成了整个社会的急剧动荡,特别是下层民众的颠沛流离。凡此种种,终于形成了 19 世纪中

期开始的广东大规模移民海外,尤其是远涉重洋,奔赴北美的潮流——因为此时北美的新兴国

家美国和加拿大先后在太平洋一带的西岸发现了储量丰富的金砂矿,形成了 19 世纪以欧洲(北

欧尤甚)为主体,包括亚洲东南沿海国家在内的移民浪潮。而广东人的北美淘金也就此拉开了

5. 陈国贲:《烟与火:蒙特利尔的华人》,北京:北京大学出版社,1996 年版。

近代中国第一次大规模海外移民的序幕。[5]

一、 19 到 20 世纪华人在加拿大的分布和变化

加拿大华人华侨史一般从 1858 年算起，如果细分，有以下 5 个阶段：自由移民时期（1858—1885 年）、征税限制时期（1885—1923 年）、禁止时期（1923—1947 年）、解禁放宽时期（1947—1967 年）、平等时期（1967 至目前）。[1] 概而言之，可划分为自由移民、限制—禁止和解禁平等等三个时期。

1. 罗丝：《加拿大华工血泪》，载香港《大公报》，2003 年 12 月 25 日。

1857 年有两个广东华人从美国来到加拿大，一个叫孟马克（Mark Moon），他从纽约来到多伦多，在今唐人街的中心约克街开了间杂货铺；另一个叫阿寿（Ah Sou）的从美国旧金山来到卑诗省（British Columbia），参加了菲沙河谷（Fraser River Valley）金矿开采和土地开垦。1858 年 5 月，后者回到旧金山，宣传加拿大不列颠哥伦比亚省菲沙河谷发现金矿的消息，吸引了很多美国采金商和华人——大部分是广东华人前来冒险，他们主要来自旧金山。[2]

2.《加拿大华侨史》，第 63—64 页。

6 月 28 日，合记号（Hop Kee Co.）通过爱仑·洛威船务公司（Allam Lowed Co.）安排，将 300 名华工从加勒比海由"俄勒冈号"（Oregon）轮船运送到加拿大西岸的维多利亚（Victoria），拉开了华人劳工大规模进入加拿大境内的序幕。

1858 年 7 月，第一批从广东四邑（台山、开平、恩平、新会四个县的总称）雇佣的劳工抵达卑诗省。因此，1858 年 7 月 28 日这一天被认定为华人抵加的纪念日。[3] 此后，华人人数逐年增加，到了 1863 年，到达卑诗省的华人总数达到 4 500 人。到了 1870 年代华人估计超过 1 万人。

3. 见黄启臣《中国人在加拿大》（1）。载 www.crewweekly.com，2009 年 1 月 16 日。之后黄启臣的这篇连载文章改名为《中国人在加拿大（1788—2009）》，发表在香港的《中国评论学术出版社》的网站上。

1885 年起，加拿大政府开始向入境的华人征收臭名昭著的人头税（Head Tax），每人 50 元加币，并逐年增加，1904 年达到破天荒的 500 元加币。

1886 年，太平洋铁路完工后滞留在加拿大的华工，有的移居到维多利亚、新威斯敏斯特（New Westminster，又译"新西敏士"或"二埠"[4]）以及温哥华。另一些向东到了卡尔加里、蒙特利尔和多伦多，寻找工作机会和歧视相对较少的环境。

4. "二埠"是指当时华人在维多利亚之后的第二个商埠。见潘兴明所著《20 世纪中加关系》，学林出版社，2007 年版。

由此可见，中国早期移民在北美的路线图是沿着美国，然后再延伸至加拿大。比如，美国的 San Francisco 被华人称为旧金山，而加拿大的维多利亚、温哥华一带在早年则被冠以金山的名目，显然是对应于旧金山而言。后来"金山"又被广东侨乡用来泛指美国和（或）加拿大。经年以往，加拿大华人的分布形成了"三大板块"：卑诗省、安省和魁北克省，其中又以这三

省中的主要城市温哥华、多伦多和蒙特利尔居多。

二、 早期华工：太平洋铁路建设

1858 年，近 3 000 名华工首先在菲沙河谷开始淘金，不久，巴克威尔 (Barkeville) 成为淘金者的中心市镇，随后运输、餐饮、洗衣业也发展起来。因矿工日益增多，各种服务性行业应运而生，有些华人转行为厨师、洗衣工、餐馆小业主。另一些华人加入了鱼类加工厂工人、蔬菜种植者、佣人和小商贩等行列。[1]

1. 以上的"淘金"部分，根据徐非译自《加拿大国家档案馆网站》的相关资料改写。

1863 年到 1865 年的两年间，2 000 多名华工会同 400 多名白人劳工修建从耶鲁（Yale，或译作雅利）到卡拉普 (Cariboo) 的公路。1865—1886 年，500 多名华工参与从维多利亚开始的电报线路的铺设。1882 年动工兴建的从威灵顿（Wellington）到维多利亚的专用运煤铁路，全长150 千米，全由华工完成。

以上早期华工的业绩可以看作是他们参与修建太平洋铁路 (CPR，Canadian Pacific Railway) 的前奏和热身。真正彰显华工力量和牺牲精神的是在这个直接关系到联邦东西统一和加拿大长治久安的交通大动脉的建设中。

加拿大最初是于 1867 年 7 月 1 日由北美大陆东部的四个省组成的联邦，以后又有一些省加入。1871 年位于西海岸的卑诗省以"10 年内建成跨大陆铁路，与东部联成一体"为条件，加入联邦。当时联邦政府的宗旨是"建设太平洋铁路以统一国家"。

1875 年 6 月 1 日，自由党人主持的联邦政府正式启动这一工程，但进展缓慢。1878 年，麦克唐纳 (John A. MacDonald) 领导的保守党重回政坛，在卑诗省威胁要退出联邦的压力下，重启太平洋铁路的建设。政府与著名的美国铁路建筑商人安德鲁·安德东克 (Andrew Onderdonk) 签订了合同。因为需要大量熟练而有技术的工人，安德东克从旧金山和坡伦 (Portland) 招来大批华工，其中有 1 500 人是建筑美国铁路的熟练工。他们分批于 1880 年和 1881 年到达加拿大。面对正酝酿反华的卑诗省的代表，麦克唐纳警告说：如果他们需要铁路，就必须接受中国筑路工人。虽然他在此之前曾毫无根据地贬低华人"在任何意义上都属于异己民族，根本不可能期望他们同化于我们的雅利安人社会"。[2] 铁路完工后麦克唐纳却立刻加入反对华

2. 陈国贲：《烟与火：蒙特利尔的华人》，第 15 页，北京：北京大学出版社，1996 年版。

人移民的阵营。整个太平洋铁路的修建过程从 1881 年开始到 1885 年结束，历时 4 年。

一些中国商人在卑诗省设立了劳工代理事务所，招收中国同胞去当筑路工。从 1881—1884 年，从美国和中国到达加拿大修建太平洋铁路的华工达到了 15 701 人。[1] 沿着菲沙河谷陡崖的

1. 魏安国主编：《从中国到加拿大》，第 29 页，上海：上海社会科学院出版社，1988 年版。

这一段线路特别艰难，615 千米长的路段用了 1.5 万名劳工，花费数年时间才修通，劳工中 9 000 多人是华人。筑路过程中，不仅是地形、地质上的难度，而且施工方法也十分危险。为了省钱，承包商不采用强力炸药，而让劳工们用便宜且很不稳定的硝化甘油来进行爆破作业。虽然没有确切的伤亡报告，但据目击者和报纸公布的照片和数字，估计有 700 ~ 800 人死于建造这段铁路，占劳工总人数的 5% ~ 9%，其中大部分是华工。

1885 年 11 月 7 日，太平洋铁路正式建成。1886 年 6 月 28 日，第一列横跨大陆列车自蒙特利尔经多伦多开往西部的满地宝（Port Moody）。

太平洋铁路的建造历程几乎贯穿了这个年轻国家的整个早期历史。直至今天，太平洋铁路在加拿大交通运输中依然发挥着举足轻重的作用，并依然是加拿大历史、文化和现代化进程的一个象征。包括华裔作家在内的众多加拿大作家将其写入自己的作品，记载和描述了它的历史故事，以及它所负载的复杂涵义的文化和精神遗产。太平洋铁路，如同唐人街一样，作为一个醒目的标志性意象，大量出现在加拿大华裔作家和艺术家的笔下。比如华裔音乐家陈嘉年（Chan Ka Nin）作曲的音乐剧 Iron Road（《铁路》），华裔导演吴大维（音译，David Wu）导演的 Iron Road（《金山》）[2]，加拿大华裔作家葛逸凡和张翎的长篇小说《金山华工沧桑录》和《金山》[3] 等。

2. 又译《金山》，但其官方网站上的中文译名为《铁路》。见 www.ironroadthemovie.com。

3. 张翎：《金山》，北京：北京十月文艺出版社，2009 年版。

自 19 世纪末以来，经过修建太平洋铁路的华工、他们的后裔以及广大的华人社区、社团持续不懈的努力，铁路华工被"隐身"的不公正历史终于得到一步步匡正。1981 年卑诗省制作了一块表彰华工修建太平洋铁路功劳的铜匾，被安置在卑诗省耶鲁镇（Yale）的博物馆外。1989 年，在多伦多士巴丹拿街（Spadina）东边的中区唐人街，三级政府出资兴建了"铁路华人纪念碑"。2008 年 7 月加拿大铁路华工纪念会发起筹建"铁路华工博物馆"[4]。这些不同的艺

4. Chinese Railway Workers Museum。参见黄启臣：《中国人在加拿大 1788—2009》。

术文化形式，永远留住了华工们在加拿大的艰辛和对加拿大的贡献。

三、 从排华法案到新移民法

在温哥华岛东面海中的一个名为"达斯岛"的小岛上，曾经有 40 多名患上麻风病的铁路华工被遗弃在那里。当时患病的华工被禁止进入白人的麻风病院，虽然维多利亚市政府定期运送补给品，但却不给予任何医疗照顾。这批华工凭着勇气和意志，在这里建立了一个社区，共同面对难以忍受的恐惧、乡愁和孤独。[1] 由这样一个典型的历史事件，我们不难意识到 1885 年

1. 关于"达斯岛"事件，参见罗丝：《加拿大华工血泪》，载香港《大公报》，2003 年 12 月 25 日。

太平洋铁路完工后华工的悲惨境遇和催生一浪高过一浪排华浪潮的恶劣的社会环境，因此，排华法案的出笼是迟早的事情，一如保守党总理麦克唐纳在太平洋铁路完工前后的变脸。

1867 年 7 月 1 日加拿大建国。在此前后，由于主要的移民群体为来自欧洲和美国的白人，他们中间的不少人一则自视为这块殖民地的主人，二则带着种族优越感，加上他们和华人在外貌、服饰、语言、文化及生活方式等方面的差异，彼此之间又缺乏接触与交流，导致对华人的集体偏见，继而上升到以英国移民为主的白人主流社会对华人的不同形式、不同层面的形形色色的歧视——即所谓的制度性歧视。有些加拿大白人认为华人会夺走他们的工作机会；有些人则指责华人拥挤的生活环境，身上会携带病菌；又有不少白人认为华人的生活单一、不讲究质量、生活水平低下，所以华工的工资应该比白人低。许多华人遭到辱骂和袭击，华人遗体甚至不能埋葬在一般的公墓中。针对层出不穷的排华辱华事件，加拿大的华人开始时更多地是忍气吞声，但主流社会的变本加厉，使得华人们终于意识到要依靠自身整体的力量进行抗衡和自卫。于是，他们举行了各种不同的抗议活动，同时通过唐人街的华人民间组织，如中华会馆等，一次次地向加拿大地方和联邦政府及法院提出申诉，或者间接地要求中国政府的外事机构向联邦政府交涉。例如，1879 年，维多利亚华人便首次要求清政府驻英国钦差大臣郭嵩焘 (1818—1891) 与加拿大政府交涉当地工会排华的行径（因为当时加拿大尚属于英国的自治领地 (Dominion of Canada)，外交事务没有完全自主）。1884 年他们又通过旧金山总领事黄遵宪 (1848—1905) 要求清政府在加拿大设立领事馆，介入华人和当地白人居民的各种事宜，保护侨民的利益。但直至 1908 年，清政府才于渥太华设立领事馆。[2]

2. 李东海：《加拿大华侨史》，第 39 页，第 41 页。

据史料，排华运动始于 1872 年的卑诗省，以省议员约翰·罗宾逊 (John Robson, 1824—

3. 罗宾逊先涉足于新闻、报纸，后从政。曾是卑诗省的第九任省督。

1892)[3] 提出的歧视华人案为标志，这一年是卑诗省加入联邦政府的第二年。主要的参与者为

当时的政客和白人劳工阶层。一些议员连番要求联邦政府立法，征收华人人丁税，限制华人入境；1876年，又有省议员提议禁止留长辫子的华人受雇于公共事业机构，但这两个提案都未获通过。[1] 1885年，随着太平洋铁路的完工，联邦政府终于答应卑诗省的无理诉求，规定华

1.《加拿大华侨史》，第138页。

人必须交纳"人头税"，以此限制华人入境的数量。"人头税"一直延续到1923年，数额也不断增加，直至后来的500加元，在当时，500加元就可买一幢房子。从1886年至1923年，加拿大政府从这项收入中共获2 300万加元。据说，维多利亚的卑诗省省政府联合大厦便是用此项款项建造的。[2]

2. 罗丝：《加拿大华工血泪》，载香港《大公报》，2003年12月25日。

由于鸦片战争后中国的衰国弱民，以及19世纪西方白人社会通过工业革命和海外殖民扩张在全球范围获得的政治—经济霸权，加上当时大部分中国移民为输入的劳工，受教育程度一般较低，因此形成了西方社会对中国移民的普遍虐待和歧视。与此相对应，1850年代，澳大利亚殖民地同样限制中国移民的数量；1882年，美国也早加拿大4年通过了类似的排华法案。

1907年，卑诗省陷入经济危机，白人工会领袖竟然归咎于华人，号召市民暴动，驱逐华人。9月，有千余失业工人冲入维多利亚的唐人街和日本街，致使唐人街的诸多店铺遭受洗劫，甚至有华人被殴打。之后，中华会馆代表，包括后来的中国领事和联邦政府几经交涉，才获得26 000加元的补偿。[3] 1914年，在加西其他华人集聚区也发生过类似白人对华人的暴力骚扰。

3. 但当时的加拿大政府在同年的10月就对损失远逊于华人的日本侨民做出了高达9千多加元的赔偿。参见潘兴明：《20世纪中加关系》，学林出版社，2007年版。

1908年，维多利亚教育局竟然颁布法令，不许华人儿童和青少年进入白人学校读书。但该法令一年后因为华人社区的强烈抗议和反对，加上教育局自知理亏，自动废除。1923年，卑诗省学务部仿照美国对有色人种的隔离政策，提出黄白分校的主张。9月维多利亚将400多名华人学生赶出校园。此举马上受到华人社区的强烈抗议，在中华会馆等的多方交涉下，于次年草草收场。

1912年发生了历史上著名的"女佣案"（The Prohibition of Employment of White Women in Chinese Restaurant）——禁止中餐馆聘用白人女性，由萨斯喀彻温省（Saskatchewan）蔓延至其他主要省份，历经十年才得以撤销。甚至到了上个世纪二三十年代，在加拿大出生的第二代华人依然直接面临着让人窒息的种族歧视——包括心理上的和对未来前途上的。但这代华裔是乐观的，因为他们还是能感受到现实在逐渐向好的方面转化，"在学校，他们教我们民主和权利平等，这也是在教堂里陪伴我们成长的理念。我们终归可以看到享有平

等那一天的到来。没必要大吵大闹，我们只是需要足够的耐心"。[1]

1.Paul Yee, *Saltwater City*, p.115 (The Experience of Racism).

的确是要有足够的耐心，因为 1923 年出笼的《1923 年华人移民法案》(The Chinese Immigration Act, 1923)，被加拿大华人称为《排华法》，是加拿大联邦政府通过的一个全面禁止华人进入加拿大的法案。此法案共 43 条，故又被华人称为"四三苛例"。因为《排华法》开始执行的日期和加拿大国庆的日期是同一天，所以当时在加华人都称国庆节为"耻辱日"而拒绝庆祝加拿大国庆。经过 14 年不懈的抗争和漫长的等待，加上时代的进步，更鉴于加国华人在第二次世界大战对加拿大的贡献，加拿大联邦政府于 1947 年 5 月 14 日终于废除了《排华法》，同年华人获得了选举权。但直到 1967 年加拿大才开放移民政策，让华人可以不受种族歧视地以计分法申请移民加拿大。1982 年加拿大颁布人权宪章 (Canadian Charter of Rights and Freedoms)，联邦政府开始实施多元文化政策。2006 年 6 月 22 日，时任加拿大总理的斯蒂芬·哈珀在渥太华国会举行正式"道歉"仪式，平反华人移民法案，宣布对遭受《排华法》损害而尚存的受害者及亲属进行赔偿。[2]

2. 以上论述根据《维基百科》资料以及中新网渥太华 2006 年 6 月 22 日电编写。

新移民法颁布后，1980 年代开始有大量的香港和台湾的投资移民和来自大陆的技术移民。华人移民的组成结构、职业分布、社会地位开始发生决定性的变化。换言之，华人移民作为一个整体（包括来自中国大陆、香港地区、台湾以及世界其他国家和地区的华人和华侨），已经从 18 世纪开始的以出卖劳力为主，少量从事零售商业和服务业的社会边缘，逐步转向具备规模的商业投资、各类技术行业，并更多地跻身于医生、律师、会计、教授等精英阶层。

四、 多元文化主义与魁北克的间文化政策 [3]

3. 或称融合文化政策，或跨文化政策，inter-cultural policy。这一部分主要为张裕禾撰写。

多元文化主义（多元文化政策）在 20 世纪中期的出台，从历史上看，是西方移民国家在"二战"以后强调自由民主平等的现代资本主义理念的大背景下，针对社会内部的矛盾（反种族歧视和种族隔离），反省以往移民政策的缺失和不公正，借以推动社会稳定和完善的必然产物；从理论上讲，这是多民族多族裔社会用以管理文化多元性的公共政策，它采取官方手段在一个国家内部强制推行不同文化之间的相互尊重和宽容。多元文化政策强调不同的文化各有其独特性，事关接纳其他民族时尤其重要。这个词最早在 1957 年用来描述瑞士的政策，在 1960 年代末期被加拿大接纳，并且扩散到其他一些有类似国情的国家。

对待移民团体和文化，一般有四种政策：单一文化政策——对移民进行社会整合，将其吸收到本民族的文化之中；领头文化政策——一个国家里的不同族群可以有各自的特征，但是必须支持作为社会基本核心概念的领头文化；熔炉政策——传统观念中美国是一个熔炉，无须政府干预，各种移民的文化自行熔为一体；多元文化政策——多元文化政策又被称为文化马赛克，或者文化色拉模式。

许多批评认为多元文化政策阻碍或延缓了社会整合及文化融合，这会导致经济差异从而使某些少数民族被排斥于主流政治之外。对多元文化主义最强烈的批评来自艾茵·兰德（Ayn Rand）[1]，她惧怕自 1960 年代世界范围的种族复兴运动会导致种族巴尔干化，从而使现代工业化社会解体。另一来自右翼的批评，根据斯堪的纳维亚国家和加拿大的经验教训，认为多元文化主义是对于人性的看法过于简单和乐观的乌托邦意识形态，因此只能在西方社会的都市里存在。[2]

1. 俄裔美国哲学家、小说家。她的哲学理论和小说开创了客观主义哲学运动，她同时也写下了《阿特拉斯耸耸肩》(Atlas Shrugged)、《源头》(The Fountainhead) 等数本畅销的小说。她的哲学和小说里强调个人主义的概念、理性的利己主义（理性的私利）、以及彻底自由放任的资本主义。她相信人们必须透过理性选择他们的价值观和行动；个人有绝对权利只为他自己的利益而活，无须为他人而牺牲自己的利益、但也不可强迫他人替自己牺牲；没有任何人有权利透过暴力或诈骗夺取他人的财产、或是透过暴力强加自己的价值观给他人。——马佳选自"百度百科"。

2. 参见"维基百科"相关内容。

美国工业在 20 世纪初获得蓬勃发展，把大批南方的黑人，以及意大利、俄罗斯和波兰等国的欧洲新移民，吸引到汽车制造业的中心——芝加哥。由于各国移民混居一处，造成了族裔之间冲突不断，犯罪率上升，吸毒卖淫猖獗，社会秩序混乱。芝加哥大学的社会学家们认为，移民问题主要是由于社会环境的改变和突如其来的文化转移在他们日常生活中的反映，而不是种族或族裔的差异造成的。出于这一基本认识，他们提出了著名的"大熔炉"（melting-pot）政策，即通过潜移默化的过程，通过学校的教育，使少数族裔的移民逐步失去他们原有的文化，而完全接受犹太—基督教文化。

这一主张在 20 世纪的 20 年代和 30 年代，在美国和加拿大占据了舆论的主导地位。加拿大不仅追随美国实行同化政策，甚至有过之而无不及，竟然提出要把加拿大建成白人社会。当然，这些主张没有经得起时间的考验。随着时间的推移，特别是在第二次世界大战之后，随着世界民族独立运动的兴起，随着美国反对种族歧视和种族隔离运动的蓬勃发展，同化论在舆论界逐渐失去了信誉和市场。

第二次世界大战之后，加拿大的移民资源发生了很大变化。除了来自英国和法国的移民外，更多的移民来自欧洲的其他国家，特别是来自第三世界的亚、非、拉国家，以致到了 60 年代，加拿大人口结构的版图呈现出了新的态势。加拿大的人口本来是由三个大群体构成的。第一个群体，是数千年前为追逐猎物通过白令海峡从亚洲来到美洲的印第安人（包括伊努夷人，印第安人和欧洲人的混血儿梅迪斯人[1]），他们被视为土著人口。根据 2001 年的统计，土著人口大约为 130 万，占加拿大总人口的 4.4%。第二个群体，是数百年前来自法国和英国的垦民，他们是创建加拿大的基本人口。第三个群体，是出生在加拿大或外国但其祖先既不是法裔也不是英裔的加拿大人。根据 2006 年的人口统计，第三个群体的人口在飞速增长，而英裔人口和法裔人口则迅速下降。加拿大作为一个多民族、多语言、多文化的国家和社会，到了上世纪的 60 年代，这已经是个不争的事实。加拿大是个联邦制国家，如何在政治上保证国家统一的前提下管理好一个多民族、多语言和多文化的国家，这对中央政府来说是个严峻的挑战。

1. 即 Métis，现为加拿大原住民的一支，他们有自己的语言 Michif Language。

1971 年 10 月 8 日，杜鲁多的自由党政府在下议院颁布了《双语框架内的多元文化政策实施宣言》。1982 年，多元文化政策正式写进了加拿大的《人权与自由宪章》。1988 年，加拿大议会通过了《多元文化法案》。至此，多元文化作为加拿大的基本国策，以法律的形式固定了下来。在世界上，加拿大是第一个这样做的国家。

加拿大的多元文化政策的基本内容：一是承认加拿大文化的多样性，二是承认加拿大所有族裔的文化都是平等的，三是加拿大的所有族裔群体在尊重基本人权的基础上都有保存和发展自己文化的权利。多元文化政策的制定者认为，这样做一是打破了自以为高人一等并具有普世价值的主流文化的霸主地位；二是确保了少数族裔文化在接纳社会里得到尊重、保存和发展；三是少数族裔有权利表达其文化的特性，有权利建立自己的族裔文化机构并得到国家的支持。

如前所述，多元文化政策的出台，得到大多数加拿大公民的支持和拥护，但是，也出现了各种各样的批评。具体而言，一种意见认为，这样做突出了文化之间的差别，而没有强调支撑加拿大社会的共同价值观念。另一种较为激烈的批评是，指责多元文化政策是一种文化隔离行为，认为这一政策会导致少数族裔文化的民俗化，把少数族裔的文化产品变成旅游商品。其结果是，加拿大不会因为多元文化政策而变得更加统一，少数族裔群体也不会因为在文化上得到承认而感到更加自尊。

第三种意见主要来自魁北克省。民族主义强烈的魁北克人不仅不看好多元文化政策，甚至抱有一定的敌视态度。因此，魁北克省提出自己的融合文化政策[2]，或称间文化政策。融合文

2. politique de l'interculturalisme, intercultural policy.

化这个概念首先是由法国学者在 1970 年代提出来的。魁北克觉得这一概念比较好，便接受和充实了这一概念，使之在政治上变得可以操作。魁北克的融合文化政策，承认一切文化，无论是多数人的文化还是少数人的文化，当其跟他文化接触时，地位都是平等的，并且不可避免地与他文化之间发生互动作用，而互动作用的结果必然是彼此受益，互相丰富，最后产生既非此又非彼的文化混合物，即文化"混血儿"。

从认识论的角度来说，融合文化论显然是个进步，更符合多民族国家的实际情况，更有利于维持国家的统一与各民族之间的和谐相处。因为共居于同一块国土上的各个民族在与他民族接触的过程中，语言文化之间的互动是一种十分自然的现象。就好像不同民族之间的通婚会生出混血儿一样，不同文化之间的互动，互相借鉴，互相渗透，互相取长补短，久而久之，融合现象就会自然产生。当然负责管理义化多样性的当局应当具有民主的观念，平等看待和平共处的各少数族裔的文化，而不必作过多的行政干预，除非发生了族裔冲突和种族歧视的案例。所以我们说，融合文化论要优于多元文化论，可以避免多元文化论可能造成的族裔之间相互隔离的马赛克现象，又可以避免民族沙文主义。

可是，当魁北克的政治家们把这一理论付诸实践时，却使融合文化论变了味。首先他们利用魁北克省从联邦政府争取来的自主挑选移民的权力，在制定挑选标准时，过分夸大了掌握法语的重要性，并给予过高的分数。这就使许多非法语国家的申请者，特别是许多亚洲国家的申请者，失去了移民魁北克的机会，同时也使魁北克的移民资源受到限制，挑选的范围大大缩小。

魁北克政府在制定新移民融入接纳社会的政策时，特别强调法语是公共生活中唯一的共同语言。比如说，课堂上老师必须用法语授课，但在课下休息时学生可以选择任何一种语言跟其他同学进行交谈。在工作场所，法语是工作语言，但在家庭内部，可自由使用任何一种语言。魁北克这样强调法语的重要性，是因为法语是魁北克文化身份的最为重要的组成部分，是魁北克文化身份的汇聚点，所有族裔群体的成员都应该向这一点集中，以便确保魁北克的统一。但新移民在语言上没有选择的自由，只能用法语。这是试图运用行政手段对新移民施加压力，在道义上约束新移民。这样做使世世代代生活在魁北克的犹太裔群体、英裔群体、意大利裔群体，以及非英裔但说英语的居民感到很不自在，觉得在魁北克社会中被边缘化，受到排斥，从而使这些居民产生离心倾向，其中有些人甚至因此而搬离了魁北克。

从理论上说，魁北克要建设一个民主、开放、多元的社会，但在政策层面上，只着重强调法语是社会的共同语言，而不再提及文化群体之间的互动、交流和融合，也不再提及魁北克省内各族裔群体对魁北克文化的贡献，这就有通过语言来同化其他族裔群体之嫌。

第二节　故土情怀和华裔精神的写真：加拿大早期华人的文化活动 [1]

1. 关于这一节的详细论述，请参看本书的第三章等相关章节。

一、　广东粤剧及其他

移民是加拿大民间音乐来源的重要渠道。由华人移民带入的中国音乐成为加拿大民间音乐的一个组成部分。在早期移民中流传的主要是广东的音乐。

19 世纪中叶，广东华人带来了广东粤剧。1870 年时，在维多利亚有三个广东音乐俱乐部 [2]。

2. 分别为：乐天楼（音译）、遥天楼（音译）和天丰赏（音译）。

早期加拿大华人的文化生活非常单调，最通行的文化娱乐活动便是演唱粤剧。淘金时期，维多利亚有粤剧班常驻，华侨富商每逢喜事或敬神活动时，往往聘请粤剧团演出。以后，唐人街又建立了戏院。台山木鱼——一种民间说唱风格的体裁，是中国南部一种重要的传统叙事歌曲木鱼歌的当地变体，在加拿大的唐人街曾风行一时。粤剧俱乐部也历史性地起到了为单身会员充当家庭的作用，而华人同姓宗亲会亦推动了中国音乐在加拿大的传播。

早期加拿大有三个文化中心：维多利亚、温哥华和多伦多。1916—1941 年，温哥华的唐人街经常接待来自中国的粤剧团。1934 年，加拿大最早的粤剧俱乐部——振华声音乐社在温哥华成立。1997 年，联邦政府拨出小额款项补贴振华声粤剧社，并将该社命名为"亚太平"。2006 年 2 月，温哥华粤剧社被正式批准为非牟利社团，可享受捐助者优待。

1960 年以后，移民来源不限于侨乡，他们很多来自香港、台湾和中国大陆其他省份。由于移民来自不同的地方，音乐也相应地多元化了。

1964 年，蒙特利尔的华人组织了一个名叫"闲园"的广东音乐协会，地址在新国民餐馆旁边。这个粤戏剧团有 20 人左右，吸引了不少爱好者去那里学戏。1980 年从香港移居多伦多

的劳允澍[1]曾先后拜粤剧界两大宗师为师，一是南国歌后红线女，一是薛派真传林家声，由于

1.关于劳允澍的介绍，参阅了《加拿大移民俱乐部》（www.ymclub.com）网站上周琼的文章，以下类同。

他拥有极高的艺术禀赋，因此在短短的时间里，便先后与红线女灌录了不少唱片和CD，对推

动多伦多华人粤曲歌坛的兴旺发展，起了极大的作用。出身于香港的应国凤是粤剧界的后起之

秀。她极力推广中国粤剧文化，不仅在上个世纪90年代自建剧团，还在华人社区免费教授粤剧。

　　维多利亚曾是中国文化活动的一个重要中心。一幅拍摄于1890年左右的历史照片显示了当

时的音乐爱好者在维多利亚的一座华人教堂中参加活动。华人青年基督教协会虽然是加拿大华

人的一个宗教团体，但在二十世纪三四十年代，他们也演现代戏。这些演出的宗旨秉承了基督

教精神，告诫人们要改正恶行、举止适当、行善助人。在1919年"五四运动"影响下，一些中

国来的青年和在加拿大出生的华裔在华侨社会组织话剧团、书报阅览室、音乐社以及各种戏剧

社，其中多数从事业余演出。此外，在华侨社会传教的教会和青年会对组织华侨的文化娱乐活

动起了相当重要的作用。1936年，在温哥华还成立了中国音乐协会。其他像卡尔加里、温尼辟、

蒙特利尔等地，也有一些类似的小规模的松散的剧团或剧社。例如温尼辟的精魂社（Chinese

2.Paul Yee, *Chinatown, An Illustrated History of the Chinese Communities of Victoria*, Vancouver, Calgary, Winnipeg, Toronto, Ottawa,

Dramatic Arts Society），[2]便是很好的例子。

Montreal, and Halifax. Toronto: James Lorimer & Company Ltd, Publishers, 2005, p.71.

　　在推动中国民族音乐在加拿大的发展方面，除了上述的剧团外，各种各样的文化中心和社

团也功不可没。例如，温哥华中华文化中心建有文物馆，陈氏表演艺术中心经常举办中华音乐

的演出。大多伦多中华文化中心的演艺剧院——何伯钊剧院，上演过粤剧、京剧、话剧、电影、

舞蹈、音乐或演唱会等节目。[3]在50年代初，维多利亚的宗亲会举行了形式多样的社会及娱乐

3.有关"大多伦多中华文化中心"的介绍参考了该中心的网页。

活动和项目，1956年成立的海峰会也主办传统的音乐和舞蹈表演。1980年，温哥华中华文化中

心成立，由中华会馆赞助的温哥华华人女子腰鼓队表演了节目。队伍由指挥杖、腰鼓和中国传

统服装组成。这样的游行式表演在上个世纪五六十年代很为时兴。[4]

4.Paul Yee, *Saltwater City*, p.165.

　　80年代开始，随着传播媒体由广播电台向电视播送方式的转移，也陆续出现了一些华人创

办的以汉语（粤语和普通话）为主要语言的电视台，它们的节目中也有京剧、粤剧以及香港、

大陆、台湾等地的传统和流行歌曲。

　　中国的国粹京剧，也在加拿大赢得了越来越多的知音。加拿大的"洋贵妃"们，同样把

京戏唱得有滋有味。类似"小梨园"的若干小型京剧团，活跃在加拿大的戏剧舞台、众多社区

和大学校园。例如，约克大学2006年的"中国周"活动就曾经邀请多伦多当地的"小梨园"

剧社[1]给师生们讲解和现场示范典型的中国京剧表演艺术。加拿大英文报纸《多伦多星报》

　　1. 多伦多的"小梨园"剧社 (The Little Pear Garden Collective) 由刘伟亮 (William Lau) 在1994年创建。

（*Toronto Star*）曾为此发表题为《小梨园的京剧之花盛开》的评论指出："小梨园的艺术家

们在加拿大播下了京剧种子，他们生动而富有活力的演出，使加拿大人不再觉得京剧是遥远和

神秘的艺术。"[2]

　　2. 朱建成《中华文化在加拿大》一文，载《广东外语外贸大学加拿大研究中心》网站，2006。

　　总之，华人把粤剧、京剧等中国传统的戏剧和音乐带入加拿大，也就是在加拿大传播着中

国音乐文化。换言之，中国传统的戏剧和音乐成为流传中国传统文化的生动而有效的载体，亦

成了联系华人的坚韧纽带，同时，还丰富了华人社区的文化休闲娱乐活动。日后，在联系不同

族裔逐渐进入主流社会的过程中，更起了桥梁的作用。

二、　华人的节庆活动和演艺节目

　　冬至、春节、中秋，舞狮、花车游行、放鞭炮、赏月、赛龙舟，这些中国人耳熟能详的节

日和节庆活动，从中国移民踏上加拿大土地的第一天起一直到今天，都始终保持、延续着。如

广东籍华人坚持"冬至大过年"的习俗，一家吃团圆饭。从19世纪中叶到20世纪50年代，庆

祝活动主要是在唐人街举行，但从上个世纪70年代开始到现在，随着华人移民的迅速增长，

在温哥华、多伦多、蒙特利尔等地的华人社区进一步向唐人街以外的广大区域发展，形成了所

谓的大温地区（GWA）和大多伦多地区(GTA)，节庆活动呈现出以华人社区中心、华人商业

中心和华人教会为不同主体的散点发展的态势，活动的形式和内容也更加多姿多彩，琳琅满目。

　　1931年的"九一八"事变后，在温哥华唐人街，华人组织了各种形式的募捐活动。比如说

名为"鼓舞救国"的舞台击鼓表演。[3]1951年哈维·罗 (Harvey Lowe) 在温哥华的 CJOR 电

　　3.Paul Yee, *Saltwater City: An Illustrated History of the Chinese in Vancouver*. Vancouver: Douglas & McIntyre, 2006, p.108.

台开设了 The Call of China 的节目。这是第一个加拿大华人广播节目，并播送了14年之久。[4]

　　4.Paul Yee, *Saltwater City: An Illustrated History of the Chinese in Vancouver*. Vancouver: Douglas & McIntyre, 2006, p.129.

　　余兆昌的著作《咸水埠》[5]中有一幅插图，时间是在1975年中秋节。温哥华的唐人街第一

　　5.Paul Yee, *Saltwater City*.

次出现了草编的舞龙 (grass dragon)。草来自菲沙河谷的田野，按照传统，"草龙"由香杆撑起。

舞龙和舞狮成为中国传统节庆时的经典表演，在舞龙和舞狮队里也不乏白人等其他族裔的爱好

者。2003年1月17日晚，多伦多会议中心的巴塞特剧院(John Bassett Theatre)就举办了一场

中国民族歌舞表演，吸引了包括华人在内的各个族裔的观众，气氛热烈。同一时期，类似的喜

庆场面也在渥太华、温哥华、蒙特利尔和卡尔加里出现，而大多数为非华裔观众。几乎每年的中国国庆节和春节期间，加拿大的文艺舞台都吹起了"中国风"。

1989 年由多伦多华商会主持的国际龙舟赛吸引了世界各地的龙舟爱好者，由开始的 27 支参赛船队发展到今天的 180 只船队。龙舟赛到 2010 年已满 22 届，这是亚洲以外同类比赛中规模最大的。在比赛出发地安大略湖的中央岛还设立小型龙舟博物馆，介绍龙舟赛的历史和相关的龙舟文化。另外，在渥太华和魁北克也有类似的比赛。龙舟赛往往吸引很多华人以外的族裔参加，甚至连加拿大国防部都组建了龙舟队。它在加拿大的影响力堪比中国功夫。

三、 华人的绘画、建筑和园林艺术

（一） 美术和绘画

中国的书法绘画艺术以其独特的手法和工具，无与伦比的东方意韵，源远流长的历史文化底蕴，成为不受语言限制的传播中国文化艺术和文明的便捷而优美的载体。加拿大的华人深谙艺术可以超越文化隔阂和种族歧视的藩篱，早期就通过唐人街的艺术社团积极推广中国绘画和书法，后来又在维多利亚、温哥华、多伦多和蒙特利尔等地创立了各种民间美术团体和展馆，如多伦多的安省中国美术会（Ontario Chinese Artists Association）和安省中国美术馆。这些美术团体和展馆还在春节等中国传统的节日为商家和个人挥毫泼墨，书写春联和书法。

1979 年，移居加拿大安大略省的一批志同道合的书画名家，创设安省中国美术会，旨在雅集切磋书道绘艺，弘扬国粹，推动中西文化交流，定期作展览，或邀请名家作学术讲座等。1996 年，用安省政府的资助和自筹款项，建起安省中国美术馆，每年多次举行书画展及其他美术展览、讲座及教学等。美术会成为一个美术和文化的交流热点，备受各方重视。2008 年，美术会和美术馆迁往大多地区的士嘉堡区。担任会长 18 年的劳允澍，属于岭南隔山派画家，因积极参与社区文化活动，勉力推动和促进中西艺术交流而多次荣获加拿大政府和民间的嘉奖。甚至还有一位祖籍波兰，自幼移居加拿大，随名画家伍彝生习画的戴活（Sypniewski Derek）也加入了美术会。被誉为"孔雀王"的名画家伍彝生（1929—2009）于 2005 年 9 月 7 日创立墨韵琴声馆书画会，2009 年因在加拿大传播中国艺术而获得安省政府的奖励。

华裔画家孙昌茵的巨幅组油画《百年华工血泪路》，画长 5.8 米、高 1.45 米，分为《华工的家眷望夫归》《华工还乡梦》《华工修筑铁路的艰辛以及遭受的不平等待遇》三幅，将早期华人移民的艰苦生活用油画加以生动地记载。后被加拿大博物馆收藏。2009 年加拿大国家邮政局出版的一套纪念邮票中，《百年华工血泪路》入选。温哥华画家程树人根据旧照片，于 2010 年在唐人街也绘画了三幅壁画，重现 20 世纪初华人的生活。

多伦多画家孙昌茵
的油画

画家程树人的温哥华华人历史壁画
（梁丽芳摄，2011.2）

还有一些旅加的中国画画家尝试将西方现代派的绘画元素注入传统的国画中，创造出抽象水墨画等新形式。赵廉编纂的中英双语的《马鹏抽象水墨作品集》[1]，便是以一位代表性的画家为例，勾勒出了这一令人耳目一新的艺术形态的发展轨迹，并借此填补了加拿大抽象画历史有意无意忽略东方抽象画的缺憾。

1.Lien Chao, *Peng Ma: Abstract Ink Painting*. Toronto: TSAR Pulications, 2011.

（二）　中国建筑工艺文化

红墙绿瓦是唐人街和华人社区建筑的典型模式。例如蒙特利尔的枫华宾馆，就是一座巨型的红墙绿瓦，内有亭台楼阁的建筑。江南式的园林建筑也在加拿大落地生根，如蒙特利尔"梦湖园"于 1991 年 6 月竣工，由蒙特利尔的友好城市上海建设，美轮美奂。1986 年建成的温哥华唐人街的中山公园（Dr. Sun Yat-sen Classical Garden）[1] 也很知名。另外还有寺庙建筑，

1.Paul Yee, *Saltwater City*，p.96.

像温哥华华人社区建的佛教宝塔，而多伦多湛山精舍五台山仿唐大雄宝殿预计 5 年内建成，全部用斗拱和生漆粘合。在广州开平等四县的碉楼，也主要是加拿大华人的贡献。碉楼有各种风格，巴洛克式、罗马式、哥特式，当时有一万多座，至今完好保存的有数千座。2007 年被联合国教科文组织评为人类文化遗产。

四、 社团和诗社

（一） 早期华人社团和中华会馆

如前所述，早期淘金时代开始陆续建立的各种华人社团，主要目的是在当时严重泛滥的种族歧视，缺乏法律保障，加之中国清政府外交软弱的恶劣背景下，团结广大华人，维护族裔的权益，并就所有的和白人社区以及其他社区的矛盾冲突，同政府交涉。与此同时，华人社团还负责华人和祖国亲人之间的联络，协调内部纠纷，承办诉讼，运送先人遗骨回中国，并举办打"工夫"（武术）唱"班本"（戏曲）等各类文娱活动。[2] 所以，在中国在渥太华设立领事馆之前，

2. 李东海：《加拿大华侨史》，第 67 页。

华人社团充当了半官方的角色，在早期华人的社会、政治、经济和文化活动中扮演了不可或缺的角色，功不可没。至于后期的诗社，则是随着加拿大社会的逐渐公正，华人生活相对稳定后精神层面的产物。早期华人社团，作为华人成长历史和文化社交生活的重要组成部分，大量出现在各类华裔作家的中英文作品，特别是传记文学和小说中。

1863 年第一个帮会性质的团体洪门会党（洪顺堂）在卑诗省的巴克威尔建立。[3]1868 年改建

3. 李东海：《加拿大华侨史》，第 174 页。

成规模较大的堂所，并订立章程，改称致公堂，先后建立堂所 10 处。它的目的是为了维持同乡的友好关系，并且通过适当的商业交流积聚财富，它也控制了唐人街里所有的春楼、烟馆和赌场。

1884 年 6 月，在时任旧金山总领事黄遵宪的主持下，在维多利亚成立了中华会馆（Chinese Benevolent Association）。黄遵宪是广东嘉应州人，在清政府中曾担任过多项外交使节，在旧金山任期内，非常关心卑诗省的侨民事务。[4] 维多利亚的中华会馆从成立之初一直到抗战开始

4. 李东海：《加拿大华侨史》，第 152—153 页。

的 50 余年间，统领全加华侨事务，联络祖国和加拿大政府，俨然是加拿大的侨界领袖。[1]1895 年随着温哥华地位的日益

1. 李东海：《加拿大华侨史》，第 187—188 页。中华会馆至今依然运作。

隆起，温哥华中华会馆应运而生，1949 年后易名为全加中华总会馆，逐渐取代了维多利亚中华会馆的地位。

温哥华中华会馆（中），左边为中国洪门民治党总支部与达权社支社（梁丽芳摄，2011.3）

（二）　20 世纪以来星罗棋布的各类社团和诗社

20 世纪初，各大城市的中华会馆纷纷成立，主要代表商人利益。1922 年代表所有华侨的加拿大华侨协会和中华基督会成立。1923 年，共有华人社团 87 个之多，包括互助性质的地方性侨团和宗亲侨团，特别是后者，财源广大，人数众多，其中多由广东四邑的宗亲家族组建而成。

20 世纪 30 年代末到 40 年代抗日战争时期，温哥华的义捐救国会、维多利亚的抗日救国会、多伦多统一抗日救国会、蒙特利尔的华侨抗日救国会、温尼伯的抗日救国会等纷纷组织示威游行，举办各类宣传和募捐活动，支持祖国的抗战。

20 世纪 60 年代特别是 80 年代后，同乡会和校友会风起云涌。还有多伦多华人进步保守党、华人自由党等。中侨互助会（S.U.C.C.E.S.S）成立于 1974 年，是一个以温哥华为中心，建基于社区的多元服务机构。2008 年全加 300 个社团皆为 1992 年 5 月成立的加拿大华侨华人联合会的团体会员。

具有文化和文学色彩的俱乐部、书报社、剧社、诗社、体育会、笔会、中华文化协会等，也是五花八门，争奇斗艳。像维多利亚、温哥华、多伦多等都有为数不等的剧社，例如声韵社（维多利亚）、振华声粤剧社（温哥华）、连

侨剧社（多伦多）。1929 年维多利亚出现了"华生体育会"，这是在加华侨最早的体育会所。

1950 年代开始，在废除了排华法案后，华人移民的数量开始逐年增长，在加华人的家庭结构也发生着显著的变化。新移民的子女加上当地出生的第二代子女，使年轻人的队伍不断壮大。而当时逐渐去种族歧视化的社会背景，也给这些华人年轻人提供了相对于前辈更宽松、更广阔的空间。这个阶段有两个引人注目的华人青年团体：一个是华人青年协会（The Chinese Youth Association [CYA]），这是年轻人发散能量、抒发自我的团体组织，在当时的冷战时期，公开支持中华人民共和国；另一个是 1956 年成立的海峰会，[1] 这是一个集文学、体育和艺术为一体的会所，会员不多，但影响很大。海峰会和华人青年协会一样，也被唐人街的老一辈以怀疑的目光打量着，觉得它似乎也有"红色"的色彩。[2]1964 年在温哥华、多伦多等大城市成立的"加中友好协会"也是倾向当时中国大陆的社团。[3]

1. 在 Paul Yee, *Saltwater City*, p.147 (New Energy, New Culture) 中，作者认为海峰会是 1957 年建立的。

2.Paul Yee, *Saltwater City*, p.147 (New Energy, New Culture).

3. 李东海：《加拿大华侨史》，第 215 页。

20 世纪 70 年代风起云涌的城市抗议活动催生了新一代的领导者，华人社区的情形也为之一变。1972 年，温哥华华侨领袖们和唐人街的主要社团开始了耗资 6.7 万加币的中华文化中心的建设。这个工程激起了各种各样不同背景、不同政治信仰的加拿大华人的热情。1980 年，位于片打街（East Pender Street）中华文化中心的成立，凝聚了最广泛的华人社区，标志着温哥华华人社区一个新时代的开始。中心开展了文化、汉语、国画等课程，以及各种中国传统节日的庆典等。[4]

4.Paul Yee, *Saltwater City*, p.177.

温哥华中华文化中心李树坤文物馆，前为铁路华工与华人军人纪念碑，旁为中山公园（梁丽芳摄，2011.3）

（三）　华商和华人翻译在社团中的角色

在组织社团的过程中华商的作用尤其巨大。各种华侨商行在保持移民与其在华亲属的联系方面起了重要作用。前述维多利亚中华会馆最早的管理层便是由一干华商组成。华商在协调主流社会和华人之间的关系方面起着关键作用，赢得了华侨社会的尊重，此外，他们还领导华人对付主流社会的歧视。1878 年夏天，华商精英组织领导了维多利亚全体华侨进行大规模的抗税活动和总罢工，反对卑诗省立法机构对所有年满 12 岁的华侨征收 10 加元的人头税。辛亥革命中，华侨也做出了十分重要的贡献。

论及早期的华人社团和商会，不能不涉及这一时期特有的华人翻译。所谓的华人翻译，是指 1885 年到 1945 年加拿大以英国白人为主的制度性地对华人的歧视排斥时期（加拿大 1885 年开始对华人移民征收"人头税"，到 1923 年出笼的《排华法》，即被华人怒斥的"四三苛例"，此法一直到 1947 年被取消），掌握国家法律和行政大权的白人社会为了协调和华人社会的关系而雇佣的中间人。这些华人翻译在当时特殊的环境里，对保障华人最基本的生存条件（华人没有选举权）、解决和平息白人主流社会（太平洋铁路通车后，在温哥华的白人只占 1/3，而华人和土著印第安人合占其余的 2/3）和华人社区的矛盾冲突、处理和华人有关的法律诉讼、控制非法的华人移民和唐人街非法赌场等方面所起的作用，是任何社团都无法替代的。当然，正因为这些华人翻译的重要性，他们大都是一定社团和宗族的代表，同时要被主要的社团所认可，甚至他们本人就是某个社团的领袖，如既是商人又是翻译的叶恩（译音。Yip On（Ye En）），翻译和法律顾问廖洪祥（David Lew （Liao Hongxiang）1886—1924）。[1]

1.Lisa Rose Mar, *Brokering Belonging*. Toronto: University of Toronto Press, 2010.

五、　各地的华人刊物和《大汉公报》

1875 年和之后的相当长一段时间，加西的华人主要阅读旧金山的中文刊物《华洋日报》，以了解相关的信息。之后，《华洋日报》也在加西设立了代理处，并刊登一些本地侨社的重要新闻。这种情形直到《大汉公报》的出现才被打破。从历史上看，华文报纸的三个兴盛阶段，分别是国民革命北伐期间、抗战时期和 20 世纪 50 年代至 80 年代。

《大汉公报》是加拿大最悠久的中文报刊，由洪门会党在温哥华创办。1909 年，从教会办的《华英日报》买过来，改名《大汉日报》。[2]1915 年冬定名为《大汉公报》。《大汉公报》主

2. 另有一说为 1907 年由洪门致公堂创立，当时称为《大汉报》。

要以报道中国和亚洲的新闻为主。同时，又是一份真正的社区报纸，和华裔社区的联系非常紧密，

尤其是报道各个社团的活动很积极；它还专辟了文学专栏，发表了相当数量、各种类型、水平层次不一的作品。《大汉公报》成为了学术界研究北美和加拿大华裔的珍贵史料。作为加拿大最大的华人社区历时最长的华文报纸，《大汉公报》以其独特的角色反映了移民对加拿大的适应过程，记录了华人社区的重大历史时刻和历史事件。[1] 另外，作为跟进国民革命的洪门的喉舌，

1.Archives Canada（www.archivescanada.ca）的相关描述。

在初创时期，还在主笔冯自由的率领下和代表康梁保皇党的《日新报》进行过长时间的笔战。1992 年《大汉公报》停刊，反映了新移民剧增所带来的时代变迁，因为当时来自香港的《星岛日报》和台湾的《世界日报》带走了越来越多的读者。

从 20 世纪初到 40 年代末，华人创办的其他主要报纸简述如下：

1903 年（光绪二十九年）戊戌变法失败，梁启超避难日本，期间来北美视察，在温哥华创办《日新报》，被称为加拿大华文报纸的鼻祖。《日新报》宣传保皇党的理念，1911 年（宣统三年）停办。1906 年 12 月，《英华日报》在温哥华付梓。两年后的 1908 年致公党办《大陆报》，但数月后即因经济问题而停刊。1911 年 2 月的《新民国日报》宣传和鼓吹孙中山的反清立场，初为维多利亚的同盟会会员创办，为不定期的油印刊物，后改为日报，1958 年迁往温哥华。保皇党人 1913 年创办《我报》、1914 年创办《世界日报》。1917 年，国民党左派办《醒华日报》（多伦多），开始为周报，1922 年改为日报。20 年代创刊的主要报纸有 1921 年的《加拿大晨报》（温哥华）和 1927 年的《洪钟日报》（多伦多洪门致公党）。抗战时期有《三民日报》（温尼辟），[2] 但不足数月就因经济问题而停刊。

2. 黄启臣：《中国人在加拿大 1788—2009》（12）。原载加拿大《地产周刊》（Chinese Real Estate Weekly），第 209—224 期，2009 年 1 月 9 日—4 月 24 日。

早期的华文报纸中，只有少数像《大汉公报》《新民国日报》《醒华日报》《侨声日报》延续了较长的时间。值得一提的是，早期不定期的社区刊物中，曾在卡尔加里出现过年轻人主办的纯文艺刊物《新潮》。

除了中文报刊，也曾出现了屈指可数的华人英文报刊，如 1936 年 8 月 21 日，加拿大第一家华人主办的英文报章 Chinese News Weekly（《加拿大云埠中华英文周报》）创刊。[3] 1953 年，

3.Paul Yee, Saltwater City, p.92.

英文半月刊 Chinatown News（《华埠杂志》）创办，为加国出生的华裔提供了了解华人社区和中国文化的窗口。另外还有短暂发行的 Chinese Citizen（《中国公民》）和 Chinese Lumber Worker(《中国板业劳工》)等。

20 世纪 50 年代特别是 80 年代后，中文报纸如雨后春笋而起，方兴未艾。计有《侨声日报》

《中兴日报》《成报》《世界日报》《星岛日报》《明报》《大中报》《蒙特利尔报》《华侨新报》《现代日报》《北辰时报》《北美时报》《北美生活报》《加拿大都市报》《真佛报》《健康报》《真理报》等。还有一些中文杂志，如《星星生活》《星星周刊》《中华探索》等。

如同《大汉公报》，以上言及的加拿大华人琳琅满目的以中文为主的报纸 (少许刊物)，大都开设了文学或者以文学为主的文艺 / 文化栏目，成为传播中国文学继而开创加华文学的最初阵地。

六、　中文学校和中国同学会

虽然早期的华人移民绝大多数是男性，教育水平不高，但随着他们把在中国的妻儿接到加拿大，以及他们在加拿大后代的出生，华人重视教育的传统开始表现得越来越明显。

从 19 世纪 80 年代开始，许多华人社团都设立学校让华人子弟学习汉语以及中国传统的文化、礼仪等。像 1875 年维多利亚的 50 多户华人开办了华文讲习班。1899 年，维多利亚的中华会馆创办乐群义塾，堪称华文学校的先声。乐群义塾主要收受一般贫苦人家失学孩童，并免除所有学费，费用则主要由中华会馆筹措垫付。[1]1908 年，乐群义塾改为"中华学堂"。"中华

1. 有一说是在清廷劝学员梁庆桂的督办和赞助下完成的，但存有争议。

学堂"的校舍于 1909 年完工。1911 年，温哥华的中华会馆成立"华侨学校"，继续中文教育。中西合璧的教育是加拿大华人的一大特色。早期华人的教育主要是中国的传统方式和内容，为此，社团还专门从中国聘请教师。有趣的是，从中国来的中文教师不受当时《排华法》的限制，意味着他们可以不交所谓的人头税而直接进入加拿大境内。[2]

2.Paul Yee, *Saltwater City*, p.89 (Chinese school).

19 世纪末和 20 世纪初，教会在华人的教育方面是个主要的力量。像卫理公会等教会在不少唐人街都建立了学校，1914 年中国基督教长老会主办了多伦多华侨学校等。[3]同时教会也开

3. 李东海：《加拿大华侨史》，第 330—342 页。

设夜校给华工补习英语。据统计，从 1932 年到 1945 年，全加共有华文学校 26 所。20 世纪 80 年代后，全加华文学校达数百所之多。1993 年，安省教育厅开办 681 个粤语学习班。近年来，安省教育厅的普通话学习班后来居上。[4]

4. 黄启臣：《中国人在加拿大 1788—2009》（9）。

20 世纪 80 年代开始，中文已成为加拿大继英语和法语之后的第三大语言。伴随着中国经济的高速发展，加拿大的许多公立中小学，甚至私立学校都开设了中国语言和中国文化课程，

许多大学也设置了有关中文、中国文学、中国文化和历史的课程，一些大学还建立了中文项目或者是中文辅修专业。

语言是继承、传播和发扬特定文化和文学的最主要的工具和手段，因此，加拿大华人从 19 世纪踏上加拿大的土地后不久就一直注重汉语的教学和教育，给后来诸多土生土长以英文为写作语言的华裔英文作家具备良好的中国文化底蕴提供了最初、也是最基本的环境和条件，使得他们作品中独特的加拿大中国元素博得了读者的青睐。

第二次世界大战以后，在加拿大不少大学出现了中国同学会。早期主要有两类，一类是以土生华裔为主的，另一类基本上是香港学生和东南亚的华裔学生。他们有定期的文娱活动，也举办中国周/中国日之类比较大型的文化活动。[1] 现在，随着越来越多来自大中华地区，包括香港、

1. 例如，梁丽芳当学生时，曾在 University of Calgary 参加一个中国周的活动。当时曾邀请郎宁（Chester Ronning）来谈中国。还请了 Ranbir Vohra 博士。

台湾、澳门、新加坡，特别是中国大陆的留学生，加拿大大学的中国同学会已经是遍地开花了，

他是印度人，曾经是驻华外交官。任满后，到哈佛跟费正清（John Fairbank）读中国文史，后加入卡尔加里大学历史系，教授中国历史。

华人学生比较多的不列颠哥伦比亚大学（以下简称 UBC）、多伦多大学、约克大学、埃尔伯塔大学、麦吉尔大学等的中国同学会异彩纷呈。有些大学的中国同学会还出版中文刊物。

在多伦多、温哥华、蒙特利尔、卡尔加里等均有小型中文图书馆。台湾的经济文化处都设有图书馆。不列颠哥伦比亚大学设有亚洲图书馆，藏有中文图书 30 多万册，为加拿大之最，并有宋元明清的古籍。以香港富商郑裕彤名字命名的多大中文图书馆有藏书 20 万册。渥太华大学、蒙特利尔大学、麦吉尔大学都辟有中文图书室。

近年来，中国还在温哥华的不列颠哥伦比亚理工大学、安省的滑铁卢大学、麦克马斯特大学、布洛克大学（Brock University）、辛尼卡学院（Seneca College）、魁北克的道森学院和舍布鲁克大学（Université de Sherbrooke）等先后设立了孔子学院，在更广泛的程度上支持海外汉语教学，弘扬中华文化精髓。

无论是中国同学会的建立和变化，还是各种类型中文图书馆的发展，抑或是中国孔子学院在加拿大大学和各类教育机构的方兴未艾，都直接或间接地拓展了中文和中国文化、文学的生存空间，为中国文学在加拿大培养了越来越多的读者。

七、早期的华人宗教活动和各类信徒

相对于来自以基督宗教为信仰的欧洲大陆白人殖民者，加拿大华人移民的宗教信仰明显淡漠。但早期的华人和华工身处恶劣的工作和生活环境，随时面临着生命之虞，所以，祭鬼神、求平安、盼发财成为共识。当时卑诗省境内华人集聚处也到处建有简陋的庙宇，拜祭的是关帝、天后、财神、土地等神祇。还有一些人以道士为业，专为唐人街的华人参神、问卜，并提供殡丧服务。[1] 随着加拿大华人对主流文化的逐渐理解和更多的接受，加上第二代、第三代移民的

1. 李东海：《加拿大华侨史》，第 382 页。

成长，华人的信仰也日渐多元化。1923 年，约有 10% 的华人移民变成了基督教徒。到 1961 年，60% 的加拿大籍华人信仰基督教。另外，也有一些华人信奉伊斯兰教。其实，无论何时，不管来源，华人普遍接受的是儒家的思想，如若像有些学者认为的将儒学归入宗教，那么，华人之于儒学，则等同于西方人之于基督教。另一方面，从早期淘金筑路的华工，到 1960 年代之后寻求更好生活环境的新移民，华人在加拿大追求自由、安定、富裕生活状态的宗旨一直没有改变，灵性生活相对缺乏，因此，大都奉行实用主义，宗教信仰也就往往不够深入内心。

对早期的华人移民来说，他们一直生存在种族歧视的阴影下，备受白人主流社会的排斥，但教会中的白人教牧人员则是例外，他们大都友善地对待华人，在许多困境中，对华人援之以手。到了 1923 年，在温哥华的唐人街，有四个主要的教区，分别是卫理公会、长老会和两个圣公会。1925 年，维多利亚的卫理公会（也称美以美会）连同长老会和圣公会联合组织了"协和会"。1911 年，一些卫理公会的中国信徒因不满筹措的基金被非华人的管理者掌握，自行组成了加拿大第一个独立的华人教会——中华基督教会（Christ Church of China）。后来另一个"叛逆"的华人教会出现，叫华人长老会（Independent Presbyterian Chinese Mission），后来并入了中华基督教会。另外维多利亚还有一间离唐人街不远的华人天主教会。1883 年，摩根女士（Miss Morgen）会同一些基督教人士在维多利亚的唐人街附近设立了"东亚会馆"（Methodist House For Chinese and Japanese），专门收留被逼迫为娼或被贩卖的来自中国或日本的女性。之后，温哥华、多伦多都建有华人基督教会和天主教会。

有少部分加拿大的华人基督徒认为，华人学校教授儒家学说是和基督教对立的，所以，他们另行组建了自己的学校，并聘请基督徒的中文教师。华人基督徒常常被华人社区视为离经叛

道、数典忘祖者。与此同时，那些很快适应了或采纳了加拿大主流生活方式的华人基督徒，也常常责备自己同胞落伍。[1] 在当今强调不同宗教和信徒之间，信徒和非信徒之间彼此对话、理

1.Paul Yee, *Saltwater City*, p.45, p.77.

解和包容的大背景下，过去的这种看似对立已经不复存在，但华人信徒和非信徒之间的隔阂依然不可小觑。

八、 加拿大的唐人街和中餐馆

（一） 唐人街的缘起和成形

唐人街（China Town）的缘起是因为近代以来久居海外的华人因古代唐朝的强盛，故称自己为唐人，而他们在异国他乡集聚的地方便被称为唐人街，又被称作华埠。唐人街最早叫做"大唐街"。1673 年，纳兰性德《渌水亭杂识》曰："日本，唐时始有人往彼，而居留者谓之'大唐街'，今且长十里矣。" 唐人街的说法较早见于史书，是 1872 年志刚的《初使泰西记》[2]："金山为各国贸易总汇之区，中国广东人来此贸易者，不下数万。行店房宇，悉

2. 志刚：《初使泰西记》。长沙：湖南人民出版社，1981 年版。

租自洋人。因而外国人呼之为'唐人街'。建立会馆六处。"所以，唐人街在世界很多国家皆有，不惟北美。早期的华人在他国经商做工，大都选择集聚在新兴城市靠近车站码头的交通便利处，一则可以减少文化和语言的差异和障碍，同时，也便于同胞之间相互照应扶持，同舟共济，共度难关。唐人街一开始是华人的生活和居住中心，有餐馆、茶肆、旅店、小商铺、中药店、洗衣房等设施，后来陆续有了华人的社团会所、文化中心、俱乐部、剧院等政治文化场所，许多不识当地语言的华人可以足不出户而生活无忧，自得其乐。因而，比较有规模的唐人街后来大都逐渐演变成华人生活、经济、文化和政治中心，继而形成华人社会的雏形。

淘金时期，早期的华人移民到达加拿大西岸的维多利亚后，渐渐形成了自己的社区，也就是加拿大最早的唐人街。太平洋铁路完工后，因各种原因滞留下来的华工由卑诗省向全加扩散。有些华人前往西北行政特别区探路，同时，一部分华人来到埃尔伯塔省谋生，经营商业；这期间，不少华人定居于加东平原省份。在当时种族主义歧视的环境下，许多白人不愿让华人居住在他们附近，所以，各地的华人只有群居，形成了最初的唐人街。

早期在加拿大的华人绝大多数为男性，唐人街又被叫做"单身社会"或"单身汉社区"

(Bachelor Society)。所以，唐人街里一般设有华人社团、会所、茶馆、餐馆，还有简陋的赌场和妓院，成为单身汉们的休闲场所。除了西岸的维多利亚、纳乃磨(Nanaimo)和温哥华外，在多伦多、汉密尔顿、渥太华等都有规模很大的唐人街。几乎所有搬迁至魁北克的华人都居住在蒙特利尔，因此，唐人街便自然形成。维多利亚唐人街形成于 1858 年，由于其商业繁荣，被称为"小广州"，全加拿大 75% 以上的华侨商行和 85% 以上的华侨佣仆集中于此，并设有中文学校和各类社团。纳乃磨的唐人街在 19 世纪 70 年代中期人口已近 300 名，商铺有所增加。1884 年，维多利亚唐人街成为不列颠哥伦比亚最大的唐人街。随后形成的温哥华市唐人街，1900 年后以片打街和卡路街交叉的十字路口作为中心，向东西延伸，取代了维多利亚唐人街的地位。

（二）　唐人街的变迁：从华人集聚区到华人商贸、文化中心

由于早期华人主要分布在卑诗省、安省和魁北克省，其中又以这三省中的温哥华、多伦多和蒙特利尔居多，故三省的唐人街也最为出名。如前所述，最早的唐人街是卑诗省的维多利亚 (Victoria) 唐人街，之后，温哥华的唐人街后来者居上，成为西岸最大的唐人街。多伦多的唐人街和华人集聚区则规模更大，形式更复杂。计有中区唐人街，东区唐人街和华人集聚的士嘉堡等属于大多地区的卫星城。其中,中区唐人街历史最为悠久，二十世纪初在今天的市政厅附近一带形成，到 1935 年时趋于成熟，并以士巴丹拿街 (Spadina) 和单达士街 (Dundas) 交汇处为中心。蒙特利尔的唐人街虽然规模不大，但由前后左右四个牌坊围合而成，形成一个城中城，很有特色。

早期唐人街鸦片大行其道，以致经营鸦片生意的华商一度成为商界翘楚。甚至社团开会时，也会提供些许免费的鸦片。1907 年加拿大在美国之后，亦严禁鸦片加工和买卖，鸦片才在唐人街绝迹。华人吸食鸦片加上赌博和嫖娼成为了白人主流社会攻击华人社区的主要把柄。

黎全恩教授认为加拿大唐人街的历史可分为三个阶段，每个发展阶段都有其自身的特点。萌芽阶段,旧唐人街通常华人居民很少，主要是男性。因此，一个城市的"唐人街"就是它的"华人社区"。社区可能由几个富商控制，社会通常两极分化，一边是商人小阶级，另一边是劳工大群体。在繁荣阶段，华人人口由于移民而迅速增加。尽管已婚男女数增加，但人口主要还是

未婚男性劳工。他们绝大多数居住在唐人街，但有很多华人家仆、花工、洗衣工等向外扩展。由于唐人街的经济慢慢呈现出多样化发展趋势，逐渐开始出现繁荣现象，并出现了小业主，也有鸦片馆、赌场和满足"单身"需求的妓院，唐人街中日益增加的财产由华人组织或个人拥有。随着人口下降，经济衰退，华人财产所有权缩小，旧唐人街进入"枯萎"阶段。这时候，非华人产业，诸如下等酒吧、二手货商店及色情书店的迁入，华人商行纷纷关闭。中等阶层的居民逐渐搬出唐人街，而仍然留在唐人街生活的是上了年纪的穷苦单身汉。唐人街逐渐演变成摆设茶几的屋架、停车场，还有混在一起的华人和非华人商行。[1]

1. 李未醉、高伟浓：《简论加拿大早期华商的活动》，载《商业时代·学术评论》，2006 年第 13 期。

多伦多唐人街一角（马佳摄，2011.3）

所谓的新唐人街，是在 1960 至 1970 年代开始的加拿大旧城改造的过程中，一些中产阶级的商人和专业人士迁了出去，加上本土出生的第二代华裔和第一代老华侨的后代，他们都慢慢地融入唐人街以外的广大社会，但当这些华人选择居所的时候，因为文化背景、饮食习惯的类同，仍然习惯或喜欢华人相对集中的区域，这样就形成了新的唐人街。比如前面提到的大温哥华地区的列治文市，华人的比例占到半数；在大多伦多地区的世嘉堡市，列治文山华人的比例也非常高。另外，华人还建立了各具特色的华人商业中心，像多伦多的太古广场（Pacific Mall）和紧邻的锦绣中华。

黎全恩在其《加拿大华埠发展史》一书的"中华文化中心"（Chinese Cultural Centre）一节中，对唐人街的文化特色有这样的描述：

"在几乎所有加拿大的华人社区，无论是旧的，新的，还是翻造的中国城，中华文化中心都是不可或缺的。如果这样的一个中心是建在旧式的中国城，它一般会提供

许多诸如多功能的交谊厅、中文图书馆、博物馆，或者是托儿所——这在传统的华人

会馆和社团中是没有的。中心也负责组织丰富多样的活动，像英文和中文的课程，书

法、绘画和民间舞蹈的教授，以及专门为新移民开设的补习班。这些新的设施和活动

1.David Chuenyan Lai,*Chinatowns-Towns within Cities in Canada*,Vancouver:The University of British Columbia,1988, p.281. 再比如,

诱惑着年轻的一代重返中国城去领略中华文化的魅力。"[1]

位于多伦多士嘉堡地区的"多伦多中华文化中心"，始建于 1990 年代，整个富有中国民族特色的建筑群气势不凡，俊秀卓立。

黎全恩接着论述道：

　　"唐人街因为它本身的特征、它的结构，意象，它的市镇风光随着时代的不断变

迁，使得对它的感知是不确定的。加拿大唐人街的发展受制于移民政策、白人种族主

义、中国的社会状况、经贸优势、新近的移民、土地投机、城市规划，以及其它在过

去 100 年里的社会经济—政治的因素。……唐人街，无论新旧翻修，都是加拿大都市

脉络中独特的部分，是加拿大马赛克多元文化的象征。它的魅力不仅来自中国式的商

业结构，它的炫目的商业装潢，而且来自它的街道四周的噪声、味道和拥挤。许多华

裔和非华裔的加拿大人依然有着和中国城的深深的个人情结。转换和适应是唐人街的

心脏，因此，它才总是不断发展着。"[2]

　　2.David Chuenyan Lai, *Chinatowns-Towns within Cities in Canada*，p.282. 以上两段黎全恩著作中的引文皆为马佳翻译。

　　唐人街最初建立是华人为了互相依靠着挣扎生活下去，并借以部分躲避甚嚣尘上的种族歧视，是加拿大历史上耻辱的一页；加拿大早期唐人街多由商人提供筹措资金建设，这些华商不仅为自己奠定了商业基础，有利于华人工商业的发展，而且为广大华人提供了生存发展的空间。有趣的是，它的发展和变迁在黎全恩诗意的描述里，却也成了保存华人历史文化的活的博物馆。

（三） 中餐馆——舌尖上的中国情趣

　　在北美，中餐馆一直是各类唐人街的支柱产业，更是中国文化生动的载体。北美的中餐馆一开始并非仅限于有数的几个唐人街，而是散落在形形色色的各种小镇。如果说唐人街的中餐馆因为草创之初主要的食客是华人因而菜肴相对来说比较正宗，那么，那些小镇上的中餐馆为了招揽主要是白人的食客，便摩拳擦掌，各显神通。比如早年在美加小镇上的中餐馆，有个早

已失传的习俗，那便是在正餐前都要提供一道小食：食客用叉子先蘸酱油，然后将其伸向面前碟子中备好的芝麻，最后品尝粘上酱油的芝麻。[1]

1. 见 "*A History of The Chinese Restaurant*" 一文。(Issue 15.3/Fall 2010 of *Ricepaper*, published by The Asian Canadian Writers' Workshop)

加拿大的中餐馆是 1858 年在西部一带菲沙河谷因金矿的发现而应运而生的，因为当时的淘金者中有不少是来自美国旧金山以及广东四邑的华人。之后不久，因为修建加拿大太平洋铁路（CPR），更多的华工涌入加拿大，于是，规模不大、家庭作坊式的中餐馆便跟随着这条横贯东西的铁路的延伸而在周围星罗棋布地展开。

加拿大早期的中餐馆根据提供的菜式大致分为两类，一类是中西混合的，比如很多中式小吃店（Chinese Café），另一类主要提供以粤菜为主的中餐，习惯命名为中餐馆（Chinese restaurant）或者是中国美食（Chinese cuisine）。并且，几乎所有的大大小小的中餐馆都会提供咖啡、茶和西式甜点（冰淇淋）。当然，现在在加拿大华人集聚的大都市像多伦多和温哥华，几乎任何一种主要的菜式都可以毫不费力地找到，后者更有"美食之都"(eating town) 的美誉。

当初还有一些唐人街的中餐馆提供住宿。这样的经营模式在类似的小意大利、希腊街、德裔区等都能找到，颇为流行。或许可以跟中国传统的客栈比照。因此，很多中餐馆不仅是品尝家乡口味、一饱口福的地方，同时也是休闲、聚会的主要场所。

从文学史的角度，唐人街和中餐馆也成为了加华中英文作家共同热衷和喜爱的两个附着着众多中国元素的意象。尤其是在早期第一代、第二代的加华英文作家的笔下，唐人街象征着华人社会的核心，而中餐馆则往往是他们主要人物的戏剧舞台，不少作家甚至以作品的题名向读者昭示这样的特点。仅举几例，像李群英（SKY Lee）的《残月楼》(*Disappearing Moon Cafe*)、方曼俏（Judy Fong Bates）的《巨龙咖啡店的子夜》(*Midnight at the Dragon Café*)、弗雷德·华（Fred Wah）的《钻石烧烤店》(*Diamond Grill*)、朱霭信（Jim Wong-Chu）的《唐人街鬼魂》(*Chinatown Ghosts*) 都是其中的代表作品。

第三节 传教士—教育家—学者：早期加拿大人在中国

考察 19 世纪到 20 世纪中西文化交流的历史，不能不探讨西方传教士在其中所起的作用。传教士不仅在华传播西学，而且向西方介绍中国和汉学，架起了东西方从近代开始的大规模交流的桥梁，在中国和西方都产生了持久而深远的影响。

加拿大传教士以教会团体的形式进入中国传教，相对于许多欧美国家来说，要晚一些，这是因为，首先，加拿大立国很晚，1867 年才获得初步的独立，但仍然属于英国的自治领，在外交和国际关系上常常不得不听命于英国，19 世纪 80 年代才完成东西两岸的统一。这样的特殊性使得加拿大的教会也多受英国教会的影响，其中，著名的英国传教士赫德森·泰勒（Hudson Taylor）1888 年在多伦多设立了"中国内地北美分会"，并遴选了 15 人与他一起去中国传教，成为加拿大有组织海外传教的先声。其次，国家统一的完成，也促使了加拿大各教派的宗内联合。1875 年，加拿大长老会四大派别成立统一的长老会，旋即问鼎加拿大最大的教会组织。教会组织的整合，也就意味着教会财力上的日渐雄厚，为海外传教奠定了有力的组织和财政基础。加上 19 世纪末正是资本主义垄断扩张的高峰期，海外殖民拓展、掠夺和霸权席卷整个西方世界。在这样的背景下，加拿大出现了以年轻的大学生为主的海外传教运动——"学生自愿者运动"，年轻神学生的理想和献身精神给加拿大的海外传教输入了源源不断的新鲜血液。于是，从 19 世纪末开始，加拿大的五大教派，即长老会（Presbyterian Church）、卫理公会（Methodist Church）、圣公会（Anglican Church）、浸礼会（Baptist Church）和公理会（Congregational Church），加上稍后的天主教会（Roman Catholic Church）都参与了对华传教。

加拿大传教士在中国除了传播福音、建立教会、发展教徒外，还参与了广泛的社会活动，像开办医院、建设各类学校、从事社会救济和福利事业等。加拿大传教士在中国的活动大致可分为两个时期：一是所谓的"福音时期"；二是从 1920 年代开始到 1950 年代初，随着对中国社会和文化了解的日益深入，加上中国在这一时期连年的动乱和战争，各类矛盾的不断激化，很多传教士对中国社会问题的关注程度超越了单纯地传播福音，被称为"社会福音时期"，医疗和教育逐渐从早期的辅助传教成了传教工作的重点。

例如，加拿大教会直接参与了两所著名教会大学——齐鲁大学和华西大学的创建、教学和管理；华西差会在兴办华西大学的过程中贡献良多，而且随后主持了华西大学的日常运作和管理。1920 年华西大学聘任外国教授 21 人，其中一半是华西差会的传教士。除了大学，加拿大传教士还在各自所属的教区建立高级小学、初中、高中、女子学校、师范学校等。例如华西差会的华美女中和精益中学，都成为了当地的名校。这些各种类别的教会学校，既有基督教的宗教教育，又开设了门类齐全的在当时堪称先进的科学文化课程，还运用了西方的教育管理方式和教学模式。教会学校同时也培养了大量的师资。在下文专门介绍的加拿大著名传教士中，他们都无一例外地参与了在中国的教育工作。

加拿大传教士还努力倡导男女平等，通过各种方式提高妇女的生活水平、教育程度和社会地位，鼓励妇女摆脱一些封建陋习和束缚，如裹足等。比如，加拿大传教士来到河南彰德以后，立即开展天足、放足活动。他们编了一些通俗易懂的歌谣，描述缠足之苦，四处宣唱。教会还把规劝女子放足的歌谣汇编成册，广为传播，一些妇女纷纷入教，先后放足。

在华加拿大传教士对加拿大社会的影响也是不可低估的。从 19 世纪末到"二战"之前的半个多世纪，中加之间尚未建立正式的外交关系，两国间的经济贸易和民间往来都很有限，因此，在华的加国传教士正好填补了这个空缺。各地教会将传教士们写来的关于中国国情现状、历史文化和风土人情的信函在教堂的礼拜和其他的活动中广为诵读，教会还利用传教士回国休假的机会，邀请记者和媒体采访，组织巡回演讲，通过这样一系列活动，慢慢培养起了信徒、公众和政治家们对中国的感性认知。一些对中国文化情有独钟的传教士还把中国悠久丰富的古代文化介绍到加拿大，并由此奠定了加拿大汉学的基石。其中最突出的当推明义士（James Mellon Menzies，1885—1957）和怀履光（又译怀特，William Charles White；1873—1960）。他们是多伦多大学汉学专业和皇家博物馆中国馆的主要贡献者。另外，加拿大传教士对中加两国政府以及两国的外交关系都产生过一定的影响。例如，在中国抗战时期的 1938 年，先后有两位传教士被国民党政府聘为顾问，他们分别是罗光普（一名罗明远，Dr. Robert Baird McClure，1900—1991）医生和文幼章（James Garrett Endicott；1898—1993）博士。前者受宋美龄之托，在大西南负责过国际援华物资的运输，后者担任过国民党新生活运动的顾问，和蒋介石夫妇都有过直接的交往。中加外交关系确立后，熟谙中国国情，又受过良好教育的传教士受到了政府的重用，他们或者参与制定和中国有关的政策条文，或者直接出使中国。郎宁曾担任过最后一任的加拿大驻华临时代办，明义士的儿子明明德担任过驻华大使一职，便是明证。[1]

1. 宋家珩、李巍：《加拿大传教士在中国》，北京：东方出版社，1995 年版。

综上，从历史上看，加拿大传教士在 19 世纪末期开始到 20 世纪 50 年代以教会和教派为支持的有组织的在中国的传教历史，虽然在所占的比重和所起的作用方面，都无法和英国、西班牙等西欧老牌的殖民国家以及当时新兴而野心勃勃、一心想扩大其携带着美国精神的基督教世界版图的美国相提并论，但加拿大传教士以自己相对独立的方式把基督教思想、西方的哲学、先进的科学和管理方法带到中国，同时把中国灿烂醇厚的古代文明介绍给加拿大社会，对两国人民的相互理解、尊重和交往，对两国政府的外交发展和文化交流，都是功不可没、彪炳史册的。当然，滔滔长河，泥沙俱下，这 50 多年的加拿大在华传教历史中，也有一些加拿大的传教士在这样那样的场合，或者为虎作伥，或者损害了中国的利益，但更多的加拿大传教士都留下了不错甚至是上佳的口碑，他们的事迹为两国人民所共同铭记。[2]

2. 关于著名的加拿大在华传教士的生平事迹，以及他们在中加文化、文学交流中的具体作为和影响，请参看本书的相关章节。

第四节 重建太平洋两岸的海上丝绸之路：中加建交前后

一、 1949 年到 1970 年

1970 年 10 月 13 日起，中国和加拿大两国政府互相承认并决定两国之间建立外交关系。在此之前的 1949 年到 1970 年长达 21 年的时间内，中加之间的国际关系基本上是在"冷战"格局的基础上又保持一定接触，以避免大规模战争冲突的总体策略的轨道上，虽然双方的关系不像中美之间那样陷入政治、军事的泥淖，甚至在国民党政府退却至台湾后的 1948—1950 年间，中加一度还进入了建立外交关系的具体谈判，但最终还是因为美国从中作梗以及之后国际形势的骤然恶化而中断。但实际上两国国家层面的接触一直没有中断，而是断断续续，以各种方式进行着，并有着间接的贸易和商业往来；与此同时，两国民间的文化、艺术的交往以及加拿大

一些著名人士对中国的访问，更是为日后彼此建立外交关系做着穿针引线的有益铺垫，以下所提及的林达光（Lin，Paul T.K.，1920—2004）、郎宁（Chester Alvin Ronning，1894—1984）和之前已经介绍过的文幼章博士，便是其中的代表性人物。

林达光祖籍广东新会，是知名华裔加拿大学者和社会活动家。他1920年生于加拿大温哥华。父亲是加拿大第一个出生于中国的圣公会牧师。处在当时中国积贫羸弱背景下的林父具有强烈的爱国意识，使得林达光深受影响。林达光1943年毕业于美国密歇根大学，1945年获哈佛大学国际法国际关系学硕士学位。在攻读哈佛大学博士学位期间，受中国社会巨大变迁的感召，中断学业，于1949年回到祖国，先后任新闻总署国际新闻局编辑、中央广播事业局英语广播艺术指导、福建华侨大学教授。直至1964年底回到加拿大。之后他曾在麦吉尔大学工作了18年之久，不仅创建了东亚研究中心，同时也担任了随后成立的东亚语言文学系主任。他也担任过大不列颠哥伦比亚大学亚洲研究所名誉教授、加中贸易理事会名誉董事等职。林达光热爱加拿大和中国文化，为推动中加建交、促进中加友谊做出了重要贡献，曾受到周恩来总理等的接见；他不仅是加拿大杜鲁多总理信任的中国顾问，也是其好友。期间，他为中加关系的破冰解冻献计献策。1988年林达光因长期不懈地推动中加之间的相互了解和交往而做出的杰出贡献，荣获加拿大总督授予的加拿大勋章。[1]

1. 林达光晚年仍关心中国西部发展及儿童教育问题，他1981年创办的加拿大宋庆龄儿童基金会长期为中国边远贫困地区儿童提供各种帮助。他于2003年获得上海中国福利会颁授的樟树奖。

2004年，林达光病逝于温哥华。[2] 林达光的英文回忆录由他的夫人陈恕整理续写，命名为

2. 以上关于林达光的介绍参照了"百度百科"以及香港科技大学图书馆的网上资料 Collections: The Hong Kong University of Science & Technology Library (www.library.ust.hk) 的相关内容。

In the Eye of the China Storm:*A Life Between East and West*（《走入中国风暴眼》），2011年8月由加拿大麦吉尔—皇后大学出版社出版。[3] 用同事和朋友的话来说，林达光既是个真正的加拿大人，

3. Paul T.K. Lin with Eileen Chen Lin, *In the eye of the China storm: a life between East and West.* Montreal: McGill-Queen's University Press, 2011.

同时也是个真正的中国人，他一生以勇气践行着自己的原则。[4]

4. "a truly great Canadian and a great Chinese", a man who lived "a life of principle and a life of courage." see Collections: The Hong Kong University of Science & Technology Library.(www.library.ust.hk)

郎宁（1894—1984）出生于湖北的樊城。他在加拿大和美国读完大学后，1921年携夫人英格•赫特（Inga Horte）和女儿启程前往中国，1922年起在樊城传教士办的鸿文中学任教，1927年全家返回埃尔伯塔。1945年到加拿大驻华使馆工作，1951年3月奉命离华回国，在联邦政府外交部继续担任外交使节。1970年中加建交后，于1971—1984年数次应邀访华。1984年病逝。

郎宁不仅是加拿大著名的外交家、政治家，而且还是卓有成就的教育家，甚至在他退休后的晚年，他在自己凯莫若思的居所，还义务地给孩子们每周讲解中国文化和艺术。郎宁一生与中国结下了不解之缘，对推动中加关系的发展和正常化贡献颇多。

二、 中加建交概述

1948 年，29 岁的杜鲁多结束了在伦敦的博士生学习以后，花了 18 个星期的时间骑着摩托车周游闯荡世界，当新中国即将诞生的时候，他正好在中国旅行。1962 年，杜鲁多设法通过加拿大驻香港的机构，成为最早访问、考察中国的第一批加拿大人。

1960 年代初，加拿大就同中国做起了粮食生意，开展了两国人民的交流和往来。中加两国还实现了互派记者，1964 年 6 月，新华社驻加拿大分社宣告成立。到了 1960 年代末，越来越多的加拿大政界人士已经感到，不在外交上承认中华人民共和国是不符合加拿大国家利益的，在此背景下，周恩来制定了中加建交的谈判方针。杜鲁多于 1968 年 4 月下旬出任加拿大总理，他上任后不到一个月，就六次谈及新内阁的对华政策。5 月 23 日，他在回答《环球邮报》记者提问时表示，加拿大要摆脱美国的控制，"在对华关系上，加拿大已经等待美国 15 个年头了"，他表示要干一些"美国不同意的、同时也不喜欢的事！"于是，他指示加拿大驻瑞典大使馆设法与中国驻瑞典大使馆接触，传递了加拿大政府准备与中国进行建交谈判的信息。毛泽东与周恩来因势利导，果断决策：与加拿大展开建交谈判。

1970 年 9 月 17 日，中加建交谈判第 14 轮在加拿大驻瑞典使馆举行，谈判取得了突破。10 月 10 日，中加建交公报签字仪式在加拿大使馆进行。10 月 13 日，双方同时在各自首都公布建交公报。

三、 中加建交后的双边文化交流

中国和加拿大在尚未建交前的 1950 年代到 1960 年代就一直保持着或断或续的官方、半官方以及民间的交往。比如，1958 年 7 月 13 日，中国国务院副总理兼外交部长陈毅在北京会见加拿大《环球邮报》总编辑达尔格里希。第二年，《环球邮报》就在北京设立了办事处。中加建交后，在体育、文化和文学艺术方面举行了一系列的政府和民间的交流活动。[1] 例如，1972 年 3 月，中国乒乓球代表团访问加拿大，中加两国乒乓球运动员在渥太华进行友谊比赛。加拿大总督罗兰·米切纳和中国驻加拿大大使姚广观看比赛。1979 年，温哥华举行了一个叫"中国周"

---

1. 例如，从印尼归国的汤先虎，是中国羽毛球队的名将和著名教练。据梁丽芳回忆，他曾在 1971 年出访加拿大、在卡尔加里（Calgary）打过球，吸引了很多华人观看。

的活动。[1]1979 年 9 月，中国京剧团在加拿大访问演出，演出的剧目有《大闹天宫》《三岔口》

1.Paul Yee, *Saltwater City*, p. 182.

《秋江》《霸王别姬》《野猪林》《水漫金山》等。

1983 年和 1986 年话剧《茶馆》也曾两次赴加拿大演出。1982 年 1 月至 3 月，中国武汉杂技团应邀在加拿大访问演出。杂技团的小演员受到加拿大观众的热情欢迎。1987 年 4 月，中、加、法合拍的《白求恩，一个英雄的成长》在北京开拍。1988 年 9 月，多伦多"奔腾舞汇"舞蹈团一行 20 人，到上海舞蹈学校交流。1989 年，西安电影制片厂和加拿大国家电影局合拍的历史艺术片《秦始皇》在西安拍摄完成。

1992 年 7 月 11 日，中国广州和加拿大北美影城合作摄制的"红线女粤剧戏宝"在广州举行新闻发布会，红线女在会上发言。列入摄制计划的均为红派粤剧宝库中的代表作，如《昭君出塞》《思凡》《打神》《刁蛮公主戆驸马》等。1995 年 6 月 27 日—7 月 9 日，中国藏族歌舞团访问加拿大，并参加在拉欣市（Lachine，也译为中国市）和康沃尔市（Cornwall）举办的国际民间艺术节。1997 年，渥太华举行第 19 届"冬乐节"，以"通往中国之路"为主题。

2000 年 12 月 12 日，为纪念中加建交 30 周年，加拿大驻广州总领事馆在广州举办了以中加友好为主题的艺术展。

2005 年是广东省与加拿大卑诗省结好 10 周年和广州市与温哥华市结好 20 周年，卑诗省各界华人组成的友好访问团访问了广州。同年 3 月 20 日，来自广东粤剧艺术大剧院、广东粤剧院一团、广州粤剧院以及加拿大温哥华振华声艺术研究社、温哥华白雪梅学院的粤剧艺术家们在广州友谊剧院同台献艺，联合演出。[2]中加音乐家相互借鉴，共同登台献艺，促进了音乐文化事

2. 据何静菌、周旭发表在《友声》2005 年第 3 期上的介绍。

业的发展。

从 2005 年到现在，中加之间在文化和文学艺术方面的交往就更加频繁和深入，仅举规模和影响较大的两例，一是 2010 年在加拿大多伦多、蒙特利尔巡展的中国秦兵马俑展，[3]二是

3. 据新华社 2011 年 1 月 26 日电，中国秦始皇兵马俑结束了 2010 年在多伦多半年的展览后，从 2 月 11 日开始，将在蒙特利尔举行为期 4 个多月的展览。

2011 年初南京大学代表中国孔子学院总部在加拿大 6 个城市作 15 场主题为"欢度春节共享和谐"

4. 据新华网 2011 年 2 月 19 日报道：南京大学民乐团是应加拿大多所孔子学院和孔子课堂邀请，在加拿大进行为期 13 天的巡回演出的。据带队的南京大学海

的文化交流巡演。[4]其余的，就不再一一赘述。

外教育学院院长程爱民介绍，从加拿大东部到西部，南京大学民乐团行程 4 000 千米，为 6 个城市的孔子学院或孔子课堂师生带去了 15 场表演，观众人数达8 000 多人。每场演出都得到热烈反响，有时演员们不得不 3 次返场。另外，据笔者在滑铁卢现场对程爱民老师和随团的南京哆来咪少儿艺术团领队的采访，哆来咪少儿团的加盟，也是本次演出的特色之一。

四、 中加学者、作家的交流 [1]

1. 详见第二章的相关部分。

中加学者和作家的交流，在民国时期已开端倪，但真正形成声势当在 20 世纪 70 年代中加重建外交关系之后。加拿大于 1981 年 6 月组成第一个访问中华人民共和国的加拿大作家代表团。1982 年，结束了在中国 9 天旅行的第二年，7 位结伴而行的加拿大作家共同出版了一本别具一格的旅行回忆录，定名为《加华大——七人帮的回忆录》[2]。7 人中，三人是女性，她们分别是

2. Gary Geddes etc., *Chinada: Memoirs of the Gang of Seven.* Dunvegan, Ontario: Quadrant Editions, 1982.

小说家和戏剧家阿黛尔·维斯曼（Adele Wiseman）、小说家艾丽丝·芒罗（Alice Munro）和来自魁北克的小说家、诗人兼批评家苏珊娜·派迪斯（Suzanne Paradis）；四位男性为诗人派杰克·利安（Patrick Lane）、小说家和诗人罗伯特·克罗齐（Bobert Kroetsch）、《加拿大小说杂志》（Canadian Fiction Magazine）的编辑盖福瑞·汉克（Geoffrey Hancock）和诗人兼编辑凯瑞·盖德斯（Gary Geddes）。7 位作家中，无疑艾丽丝·芒罗迄今最为知名，罗伯特·克罗齐在加拿大文坛也享有较高的知名度，他还是率先在加拿大引进后现代主义的作家。另外，罗伯特·克罗齐和凯瑞·盖德斯都曾经是大学教授。

7 位加拿大作家没有一个是"中国通"，有的只是通过书本间接地知道中国的历史和文化，只有凯瑞·盖德斯当时正在翻译李白的诗歌。后来，他在乔治·梁（George Liang）的协助下将自己翻译的李白的诗辑集出版，定名为 *I Didn't Notice the Mountain Growing Dark* （1986）。

加首任驻华大使明明德（Arthur Menzies, 1916—2010）和在加拿大驻华使馆担任过职位的两位汉学家王健（Jan W. Walls）、查尔斯·伯顿（Charles Burton）堪称中加建交后到 20 世纪末的代表性人物。王健和查尔斯·伯顿至今仍活跃在公众舞台和学术界，继续着中加文化学术交流的使者身份。明明德，本名亚瑟·明义士，他的父亲就是加拿大著名的汉学家詹姆斯·梅隆·明义士。在安阳长大的明明德，一生经历了中国从战乱到复兴。他精通汉语，会说一口流利的带有安阳口音的汉语。明明德博士 15 岁时离开中国前往日本求学。1940 年，明明德没有结束在哈佛大学费正清教授门下的远东历史学和中文的博士课程，便就职于加拿大外交部，[3] 先后在哈瓦那、日本、马来半岛、缅甸、斐济等地担任外交使节。1976 年到 1980 年，他

3. 参见 www.remembering.ca

成为加拿大首任驻华大使。明明德博士退休以后依然致力于促进中国与加拿大的友谊与合作。[4]

4. 可参见刘志伟《痛悼明明德博士》一文，载《安阳日报》，2010 年 3 月 9 日。

王健（Jan W. Walls）获得过汉语和中国文化，以及日语及日本文化的博士学位。他在

1970—1985 年，曾分别在不列颠哥伦比亚大学和维多利亚大学教授汉语和东亚文化。1981—1983 年，他是加拿大驻华大使馆负责文化科技的一等秘书。1985—1987 年，他担任加拿大亚洲和太平洋基金会副会长。1987 年 9 月，他加入西门菲沙大学。他还是香港浸会大学林思齐东西研究中心的董事会成员，并担任中山公园研究协会（Dr. Sun Yat-sen Classical Chinese Garden Society）和加拿大亚洲艺术委员会（Canadian Society for Asian Art）等文化组织的顾问。他在文学和文化研究、翻译、东西文化交流、东西跨文化理论和实践等领域发表了大量文章。尤其特别的是，除了在教学、研究和行政工作以外，他还经常表演快板书。

查尔斯·伯顿(Charles Burton)现任布洛克大学（Brock University ）比较政治、中国政府和政治、中加关系副教授。1987 年他在多伦多大学获博士学位，论文为《后毛泽东时代的政治权威和价值变化》(Political Authority and Value Change in Post-Mao China)。1978—1981 年，他在复旦大学哲学系留学，论文是《道家的哲学思想和物质主义》。他的大多数著作是关于中国政治和发达的工业国家对中国的外交政策。1991—1993 年以及 1998—2000 年，他是中国驻加拿大大使馆的参赞。查尔斯·伯顿长时间致力于在外交领域和学术界推动中加文化的交流和发展，有些项目直接涉及到双方的文学交流。他早年就是受惠于中加文化交流项目，从而得到在复旦大学学习中国古代哲学的机会。他当时是 1977 届的留学生，结识了不少后来知名的学者和作家，比如以短篇小说《伤痕》而轰动一时的"伤痕文学"的作家卢新华，当时就是查尔斯·伯顿的同届同学，两人甚为相熟。上个世纪 80 年代中期，查尔斯·伯顿是由加拿大大学联盟主持的 CIDA(Canadian International Development Agency) 文化学术交流项目的执行官。

1991 年到 1993 年，查尔斯·伯顿是加拿大驻中国大使馆的文化和科学事务参赞，同时负责所有的文化交流事项。[1] 红极一时的大山（Mark Rowswell）就是他的助手。查尔斯·伯顿在这个时期也参与了中国社会科学院和加拿大皇家学会的"民主工程"。这个工程一直进行了5 年，直到他第二次在加拿大驻中国使馆担任政治和经济事务的参赞（1998—2000）。查尔斯·伯顿负责安排双方的政治交流，并具体负责安排加拿大和中国人权对话。他同时还致力于一些文化发展项目，比如 CIDA 的"社会公民项目"，以及 1999 年在使馆举行的河北师范大学何光泰写的郎宁传记的新书发布会，这次活动黄华也兴致勃勃地参加了。[2]

1. 文化参赞的主要工作有：①负责"文化名人交流计划"；②帮助和资助加拿大文学作品在中国的翻译和出版；③运作"加拿大研究特别奖"的项目（这个项目给中国的学者和作家在加拿大 5 周的访问研究）；④资助中方大学的 28 个加拿大研究中心（这其中的许多中心都以加拿大的文学为主，其中以哈尔滨工业大学和内蒙古大学的两个中心最为知名）；⑤在中国推广加拿大的电视和电影节目。

2. 感谢查尔斯·伯顿教授提供的详尽资料。

中国方面，1981 年，丁玲应美国爱荷华大学国际写作中心邀请访问美国，11 月 23 日起顺访加拿大，她由此成为中加建交后第一位由中国正式派往加拿大访问的作家。短短的十天，她奔赴蒙特利尔、渥太华、多伦多、温尼比克四大城市。随后，光未然、谌容、王西彦三位作家在 1982 年访问温哥华。[1] 1984 年冯牧和刘亚洲两人访问不列颠哥伦比亚大学。2003 年 7 月，铁

1. 据梁丽芳回忆。请参考她撰写的第二章和第四章的相关部分。

凝应加拿大华裔作家协会邀请，参加"华人文学—海外与中国"第六届研讨会。[2]

2. 出处同上。另外值得一提的是，有一些早年成名于中国大陆，但之后因各种原因散居于世界各地的作家也曾以各种形式——或访问或讲学、踏上过加拿大

从 1990 年代起至今，中加之间的学者和作家的交流日益普及和多元。加拿大方面，通过

的土地。比如著名现代女作家林叔华在 1967—1968 年就曾在加拿大教授中国近代文学。（据阎纯德的《二十世纪中国著名女作家传》）

驻中国大使馆提供赞助的中国高校的数十所加拿大研究中心，以及使领馆主持的加中作家、学者的互访，加拿大作家的新书翻译和发布等丰富多彩的活动，把加拿大的多元文化和文学带到中国，吸引着中国人民对加拿大持续的兴趣和热情；中国方面，每年都有各地高校和研究机构的教授学者前往加拿大出席各类文学学术研讨会，另外，不同的作家写作和访问计划，包括近年来兴办的孔子学院策划的丰富的活动，都进一步密切了中加民间社会的互动和互信。

结语

英国哲人弗朗西斯·培根有一句名言——"读史使人明智"，意大利哲学家克罗齐（Benedetto Croce）也有一句被很多史学家奉为经典的话——"所有的历史都是当代史"。当我们翻阅了由 19 世纪中叶大规模的华工潮而揭开的中加两国的交流史，特别是两国之间的文化交流史，便更能体会这两句名言的精当和深邃。从早期满蘸血泪的华工史，到臭名昭著的人头税和 1923 年的排华法案《1923 年华人移民法案》，到 1947 年华人获选举权（5 月 14 日国会通过撤销排华法案），1968 年联合国人权宪章以及 1982 年加拿大人权宪章，一直到 1988 年 7 月 21 日正式颁布实施的《加拿大多元文化法案》，加拿大的华人终于从挣扎着在白人社会的白眼中苟且偷生到公开宣扬自己的族裔文化，进而在文学的领域里艺术地再现华人的集体历史、家族史和个人认同的历程。我们明白，所有的变化并不是一蹴而就，并非发生在一夜之间，是加拿大主流社会的回归理性，顺应世界文明的明智，是加拿大政府多元文化政策的推动，更是一代代加国华人长期的忍让、不懈地申辩抗争、努力地和解融入的结果。当然，我们不能，也不会忘记在黑云压城城欲摧的艰难时代，还是有不少心地善良、道德高尚、眼界开阔的加拿大白人和其他有色族裔对华人的

援之以手，包括基督徒和非基督徒。还有那些深入中国贫穷落后的内地，以无限的宽爱之心，代行"上帝"对贫贱被压迫者的拯救之责的加拿大传教士，他们潜心学习中国文字和文化，将中国的典籍介绍给西方民众和社会，其中的一些如明义士等成为了著名汉学家，他们充当了近代最早的中加文化交流的使者，他们对中国历史文化和现状的言说，潜移默化地消弭着加拿大所谓主流社会和各类民众对中国和华人的蔑视和欺辱的心态和行为，可谓功不可没。因此，当我们走进加拿大华裔文学那段区区 50 年左右的历史中，可以明显感觉到，其实，它又是过去160 年以来整个加拿大华人历史的缩影，我们在当代的文学中更深地体会到过去华人饱经沧桑，也同时真切地感受着华人社会从近代史到当代史割不断的脉络和纹理，从而更清晰地体认着以多元文化和不同族裔同生共荣为治国纲领的加拿大社会当下发生的种种。

日前在英语世界里，华裔作家已经跻身主流，成为加拿大多元文化的重要组成部分。近三十年来，他们已创作了一大批文学作品，讲述了华人移民的辛酸创业史和对北美社会经济文化发展所做出的贡献，呈现了百年来加拿大华人社会生活的各个层面。这种文化碰撞与交融，对于文化学者而言，开拓了研究的新领域；而对于国内的广大文学爱好者与关心加拿大的读者而言，他们得以用更深入的视角来审视加拿大的文化内涵。

尽管加拿大文学已经在世界文学之林占有了一席之地，众多知名作家层出不穷，同时也有一部分优秀的加拿大文学作品被翻译成中文并为中国读者所熟悉与喜爱，但是由于加拿大文学的系统与深入研究相对薄弱，导致中国读者对加拿大文学缺乏全面的认识和持续的关注。同时，中国关于加拿大文学的研究仍然更多地停留在对部分作品和作家的介绍和解读，忽略了当代的一些优秀文学作品和新生代作家，使得中国加拿大文学研究缺乏活力与生机。这种文学研究的滞后性直接影响了加拿大文学在中国的持续传播与推广，也影响了中加文学交流，尤其是加拿大作家与文学研究者在中国开展文学活动。加拿大文学在中国的交流活动多是一些作家接受邀请进行的演讲、访学和研讨会活动，主题不够鲜明，交流活动缺乏延续性。这种面对面的文学推广与交流活动的系统性的缺乏，也相应地阻碍了加拿大文学在中国的进一步传播与接受。

第二章　　加拿大汉学家与中国文学：建设、交流、蜕变

引言

　　文化的传播跟人类的迁移有莫大的关系。如第一章所述，从 19 世纪中叶开始，华人带着"金山梦"到加拿大寻找他们美好的生活时，也把中华文化一同带到加拿大。与此同时，加拿大人通过商贸活动和传教，特别是后者，有意识地把西方宗教和文化带到中国。在一百年的文化交流中，排斥和接受的过程错综复杂，若断若续，此消彼长。撇开政治、经济、社会和种族偏见等因素不论，因语言差异造成的隔阂，始终横亘在两国之间。能够跨越语言的藩篱，在中加文学交流上起桥梁作用的，是扮演文化中介角色的汉学家。

　　德国汉学家傅海坡 (Gauting Herbert Franke, 1927—) 曾指出，"汉学家"（Sinologist）一词最初出现于 1838 年，而"汉学"(Sinology) 解作"对于中国事物的研究"，则到 1882 年才正式界定。[1]"汉学"(Sinology) 一词沿用已久，但因近年出现"中国学"(Chinese Studies) 一词，遂引起该用何者的争议。有学者认为汉学研究的对象是古代中国，中国学研究的对象是现当代中国。[2] 鉴于二者的英文意义 Sino 与 Chinese 一致，笔者认为叫"汉学"和"中国学"其实是你中有我，我中有你，二者都可以用来泛指研究中国上下古今的事物。在目前的政治形势下，汉学研究的地理范围应包括中国大陆、台湾、香港、澳门，还有离散各地的华人社区 (overseas Chinese Communities)。对于本书探讨的范畴来说，离散华人更是不可或缺的一环。以下的论述姑且把汉学与中国学二者视为一体。

　　汉学研究范围广泛，研究文学的汉学家通常是指那些从事教授和研究中国语言、文学、文化的外籍学者、教授、作家、记者等人士，他们多为

1. 傅海波 (Gauting Herbert Franke)：《寻觅中华文化：对欧洲汉学史的一些看法》，古伟瀛译，载《汉学研究通讯》，第 89 页，第 11 卷第 2 期，1992 年（6）。

2. 朱佳木序言，何培忠编：《当代中国学研究》，北京：商务印书馆，2006 年版。

外国血统，但也可以是华裔。文学汉学家最重要的功能，是能够以外国语言（最普遍的是英、法、德、西班牙文）来翻译、研究、著述和讲授中华语言、文学、文化，使汉语圈外的人士也能了解，以达到在国际范围内传播和交流的目的。

如果从西方传教士来华的角度来看，汉学起于明朝万历 (1573—1620) 年间来华的意大利耶稣会传教士利玛窦（Matteo Ricci,1552—1610）。18 世纪中叶以前，在法国掀起的"中国热"，可视为欧洲对中国形象浪漫化的高峰。可是，这个浪漫想象，却随着晚清的颓势而发生了逆转，像瓷瓶一样不堪一击而粉碎。鸦片战争后，当新一轮的传教士伴随着船坚炮利的西方文明进入晚清帝国时，他们观看中国的角度，与他们的先行者相比，已经发生了质的变化。虽然都以传教为首要目的，但观看中国的视角却从仰视变成俯视。无论后人如何评价传教士活动的殖民色彩，他们在中国的建设实绩以及数量可观的著作，在促进中西文化交流上，显然扮演了重要角色。对此，学者已做相当系统的研究，不再赘言。[1]

经历两次世界大战，凭着本身的雄厚实力崛起于强国之林的美国，鉴于在东亚的战略利益关系，遂投资发展亚洲语言和文化研究，在著名大学设立东亚系，培养了解东亚的人才。[2] 冷战期间，培养这类人才更有其必要性和迫切性。吊诡的是，冷战时期意识形态的对垒又严重妨碍汉学研究的正常发展。面对重重铁幕，欧美学者无法进入中国大陆进行实地考察和研究，他们退而求其次，到港台地区学习中国语言文化，通过报章与广播分析（如著名的《新闻分析》（News Analysis））或对难民

1. 例如莫东寅：《汉学发达史》，根据 1943 年著 1949 年版本在 1989 年重印，郑州：大象出版社，2006 年版；张西平：《传教士汉学研究》的前言，郑州：大象出版社，2005 年版。

2. 参看 Haruo Shirane, "Attraction and Isolation: The Past and Future of East Asian Languages and Cultures", Professions, 2003, pp. 66—75.

进行访问调查来获取资料，[1]设立在香港由美国资助的友联研究所，便成

1. 例如 Anita Chan, *Children of Mao: Personality Development and Political Activism in the Red Guard*

为欧美汉学家获取中国大陆资料的机构。

Generation. London: Macmillan, 1985.

　　加拿大的汉学规模比欧洲和美国小，连作为加拿大汉学先驱的传教士，他们到达中国的时间也比欧洲和美国的来得晚，他们要到 19 世纪末才正式登场。加拿大 1867 年才独立，文化积累尚浅，像英国的理雅各（James Legge, 1815—1897）那样眼光独到的传教士那时尚未出现。即使如此，加拿大的汉学有其自身发展的节奏，例如稍后出现的传教士汉学家明义士（James Mellon Menzies, 1885—1957）在甲骨文研究方面取得开拓性业绩，便是典型的例证。

　　20 世纪 70 年代之前，加拿大汉学的发展相对缓慢，简而言之，有几个原因。首先，鸦片战争之后，历史悠久博大精深的中华文明弱态尽露。弱国的文化不受重视，加拿大的汉学发展迟迟提不到日程上来，乃意料之中。第二，加拿大 1867 年立国后，仍属于英联邦的一员，在国际权力舞台上唯英国马首是瞻。加拿大对远东的政治和战略考量，没有美国的利害关系那么大，加上加拿大缺乏深厚的学术传统，以致对了解中华文化不存在迫切性和功利性。正如加拿大汉学家、不列颠哥伦比亚大学教授蒲立本（Edwin G. Pulleyblank, 1922—2013）指出，第二次世界大战后，英语国家如美国、英国、澳洲都在不同程度上觉悟到了解亚洲语言和文明的重要意义，但是因为加拿大太过依赖英国和美国，这方面却

2. E. G. Pulleyblank, "William L. Holland's Contribution to Asian Studies in Canada and at the University of

小有作为。[2]第三，从 19 世纪中叶淘金热以来，加国华人一直被视为脏

British Columbia", *Pacific Affairs*, Vol.52, No.4 (Winter, 1979—1980), p.592.

乱猥琐、难以同化的次等民族。两国人民在居住国的地位权利差异甚大。

1949 年后，中国脱离半殖民地状况，取得自主权，在施行无神论国策下，传教士相继撤离，中国大陆亦进入了冷战时期的封锁状态，交流陷入停顿。

从 1949 年开始，直到 1970 年中加建交为止，加拿大与退守台湾的国民政府维持邦交，香港作为英联邦成员与加拿大的关系并非一般，澳门作为葡萄牙殖民地与加拿大之间一直维持交往。如今看来，加拿大与台湾、香港和澳门这三个地区的持续交往，意义重大。如果这些交往也停顿的话，中加文化（文学）的交流便陷入完全中断的境地。

有学者认为欧洲汉学发展经历了三个阶段：*游记汉学时期、传教士汉学时期和专业汉学时期*。[1] 对于加拿大汉学发展史而言，游记阶段因为

1. 张西平：《传教士汉学研究》的前言，第 2 页，郑州：大象出版社，2005 年版。

历史因素并没有发展起来。从 20 世纪初草创到现在，加拿大汉学经过了几代传教士汉学家以及专业汉学家的努力，到了 21 世纪初，无论在著作、研究和教学方面，已经形成规模，并蓬勃发展。

加拿大汉学的发展以 1970 年为界可分为两个时期。1970 年之前为前期，1970 年之后为后期。前期的汉学可以说是奠基期，传教士扮演了重要角色。后期的汉学是发展期，走向汉学专业化。前期的汉学属于初创阶段，经费少、研究人员少、学生少，开设汉语和中国文化课程的大学屈指可数，学习汉语和中国文化被视为是一种异国情调，属于无关宏旨的学科，未获加拿大社会的广泛认可。1970 年中加建交后，情况有了好转。计分移民法吸引大量香港、台湾和东南亚的华人移入。多元文化政策确立后，中华文化作为族裔文化之一受到尊重。三十多年来，特别是 80 年代中后期以来，来自各地的华人移民不断改变着温哥华和多伦多等大城

市的文化景观和经济景观，使得加拿大的广大民众逐渐意识到对中华文化不能视若无睹。21 世纪初，当中国在国际舞台上扮演日益重要的角色，经济发展与加拿大的利益日渐紧扣时，加拿大的汉学也随之水涨船高。

中加文学交流在不同层面上进行，本章主要以文学汉学作为中加文学交流的平台，来作梳理和论述。首先探讨的是传教士的活动和他们对汉学（特别是叙事文学）的贡献，其次是作为硬件的高等院校与学术研究机构对文学研究和交流的作用，再次是专业文学汉学家的分布及其学术建树等。[1] 本章作者毕业于不列颠哥伦比亚大学亚洲系，曾任职该校亚洲图书馆，并在埃尔伯塔大学东亚系任教二十多年，耳闻目睹汉学界的变化，也曾参与一些学术交流活动，因此，在论述的过程中，不可避免地带有主观色彩。本章侧重英语范围内的汉学，关于法语范围内的汉学的情况，以及加拿大文学在中国的接受情况，请参阅相关章节。[2]

1. 本章的资料，除了来自不列颠哥伦比亚大学的图书馆，温哥华华埠的中文图书馆，网上信息，卑诗省档案馆资料外，还幸得许多加拿大汉学家朋友们提供的一手材料，不胜感谢。

2. 以下提到的学者甚多，为了精简起见，尊称从略。

第一节　传教士与汉学：中国语境、加拿大视野

　　加拿大传教士到中国，在 19 世纪中叶已经零星开始了。但是，有规模有计划的行动，则要到后来被称为"虔诚的 1880 年代"的 1888 年才启动。这年秋天，有一千名热血青年举着火炬，在多伦多市中心大街上游行到火车站，送别第一批传教士到中国。这个隆重而热血沸腾的送别仪式，正式掀起了加拿大传教士远赴中国的浪潮。这些青年人认为"作为一个基督徒，要肩负拯救世界的责任，时刻为之祷告，然后奉献或者出发。"[1] 当时的宗教领袖赫德森·泰勒（Hudson

1. Alvyn J. Austin, *Saving China: Canadian Missionaries in the Middle Kingdom, 1888—1959*. Toronto: University of Toronto Press, 1986, p.4.

Taylor，1832—1905），筛选了 15 名加拿大青年，跟他一起到中国传教。到 1900 年，中国已经有来自世界各国的 2 000 名基督教传教士和 1 000 名天主教传教士，其中加拿大传教士占 120 名，他们分布于山东烟台、河南北部、贵州、云南和福建。[2] 到 1919 年，加拿大传教士以倍数递增，

2. *Saving China*, p.65.

他们在中国创办了 270 所学校、30 所医院，在 20 多个传教地点购置物业，还设立其他分支点。到 1935 年，单是多伦多，除了男女青年会之外，已有 25 个差遣传教士的机构。[3]

3. *Saving China*, p.86, p.91.

　　加拿大的传教士一般具有良好的教育素质。他们大多来自各省的庄园村落和小城镇的中产阶层或中上阶层，有机会通过学校教育、图书馆和杂志了解世界。[4] 他们绝大多数是英国人后

4. *Saving China*, p.91.

裔，其次是荷兰和挪威后裔。

　　从 19 世纪末到 20 世纪中叶，西方传教士为了获得中国民众的信任，也为了履行造福世人的理念，创立学校、医院、孤儿院、妇女庇护所等现代社会的公益事业，对推动中国现代社会革新，作了巨大的贡献。[5] 在长期动乱的中国，传教士自己也受到冲击，有不少还在义和团运

5. 关于加拿大传教士在中国的活动和贡献，可参考宋家珩、李巍合编：《加拿大传教士在中国》，北京：东方出版社，1995 年版。

动和其他动乱中牺牲。他们甚至要撤退避难，暂时放弃艰辛创办的教会。例如 1927 年，四川的传教士因为万县事件要退居上海，事后再恢复教会事务。[6] 他们的中国经验对中加文化交流

6. 文忠志：《出自中国的叛逆者：文幼章传》，第 118—139 页，李国林、周开颀、叶上威、罗显华译。成都：四川人民出版社，1983 年版。

具有非常重要的意义。当他们度假或是退休回国，向教会民众述说自己的中国经验时，他们无形中已打开了认识中国的窗口。当他们把所见所闻记录下来，把研究中国文化的心得著书立说，便无形中为汉学打下基础。

　　另一方面，在相当长的时间内，加拿大主流民众的中国印象，除了来自上述的传教士外，更直接地来自移居加拿大的华人。可惜，这些华人备受歧视，无法获得应有的尊重，加上晚清

国势的颓败，连带中华文化也遭受冷遇。这时，某些在加拿大的西方传教士，却抱着悲悯的宗

教情怀，成为华人社区与主流社区之间的桥梁。他们向华人传道，还开设英语班。[1] 在他们的

1.Paul Yee, Chinatown: An Illustrated History of the Chinese Communities of Victoria, Vancouver, Calgary, Winnipeg, Toronto, Ottawa,

影响下，华人基督徒周天霖、周耀初等 1907 年在温哥华创立了《华英日报》，"以宣传基督

Montreal and Halifax. Toronto: James Lorimer & Company Ltd., Publishers, 2005, pp.55—59.

教福音及开通民智为务"，[2] 后来，这份报纸成为《大汉公报》的前身，为加拿大华文文学的

2. 蒋永敬编：《华侨开国革命史料》，第 174 页，台北：正中书局，1977 年版。见冯自由在第四章"加拿大的党务"第一节的记述。

发展提供不可或缺的平台。

加拿大传教士的著作中，与文学相关的有两类，第一类是回忆录、纪事、书信和特写，这

些叙事体的作品，是历史和文学的混合体。第二类是研究中国语言、文学和古代文明的学术著作。

一、 传教士的叙写：回忆录、纪事、书信、特写

加拿大传教士远渡重洋，前往与本国文化相异的中国传教，他们的文化震惊和适应过程，

以及遇到的种种挑战，很自然地成为中国经验中具有深刻意义的一部分。当他们把自身的经历

和对中国文化的体会转化成叙述内容时，便在无形中塑造着自己眼中的中国形象。他们叙写的

文本，除了具有宗教历史价值，还因重构经验时必须运用叙述技巧而具有文学性。客观来看，

他们的观点难免摆脱不了殖民主义者居高临下的姿态，这是时代的局限。对于 20 世纪中叶以

前的加拿大读者而言，这些叙写却成为旅游文学外，另一个阅读域外世界的窗口。[3]

3.Terrence L. Craig, The Missionary Lives: A Study in Canadian Missionary Biography and Autobiography. Leiden: Brill, 1997, p.2.

传教士的回忆录，因为其文学性而值得我们注意。在来华办学的加拿大传教士中，较早在

中国享有声誉的，有来自新斯科舍省（Nova Scotia）的牧师查理士·比尔斯（Charles Beals,

1861—1946)，他在中国建立了 11 所教堂，在芜湖成立了第一所男女生同校的中学。他在中国

前后四十年，写有《中国与义和团》[4]。此外，还有爱德华·威尔逊·沃勒斯（Edward Wilson

4.China and the Boxers. Toronto: W. Briggs, 1901.

Wallace,1880—1941)，他在中国传教办学，写有《四川深处》[5]，1903 年由青年前进传教运动

5.The Heart of Szechuan. Young Peoples' Forward Movement for Mission 出版 ,1903.

出版社出版。二者都带有亲历色彩。

通过医治人的身体来拯救人的灵魂，乃是传教士依循的重要途径和实践。因此，医院常设

在教堂附近。[6] 根据统计，1875—1951 年，有 120 个加拿大传教士医生服务于中国。[7] 例如，爱

6.Saving China, p.174.   7.Saving China, p.169.

尔兰裔的医生传教士爱德华·史密斯（Edward William Smith），1896 年到中国西部传教，

前后长达四十年，期间他在中国的生活和传教活动不断得到报道。他对传教事业具有急迫感，

婚后把医疗工作全交给同样是医生的妻子，自己投入传教事业。在加拿大传教士当中，他可以说是婚后放弃医生职业的唯一的男医生传教士。[1] 根据在中国的经历，他著有回忆录《一个加拿大医生在华西：三面旗帜下的四十年》[2]。

1.*Saving China*, pp.171—172.

2.*A Canadian Doctor in West China: Forty Years under Three Flags*. Toronto: Ryerson Press, c.1939.

郎宁（Chester Ronning，1894—1984）作为加拿大中国资深问题专家和杰出外交人士，对推动中加关系的发展和正常化做了大量工作。郎宁为推动 1970 年加拿大承认中华人民共和国做出了关键贡献，被授予加拿大最高荣誉——联邦一级勋章（Champion of the Order of Canada），还多次应周恩来总理的邀请以国宾身份访问中国。

郎宁出生于河北樊城一个路德会传教士的家庭，是挪威籍加拿大人。1900 年因为义和团运动离开中国，1901 年随父母再回到中国，在中国接受教育。后赴美国，1922 年在明尼苏达大学获得理学士，1939 年在加拿大埃尔伯塔大学获得硕士学位。1945 年从政，曾到南京和重庆出任加拿大大使馆一等秘书。1974 年，他完成《中国革命回忆录：从义和团运动到中华人民共和国》一书，2004 年再版。这本字里行间充满了悲悯的回忆录，行文自然真诚，描述简洁，一幕接一幕呈现的中国历史图像与他个人的成长、工作经历和思想变化连环紧扣，不乏文学的戏剧性，引人入胜。书中特别记述了一段插曲。原来 1951 年他正要离开中国之际，意外地在使馆地下室发现了明义士的甲骨文。为了保存明义士一箱箱的甲骨文，他获得朋友之助，秘密送往南京博物馆收藏。为此，他出境时受到严厉检查。[3] 如果没有他鼎力相助，明义士的甲骨文说不定已经消失了。他晚年定居于埃尔伯塔省甘露斯镇（Camrose），经常受邀作有关中国的专题演讲。

3.Chester Ronning, *Memoir of China in Revolution: From the Boxer Rebellion to the People's Republic*. Beijing: Foreign Languages Press, 2004, pp.143—151. First published in 1974 by Pantheon Books.

1995 年 9 月至 1996 年 5 月，受中加学者交换项目（Canada-China Scholar Exchange Program）资助，河北师范大学历史文化学院刘广太到加拿大郎宁的故乡埃尔伯塔省的卡姆罗斯市（Camrose）等地访问郎宁的家属、亲友和同事，并在郎宁的出生地樊城和他工作过的南京、重庆收集了大量传记材料，出版了《郎宁传》，描述了郎宁的中国情结以及他为推动中加关系的发展做出的贡献。1999 年 4 月，加拿大驻华大使馆专门为该传记的出版发行举行了招待会，邀请了郎宁的女儿及郎宁生前的在华好友出席。

此外，传教士文幼章的后代文忠志（Stephen L. Endicott，1928— ）在上海出生，他毕业于多伦多大学和伦敦大学亚非学院，在约克大学历史系任教二十多年。他为父亲撰写的传记

4.James G. Endicott: *Rebel Out of China*. Toronto: University of Toronto Press, 1980.

《文幼章传：出自中国的叛逆者》[4]，是一本集宗教、历史、传记为一体的叙事著作。文幼章

1898 年出生在四川乐山，他的父亲文焕章 (James Endicott) 是受加拿大联合教会委派的传教士，同时是成都华西协和大学的创始人之一。因为父亲的言传身教，文幼章也成为了一名传教士。1925 年 6 月，文幼章和玛丽举行了婚礼。婚后才 4 个月，两人就踏上了中国的土地，开始在四川传道。1931 年开始，文幼章采用从哈罗德·E·帕默尔 (Harold E. Palmer, 1877—1949) 处请教的"英语直接教学法" (The Direct Method) 给中国学生教授英语，取得很好的效果。夫妇俩为此还编写了不少简易英语读物，如《瑞士鲁滨逊一家》、《罗拉·杜恩》、《莫比·狄克》等。在中国抗战时期，他被宋美龄聘为顾问和英文秘书。文幼章在 1947 年回到加拿大的多伦多。

文幼章一直关注并同情中国革命，1948 年他创办了《加拿大东方通讯》月刊，其后的 44 年中一直把报道、评价中国作主题，成为中国与世界各国之间的桥梁。在加拿大，文幼章不顾当时西方社会对刚刚成立的中华人民共和国的敌视和反对，多次举行公开演讲，肯定新中国。1952 年，他和夫人访问中国后，由其夫人撰写的《红星照耀中国》（又译为《综观中国》）一书，在国际社会引起强烈反响。

文幼章在国内外都享有很高的知名度，曾任加拿大和平大会主席，1957 年任世界和平理事会副主席，1959 年被选为世界和平学会第一任会长。1965 年被授予弗雷德里克·约里奥·居里金质奖。中国人民对外友好协会也授予他给予外国友人的最高荣誉——"人民友好使者"的称号。

1894 年，加拿大传教士派瑞斯·瑞吉纳特 (Petrus Rijnhart, 1866—1898) 带着夫人素珊·卡尔森·瑞吉纳特 (Susie Carson Rijnhart, 1968—1908) 医生到达了西宁内地会。瑞氏夫妇到中国传教，不隶属于任何一个教派，而是完全由个人和一些募捐来支持，所以显得独树一帜。当他们夫妇在普沙尔传教时，当地人们知道他们能看病，汉人、藏人甚至喇嘛便陆续前来，他们借看病之机传播圣经福音。

1898 年瑞吉纳特夫妇一起动身去西藏勘探新的传教点，但他们遇到了很多困难。先是向导不辞而别，后来他们的孩子也不幸夭折，之后在西藏北部的札曲，他们的篷车又遭到土匪的袭击，瑞吉纳特便前往藏人的营地求救，但一直未归。瑞吉纳特夫人只好忍痛并经历了千难万险，返回青海。1899 年，她在美国激励、鼓动对西藏传教，终被海外基督教传教协会 (The Foreign Christian Missionary Society) 派往西藏。她的主要传教基地在打箭炉 (Ta-Chien-Lu)。1905 年她在打箭炉和另一位传教士结婚。1907 年她因病返回加拿大，一年后病逝。1901 年，她根据自

己的经历，写了《与西藏人生活在帐篷和庙宇中：四年在西藏边界和内陆地区的生活经历》[1]，

1.With the Tibetans in Tent and Temple; Narrative of Four Years of Residence on the Tibetan Border, and of a Journey into the Far Interior.

以纪念在西藏失踪的丈夫。[2] 这是一本很有可读性的回忆录，写得真挚详实，如今读来仍惊心

Chicago, Toronto: F. H. Revell, 1901.　2.Saving China, pp.67—68.

动魄，如历其境。加上中国边远地区的奇异气候和风俗人情，以及她虔诚的宗教信仰和面对挫

折的坚强勇敢，使这本书成为传教士文学的典范文本，也是 19 世纪末西藏历史人文地理的珍

贵记录。

　　1921 年到开封的女传教士路德・真肯斯（Ruth Jenkins）的家书是很有价值的文本。她在

上海学了三年汉语后，便到开封全身心投入传教和教育工作，一直到 1927 年为止。从 1910 年

代到 1920 年代，像她那样单身到中国的女传教士为数不少。她每个星期写信给母亲，对于日

常生活有详细的描述。诸如开封的尘土、传教士过圣诞节、教中国学生英语和音乐等等趣事，

都出现于她的书信中，为后世留下了女传教士的身心历程和当地风土人情的一手资料。这些信

件存放于加拿大国家档案馆，是研究女传教士的珍贵材料。[3] 她是怀履光在开封的亲信，回到

3.Margaret E. Webb, "The Education of Ruth Jenkins, a Canadian Missionary in China, 1920—1927", Ph. D dissertation, Syracuse University,

加拿大后，曾在多伦多大学东亚系教授中文。[4]

1996.

　　以特写的文学形式记录传教生涯最有成就的，首推 1888 年响应第一个大规模赴华传教运

4.Alvyn J. Austin, "Missionaries, Scholars, and Diplomats: China Mission and Canadian Public Life", in Marguerite Van Die ed., Religion and

动的领先人物古约翰（Jonathan Goforth，1859—1936）与妻子罗塞琳德（Rosalind [Bell-Smith]

Public Life in Canada, Historical and Comparative Perspectives. University of Toronto Press, 2000, p.134.

Goforth，1864—1942）。他们到河南北部传教，直到 1935 年才回加拿大。他们在中国传教前

后长达 48 年，遇到重重困难，但传教理想始终不渝。他们为加拿大长老会开辟了河南北部传教区，

并成为该教会在吉林省四平差会的创始人。[5]1920 年，罗塞琳德根据记忆，以第一人称视角写了《万

　　5. 李巍：《基督教福音的忠实传播者古约翰》，见宋家珩、李巍主编：《加拿大传教士在中国》，第 227 页，北京：东方出版社，1995 年版。

王之王的中国钻石》[6]，记述她和古约翰的传教生活，以及当地民众皈依基督的故事，文笔亲切，

　　　　　6.Chinese Diamond for the King of Kings. Toronto: Evangelical Publishers, 1920.

充满悲悯和人道关怀。正如她在书的扉页中说，为了一改传教文学的老套，她采用较为活泼和

直接的笔调来记述传教活动。1930 年初，古约翰回加拿大度假，右眼因视网膜脱落医治无效而

失明。他接受眼睛手术后，包扎着眼睛躺在床上，忆述在中国的传教生活，由妻子记录下来，

1931 年由多伦多大学出版，名叫《中国的神妙生活》[7]。1931 年他们重回中国布道，不久，古

　　　　　　　　7.Miracle Lives of China. Toronto: University of Toronto Press, 1931.

约翰左眼视网膜也脱落而失明。他们 1935 年回加拿大，在 1936 年的一次演讲后，古约翰在睡

梦中去世。古约翰去世后，罗塞琳德在 1937 年出版了《古约翰的中国》[8]，大受读者青睐，多

　　　　　　　　　　8.Goforth of China. McClelland and Stewart, 1937.

次重印。1940 年，她又出版了《攀援：一位传教士之妻的传记》[9]，至今仍然重印出版。

　　　9.Climbing: Memories of a Missionary's Wife. Toronto: Evangelical Publishers, 1940.

　　古约翰夫妇最为人知的著作无疑是《中国的神妙生活》。他们用十五章篇幅，描述几十个

乡间人物接受基督的过程，是西方人近距离地从实际的交往中，对中国人形象的生动塑造。这些人物有县警官、农民、儒教老师、说书人，也有抽鸦片的、邪门左道的、做泥雕偶像的等等，不一而足。这些人物最终归信基督的过程，都富于戏剧性，而不是简化为神迹在起作用。从未知到事件的逐渐明朗，疑团步步解开，到最后叙述者赢得了描述对象的友谊和信任，过程犹如小说情节。从描写对象的角度来看，则是从陌生到熟悉，解开了对叙述者的迷惑，使之最终皈依了基督。虽然传教士文学经常采用从不信到皈依的模式，但是，由重复带来的单调，却因人物性格不同、情景相异、感情真挚而引人入胜。在塑造这些人物的同时，作者也记录了 19 世纪末中国北方农村的社会图像，例如农民拿着纸扎的婴孩到庙宇求子，六岁农村孩子背着弟弟割草，说书人来往村镇之间说唱民间故事等。毋庸讳言，他们的叙写不可避免地具有不同程度的东方主义式的猎奇和俯视眼光。即使如此，他们仍是近现代中国研究特别是中国形象研究的第一手文本。

二、 传教士的学术著作和活动：古文明和古典文学的著述[1]

1. 这一部分的部分内容为马佳撰写。

　　加拿大前期汉学研究的建立，实得力于一批具有学术天分的来华传教士。他们除了传教之外，注意到中国文化的博大精深，于是，利用自身的条件就地观察、学习、研究，终能著书立说，为后来汉学的发展奠定基础。他们之中，著名的有怀履光、明义士、路易斯·瓦安斯利、杜森和季理斐等。

（一） 怀履光（Bishop William White，1873—1960）

　　怀履光是对传播中国古文明很有贡献的加拿大传教士，也是加拿大汉学的重要奠基者。他1897 年到福建建宁，在圣公会名下传教。他穿中国服，说福建方言，在福建建立第一所麻风病院。不久，受加拿大长老会邀请，到河南开封主持传教事务。任内他监督建筑教堂和主持福利救济，获得晚清政府多种勋章和官衔。怀履光具有学术眼光，对中国古文明有浓厚兴趣。他受皇家安大略博物馆馆长人类学家查尔斯·库容里（Charles T. Currelly）之托，从 1924 年到 1934 年，

2.Lewis Walmsley, *Bishop in Honan: Mission and Museum in the Life of William C. White.* Toronto: University of Toronto Press, 1974, pp.

大量收集购买甲骨文等古文物，寄回加拿大的古文物多达数千。[2]根据他的传记撰写人路易斯·瓦

144—145. 关于怀履光的生平，也可以参考 Charles Taylor, *Six Journeys, A Canadian Pattern.* Toronto: Anansi, 1977.

安斯利透露，怀履光收集这些文物，主要目的是使加拿大人知道中国的古代文明，从而了解

四千年来中国人的生活情状。[1] 当然，正如中国学者所言，其中也不排除他利用中国混乱的局势，

1.Lewis Walmsley, *Bishop in Honan*, p.145.

趁机从中搜获中国古文物的可能。[2] 怀履光除了传教之外，对教育也很重视。1920 年代，他通

2. 李巍：《河南圣公会主教怀履光》，第 273—287 页，收入宋家珩、李巍主编《加拿大传教士在中国》，北京：东方出版社，1995 年版.

过庚子赔款，把一些中国学生送到加拿大求学。[3] 这个眼光在 20 世纪 20 年代来说，无疑是超前的。

3.Lewis Walmsley, *Bishop in Honan*, p.134.

1934 年，怀履光年满 60 岁，告老回国。回到加拿大后，他成为皇家安大略博物馆远东部主任，

并担任多伦多大学中国考古系副教授，教授汉语和中国文化。1941 年，胡适（1891—1962）为

中国驻美大使，曾来多伦多大学接受荣誉博士学位，颁授学位的就是怀履光。[4] 在加拿大实施

4.Lewis Walmsley, *Bishop in Honan*, p.172.

排华期间，多伦多大学颁授荣誉博士给一个中国学者，既显示了怀履光的学术慧眼，也表达了

他对歧视华人行为的抗拒姿态。1943 年，他创建并主持中国研究学院。1944—1945 年，怀履光

以"壮观的中国生活和文化"为题，举办了一系列关于中国的讲座，颇受欢迎。

怀履光精力充沛，出手快捷，虽然不是科班出身，但曾发表三十多篇论文和书评，出版了

多种与中国古文明、语言、文学有关的汉学著作：《建宁方言中英字典》（1901）、《洛阳古

墓》（1934），[5] 由多伦多大学出版社出版的有《中国古墓碑甄考》（1939）、《中国庙宇壁画：

5.*Chinese-English Dictionary of the Kien-ning Dialect*, Foochow: Methodist-Episcopal Angle-Chinese Book Concern, 1901; *Tombs of Old Lo-Yang*,

十三世纪三幅壁画的研究》（1940）、《中国犹太人：开封府犹太人事典》（三册）（1942）、《中

Shanghai: Kelly & Walsh, 1934.

国古代甲骨文化》（1945）、《一千汉字基础词汇》（1944），还有《中国墨竹画册：一组墨

竹画之研究,1785 年》，其中有欧阳修（1007—1072）诗作的翻译。[6]

6.Lewis Walmsley, *Bishop in Honan*, p.204.

（二）明义士 (James Mellon Menzies，1885—1957)

明义士在研究甲骨文领域取得了开创性成就，对中国的古文明研究有深远的影响。他原籍

苏格兰，生于加拿大安大略省休伦湖 (Lake Huron) 畔的克林顿镇（Clinton）。他在多伦多大

学获得土木工程学位后，以长老会传教士身份于 1910 年到中国河南北部传教兼教学。第一次

世界大战期间，他带领中国劳工团到欧洲四年（1916—1920），趁休假机会，到英国各著名博

物馆参观，观摩其收藏的中国文物。他于 1921 年回到安阳，负责教会的教育工作。1932 年他

离开安阳，到齐鲁大学担任考古学教授，1936 年回加拿大。[7]

7. 方辉：《明义士和他的藏品》，参看第一、二两章，济南：山东大学出版社，2000 年版.

明义士治学严谨，是第一个用科学方法研究甲骨文的西方学者。1914 年他偶然在彰德发现

殷墟遗址，领悟到甲骨文在中国文化史上的重要性，从此，研究甲骨文便成为他一生的学术情结。

他研究甲骨文的原动力，除了对中国古文化好奇之外，还因为他认为传教士都应该了解中国文

化。他相信中国古代人所谓的"上帝"，跟圣经上的上帝是相通的。[1]

1. 方辉：《明义士和他的藏品》，第 58 页。

1917 年，明义士在上海出版了他第一本甲骨文著作《殷墟卜辞》[2]，这也是西方学者研究

2.*Oracle Bones from the Waste in Yin.* Shanghai: Kelly and Walsh, 1917.

甲骨文的第一部著作。该书是他从所收集的甲骨中选出 2 390 件经过研究后所编著完成的。明义士在这本书的序言中说，此时他已收集到甲骨五万片。在这本著作中，他详细记述了 1914 年在小屯村见到甲骨的情形，虽然在此之前，已有中国本土学者罗振玉确定了甲骨的出产地是安阳的小屯村，但罗振玉在 1915 年才"至安阳小屯村考察殷墟遗址"，所以，明义士无可争议地成为到殷墟考察甲骨的第一位学者。

"一战"期间，明义士进入到作为协约国派出的华工中工作，一直到 1920 年。1921 年明义士结束在法国的服役回到安阳，他对甲骨的收集续有所得，然而到 1927 年 9 月，北伐战争蔓延到河南，明义士按天津英国领事馆的要求，携全家撤至天津，随后到设在北京的协和华语学校的中国研究院（The College of Chinese Studies）任教。战乱中，明义士多年收集所得，除已运走的部分外，均为吴佩孚在安阳的驻军所毁。但此时他的研究并未中断，在北京，他还得到了更多的机会和中国学术界交流切磋。

1928 年底，明义士全家经印度、中东回国。在中东，明义士参加了正在那里进行的考古发掘工作。次年，在将孩子们安置在日本上学后，明义士夫妇又回到安阳继续考古研究。此时中国新成立的中央研究院历史语言研究所，已在殷墟开始有计划的科学发掘。

在考古方面，明义士保持了和中国同行的联系，并更加专注于商代历史研究。1931 年，史密森学会的年度报告发表了他的《商代文化》。次年，明义士应聘为齐鲁大学的考古学教授。齐鲁大学任教期间也是明义士学术研究最多产的时期，他先后完成了《甲骨研究》、《考古学通论》讲义的写作，并发表了一系列研究甲骨文的论文，使齐鲁大学成为甲骨学研究的重要阵地之一。

1937 年，卢沟桥事变后，明义士回到加拿大，并于 1938 年开始在皇家安大略博物馆远东部工作。当时中国战火纷飞，安阳的发掘也已停顿，但加拿大此时尚远离战争，明义士得以继续他的研究，同时又一次进入多伦多大学深造，1942 年完成了博士论文《商戈研究》（商戈是商代的一种青铜兵器）。

1942 年日本偷袭珍珠港，设在旧金山的美国新闻处邀请明义士去当顾问，为他们的广播准备背景材料，并维持与中国学术界的联系。1946 年明义士心脏病发作，缓解后回到加拿大，从

此他埋头于考古和中国早期历史的研究，直至 1957 年去世。

明义士收集的甲骨，运到加拿大去的是一小部分。一部分在抗日战争开始时送到南京使馆，后由南京博物馆保存，共计 2 390 片；还有一部分埋藏在齐鲁大学，计万余片。

1960 年，明义士的夫人和子女将他的各种收藏品，包括刻有文字的甲骨 4 700 件，没有发表过的甲骨文拓片 2 812 件，悉数移交多伦多大学，加拿大也因此成为中国境外甲骨文拥有量居首的国家。为此大学设立了明义士基金，用于出版他的博士论文和整理研究他所收集的甲骨；皇家安大略博物馆许进雄积十载之功，编成《殷墟卜辞续编》卷一、卷二，分别在 1971 年和 1977 年由皇家安大略博物馆出版。明义士原已编有初稿的《殷墟卜辞后编》也经许进雄整理编辑，于 1972 年由台北的艺文印书馆出版。1917 年在上海出版的《殷墟卜辞》，亦于 1972 年由艺文印书馆重印。至此，明义士所收藏的甲骨的精华人部分面世。

（三）路易斯·瓦安斯利（Lewis C. Walmsley, 1897—1968）

路易斯·瓦安斯利是怀履光传记《河南主教》（*Bishop in Honan*）的作者，也是怀履光在多伦多大学的接任者。他 1897 年出生于安大略省，1919 年毕业于多伦多大学，1921 年到成都，出任传教士子弟学校校长。1929 年在中国西南联大教育系任教，1948 年回到加拿大后，培养了不少人才。路易斯·瓦安斯利与朵拉丝·瓦安斯利（Doris Walmsley）合著的《王维的诗：画家诗人》[1]，是加拿大较早研究王维的诗与画的汉学著作。在该书的序言中，他提到帮助阅读中文资料的史博士（C.C.Shih）（音译），以及张因南（音译）对这本书提供的协助。本书包括

1.*Poems by Wang Wei: the Painter-poet*. Rutland, Vt, C.E.: Charles E. Tuttle Company Inc., 1968.

四部分：唐代的生活、王维的生平与不同时期的诗作、王维以前的中国绘画以及王维的画。作者对王维诗画的精髓有相当的把握，加上各个博物馆提供的插图（长安的地图，王维的画作等），令本书增色不少。

（四）杜森（W.A.C.H. Dobson, 1913—1982）

杜森是传教士汉学家中，最具有人文学者情怀和古典文学素养，学术上最有成就的一个。他是传教士汉学与专业汉学之间的链接人物。他 1952 年从英国剑桥大学毕业后来多伦多大学任教，1953 年主持中国研究学院，扩张东亚图书馆，发展东亚研究，贡献很大。杜森在繁忙的行

政之中，仍著作不断。在他的推动之下，多伦多大学出版社成为加拿大较早出版中国研究著作的出版社。1955 年他出版《东方文明书籍选目》[1]。其后，他在多伦多大学出版社出版《晚期

1. *Selected List of Books on the Civilizations of the Orient*. Oxford: Clarendon Press, 1955.

古汉语: 文法研究》（1959），《早期古汉语: 叙述文法》（1962），《孟子新译并注释》（1963），

《晚期汉语: 古汉语转变之研究》（1964），《诗经的语言》（1968），《中文虚词字典并序》

2. 以下著作依次均由多伦多大学出版社出版: *Late Archaic Chinese: a Grammatical Study*, 1959; *Early Archaic Chinese: A Descriptive Grammar*,

（1974）。[2] 从研究中国语言的发展到经典的翻译和研究，他为汉学留下可观的著作。他 1961

1962; *Mencius: a New Translation Arranged and Annotated for the General Reader*, 1963; *Late Han Chinese: a Study of the Archaic-Han Shift*,

年成为加拿大皇家学会(Royal Society of Canada)会员,1973 年获加拿大理事会莫森奖（Canada

1964; *Language of the Book of Songs*, 1968; *Dictionary of Chinese Particles, with a Prolegomenon in Which the Problems of the Particles are*

Council-s Molson Prize），1975 年获加拿大最高荣誉勋章（Order of Canada）。他 1979 年退休，

Considered and They are Classified by the Grammati, 1974.

1982 年逝世。[3]

3. Anna Liang U., "The Ever Beckoning Horizon: the East Asia Collection at the University of Toronto", in Peter X. Zhou ed., *Collecting Asia: East Asian Libraries in North America*, 1868—2008, 142—143.

（五）季理斐（Donald MacGillivray, 1862—1931）

季理斐出生在安徽省的一个农庄。在多伦多大学获得荣誉学士学位。1888 年年末，他随古约翰夫妇前往豫北传教，在那里度过了几年。他具有过人的语言天赋，很快掌握了汉语，并成为专家。1898 年，他担纲的标准汉英英汉词典出版，建立了他的学术地位。1898 年，在结束了加拿大一年度假重返中国后，季理斐接受了李提摩太（Timothy Richard, 1845—1919）的邀请，加入了广学会（The Christian Literature Society）。1899 年到 1930 年，季理斐成功地扮演了多产的学者、通俗作家、编辑和翻译多重角色。1907 年他编写的《百年中国新教传教史》出版，他也是六卷本《1910—1915 中国教会年鉴》第一卷的主编。1921 年到 1929 年，鉴于他在语言学和文字学方面的成就，他担任了广学会长达 9 年的会长。

季理斐除了写作与基督教相关的文章外，还编辑中文字典，撰写了大量介绍西方文化的通俗读物。同时，他同情中国人民，运用自己的学者身份，向西方读者介绍中国文化，对东西文化的交流做出了不可磨灭的贡献。

1949 年之后，加拿大的教会和传教士陆续撤离中国。有三个任职苏州的加拿大天主教传教士坚持到 1955 年才离开。最后离开中国的加拿大基督教传教士是曾在上海开福音书店的海伦·威利斯（Helen Willis），她 1958 年离开。[4] 传教士返回加拿大之后，有的失业，有的感到失落。

4. *Saving China*, p.322.

那些同情中国革命的，往往受到反共意识形态干扰。因为加拿大实行的是英国路线，这些传教士没有受到美国麦卡锡主义那样的严厉对待。有些返回加拿大的传教士以及其后代，成为学术

界的核心群体和外交界的中国老手。[1]他们的著述成为读者了解中国的窗口，也是第一手的宗教、

1.Graham Johnson，"The True North Strong: Contemporary Chinese Studies in Canada"，China Quarterly, No.143 (Sept. 1995), p.853.

历史与文学叙写文本。他们在各大城市参与成立的中加友好协会的组织，推动了加拿大社会对

中国的认识。他们进入外交领域，促进中加之间的联系，他们在大学内外讲授中国文化，推动

了与中国有关课程甚或东亚系 / 亚洲系的设立，对汉学的发展起了很大的作用。

第二节　中国文学研究的摇篮：亚洲系 / 东亚系、图书馆的建设

加拿大的大学没有专门为中国文学设立的系别。中国文学的讲授和研究都是在东亚系或者

亚洲系之内进行，如果该校没有这些系别，与中国有关的课程就属于国际语言学系或类似的系

别。东亚系 / 亚洲系通常由两个或以上的地区研究组成，中国和日本是主要成员，规模大的系，

也加上韩国、印度和东南亚。研究中国的历史、政治、人类学、社会学等领域的教授一般属于

他们本系，有的也可同时属于亚洲系或东亚系。有些大学的国际语言文化系或现代语言文化系，

把汉语和中国文学（以及文化）课程包括在内。这些系别对中国文学的研究和汉学家的培养，

起了关键的作用。以下是加拿大亚洲系或东亚系的分布情况。

一、　亚洲系 / 东亚系的分布与设立

加拿大设有以东亚系或亚洲系命名的大学，从西部到东部有不列颠哥伦比亚大学（亚洲系），

埃尔伯塔大学（东亚系），多伦多大学（东亚系）和麦吉尔大学（东亚系）。

设有以亚洲中心或者综合性系别命名的学系的大学，从西部到东部有维多利亚大学（太平

洋亚洲研究系），卡尔加里大学（日耳曼、斯拉夫、东亚研究系），缅省大学（亚洲研究中心），

蒙特利尔大学（东亚研究中心）。

目前加拿大的汉学重镇有两个：不列颠哥伦比亚大学亚洲系和多伦多大学东亚系。第二

次世界大战后，这两所大学就设立中国文化和历史学科，修读的大多是对人文学科有兴趣或期

望进入外交界的西人学生，此外就是土生华裔。不列颠哥伦比亚大学的亚洲系，因为卑诗省有一定数量的华人移民，战后获得稳定发展。[1] 多伦多大学的东亚系源起，跟传教士怀履光的努

1.Graham Johnson，"The True North Strong: Contemporary Chinese Studies in Canada"，p.852.

力以及皇家安大略博物馆在二三十年代就开始收藏大量的中国古文物有莫大关系。其实，麦吉尔大学东亚系开始得最早，1925 年盖恩·葛思德（Guion M. Gest，1864—1948）把自己收购的中文藏书存放在该大学，成立以他名字命名的葛思德华文藏书库（Gest Chinese Research Library）。该校在 1930 年开设第一个中国研究学系（Department of Chinese Studies），可

2.Martin J. Heijdra，"The East Asian Library and the Gest Collection at Princeton University"，in Peter X. Zhou ed.，*Collecting Asia: East*

惜大萧条后经费不足，该藏书卖给美国普林斯顿大学，东亚系也在四年后结束。[2] 1965 年林达

Asian Libraries in North America, 1868—2008. Ann Arbor, Michigan: Association for Asian Studies, Inc.，"Asia Past & Present: New Research

光（1920—2004）到任，才重新发展起来。

from AAS" series, No.4, 2010，121—135.

　　加拿大的汉学发展，很大程度上受益于美国的汉学家。在美国麦卡锡主义严厉施行的年代，与共产主义沾边的学者往往受到怀疑和不被信任，他们不得不离开国土，有的远往欧洲，有的北上加拿大。最值得称道的例子，是《太平洋事务杂志》（Pacific Affairs）及其主编威廉·荷兰（William Holland，1907—2008）从美国迁往加拿大一事。威廉·荷兰到不列颠哥伦比亚大学后，招兵买马，把它建设成为加拿大的亚洲研究重镇。[3] 直到现在，加拿大的文学汉学家，

3.Graham Johnson，"The True North Strong: Contemporary Chinese Studies in Canada"，p.855.

不少来自美国。本土人才的培养，仍需加强。

　　加拿大一些大学的东亚系或亚洲系的成立，跟历史系都有某些渊源。这是因为中国历史是大学历史系不可缺少的科目，如果攻读中国历史的学生有阅读中文资料的需要，汉语课程便应运而生。一旦时机成熟，东亚系便可以成立。例如不列颠哥伦比亚大学亚洲系的成立便是源于历史系。该校的中国历史课"1644 年后的中国现代历史"首设于 1948—1949 年度，由刚上任的历史学家何炳棣（1917—　）讲授。"亚洲研究"（Asian Studies）这个名称在 1956—1957 年度在该大学首次启用。1957—1958 年度，"中国文学入门"和"中文入门"才正式开设。1960 年，大学图书馆的亚洲部和亚洲系同时成立。在首任系主任威廉·荷兰的努力下，亚洲研究硕士学位在 1962—1963 年度获准设立。1964 年，以研究徐霞客游记而著名的李祁（1903—约 1980）受聘来教授中国文学。1966 年，蒲立本从剑桥大学应聘回来。1969 年，叶嘉莹受聘，专门讲授诗词。

4. 参阅不列颠哥伦比亚大学亚洲系网站内欧大年（Daniel Overmyer），"Glowing Coals: the First Twenty-five Years of the Department of Asian

1970 年，王健受聘教授语言与文学。1975 年，施吉瑞（Jerry Schmidt）获得该系第一个中国文

Studies, 1960—1985"，http://www.asia.ubc.ca/department/history.html；并参考 Edwin G.Pulleyblank，"William L. Holland's Contribution to

学专业博士学位。[4] 1987 年，亚洲系创办研究生刊物《卑诗评论》（BC Review）。埃尔伯塔大

Asian Studies in Canada and at the University of British Columbia"，Pacific Affairs, Vol.52, No.,4 (Winter 1979—1980)，591—594.

学的东亚系跟历史系也甚有渊源，中国历史教授白赖恩·阿文斯（Brian Evans）在 1961 年开设

中国历史课程，之后，陆续设立汉语课程，经过多年努力，在 1981 年成立东亚系。

　　多伦多大学东亚系的奠基和发展则与传教士有莫大的关系。1930 年代之前，多伦多大学开设东方学课程 (Oriental Studies)，只包括中东，东亚并没有进入视野。1914 年成立的皇家安大略博物馆，对后来多伦多大学东亚系的成形发展起了辅助作用。博物馆馆长查尔斯·库容里 (Charles T.Currelly) 有远大视野，获得在华传教士怀履光的协助，从 1924 年开始的十年间为博物馆收购中国古文物，奠定了中国古文明研究的基础，1934 年，怀履光离开中国，回到加拿大，主持多伦多大学中国研究学院，兼任皇家安大略博物馆馆长。他在 1941 年完成策划中国研究课程 (Chinese Studies)，并建议创立东亚研究（或中国研究）部，颁授中国课程荣誉学位。他在 1942—1943 年度，开设两门与中国有关的课程，有 30 个学生。1943 年 5 月，中国研究学院 (School of Chinese Studies) 成立。1948 年，中国研究学院并入文理学院，怀履光辞去中国研究学院和博物馆工作，由路易斯·瓦安斯利 (Lewis C. Walmsley) 接任。杜森 (W.A.C.H Dobson) 1952 年受聘任教中国研究学院。杜森 1938 年到中国传教，1943 年曾经在开罗会议为英国首相丘吉尔当翻译，1946 年获得牛津大学硕士学位后留校任教，1953 年出任多伦多大学中国研究学院主任。他精力充沛，努力发展中国研究之余，勤于著作，直到 1979 年退休。[1] 战后，随着

1.Anna Liang U, "The Ever Beckoning Horizon: the East Asia Collection at the University of Toronto", in Peter X. Zhou ed., Collecting Asia:

日本、印度和韩国地区研究陆续加入，1977 年共同组成了东亚系 (Department of East Asian

East Asian Libraries in North America, 1868—2008, 137—151.

Studies)。[2] 多伦多大学东亚系出版了研究生刊物《东亚论坛》（East Asia Forum）。

2.http://www.eas.utoronto.ca/about/about.html

二、亚洲图书馆：发展中国文学研究的必要条件

　　中国文学研究的发展与中文图书藏书量关系密切，没有相当数量的中文藏书，教授不能做研究，高质量的研究生课程也开不了。在中国以外的地区成立图书馆，过程艰辛，需要长期积累才可以达到一定规模。在这方面，传教士和慈善家的努力，扮演了重要的角色，加上专业人士的有效管理，使得加拿大的中文书籍，极大发挥了其传播中国文化的功能。加拿大的图书馆都是开放性的，除了服务大学之外，民众也可以借阅，以达到物尽其用的目的。加拿大大学的中文藏书，以不列颠哥伦比亚大学的亚洲图书馆规模最大，其次是多伦多大学的郑裕彤图书馆。其他大学的中文书籍都放在总图书馆，或是系图书室。

不列颠哥伦比亚大学亚洲图书馆的首任馆长伍冬琼女士，毕业于香港大学，曾任职香港大学冯平山图书馆，亚洲图书馆有今天的规模，伍女士的终身投入功不可没。[1] 不列颠哥伦比亚

1.Tung-king Ng, "The University of British Columbia Chinese Literary Collection: A Report", *Pacific Affairs*, Vol.50, No.3 (Fall 1977), pp. 473—485.

大学亚洲图书馆成立于 1960 年，中文资料方面包括 310 000 册书籍、10 个资料库、134 个电子书、8 544 卷胶卷、22 份报纸和网上《人民日报》、1 100 册善本书。1959 年，从澳门姚钧石家族购得珍贵的蒲坂书楼藏书。[2] 此藏书有 3 200 个书目，45 000 册，包括 1912 年以前出版的古籍，有

2. 伍冬琼：《蒲坂书楼简介》，第 17—21 页，收入《华萃集》，Historical Chinese Language Materials in BC: Image Gallery. 参考加华文献聚珍网站 http:burton.library.ubc.ca/hclmbc/introduction.html

320 册（本）抄本，还有经典古籍、通志和清朝广东省文人专著。2000 年，香港大学冯平山图书馆前馆长李直方受邀来整理编目，让各界读者可以在网上查阅。[3] 1965 年，亚洲图书馆从台

3.Eleanor Yuen, "Building an Academic Library in the Heart of Pacific Canada: the Asian Library at the University of British Columbia", in Peter X. Zhou ed., *Collecting Asia: East Asian Libraries in North America, 1968—2008*. 233—240.

湾购入 500 套丛书影印本，以补蒲坂的不足。亚洲图书馆除了蒲坂书楼，还有宋学鹏藏书、景颐斋藏书、庞镜塘藏书等。这些藏书是中国文学的研究基石。

　　近年来，加拿大华人研究受到重视，资料的收集和整理日益迫切。2001 年亚洲图书馆馆长袁家瑜女士上任，与当时西门菲沙大学林思齐国际交流中心主任王健 (Jan Walls) 和不列颠哥伦比亚大学历史系荣休教授戴安娜 (Diane Larry) 合作，建立卑诗省华人历史资料库《加华文献聚珍》（Historical Chinese Language Materials in British Columbia: An Electronic Inventory）。[4] 这个资料库包括大量早期卑诗省华人中文文献，有家书、商业档案、团体咨询、

4.http://burton.library.ubc.ca/hclmbc/introduction.html

捐献单据、家谱、人名录、学校活动记录、债券、图片、收据、通告和广告等材料。值得注意的是，亚洲图书馆购得北美历史最悠久的华文报纸《大汉公报》从 1914 年到 1992 年停刊为止的副本。2007 年，该馆获得十五代医学世家传人梁觉玄医师捐出收藏的医药、哲学和文学书籍，更有著名粤剧师父黄滔捐赠的 586 种粤剧录音带等资料。这些都是研究华人文化和文学的重要材料。

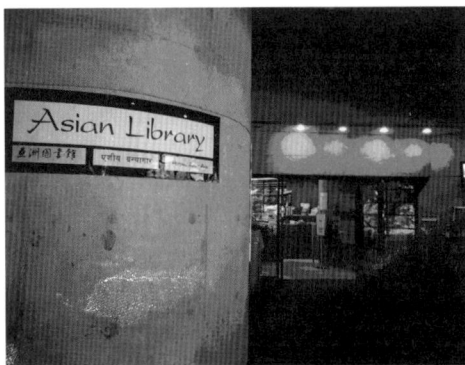

不列颠哥伦比亚大学亚洲图书馆（梁丽芳摄，2012）

多伦多大学郑裕彤东亚图书馆，位于该大学的约翰·罗巴斯图书馆楼（John P. Robarts

Library）的第八层。约翰·罗巴斯图书馆成立于 1973 年，亚洲图书馆则在 1974 年搬入。1933 年，怀履光在中国从德国公使馆的华人秘书慕学勳那儿以 100 500 元购得 40 000 册书籍。1935 年，这些书本运到多伦多，是为中文藏书的开始。随后，获得卡内基公司（Carnegie Corporation）和马林基金（Mellon Foundation）惠赠巨款，扩充藏书数量。1961 年，多伦多大学的东亚图书馆成立，藏书 60 000 册。第一任馆长是朱维信（Raymond Chu）。该馆先后增添中日韩文书籍。1987 年，香港富商郑裕彤捐赠 150 万扩建图书馆，1991 年完成。1996 年郑裕彤再次捐款，加上日本方面的捐款，1998 年完成东亚资料中心。[1] 多伦多大学东亚系之所以被称为汉学的重镇，跟这个图书馆的藏书和皇家安大略博物馆的丰富收藏有莫大的关系。

1. 关于多伦多大学郑裕彤图书馆的详细情况，请参看 Anna Liang U, "The Ever Beckoning Horizon: the East Asia Collection at the University of Toronto", in Peter X. Zhou ed., *Collecting Asia: East Asian Libraries in North America, 1868—2008*, pp.136—151, 请参考 http://link.library. utoronto.ca/eal/flash/menu.cfm?level=2&item0=About%20the%20Library&item1=Our%20History

多伦多大学郑裕彤东亚图书馆（马佳摄，2010）

第三节　中加人文学者的交流：从隔离到互动

中加文学交流是在直接和间接的层面上同时进行的。最为直接的交流方式，是亲身到对方的国度，一来可以身历其境，感受其氛围，二来可以亲身观察或跟研究对象对话。可惜，在冷战时期，加拿大与中华文化地区的交往，只限于台湾、香港和澳门，而与中国大陆没有邦交。双方的学者都不能到对方的国度进行研究和交流，以致不少西方学者都到港台等外围地区从事访问、资料收集。

中加 1970 年建交后，两国之间的交往很快启动起来。首先，1973 年签订加中学生交流项目协议（Canada-China Student Exchange Programs）；随后，1974 年签订并在 1977 年实行加中学者交流项目协议(Canada-China Scholar Exchange Programs)。[1] 此外，加拿大的人文

1.www.moe.edu.cn/edoas/website18/92/info5092.htm

社会科学研究理事会(Social Sciences and Humanities Research Council of Canada [SSRHC])

1980 年与中国社科院签订了学术合作谅解备忘录，双方每年可以交换学者 44 人周，备忘录在

1990 年完成使命。

二十世纪七八十年代，加拿大学者到中国访问大致有两种方式，一是代表团方式，二是个

人方式。代表团方式在七十年代最为普遍，通常为期两周至三周，访问的城市限于北京、上海、

西安、苏杭等。个人方式则大多是通过任职的大学或是学术机构进行交流。

马田·星尔(Martin Singer)1986 年的报告显示，到中国做研究的加拿大学者，1971 年有 14 人，

1979 年有 51 人，1983 年有 220 人，十二年间加拿大学者到中国访问研究的总人数共 818 人，[2]

2.Martin Singer, *Canadian Academic Relations with the People's Republic of China since 1970*, Vol 2: China Profiles of Canadian Universities/

人文科学占了 33.6％，其中东亚研究的有 58 人，语言 26 人，文学 12 人，人类学 6 人，教育 40 人，

Supplementary Materials. Ottawa: The International Development Research Centre, 1986, appendix 36, p.323.

地理 15 人，历史 2 人。[3] 中国学者到加拿大作长期逗留（即数月或以上）研究语言文学的有 12

3.Martin Singer,1986, appendix 38, p.325.

人，亚洲研究方面有 7 人作短期访问。[4] 可见在文学方面的交流，仍处在初始阶段。

4.Martin Singer, 1986, appendix 4, p.258.

一、加拿大文学汉学家到中国进行交流

研究中国文学的汉学家，基本上都对语言有一定的研究。根据马田·星尔 1986 年的报告，

到中国做语言和文学学术交流的加拿大学者，列举如下：不列颠哥伦比亚大学亚洲系著名古汉

语学家蒲立本（Edwin G.Pullleyblank），在这个时段内七次到中国访问、研究和讲学，并订

立中加学者交流计划。他 1979 年到南京大学演讲"太平天国的历史学"（The Historiography

of the Taiping Rebellion）；1980 年秋天到中山大学当访问学者，并访问几个大城市，成功

订立交换计划；1981 年春天到上海和广州收集太平天国资料；1983 年夏天访问中国社科院，又

到中山大学做三个月研究。1982 年他接受中国社会科学院的邀请，演讲"汉藏语言和语言学"

（Sino-Tibetan Languages and Linguistics）。多伦多大学东亚系以研究散曲而著名的文学教

授施文林（Wayne Schlepp, 1931— ）于 1980 年 7 月到访中国四个月，在呼和浩特内蒙古大

学研究蒙古语言；1981 年夏天他再度前往。当时任教维多利亚大学的中国文学教授王健（Jan

Walls），从 1981 年 7 月到 1983 年 7 月，出任加拿大驻中国大使馆的一等秘书，负责文化交流

事务。多伦多大学中国文学教授史清照（Kate Stevens），1982 年 2 月到中国做为期七个月的研究。她在北京、天津以及其他地区，收集说书唱大鼓艺人的影像录音。1983 年，史清照再到中国继续研究。最近（2012 年 10 月 20 日）逝世的前多伦多大学东亚系中国文学教授米列娜（Milelovna Dole elová-Velingerová），1982 年 9 月获加拿大人文社会科学理事会资助，到访中国社科院两个月，收集林纾的研究资料，并到南京大学、复旦大学、中山大学访问和演讲，演讲题目分别为"加拿大的中国文学研究现状"、"二十世纪之交的中国小说"和"中国文学可以用现代方法来研究吗？"。不列颠哥伦比亚大学亚洲系中国文学教授施吉瑞（Jerry Schmidt，1946— ），1983 年获得加拿大人文社会科学理事会的资助，到北京和上海进行交流，并为19 世纪中国诗歌的研究项目进行资料收集。

二、 中国学者和作家到加拿大访问

在 1980—1990 年代，中国作家和文学研究学者通过官方安排到加拿大几所设有东亚系的大学访问。笔者在不列颠哥伦比亚大学读研究生，其后任教于埃尔伯塔大学东亚系，曾参与接待来自中国的学者和作家。结合其他资料，可知较早到访加拿大的，是上海复旦大学教授张锦江，他 1974 年到不列颠哥伦比亚大学亚洲系就《红楼梦》的阶级观作演讲，由该系讲师李盈担任翻译。1980 年，画家范曾（1938— ）在不列颠哥伦比亚大学亚洲系讲学和示范诗书画合一的艺术，由该系教授施吉瑞翻译。1981 年 11 月，作家丁玲（1904—1986）访问美国，顺道回访加拿大（1981 年夏天有七位加拿大作家访华），在加东五所大学——多伦多大学、约克大学、麦吉尔大学、康科迪亚大学和缅省大学演讲，并和师生座谈。1982 年 10 月，中国大陆作家张光年（1913—2002）、王西彦（1914—1999）和谌容（1936— ）受加拿大外交部邀请，来加拿大访问两周，曾到不列颠哥伦比亚大学亚洲系座谈。1984 年，中国大陆评论家冯牧（1919—1995）与作家刘亚洲（1952— ）访问不列颠哥伦比亚大学亚洲系。1987 年春天，中国社会科学院文学研究所所长许觉民（1921—2006）和研究员陈竞生，首次访问加拿大几所大学的比较文学系和东亚系。许觉民在埃尔伯塔大学比较文学系介绍中国当代文学发展情况，由东亚系梁丽芳担任翻译。1987 年 5 月，中国作家刘湛秋、鲍昌、叶蔚林、严婷婷在班府（Banff）访问发言。1987 年秋天，

《文艺报》编辑陈丹晨（1931— ）访问埃尔伯塔大学东亚系，介绍 1979 年后的中国文学情况。1988 年 9 月，中国作家张抗抗访问温哥华。同年秋，报告文学家刘宾雁（1925—2005）获邀到埃尔伯塔大学东亚系讲报告文学。1990 年，黑龙江大学比较文学教授卢康华（1931— ）到埃尔伯塔大学比较文学系，作为期一年的访问学者。1990 年，北大教授乐黛云（1931— ）获得麦克马斯特大学（University of McMaster）颁赠的博士学位。进入 90 年代，来的作家学者较多，例如刘再复、王蒙、邵牧之、宗璞等等。

马田·星尔提交的第二个报告（1996），包括了 1970—1995 年间的中加学者交流情况。1986—1996 年十年间，人数明显增加。20 世纪末以来，中国大陆的出国限制变得宽松，中加之间的官方交流与非官方交流同时进行，文学交流更为频繁。至于中国作家受民间华人文学团体邀请到加拿大访问的情况，请参考第四章。

三、中加文学交流的另一平台：研究所、中国研究中心、孔子学院等

大学的研究所、研究中心、学术协会，在中加文学交流方面也扮演了活跃的角色。目前，加拿大全国性的学术研究机构，有加拿大政府与私人合资成立的亚太基金会（Asia Pacific Foundation），总部设在温哥华。该会虽然侧重于经济，但与学界联系紧密，也设有供学者作专题研究的奖学金。[1] 更多的是设在大学内的中国研究机构，它们以中国学院（China Institute）

1.Graham Johnson, "The True North Strong: Contemporary Chinese Studies in Canada", p.863.

或研究中心（Research Center）命名，一般与东亚系或亚洲系有密切关系。这些机构的宗旨大致相同，都是发展中加文化（文学）学术交流，推动社区对于中国的认识，增强学者之间的联系等。他们举办会议、讲座，设立奖学金，提供研究经费，协助语言教学等不一而足。

不列颠哥伦比亚大学亚洲研究所（Institute of Asian Research）成立于 1978 年。1991 年发展成为今天具备五个研究中心的规模，包括中、日、韩、印度、南亚和东南亚五个部分。旗下的中国研究中心英文全名为 Center for Chinese Research，定期举办工作坊、座谈、会议和出版，以交流研究成果。梳理网上多年来的资料显示，该中国研究中心多年举办不少与文学相关的讲座，[2] 以下依照时序列举中加学者、作家交流活动。（其他类似机构的中国文学讲座从略）

2. http://www.iar.ubc.ca/centres/ccr

不列颠哥伦比亚大学亚洲研究所（梁丽芳摄，2011）

华裔作家及交流活动：郑蔼玲（Denise Chong）演讲"跨越世代和大陆之旅：作为加拿大人的复杂命运"（Odysseys Across Generations and Continents: the Complex Fate of Being Canadian）（2001 年 1 月 23 日）；关大卫（Michael David Kwan）朗读新作《不应忘却的事物》（*Things that Must Not be Forgotten*）（2001 年 3 月 2 日）；史丹利·关和妮可·关（Stanley Kwan and Nicole Kwan）举办新书《龙与皇冠：香港记忆》（*The Dragon and the Crown: Hong Kong Memories*）发布会（2009 年 10 月 22 日）；儿童小说朗读，有华裔作家刘绮芬（Evelyn Lau）、余兆昌（Paul Yee）、陈泽桓（Marty Chan）、吴加彦（Kagan Goh）、林天慧（音译，Fiona Tinwei Lam）、马琳达（音译，Linda Mah）；此外，颜克利（音译，Kellee Ngan）朗读他的新作《周亨利及其他故事》（*Henry Chow and Other Stories*）（2010 年 5 月 29 日）。

加拿大本土学者及交流活动：麦吉尔大学教授方秀洁演讲"激进诗学：晚清女性杂志中的性别和古典诗歌"（Radicalizing Poetics: Gender and Classical Poetry in Late Qing Women's Magazines）（1900—1910）（2007 年 2 月 19 日）；维多利亚大学教授王仁强（Richard King）演讲"Replicating the Voice of Moral Outrage: on the Challenge of Preserving the Tone of Early 80s Fiction"（重返道德谴责的声音：维护八十年代小说基调的挑战）（2007 年 3 月 31 日）；前维多利亚大学教授李佩然（音译，Vivian Lee）演讲"迷失在国际都会罪恶区中：杜琪峰的 PTU"（Lost in the Cosmopolitan Crime Zone: Johnnie To's PTU）（2007 年 3 月 31 日）；不列颠哥伦比亚大学教授雷勤风（Christopher Rea）演讲"阅读作为亚裔美国人的张爱玲"（Reading Eileen Chang as an [Asian] American）（2008 年 4 月 11 日）。

中国学者及交流活动：沈阳书法家和作家李正中演讲"伪满文学"（2001 年 9 月 24 日）；放映根据刘庆邦小说《神木》改编的电影《盲井》，该电影曾获得柏林 2003 年银熊奖（2008 年 2 月 20 日）；华东师大教授沈志华演讲"如何敲开中国档案：百花齐放和反右运动的新发现资料"（2010 年 3 月 29 日）。

除了不列颠哥伦比亚大学的中国研究中心外，提供中加文学交流的机构，还有成立于 1989 年的西门菲沙大学的林思齐国际交流中心（David Lam Center for International Communication）。该中心经常举办各类学术活动、新书发布会和演讲、中国电影欣赏等等。2005 年，埃尔伯塔大学成立了中国学院（China Institute）。慈善家森迪·麦塔伽特（Sandy Cécile Mactaggart）夫妇捐赠了一批甚有价值的古董文物给埃尔伯塔大学博物馆，埃尔伯塔省依照慈善拨款条例，又拨给埃尔伯塔大学一笔研究经费，用以支持学校的研究，特别是中国研究。成立以来，资助了不少教育、文化交流项目，并经常举办演讲和放映中国电影。[1] 2007 年春，中国社科院文学研究所所长杨义到访，磋商文学交流计划。2009 年，设立住校作家计划。多伦多大学的蒙克环球事务学院（Munk School of Global Affairs）成立于 2000 年，设有亚洲学院（Asian Institute）。亚洲学院分为九个部分，其中有两个直接与中国有关，一个是亚洲太平洋研究部的朱大为博士计划（Dr. David Chu Program in Asian-Pacific Studies），另一个为利铭泽加港文献馆（Richard Charles Lee Canada Hong Kong Library），该馆除了提供丰富的香港文献书籍资料外，还定期举办包括中国文学的专题讲座。[2] 约克大学亚洲研究中心（The York Centre for Asian Research）（YCAR）成立于 2002 年，有定期专题讲座。[3]（关于蒙特利尔大学的类似机构和活动，见法文部分）

加拿大的学术协会提供交流平台，让来自各地的学者和研究生发表学术研究成果。最具代表性的是加拿大亚洲学会（CASA, Canadian Asian Studies Association）。该会 1969 年成立于安大略省贵湖大学（Guelph University），与南亚研究合并后改为现名。该会包括三个组成部分：东亚组、东南亚组和南亚组。中国研究属于东亚组。[4] 加拿大汉学家经常在这个学会发表有关中国文学的论文。卑诗加华历史协会（Chinese Canadian Historical Society of British Columbia）成立于 2004 年。主要创会者是不列颠哥伦比亚大学前历史系荣休教授魏安国（Edgar Wickberg），该会定期举办活动和讲座。与文学有关的，是该会锐意发展以华人传记为写作题

1. www.china.ualberta.ca/en/About-Chinese.aspx
2. www.munkschool.utoronto.ca/
3. www.yorku.ca/ycar/
4. www.casa-acea.ca/

材的出版计划。第一本短篇集子已经出版，名为《寻根之道》（中英对照）（2006），第二本
1.Brandy Lien Worrall ed., *Finding Memories, Tracing Routes: Chinese Canadian Family Stories*. Vancouver: Chinese Canadian Historical Society,
名为《加华与原住民佳肴》（2008）。[1]
2006; *A Chinese Canadian and Aboriginal Potluck*. Vancouver: Chinese Canadian Historical Society, 2008.

　　文化更新研究中心，由来自香港的哲学家梁燕城（1951— ）博士与关心中国文化的海外
知识界人士组成，其宗旨是以基督教的精神，通过文化、学术、对话活动，促进中加文化交流。
它也资助文学项目，例如广州中山大学的程文超教授曾获得资助。该中心出版的季刊《文化中
国》，发表中国哲学、历史、文学有关论文，是加拿大唯一的华文学术刊物。

　　孔子学院不是一般意义上的大学，也不是研究机构，它是 21 世纪中国大陆经济实力达到
相当高度之后，主动地把中国语言文化向世界传播推广的具体实践。孔子学院是非盈利机构，
运作模式是中外合办，一般下设在海外大学或者教育机构。到 2013 年，加拿大一共有 12 所孔
子学院，坐落在全国各大学和教育机构。[2] 台湾方面也不甘后人，2011 年 10 月 15 日，台湾书
2.卑诗理工学院（卑诗省）、埃德蒙顿市教育局（埃尔伯塔省）、辛尼卡学院（多伦多）、滑铁卢大学、麦克马斯特大学、布洛克大学（安大略省）、多森学院（蒙
院同时在美国的纽约、休斯敦和洛杉矶开设。个别孔子学院也邀请中国学者作家举办文学讲座。
特利尔）、社博罗克大学（魁北克省）、莫克顿教育局（纽宾士维克省）、圣玛丽大学（新斯科舍省）、萨省大学、里贾纳大学（萨省）。
例如，2008 年 11 月，安大略省的滑铁卢大学孔子学院邀请了四位作家——刘震云、刘庆邦、
格非和白烨。回程时途经温哥华，他们先后参加了卑诗省理工大学下属的孔子学院与加拿大华
裔作家协会合办的讲座，又到不列颠哥伦比亚大学与师生座谈。2010 年 9 月 22 日，温哥华卑
诗理工大学下属的孔子学院与加拿大华裔作家协会合办文化座谈，演讲者为舒乙，讲题为《中
国文化的特点》。2010 年 10 月 16 日—17 日，滑铁卢大学孔子学院举办以"家园，历史和呈现"
（Homeland, History and Representation）为题的国际研讨会，探讨海外华人文学。

第四节　从古典到现当代文学（一）：加西的汉学家

　　加拿大的汉学家，如果以种族来分，有非华裔和华裔两大类。前者多半是西方人士，汉语
是他们的第二语言，一般在取得博士学位后，受聘于大学或者研究机构（不管具有终身职位与
否），从事教书、写作、研究工作。他们来自西方文化传统，对于中国文化（文学）有别于中
国本土学者的解读角度和方法。他山之石，可以攻玉，他们往往能够打破惯性解读，提出不同

的观点，这是海外汉学之所以值得借鉴的意义所在。（以下学者的尊称从略）

从 1949 年到 1970 年代末，中国大陆被铁幕封锁，在政治运动连绵不断的环境之下，学术受到破坏，学者身心受到摧残。在中华文化受到如此浩劫的特殊历史时期，幸好有老一辈学者，以及来自港台的华裔学者在海外汉学界保持学术的独立和尊严。在汉学发展史上，他们扮演了非常重要的承先启后的角色。他们既是中华文化在西方的权威传播者、阐释者、坚守者，又是培养西方汉学家（华裔和非华裔）的导师。中华文化（文学）的精粹之所以能够在海外汉学界传承发扬，他们居功不少。例如美国的夏志清（1921—2013）（中国现代文学研究和古典小说研究），刘若愚（1926—1986）（比较诗学研究），叶嘉莹（1924— ）（诗词研究），都是中国文学研究的栋梁。其后，还有叶维廉、王靖献的古典诗歌诗学研究，刘绍铭、李欧梵的现代文学研究等等。港台华裔教授在汉学界的贡献，值得大书特书。1978 年中国大陆开放后，从封闭环境中出来的学者，开始接触西方学术界。1990 年代后期，来自中国的研究生陆续在加拿大获得博士学位，并受聘于大学，成为新一代的华裔汉学家。他们的师承，直接或间接地，乃是这些港台华裔汉学家。

1970 年代末之前，北美的汉学几乎是古典文学的天下。早期的西方汉学家，大多以研究中国古典文学为职志。例如理雅各（James Legge, 1815—1897）倾力注释儒家典籍，为西方的中国经典研究建立严谨的文本细读和注释传统。这种研究方法统领了西方的中国古典文学研究，直到二十世纪七八十年代。随着西方各种理论的流行，特别是语言学理论、女性主义理论、文化研究理论的广泛应用，古典诗词研究亦从侧重文本阐释转到用新理论来分析。从研究题材来说，1990 年代之前，古典诗和古典小说的研究较多，现代文学较少。"文革"之后，中国文坛开始解冻，老一辈作家重新执笔，新崛起的作家引人注目，雨后春笋般出现的文学杂志和文学作品吸引了一些研究者的注意。到了 1980 年代中期，研究现当代文学的学者逐渐出现，中国电影和文化研究也陆续进入他们的视野。汉学家的研究活动不是"铁板一块"，虽然大多数学者专注一个研究领域，也有个别学者跨越古典和现当代。又因为讲授汉语是东亚系 / 亚洲系的份内之事，因此，汉学家除了做研究之外，也参与汉语教学，其中有些也写汉语教学课本。

华人最先到加拿大西部，然后才向东移。以下先看加西从事中国古典和现当代文学研究和教学的汉学家。

一、叶嘉莹诗词研究的学术成就及贡献

叶嘉莹无疑是中国古典文学的权威阐释者，是海外华裔学者的代表人物。她本人就是中加文学交流的体现。她桃李满门，所教的弟子任职各大学，在不同程度上继承和发扬了她的学术体系。叶嘉莹 1924 年生于中国北京，辅仁大学毕业，1949 年随夫婿赵钟荪到台湾，曾任教台湾大学 15 年。1966 年她到密歇根大学当客座教授，1967 年依约回台湾大学任教，再到哈佛大学当客座教授。1969 年她开始任教于不列颠哥伦比亚大学亚洲系，直至 1989 年退休。1974 年，她首次回到阔别二十多年的中国，写了长歌《祖国行》。1978 年，她正式申请回国教书，1979 年应邀回国讲学，以南开大学为基地，每年自费回国到各个大学讲授诗词。1990 年初，她把退休金的一半 10 万美元捐赠出来，加上慈善家蔡章阁的慷慨赞助，在南开大学成立中华古典文化研究所。她如候鸟般每年往返中加两地，夏天在温哥华时，她百忙之中仍受邀讲授诗词。

叶嘉莹除了中国古典文学的传统学养丰富之外，还善于应用西方的理论来解说中国诗词，不但拨开了古典诗词理论中一些模糊不清以及困惑难解的学术问题，还打通了中国古典文论与现当代西方文论，连接了东西方诗学。叶嘉莹在台湾、香港和中国大陆都有著作出版，包括内容重复者、与人合作者以及录音、录像带，近八十多种。其中河北教育出版社 1997 年出版《迦陵文集》（10 种），台湾桂冠图书公司在 2000 年出版 4 辑 18 种 24 册，规模宏大为学术界少见。1998 年，她与哈佛大学教授海涛合作，出版了 Studies in Chinese Poetry（《中国诗研究》）一书，收集了叶嘉莹十三篇和海涛三篇论文，乃是汉学界研究中国古典诗词的权威著作。可惜，叶嘉莹的著作被翻译成为英文的不多，她在国际上的影响，除了通过弟子在学界流传，在西方知识大众当中仍然传播不足，故此，充分翻译她的著作是刻不容缓的工程。

叶嘉莹教授（左）与梁丽芳（摄于 UBC 亚洲图书馆，2010.9）

叶嘉莹五十年代在台湾的时候，就开始注意到用外来的文学理论赏析古典诗词。自六十年代末，她逐渐熟悉西方的文学理论，灵活地应用到中国古典诗词的诠释上来。她以中国古典诗词和理论为主，以外来的理论为辅，而不是本末倒置，为应用而应用。她借用西方文论的逻辑性，来清晰中国古典文论的模糊性；她借用西方的哲学（例如现象学和诠释学），来印证中国古典文论中的某些概念（例如"诗无达诂"）。

从中加文学交流史的角度来看，叶嘉莹的贡献是巨大的。篇幅所限，我们只从词学研究方面来说明她灵活开放的治学经验和获得的成果。首先，在词的诠释方面，她在《从现象学到境界说》一文中谈到：理查德·帕尔默 (Richard Palmer) 的《诠释学》（Hermeneutics）认为对于作品原义的追寻，无论怎样努力都是很难进入过去原有的文化时空，因此，诠释者的一切解说分析，势必回到它的本身，形成了伽达默尔 (Hans-Georg Gadamer) 的《哲学的循环》(Philosophical Hermeneutics) 中所说的"诠释的循环"；赫芝 (E.D.Hirsch) 的《诠释的正确性》（Validity of Interpretation）说作者真正的意义，只不过是诠释者产生的"衍义"，他在《诠释的目的》（The Aims of Interpretation）中进一步说作品只不过提供意义的引线，诠释者才是意义的创造者；伊瑟尔（Wolfgang Iser）的读者反应论（Reader Response）和姚斯（Hans Robert Jauss）的接受美学（Reader Reception）侧重读者才是诠释者。综合这些理论，叶嘉莹认为他们的提法跟中国的"诗无达诂"和常州词派"作者之用心未必然，而读者之用心何必不然"有暗合之处。[1]

1. 叶嘉莹：《三种境界与接受美学》，收入《词学新诠》，第 79—85 页。

叶嘉莹从索绪尔（Ferdinand de Saussure）的符号学中也获得启发：符号具（signifier）与符号义 (signified) 之间的关系，不是单一的对应关系，索绪尔把语言分为语序轴 (syntagmatic axis) 和联想轴 (associative axis)，因此，除了单一意象在语序中的意义外，还有由联想轴中所可能有关的一系列的语谱 (paradigm)，由此造成开放性的意义诠释，为读者的反应提供不同的诠释基础。[2] 她认为这种方法跟传统的诗歌诠释的方法很相似。

2. 叶嘉莹：《从符号与信息之关系谈诗歌的衍义之诠释的依据》，收入《词学新诠》，第 37—42 页。

在创作方面，叶嘉莹从现象学学说找到中西创作论述的契合之点。现象学研究的，不是单纯的主体，也不是单纯的客体，而是在主体向客体投射的意向性活动中，主体与客体之间的相互关系，以及其所构成的世界。借用这个解释，她认为中国诗论中也一向认为人心之动常带有一种意向性，与《毛诗》大序中"诗言志，情动于中而形于言"同样道理。

　　叶嘉莹从诗六义中"兴"的解说引申，构建了"兴发感动"这个概念，认为这是说词的重要方式。她认为"感发作用之本质"是打通王国维"境界"和"在神不在貌"的总枢纽。她认为西方存在主义及现象学发展出来的"经验的形态"（指作者某种基本心态在作品中的流露），显示出作者的本质，遂含有一种感发力量，亦就是她说的一种感发的本质。[1]

1. 叶嘉莹：《文本值依据与感发之本质》，收入《词学新诠》，第87—92页。

　　至于作品和作者的关系方面，叶嘉莹对于艾略特（T.S.Eliot）和卫姆塞特（W.K.Wimsatt Jr.）等提倡评价文学作品不必考虑作者生平之说，以及作者原意谬论（intentional fallacy）坚持要用文本中的形象、结构和肌理等来作依据的细读说法，并不全盘接受。她认为中国传统的知人论世来为艺术价值立论，无疑是"重点误置"，但是"西方现代派诗论之竟欲将作者完全抹杀，而单独只对其作品进行讨论的批判方式，实亦不免有偏狭武断之弊。"[2] 她特别指出，

2. 叶嘉莹：《"兴于微言"与"知人论世"》，见《词学新诠》，第51—57页。

作者是作品赖以完成的主要来源和动力，诗作的意象、结构、肌理，乃完全出自作者的想象与安排，因此不能抹杀。

　　叶嘉莹借用西方女性主义的观点，对词的意义与价值进行理论体系建设。她没有把《花间集》的女性形象生硬套入西方女性主义，她不受制于权力地位的角度来谈男性与女性的语言之别，而是借用西方女性文论中的观点来谈花间词之语言形成的某些美学特质。自《诗经》到唐，写女性和爱情甚多，可是，只有词的一些作品才富有言外之想的要眇宜修的特质。为什么呢？她认为词中的女性形象，介乎写实与非写实之间，因而具有象喻的潜能。在语言方面，词的参差错落，被称为女性化的语言。但是，何谓女性化的语言呢？西方女性主义者认为，女性语言比较支离破碎，比较非理性和混乱。她指出《花间集》中的语言，打破了诗的载道言志和诗的较为整齐的男性语言，词的语言显得支离破碎，曲折幽隐，引人产生言外之想。但是《花间集》的18个作者都是男性，这就产生了另外一种品质。她发现近年西方女性主义文论发展，例如卡洛林·郝贝兰（Carolyn G.Heilbrun）提出雌雄同体的理论观念，认为双性人格该是一种完美的理想，这个观念可用来说明《花间集》的特质。《花间集》是男性作者无意中在歌席流露出来的女性化的情思。另一学者罗伦斯·利谱金（Lawrence Lipking）1988年出版的《弃妇与诗歌传统》（*Abandoned Women and Poetic Tradition*）中，认为弃妇常见于文学作品中，但是弃男则是难以接受的事情，但是男人也有被弃和失志之感，于是往往借用女子口吻来叙写，因此，男性诗人对弃男的形象的需要更甚于女性诗人。花间词人借用非写实的女子口吻来叙写，

更含有象喻的潜能。叶嘉莹灵活运用这些西方理论到词学研究之中，她不盲从任何一种理论，是因为她认为"理论"乃是一种捕鱼的"筌"，而她的目的是在得"鱼"而不在制"筌"。[1]

1. 叶嘉莹：《叶嘉莹作品集》总序，收入《多面折射的光影：叶嘉莹自选集》，第 319—335 页，南开：南开大学出版社，2004 年版。

二、古典诗词：白润德、施吉瑞、陈山木、余绮华、梁丽芳

不列颠哥伦比亚大学亚洲系成为加拿大中国古典文学研究的重镇，跟叶嘉莹有莫大的关系。她训练的研究生，基本上以古典文学为主，也有个别兼及现当代的。他们是：在维多利亚大学的白润德 (Daniel Bryant)，在不列颠哥伦比亚大学的施吉瑞 (Jerry Schmidt) 和陈山木 (Robert Chen)，在西门菲沙大学的余绮华 (Teresa Yu)，在埃尔伯塔大学的梁丽芳 (Laifong Leung)，在缅省大学的罗德仁 (Terry Russell)，在麦吉尔大学的方秀洁 (Grace Fong)。除了方秀洁在东部魁北克省的蒙特利尔外，其他都是任教或者曾经任教于加西的大学。

白润德 (Daniel Bryant, 1942—2014) 是叶嘉莹早期的学生，美国人，因为不赞成越战，到不列颠哥伦比亚大学亚洲系就读研究院。他 1982 年出版了《李煜和冯延巳的词》[2]，翻译了

2. *Lyric Poets of the Southern T'ang : Feng Yen-ssu (903—960) and Li Yu (937—790).* Vancouver: University of British Columbia Press, 1982.

冯延巳 54 首、李璟 2 首、李后主 39 首词。他用浦立本的音韵系统重构发音，以显示当时的读音，很有创意，可惜没有植入词的原文，乃美中不足。他的博士论文题目为《盛唐诗人孟浩然：生平和文本历史的研究》（*High T'ang Poet Meng Haoran: Studies in Biography and Textual History*）(1977)，是汉学界孟浩然研究的厚实之作。他用多年时间倾力完成了《伟大的再创造：何景明（1483—1521）及其世界》[3]，由荷兰莱顿出版社出版，是目前最为完整的关

3. *Great Recreation: Ho Ching-ming (1483—1521) and His World.* Leiden, Boston: Brill, 2008.

于何景明的研究。他搜罗了关于何景明的生平和创作资料，并亲身到何景明故乡和浪迹之地。他根据所得资料，重构何景明的生平。他还翻译了何景明一百多首诗，并加上原文和解释，尽显严谨的治学态度。白润德 1977 年开始任职于维多利亚大学，2008 年退休。他的学术兴趣广泛，还翻译了当代女作家张抗抗的长篇小说《隐形伴侣》[4]（1996）和礼平的中篇小说《晚霞消失的

4. *Invisible Companion.* Beijing: New World Press, 1996.

时候》中"秋"的部分。[5]

5. 收入 Michael Duke ed., *Contemporary Chinese Literature: An Anthology of Post-Mao Fiction and Poetry.* Armonk: M.E. Sharpe, 1985, pp. 59—79.

施吉瑞 (Jerry Schmidt, 1946—　) 来自美国，是叶嘉莹在不列颠哥伦比亚大学的第一个硕士和博士生。他的硕士论文是《韩愈及其古诗》（*Han Yu and His Kushi Poetry*)(1969)，博

6. *Yang Wan-li.* Boston: G.K.Hall & Co., 1976.

士论文是《杨万里的诗》（*The Poetry of Yang Wan-li*）(1975)，1976 年成书出版。[6] 当时汉

学界的中国古典文学研究侧重于唐诗和唐代以前的诗人，因此，施吉瑞的宋诗研究，具有特别意义。施吉瑞没有完全依循西方新批评那种只注重细读文本而不涉及作者生平的研究方法，而是在细读的同时，结合中国诗学中知人论世的观点，把二者做有机的结合。这个中西结合的方法论既理性又切题，因为杨万里的诗作跟大多中国传统诗人的诗作类似，都是和仕途紧密相连的。

　　施吉瑞先到安大略省温莎大学（University of Windsor）东亚系任教，该系关闭后，1978年受聘回母校任教至今。施吉瑞是个勤奋的学者，个性随和而治学严谨，对中国诗歌情有独钟，不断有著作面世，是加拿大中国古典文学研究的汉学家中著作最丰富的一位。他 1992 年出版的《石湖：范成大（1126—1193）的诗》[1]，依然运用中西合璧的方法，文本细读和生平资料相

1.*Stone Lake: the Poetry of Fan Chengda (1126—1193)*. Cambridge, New York: Cambridge University Press,1992.

结合。1994 年出版的《人境庐：黄遵宪（1848—1905）诗作之研究》[2]，有三个部分共 22 章，

2.*Within the Human Realm: the Poetry of Huang Zunxian, 1848—1905*. Cambridge (England): Cambridge University Press, 1994.

包括生平、评论和翻译。他曾获得黄遵宪居住在温哥华的曾孙提供的资料。他详细说明黄遵宪诗界革命的主张和实践，并对他的域外题材诗作分章评析。在第三部分，他翻译了诗人从 1864年到 1905 年的重要诗作，并加上注解。施吉瑞在 2003 年出版的《随园：袁枚（1716—1799）的生平、文学评论与诗》[3]，填补了汉学界清诗研究的荒芜状况。这部 757 页的巨著，分为五个部

3.*Harmony Garden: the Life, Literary Criticism and Poetry of Yuan Mei (1716—1799)*. London: Routledge Curzon, 2003.

分：生平、文学理论与实践、形式与主题、随园游和诗作翻译。每一章都有详细注解，翻译大量诗作（545—711 页），每一首诗都附上注释，如果附上中文原诗则更为完美。施吉瑞目前正在研究吴伟业(1609—1672)和查慎行(1650—1727)的著作。

　　陈山木（Robert Chen，1942— ）来自台湾，东吴大学毕业，不列颠哥伦比亚大学比较文学硕士，论文题目为《中西循环神话比较研究》（*A Comparative Study of Chinese and Western Cyclic Myths*)(1977)，后出版成书[4]。他观察到西方一直存在循环神话作为潜审美模式，

4.*A Comparative Study of Chinese and Western Cyclic Myths*. New York, Paris, Berlin and Bern: Peter Lang Publishing, 1992.

他从中国古神话析出循环神话，并由此说明循环神话也是中国思想和文学中存在的一个原型。

　　陈山木硕士毕业后回台湾工作，任台湾学者出版社《西方现代小说英文注释文库》总编辑，又从事电影制作和电视台编审和联播工作。1980 年代他重回不列颠哥伦比亚大学修读博士学位，论文为《鲍照及其诗歌之研究》（*A Study of Bao Zhao and His Poetry*）（1989）。他在重构鲍照生平的过程中，梳理刘宋官职的名称和职位，并从中否定了千多年来以讹传讹的鲍照"人微言轻"的说法。他翻译了鲍照的全部诗作 132 首。陈山木从 1993 年到 2003 年，担任不列颠哥伦比亚大学中国语文部负责人，在他的有效管理之下，十年之间修读中文的学生从

800 多人增至 3 000 多人，使不列颠哥伦比亚大学成为北美修读中文人数最多的大学。他曾经参与中加合作计划《当代中文》（2000—2003）和《新实用汉语课本》（2000—2005）加方审校与英文编译团队总召。2000 年起，他多方参与了以孔子学院作为中国的海外文教中心的建置计划，他接受中国国家汉办主任许琳的邀请，参与修订和英译《孔子学院章程》、《孔子学院协议标准文本》和《孔子学院中方资金管理办法章程》，并负责《孔子学院大会特刊》的中英双语翻译。陈山木是加拿大中文教学学会 (The Canadian TCSL Association) 的发起人和现任会长，也是加拿大中文教学学报 (The Canadian TCSL Journal) 的创设人和执行编辑。

余绮华 (Teresa Yu)，香港大学毕业，叶嘉莹的学生。她的硕士论文是《欧阳修的词》（*The Lyrics of Ouyang Xiu*）(1979)，博士论文是《李商隐诗的典故》（*Li Shangyin: Poetry of Allusion*）（1990）。她曾担任卑诗省西门菲沙大学助理教授，发表论文多篇，后因健康问题而提早退职。

梁丽芳 (Laifong Leung) 是叶嘉莹学生，原籍广东台山。加拿大卡加利大学文学士。因倾慕叶嘉莹的诗词造诣，到不列颠哥伦比亚大学亚洲系读研究院。1976 年完成硕士论文《柳永及其词之研究》（Liu Yong [985?—1053？] and His Lyrics），并重写成中文，1985 年由香港三联书局出版。本书分为五章，分别为生平、节奏、意象、主题和结构，以及所用词牌等附录。她采用的实证和细读分析，从用字到慢词结构分析柳词的特点，并分析领字的功能。中国大陆学界的柳永研究，大致仍未脱离《柳永及其词之研究》所建立的方法论框架。她 2001 年参加在福建武夷山举行的第一届柳永词研究的国际研讨会，发表《柳永词的结尾》。

三、 文论、诗学：林理彰

林理彰（Richard John Lynn, 1942— ）来自美国，普林斯顿文学士，华盛顿大学硕士，斯坦福大学博士，是著名中国古典文学理论家刘若愚的入室弟子。他的硕士论文研究元代诗人贯云石（1286—1324），博士论文是《王士祯（1634—1711）：评论家与诗人》（*Wang Shizhen [1634—1711] as Critic and Poet*）(1971)。他 1980 年编辑出版的《中国文学：西方语言资料》[1] 是重要的汉学参考书。同年，他增订出版了《贯云石》[2] 的诗和曲的研究。这本书包

1.*Chinese Literature: A Draft Bibliography in Western European Languages*. Canberra: Australian national university press, 1980.

2.Kuan Yun-shih, Twayne Publishers, 1980.

括 5 章：第一章生平重构，第二章诗作评介，第三章诗作翻译，第四章曲的评介，第五章曲的翻译。资料详尽，每一翻译都附上注释和评语。

　　林理彰 1988 年主编出版了《刘若愚——语言，吊诡，诗学：一个中国视野》[1]，以作纪念。

1.James Y. Liu, *Language-parodox-poetics: A Chinese Perspective*. Princeton: Princeton University Press, 1988.

1994 年他出版《易经：王弼注新译》[2]，用现代的语言，重新解读和翻译王弼对《易经》的注解，

2.*The Classic of Change: A New Translation of the I-Ching as Interpreted by Wang Bi*. New York: Columbia University Press, 1994.

为西方读者了解《易经》提供一个角度。1999 年他出版《老子道德经：王弼注释新译》[3]，继续

3.*The Classic of the Way and Virtue: A New Translation of the Daodejing of Laozi as Interpreted by Wang Bi*. New York: Columbia University

用比较现代的语言，翻译和重新解读《道德经》。

Press, 1999.

　　林理彰发表论文七十多篇，都是厚实之作。正在进行中的研究有：黄遵宪的作品，大理石画的翻译和注释，以及《庄子：郭象注新译》（*Zhuangzi: A New Translation of the Daoist Classic as Interpreted by Guo Xiang*）。他的论文《中国诗学中的才学倾向》被翻译成中文，收入《神女之探寻：英美学者论中国古典诗歌》一书中。[4] 林理彰著作甚丰，从资料性的书籍，

4. 莫砺锋编：《神女之探寻：英美学者论中国古典诗歌》，第 286—309 页，上海古籍出版社，1994 年版。

到经典的注释，再到中国文论的分析，文笔清晰，非彻底了解中国古典文学的传统精髓，不能为之。他曾经在 1981—1982 年，任职不列颠哥伦比亚大学亚洲系，代替放年假的叶嘉莹。1992 年，他出任埃尔伯塔大学东亚系系主任，1999 年转到多伦多大学东亚系。2005 年退休后，与夫人——日本文学专家桑雅（Sonja Arntzen）定居温哥华对开的伽比奥拉岛（Gabriola Island）。

四、 古典小说、戏剧：史恺悌、贝丽

　　在加拿大西部，研究中国古典戏剧的学者，有任教于不列颠哥伦比亚大学亚洲系的史恺悌（Catherine Swatek）。她来自美国，获美国哥伦比亚大学硕士和博士学位，是夏志清的学生。她的研究兴趣为古典白话小说和戏剧。2002 年她出版了《牡丹亭上舞台：一个中国戏剧的四百年》[5]。该书包括两个部分，共 7 章，并有三个详细的附录（传奇和昆曲演出的角色、《牡丹亭》

5.*Peony Pavilion Onstage: Four Centuries in the Career of a Chinese Drama*. Ann Arbor: Center for Chinese Studies, 2002.

55 幕的摘要和翻译以及各种版本）。她借用皮埃尔·布尔迪厄（Pierre Bourdieu）对文化生产中艺术创作并非全然是"纯粹"的活动的概念，来探讨汤显祖《牡丹亭》自晚明以来的演出历史。她分析《牡丹亭》与昆曲的关系，探讨四百年来从原作脱胎后改编再改编的演出状况，演出艺术与观众阶层和口味的转变。她指出在这个不断演出之过程中，杜丽娘的形象也不断被重新演绎。史恺悌目前有两个研究项目，一为越剧及其清一色女班演员的演变史，另一为明代戏剧家的研究。

在不列颠哥伦比亚大学获得硕士学位的贝丽(Alison Bailey)，原籍英国，博士论文导师是多伦多大学米列娜(Milena Dolezlová-Velingerová)，题目为《介入的目光：毛伦、毛宗岗与〈三国志演义〉之解读》（*The Mediating Eye: Mao Lun, Mao Zonggang and the Reading of "Sanguo Zhi Yanyi"*）（1991）。除了古典小说之外，她还研究暴力在文学历史和哲学上的再现，以及中国古代法律。她正在撰写一本关于孝义报复的书稿。她 2008 年主编香港中文大学翻译刊物《译丛》的一个专号，翻译明清两代文学中与暴力有关的作品。她目前是不列颠哥伦比亚大学亚洲研究所中国研究中心的主任。

五、 现当代文学：杜迈可、王仁强、林镇山、穆思礼、梁丽芳、黄恕宁、罗德仁、宋晓平

1977 年，来自美国的胡志德（Ted Huters）受聘于不列颠哥伦比亚大学，负责教授中国现当代文学。他离职回美国后，1982 年接任的是杜迈可（Michael Duke, 1940— ）。杜迈可毕业于加州大学贝克莱分校，博士论文为《陆游》（*Lu You*）[1]，1977 年出版成书。他是较早从古典转向研究当代文学的学者。他 1985 年出版的《百花齐放和争鸣：后毛泽东时期中国文学》[2]

1.*Lu You*. Boston: Twayne Publishers, 1977.

2.*Blooming and Contending: Chinese Literature in the Post-Mao*. Bloomington: Indiana University Press, 1985.

为北美第一本关于后毛泽东时期文学的个人评论集。

1985 年，杜迈克出版选本《当代中国文学：后毛泽东时期的小说和诗歌》[3]，包括七个主题，

3.*Contemporary Chinese Literature: An Anthology of Post-Mao Fiction and Poetry*. Armonk: M.E. Sharpe, 1985.

每个主题有两至四篇作品不等。同年，他主编的《当代中国女作家的评价》[4]，是第一部包括中

4.*Modern Chinese Women Writers: Critical Appraisals*. Armonk: M.E,.Sharpe, 1985.

国大陆、香港、台湾和海外华裔现当代女作家的评论集，这些作家有丁玲、张爱玲、陈若曦、李昂、张洁、张抗抗、竹林、谌容、张辛辛、汤婷婷。此外，还有数篇谈论女性主题的论文。1991 年，他主编的《中国小说的世界》包括 25 个短篇。1993 年，他翻译了苏童的《大红灯笼高高挂》《1934 年的逃亡》和《罂粟之家》，收入《大红灯笼高高挂：三个中篇》[5]一书中。他最新的译作是

5.*Raise the Red Lantern: Three Novellas*. New York: W.Morrow and Co, 1993.

香港作家陈冠中的长篇讽刺小说《盛世》[6]，2012 年由英国双日出版社出版。

6.*The Fat Years*. London: Doubleday, 2012.

维多利亚大学的王仁强（Richard King），原籍英国，1970 年代到中国学习汉语，剑桥大学毕业。他在不列颠哥伦比亚大学攻读博士，论文为《破碎镜子："文革"时期的文学》（*A Shattered Mirror: the Literature of the Cultural Revolution*）（1984）。该论文讨论"文革"

时期的知青小说《征途》和《分界线》以及"文革"后出版的长篇小说《生活的路》。他翻译

出版了三个中国当代作家的小说：张抗抗的《生活在过去：张抗抗后知青小说》[1]、竹林的《蛇

1.*Living with their Past: Post-urban Youth Fiction by Zhang Kangkang*. Hong Kong: Chinese university 0 of Hong Kong, Renditions, 2003.

枕头花及其他小说：来自江南的故事》[2]和刘索拉的《馄饨咖哩格楞》[3]。他 2010 年翻译出版的《大

2.*Snake's Pillow and Other Stories: Tales from Jiangnan*. Honolulu: University of Hawaii Press, 1998.

跃进中的英雄：两篇小说》[4]包括了李准的《李双双》和张一弓的《李铜钟的故事》。2002 年

3.*Chaos and All That*. Honolulu: University of Hawaii Press, 1994.

他与人合编《全球到本土：亚洲的流行文化》[5]，2010 年再与人合编《动荡时期的艺术》[6]。他

4.*Heroes of the Great Leap Forward: Two Stories*. Honolulu: University of Hawaii Press, 2010.

参与翻译和主编《译丛》1998 年秋季专号"归去来：中国城市青年一代"[7]和以"大跃进"为

5.*Global Goes Local: Popular Culture in Asia*. Vancouver: University of British Columbia Press, Hawaii University Press, Hong Kong University

题的 2007 年秋季专号。1993 年到 1996 年，王仁强出任加拿大驻中国大使馆文化参赞。任职期间，

Press, 2002.　　　　　　　　　　　　　　　　6.*Art in Turmoil*. Vancouver: University of British Columbia Press, 2010.

他负责与中国大陆 25 个加拿大研究中心的合作事宜，促成《世界文学》杂志的"加拿大文学

7.*There and Back Again: the Chinese Urban Youth Generation*. Renditions, Autumn 1998.

专号"，协助举办加拿大文学理论家诺思洛普・弗莱（Northrop Frye）研讨会，为促进中加

文化交流做了不少工作。

　　埃尔伯塔大学的林镇山，台湾东吴大学毕业，美国堪萨斯大学语言学硕士，埃尔伯塔大学

语言学博士。他从 1976 年开始担任讲师，1981 年埃尔伯塔大学东亚语言文学系（东亚系前身）

正式成立，他获得长期教职，任教至今。他对台湾文学有深入研究，特别长于叙事学分析。他

出版有《台湾小说与叙事学》[8]，与同事路易斯・斯坦福（Lois Stanford）合译《玉兰花：郑清

8. 台北：前卫出版社，2002。

文的台湾女性小说》[9]。林镇山经常往来台湾和加拿大之间参加会议，又促成台湾赠书埃尔伯塔

9.*Magnolia: Stories of Taiwan Women by Tzeng Ching-wen*. Santa Barbara, California: Center for Taiwan Studies, University of California in

大学，对加拿大与台湾的文学交流贡献良多。他是加拿大为数不多的台湾文学研究专家。

Santa Barbara, 2005.

　　穆思礼（Stanley Munro）在夏威夷大学获得硕士学位。他 1970 年代初到埃尔伯塔大学任教，

在东亚系草创时期，艰苦经营，功不可没。他长于翻译，1979 年出版译作《革命的起源：中国

10.*Genesis of a Revolution: An Anthology of Modern Chinese Short Fiction*. Singapore: Heinemann Educational Books, 1979.

现代短篇小说选本》[10]一书，1991 年翻译出版张恨水的《梁山伯与祝英台》[11]。1983 年，他到

11.*The Eternal Love: the Story of Liang Shanbo and Zhu Yingtai*. Singapore: Federal Publications, 1991.

哈尔滨订立学生交流计划，这个获得埃尔伯塔省高等教育局资助的暑期交流计划，虽然合作的

大学有所变换，但至今仍在进行，受益学生无数。

　　梁丽芳的博士论文为《后毛泽东时期小说中的青年形象》（*Images of Youth in Post-Mao*

Fiction）(1986)。她 1994 年在美国出版《早上的太阳：失落一代中国作家对谈录》[12]，是西方第

12.*Morning Sun: Interviews with Chinese Writers of the Lost Generation*. Armonk, N.Y.: M.E, Sharpe, 1994.

一本系统介绍 26 个知青一代作家的学术著作，该书有中文版《从红卫兵到作家》[13]（1993）。

13.《从红卫兵到作家》，香港：田园书屋，台北：万象图书出版有限公司，1993。

1984 年到 1986 年，她参与撰写卑诗省第一个汉语教学纲领。在埃尔伯塔大学任教期间，她参

与该省中英双语教学课程大纲（小四到十二年级）的编写和审校。她 1998 年出版《早春二月：

电影导读课本》[1]，并在网上出版普通话教学软件（Concise Interactive Chinese，www．ciccic．

1.Early Spring in February: a Study Guide to the Film. Boston: Cheng & Tsui Co., 1998.

ca）。1979 年春受叶嘉莹推荐，她为人民文学出版社编《台湾小说选》《台湾散文选》和《台湾

新诗选》，首次向中国大陆读者介绍台湾文学。从 1990 年代中开始，她也从事海外华人文学研究。

任教于卡尔加里大学日耳曼斯拉夫东亚系（Germanic，Slavic and East Asian Studies）

的黄恕宁，台湾师范大学毕业，埃尔伯塔大学比较文学硕士，论文研究张爱玲的小说《倾城之

恋》。她取得多伦多大学博士学位，论文为《王文兴的诗语言》（*Wang Wenxing's Poetic*

Language）（1995）。黄恕宁还出版了汉语光盘《识字》，对汉语教学很有贡献。她 2003 年与人

合作，编译短篇小说集《蜻蜓：二十世纪中国女性作家的小说》[2]，包括 12 个短篇，除了凌淑

2.Dragonflies: Fiction by Chinese Women in the Twentieth Century. Ithaca: Cornell University Press, 2003.

华和张爱玲作品外，其他为当代中国大陆和台湾的作品。

缅省大学的亚洲中心（Asian Studies Centre）设有中国文化和汉语课程。主持人罗德仁

（Terry Russell）在不列颠哥伦比亚大学获硕士学位，是叶嘉莹的学生。他曾到北京和台湾学习，

他的博士学位在澳大利亚国立大学完成。他与叶先（音译，Shawn Xian Ye）　翻译了中国当

代作家张炜的小说《九月寓言》和《蘑菇七种》。[3] 除此之外，他还研究台湾本土文学，经常

3.September's Fable: A Novel. Homa & Sekey Books, 2007; Seven Kinds of Mushrooms. Paramus, N.J.: Homa & Sekey Books, 2010.

到台湾参加学术会议。

曾任职于缅省大学的宋晓平，来自中国大陆，博士论文为《双重时间及其意义：1980 年代

中国小说的叙述分析》（*Double Temporality and its Significance: a Narrative Analysis of*

Chinese Fiction in the Nineteen Eighties）（1995）。她在该校当讲师，并主编电子版《世界文

学的英译》（*World Literature in English Translation*），曾登载张炜的《黑鲨海》（*The Black*

Shark Sea）（译者罗德仁，Terry Russell）和桑恒昌的 11 首诗作（译者宜川）等。宋晓平已经

迁往美国。

六、活跃象牙塔内外的文化交流功臣：王健

王健（Jan Walls，1940— ）是比较独特的汉学家。他原籍美国，普通话流利，擅长唱快

板。他在印第安纳大学攻读博士学位，导师是文学评论家柳无忌（柳亚子的儿子），博士论

文研究唐代的女诗人鱼玄机。他从 1970 年到 1978 年任教于不列颠哥伦比亚大学亚洲系。1978

年到 1985 年任教于维多利亚大学，任内创立太平洋和东方研究中心（Centre for Pacific and Oriental Studies），并担任系主任。1981 年到 1983 年，他出任加拿大驻中国大使馆文化和科学事务第一秘书。1985 年到 1987 年，他出任新成立的加拿大亚太基金会副主任，发展教育和文化事务计划。1987 年 9 月，他受聘于西门菲沙大学，创立并主持林思齐国际交流中心，直至 2006 年退休。他也是香港浸会大学林思齐东西研究中心的创建董事之一。百忙之中，他还担任卑诗省政府多元文化资讯顾问、加拿大亚洲艺术会和加拿大卑诗省华人历史学会顾问。

　　王健是翻译高手。他翻译了不少古典诗和现代诗。他的夫人李盈也是翻译家，曾主持林思齐国际交流中心汉语课程。早年他们合译了《西湖，民间故事集》和《中国古代神话》。[1]2009 年，

1.West Lake, A Collection of Folktales. Hong Kong: Joint Publishing Co., 1980; Classical Chinese Myth. Hong Kong: Joint Publishing Co., 1984.

他们合著《应用中文：当代用法指南》[2]。他 2007 年与人合编论文集《东西方身份认同：全球化、

2.Using Chinese: A Guide to Contemporary Usage. Cambridge: Cambridge University Press, 2009.

本土化和混杂》[3]，2010 年与人合写《混乱中的艺术》的概论部分。王健多才多艺，经常应邀

3.East-West Identities: Globalization, Localization and Hybridization. Leiden; Boston: Brill, 2007.

在各地文化活动中表演快板。他与一般象牙塔里的学者不同，他是身体力行，为中国和加拿大文化交流的功臣。华人社区因为有了他这样的文化交流桥梁，而感到荣幸。西方社区和学界，也因为有了他，而觉得与华人更为亲近。

王健教授与夫人李盈教授（王健提供，2013）

第五节　从古典到现当代文学（二）：加东的汉学家

　　加东的汉学家集中在三所大学：多伦多大学、麦吉尔大学和蒙特利尔大学。因为蒙特利尔大学为法文大学，请参看本书法文部分。多伦多大学无疑是加东的汉学重镇。早期有传教

士汉学家怀履光、明义士、路易士·瓦安斯利打下基础。20 世纪 50 年代，来自英国集专业汉学家和传教士于一身的杜森（W.A.C.H. Dobson），是研究和翻译中国经典的专家。1969 年，来自捷克研究晚清和现代小说的米列娜（Milena Dolezelová-Velingerová），与 1973 年来自美国研究散曲的施文林（Wayne Schlepp），还有来自美国研究民间曲艺的史清照（Kate Stevens），都是受过汉学训练的学者，可谓人才济济。多伦多大学东亚系的一个特点，是比较侧重中国古典文学以及晚清和五四文学。

一、晚清和五四

最近（2012 年 10 月 20 日）逝世的米列娜教授（Milena Dolezelová-Velingerová），原籍捷克，研究范围囊括古代讲唱文学到现代文学，她是研究晚清小说的权威。她 1955 年毕业于捷克查尔斯大学，主修汉学，硕士论文为《郭沫若：1927 年之前的生活和作品》（*Guo Moruo: His Life and Work Until 1927*）。1958 年至 1959 年，她赴中国科学院文学研究所当访问研究生，1964 年获得捷克科学院东方研究所博士学位，论文为《诸宫调》（*Ballads of Chinese Storytellers*），指导老师为著名结构主义学者普实克（Jaroslav Průšek，1906—1980）。

1.*Ballad of the Hidden Dragon.* London: Oxford University Press, 1971.

米列娜 1971 年出版《刘志远诸宫调》[1]。她主编的《世纪转折时期的中国长篇小说》[2]（1980），

2.*The Chinese Novel at the Turn of the Century.* Toronto, Buffalo: University of Toronto Press, 1980, 中文译本，长沙：华中师范大学出版社，1990。

是汉学界研究晚清小说的重要书籍，包括了两篇对晚清小说有深入系统研究的论文，她提出的晚清小说已经具备现代性的观点，影响了中国学界的现代文学起源观。米列娜 1988 年主编的《中国文学指南：1900—1949，小说》（第一卷）[3]，包括五四前后著名作家的代表小说和内容

3.*A Selective Guide to Chinese Literature,* 1900—1949, Vol. 1. Leiden: E.J. Brill, 1988.

简介，乃是重要的参考书。1989 年她主编 1987 年 6 月 5—7 日在多伦多大学维多利亚学院举办的研讨会"东西方诗学"（Poetics East and West）（Toronto semiotic circle）的会议论文集，包括论文 14 篇，其中与中国文学相关的有美国华裔汉学家叶维廉的《道教的知识论》（The Daoist Theory of Knowledge）和米列娜的《十七世纪中国叙事学：系统和概念的重构》。米列娜的这篇论文，是她的学术研究重心之一。她指出中国叙述学开始于 17 世纪的金圣叹（1610—1661）、毛宗岗和张竹坡（1670—1698）三位学者，他们以评点经典小说《三国演义》《水浒传》和《金瓶梅》来实践自己的叙事学理论。米列娜系统概括这三个学者的评点方法以及这些方法

背后的理论基础，并列举了重要术语。在米列娜的倡导之下，1994 年在捷克查理士大学举行"五四运动的负重"学术会议，她与孙广仁（Graham Sanders）把会后的论文结集出版，名为《文化资本的挪用：中国的五四计划》[1]（2010）。该书包括 8 篇论文。米列娜的论文是《二十世纪

1.*The Appropriation of Cultural Capital: China's May Fourth Project. Harvard East Asian monographs, 2010.*

初期（1904—1928）的文学史：文化记忆的建构》。

米列娜 1969 年开始在多伦多大学任教，直到 1996 年退休。她回到布拉格当母校查尔斯大学访问学者数年，后转德国海德堡大学。米列娜在多伦多大学二十多年，栽培不少新一代非华裔和华裔汉学家，在九十年代获得大学教职的学生中，加西汉学家部分介绍过的贝丽（Alison Bailey）现任职于不列颠哥伦比亚大学亚洲研究所中国研究中心。还有黄恕宁，现任教于卡尔加里大学。至于加东方面，有任教于西安大略大学的吴华。吴华来自北京，她的博士论文为《金圣叹（1608—1661）：一个中国小说理论的创造者》（Jin Shengtan（1608—1661）: *Founder of a Chinese Theory of Novel*）（1993）。她是个严谨的学者，曾经发表关于金圣叹等古典小说家的论文。最近，她转向研究海外华人文学，与人合编华文小说集《西方月亮》（2004，短篇）和《叛逆玫瑰》（2004，中篇）。

二、元曲

施文林（Wayne Schlepp，1931—　）20 世纪 70 年代开始任教于多伦多大学东亚系，研究兴趣集中在古典诗和散曲。他原籍美国，生于南达科他州（South Dakota）。1954 年大学毕业，主修数学和英国文学。1955 年在空军接受中文训练，对中文发生浓厚兴趣，他获得文凭后，继续研究中国文学，1961 年获得荣誉学士学位，1964 年获英国伦敦大学博士学位。他 1963 年出版《翻译中文：崔颢的诗》[2]，翻译并详细分析了崔颢的《黄鹤楼》。1970 年他的博士论文《散曲的

2.*Translating Chinese, a Poem by Ts'ui Hao. North Harrow: Middlesex P. Ward, 1964.*

技巧和意象》[3] 出版，文笔简洁，分析精密，树立了分析韵文的范例，是研究散曲的优秀著作，

3.*San-ch'u, Its Technique and Imagery. Madison: University of Wisconsin Press, 1970.*

也是汉学著作的典范。施文林从 1964 年到 1973 年任职于威斯康辛大学，当了五年系主任。1973 年，受聘到多伦多大学东亚系，直到 1995 年退休。目前居住在安大略省科博镇（Cobourg）。

施文林还研究蒙古文。1980 年和 1982 年夏天，他到呼和浩特的内蒙古大学实地考察蒙古语言，并出版了一本蒙古文的文法册子。1998 年 5 月 1 日，在多伦多大学举行中亚和内蒙古研讨

会，该会议的论文集《宗教、民间律例和游牧技术：中亚和亚洲内陆蒙研讨会》[1] 由他担任主编。

1.*Religion, Customary Law and Nomadic Technology: Papers Presented at the Central and Inner Asian Seminar.* Toronto: Joint Center for Asian

施文林也是一位诗人，大学时期就开始写诗，至今仍创作不断。他是翻译高手，他翻译的中国

Pacific Studies, 2000.

古典诗歌，收入北美大学常用的中国古典诗歌选本《葵花集》（*Sunflower Splendid*）。2008 年，

他出版个人诗集《天空的幽暗角落》[2]。

2.*Dark Edges of the Sky.* Brighton, Ontario: Hidden Book Press, 2008.

三、讲唱文学

史清照（Kate Stevens）从 1966 年开始任教于多伦多大学。她原籍美国，曾获得物理学学士，原在长岛某实验室工作。她对中国文字情有独钟，毅然放弃实验室工作，学习中文。她到台湾学习中文四年，并在那儿开始接触说书。她受聘到多伦多大学后，把中国说书艺术带入课程之中。1973 年，她首次访问中国大陆。1980 年开始，多次到中国大陆听说书，并对优秀的说书表演艺术家的表演进行录音。她曾经跟随表演艺术家孙书筠学习说书和京韵大鼓，并视之为她的第二生命。她是加拿大中国京韵大鼓的学术权威，退休后，住在卑诗省首府维多利亚。

四、 古典诗

孙广仁（Graham Sanders）在多伦多大学获得学士之后，直接到哈佛大学攻读博士学位。博士论文是《叙事诗：孟棨（841—886）与〈本事诗〉》（*Poetry in Narrative: Meng Qi (fl.841—886) and True Stories of Poems [Pen-shi shi]*）（1996）。2001 年，他协助米列娜主编《文化资本的挪用：中国的五四计划》。他的研究兴趣集中于古典诗，2006 年出版专著《绝妙好辞：中国传统中的诗才视野》[3]，全书共 5 章，他用《左传》《汉书》《世说新语》和《本事诗》为

3.*Words Well Put: Visions of Poetic Competence in the Chinese Tradition.* Cambridge, Mass: Harvard University Press, 2006.

例，旁征博引，阐明中国诗歌传统中诗的鉴赏准则。

五、 词和女性研究

任职于魁北克省麦吉尔大学东亚系，研究中国古典文学的学者方秀洁，是叶嘉莹的学生，

不列颠哥伦比亚大学博士，博士论文为《吴文英与南宋词的艺术》[1]，后成书出版。方秀洁曾任

1.*Wu Wenying and the Art of Southern Song "Ci" Poetry.* Princeton University Press, 1987.

麦吉尔大学东亚系主任。她的研究领域，从宋词扩张到中国女性诗人，发掘被隐蔽遗忘的女

诗人，不遗余力。她曾以民国女诗人吕碧城生平为题发表长文《重塑时空与主体：吕碧城的〈游

庐琐记〉》[2]和《另类现代性，或现代中国的古典女性：吕碧城的挑战生涯》，收入她与人合

2. 收入《中国文学：传统与现代的对话》，第 393—413 页，上海：上海古籍出版社，2007 年版。

编的《传统和现代性之外：晚清时期的性别、文类与大都会主义》一书中[3]。2005 年，她主编

3. "Alternative Modernities, or a Classical Woman of Modern China: the Challenging Trajectory of Lü Bicheng's (1883—1943) Life and Song

麦吉尔大学与哈佛燕京图书馆合作出版的电子资料库，包括清代女作者的资料。对中国古典女

Lyrics", 收入 *Beyond Tradition and Modernity: Gender, Genre and Cosmopolitanism in Late Qing China.* Leiden: Brill 2004, pp.12—59.

性文学的研究，有重要的贡献。她的最新著作是《她是作者：晚近中华帝国时期的性别、写作

4.*Herself an Author: Gender, Writing, and Agency in Late Imperial China.* Honolulu: University of Hawaii Press, 2008.

与代理》[4]。

第六节　21 世纪前后登场的汉学家

21 世纪前后，随着一些资深汉学家的隐退，一批新的汉学家进入职场。说新的汉学家而不

说年轻的汉学家，是因为加拿大的研究院没有年龄限制，新不一定年轻。这些新人有华裔和非

华裔，有本土培养的，也有外来（多数是美国）的。有一个可喜的现象是，近年进入中国学习

的机会比以前多，新一代非华裔汉学家，说汉语普遍比老一辈的非华裔汉学家说得流利。从加

西到加东，简介如下：

任职于维多利亚大学的林忠正，来自台湾，不列颠哥伦比亚大学博士毕业，博士论文为《时

间与叙述：中国叙事诗的顺序结构》(*Time and Narration: a Study of Sequential Structure

in Chinese Narrative Verse*) (2006)。他的主要研究领域是乐府诗、唐诗以及清诗的叙事结构。

不列颠哥伦比亚大学的雷勤风（Christopher G. Rea），来自美国，哥伦比亚大学博

士，博士论文为《中国笑史：二十世纪早期的喜剧文化》(*A History of Laughter: Comic

Culture in Early Twentieth-century China*) (2008)，研究兴趣侧重于民国时期中国文学文

化中的幽默，曾与人合编 "中国喜剧观" (*Comic Visions of Modern China*) 特辑（收入《中

国现代文学与文化》[*Modern Chinese Literature and Culture*] 第 20 卷第 2 期）。2010 年 12

月 10 日，他参与举办"钱钟书和杨绛百年诞辰纪念活动"。2011 年 2 月 23 日，他在西门菲沙

大学林思齐国际交流中心就他的新作《人、鬼、兽：小说与散文》[1] 作演讲。

1.*Human, Beasts, and Ghosts: Stories and Essays by Qian Zhongshu*, New York: Columbia University Press, 2011.

　　在西门菲沙大学任职的孔书玉，来自中国大陆，不列颠哥伦比亚大学博士，博士论

文为《内心旅程：当代中国小说的内转向》(*Journey Within: the Inward Turn of the*

Contemporary Chinese Novel)(1997)。她的研究领域为中国当代文学和文化。出版有《消费

文学：畅销书与当代中国文学生产的商业化》[2]，是比较及时反映中国当代文学商品化的著作。

2.*Consuming Literature: Best Sellers and the Commercialization of Literary Product in Contemporary China*. Stanford University Press, 2005.

　　埃尔伯塔大学在 20 世纪初年，连续聘请了两位来自美国的汉学家。一个是傅云博 (Daniel

Fried)，芝加哥大学英语系毕业，哈佛大学比较文学硕士和博士。他的研究范围广，发表的论

文涉及到寓言、道教、生态文学评论和现当代文学等，是加拿大汉学家中的后起之秀。另一个

是沈仁德 (Raft Zeb)，他来自美国，奥贝林大学 (Oberlin University) 毕业，哈佛大学博士，

博士论文为《中国古代的四言诗》(2007)。他曾在台湾学习，集中研究四言古诗、古典诗的

翻译和文学思想。

　　2006 年到多伦多大学任职的孟悦，北京大学学士和硕士，美国加州大学洛杉矶分校历史学

博士，研究范围包括意识形态、文化、环保和女性主义等。她曾与戴锦华合著《浮出历史地表：

现代妇女文学研究》。她运用西方女性主义阅读中国当代文学，获得很高的评价。值得一提的是，

她到任后，填补了多伦多大学东亚系一直以来在中国当代文学领域的空缺。

　　徐学清属于中国大陆留学生在加拿大定居的一代，2000 年获得多伦多大学博士学位，博

士论文为《民国初年包天笑和周瘦鹃的短篇小说》(*Short Stories by Bao Tianxiao and Zhou*

Shoujuan during the Early Years of the Republic)。她任教于约克大学语言、文学与语言学系。

曾经与人合编加拿大华文作家散文集《枫情万种》(2005)。近年转向研究加拿大华人文学。

2010 年 7 月，她参与策划约克大学、暨南大学和加中笔会合办的加拿大华人文学国际研讨会。

　　焦石 (Pietro Giordan) 原籍意大利，在意大利接受大学教育，1997 年，在加拿大魁北

克省蒙特利尔大学获得博士学位，博士论文为《沈从文作品中的异域情调及反讽：对其现

代性的一个阐释》(*Ironie Exotisme dans L'oeuvre de Shen Congwen: Une Lecture desa*

Modernite)。1999 年，他受聘于约克大学语言、文学与语言学系，任中文课程的统筹，2010 年

接任系主任。他的研究兴趣集中在中国现代作家，特别是茅盾和沈从文。

同样任教于约克大学语言、文学与语言学系的马佳，1993 年在南京大学获得博士学位。1995 年发表专著《十字架下的徘徊——基督宗教文化和中国现代文学》，1999 年在 SMT(Swedish Missiological Themes) 发表长篇英语论文 *The Blurred Face of Christ: Christian Culture and Twentieth Century Chinese Literature*。2000 年为中国学林出版社的丛书《〈圣经〉文化宝库》编著《圣经典故》。2009 年由中国中华书局出版的《伶人·武士·猎手——后唐庄宗李存勖传》是根据国际知名宋史专家戴仁柱（Richard Davis）的英语书稿翻译改写的，由两人合作完成，雅俗共赏，广受好评。

目前在瑞尔森大学英语系和多伦多大学维多利亚学院担任讲师的司徒详文（John Edward Stowe），2003 年获得多伦多大学博士学位，博士论文为《农民知识分子贾平凹：其生平和早期作品的社会和文学分析》（*The Peasant Intellectual Jia Pingwa: an Historico-literary Analysis of His Life and Early Works*）。他在多伦多大学教授中国文化与当代文学课程。

魁北克省康科迪亚大学的锻炼，获武汉大学博士学位。他教授汉语和中国文化艺术课程，对视觉文化和艺术很有研究，著作有《海外看风景》和《诗学的蕴意结构：南宋词论的跨文化研究》等。[1]

1. 成都：四川文艺出版社，2003 年版；台北：秀威资讯科技股份有限公司，2009 年版。

第七节　华人文学研究、跨国和跨文化合作

用英文评论华人文学的学者（请参阅第五、六两章），有来自中国大陆的赵廉（Chao Lien），她在约克大学英语系获得博士学位，并根据博士论文出版的英文著作《不再沉默：加拿大华人英语文学》[2]，是第一本关于加拿大华人英语创作的著作。在不列颠哥伦比亚大学英语

2. *Beyond Silence: Chinese Canadian Literature in English*. Toronto: Tsar Publications, 1997.

系任教的黎喜年（Larisa Lai）是土生华裔，卡尔加里大学英语系博士，她既创作小说又写评论。列必志大学（University of Lethbridge）比较文学系的吴贞仪（Maria Ng），来自香港，不列颠哥伦比亚大学德文系学士、硕士、博士，博士论文为《文化习惯》（Cultural Habits）。她 2002 年出版了《东南亚的三个异国情调视角：伊萨贝拉·波特、马西·岛秀地和艾芜，1850—

1930》[1]，2006 年与费立·贺顿（Philip Holden）合编的《阅读中国跨国主义》[2]，包括 12 篇评
1.*Three Exotic Views of Southeast Asian: The Travel Narratives of Isabella Bird, Max Dauthendey, and Ai Wu, 1850—1930.* New York:
论华人离散现象的论文。她 2009 年出版《朝圣之旅：殖民澳门和香港的记忆》[3]，目前的研究
Eastbridge, 2002.
兴趣是文学叙事中的母亲形象和旅游叙写。
2.*Maria Ng and Philip Holden eds., Reading Chinese Transnationalism: Society, Literature, Film.* Hong Kong: Hong Kong University Press,
　　威尔弗里德·劳雷尔大学（Wilfred Laurier University）英语系系主任郑绮宁（Eleanor
2006. 3.*Pilgrimages: Memories of Colonial Macau and British Hong Kong.* Hong Kong University Press & University of Washington Press, 2009.
Ty），菲律宾华裔，曾经是加拿大大学英语系两个华裔系主任之一[4]，另一个是里贾纳大学中
　　　　　　　　　　　　　　　　　　　　4. 郑绮宁 2004—2009 年为劳雷尔大学英语和电影研究系系主任。
世纪英国文学和语言专家雷皎华（Cameron Louis）。郑绮宁专门研究加拿大华裔和亚裔文学。
　　　　　　　　　　5.*Asian North American Identities: Beyond the Hyphen.* Bloomington: Indiana University Press, 2004.
她编著有《北美亚裔身份认同：连字号之外》[5]《加拿大亚裔的超越族裔个人叙写》[6] 和《释放：
　　　　　　　　6.*Asian Canadian Writing beyond Autoethnography.* Waterloo, Ontario: Wilfrid Laurier University Press, 2008.
全球化与北美亚裔写作》[7]。
　　　　　　7. *Unfastened: Globality and Asian North American Narratives.* Minneapolis: University of Minnesota Press, 2010.
　　加拿大是个多民族国家，是个以多元文化为国策的国家。来自不同文化背景的学术中人，
因缘际会，擦出亮丽的火花。约克大学的华裔教授陈志让（Jerome Chen, 1919— ）是历史
学家，曾经与原籍英国、在不列颠哥伦比亚大学创作系任教的诗人和翻译家布迈恪（Michael
Bullock, 1919—2008）合作出版了《寐寥集》[8]，翻译了阮籍诗 15 首、鲍照诗 2 首、李白诗 9
　　　　　　　　　　　　　　8.*Poems of Solitude.* Rutland, Vt: C.E.Tuttle London, Lund Humphries, 1970.
首和李贺诗 2 首。

　　布迈恪是超现实主义的信徒，擅长超现实小说。他获得加拿大理事会 (Canada Council) 资
助，授权前香港中文大学周兆祥翻译的《鲜红的女人：布迈恪超现实小小说选》，由香港山边
社出版（1984）。布迈恪的诗集《月与镜》（*Moons and Mirrors*），由曾经在英国伦敦大学
获得博士学位又是加拿大籍的华人学者梁锡华，与来自香港的施淑仪合译为中文，2005 年由香
港华汉出版社出版。这本诗集，流露出诗人超现实主义的东方想象。布迈恪的另一个权威翻译
者是香港中文大学翻译系荣休教授金圣华。金圣华曾在不列颠哥伦比亚大学进修，与布迈恪亦
师亦友，她用优美的笔调，精准翻译了布迈恪的《石与影》(*Stone and Shadow*)，中英对照，
1993 年由中国对外翻译公司出版。此外，她还用七言诗的形式，翻译了布迈恪的《彩梦世界》[9]，
　　　　　　　　　　　　　　　　　　9.*Colors.* Vancouver: Rainbird Press, 2003.
2008 年由商务印书馆出版。

　　香港诗人黄国彬曾经在 1980 年代移民加拿大。他在多伦多大学获得博士学位，博士论
文为《"红楼梦" 的文学英译研究：特别侧重霍克思的英译》(*A Study of the Literary
Translation of 'Hong Lou Meng': with Special Reference to David Hawkes' English
Version*)。他回流香港后，任职香港中文大学翻译系，与当时该校英文系系主任姜安道（Andrew

Parkin）合作出版诗集《香港诗集》[1]，中英对照，准确而有韵味。姜安道原籍英国，曾任教不

1.Hong Kong Poems in English and Chinese. Vancouver: Ronsdale Press, 1997.

列颠哥伦比亚大学英文系，1991 年到香港中文大学当英文系系主任。布迈恪与姜安道两人都凑巧与有香港背景的加拿大籍学者合作翻译。

在翻译加拿大华人作品方面，2008 年，获得梁实秋翻译奖的陶永强、学者翻译家王健和书法家谢炎三人合作，翻译叶嘉莹的古典诗作，由温哥华的中侨互助会出版社出版，书名为《独陪明月看荷花：叶嘉莹诗词选译》（2007）（*Ode to the Lotus: Selected Poems of Florence Chia'ying Yeh*）。此外，来自台湾，1970 年代曾在埃尔伯塔大学比较文学读研究生的胡守芳，是翻译台湾小说的能手。胡守芳从 1994 年开始，先后十一次获得梁实秋翻译奖，从 1999 年开始，她除了从事汉语教学工作外，还专事翻译台湾文学作品，载入 Taipei Chinese Pen（《笔会季刊》）的英译短篇和诗作共十五篇。此外，她还为中华台北笔会、台湾国立编译馆和台湾九歌出版社作英译。

第八节　汉学家的培养和中国文学研究的未来

培养新一代汉学家任重道远。有志朝汉学方向进取的学生，要从学习汉语开始，然后修读文学，从学士到硕士再到博士，之后，才有资格申请大学教职。目前，提供中国语言文学专业学士学位的大学，从加西到加东有维多利亚大学、不列颠哥伦比亚大学、埃尔伯塔大学、卡尔加里大学、缅省大学、多伦多大学、蒙特利尔大学和麦吉尔大学等。设有中国语言文学专业博士学位的大学，目前有不列颠哥伦比亚大学、多伦多大学、麦吉尔大学、蒙特利尔大学四所。有些大学的东亚系，虽然没有设立中国文学博士学位课程，但可通过与设有博士学位的系别，例如比较文学系、电影系或文化研究系等合作，共同派出教授指导研究生。设有中国文学硕士学位的大学，除了上述四所设立博士学位的大学之外，还有维多利亚大学、西门菲沙大学、埃尔伯塔大学等。

一、研究生的人数

　　根据埃尔伯塔大学东亚图书管理主任左永业提供的资料，[1] 从 1975 年到 2010 年，80% 的论

1. 感谢埃尔伯塔大学东亚图书管理主任左永业先生提供的资料。

文都是在 1990 年之后完成。可见这二十五年来，中国文学研究发展迅速。这些研究生中，华裔学生占多数，西方学生比以往多，但是，增加的速度缓慢，可见扩大研究生来源的多元性以获得平衡，不容忽视。以多伦多大学东亚系为例，在 1990 年之前，获得中国文学博士学位的 7 个研究生中，西方学生占 5 个；从 1990 年至 2010 年，24 个获得博士学位的研究生中，华裔占 18 个。1970 年到 1980 年代，华裔研究生以来自香港和台湾的为主；1990 年之后，来自中国大陆的占很大比例。

　　以下为 1975 年到 2010 年加拿大的研究生学位论文数量的分布情况，其中华裔是指华裔研究生。多伦多大学 46 人（MA：15， Ph.D：31）（华裔：31），不列颠哥伦比亚大学 34 人（MA：6，Ph.D：28）（华裔：22），埃尔塔大学 18 人（MA：14，Ph.D：4）（华裔：16），麦吉尔大学：15 人（MA：12，Ph.D：3）（华裔：8），蒙特利尔大学 6 人（MA：0,Ph.D：6）（华裔：1），维多利亚大学 4 人（MA：4）（华裔：2)，西门菲沙大学 3 人（MA：1，Ph.D 2）（华裔：3）。

二、研究生的中国文学论文选题分类

　　研究生的论文选题，反映了中国文学研究的倾向。从 1950-1970 年代末，古典文学占主导，现代文学仍未成气候，到了 1980—1990 年代，情况有所改变。随着中国大陆文坛的解冻，题材多样化，值得研究的作家和作品越来越多。研究古典的学者，也有个别开始转向研究当代中国文学和文化研究。

　　加拿大的中国文学研究生，论文选题从古典到当代，范围广泛。如果从选题与所读的大学联系起来看，就发现他们的选题在很大程度上反映了导师的研究领域。不列颠哥伦比亚大学的研究生，选题在古典和现代方面比较平衡。多伦多大学的研究生，选题则偏重于古典和五四之前，反映了当代文学方面师资的缺乏。以下是 1975 年到 2010 年加拿大中国文学研究生论文选题的概况：

古代文学方面，研究集中于诗词和小说。古典诗词方面，选诗的显然比词多。以某个主题贯穿历代诗人或词人来研究的极少，大多侧重于单个诗人（或词人）的作品研究。六朝诗人有鲍照；唐朝最多，有李白、王维、李商隐、白居易、温庭筠、孟浩然、李贺、李煜（南唐）；宋代有柳永、欧阳修、王安石、杨万里、吴文英、王若虚、辛弃疾；明代有王士祯；清代有袁枚、郑板桥（诗画并论）。专题研究有明清时期的女诗人、诗品、中国诗的时间与叙述。古典小说方面，集中于白话小说，其中选得最多的是《三言二拍》《镜花缘》和《聊斋志异》，此外，是《红楼梦》《老残游记》和金圣叹、毛伦、毛宗岗的小说评论。

现当代文学方面，所选的研究对象不少。现代文学方面，清末民初作家有包天笑、周瘦鹃、徐敬亚；五四时期作家较多，有鲁迅、沈从文、郁达夫、老舍、巴金、刘纳鸥、穆时英、林语堂、郑振铎、路翎、艾芜。被研究得最多的五四作家是丁玲。专题研究的有新感觉派小说、1900—1930 年的中国文学理论。比较研究有左拉与巴金、茅盾，哈代与徐志摩。当代文学方面，研究张爱玲的论文最多，其次是高行健、余华、莫言、苏童、贾平凹，还有王安忆、韩少功、王蒙、张贤亮、邱华栋、张洁。专题研究的有知青小说、新潮小说、内转向小说、通俗小说、反讽与意识形态、1980 年代小说、哈代与沈从文和莫言的比较等。台湾文学研究很少，只有乡土文学、王文兴小说、洛夫的长诗，以及二二八的文学叙写。

其他的选题，有《文心雕龙》《淮南子》、老子、庄子、沈括的《梦溪笔谈》、庞德与中国诗、负心汉形象、非写实诗学、侦探小说的意识形态、"文革"回忆录、流放主题、数码化与中国当代文学、互联网与中国文学等。电影和戏剧方面的选题，有元杂剧、李渔、第五代和第六代中国导演、王家卫的电影、香港歌手许冠杰的流行歌曲、木偶戏、奥尼尔与中国戏剧。在海外华人文学方面，零星有加拿大华裔英语作品的研究，如李群英的《残月楼》和黎喜年的小说《咸鱼女孩》等。

从以上的选题分类，可窥见加拿大大学内中国文学的研究偏向。1990 年是分界线，从 1975 年到 1990 年，博士硕士论文侧重古典，之后，现当代增多。从数量上看，论文数目从 1975 年到 1990 年 15 年间有 20 多篇，1990 年到 2010 年增至百篇，增幅高达五倍。

至于加拿大研究生与中国大学研究生的交流，可说尚未进入规划。2009 年埃尔伯塔大学比较文学教授带领几个研究中国文学的博士生，到北京大学进行交流，北京大学也做了回访，开

启了该类交流的先河。另一方面，近年由中国教育部提供博士生赴海外大学的研究院进修一到
两年以扩大学术视野的计划，已经进行，并取得成果。

结语

　　加拿大的汉学家无疑在中加文学交流史上扮演了重要角色。20 世纪初传教士的两类著
作——中国经验的叙述、古文明和汉语的研究，为后来的汉学研究打下了重要基础。1950 年代
以来，加拿大汉学在大学里获得了稳定发展，专业汉学家逐渐取代了传教士汉学家，以他们正
规的学术训练和语言能力，成为传授中国文学（文化）语言的主力。老一辈的汉学家白首穷经，
终身奉献给汉学，令人肃然起敬。他们栽培的汉学人才，在各大学担起文化交流和传承的事业。
1970 年后，经过了几代汉学家的努力，在古典、现当代和华人文学研究方面，都取得相当的成
就。所培养的研究生，从极少数到数以百计。古典文学的研究从一开始就占了优势，到了 1980
年代初，现当代文学研究露出头角，无论质与量上，都有了长足的发展。

　　进入 21 世纪，中加文化交流获得平稳发展。目前，绝大多数的加拿大大学都与中国大陆、港、
台的大学建立联系和交换计划。中加文学交流，显然尚有改进的空间。首先，在本土学生培养
方面，从人数到质量都未发挥应有的潜力，以致依赖外来学者。至于大学经常出现的经费短缺，
无疑严重妨碍了中国文学研究的扩展。其次，在研究范围方面，仍然需要扩大。在学术交流方面，
中加双方学者能够一起参与讨论议题的场合明显不足，因缺乏流通以致未能互相借鉴。例如，
在中国大陆召开的现当代文学国际会议，极少出现加拿大同行、西人汉学家的身影，反之亦然。
中国学者对海外汉学研究发生兴趣是近年的事情，碍于语言隔阂，需要加强翻译的投资和出版。
汉语教学的推广和翻译人才的培养，对于中加双方来说，都是当务之急。在学术上多了解对方，
互相激励，取长补短，提升研究的深度和广度，将是未来发展的一个方向。

第三章　　加拿大前期华文文学：移植、发展
与交流（1858—1966）

引言

　　加拿大华人所创作的文学，可简称为加华文学。生活在加拿大的华人，可以用原籍国语言即华文写作，也可以用移居国的语言即英文或法文写作。从实践上看，第一代华人移民基本上用华文写作，第二代移民能够用华文写作的已经凤毛麟角，他们绝大多数用英语（少数用法语）写作。用英法语创作，作品可以直接进入所谓主流读者的视野（见第五、六、八、九、十数章），本章探讨的是华文方面的写作、活动、交流。

　　探讨跨国之间广义的文化交流或狭义的文学交流，我们会想到几个问题。第一，谁与谁交流？第二，何处、何时发生交流？第三，通过什么方式（媒介）交流？第四，交流双方的接受态度和程度如何？体现在中加之间的华文文学交流实况上，我们可作以下的初步观察和概括。

　　首先，华文文学是横的移植，在华人未到加拿大之前，加拿大并没有华文文学，华文文学是随着华人进入加拿大土地后而产生的，亦因为这样，华人文学的发展不是建立在代代承传的基础之上，而是不停地受到移民政策、移民的背景，以及原籍国政治社会状况的影响。其次，因为华文与英法语言的差异，使得华文文学一般只流通于华人读者之间。换言之，虽然华文文学是移居国文学的一部分，从移居国的角度来看，它仍是个陌生的"他者"，甚少进入广大读者的视野。这不仅是华文文学的独有处境，其他少数族裔用原籍国语言（非英法语）所写的作品，也遇到类似的情况。从文学交流的角度来看，加拿大华文文学最大的挑战是如何与广大不懂华文的读者沟通，而不必担心与华文读者沟通。第三，中加之间华文文学的交流方式有直接和间接两种。直接的交流可以通过面谈、座谈、会议以及旅游等方式进行，此种交流通常有三个渠道：一是私人渠道；二是民间（团体）渠道；三是官方渠道。历史实践显示，私人渠道的交流比较有效率；民间（团体）渠道的交流因各种情况起伏不定，然而效率也不错；官方渠道的交流缺乏前二者的灵活性，且不时受到政治形势左右。间接的交流一般通过印刷品形式、电影媒介等进行，灵活而不受时空限制。进入互联网时代，交流能够即时进行，无远弗届。第四，中加文学交流的过程中，中加两者的关系是相对的。主可以是客，客也可以是主。交流的双方不时受到政治、社会、经济的影响而起伏不定。

探讨中加文学交流史，离不开加拿大华文文学的发展史，二者紧扣如链。华文文学在交流中发展，也在发展中交流，相辅相成，互为表里。一百五十多年来，中加两国之间广义的文化交流和狭义的文学交流，曲折多变，经历了排斥与歧视、冲突与磨合，最终达到现今彼此能够宽容的局面。然而，历史的反复是不可预料的，今日的宽容和接受，并非代表永远的宽容和接受，我们只能从历史的回顾和反思中，获取教训，希望不会重蹈覆辙。回顾历史，中加文化（文学）交流，一百多年来障碍重重，直到1980年代才有起色，这可以从几个方面来看。

第一，从地理上看，中加之间隔着浩瀚的太平洋，在海陆空交通发达之前，交流不易，外交关系的建立相对较晚。从1949年到1970年，加上此前的排华时期（1923—1947），中国大陆与加拿大彼此之间的疏隔竟达半个世纪。第二，从国势上看，自鸦片战争以来，晚清积弱，相对富裕的加拿大独立建国后，主流政要和一般西方民众不免对华人充满歧视和偏见。在如此不平等的环境下，正常的文化交流尚不容易，更不用说文学交流了。第三，从语言上看，华文基本上仍是个封闭或者说是自足的语言，用这种语言的人绝大多数是华人。中国文学或加拿大华人用华文创作的文学，除非通过翻译，否则难以跨越语言的鸿沟。

我们探讨中国文学或加拿大华文文学与加拿大主流文化的交流，比较实际的途径有三个。一是看汉学家的研究、翻译和教学，我们在上一章已经做了描述。二是看加拿大华人的华文文学，如何有机地糅合加拿大元素，创造新品种。三是看华文文学以何种方式进入所谓主流的视野。

加拿大华文文学本身同时扮演多种角色。在加拿大多元文化政策的语境下，作为族裔文学的一种，它是加拿大多元文化"马赛克"的组成部分，也是加拿大文学的组成部分。从与原籍国的关系来说，它是中国文学在海外的一个动态外延。这个动态外延并非是个牢不可破的密封体，而是一个具有吸纳性的灵活体，它一出国门便开始面对异质文化，在长年累月的撞击、回应、调整的过程中，自身也不断发生变化。这个动态过程，是海外华文文学不可避免的演变过程和规律。形象地说，一旦离开中国本土，它便像浪子一样，在异地际遇的洗礼中吸收养分，在不断变化中成长，成为亦中亦外、亦旧亦新的具有跨文化性质的混合体。如果把加拿大华文文学放在全球"文化中国"的格局来看，它属于北美洲的一支。

综合华人在加拿大的历史，我们认为华文文学在加拿大的发展可分为前后两期。前期从 1858 年到 1966 年，为期 108 年；后期从 1967 年至今（2013 年），为期 46 年。这样的分期，并不是截然刀切的，历史的连续性仍然发挥着它的作用。如此分期，主要是基于历史现实：第一个是加拿大在华人未来之前，是没有中国文学和华文文学创作的，因此，移民人口的进入、移民政策的宽紧，是华文文学能否继续的一个重要因素。第二个是华人移民的背景，什么时代、什么地方来的华人在加拿大土地上创作什么样的作品，息息相关。第三个是影响上述二者的环境，包括原籍国和居住国的政治、经济、社会、文化的发展状况。

前期 （1858—1966）：虽然早年已经有零星数目的华人到加拿大，但 1858 年是史载华人开始从美国来加淘金的年份，1966 年是加拿大华人承受以种族为入境条件考虑的歧视政策的最后一年。这横跨两个世纪的 108 年，如果从华人入境的难易来分，可分为两个阶段。第一阶段从 1858 年到 1947 年，有 90 年之久。这 90 年，又可分为自由入境的年代 (1858—1885)、人头税限制入境年代 （1885—1923）、禁止入境年代 （1923—1947），这是华人节节受辱的时段，是最艰难的隔离时段。第二阶段从 1948 年到 1966 年。

第一阶段 (1858—1947) 的加国华人绝大多数来自岭南四邑，以台山话和广东话为沟通语言，华人背景相似，文化形态相对单一。此阶段的加拿大华文文学因此带有浓厚的广东岭南文化色彩，从奠基到发展，文学活动频繁，在 20 世纪上半叶扮演了主导的角色。

第二阶段 (1948—1966) 是战后华人移民限量放宽入境的年代。这个阶段可以分为两个地域来看。一方面，中国大陆被封锁，与加拿发没有邦交，华人与侨乡隔断，交流谈不上。另一方面，加拿大维持与港台澳的交往，战后来自这些地区的移民，在原有的岭南文化基础上，加添了活力和新的元素。

后期（1967—2013）：加拿大 1967 年开始实施计分移民法后，翌年，香港移民开始大量入境。从 1949 年以来受到侨务政策影响的华侨家属，在 1970 年中加建交后的第三年，中国与加拿大政府签署协定后，陆续获准到加拿大与家人团聚。从 1980 年代开始到 1997 年，香港移民到加拿大的人数持续上升。到 21 世纪初，大陆移民达到顶峰。此外，1975 年后，加拿大接收不少越南华裔船民。1980 年代台湾地区政治形势转变，台湾移民明显增多。加上世界各地来的华人，百川汇海，使得华人社区日趋多元。1980 年代后，适应华人各种需要的华文报纸陆续出现，华人的文化景观逐渐繁茂，1990 年代后，华文文学的创作走向多样化和专业化，与前期老华侨的随意性写作有很大的差异。

本章探讨的范围是前期（1858—1966），集中论述的是来自中国岭南的华人进入加拿大后所创作的文学的发展轨迹，以及与原籍国和移居国交流的历史。后期（1967—2013）的情况请看第四章。（至于加拿大文学到中国的传播和接受，以及华人的英法语作品的情况，请参考相关章节）

以下的论述将以历史的转变为经，以文学活动和作品为纬，探讨加拿大华文文学的生发轨迹与特征。本章资料主要来源有：一、报刊、侨刊、家书等档案资料，以及作家著作等原始资料；二、相关的二手资料、书籍和网站资讯；三、笔者在加拿大四十年来与相关人士交往，以及他们提供的资料。在写作过程中，本文受到皮埃尔·布尔迪厄(*Pierre Bourdieu*) 的《文化生产的场域》 (*The Field of Cultural Production*) 中的文学场域、趣味、文学生产等概念的启发，但考虑到华文文学对加拿大而言是外来的族裔文学，在讨论中，仍以它的离散特性为依归。

第一节　黄遵宪、康有为、梁启超与中加文学交流的启动

原籍国著名人士踏足移居国，以其行状、文采、激情、精神的魅力，也就是说以他们的文化资本，即使是短暂停留，也能对海外华人社区产生意想不到的震动和持续效果。黄遵宪（1848—1905）、康有为（1857—1927）和梁启超（1873—1929）在20世纪初的加拿大之旅，就是典型的例子。凑巧的是，他们三人都是来自广东的革新派人士。有学者指出："与生活在内地的诗人相比，生活在广东的诗人首先接触到形形色色的文明事物；首先见识到外来文化的真实面貌；首先有着航海出国的经历；首先体验到中西两种文化观念所带来的种种矛盾冲突。"[1] 他们对

1. 严明：《清代广东诗人研究》，第114页，台北：文津出版社，1991年版。

政治改革的热情和救国救民的紧迫感，使得他们特别留意西方那些先进的文化实践，他们对于同胞所受到的不平等待遇，更是义愤填膺，感同身受。这些情怀，使他们受到华人社区的拥戴。

一、黄遵宪（1848—1905）

从1858年到1885年，关于加拿大华人的议题，几乎都与移民和劳工有关。黄遵宪与加拿大华人发生联系，也与这些有关。他从1882年到1885年（光绪八年至十一年）在旧金山出任总领事。[2]1876年（光绪二年），清廷开始在英国设立使节。加拿大华人若有事务需要跟加拿大政

2. 钱仲联编的"黄公度先生年谱"，收入他笺注的《人境庐诗草笺注》，第30—32页，上海：古典文学出版社，1957年版。

府交涉，可通过两个渠道，一是由维多利亚的中华会馆通知驻英使节，另一是通知驻美国加州旧金山的清廷总领事。1909年清廷在加京渥太华设立总领事馆，并在温哥华设立领事馆，[3] 情

3. 见"华人社区大事记"，《温哥华中华会馆百年纪念特刊》（1906—2006），第221页。

形才有所改变。

黄遵宪是广东梅州人，谙广东方言，与华人相处融洽。他创办中华会馆与协助铁路华工安置的经历，[4] 第一章已经提及。关于黄遵宪与加拿大华人诗人的交往，李东海在《加拿大华侨史》

4. 见"华人社区大事记"，《温哥华中华会馆百年纪念特刊》（1906—2006），第219页。

中有以下的描述：

　　"遵宪非但勤政爱民，且为多才多艺之君子也。当其在金山大埠时，尝联络刘云樵、李韶初（佑美）、陈瀚池、黄雪香、雷达三与侨寓维多利亚之李慎之（弈德）、

卢仁山、林赞卿、徐畏三、刘小五等吟和唱酬，创金山联玉，以发扬祖国文化。"[1]

1. 李东海：《加拿大华侨史》，第 153 页。

黄遵宪除了任职于美国旧金山之外，也曾任职其他国家，见识广阔，洞悉世界大势。在诗歌创作方面，他主张"我手写我口"，把域外所见所闻，化作意象入诗，石破天惊地开拓了古典诗的境界。他在旧金山为华人被禁止入境而写有长诗《逐客篇》[2]，表示强烈的抗议。1908 年，

2. 收入曹旭选注《黄遵宪诗选》，第 78—80 页，上海：华东师范大学出版社，1990 年版。

康有为替黄遵宪的《人境庐》写序称赞说："而诗之精深华妙，异境日辟，如游海岛，仙山楼阁，瑶花缟鹤，无非珍奇矣。"[3]梁启超与黄遵宪友情深厚，他在《嘉应黄先生墓志铭》中特别推崇黄遵宪：

3. 收入钱仲联笺注《人境庐诗草笺注》，第 2 页，上海：古典文学出版社，1957 年版。

"自其少年，稽古学道，以及中年阅历世事，暨国内外名山水，与其风俗政治形势士物，至于放废而后，有时感事，悲愤抑郁之情，悉托之于诗，故先生之诗，阳开阴阖，千变万化，不可端倪，于古诗中，独具境界。"[4]

4. 钱仲联笺注《人境庐诗草笺注》，第 12 页。

2005 年，黄遵宪逝世一百周年，温哥华中华会馆率团到梅州出席黄遵宪纪念公园奠基典礼。[5]黄遵宪无疑是第一位关怀加拿大华人的文学家，不列颠哥伦比亚大学教授施吉瑞(Jerry D.

5.《温哥华中华会馆百年纪念特刊》(1906—2006)，第 231 页。

Schmidt) 著有《人境庐：黄遵宪的诗》(1994) 一书，系统评介了黄遵宪的诗作理论与实践，并翻译了其从早期（1864—1868）到后期（1899—1905）的大量诗作。[6]

6. Within the Human Realm: the Poetry of Huang Zunxian, 1848—1905. Cambridge (England): Cambridge University Press, 1994.

二、康有为 (1857—1927)

戊戌变法失败之后，康有为流亡日本，后在英国的帮助之下，于 1899 年 4 月（光绪二十五年）流亡加拿大，并先后到加拿大三次（1899、1902、1904），停留时间达两年之久，写下三十多首古典诗和一篇《游加拿大记》。

康有为名闻天下，渴望祖国强盛的加拿大华人对他热情欢迎，并寄以厚望。他不但获得华人的支持，还和加拿大政界人士往来。1899 年 4 月 16 日，他在温哥华演讲，吸引了 1 300 人，引起轰动。康有为成立保皇会，获得很多侨民支持。[7]1899 年 8 月 13 日，康有为曾在维多利亚

7. 李东海：《加拿大华侨史》，第 281—282 页。

为文祭六君子。[1]

1. 李东海：《加拿大华侨史》，第277—278 页。

康有为著作甚勤，每到一处均作诗记事，在加拿大的诗作分别收入《明夷阁诗集》和《廖天室诗集》。这些诗作的特点是诗题较长，他这样做是有意把诗的内容明朗化，即使用了比较象征性的意象，日后也能够知道诗作的时间、地点与原由。他把加国风光和新鲜事物转化为诗的意象，顺手拈来，视野雄伟开阔。

例如，1899 年 3 月康有为写的一首诗，诗题颇长，为《三月乘汽车遇落基山顶大雪封山，雪月交辉，光明照映如在天上，其顶甚平，译者请名之，吾名为太平顶》：

> 落机铁路绕巉岩，大雪长封矗蔚蓝。身世支登太平顶，
>
> 峰峦直走美洲南。光明混合廖天一，孤影真同明月三。
>
> 此是玉京瑶岛路，欲为天问试廖廖。[2]

2.《康南海先生诗集》，第 161 页。

康有为身在江湖，心存魏阙。1904 年（甲辰）他第三次访温哥华时，听闻八国联军入侵后列强要求赔款的情况，顿生忧愤，写了长诗《在加拿大闻偿款加镑价，重税频加，忧而作，时甲辰十月也》，为首四句："币偿十万万，自古无此奇，此金从何取？刮自民膏脂"，[3] 情绪激昂，痛心疾首。

3.《康南海先生诗集》，第 319—320 页。

同年11月，康有为在温哥华病卧休养，住处四周树木参天，他有感而作，诗题为《病卧湾高华，山泽浪游，地多僵木，皆数千年，烧之以僻人居，板桥四通，行之无尽》：

> 板桥石濑溜溅溅，临水山花亦妙研。行遍荒山看野烧，荒僵巨木尽千年。[4]

4.《康南海先生诗集》，第 322 页。

同月，他又写了《湾高华对海旅店夜步》：

> 海夜波涛拍岸粗，冷风吹月渡明湖。步溅烟剪巢边过，大雪封山万树枯。[5]

5.《康南海先生诗集》，第 323 页。

诗中所说的"烟剪"是印第安人的 Indian 一词的音译。"烟剪巢"指的就是印第安人居住

的帐篷。这首诗写海涛、写土人、写大雪封山的荒凉，异域风光与孤单旅人互相呼应。他也曾到温哥华附近的哈里逊温泉（Harrison Hot Spring），他的《重游嬉理慎温泉故店》（注：即哈里逊温泉）写道：

> 重山伐木深通道，山尽途穷见水明。廿里烟波开妩媚，
>
> 万衫楼阁对澄清。岭巅雪影兼云影，桥畔泉声与浪声。
>
> 再循磴道摩林石，虽酌温泉已冷成。[1]

1.《康南海先生诗集》，第 322—323 页。

1904 年 12 月除夕，他抱病写了《除夕加拿大海岛卧病感怀五首》，其中一首古今中西意象合璧，去国怀乡，立意深远：

> 纵横宙合周寰宇，漂泊身名度洛机。泽畔行吟无远近，
>
> 海边啮雪太支离。一年垂尽阴阳战，万树僵枯云物悲。
>
> 谁识伍胥吴市日，鬓须全白异当时。[2]

2.《康南海先生诗集》，第 323—324 页。

康有为在加拿大的诗作，把去国怀乡与域外意象作了非常自然的糅合，对后来的华人古典诗创作起了典范作用。康有为流亡海外十六年，期间周游列国，目的并非游山玩水，而是寻找革新富强之道，故此每到一个国家，就对其典章制度、文化艺术和国民生活状况作详细记录。他的《游加拿大记》[3] 是中国文人第一篇以游记形式记录加拿大的作品。因为篇幅精短，不妨

3. 康有为：《康南海先生游记汇编》，第 1—2 页。台北：文史哲出版社，1979 年版。

把全文分段描述。

他从西部温哥华出发，乘坐华人在 1885 年参与建筑的太平洋铁路，经过落基山，沿途穿越八十多个山洞，火车奔驰在西部草原区域时，他看见扎帐而居的印第安人。六天之后，到达首都渥太华（他翻译为阿图和），整个行程的景色尽入眼底，他写道：

> "三月之末，度加拿大。逾落基山，千峰积雪，长松覆地；铁路转壳曲折，循山
>
> 逾涧若长蛇。凡经雪架山洞八十余，涧桥无数，俯瞰碧湍，光景奇绝。铁轨盘山顶而

过，山顶甚平而无名。西人请吾名之；吾名之为太平顶，期大地之太平世也。逾山则雪藉数千里，无寸土草及人居。时有一二烟剪（按：指印第安人）帐居于是牧畜，想见吾漠北气象，如是者四五千里，乃到苏波湖（Lake Superior），湖中万岛，界分英美。烟波洲渚，浩渺微茫，石阜长松，连续千里。此地殆中原所无，亦地球所少见也。三月晦夕，至阿图和（按：即渥太华，Ottawa）凡六日，铁路行万里矣。"

康有为此行的目的，是接受总理威尔法德·罗利（Wilfrid Laurier, 1841—1919）的邀请。康有为无疑受到非常高规格的接待。在渥太华，他注意到加拿大虽然是英国前殖民地，总理（他称为总统）是民选，上面还有一个总督。康有为对罗利总理的热情很感动，特别提到罗利见他时"一握手即曰吾与子皆新党"。他对获得罗利的认同，深感喜悦，二人更"密室密谈，情意至厚"。他写道：

"其国预派巡捕官于车站前相接，越日其总督、总统、税务司官约见，其总督由英所命，若吾之镇守将军也。加拿大虽属英，而别为民政如美国。其总统由民举，虽位总督之下，而大权一切属之。总统名罗利（Wilfrid Laurier）、法种，额而新党新得政者也。一握手即曰吾与子皆新党，愿子迅得政如我，相接欣然。延入密室密谈，情意至厚。述及彼旧事，相与歔吁国种。令我过戈壁视其旧垒焉！"

接着，康有为视察作为加拿大民主象征的议院，完毕，又参观国会图书馆，惊见不少中文藏书。他写道：

"再使一官邀吾视议院，导游各所，及观议员议事。复至书藏云有中国书甚多。后遣人以藏书赠焉！其下议院长请茶宴，出其夫人诸女相见，再导观议院，罗利并亲陪焉。"

康有为的描述层层入扣，下面比较轻松的交流活动，显然令他甚为满意。他观察加拿大官员跳舞的神态，男女的衣着服饰，四周的彩灯布置。跟着，他与主人对饮。主人并安排一个青年女画家从多伦多来为他画像。康有为很受感动，全文以一首绝句结束：

> "先是英总督请跳舞宴，是夕九时赴焉。男女七百人，铺设宏丽，男女合沓，长裙曳地。各大臣皆来握手问询。总督与诸大臣先舞，次官继舞，后则群宾乱舞，若旅酬焉。总督延吾在舞厅之高座，此则惟总督、总统夫人坐者，群官皆不与焉。旧总统偕吾巡视各厅及园林，灯彩万千花香错杂。其酒厅列兵二队，左右执枪立。但总督与各执政大臣一席，吾一席，余俱立饮。饮毕复舞，至二时乃散。越日总督命一女画师自憲郎度（按：多伦多）来，为吾写像，画师年十八，其地最著名者也。吾口占一绝云：'漂泊余生北美洲，左贤特为写形留。风鬟十八红衣女，却是中原顾虎头。'"

在八百多字的篇幅里，康有为以简洁逼真的文笔记述 1899 年乘坐火车经过落基山到加拿大中部大草原的自然风光，又记录了他在首都渥太华受到加拿大总理的礼遇，对加拿大政府的议事、礼仪、摆设、衣着、社交舞会等充满了好奇和欣羡，他还特地提到议会的中文藏书。对康有为来说，这是一次增广见闻之旅，一次文化交流。这篇游记是跨国之旅的产物，印证了这个历史时期的一次高层次的交流。

三、梁启超（1873—1929）及其他

梁启超百日维新失败后，逃亡日本。他继续康有为发展保皇会的任务和向西方取经之旅，于 1903 年 2 月 6 日由日本抵达加拿大卑诗省首府维多利亚。当日，迎接者数十人。同一天黄昏他抵达温哥华时，在码头迎接他的有百余人，可见当时华人对梁启超的仰慕之情。他在温哥华停留到 4 月 16 日，才经蒙特利尔赴纽约，前后两个多月。他回日本后写成《新大陆游记》，共十万言，其中关于加拿大的记述比康有为的游记更为详尽。这本游记包括在加拿大与美国的见闻记录。加拿大的部分放在前头，分为七节，其中第五、第六节插入维新会的描述和美国总统罗斯福演说，其余是他对加拿大特别是卑诗省华人的数目、生计、陋习等的记录和分析。他

敏锐地观察到温哥华的繁盛，跟太平洋铁路有莫大的关系。他观察到温哥华位于太平洋铁路西端，乃是北美和亚洲的交通要道，加上有中国皇后、日本皇后、印度皇后三船来往日本与中国，使它成为铁路与轮船的终点。[1]

1. 梁启超：《新大陆游记》，新闻丛报，第 4 页，1903 年版。

梁启超毕竟是人文学者，能够从观察他国而对本国人民形象进行思索。他一针见血地指出："商人恃工人为生，工业衰，故商业也衰，盖商于此间者，皆非有大资本营大事业，不过专办本国日用饮食之物，售诸工人以取利耳，故工人来者少，则商店自少，工人困苦，则商店利益微，吾所至夏威夷澳洲各地，皆同一现象，而加拿大为尤甚。"[2] 他注意到日本侨民以捕鱼为生，

2. 梁启超：《新大陆游记》，新闻丛报，第 4—5 页，1903 年版。

华人则以制鱼为生，采鱼每日每人工价优于制鱼者数倍。他指出种族歧视造成的不平等："然此地西人限华人非已入英籍者不得采鱼，故虽以此区区之利权，亦不得与他族竞。"[3] 他感叹"虽

3. 梁启超：《新大陆游记》，新闻丛报，第 5 页，1903 年版。

然华人商务之天才，只能牟本国人之利，只能牟东方人之利，然与欧美人相遇辄挫败，则有此天才而不知扩充故也。"[4] 他又批评华人吸鸦片赌博的风气泛滥，维多利亚制贩鸦片为一大生意，

4. 梁启超：《新大陆游记》，新闻丛报，第 7 页，1903 年版。

温哥华竟然有番摊二十多家。另一方面，他非常推崇温哥华华人的民主素质，认为维新会采用匿名投票的公平选举法，三埠（指温哥华、维多利亚和新西敏寺）互以电报报票数，而且在选举之前，竞选者到处游说，"演说其所怀抱之政策，俨然与文明之政党无异，此诚中国数千年所未有也，他日有著中国政党史者，其必托始于是矣"。[5]

5. 梁启超：《新大陆游记》，新闻丛报，第 11 页，1903 年版。

《新大陆游记》文笔真挚锋利，是一个具有国际眼光、忧国忧民的中国知识分子的游记。他把所见所闻转化成反思国民素质的依据。他用西方人的社会作为参照，点出华人的优点和缺点。这些都是当时生活在中国的知识分子所不能及的。令人佩服的是，他一百多年前指出的隐忧（例如赌博和商业类型的狭隘），到今天仍然存在。

黄遵宪、康有为和梁启超之后，未几民国成立，跟着发生第一次世界大战，1923 年排华法实施，踏足加拿大的中国著名文人少之又少。1914 年，后来成为中国著名教育家的梅贻琦（1889—1962），由上海青年会派到温哥华的华人教堂演说。《大汉日报》1914 年 8 月 6 日报道此事说："我国留学界对于实业，渐有其人，特对于社会教育而愿牺牲其身者，则微乎其微。民德不进，犹如社会不良，社会不良，虽有良好真挚，亦无可实施也。"梅贻琦，天津人，1908 年获庚子赔款留学美国卫斯理工学院，1914 年获电机工程学位，1916 年出任清华大学教授，1931 年到 1948 年出任清华大学校长。抗战期间，任职西南联大。1955 年他从美国到台湾创立清华大学，一生

为培育英才而献身。

第一次世界大战后，民国政府教育总长蔡元培（1868—1940）于 1921 年来加拿大募捐建筑北大图书馆。[1] 1933 年，太平洋会议在加拿大召开，胡适（1891—1962）率团出席，维多利亚中华会馆整理排华资料，委托代表团在会上讨论。[2] 1941 年，胡适任中国驻美大使，曾到多伦多大学接受荣誉博士学位，颁授学位的就是汉学家传教士怀履光。[3] 1944 年，设在纽约的稚辉大学纽约分校校长吴秀峰（1898—1993）亲临温哥华演讲，并为抗日筹款。他以"崇尚和平的中国文化对世界和平的贡献"为题演讲，获得侨界的热烈支持，筹得八千余元。以当时的币值来说，是个庞大的数目。吴秀峰是早期赴法国留学生，1943 年，出任稚辉大学纽约分校校长。曾参与联合国会章的起草。1968 年 11 月，国民党立法委员文学家胡秋原（1910—2004）从台湾来温哥华，在开平总会馆演讲，题目是"对国是的看法"。[4]

黄遵宪、康有为、梁启超等著名政治家和诗界革命家，在 20 世纪前后，给中加文学交流史一个亮丽的开始。可惜，此后数十年间，因为种族歧视节节上升，直至全面禁止华人入境，著名文人入境者屈指可数，这个持久的缺席，不但影响了加拿大华人文化社区的士气和发展动力，还严重削弱了中加文学交流的可能性，令人惋惜。

1. 《大汉公报》，1922 年 8 月 10 日。
2. 《温哥华中华会馆百年纪念特刊》（1906—2006），第 222 页。
3. Lewis Walmsley. *Bishop in Honan.* p.172.
4. 《开平总会馆纪念特刊》（1925—1995），第 25 页。

第二节　岭南人开天辟地：一个文学场域的形成

一、岭南人登陆加拿大

珠江三角洲以南四邑一带的岭南人到加拿大最早、人数也最多，他们对中国文化在北美的传播，从开天辟地的角色到后来的持续发扬，功不可没。正如有学者指出："在近代中外文化交流的早期，中华文化在很大程度上是通过华侨的努力和岭南文化的流布而传播到海外的。异邦之人往往是通过广东人来认识了解中国的。粤籍华侨充当了中华文化传播的角色，岭南文化向外的传播功能为中华文化走向世界作出了贡献。"[5] 何为岭南呢？"横亘在湘、赣、粤、桂

5. 刘圣宜、宋德华：《岭南近代对外文化交流史》，第 542—543 页，广州：广东人民出版社，1996 年版。

四省区边境呈东北—西南走向的越城岭、都庞岭、萌渚岭、骑田岭、大庾岭五岭及九连山等山峰总称南岭。南岭以南的地区就是岭南"。[1] 岭南文化包括不同时期南下的汉族和少数民族的

1. 徐杰舜：《岭南文化解剖散论》，第609—610页，收入《岭峤春秋——岭南文化论集》（三），广州：广东人民出版社，1996年版。论文在第609—624页。

文化，岭南文化中的汉族文化包括粤系文化、潮汕文化、客家文化和桂柳文化，最新的分支是港澳文化和八十年代发展起来的特区文化。[2] 至于岭南文化的特征，则因其地理优势和对外历

2. 徐杰舜：《岭南文化解剖散论》，第619—620页。

史而具有别省所缺的开放性、灵活性和兼容性。这些特征和优势，在历史际会中，使得他们成为中加文化（文学）交流的重要桥梁。

近年来，不少中国学者研究加国（或北美）华文文学时，有意无意之间，忽视前期的华文文学。当然，大陆新移民的创作值得注意，而且时尚。但是，对现时的作品成就热烈鼓掌，而忘了先辈开天辟地的建树，乃是历史虚无主义。如此一来，既漠视加拿大华文文学的整体发展过程，也忽视它与岭南文化的渊源关系。

加拿大前期华文文学之所以被双重边缘化，与两个霸权的作祟有关。一个来自移居国主流社会和文化界的系统歧视，一个来自原籍国的官方语言中心主义。前者显而易见是移居国种族、文化歧视、语言隔阂所造成的，后者则连不少原籍国学者也随着官方语言中心主义霸权倾斜而浑然不觉，甚至认为理所当然，令人感叹。

官方语言中心主义的表现，不难从梅兰芳（1894—1961）在1930年代在美国表演京剧受到的待遇显示出来。[3] 梅兰芳的表演艺术令美国艺术家惊叹，与官方的交流层次造成的效应不无

3. 伍荣仲：《作为跨国商业的华埠粤剧—20世纪初温哥华排华时期的新例证》，罗丽译，第1—26页，收入《中华戏曲》，第37辑。

关系。反观地方戏的粤剧在北美洲已经上演有一百多年，从没间断，至今依然旺盛，但却未受到应有的重视。粤剧艺术跟京剧艺术，难分伯仲，各有千秋。京剧获得垂青而粤剧遭到长期忽视，中西的偏见竟然同出一辙！本书不意图评估粤剧的地位，而是指出这个厚此薄彼造成的偏差，并提出回归历史的现场，审视加拿大华文文学的源起过程，及其在中加文学交流史上的地位。

从1890年代到1940年代，加拿大超过75%的华人来自四邑一带，广东四邑等地的华人从1858年淘金潮进入加国之后，到二十世纪中叶，在一百多年的时间内，加拿大华文文学的读者和作者，几乎都来自广东岭南一带，他们无疑是加拿大华人的文化（文学）场域的建造者与参与者。他们的活动空间，大部分在卑诗省的首府维多利亚和温哥华的唐人街，少数分散在各个小镇、煤矿等地。1886年温哥华市建立，加上1885年完成的太平洋铁路（CPR），交通方便，市况日趋繁荣。到了二十世纪初，维多利亚的华人流向温哥华，使温哥华成为卑诗省华人最多

的城市。二十世纪五六十年代之后，多伦多崛起成为东部华人最多的城市。一东一西，温哥华与多伦多遂成为两个华文文学的中心。

二、 华人文学场域的形成与演变

报纸无疑是最能反映华人文化水平的一个指标。在加拿大华人社区，华文报纸提供讯息，反映华人的活动和心态，把散居各处的读者联系起来，形成一个想象的群体。[1] 二十世纪前后，

1. 借用 Benedict Anderson 在 *Imagined Communities: Reflections on the Origin and Spread of Nationalism* 的概念，pp.62—63, London: Verso, 2006 edition.

康有为和梁启超先后到加拿大组织和发展保皇会，孙中山（1866—1925）也曾先后三次（1897、1902、1911）来温哥华宣扬推翻满清的革命。他们的强国理想和激情，与饱受歧视渴望祖国富强的华人一拍即合，所到之处，均受到热烈支持。他们都注意到报纸的作用，梁启超更是加拿大第一份华文报纸《日新报》的创办者。他们设立报纸的举动，间接反映出当时华人社区的阅读能力。

据李东海的《加拿大华侨史》记述，维新运动初期，上海、澳门先后有《时务报》《知新报》发行，灌输民主思想，提倡变法图强。澳门《知新报》在维多利亚与温哥华均设有推销处。[2]

2. 李东海：《加拿大华侨史》，第 273 页。

民国成立前，除了《日新报》外，温哥华的华文报还有《大汉日报》和《大陆报》。民国成立后到 1960 年代，加拿大有多份华文报纸先后成立，如维多利亚的《新民国报》、多伦多的《醒华报》和《洪钟报》、温尼辟的《三民日报》，以及温哥华的《加拿大晨报》《中兴日报》等十一家之多。[3] 北伐和抗战期间，加国华人报纸每天的销售量达到数千。[4] 抗战后期的 1941 年，

3. 李东海：《加拿大华侨史》，第 348 页。　　　　4. 李东海：《加拿大华侨史》，第 348 页。

全加华人只有 34 627 人。[5] 可见，每日报纸销量数千份这个数字是相当惊人的，即使有部分报

5. David Chuenyan Lai, p.60.

纸寄到外地，亦足见当时华人阅报率之高，以及他们对时局的关切。1967 年，在加拿大继续发行的报纸，剩下《大汉公报》《新民国日报》《侨声日报》和《醒华日报》四家。[6] 前三者在

6. 李东海：《加拿大华侨史》，第 348 页。

温哥华发行，后者在多伦多发行。

加拿大华文报纸相当高的阅报率，明显地颠覆了一般认为早期华人都是目不识丁的劳工的偏见。不错，19 世纪中叶和下半叶，加拿大华人的教育水平偏低。他们几乎都是来自农村的单身汉，生活简朴，刻苦耐劳，"饮食方面一碗一箸一酱一醋皆来自祖国，衣着方面一丝一麻都是国货，此种习惯不但在淘金时代为然，即至清末与民初尚属如此。"[7] 当时唯一提供华人集

7. 李东海：《加拿大华侨史》，第 66 页。

体文化活动的组织，仅有洪门，因此华人十有八九都是该会会员。但是，历史不是停滞不前的，几十年间的变化可以瓦解一些固定的看法。到了二十世纪初，如果以世代来算，已经是淘金者的第二、三代了。在这几十年的来来往往之中，他们把辛苦获得的财富和西方现代化的意念，带回侨乡了。如果说成千上万美轮美奂中西合璧的碉楼是物质财富的证明的话，那么，现代化的学校和图书馆，则是他们崇尚文化与教育的精神指标。侨居外地的金山客羡慕西方教育的现代化，早在 1909 年，就捐款创立台山中学（即后来的台山一中），设备之现代化在中国可谓首屈一指。这种风气一起，侨乡之间互相攀比，用侨汇建立本县的中学，例如开平便在 1919 年建立开平一中。建筑于 1931 年的雄伟壮观的关氏图书馆，足以证明氏族的经济能力。

因侨乡"去金山"的传统，以及祖父辈在加拿大之故，虽然要付节节上升的人头税，为了谋生，为了继承父业，华侨子弟一代一代来到加拿大，从事与本人志趣相违的职业。所谓卧虎藏龙，侨社中的人才往往令人惊艳。药材铺收银员龙飞凤舞的书法，往往令人目瞪口呆。单从职业来断定他们是目不识丁的劳工，是肤浅的、不准确的，种族歧视造成的就业不公，新移民从低做起这个现象，到如今不是仍然存在吗？

如果说这些前期的华人没有留下大部头的创作，因而不值一顾，也是罔顾历史的。二十世纪上半叶，生活在备受歧视、工作种类非常狭隘的环境之下，华人的文学创作，显然不可能以专业的姿态出现，他们几乎都是业余创作，或发泄感情，或兴之所至，偶有所得，投稿报刊，可以说这个年代的华人写作，并非为了成名成家，而是为了抒发乡愁，咏怀明志。加拿大历史悠久的《大汉公报》几乎天天刊登古典诗歌、对联、粤讴、粤剧版本、木鱼、南音、杂文等雅俗作品，而这些"无意"之作的作者和读者，主要来自岭南。亦因为是"无意"，这些作品保留了非功利的纯与真。

从 1923 年到 1947 年禁止华人入境期间，中国经历了惨烈的八年抗战。在此期间，加拿大华人不曾间断地在报刊上发表作品，在表达忧国忧民之思的同时，流露了对种族歧视的义愤和不平。他们举办征诗、征联活动，抒写对祖国的关怀；他们演粤剧和白话剧，筹款赈灾、支持抗战；[1] 他们还特地创立期刊《禺声月刊》，及时报道侨乡战争消息。

1.Edgar Wickberg ed. *From China to Canada: A History of the Chinese Communities in Canada*. McClelland and Stewart Limited, 1982, p.196.

抗战十六年后，加拿大华人人口增加到 58 197 人，增幅 78.9%。[2] 这个增幅包括了亲人团聚，

2.David Chuenyan Lai, p.60.

香港、东南亚、台湾和其他地方来的华人。从 1956—1965 年的十年间，大约 22 000 华人移民入境，

其中 66% 来自香港。[1] 到六十年代末，全加华人共有 78 000 余人，四邑人约占 78.5%（其中台山
人占 44%，开平 16.5%，新会 12%，恩平 6%），即 65 000 人左右，[2] 台山话仍是唐人街的主要语言，
岭南文化仍然是主导。1967 年移民计分法开始实施，香港移民激增，虽然被称为华人"小世界语"
的台山话仍是加拿大华人的流行语言，但广东话很快占了上风。温哥华以广东话播音的电台《华
侨之声》开始了每晚数小时向华人社区广播。岭南色彩的老华侨文化与香港都市文化进行混合
转换，在加拿大的土壤上发芽成长。

1.David Chuenyan Lai, p.104.

2. 李东海：《加拿大华侨史》，第 431—432 页。

第三节 蓬勃的文学活动：报刊、阅书报社、书店、国学

在"城中之城"的唐人街，华人的文学活动是非常活跃的。除了上述岭南人的新旧教育背
景，单身汉的身份也是他们踊跃参与文化（文学）活动的原因。加拿大的移民政策限制中国妇
女进入，以防止华人人口繁殖。1887 年华人的男女比例是 70 ：1，1921 年是 25 ：1，1941 年
是 10 ：1，虽然陆续改善，仍然严重失衡，[3] 加上高昂的人头税造成家庭分裂，妻子不能来加
团聚，单身华人男子除了劳动工作，精神出路何去何从呢？从哪儿获得感情的发泄呢？聚赌、
嫖妓、吸鸦片等陋习，无奈在华人社区中蔓延。只要翻看 20 世纪上半叶之前的《大汉公报》，
便会发现经常出现医治梅毒的广告，潜在的问题令人不寒而栗。为了调剂单身汉的身心，体育社、
阅书报社、音乐社、粤剧和话剧社等便应运而生。

3. 以上资料，来自 David Chuenyan Lai, p.60; Ching Ma, Chinese Pioneers. Vancouver: Versatile Publishing Company Ltd., 1979, p.57.

对于加拿大华文文学的发展而言，报纸发挥了很大的作用，没有报纸，发表园地归于虚无，
精神寄托和艺术追求无法体现。除了报纸之外，还有各种宗族乡社的刊物。这些不定期的出版物，
除了包括丰富的社团资料，也提供少量篇幅给文艺创作。

下面将以历史最悠久、销量最大的《大汉公报》以及在抗战时期最流行的《禹声月刊》论
述在被主流社会边缘化的唐人街空间，华人如何通过文化（文学）活动来保持自己的尊严和文
化认同的同时，也没有忘记履行加拿大居民的义务。

一、《大汉公报》

从新闻的内容，以及读者的来信和来稿，可知《大汉公报》的销售网络扩及北美、中美、南美、甚至欧洲，俨然是跨国华人资讯的集散地。它历史悠久，内容丰富，每份报纸包括世界新闻、加国新闻、本地新闻、侨乡信息、广告、财经、文艺、生活所需物品资讯（船期，票价）、医疗和娱乐等，是华人历史的"活化石"。从中加文学交流史的角度来看，几乎每天刊出的文艺副刊，无疑提供了极为重要的资料。

《大汉公报》的前身是1907年创立的《华英日报》。《华英日报》设在温哥华的喜士定东街(East Hastings Street)100 号，由耶稣教徒周天霖和周耀初创办，目的是宣传福音以及开通民智。首任编辑崔通约（1864—1937）来自广东高明县，曾是康有为弟子。他到任后，因为在《华英日报》登载了广东官府通缉保皇会会员的消息，保皇会以《华英日报》故意毁谤为由提出诉讼，双方笔战纠缠了一年多，后因财政枯竭，《华英日报》不得已停刊，崔通约亦转赴旧金山，出任《中西日报》记者。[1] 1909 年，洪门接手《华英日报》，改名《大汉日报》，社址设于温哥华片打东街 5 号，1915 年冬再改名《大汉公报》。《大汉公报》推翻满清建立中华的理想，显然比康

1. 参看冯自由的《加拿大之党务》，收入蒋永敬编：《华侨开国革命史料》，第 173—174 页，台北：正中书局，1977 年版。同时参看崔通约的《云高华华英日报》，收入第 181—182 页。

《大汉公报》门前，该报最后一位经理杨国荣留影
（梁丽芳摄，2010.11）

温哥华《大汉公报》旧址（梁丽芳摄，2011.4）

有为与梁启超的理想更具活力。相比之下，康梁的维新显
得保守。《日新报》与《大汉公报》经历了大小论战 200
多次后，康有为的保皇会处于劣势。根据《大汉公报》最
后一位经理杨国荣先生忆述，《大汉公报》和加拿大华人
共同走过一百多年的历史，到 1992 年才因为跟香港来的报
纸竞争不过，光荣结束。[1] 但是，作为北美历史最悠久、销

1. 与杨国荣先生对谈，2010 年 11 月。

路最广、影响最大的华文报纸，它对中国革命、对北美华
人特别是加拿大华人做出了举足轻重的贡献。

《大汉日报》创刊时期最得力的主编冯自由（1882—
1958），广东南海人，生于日本，与孙中山有共同的志趣和
革命理念。他曾在香港和新加坡从事报业，并任主编，有
丰富的经验。当他知道加拿大温哥华洪门致公堂《大汉日报》
招聘主编的时候，便毛遂自荐，以教师的身份入境，出任
主编，一方面鼓吹革命，为革命筹款，一方面为侨社服务。
冯自由文笔锋利，所写社论说服力强。他任职虽不到一年，
成果卓越，赢得华人的支持。《日新报》在 1910 年被《大

2. 关于冯自由与《大汉公报》的这段历史，参看蒋永敬编：《华侨开国革命史料》，第 173—181

汉日报》取代。[2]

页，第 183—192 页。台北：正中书局，1977 年版。

《大汉公报》创办八十多年，林翰元（1898—1980）
与他的儿子林岳鋆（1935 年生）二人任职主编最长久。林
翰元，新会人，父亲乃是晚清举人，但喜好新事物，提倡
革命。林翰元 1921 年由外祖父申请来加拿大，加盟洪门，
曾任致公堂会长，是大公义学和洪门体育会创办人之一。
他 1931 年起担任《大汉公报》总编辑达四十多年，每天写
社论，四十年只放假三天，可谓鞠躬尽瘁。[3] 他退休后，

3. 林岳鋆：《我的父亲林洪公》，第 84 页；《追悼先父林洪公》，第 85—86 页，见《加拿大侨情：

林岳鋆接任，直到 1992 年停办。他们父子俩把一生的精力

林岳鋆文稿彙编》，非出版物，2003 年。

都贡献给了报业，作为文化桥梁，令人敬仰。林岳鋆生于

林岳鋆在温哥华铁路华工和华人军人
纪念碑前（梁丽芳摄，2010）

广东新会，早年毕业于澳门培正中学和冈州中学，1950 年移居加拿大，就读于温哥华士达孔拿英文学校和不列颠尼亚中学，毕业于哥伦比亚学院前身之太平洋学院。他一边当编辑，一边编译与西方社会交流须知的书籍。他还翻译华人英文杂志《Chinatown News》中有关华人的重要文章，促进华人与西方人士的交流。1958 年，他为了纪念华人入境 100 年以及庆贺卑诗省成立 100 年，编写了华人历史，资料详尽，获得许多报刊的转载。他曾为香港《星岛日报》和其他报刊报道华侨社会的真人真事。[1]

1. 笔者与林岳鋆的对话，2010 年 5 月；参看《林岳鋆文稿汇编》，非出版物，2003 年。

《大汉公报》从开始每天四个版面，到五六十年代发展到二十多个版面，内容与时俱进，日趋丰富与多样化。华人在繁重劳动工作之余，从中获得精神文化食粮、情操与尊严。1910 年代的文学版面"大汉杂录"以及 1920 年代改版为"汉声"的文学版面，经常发表古典诗歌、小说、班本、粤讴、谐文、游戏文、滑稽谈、谐诗、笔记等雅俗体裁，内容跟国际时事与祖国侨乡情况紧紧相扣，加拿大内容处处可见，风格具有浓厚的岭南色彩。雅俗文学的同时登场，反映了当时作者写作的两种倾向和读者的兼收并蓄。

华人在工作之余究竟喜欢阅读哪一类作品呢？我们可以从华文报纸转载的作品中窥见一二。这种转载，实际上是一种文学的传播，虽然接受者仍是华人。浏览 20 世纪初到抗战后的《大汉公报》，发现它所转载的小说，绝大多数是半文半白的长篇小说，由编者标明小说的类别，包括讽刺、社会、近事、家庭、哀情、言情、警世、历史、国术裨史、实事等。以下是一些例子（括号内的年份指连载年份）：

讽刺小说：《鸿儒谈笑录》（观海）（1917—1918）

社会小说：《赌缘》（作者不详）（1927）

近事小说：《风之魔》（作者不详）（1919）

家庭小说：《恶因缘》（作者不详）（1919）

哀情小说：《鸳鸯梦》（贡小芹）（1924）

言情小说：《落花春怨》（华山）（1925）

警世小说：《保寿党》（平湖）（1925）

历史小说：《大梁布衣》（云庵）（1934）

近事小说：《呜呼恋爱》（豹翁）（1937）

国术裨史：《粤派拳师陆阿采》（朱愚斋）（1937）

实事小说：《十年前之空箱女尸案》（豹翁）（1939）

为了迎合新来移民的口味，与时俱进，《大汉公报》版面从 1950 年代改用柯式，字体小了，容量大增，排版接近香港模式。根据《大汉公报》前编辑林岳鋆忆述，当时采用香港《晶报》和《商报》的内容是免费的，因此，《大汉公报》能够大量转载香港的专栏、流行小说以及其他的文学类别。[1] 中国大陆的消息也通过香港陆续传来。同时，台湾国民政府的党报《中央日报》

1. 与林岳鋆对谈，2010 年 5 月。

的副刊水准高，登载不少文艺作品，免费寄赠加拿大侨社和大学图书馆。

1950 年代之后，《大汉公报》编者不再标明转载小说的类别。从言情小说和武侠小说的转载，可窥见香港的影响，例如：《末世奇缘》（俊人）（1952）、《云想衣裳》（海量）（1952）、《侠盗张保仔》（衬叔）（1953）、《白发魔女传》（梁羽生）（1961）、《没有桃花的春天》（党英）（1967）。

除了《大汉公报》之外，温哥华在新移民诉求之下，于 1953 年创立了《侨声日报》，1961 年创立了《大众报》《自由导报》和《华侨导报》。[2] 多伦多的《醒华日报》在 1950 年代之后，

2.《温哥华中华会馆百年特刊》（1906—2006），第 223—225 页。

也转载香港武侠小说与都市言情小说，金庸和梁羽生的武侠小说以及俊人的言情小说，便是典型的例子。多伦多《洪钟时报》同样登载《火烧红莲寺》等武侠小说。这些转载作品，带来了新的阅读内容和期待。香港的大都会流行文学，迅速取代了 1950 年代之前的鸳鸯蝴蝶派、神怪、黑幕、坊间等旧式白话小说。读者的趣味，也因之大变。华文报纸对华人精神文化的影响，可见一斑。

加拿大前期华人创作的白话叙事，目前资料不多，还需要发掘。1950 年秋冬之间连载在"汉声"版面的《我自中国来》长篇记述，是较为少见的个人长篇叙事创作。作者就是后来成为《大汉公报》编辑的林岳鋆。上面提及，林岳鋆 1960 年代出任《大汉公报》编译，继续乃父志向，为华人侨社服务，直到 1992 年停办为止。林岳鋆的长篇记述散文《我自中国来》连载三个多月，从 1950 年 6 月底开始，至 9 月 30 日为止。记述他 1949 年 12 月 31 日离开故乡新会，先乘船往香港，再转坐大轮船，经过日本、檀香山到旧金山，然后乘坐火车到温哥华的经历。他对于加拿大的

风物人情——例如太平洋国家展览会——甚表好奇。这篇长篇见闻录，文笔流利，行文间充满了年轻人的好奇。他把加拿大的福利社会比作"天下为公"理念的体现。他的笔调充满活力，一扫旅居老一辈华人那种去国怀乡的凝重，表现出年轻一代对于加拿大的新鲜感和认同感。

在《大汉公报》发表过短篇小说的，有埃德蒙顿的宽达（黄宽达）。他既写古典诗，也写新诗和短篇小说。他 1953 年 11 月 3 日发表新诗《重逢》，之后，再把内容写成同名小说，在同年 12 月 5 日起连载。[1] 这篇小说对于青年华人在学业和人生路途上的彷徨，有真切的描写，是

1.《大汉公报》，1953 年 11 月 3 日登载《重逢》一诗，同名小说 12 月 5 日开始连载至下旬完毕。

笔者所见最早出现的加拿大华人留学生文学。至于长篇小说的创作，资料仍缺。20 世纪上半叶，小说创作还未在海外华人中成为文学表达方式，古典诗词、民歌、诙谐短文、随笔等篇幅较短的创作形式，似乎更适合他们的文化背景和生活形态，也更符合报章文艺版面的篇幅要求。

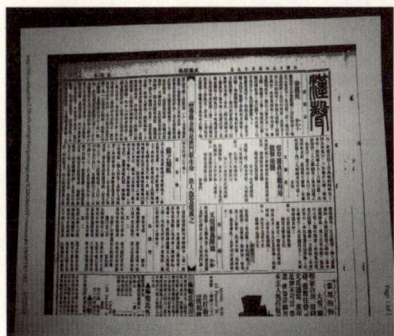

《大汉公报》文学副刊《汉声》（1929.3.25）（梁丽芳摄，2010）

二、 《禺声月刊》

社团出版物也不少，其中最为突出而且获得华人社区支持的，是抗战时期出现的《禺声月刊》。这份刊物 1939 年 3 月由来自番禺县的华人所创立，是一份充满激情的华文杂志。在第一期的封面和封底，有绘图表达中国在日军威胁之下的险境，显示强烈的爱国热诚和国难当头的急迫感。虽然这份刊物的出版地点在温哥华，从读者来函和投稿内容来看，它的读者遍及北美、中南美、澳洲、新西兰、甚至毛里求斯，还有广东侨乡、香港和澳门等地，俨然是一份跨国的华文刊物。在抗战时期，这本杂志担当了各地华人与侨乡的纽带角色。《禺声月刊》每月中旬出版，从 1939 年开始，到抗战胜利后的 1946 年为止。每期都用蜡笔抄写，有插图。那些以抗战为题材的班本、粤讴、南音等作品，流露出浓烈的爱国主义情怀。例如，以下题为《幽谷困

倭奴》的抗战班本，便是典型的例子：

"（生首板）大丈夫，在中华，要显身手。（滚花唱）提倡抗战，乃是救国良谋。
（左撇慢板）今日里，为国仇，应要尽心，挽救。虽则系，兵临城下，只有拼着，颅头。
你既系，一个国民应要为疆土，保守。哪怕是，枪林弹雨，博取倭头。（霸腔中板）
想当日，祸起萧墙，个的倭奴，称霸。飞机大炮，乱如麻。奋起雄心，何惧怕。将来
有日，把暴兽拿。猛叫同胞，齐出马。国破焉能保吾家。（乙反中板）见倭兵，在中途，
令人悲愤。奸淫抢掠，惨极人群。我的健儿，齐发愤。杀得倭奴，失三魂。战鼓频敲，
人人振奋。那敌人，抛戈弃甲，大败纷纷。他误入峪中，被我围困。任佢飞天遁地，
难甩身。国耻家仇今日尽。（滚花）待等他，兵疲粮绝，将佢尽丧沙尘。叫声左右，
忙备阵。倭奴入了断头之路，好似釜底游魂。（煞科）为国功劳，那儿壮志，本本份。
收回失地，减绝东夷，才大快我国民。"[1]

1.《禺声月刊》，1940年，第15期，第13—14页。

同时，战区的消息不断通过各种文字形式传到加拿大，其中有董竟荣的《失地违难记》，
作者是刚从战区到温哥华的中文老师，以亲历的口吻记述禺北沦陷的惨状。[2]曹擎霄撰写的《漂

2.《禺声月刊》，1939年，第3、4期。无页码。

流日记》，记述1938年9月27日到11月9日（农历）九死一生的逃难经历。[3]这些抗战日记、

3.《禺声月刊》，1939年，第1、2期。无页码。

特写和家书，把血淋淋的抗战现实记录下来，具有重要的历史与人文价值。作为加拿大华人响
应祖国国难而产生的刊物，《禺声月刊》的出现说明了一个事实：原籍国发生灾难的时刻，是
离散侨民最团结、与原籍国联系最密切、爱国主义情感最强烈的时刻。

抗战时期的《禺声月刊》（1946.5.15）（梁丽芳摄，2013）

三、文学活动的种类与交流空间

（一）阅书报社

阅书报社是 20 世纪上半叶加拿大华人的一种文化沙龙式聚会。根据《大汉日报》1914 年 8 月 9 日报道："温哥华向有阅书报社设立。各教会团体订立章程者，自李陇西堂始。"可见同姓家族团体在阅书报社上扮演了重要角色。创办阅书报社的目的，是使工余者不失宝贵光阴，又可以减少聚赌风气。阅书报社并非短期现象，从 1910 年代到 1951 年间，《大汉公报》上出现的阅书报社，经过梳理，不下十个，有李陇西堂阅书报社、培英阅书报社、洪门致公堂阅书报社、爱群社、育英书社、方言阅报社、五常阅报社、歧光阅报社、民星阅报社、冈州阅书报社等。种种迹象显示，不少同乡会和氏族社团都设有阅书报社。

这些阅书报社，不单只提供阅读书报的场地，还促进交谊，减轻生活压力，提高人文素质。例如育英书社举办的中英夜义学，洪门致公堂阅书报社举办的演讲会等活动，都吸引了不少人参加。[1]

1.《大汉公报》，1927 年 1 月 25 日。

（二）书店

书店在华人的文学场域扮演了重要角色。唐人街的书店，对于海外游子来说，是个保持与族裔文化联系的交流空间。从 1920 年代到 1960 年代的报章广告栏目中，在温哥华先后出现的书店至少有：华英书报公司（《大汉公报》 1923 年 7 月 4 日）、白羊楼书庄（《大汉公报》1936 年 2 月 13 日）、华新书局（《大汉公报》1949 年 4 月 1 日）、人民书店（《侨声日报》1958 年 1 月 11 日）、群青书局（《大汉公报》1959 年 2 月 3 日）和群益书店（《大汉公报》1960 年 4 月 10 日）。

此外，有些经营杂货店也销售书籍和杂志。从《大汉公报》书店广告列出的书目种类来看，可知当时华人阅读的兴趣范围，除了英语入门和医疗常识性书籍外，更有《西人学唐话》的广告，每本 5 毛（《大汉公报》，1923 年 7 月 4 日）。文学方面有坊间小说、武侠小说、古典小说、诗词选集、历史演义、言情小说等。从书目可以看出，加拿大的华人读者与中国大城市的流行书籍几乎同步。例如：《大汉公报》1941 年 2 月 1 日这一天的广告，列有林语堂的《瞬息京华》，张恨水的《秦淮世家》《欢喜冤家》和《美人恩》等书目。华人的翻译阅读物，有林琴南的《茶花女》和《福尔摩斯探案》等。来自香港的都市言情小说有《风流妈姐》和《省港澳老千揭秘史》等。杂志方面有《良友画报》《中华画报》《东方画刊》《今日中国》和《天下画报》，以及反映第二次世界大战的《二次世界大战画辑》。在同一天的广告内，还有蒋介石著的《蒋介石全集》，售价是 3 元 4 角。唱片种类繁多，以粤曲为主。

（三）　国学

国学知识的讲授，是加拿大华人企图保留中华文化传统和文化认同的教育活动。《大汉公报》1936 年 6 月 23 日的招生广告透露，国学学院由诗人徐子乐担任教授，课目有尺牍、诗、词、对联、论述经史。每月上课三次，每星期发讲义一次，广告又说"质疑问题，随时答复"。每月学费 2 元 5 角。前期华人在古典诗方面的创作之所以历久不衰，跟国学的传授有相当的关系。

华人对于教育下一代非常重视，黄氏宗亲认为应该让他们学习祖国的语言文字及传统道德。1925 年，在黄江夏总堂倡议下，成立了文强学校，是为温哥华最早的中文学校之一。学校不仅有小学班，还有初中班。该校师生并无姓氏之分，入校学生多达七十姓。到 1975 年，已经培养了二千多位毕业生。[1]

1. "本校简史"，见《文强学校创校五十周年纪念特刊》（1925—1975），第 4 页。温哥华：云高华文强学校，1976 年版。

在华人社区同样具有活力的文学活动，有历久不衰的征诗、征联比赛，以及肩负娱乐、文学传承和为祖国抗战抗灾筹款功能的粤剧和白话剧演出。

第四节　中国古典诗与民歌的传承与异地化

一、从壁诗开始

2. 参见 Bennett Lee & Jim Wong-Chu eds., *Many-mouthed Birds: Contemporary Writing by Chinese Canadians*. Vancouver/Toronto: Douglas & McIntyre, University of Washington Press, 1991, p.2.

受过私塾教育的岭南四邑人，一般都会写古典诗。他们到达加拿大后，即被关在一起接受繁琐苛刻的审查，他们写在羁留所墙上以表达不满和抗争的，都是古典诗。[2] 可以说，早年的华人是带着古典诗的文学形式登陆的。

根据史料，早期华人从香港出发，搭乘最低等的舱位，经过三个多星期的航程才到达加拿大。但是，到达后，先被羁留在卑诗省首府维多利亚一座守卫森严、外墙用 20 寸厚红砖围起来的两层高的大楼里，这座大楼俨然是个监狱，窗口装上铁枝。第一层的接待室没有窗口，室内阴暗，这就是被华人称为"猪仔屋"的羁留所。入境的也有其他亚洲人，但绝大多数是华人。因为加拿大在香港和中国其他口岸没有移民办事处，因此，船一到岸，他们就被带到这个地方，接受盘问，支付人头税，接受体格检查。如果入境的人数较多，他们会被羁留几天甚至更长，如果体格检查被认为不及格，或是人头税不够，便在此等候第二只船来被遣返。1977 年，这座大楼被拆时，发现有类似汉字的痕迹，于是，请维多利亚大学地理系教授黎全恩前往察看，他发现油漆铲除后，墙上露出五言诗和七言诗。这些诗篇表达无端被困的苦楚，离乡背井的忧思，前途渺茫的失落，对妻儿父母的挂念。这些诗篇虽然没有美国旧金山天使岛上的诗那么多、那么清晰可辨，但仍可看出诗的内容。黎教授把这些仅存墙上的诗录下，并用英文翻译出来。[1] 其

1.Chuenyan Lai, "A 'Prison' for Chinese Immigration", The Asianadian 2.4 (1980), pp.16—19.

中一首七言诗墨迹比较清楚，作者是新会人，自称无名氏，他劝谕同胞，告诉他们来金山的路并非坦途（? 表示不能辨认的字）：

《告示》? ? 快看

? ? ? 日数百多

? ? ? 国到番邦

? ? 拉我入牢房

且看此? 无路往

不见天地及高堂

自? ? 思泪成行

此等苦楚向谁讲

? ? 数言在此房

新会? ? 无名氏

这首壁诗虽然模糊不清，字句不齐，但其中的困苦不平之情，表露无遗。这些实例证明，古典诗是华人带来加拿大的最早的文学形式。可见古典诗作为前期加拿大华文文学成就最大的文体，是有迹可寻的。

早期华人在羁留所的墙上写的诗
（摄自黎全恩教授文章）

《大汉公报》的"大汉杂录"与"汉声"文学版面，在推动加拿大 20 世纪中国古典诗的创作方面，扮演了重要的角色。假如没有报纸提供空间，古典诗的创作不可能如此兴旺和具有连续性。《大汉公报》几乎每天轮流开设诗界、吟坛、诗林栏目发表古典诗。从作品的形式来看，七言绝律居多。这些古典诗的作者，绝大多数居住在加拿大，也有的居住在美国、中南美洲、香港等地。古典诗的大量出现透露了三个事实：一是有古典文学修养的华人大不乏人，二是掩映在古典诗背后怀才不遇的残酷现实，三是绝大多数华人是单身汉，写古典诗是他们的精神寄托。

二、唐人街的吟唱

（一）征诗、征联

从 20 世纪上半叶的《大汉公报》可发现华人社区经常举办征诗、征联比赛，以及诗社聚会。这些活动有时是全国性的，有时是国际性的。古典诗的写作，通过《大汉公报》的平台，把分散各地的海外游子紧紧地连结起来，形成一个想象的跨国文学社群。

值得注意的是，早期华人的征诗活动与祖国的命运连在一起。1915 年 6 月 16 日《大汉日报》登广告征求好诗，标明的目的是：

"欲与诸侨胞究研国事起见，使天下英才同具忧国心者，假吟诗而作不平鸣也。

每期评定后，编印诗集，仿李太白诗集样本，俾后世学者传诵，便知中国今日之国势

与人心，有诗才诸君，喜嗜吟留名者，当速整笔枪墨炮，以救中国而兴共和。"

同一天的报纸透露，这个比赛已经举办过一次，首期的题目是"中国现象"，第二期的题目是"华侨苦况"，由冯自由评阅。冠军奖金十五元，考虑到当时月薪不过三十元左右，这个奖金相当高。报载获奖者预期高达一百名，可见写古典诗是华人社区的一种风气，是华人社区的重要文化活动。地址显示，这个广告是由旧金山（大埠）的华芝馆发起，通过《大汉日报》向加拿大、美国及各地华侨征求诗作。可见从 1910 年代开始，《大汉公报》便成为了跨国文学活动的媒介。

对联写得好，是古典诗写得好的一个前提。写对联是中国传统文人喜爱的活动。《大汉公报》1921 年 5 月 21 日报道，温哥华唐人街的西湖酒楼举办征联活动，担任评阅的是宁阳（台山旧名）会馆主席黄怀新，告示说全榜有百名，登报十名，十名之内有赏，十名之外，加赏茶票。唐人街的酒楼也参与这种活动，可见华人兴致之高，当然，也间接反映了他们缺乏家庭温暖，借诗句以遣寂寥的状况。1930 年 4 月 2 日的《大汉公报》报道，温哥华巩贞信总报局第五期征联活动，参加评阅的有经常在《大汉公报》发表作品的诗人，一个是满地可的陈心存，一个是温哥华的许鲁门。1931 年 7 月 29 日，巩贞信总报局第六期征联，担任评阅的是旧金山《中西日报》的名报人崔通约（1864—1937）。可见当时跨地域的文学交流，是个常态。

（二）诗社

诗社是骚人墨客的团体。民国前后，在维多利亚成立的黄梅诗社，可能是加拿大华人最早的诗社，[1] 可惜现在资料仍欠缺。1951 年 7 月 26 日的《大汉公报》刊登回应征诗八首，投稿作

1. 李东海：《加拿大华侨史》，第 213 页。

者有来自埃德蒙顿、温尼辟，更有来自南美洲秘鲁。他们利用"叠前韵"的方式，跨国唱和。可见古典诗写作活动在几十年间形成加拿大全国甚至跨国的固定网络。规模最大的诗社无疑是"大汉诗社"。《大汉公报》1951 年 9 月 16 日、9 月 27 日、10 月 16 日分别在"诗界"栏目登载的七言律诗，标题都提到大汉诗社。种种迹象显示，这个诗社囊括了大量经常投古典诗到《大

汉公报》的各方人士，是个跨国诗社。《大汉公报》1929 年 3 月 25 日登载了两首诗，作者黄梓材，总题为《留别美洲吟社同人及诸亲友》，其中第二首云：

> 半百年华客异乡，记曾三渡太平洋。
>
> 湖山韵事开诗社，风月闲情付酒觞。
>
> 故我依然书剑在，伊人遥望水天接。
>
> 赠行多感亲朋意，祝请颁来说吉祥。

这首诗很有沧桑感。作者告别旧金山"吟社"诗人，决定回乡，流露依依不舍之情，可见《大汉公报》的跨国性质。

三、旧瓶新酒：古典诗词中的加拿大元素

发表在《大汉公报》的古典诗，最常见的形式是七绝和七律。从内容上看，有非常传统的诗作，也有糅合加拿大风物人情、山川节庆、价值判断的诗篇。对于后者，如果要探讨其渊源，可以上溯到晚清"诗界革命"。黄遵宪、康有为和梁启超都是诗界革新运动的领军人物。黄遵宪曾与维多利亚的骚人墨客以诗作往还，彼此都是天涯中人，以加拿大意象融入诗篇，乃意料中事。前面提到康有为把域外风物和感受融入诗中，对于加拿大华人古典诗的异地化，无疑起了带头作用。

古典诗词的创作在海外华人中很普遍。1953 年《大汉公报》征诗，得到大量来稿，1957 年出版的《诗词汇刻》收集了古典诗词三千多首，作者绝大多数来自加拿大和美国，也有不少来自中南美洲等其他国家和地区。可见《大汉公报》销路之广，也显示了古典诗广泛流行于海外离散华人之间，构成一个跨国的文化共同体，文化中国的规模已具有雏形。这本诗集的题材宽阔，从怀念故国、感怀身世，到歌咏异国时节风物，包罗甚广。

历年来，在《大汉公报》发表的古典诗，数量甚多，题材丰富多样。关心祖国命运与感怀个人际遇往往连在一起，例如筱唐的七言律诗《寄怀草坪立宽君》（《大汉公报》1917 年 9 月

4 日), 便是个典型例子:

> 回首中原几度秋, 故乡人事泪交流。
>
> 天涯万里何须羡, 海外经年只自羞。
>
> 论到国殇成幻梦, 看来人道亦堪忧。
>
> 共和反复君知否? 世界如今未息仇。

有些古典诗在标题中透露了华人争取权利的活动事迹。例如, 黄文甫为温哥华中华总会馆常务, 长期热心替华人争取权益, 因为他中英文俱佳, 曾经十余次 (1948、1951、1954、1956、1957 等) 赴渥太华请求修改移民条例。[1] 1956 年他赴渥太华任务完成后, 经过卡尔加里,

1. 见林岳鋈译述, 林恩泽牧师作: 《怀念故友黄文甫》, 收入《林岳鋈文稿彙编》, 第 91—92 页, 非出版物, 2003 年。

经常投稿《大汉公报》的诗人黄宽达写了《送黄文甫副归云城 (即温哥华)》(调寄浣溪沙) 一词相赠, 发表在《大汉公报》(1956 年 6 月 26 日):

> 明月横空景色清, 依依折柳送君行, 分携惆怅不胜情。
>
> 欢聚倾尊犹记昨, 厚蒙直到倍恩荣, 骊歌忽唱感零丁。

直接歌咏加拿大自然风光和庆典节日的诗作, 数量甚多。这类诗作摆脱了怀乡忧国的侨居心态, 而采用移居国一分子的身份来观看世界。例如黄孔昭在《大汉公报》1927 年 2 月 5 日发表的《和司徒英石再登落基山》(其一) 便是:

> 昔日曾经今复东, 山中景色得毋同。
>
> 登临只觉全加小, 羡子雍容歌大风。

黄孔昭原是保皇会温哥华分会会长, 后转而支持孙中山的革命。在这首诗里, 作者的视野投射到加拿大自然风光中。当离散作者用原籍国的传统文学形式和语言作为框架, 纳入了移居国的内容时, 遂产生了旧瓶新酒般的文学混合体。

四、古典诗的作者

　　活跃在《大汉公报》古典诗栏目的作者很多，其中引人注目的有徐子乐、司徒英石、许鲁门、廖翼朋等。徐子乐生于加拿大维多利亚市（生年不详），六岁时随父回中国，受华文教育，考入水陆师学堂，亲历战役，后回加拿大。1951 年，出任旧金山《世界日报》编辑，并主持"文艺集谭"。不久，回温哥华任《大汉公报》编辑。他善于诗词，尤其擅长七言对联。除了创办国学讲座课程外，他还经常主持征诗和对联比赛，并任评判。温哥华扶轮社马艺民在 1966 年回顾当时的轰动情景：

　　"每当联榜揭晓之日，有如逊清科举之时，群情涌动，盼谁夺帜，因师评联，批语如珠，精警辟易，透视作联者之性心里，尤以七言粤联最长。"[1]

1. 雷基磬编：《徐孤风先生诗词集》，第 3 页。温哥华：出版社不详，1966 年版。

　　马艺民又说，徐子乐"担任笔政，对于发扬文艺，致力广集南北美洲之墨客骚人彼唱此和，大汉词坛，吟侣济济备极一时之盛"。[2] 除了在加拿大的侨社活跃外，徐子乐与中国国学名家

2. 雷基磬编：《徐孤风先生诗词集》，第 5 页。温哥华：出版社不详，1966 年版。

章士钊有来往，后者曾赠诗云：

　　大风起处见云从，海内曾传赤帝雄。

　　白帝二千年后作，故应海外振孤风。

　　诗人老去懒归乡，要看岑楼反土囊。

　　不必兰台咨宋玉，雄风早识起朱方。[3]

3. 雷基磬编：《徐孤风先生诗词集》，第 45—46 页。温哥华：出版社不详，1966 年版。

　　徐子乐于 1970 年 11 月逝世。1978 年他的学生雷基磬收集他一百多首诗词遗作，出版了徐子乐的《意园诗稿》，取名《徐孤风先生诗词续集》。其中有唱和之作，有感时之作，不一而足。

　　经常与徐子乐在《大汉公报》的"瀛海清吟"栏目唱和的，有居住在渥太华的司徒树浓。司徒树浓写了大量古典诗词，结集《旅加吟草》出版，包括诗 482 首、词 9 首、对联 27 副。他秉承了黄遵宪域外意象入诗的写法，对加拿大风物习俗、所见所闻、所感所悟，顺手拈来，自

然入题。例如，他的《加京楼头》：

白兰地酒水晶杯，豪饮宁辞酩酊回。

纸醉金迷歌舞地，玉山颓倒笑相陪。[1]

1. 司徒树浓：《旅加吟草》，第 20 页，出版年份不详。

他的《圣诞吟》：

严寒雪满林，北极仙翁临，彻夜歌声响，迎神琴韵谌，

信徒齐屈膝，救主秉虚心，寰宇辉腾颂，年年报福音。

一年冬又过，月冷影婆娑，午夜诗歌咏，风琴节奏和，

福音传大地，真理伐邪魔，北极仙翁至，儿童喜乐多。[2]

2. 司徒树浓：《旅加吟草》，第 37—38 页，出版年份不详。

此外，还有《游加京年展会场》《游加京花市》《父亲节日阖家园游》和《脱衣舞》等，不一而足。[3]这些诗作以西方的意象白兰地、圣诞树、基督、信徒、救主、报福音、风琴、

3. 司徒树浓：《旅加吟草》，第 20、25、33、55 页，出版年份不详。

北极仙翁（注：圣诞老人）等入诗，心情舒坦，身心投入，与去国怀乡的诗篇的思绪，相去甚远。

当一个移民作者有意识糅合原籍国的文学传统和移居国的生活内容时，他的作品便具有了混合性的新认同。从交流的角度看，这些古典诗已经异地化。离散的华人把中国古典诗歌移植到了加拿大，虽然沿用古典诗歌的形式，但已经植入加拿大生活、感情和思维。旧瓶新酒的混合模式，在文化交流中不知不觉地逐渐形成了。

古典诗在《大汉公报》的发表，不曾间断。新文化运动后，古典诗被视为过时，被不押韵的白话诗取代，但是，古典诗竟然在海外持续流行。这个现象似乎说明一个规律：离散海外的侨民，倾向于保留原籍国的传统文学形式，如果把这个现象看成是守旧，那是肤浅的看法。形式上的坚守往往显示了承传原籍国文学传统的意图，也显示了离散主体的文化认同。

五、广东民歌的变奏

广东侨乡的民歌丰富多彩，有南音、木鱼、竹枝词、儿歌等等。来自岭南侨乡的华人，自小耳濡目染，到了"金山"，一有机会，便吟唱自娱，或借旧调谱新词，以发泄思绪。结果，最具有乡土气息的民歌调子，便和加拿大生活的新内容糅合成篇，成为别有风味的旧瓶新酒。

（一）　粤讴：民歌的异地化

粤讴是清代中叶南海招子庸(1789—1846)在龙舟、木鱼的基础上，融合了北方民间说唱子弟书和南词之所长而创制出来的体裁。[1] 正如郑振铎在《中国俗文学史》所言，几乎没有一个

> 1. 叶春生：《岭南俗文学简史》，第 77 页，广州：广东高等教育出版社，1996 年版。关于粤讴的讨论，可参考第 77—83 页。

广东人不会哼几句粤讴的。[2]《大汉公报》文学版面经常出现的粤讴，大多是居住在加拿大的粤

> 2. 郑振铎：《中国俗文学史》（下册），第 453 页。香港：古文书局，出版年份不详。

人应时和感怀之作。为了提高作者的民歌创作水平，《大汉公报》（1935 年 3 月 21 日）还特地登载了《论粤讴作法》的文章，就粤讴的体裁、节奏、句法、章法、主题作提纲挈领的说明。粤讴作为民歌的一种，体裁通俗是正宗作法，不宜太长，要有起承转合，主题有寄托。有的粤讴表达对中国五四运动后时局的担忧，例如 1919 年 8 月 25 日，一位署名"意"的作者，他的一首题为《争啖气》（副题：为拘禁学生讴也）的粤讴写道：

> "争啖气，哭一句同人，你为爱国情深，拼不爱身。今日咁样子情形，边一个唔动公愤。怪不得你联群一志，去不回轮。唔通我地同人，还未受尽苦困。所以重加磨折，等我地无日舒伸，佢自家但会分肥，唔晓得人家肉紧，唉，须发奋，大众都得忍。边个系卖国元凶喇，要将佢化骨扬灰，变作纤尘。"

以下一首题为《七一纪念》（作者署名"印"）的粤讴（《大汉公报》1924 年 6 月 21 日），对加拿大政府 1923 年 7 月 1 日通过的排华法案，表示抗拒愤慨，以鼓励加拿大华人争气自强互勉：

> "七一纪念，确实心伤。我未开言，就先已断肠，呢个纪念问题，非比别样，讲起番嚟，想共各位参商。第一先要合群，把民气涨，二要文字鼓吹，法子最良，三要

演说会大开，讲多几账，激起人心振奋咯，怕乜虏势慌张，讲起佢奇例待我嘅情形，真系令我地心怅怅，唉，无乜想，为人须向上，但愿同胞此咯，发奋去图强。"

描写个性解放的粤讴，令人触目。例如《大汉日报》1914 年 9 月 19 日发表了一首题为《奴去电面》的通俗粤讴，表现女性追求美与个性自由：

　　"奴去电面，发越吓个种容光，自由行动，方遂心肠，想我心醉自由，趋俗所尚，家庭革命、所以咁披猖。香江迹奇越发神荡，久闻电面的确精良，故奴奴一试、稍慰心遐想，睇见机声聒耳，可助娇妆。有趣如斯，偿得欲望，营营不绝，况更风扇幽凉，回想女界自由，廉耻道丧，唉，心实痒，腐败怜真相，总为一时行乐喇，那计飞短流长。"

另外一首题为《汝去跳舞》（《大汉公报》1925 年 10 月 5 日）的粤讴，以轻松又有点讽刺的口吻，写对个性解放的向往：

　　"娇呀，汝去跳舞，即管跟嘇，风流快活，怕乜学吓老西。呢阵解放自由，就唔好被礼教制。后生男女，可以乱作胡为。有暇唔去寻欢，枉生一世，跳跳惯左，又可以暂作夫妻，只要我地情痴，自然就有翳肺，唉，唔驶计，人言何足畏，遇着父兄督责咯，娇呀，汝最好当作渠狗吠鸡啼。"

这类中西合璧的民间文学的"变种"，经常出现在《大汉公报》的文艺栏目，姑勿论它们的"俗"，它们的内容创新，却说明了一个现实：就是中国民间文学也好，正统文学也好，在离散侨民创作的文学中，都会受到移居地文化和价值观的影响。这证明了文化认同是常在转变中，而不是一生下来就终生决定了的。

（二）唱"金山"，怨"金山"：侨乡民歌中的加拿大想象

从侨乡的角度来看，虽然"金山"那么遥远，"金山"的光环却无所不在。从 19 世纪后

半期开始，"金山"意象就出现在四邑民间歌谣中。这些"金山"歌谣，是侨乡的特定文化产物。对"金山"的想象和向往，甚至在儿童歌谣中也显露无遗。"金山"在小小心灵中已经播下了种子，他们长大后，就变成了跨国行动。例如：

> 爸爸去金山，平安多寄银。
> 有钱快快寄，全家靠住你。
> 十一月冬，十二月年，阿爸金山多寄钱。
> 新年人人做新衣，买个肥鹅过新年。

> 喜鹊喜，贺新年，阿爸金山去赚钱；
> 赚得金银千万两，返来起屋兼买田。

一些歌谣反映了侨乡家庭的价值观，也反映了他们所构建的"金山"形象。例如他们渴望把女儿嫁给理应是家财万贯的"金山客"，就是最为普遍的心理。这种风气不知要影响多少侨乡女子的婚姻：

> 金山客，金山少，满屋金银绫罗绸。
> 今世唔嫁金山少，哪得富有又逍遥。

于是，媒婆走动，不用费多少唇舌，就成就了金山姻缘，在看似庆幸羡慕的口吻中，流露出潜伏的隐忧。嫁给"金山客"不一定幸福，有了金钱但是不能跟夫君在一起，独守空房，付出的代价是难以承受的。鉴于如此残酷的结局，于是，便出现了劝谕勿嫁"金山客"的民谣：

> 有女毋嫁金山客，别了妻儿唔记得。

1. 以上民歌，引自刘重民执笔、台山侨务办公室编：《台山县华侨志》，第 171—173 页，2002。感谢梅伟强教授提供的资料。关于金山的台

> 有女要嫁生意佬，朝鱼晚肉生活好。[1]

山民歌的讨论，可参考谭雅伦著、欧济霖译：《金山箱守空闱：五邑歌谣中的侨眷妇女》，载李威：《侨乡文化探研》，第 8—14 页，广州：广东人民出版社，2004 年版。

可是，一百多年来，侨乡的"金山"情结依然浓厚。这些充满了对"金山"又向往又怨恨的广东民歌，唱出了梦想，也唱出了幻灭。"金山"形象的幻想，在表露侨乡人的矛盾心态的同时，也说明了经过常年累月的强化，"金山"形象的根深蒂固。

第五节　扮演多重角色的文学与舞台：粤剧和白话剧

粤剧是加拿大岭南华人最为喜爱的表演艺术，从 19 世纪下半叶以来，历久不衰。作为表演艺术，它与不懂华文的人士交流比纯粹的华文文学来得容易和直接。除了寓中华文化、文学、表演艺术、音乐、价值观于娱乐外，粤剧还在中国革命、抗战、赈灾、建校等事业上扮演了重要角色。除了粤剧之外，鲜为人知的是辛亥革命前后，在华人社区已经兴起了白话剧，20 世纪上半叶，先后出现了一些非常活跃的白话剧团，从演出和观众来看，它们与粤剧平分秋色。

一、粤剧：扮演多重角色的一种表演艺术

在加拿大，粤剧的演出有两种运作方式，一种是从美国旧金山、广东和香港请来粤剧戏班演出，另一种是华人自组音乐社演出。前者是一种商业行为，通过公司的运作，请来戏班的演员要通过担保，遵守所订的条款，要交付非劳工费用才能够入境，戏班允许停留数个月不等，在排华时期尤其严紧。

华人自组戏班演出的方式比较自由且不受限制。早期华人的生活单调，对没有家庭的华人男子来说，音乐社是他们工作之余驱除寂寞、交友兼自娱的沙漠绿洲。凡华人聚居的城市，几乎都成立了音乐社。他们玩乐器，唱粤剧，演粤剧，有的甚有规模。

粤剧演出场地基本上在唐人街。根据研究，1860 至 1885 年，先后有五间戏院出现在维多

1.Karrie M.Sebryk, MA Thesis , "A History of Chinese Theatre in Victoria", University of Victoria, 1995, 引自伍荣仲：《作为跨国商业的华埠粤剧：20 世纪初温哥华排华时期的新例证》，第 5 页。收入《中华戏曲》，第 37 期。

利亚。太平洋铁路 1885 年完工后，1886 年温哥华建埠，取代了维多利亚，粤剧也随着移到温哥华演出。[1] 进入 20 世纪，温哥华的戏院增多。根据《大汉公报》登载，先后出现的名字有升

平戏院、高升戏院、国太平新戏院、大舞台戏院、远东戏院、醒侨戏院和振华声戏院。粤剧演出的鼎盛状况似乎没有受到日渐高涨的排华声浪影响，排华法案在 1923 年 7 月 1 日实施，《大汉公报》1923 年 4 月 25 日的广告登载当天有两场粤剧演出。排华时期，华人对粤剧的热爱也丝毫不减。

（一）抗战时期的粤剧：以卑诗省温哥华为例

进入 1930 年代，跨国粤剧团随着全面禁止华人入境、世界大萧条以及世界大战而式微。《大汉公报》1944 年 1 月 17 日报道，温哥华侨声剧团的执事说因为战时出入口手续烦难，不能聘请名伶从美国来温哥华演出，将不日停演。可见，除了排华政策之外，抗战也增加了排斥华人入境的理据。

跨国戏班式微后，把粤剧维持下去的，是唐人街华人组成的音乐社。1934 年成立的振华声艺术研究社，获得洪门以及其他侨社的支持，历史最悠久，活跃至今。因为其会员多属于洪门，人多势众，运作有规模，经常为社区庆典、节日、筹款演出，带动了温哥华粤剧演出的复兴。[1] 振

1. 伍荣仲：《作为跨国商业的华埠粤剧：20 世纪初温哥华排华时期的新例证》，第 24 页，收入《中华戏曲》，第 37 期。

华声演出频密，例如《大汉公报》1935 年 5 月 16 日报道："19 日晚上七点，在哥伦比亚街远东戏院（即是原来的升平戏院）开演锣鼓戏。"1935 年 12 月 24 日该报预告在 25 日演出《西蓬击掌》和《平贵别窑》，此外，还有男粤剧演员登台献演。1936 年 1 月 9 日该报预告 15 日演出头场《夜困曹府、高平取级》和二场《三娘教子》。

抗战初期，振华声就为抗战筹款演出。例如 1937 年 12 月 30 日的《大汉公报》报道，在 29 日白天演出《孤月泣禅林》，当晚演出《流氓皇帝》，并设有救难筹捐处卖票，列出大量捐者姓名和所捐数目，从二元到五元不等。1938 年 2 月 5 日报道，全班剧员演出《大闹梅知府》，并放映淞沪战事以及河北省被轰炸和上海巷战等影片。可见，一个晚上的粤剧演出，体现了其在娱乐、文化、宣传、政治（抗战）、经济（筹款）、民族精神（爱国主义）等方面的多重功能。

振华声不时到温哥华外的城镇演出。例如 1938 年 5 月 11 日、19 日到维多利亚演出两个星期，剧目为《可怜秋后扇》，票价为普通位三毛，小童一毛五。能够一连演出两个星期，可见当时观众的热烈。两天后（1938 年 5 月 21 日），振华声又为菁莪学校筹款演出，可见粤剧也承担了推动教育的角色。

随着抗战深入，加拿大的华人积极筹款支援抗日。他们认购公债，募捐款项购买飞机、武器、医药，救济灾民。他们成立"捐献救国联合会"统筹筹款活动，参与活动的义务工作人员甚多。[1]

1. 宋家珩、董林夫合著：《中国与加拿大：中加关系的历史回顾》，第 160—163 页。齐鲁出版社，1993 年版。

例如 1939 年 2 月 1 日的《大汉公报》报道，振华声剧团在 1 月 31 日演出《梅开二度大结局》，2 月 1 日演出《火烧博望城》，连演两天。报说，禺山总局为了救济抗战灾民，发起筹款，邀请振华声剧团与醒侨剧团于 2 月 5 日 13 点，假座温哥华唐人街喜士定街的赓路戏院，合演《姬杀申生》。

除了为中国救灾和抗战演出之外，振华声也为加拿大的普济慈善总会（United Way）和红十字会演出（《大汉公报》1939 年 12 月 7 日）。1939 年 12 月 20 日又报载，中华卫生会为了协助普济慈善总会和红十字会，举行战时大募捐。其实华人经常为普济慈善总会筹款，《大汉公报》1935 年 10 月 26 日就曾记载："本埠西人普济慈善会，每年举行大捐款一次，藉以补助地方上各医院经费。"并呼吁"华侨对私筹捐，应该负担一份责任"。可见，虽然华人经常受到排斥，他们仍旧履行居民的义务。他们的善举与受到的歧视，成为对加拿大社会的极大讽刺。

振华声为了提高表演艺术，1961 年演出《孟丽君》时，从香港礼聘粤剧名家黄滔师傅来加专事教导。[2]针对这次演出，《侨声日报》1961 年 4 月 19 日的社论说，"振华声社之演戏，实

2.《振华声社纪念演戏的认识》（社论），载《侨声日报》，1961 年 4 月 19 日。

含有联络中西人士感情，发展国民外交作用。"可见华人通过粤剧表演艺术与西方人士交流。黄滔师傅是第一个以教授粤剧移民加拿大的艺术家。2008 年 2 月，黄师傅接受了不列颠哥伦比亚大学人类博物馆的邀请，作粤剧示范，并获得该大学颁发的荣誉。之前，黄师傅接受邀请，为该博物馆收藏粤剧的戏曲服装作指导，对粤剧地位的提升贡献良多。这是后话。

粤剧在华人社区扮演多重角色。首先，粤剧带来娱乐，让华人在工作之余调整身心。第二，粤剧在重复演出之中，给观众留下深刻印象，达到巩固和发扬中国文化艺术传统的效果。第三，粤剧能把中国故事流传给海外华人、他们的后代以及其他人士。因为粤剧表演是公开的，各方人士都可以观看，便于交流。历史学家梅哲·马修斯（Major J. S. Matthews）在回忆录中记述他在 1898 年冬天某个下雨的黑夜，跟随一个华人导游参观华埠上海街一座戏院建筑物。他在 1947 年描述了五十年前一个黑夜他所见到的华人观众以及设备简陋的戏台。[3]当时究竟他

3. 引自伍荣仲：《作为跨国商业的华埠粤剧：20 世纪初温哥华排华时期的新例证》，第 18 页。收入《中华戏曲》，第 37 期。

能够了解多少，他的所谓简陋，是否就是粤剧的简单抽象的布景，不得而知。不管如何，这可能是加拿大主流人士对于粤剧表演艺术的初步接触。

　　粤剧的主要观众是华人，但是，随着时代的推移，其他族裔人士也来观赏。虽然他们不一定了解唱词，但是，主办者都试图通过翻译，向不同背景的观众介绍剧情，以达到交流的效果。

　　加拿大的大城市都有粤剧社。温哥华除了上述较有代表性的振华声，还有清韵音乐社、艺林社；维多利亚有声韵社；卡尔加里有华侨舞蹈乐艺团；温尼辟有警魂剧社；埃德蒙顿有警世钟剧社；多伦多有联侨剧社；蒙特利尔有钟声剧社等[1]。还有一般业余爱好者组成的剧社，平时一起练习，作不定期演出。粤剧在加拿大的发展，仍然是个尚待研究的新领域。一些学者已经着手，其中不列颠哥伦比亚大学人类社会学教授罗碧丝（Elizabeth L. Johnson）对粤剧兴趣浓厚，甚有研究。[2] 她本人会说广东话，经常看粤剧，与黄滔师傅很熟悉，在黄师傅的帮助下，收集了大量的戏服和相关戏曲资料，摆设在该大学的人类学博物馆。至此，粤剧正式进入高等学府的殿堂，成为学术研究的对象。

1. 李东海：《加拿大华侨史》，第 212 页。

2. 可参考她的 "Cantonese Opera in its Canadian Context: the Contemporary Vitality of an Old Tradition", in *Theatre Research in Canada*, vol.17, no.1/Spring 1996. See http://www.lib.unb.ca/Texts/TRIC/bin/get.cgi?directory=vol17_1/&filename=Johnson.htm

（二）粤剧班本：故乡与异乡的唱词

　　既然粤剧在华人社区扮演了重要角色，那么，来自岭南的华人尝试写作粤剧班本（戏曲），是最自然不过了。从 1910 年代到 1950 年代，《大汉公报》发表了不少粤剧班本。这些班本题材很丰富，有的描述灾情，有的叙述洪门历史，有的讽刺政治，有的表现加拿大的人情和生活价值观。例如《时事惨剧》班本唱的是侨乡水灾后，灾民流离失所，盗贼横行的惨况（《大汉日报》1914 年 8 月 6 日）。《义薄云天》班本唱的是洪门参加孙中山革命的过程及其贡献（《大汉公报》1917 年 4 月 10 日）。抗战时期，《禺声月刊》也登载了特别为抗战而写和唱的《战火情鸳》班本。[3]

3. 《禺声月刊》，1941 年第 33 期，第 23—25 页。

　　最为突出的粤剧班本，是中西合璧的唱法。夹杂英语来唱粤剧，在粤剧史上显然是创举。例如在《自由婆探监被辱》中，自由婆（即浪荡女子）来探丈夫的监，被狱卒（丑角）故意为难。狱卒唱的是英语配粤曲（《大汉公报》1919 年 3 月 19 日）。二十世纪六七十年代香港学界与粤剧界也用英语唱粤剧，以为创新，其实这种表演方式在 1919 年前后已经运用了。

　　至于京剧方面，梅兰芳赴美国纽约演出，经过温哥华，曾经作半天的短暂停留，受到此地华人的热烈欢迎。《大汉公报》1930 年 2 月 1 日报道说，他乘坐加拿大皇后号于 1 月 31 日午后一点钟抵达，接船者二十多人，侨领司徒英石介绍与各人握手相见，即上车游览风景，下午三点到中华会馆稍坐，四点钟上船到西雅图。京剧则要等到二十世纪五六十年代，才在华人社区演出。1962 年 10 月 17—18 日两晚，台北的复兴剧团受美国西雅图二十世纪展览会邀请，来美加演出。该团顺道来温哥华，演出平剧（即是京剧）《貂蝉》。二十世纪九十年代后，随着中国北方来的华人增加，京剧才逐渐出现，这是后话。

二、白话剧：早期华人的现代舞台

1907 年，欧阳予倩（1889—1962）在东京成立春柳社，先演出《茶花女》的第三幕，再演出《汤姆叔叔的小屋》，被视为中国白话剧之开始。令人意想不到的是，因为接触西方戏剧，得风气之先，加拿大华人白话剧在 1910 年代初就开始活跃于唐人街了，而且一直盛行至今。

从 1910 年代到抗战期间，加拿大华人为原籍国的天灾、抗战、建校等公益事业，不但在大城市唐人街演出白话剧，还到内陆城镇演出，有时还连续演出两个星期，可见白话剧有一定的观众。他们筹得的款项数以千计，以当时的币值来说，相当可观。他们演出的剧目不少，可惜现存资料有限，作者姓名仍欠缺。从报上的资料来看，有些剧目明显地渗入现代主题，透露了西方价值观的影响。

（一）醒群社

醒群社是加拿大华人白话剧的鼻祖。顾名思义，该社成立的目的是要唤醒民众，比后来"五四"的启蒙与救亡呼声还要早。根据《大汉日报》报道，1915 年 4 月 3 日，温哥华的醒群社在纳乃莫（Nanaimo）演出之后，再转到煤矿工人集中的金巴岭（Cumberland）的同庆戏院演出。该社的张孺伯、汤百福二人获邀上台痛陈时事，认为祖国形势严峻，"凡属国民，皆宜肩负救亡之任"。同庆戏院只能容纳千人，却来了千多人，立于门外者甚众，场面令人激动。1911 年全加华人有 27 861 人，卑诗省占了 70.5%，[1] 成千人出席，可见华人对救亡的迫切关怀。

1. David Chuenyan Lai，pp.60—61.

当晚，激情澎拜，成立救亡会，是个值得怀念的历史时刻。这次演出非常成功。1915 年 4 月 5 日的《大汉日报》报道说：

　　"大有唤醒同胞，齐心救国之能力。洵为侨界目铎矣。观各演员，衣服华丽，装
扮时兴，台上画景，布幕得宜，登台诸君其道白也，口若悬河，洋洋盈耳，其唱情也，
声音嘹亮，娓娓动听，诚为有艺有景，惟妙惟肖，每换景时，必在幕外加锣鼓，唱班本。"

　　值得注意的是最后三句，西方形式的白话剧本与传统的粤剧班本结合演出，体现新旧表演
形式的潜力，既可帮助观众从粤剧过渡到白话剧，又非常实际地利用了换景的空间，留住观众
的注意力，乃是创新之举。十来天之后，1915 年 4 月 16 日，醒群社为了筹备救亡会经费，马
不停蹄地回到温哥华，在国太平戏院开演《海国凄风》新剧。报载："入座观听者约数百人。"
又说演员"粉墨登场，现身说法，惟妙惟肖。其中如张伯孺君之扮卖菜佣，汤百福之扮卖药先生，
寓排斥倭寇奴于演说及唱曲之中，均令人忽笑忽怒，情态百变"。这次演出收得款项七十一元
零五角，还附上捐赠五角以上者的姓名。关于张伯孺的事迹知道的不多，冯自由到温哥华上任《大
汉日报》编辑一职之前，代理编辑就是张伯孺。张伯孺曾任夏威夷檀香山《新报》记者，与保
皇党《新中国报》笔战经年，后随叔父到温哥华。[1]

<hr>

1. 参看蒋永敬编：《华侨开国革命史料》，第 187 页。

　　醒群社还为温哥华华人基督教独立教会两周年纪念筹款开办夜校，在国太平戏院演出该社
的新剧本《父之过》（《大汉日报》1915 年 4 月 20 日）。这个剧本是个现代剧目。报载该剧
桥段离奇，"皆归本于新教育主义，不特足以开放眼帘，拓心胸，且足以启发神志，培养德性，
有心世道者"。可见，醒群社是个现代意识浓厚的剧社，把加拿大的新教育理念加入剧本之中。
侨乡教育之能走在当时全国的前列，可见是有迹可循的。

　　关于醒群社的会员知道名字的，除了上面提到的张伯孺外，1915 年 6 月 6 日有报道说，作
为白话剧鼻祖的醒群社的发起人之一的黄日华，决定回国，大家为他饯别，依依不舍（《大汉
日报》1915 年 6 月 6 日）。可知中国与加拿大之间来往的华人之中，不乏以文学为职志者。

（二）青年会

　　《大汉日报》1914 年 8 月 10 日报道：

　　"此间学生青年会，对于国家社会事业颇具热心。年前因国民捐事，曾献事演剧

筹款，大为社会欢迎，集款至数千之巨，接济中央，其宏伟愿力，至甚可嘉。兹又闻拟办侨民夜校，及扩张青年会务，特因休假期间，联合男女学生，演出筹款，租借缅街（Main Street）皇家（Royal）西人大戏院为剧场，决定本礼拜五六两晚开台连演，闻剧本之排演者为何君卓竞，剧本之内容，深为精致（详见续报）届时必有一番美观。令人拓心胸，刷新眼帘矣。想该会青年，皆学界中人，不惜牺牲求学宝贵的光阴，登场演剧，无非抱一种欲立立人欲达达人之观念，以图效劳于社会而已。愿侨胞一鉴其志。"

联系《大汉日报》1914 年 8 月 9 日的报道，可知青年会演出的是一套四幕话剧，内容是关于一个爱国老妇，以大义教导儿女敌国的阴险及其侦探的精密。第四幕，党人密谋起义，弟妹相遇，兄长被杀，女同志乔装成山寨妇女，肩挑煤炭，暗藏军器，继续前进。情节充满戏剧性，是一套集革命、斗智、亲情、暴力题材的话剧。值得注意的是排演者是革命知识分子何卓竞，他原是《日新报》记者，后改向洪门。他在华人社区，显然扮演了启蒙者的角色。

《大汉日报》1914 年 8 月 10 日的记录透露了几个重要信息：首先，所说的"年前因国民捐事"透露起码最迟在 1913 年加拿大华人已经开始演出白话剧了；第二，他们筹得的款项数千接济中央，当时是个非常巨大的数目；第三，该剧男女同台演出，可见受到西方不忌讳男女同台的影响；第四，他们演出前由"何卓竞先以粤语宣布，次由何盈基以英语宣布，即行开演"。可见此次演出，观众除了华人之外，还有不懂华文的人士。他们可能是不懂华文的土生华人，也可能是西方人士。

侨社对于此次演出，显然非常重视。《大汉日报》1914 年 8 月 12 日的社论以《青年学生白话戏作用之关系》为题，肯定排演者"苦心孤诣"，赞扬男女学生之排练的毅力。

（三）育英社

育英社也是很活跃的剧社。它的属下有读书报社，还设有中英文夜学义学。《大汉公报》1925 年 9 月 26 日报道，育英社为了庆祝孔诞并筹夜义学经费，公演白话剧，剧目叫《冒临虎穴》，共有三幕。内容说奸官见民女起猎心，青年深入虎穴救女。值得注意的是粤剧和白话剧结合的表演形式。开场之前，由全埠学生唱孔圣歌。幕外由男女学生唱国耻歌，之后，由八岁女孩唱粤曲《夜吊白芙蓉》。第二幕与奸官斗争，幕外唱打倒帝国主义，之后，由女士唱粤曲急口令，满足粤剧和白话剧观众的努力非常明显。

《大汉公报》1927 年 1 月 25 日报道，育英社又为了筹办中英文夜学义学，在升平戏院开演话剧，剧目是《咸水妹问吊》。1927 年 1 月 27 日又报道，星期天下午，演出两场，剧目是《烈女诛强徒》。第一幕演出时，幕外有打洋琴，唱急口令；第二幕有人在幕外演说，伴以洋琴。1928 年 6 月 28 日，育英社作第三次演出，也是为中英文夜学义学筹款，在大舞台举行，筹得四百多元，可见观众的热烈。

（四）现象社

现象社由侨校学生组成，活跃于二十世纪二三十年代。《大汉公报》1925 年 7 月 3 日报道，现象社将于 7 月 5 日在唐人街升平戏院演出两场，为救济沪粤难民筹款。报道又说："幕外所唱班本，有《赵匡胤三下河东》《罗成写书》《浪子扫长堤》《金山客痛陈时局》《夜吊白芙蓉》《勇救白芙蓉》，均为该社社员得意之曲。"可见，白话剧的演出，幕外还有粤曲演唱，已经很普遍。

离散侨民向后代灌输对原籍国的爱国主义教育，乃是天经地义之事，尤其是在原籍国遭遇到生死存亡的历史时刻，更是如此。现象社便趁着演出，向观众发表救国宣言，措辞悲愤凌厉：

> "西恶肆虐，欺藐中华，杀我青年学子四万万同胞……帝国主义之打破，不平等条约之弃废，租界之收回，税关税率之增加，领事裁判权之取消，洗刷半殖民地不美之名词，完成自由独立之国家，惟成功与否，端赖此次救国运动实力之厚薄为转移，同人等身羁海外，不能参与其役，与凶狼残暴西恶作铁血周旋……"

现象社很活跃。1935 年 2 月 14 日，《大汉公报》有启事透露，除了夜场之外，现象社白天在喜士定街的赉路戏院演出《仕林祭塔》和《难兄难弟》两个剧目。

除了上述的白话剧团的演出之外，第二次世界大战时，救国会演出白话剧《儿女英雄》筹款救济祖国难民。内容描述日军侵略，造成同胞灾难惨况。《大汉公报》1938 年 7 月 8 日报道说，演出到第三幕时，幕外学生唱《义勇军进行曲》《大路歌》，气氛相当地高昂，筹得款项852 元 3 角。温哥华还有菁莪剧社，是学生剧团，不时为学校筹款演出（《大汉公报》1930 年

5月9日）。

　　粤剧与白话剧中西合璧的演出形式，在华人社区之中甚为流行，并成为定式。这个混合形式很独特，既能满足传统的粤剧观众，又能演出新式的白话剧，乃是前期中加文学交流的一个坚实例证。与粤剧平分秋色的白话剧，同样扮演了娱乐、爱国主义、筹款的角色，民族和文化认同也同时获得张扬。

第六节　侨乡与金山客跨国共创的文本——家书与侨刊

一、家书：维系亲情的纽带

　　加拿大传教士到中国传教，把所见所闻通过寄回家乡的书信和杂志刊物，来传递他们的传教情况和生活感受，直接或间接地透露了他们对中国的印象。离散华人也作类似的努力，他们跟故乡家人之间的联系，依靠的是书信和侨刊，二者虽然异曲同工，其实有很大的差别，最大的差别在于前者可以自由来往，后者则因为歧视政策下沉重的人头税和全面禁止入境，华人男子单身在外，家人来不得，要承受长期的夫妻骨肉分隔，家书因而承载了沉重的压力和悲情。

　　自19世纪中叶华人来加拿大，书信来往就开始了。可以说，家书是历史最悠久，由分隔两地的写信人与接信人共创的叙述文类。家书是加拿大华文文学中最真切动人，在最简短的篇幅中包含最深沉的社会、文化、感情内容的文体。作为私人物件，家书不可避免会随着历史烟消云散，无踪可寻。幸得个别家族后人，把先人留存的信件捐献出来。最为人称道的是商人侨领叶生后人捐赠的《叶生汇集》（*Yip Sang Collection*）。叶生（Yip Sang 叶春田，1845—1927）被称为温哥华华人社区的"市长"，他生于广东，1864年先从广东到美国，1881年到加拿大，曾在矿场当过各种劳工，1882年受聘太平洋铁路供应品公司（Canadian Pacific Railroad Supply Company），1888年成立永生号（1950年改名永生公司），是唐人街最大规模的进出口公司。叶生竭力促成中华会馆、温哥华中文学校、温哥华华人医院（即今圣约瑟医院）的建立，对华人社区有很大的贡献。

《叶生汇集》包括大量的商业来往记录、书信、照片以及侨社资料。[1] 其中有一批来自中

1. 参看 Archivescanada.ca, CAIN No.148949

国的书信，特别引起人们的兴趣。这些书信得见天日的过程非常巧合，叶生在温哥华片打东街（East Pender Street）51—69 号的物业永生号建于 1889 年，1902 年扩建，在 1989 年 6 月拆迁时发现一个柜子，里面有一个加锁的保险箱，打开后，发现里面存有大量来自侨乡的无法投递的信件，于是，送给市政府档案文物馆收藏。原来那些信件都没有写上英文地址，或是地址不详，西人邮局不懂华文，便把这些信件交给叶生的商店代为转递，可惜收信人始终没有出现。经年

2. 参看 City of Vancouver Archives (温哥华市档案), The Yip Sang Correspondence Project (叶生信件翻译工程), http://Vancouver.ca/ctyclerk/

累月，便存留了一批无法投递的家书了。[2]

archives/digitized/Yip_Sang/index.htm

从淘金时代开始，家书就成为加拿大华人与家乡联系的纽带，特别是在排华期间，真是家书抵万金。家书随着时代的变迁而有不同的内容侧重，从加拿大生活状况到思念家庭，再到回应家乡的事务等，基本内容则恒久不变。只要游子在外，家书这种沟通方式，在电话和电邮尚未普及之前，就有其必要。

这些家书的风格通常是半文半白。从加拿大寄回侨乡的家书，大多报平安，顺带寄钱回家，因此，从"金山"寄回的家书也叫"银信"。[3] 从家乡寄到加拿大的家书，内容大多包括：尊

3. 关于侨乡银信的研究，参考刘进：《五邑银信》，广州：广东人民出版社，2009 年版。

敬称谓、问候健康和生意情况、感谢汇款（或者要求汇款）、家中景况（往往涉及亲属病痛、生死、房屋修建、田地买卖、儿女学业、婚姻和家族纠纷等等），包含的社会内容非常丰富。以下是刚到"金山"的华人寄给乡间兄长的一封报平安的家书：

业湛、业立胞兄大人敬禀者：弟于十一月十六日在港付回平安信一封，谅必收到。但望大人身体安康，并合家平安庶可慰在外之心矣。弟自十一月十八日于港开行，廿一日到上海埠？五点，廿三日到长期（注：长崎）埠？五点，廿四日到神户埠？六点，廿六到横滨，任夜晚开行，至十二月初十夜到域多利（注：维多利亚），十一日到咸水埠（注：温哥华），一路平安，在咸水埠上船搭火车到尖尾埠，好音后报，马上草此。再者：家书须要常记（注：寄），亚福当当（注：典当之物），千祈赎回，家中如无银赎回，？增多母亲？岳翁借银赎回可也。

千祈千祈。

恭请

金安并问合家均安

壬寅（注：1902）十二月十一日

弟业? 字 [1]

1.http://ca.mg2.mail.yahoo.com/dc/launch?.gx=1&.rand=f65b7gsqgckvt&retry=1

　　这封短信透露了写信人从香港出发的日期是十一月十六日，到达温哥华是十二月十一日，航程共 25 天。之后，还要乘火车才到目的地。这类报平安的信件，从个人的角度是体现亲情，从文化交流的角度是把国外行程（地理）信息传播到侨乡。当成千上万的"金山客"在一百几十年之间，把个人的旅途信息和加拿大的生活情况告诉家人时，无形中为侨乡人制造了"金山"的想象。

　　以下是 1913 年 7 月 2 日侨乡一个父亲写给远在加拿大的儿子的家书，短短几百字，流露了浓郁的父子之情，令人动容，可惜这封家书没有到达儿子的手中。

才锦儿悉启者：兹付来音幸藉家中老少粗安，见字无容挂心可也，现五月中旬，家中接到银二十元应家用，但系前日孙儿在家寒水多，按请医生调理数日尚能痊愈，今已复原，乃系运也。但系支销银数十元无处底补，生借无门，无奈与人生（按：台山话即是借），他之今日久，须要早日归款为要，汝离别家庭不觉数年，亦要归里，慈严年将八十，乃系风情之烛，朝不能保晚，早日归里与见一面，如他倘有不测，阳阴阻隔（？）难一面，为父切嘱，（？？）接之音速即回音，免之挂望可也。余未细谈。

民国二年七月廿二日

父梁贤熙付 [2]

2.City of Vancouver Archives（温哥华市档案），The Yip Sang Correspondence Project（叶生信件翻译工程）。

　　这封家书描写了民国初年侨乡一个家庭的困境，透露了当时中国农村社会的情况。儿子为了生活，远渡重洋，所寄回来的汇款却不足以应付开支，以致留在乡间的父母还要负债，情何以堪。

　　侨乡家书被华裔作家屡屡引入到小说的结构之中。长篇传记小说《妾的儿女们》的作者郑霭玲(Denise Chong),[1] 在回乡探望父亲第一任妻子时,无意中发现了一批尘封的家书,这些

1. *The Concubine's Children.* Toronto: Viking, 1994.

家书遂成为她写这本自传体小说的线索。

　　进入互联网时代,电邮几乎取代了旧式家书。不过,家书作为感情、信息的交流媒介并没有完全过时。历史的阴差阳错,使得这批跨国的家书尘封若干年之后成为公开的文献,从而揭开了早期华人浸染着亲情的家史和集体记忆。

二、　侨刊:集体的家书

　　侨乡研究著名学者梅伟强给侨刊下的定义是:侨刊是指由海外乡亲捐助经费、由民间编辑出版、在国家或地方新闻出版主管部门取得海外统一登记证号或内部准印证号、向海内外乡亲(以海外乡亲为主)公开发行(以赠阅为主)的非营利性报纸和刊物。[2] 侨刊是华人与侨乡联

2. 梅伟强:《侨刊乡讯》(台山历史文化集,第六编),第3页,北京:中国华侨出版社,2007年版。

系和交流的一个重要纽带,侨刊是侨乡向海外游子报道家乡情况的集体家书。

　　侨刊的历史悠久,以"中国第一侨乡"台山的侨刊为例,1909年(宣统元年)创办的《新宁杂志》(1914年新宁改名台山),是为最早的侨刊。根据学者研究,一个世纪以来,侨刊的发展史可划分为三个时期。第一个时期是清末发端期(1909—1911);第二个时期是中华民国时期(1912—1949),这个时期包括了空前繁荣(1912—1940)、全面停刊(1941—1945)和复苏发展(1946—1949)三个阶段;第三个时期是1949年后,这个时期包括了复苏发展(1950—1965)、全面停止(1966—1976)和复苏蓬勃发展(1978年后)三个阶段。[3] 这几个时期的起

3. 梅伟强:《侨刊乡讯》(台山历史文化集,第六编),第4页,北京:中国华侨出版社,2007年版。

落与中国的历史息息相关。

　　以台山为例,1930年代,侨刊达到110多家。可见很多乡镇都乐于创办自己的乡情刊物,来跟远在"金山"的同乡联系。其中有宗族的感情因素,也有经济因素。抗战中期,海外华人正需要侨刊获悉亲人的消息,但是,却中断了消息,其中的焦虑之情,可想而知。抗战胜利之后到1950年代,台山的侨刊恢复,总数迅速增至112家。到了1966年,只剩下26家。"文革"期间,有海外关系的人受到歧视,侨刊停办。到了1978年8月,海外关系获得重新定位,《新

4. 台山市地方志编纂委员会,黄剑云主编:《台山县志》,第502页,江门:台山市地方志编纂委员会,1993年版。

宁杂志》重新出版,其他的宗族侨刊也陆续恢复。[4] 目前,全国各省都有侨刊,共有267种,

广东占了 156 种。[1]

1. 梅伟强：《侨刊乡讯》，第 6 页。

侨刊是维系侨乡与海外华人的集体家书。典型的侨刊包括当地要闻、海外侨情、名人风采、文化教育、红白喜事、地方掌故、诗文杂俎、政策法令、服务台、征信录等栏目。[2] 其中与文

2. 梅伟强：《侨刊乡讯》，第 105—119 页。

学交流最有关系的，莫如每期的诗文杂俎或类似的栏目。这种栏目不但给侨乡人发表作品，也给海外游子发表古典诗、散文等创作。侨刊提供的发表空间，实际上为中加之间的华文文学交流，起了推动作用。

第七节　战后移民的冲击：唐人街的新面孔

从 1949 年到 1969 年，中华人民共和国与加拿大没有建立外交关系，中加文学交流较少。文人之间的来往，只限于个别的友好人士，汉学家林达光便是例子。

1947 年 5 月 14 日，加拿大政府取消禁止华人入境的移民政策，允许加籍华人申请家人来团聚，但大量入境是不允许的。正如当时的总理麦肯斯（Mackenzie King）所说"加拿大人不希望大量华人移民，以免改变了本地人的基本性质"。[3]1941 年全加华人有 34 627 人，只有

3. David Chuenyan Lai, p.103.

2 055 人入了加籍，约是 6%，所以真正能够申请家人来团聚的华人不多。开始的几年，入境人口平均每年 500 人。[4] 由于就业人口短缺，从 1956 年到 1965 年期间，加拿大容许 22 000 华人移民

4. David Chuenyan Lai, p.103.

入境，其中 66% 来自香港，21.6% 来自台湾，3.2% 来自亚洲其他国家。[5] 这些数字表明此时段

5. David Chuenyan Lai, p.104.

加拿大华人以粤语语系为主，香港明显占主导。

海峰会的创立是这个时期新移民的典型回应。该会成立于 1958 年，成员几乎全是来自香港的年轻人、留学生和土生华裔。该会除了举办体育活动外，还举办演讲比赛和文化讲座，其中卑诗大学亚洲图书馆馆长伍冬琼女士就被邀请到海峰会演讲。1961 年，艺林音乐社成立，该社"无党派背景与政治色彩存乎其间，集合青年男女知识分子，于工余之暇，而来研究黄胄民族固有之文化，与及古色古香音乐国粹，为唯一之主题"[6] 的团体。

6. 马觐俊：《谈艺林社成立与其宗旨》，载《侨声日报》，1961 年 2 月 3 日。

《侨声日报》的"青年天地"文学版面乃海峰会的文艺组所编撰，内容反映年轻新移民的

不同关注和生活方式。这个版面也曾发表教堂牧师的栏目，谈论生活上遇到的种种问题，特别是青年的恋爱、就业、信仰问题。经常出现的"侨乐村"栏目，有古典诗、新诗、散文、短篇小说等作品。多伦多《洪钟日报》的"晨钟"文学版面，也发表类似体裁的作品。

二十世纪五六十年代后，加拿大华文文学受到香港都市报刊的影响，连载香港的都市言情白话小说（例如俊人的小说）和金庸与梁羽生的武侠小说便是明显例证。在写作内容、思维方式、创作心态上，加拿大华文文学有充分的自由空间，它保持和发扬岭南文化的同时，兼有香港英式西化的情调，也掺杂台湾文学的现代派作风。最为关键的是，在加拿大的土地上华文文学的内容，不论是古典诗词、粤剧还是粤讴，早已经融入了加拿大的生活内容，连侨乡的民歌也写了对金山的向往。总的来说，加拿大华文文学依照自身的逻辑在异国土地上发展，走上了亦中亦西、旧瓶新酒般混合性的方向。

结语

来自岭南一带的华人，是加拿大前期的华人文学场域的开拓者和参与者。来自原籍国的文学著名人士黄遵宪、康有为、梁启超，给华人的文学场域留下了可供敬仰的遗产。前期华人的活动场所唐人街，是城中之镇，也是被视为与外围格格不入或者带有异国情调的边缘地带。发生在唐人街的文学场域的历史发展道路，与移居国的所谓主流文学的发展道路，并不发生关系。加拿大华人文学的发展，跟移民政策的转变有直接的关系，每一次移民潮都带来新的活力。关乎原籍国命运的事件都通过报章等媒体影响他们的创作内容。他们的创作多属于业余性质，并不以成名成家为目的。他们的创作形式既是古典的，也是民间的。他们的华文创作基本上是第一代移民的文学，他们的下一代能用华文写作者凤毛麟角。他们的文学活动是频繁的，其中粤剧和白话剧的表演形式是最具有可能跨界进行交流的形式。值得强调的是，加拿大华人作家的创作，无论是古典诗歌，还是民间歌曲，都在不同程度上融合了加拿大的生活内容，旧瓶新酒，构成了新的混合体，体现了中加之间文学交流的一种方式。

在中国人来加拿大追求金山梦的同一历史时段，加拿大传教士到中国传教，一来，一往，刚好成一个对调。本章集中写华人在前期一百多年于加拿大的土地上写下的篇章，既保存了原籍国文学，又渗融了加拿大元素。加拿大传教士也无形中受到中国文化的影响，中国经验是他们的成长叙事的一部分，从 19 世纪 80 年代到 20 世纪 50 年代，他们大量的著作也是交流的见证。

第四章　　百川汇流：后期华文文学与中加文学
　　　　　交流（1967—2013）

引言

1970 年，是中加交流史上重要的年份。这一年，中华人民共和国与加拿大建立邦交，之前 1967 年的计分移民政策实施后，华人首次申请入境不再受到种族歧视，加拿大多元文化概念开始落实。到了 21 世纪初，华人在加拿大的发展已不可同日而语。在政治上，华人通过参政（比如伍冰枝 [Andrea Clarkson] 出任加拿大总督，林思齐出任卑诗省省督，陈卓如入自由党内阁、当亚太事务部部长，黄陈小萍当选保守党议员）而有了能见度；在经济上，华人的财力日益雄厚，影响力有目共睹；在社会上，人权获得保障而日趋平等；在文化上，多元文化政策的实施使得华人及其族裔文化获得尊严和承认。

在第三章指出，华文文学是在交流中发展，在发展中交流，互为表里。华文文学是横的移植，移民政策、移民人数和移民来源地的文化背景，在不同程度上影响着华文文学的发展与交流。1967—2013 年这四十多年间，加拿大华文文学的发展与交流可以分为两个阶段。第一阶段从 1967 年到 1997 年，大量入境的华人移民带动华人社区的传媒和华文文学的发展；第二阶段从 1998 年到 2013 年，在原有的基础上，加上留下的留学生，以及新来的中国移民，使得华人社区更复杂和多样化。四十多年来，移民加拿大的著名文化人士日渐增多，因歧视政策而中断的文学人士的来往在二十世纪八九十年代得以复苏。著名学者叶嘉莹、梁锡华，诗人洛夫、痖弦，文化名人胡菊人等均移居加拿大。

值得注意的是，自从互联网在 1996 年开始使用以来，网络文学已经无远弗届，华文文学因为华人遍布世界而显得更加缤纷繁杂。因为网络文学范围广阔，非本章所能涵盖，故不在本章讨论之列。

目前，华文文学和 1980 年代兴起的华裔英法语文学在广阔的枫叶之地并驾齐驱，各领风骚。后者作者绝大多数是土生华裔，因为语言之便驰骋主流文坛。虽然都是华人血统，因为语言不同，土生华裔作家与华文作家之间反而缺乏交流，可见语言障碍比种族隔阂还难以逾越，作品翻译因而显得格外重要。可喜的是，土生华裔作家的著作已经引起中国学者的兴趣。南开大学出版社已经出版了一套加拿大土生华裔作家的小说，[1] 暨南大学也正在翻译一个系列作品，在可以预见的将来，他们的作

1. 翻译完成的加拿大华裔作家小说有《玉牡丹》《残月楼》《幽灵火车》《三叔的咒诅》和《巨龙餐馆的子夜》。

品将进入华文读者的视野，达到交流的效果。反观华文作品，则仍在等待翻译。

在多元文化的架构之下，华文文学作为一个族裔文化个体，在理想的情况之下，是在三个层面上进行交流的：一是与加拿大懂华文的人士之间的交流；二是与全球中华文化圈特别是中国大陆、港、台、澳等地的交流；三是与不懂华文的人士交流。实际的情况是，华文文学的交流只在第一、二个层面上进行，第三个层面除非通过翻译，否则难以达成。因此，如果要从华文文学寻求中加文学交流的元素，务实和有效的做法是看华文文学作品中融入的加拿大元素。换句话说，是看华人的文化认同在文学中的体现。文化认同不是铁板一块、永久不变的东西，它不停地受着历史的干预。正如史徒艾特·何（Stuart Hall）所指出的，认同

2. Stuart Hall, "Cultural Identity and Diaspora", in Jana Evans Braziel and Anita Mannur ed., *Theorizing Diaspora*. Blackwell Press, 2003, p.236.

是个"逐渐形成"（becoming）的东西，是一直在转变的东西。[2] 对华人作家而言，作品中流露的加拿大元素越多，对加拿大的文化认同也越深。

　　本章讨论的中加文学交流，以创作为主，跟第二章的以中国文学研究和传授为主的汉学有所分别。本章集中于上述的第一、二层面的交流。中加文学交流大致有直接和间接两条管道，直接是面对面交流，间接是通过作品交流。以下的讨论，我们将先探讨直接交流的实绩。我们从华人作家团体入手，看加拿大华人作者之间及其与各地的作家和学者之间通过访问会议、讲座等活动的直接互动，然后再看间接交流，即是从华文文学作品中融入加拿大元素结出混合的果实来观察。简言之，是探讨华文文学作者如何建构移居国，如何用具有距离的眼光回看远方的家园。本章所采取的方法论是客观资料（作品、评论）、作家实况以及笔者个人亲历经验的三结合。[1]

1. 本章写作过程中，获得许多文学团体、学术机构、学者、作家朋友提供资料，特此表示衷心感谢。

第一节 后期华文文学的两个阶段

从全球格局来看，除了东南亚具有地理与传统优势能够持续培养出用华文写作的作者之外，北美和欧洲皆因华人的人数相对稀少和相对弱势，加上华文本身需要长时间的学习，以致用华文写作的土生第二代已经凤毛麟角。华文文学基本上是第一代华人移民的文学，因此，华文文学的维持、发展和传播，在相当程度上需依赖新移民的不断补充，故此与移民政策有直接关系。新移民能带来原籍国最前沿的文化信息，给先来的侨民以新的刺激，不断影响着华人文学场域的结构、内容和机制（dynamics）。进入后期，从作者的教育背景和工作职业、文学修养和写作目的、文化资本和身份象征、出版和消费方式来看，都与前期的华人文学场域有相当的区别。

加拿大的华文文学本身就是交流的结果。后期加拿大华文文学的发展与交流可以分为两个阶段。

一、 第一阶段（1967—1997）：港台移民带来的文化新景象

移民不断补充是华文文学发展的重要动力。加拿大政府在 1967 年实行比较公平的计分法移民政策，华人入境终于不因种族而受到歧视。与此同时，1966 年中国发生"文革"、1967 年香港左派暴动，掀起了香港人移居加拿大的浪潮。

香港文化——岭南文化晚近冒起的一支，在英国殖民统治之下与世界接轨，并被营造成国际性大都会文化。在这个大熔炉中，不论籍贯，他们的年青一辈都具有中西式教育背景，移民加国后，不必借用唐人街作为保护伞过渡便如鱼得水。他们带来的香港殖民地现代大都会中西式文化的混合形式，跟华人社区老一辈华侨显然有别。

香港移民带来的变化，早在 1950 年代，就从香港留学生和新来的华侨后代身上显露出来。1953 年创立的《侨声日报》和 1958 年创立的海峰会便是这个现象的初步体现。（详见第三章）1960 年代末到 1997 年前后，香港文化人士不断入境补充，他们来往穿梭港台之间的能量，使

他们的影响力突增，在传媒方面的转变最为明显。1966 年来自香港、不列颠哥伦比亚大学英文
系毕业的刘恒信，1973 年创立《华侨之声》，用粤语播音，把香港的广播风格、思维方式带到
华人社区，影响很大。他曾用这个媒介成功地向不列颠哥伦比亚大学提出承认中文作为第二语
言学分。[1] 1980 年代后，播音和电视媒介不断发展，并成为加拿大全国性的事业，其对全加华

1.Paul Yee, Saltwater City, p.209.

人文化认同的影响不容低估。在文学方面的影响，最显而易见的是香港报纸的登陆。1983 年，
香港权威报纸《星岛日报》在加拿大创立分社，[2] 体现了香港移民对加拿大华人报刊文化的冲击。

2. 与《星岛日报》总编何良懋对话，2010 年 9 月 21 日。

同样是香港权威报纸的《明报》，1993 年在加拿大成立分社。二者把香港报刊的版面设计和内
容表达方式带到华人社区，并迅速取代了有八十多年历史的《大汉公报》。这些新报纸的副刊
专栏成为华人作家表达中西文化冲撞的园地。来自台湾的移民——不少是留学生毕业后留下来
的，有较高的教育水平，从各大城市台湾校友会创立的中文学校和全加华人学者会议来看，他
们的影响不小。《中央日报》是提供台湾和大陆信息的主要来源，其副刊定期刊登高水准的文
学作品。1991 年《世界日报》创立加西版，以其高水平的副刊（"世界副刊""香港副刊""小
说世界"）吸引读者，形成一个海外华人文学交流的平台。于是，香港的国际文学视野与台湾
现实主义和现代派文学在加拿大这个国度一同和谐成长。

二、 第二阶段（1998—2013）：大陆新移民迅速增加

　　长期以来，来自广东侨乡和香港的华人占大多数，进入第二阶段后，中国大陆新移民人数
迅速增加。据统计，1989 年有 4 415 人来自中国大陆，1990 年移民数目突增到 8 116 人，1991 年
再增至 14 203 人。1994 年后，留学生的亲属以家庭团聚的理由申请入境，一批批的新留学生
和中国技术移民继而加入行列，1997 年增到 18 524 人，到 2001 年大幅度增至 40 000 人。[3] 反

3.Peter Li, "The Rise and Fall of Chinese Immigration to Canada: New Comers from Hong Kong and Mainland China, 1980—2000", Conference

映到文学方面，这个时段出现的网络刊物"枫华文摘"，是中国留学生和移民破天荒的华文

on Subethnicity in the Chinese Diaspora, University of Toronto, September 12—13, 2003, pp.1, 12—15.

叙写。

　　中国的移民数字居高不下，显示了中国本土经济的强劲。另一方面，随着旅游落地免签
证的实施，旅客和留学生的签证达到 175 122 张，反映了中国中产阶级的迅速成长，[4] 华人在

4. 阮耀毅：《移民最大来源国，中国让位》，载《世界日报》第 A2 版，2011 年 1 月 16 日。

中加之间的互动，已经不限于移民了。2006 年的人口普查显示，加拿大有 1 346 510 人自称为

Chinese，其中有 17 705 人自称为台湾人。说中文（包括普通话和各种中国方言）的人口数次于英法语人口，占第三位。2012 年 10 月 24 日加拿大统计局公开的 2011 年最新人口普查统计显示，说中文（普通话、粤语和其他华语）的人口达到 1 072 555 人，其中说粤语的 372 460 人、普通话的 248 705 人、其他华语（包括方言）的 425 210 人。[1] 到 21 世纪，普通话中文学校、广播电台、电视、报刊陆续出现。新时代电视、城市电视和凤凰卫视先后获得全加拿大播放权。《环球华报》和《大华商报》加入报刊行列在新世纪出现，以满足普通话读者的口味和需要，成为以台湾资金为后盾的《世界日报》之外另一类以说普通话的读者为对象的媒体。

　　1.《世界日报》，2012 年 10 月 25 日。

　　中国大陆新移民，似乎比笃定心态的老华侨和潇洒自若的香港移民更具沧桑感和表达自我的紧迫感，他们在西方的氛围之下，或回首后尘，或惊讶于中西文化之别，受到的文化震惊远比后者为大，这个落差带来的刺激激发作者拿起笔来。加上他们的作品一般寄往中国刊物发表，读者覆盖面广，评论活跃，较为容易取得成功。

　　华人社区的文化面貌从早期较单一的岭南文化，到 1990 年代末以香港文化为主导，再到 21 世纪包罗来自中国各省和世界各地华人的文化混合，日趋多元和复杂。华人社区再也不是"铁板一块"，走在唐人街大家都认识的日子已经一去不返。

第二节　隔断后的接轨与民间华人文学团体

　　加拿大华人在 20 世纪经历了两次隔离。第一次是从 1923 年到 1947 年，加拿大全面排华造成华人家庭长久分裂；第二次是 1949 年之后，受华侨政策影响，海外华人回国不便，故乡梦难圆。冷战期间，加拿大与香港和台湾仍保持交往，使得中华文化传统的来源不致中断。1970 年中加建交，两国人民交流领域不断拓宽。1976 年"四人帮"倒台，中国政治社会获得新生。1978 年十一届三中全会召开，四个现代化正式启动，中国与加拿大的文化交流正式进入议程。

一、 结社传统与隔断后的接轨

从冷战时期的华文报纸可知，以白毛女为题材的中国电影在 1950 年代偶尔在温哥华的电影院上演。1977 年，上海芭蕾舞团首次来加拿大演出，它引起加拿大观众的好奇。1981 年夏，第一批加拿大主流作家七人访华，游览了北京、西安和广州等地，与作家丁玲、邹狄帆、毕朔望等交流，这批作家回加拿大后，出版了英文著作 Chinada Memoirs of the Gang of Seven（《加华大——七人帮的回忆录》），从各自观点记录这次访华经历，[1] 他们的观察是敏锐的，尽管字

1.Gary Geddes etal. *Chinada Memoirs of the Gang of Seven*. Dunvegan, Ontario：Quadrant Editions, 1983.

里行间流露出陌生与困惑。1982 年 6 月至 8 月，著名粤剧艺术家红线女率领广东粤剧团访问加拿大，在温哥华中华文化中心演出《搜书院》，加拿大粤剧界与广东粤剧界的交往正式恢复。1986 年春，北京人民艺术剧院来加拿大演出老舍的名剧《茶馆》，由英若诚导演。1986 年 12 月，受中国作协邀请，卢因、袁军和梁丽芳组成第一个加拿大华人作家访问团，于 12 月下旬到中国访问两周。他们在北京、西安、南京、广州会见多位作家、诗人、学者和编辑，包括光未然、谌容、刘湛秋、鲍昌、杨旭、辛迪、黄庆云、秦牧等。这次访问促成了加拿大华裔作家协会的诞生，这是后话。

这个时段的中加文学交流的一个特点是，无论西方人士还是华裔，团体的访问都是通过官方安排进行的。民间性质的交流，则要等到中国扩大开放尺度，加拿大的华人文学团体建立后，两者一拍即合，才正式启动起来。

二、 华人文学团体：建筑文学互动的平台

根据李东海的《加拿大华侨史》记述，民国初年，维多利亚有黄梅诗社，"为当时一般骚人墨客吟咏聚首之所，然非学术机构"。[2] 可惜有关资料缺乏。在《大汉公报》版面出现的大

2. 李东海：《加拿大华侨史》，第 213 页。

汉诗社是迄今人数最多、历史最悠久的诗社，作者绝大多数居住在加拿大，也有居住在美国、中南美洲等地，俨然是个跨国的华人诗社。《大汉公报》1957 年出版的合集《诗词彙刻》乃是一个征诗活动的结果，包括诗词三千多首，是加拿大华人古典诗创作的重要成果。[3] 数十年之后，

3. 见《大汉公报》编辑部编，《诗词彙刻》，温哥华：大汉公报社，1957 年版。

以写新诗为主的白云诗社成立于 1982 年，成员十来人，有来自上海的袁军、黄子和来自香港

的梁丽芳等，作品发表在《大汉公报》。这个以写新诗为主的诗社的出现，意味着以写古典诗为主的作者已经渐次淡出文坛。

以下介绍的，是正式向政府注册、并且运作多年较有代表性的华人文学团体，至于其他历史较短的团体和文友之间的聚会，因篇幅所限只好从略。考虑到华人到加拿大，是从西部扩散到东部，以下依次论述。

加西的华人文学团体，主要在温哥华。（1）加拿大华裔作家协会：成立于1987年，以温哥华为大本营。创会者是来自香港的卢因和梁丽芳，登记会员一百余人，来自中国大陆、港、台、澳、东南亚等地，也有海外会员。曾出版中英文季刊《加华作家季刊》12期，有《加华作家系列》作品多种，经常举办活动。（2）加拿大华文作家协会：成立于1990年代中，创会者是《世界日报》编辑徐新汉和台湾出版商林佛儿。（3）加华笔会：成立于几十年代末，创会者是来自香港的余玉书，包括中国大陆、港、台成员，会员五十左右。曾出版不定期的刊物《笔荟》。（4）漂木艺术家协会：2003年，在诗人洛夫倡导下成立，曾经举办《因为风的缘故》晚会、征文比赛、演讲比赛和诗歌朗诵比赛等。

加东比较活跃的华人文学团体，集中在大城市多伦多和蒙特利尔。（1）加中笔会：成立于1993年，创会者为中国作家王兆军。会员绝大多数为来自中国大陆的新移民，也有香港会员，会员近百人。（2）多伦多华人作家协会：成立于1994年，首任会长是来自香港的著名粤剧花旦和影视演员伍秀芳。会员有百人，多是香港背景，也有来自中国大陆的会员。（3）魁北克华人作家协会：成立于1998年，成员多数来自中国。（请参考法语区章节）[1]

1.http://web.peopledailyi.com.cn?haiwai/9806/23/newfiles/g1020.html

三、　华人作家团体的特征：以加拿大华裔作家协会为例

华人文学团体大同小异，都是文学爱好者自动发起的，没有条条框框限制。现在以这个时期创办最早（1987年）、举办文学活动最多的加拿大华裔作家协会为例，综合这类团体的主要特征，主要有以下几点：

第一，它们都是自发的、沙龙性质的民间团体，按照政府规定由五个人发起注册，会员逐步加入。第二，宗旨是联谊、推广华文文学，提高写作兴趣和文学欣赏水平，促进交流。第三，

交流的对象为本地作者、世界各地华人作家、汉学家以及对中国文学有兴趣的各界人士。第四，会员来源基本上为居住在加拿大的华人作者，也有海外会员。第五，会务由大家分担，均为义工性质。第六，会务经费来自会费和捐款。第七，团体备有章程，有律师做顾问，理事会由会员不记名投票选出。(这点，加拿大华裔作家协会可能跟其他团体不同，后者不一定有律师顾问，投票方式也不同，甚至没有投票的程序。) 第八，中文为会员的主要发表语言，也有少数用双语发表。作品发表的渠道为加拿大和原居地的报刊以及互联网。

第三节　民间的中加文学交流：华人作家团体

作为民间组织，华人作家团体的角色除了激活华人的写作热情、提高欣赏文学的水平之外，还通过与原居地的文学界互动，获得祖国文坛的新信息，分享他们的创作经验。这些民间交流，通过比较灵活的操作，可以补充官方交流的不足。

上述分散加拿大东西部的几个华人文学团体，各自精彩，又能不时互享资源，前途未可限量。因为篇幅的限制，在以下的论述中，将以成立了 26 年的加拿大华裔作家协会作为个案示例，东部的其他两个团体，因资料有限则相对简略，但这绝非意味着它们的重要性逊于前者。

一、　加拿大华裔作家协会：成立经过与交流活动

加拿大华裔作家协会的成立缘于一次跨国文化交流活动。1986 年春天，资深散文家曾敏之 (1917—2015) 来温哥华旅游，经过他的推荐，中国作家协会邀请了加拿大第一个华人作家团，于 1986 年 12 月 19 日到 1987 年 1 月 2 日到中国访问两周，成员有卢因、梁丽芳和袁军。在访问途中，梁丽芳提出成立一个写作者组织的构想，获得卢因和作协的响应。1987 年，卢因、梁丽芳与陈丽芬、胡意梅、陈洁珩五人一同向卑诗省申请注册，成立了加拿大华裔写作

1. 卢因：《"加华作协"的筹组过程》，载陈浩泉编：《枫华文集》，第 225—229 页，温哥华：加拿大华裔作家协会，1999 年版。

人协会，1995 年改名为加拿大华裔作家协会。[1] 该会先后邀请了中国大陆、港、台和加拿大的

学者、作家辛笛（1912—2004）、曾敏之、刘以鬯、叶嘉莹、洛夫、痖弦、余光中、郑愁予、聂华苓、白先勇、梁锡华、胡菊人、刘再复、陈建功、王健（Jan Walls）、布迈恪（Michael Bullock，1919—2008）、詹森（Graham Johnson）、姜安道（Andrew Parkin）、马森等为顾问。该会历届会长是：卢因、梁丽芳（3 届）、陈浩泉（4 届）、刘慧琴、林婷婷。

（一）华人文学国际研讨会：两岸三地学者作家与汉学家聚首加拿大

加拿大华裔作家协会与中国作家的正式交流活动始于 1994 年。同年 7 月中旬到 8 月初，该会与温哥华加中友好协会（Canada-China Friendship Association）合作，邀请北京作家刘恒（1954— ）和上海女作家陆星儿（1949—2004）到加拿大访问两周。该会与加拿大国家电影局（Canada National Film Board）合办，在温哥华实验电影院（Vancouver Cinemateque）放映刘恒同名小说改编的电影《菊豆》和他编剧的《秋菊打官司》，中西观众群集，全场爆满。刘恒演讲兼解答观众问题，由创会副会长梁丽芳翻译，主流英语传媒与华文传媒大幅报道。两人在温哥华中华文化中心的创作谈，座无虚席。

刘恒和陆星儿访问的成功，令人鼓舞。为了进一步巩固与中国作家的交流，1996 年，时任教埃尔伯塔大学东亚系的梁丽芳趁到北京参加学术会议之便，与作协领导、著名作家陈建功订立互访约定，由作协出国际路费，每年派出两位作家或学者到加拿大访问，到埠后的费用，由加拿大华裔作家协会负责，回访也依照同样的规定，这个安排确定了彼此间十多年来的文学交流模式。

为什么邀请中国作家和学者来加拿大呢？这跟当时中国作家出国难有关。邀请中国作家来访，除了促进双方文学交流外，也提供给他们观察外面世界的机会。事实证明，受邀赴加拿大访问的数十位中国作家、学者，大多数都是第一次出国。他们很珍惜这个机会，回国之后，有写加拿大见闻发表的，也有把加拿大经验融进作品中的。例如陆星儿在散文中写了不少加拿大的见闻；刘恒在他的小说《九日感应》中，[1] 把到加拿大途中所见融入小说情节之中；哈尔滨作家阿成发表散文记述温哥华印象；评论家陈骏涛和何镇邦记述加拿大见闻和感受，。

为了推动加拿大华人文学发展，1997 年开始，加拿大华裔作家协会先后与西门菲沙大学林思齐国际交流中心和温哥华中华文化中心合办了九次国际文学研讨会，为国内与海外学者、作

---

1. 《北京文学》，1994 年第 11 期。

家和汉学家设立一个互动的平台。他们受邀上电台、电视接受访问，与大众分享他们的文学观点。会后，他们到市内观光，并游览落基山和省府维多利亚。研讨会的总题是"华人文学——海外与中国"。从第三届会议开始，每次设一个主题。研讨会面向大众，听众从八十到一百二三十人不等，讨论热烈，传媒争相报道。

（二）文学讲座以及其他交流

加拿大华裔作家协会还经常举办各种文学活动。从 1987 年夏首次接待了中国作家代表团鲍昌、刘湛秋、叶蔚林、严亭亭一行四人开始，该会无论对内对外，一直扮演了桥梁角色。

定居加拿大或美国的华人学者、作家，因利乘便，经常为该会作公开讲座。例如：梁锡华演讲《从种族问题看文化激荡与文学创作》（1995 年 2 月）；洛夫演讲《我的二度流放》（1997 年 1 月）；痖弦演讲《文学的三霞工程——写作的三个阶段：朝霞、彩霞、晚霞》（1999 年 1 月）；诗人非马伉俪从美国来访，畅谈创作幽默诗的心得（2004 年 7 月）；陈愿中博士主讲《中西价值观的比较》（2004 年 8 月）；痖弦第二次演讲《百无一用是诗人》（2008 年 7 月）；叶嘉莹曾先后四次演讲，讲题分别为《中国诗词文本中的多义与潜能》（1995 年 10 月）、《评介晚清词人陈曾寿》（2011 年 5 月 14 日）、《中国古典诗歌的美感特质》（2012 年 6 月至 7 月，四讲）以及《李商隐诗谜》（2013 年 7 月至 8 月，四讲）；白先勇讲昆曲青春版《牡丹亭》的演出（2013 年 10 月 4 日）。

来自中国大陆的学者、作家的演讲和座谈，吸引了很多新移民听众。例如王宁主讲《后现代主义与中国当代文学》（1993 年 5 月），古华主讲《谈小说创作》（1993 年 7 月），刘再复主讲《中国当代文学的走向》（1993 年 10 月），刘恒和陆星儿谈个人创作（1994 年 6 月），陈忠实介绍《白鹿原》的创作经过，王仲生评介红色小说的特征，庞进谈加拿大印象（1995 年 5 月），申慧辉演讲《加拿大英裔文学概况》（1996 年 7 月），陶洁座谈华人文学（1996 年 8 月），贝岭演讲《美东华人文学现况及在海外办文学杂志之甘苦》（2000 年 4 月），戴克强演讲《中国当代文学现况与诺贝尔奖》（2000 年 10 月），苏童演讲他的创作道路（2001 年 10 月），张炜演讲《中国文坛新发展》（2002 年 9 月），方方、乔以钢、谭湘、林丹娅座谈（2008 年 7 月），白烨、刘庆邦、格非、刘震云演讲《中国当代文学的现状与前瞻》（2008 年 11 月），余华主讲他的创作道路（2009年2月），胡云发演讲《红色音乐濡染下的一代人：反思共和国同龄人的情绪》（2010年2月），安徽作家许辉、唐跃、钱玉贵和裴章四人座谈（2011年11月），刘俊座谈餐会谈华文文学研究心得（2011年7月），赵志忠演讲《中国少数民族文学概况》（2011年11月）。

　　港台背景的学者和作家，受邀访问加拿大的潘耀明、周蜜蜜、宋贻瑞、巴桐和刚移民加拿大的陈浩泉演讲《香港文学的现况与前瞻》（1994年9月），梁秉钧（也斯）演讲《香港文学的现况》（1995年8月），陈若曦演讲《台湾女作家和情色小说》（1998年8月）。此外，该会与不列颠哥伦比亚大学亚洲系协办文学讲座，讲者为台湾文建会派出的作家朱天心、刘克襄和柯裕棻（2009年10月）。同月，龙应台来不列颠哥伦比亚大学演讲新著《大江大海一九四九》，该会参与接待。2012年5月19日，该会举办演讲餐会，讲者为香港资深图书馆专家马辉洪和《文化研究——岭南》网上杂志编委陈露明。

加华作协接待台湾三作家：柯裕棻、刘克襄、朱天心（前排，左起）。梁丽芳、雷勤风、陈浩泉、杜迈可、邱慧芬、胡守芳（后排，左起）（2009.10）

　　在个别作家作品和出版座谈会方面，有张爱玲作品座谈会（1996年2月）、"旅澳作家丁小绮作品座谈会"（1996年6月）、"东西桥梁：双语出版研讨会"（1999年5月）和《禁而无忌的今日中国文坛》（2004年6月）。该会不定期举办新书发布会，推广会员新作。

　　中英诗歌朗诵是最能吸引西方人士参与的活动，也是一个直接交流的好机会。加拿大华裔作家协会主办有1989年的春节中英诗歌朗诵会，1990年2月与中华文化中心合办"迎春诗歌朗诵会"，1994年7月举办"非马诗歌朗诵会"，2010年8月举办"秋之变奏：中英诗歌朗诵会"，2011年10月6日香港诗人也斯到访时，与不列颠哥伦比亚大学合办《秋天的收获》中英诗歌朗诵会。2013年9月14日在唐人街中山公园举办《秋之变奏》中英诗歌朗诵会，嘉宾为著名诗人和教授姜安道（Andrew Parkin）以及多位西方人士，出席者八十多人。

卢因与姜安道在诗歌朗诵会后（梁丽芳摄，2010.8）

　　为了表示华人对加拿大多元文化的认同，该会 1990 年与中华文化中心、加拿大华人公共事务协会和枫桥出版社合办"我爱加拿大"征文比赛。[1] 其他的活动，还有应温哥华城市电视

1. 资料取自《"加华作协"历年主要活动》，第 333—344 页，载陈浩泉主编：《枫雨同路：加华作家小说选》，温哥华：加拿大华裔作家协会，2010 年版。

邀请协助制作"作家剪影"五辑，分别介绍"高行健与诺贝尔奖"、徐志摩、张爱玲、琼瑶、二月河（2001 年 11 月），与香港《明报月刊》、香港作家联会等五个机构协办"世界华文报告文学征文选"（2001 年），数次与温哥华三联书局合办书展。在丽晶广场举办"歌舞、朗诵、书展"，与广大民众接触（2006 年 2 月）。此外，为了了解早期华人与原住民的关系，特别探访卑诗内陆齐安（Cheam）与海鸟岛（Seabird Island）两个部族，并走访早年华工修铁路遗迹（2008 年 10 月）。

　　为配合创会 25 周年，举办"第一届加华文学奖"（2012 年 5 月）。参赛者来自加拿大各地，反应热烈。为了表示公允，该文学奖采取匿名评审，由法律顾问陶永强把关，邀请了来自中国和本地的学者、作家、诗人担任终审委员。

（三）出访、捐赠加拿大华文作家手稿

　　1987—2013 年，加拿大华裔作家协会接待从中国大陆及港台地区到访的作家、学者近 70 人。同时，因为与中国作协的对等交流约定，该会两次受邀到中国访问。第一次是 1998 年，访问青岛作协；第二次是 2009 年，出访敦煌。此外，在 2001 年组团访问香港和澳门。个别的作家也不时获邀参加中国的文学活动。2009 年秋庐山首届国际作家写作营，梁丽芳受邀出席；2010 年夏唐山国际作家写作营，曹小莉和苏阿冠受邀出席；2010 年冬第三届腾皇阁国际作家笔会，陈

浩泉受邀出席。除了以上的交流活动之外，现代文学馆馆长陈建功采纳梁丽芳在 2005 年提出的建议，收藏加拿大华人作家手稿。2009 年 9 月下旬，该会向现代文学馆惠赠从全加拿大收集的三十多位华文作家的手稿，作为文学交流的见证。[1]

1. 以上部分资料，见陈浩泉编：《枫雨同路：加华作家小说选》，第 333—348 页。温哥华：加拿大华裔作家协会，2010 年版。

捐赠加华作家手稿给现代文学馆　（左起：刘宪年、陈建功、陈浩泉、梁丽芳）（2009.9）

二、 加东的加中笔会和多伦多华人作家协会

多伦多有两个代表性的华人作家团体，一是加中笔会，一是加拿大华人作家协会。现根据两个协会提供的文学交流活动资料，描述如下：

（一）加中笔会

加中笔会的全名是加拿大中国笔会，创会会长王兆军（1946— ）原是中国报告文学家和小说作家。他 1980 年代初开始发表作品，1985 年发表的中篇小说《拂晓前的葬礼》曾获优秀中篇小说奖。1989 年 5 月，担任《人民日报》记者的他，应复旦大学求学时的加拿大室友布洛克大学（Brock University）的查理士·伯顿（Charles Burton）教授的邀请，到加拿大参加亚洲学会的会议。根据王兆军回忆，他曾在布洛克大学教书，1994 年搬到多伦多，与在那儿读理科但对文学充满热情的赵慧泉、黄政、胡清龙、电影导演柳青成立加中笔会。王兆军任第一任会长。活动方面，主要交流新作和创作体会。他们的稿子投到刚刚在留学生之间流行的互联网站《枫华园》。王兆军把几部长篇小说上载，有描写大饥荒的《白蜡烛》、历史小说《谁杀了林彪》和纪实文学《皱纹里的声音》。1994 年，他们接待过画家范曾夫妇。这个时期比较活跃的会员，有后来成名的张翎，还有陈红韵（原是生物博士）和曾经翻译印度小说《百万富翁》

的陈晓帆。王兆军 1996 年回流后，接任的是胡清龙（1996—1997）和洪天国（1997—2003），跟着，来自上海定居多伦多的孙博接任两届，期间曾晓文当过会长，目前的会长是孙博。笔会会员绝大多数是来自中国的新移民。[1] 根据曾晓文提供的资料，从 2003 年到 2010 年，该会有以

1. 感谢加中笔会创会会长王兆军提供资料。

下活动：2003 年举办"文学与时代研讨会"；2004 年为《西方月亮》《叛逆玫瑰》举办新书发布会；2004 年举办第一届多伦多在线征文，举办"文学与音乐之声欣赏会"；2005 年举办第二届多伦多在线征文，并为《枫情万种》开发布会；2006 年举办第三届多伦多在线征文，并举办作者与读者对话会；2007 年举办第四届多伦多在线征文，并为《旋转的硬币》举办"文学的收获"发布会；2008 年举办首届世界华人游记大赛，为《走遍天下》举办发布会；2009 年举办第二届世界华人游记大赛；2010 年举办"加拿大华裔 / 华文文学国际研讨会"，该会议由加中笔会与约克大学和暨南大学合办，是一次跨国合作的学术活动，来自中国、美国的学者二十多人参会，该会议与龙源网合办论文奖，匿名评审，中加的华文媒体给以报道；2012 年 11 月 3 日成功举办"作者·学者·读者交流会暨新书发布会"，除了加中笔会作家介绍近作外，还由笔会在大学任教的成员介绍安省三所大学中有关加华作家的英文和中文创作的课程。

加中笔会先后与来自美国的聂华苓和中国作家莫言、蒋子龙、迟子建、米舒、周大新、刘震云、刘庆邦、白烨等交流，并曾与诗人北岛和洛夫对话，与中国作家李准谈文学。此外，加中笔会和上海作家协会代表团曾有交流活动，个别会员也加入英文写作组织。[2] 不少作家在中

2. 感谢加中笔会会长曾晓文提供资料。

国文坛屡屡获奖，成果累累，日益受到中国文坛的关注。

（二）多伦多华人作家协会

多伦多华人作家协会成立于 1994 年，目前会员九十多人，以来自香港的会员居多。首届会长是来自香港的粤剧名伶和影视演员、作家伍秀芳。1997 年苏绍兴为第二任会长，2000 年姚船为第三任会长，2002 年伍秀芳两次重任，2008 年陈慧出任第六届会长，2010 年陈孟贤为第七届会长。伍秀芳定居多伦多，积极参与组织文化活动。2003 年，她演出舞台剧《雷雨》，庆祝该会成立十周年。她主编的文集有《枫情：多伦多华人作家协会会员作品集》（2007）。之前，该会还出版了散文和短篇小说合集《多华文集》（2000）。现任会长陈孟贤，1980 年代获加拿大约克大学工商管理学士和硕士，英国谢菲尔德大学管理学博士。曾任教于香港中文大学和香

港城市大学，1997 年回加拿大任教于布洛克大学，1999 年转到瑞尔森大学，为终身教授。教书之余，发表散文、影评和专栏。出版有散文集《戏语人生》《仗剑江湖》《对话人生》《对说人间》等。该会举办文学研讨会、戏剧演出、征文比赛、筹款活动、捐赠图书、开班传授写作技巧，与社区作广泛接触，丰富了多伦多的人文景观。以下是陈孟贤提供的该会历年来的一些文学活动记录：1994 年 5 月在士嘉堡政府大楼展览会员作品；1995 年 12 月举办《麦迪逊之桥》研讨会；1996 年 6 月举办《我心目中的一本好书》座谈会；1997 年 6 月举办写作研讨会，分八讲；1998 年 6 月与大多市中华文化中心合作举办征文比赛；同月举办新书发布会；1999 年 8 月举办讲座，由黄国彬教授主讲《从近偷—远偷到不偷——创作的三个阶段》；2000 年 4 月举办讲座，由冯湘湘主讲《文学之笔写武侠，可拓天地广且宽》；2000 年 10 月出版《多华文集》，收录54 位会员作品；2001 年 4 月举办座谈会，交流写作心得；2001 年 6 月举办文学座谈会，探讨海外华人文学发展方向；2003 年 4 月 22 位会员的 33 本著作赠送多伦多中华文化中心图书馆收藏；2003 年 5 月和 6 月与大多市中华文化中心合办四个文化讲座；2003 年 10 月伍秀芳演出《雷雨》舞台剧，预祝协会成立 10 周年；2006 年 4 月 20 位会员的 33 本著作赠送大多市中华文化中心图书馆收藏；2007 年 5—7 月举办系列文化讲座；2007 年 5 月出版会员合集《枫情》；2008 年 10月与大多市中华文化中心合办"四川大地震"征文比赛；2010 年 10 月会长陈孟贤访问温哥华，与加拿大华裔作家协会座谈。[1]

1. 感谢多伦多华人作家协会现届会长陈孟贤教授提供资料。

以上三个具有代表性的华人文学团体的部分资料显示，他们的文学交流活动在中加文学交流方面起了几个作用。第一，对于中国作家和学者而言，出国访问无疑是扩大眼界的宝贵经验，其中的文化震撼是不言而喻的，所获得的见闻视野对于写作的影响不可估量。对于生活在加拿大的华人作家而言，特别是那些不是来自中国的华人作家而言，这种互动同样是开阔心智的经验。所以，互访是双赢的交流，让中国大陆、港、台、澳和北美的学者、作家建立互动。第二，从华人文学国际研讨会，到文学讲座、新书发布会、文学奖、赠书、文艺演出等活动，无论举办者和参与者，都能够获得提升文学素养的益处，同时，这些公开的活动，无疑也提高了华人社区的文化形象。第三，上述的种种交流活动，促进了原籍国与移居国的文化（文学）交流的同时，还保持和强化了离散侨民对原籍国的文化认同。第四，这些文学团体跟当地的大学或公立机构合作，通过适当的翻译安排，能把华文文学推广到非华语的民众之中。虽然这样的活动仍待增强，但通过创意和努力，将大有作为。

三、 出版社、文学刊物、报纸副刊

因为市场小，加拿大的华人出版社屈指可数。1960 年代末移民加拿大，后执业律师的陶永强和徐明耀，与 1980 年代中来自香港教育学院的教授和图书馆管理学专家潘铭燊，1989 年在温哥华成立枫桥出版社，以出版散文集为主，例如《蜻蜓的复眼》《逍遥法外》《加华心声录》等。可惜枫桥出版社在 1997 年结束运作。维邦文化企业公司是比较活跃的出版社，社长陈浩泉 1992 年从香港移民加拿大。十多年来，该出版社为加拿大华裔作家协会出版了"加华作家系列"十多种，长篇小说有《风在菲沙河上》《寻找伊甸园》《金山华工沧桑录》和《突围》；小说和散文合集有《福溪岁月》；散文集有《紫荆、枫叶》《新土与前尘》《开花结果在海外》《艺影录》《漫步枫林椰园》《讲台上的星空》《嫁接的树》《梅嫁给枫》《煮字烹情》和《岁月遗踪》；另外还有合集《枫华文集》《白雪红枫》《枫雨同路》《枫华正茂》（评论）等。2005 年，陈浩泉受加拿大领事馆邀请，参加香港国际书展，以推广加拿大出版的书籍。

总部设在渥太华的北方出版社 (The North Publishing House)，已经出版了不少加拿大作家的中文作品，像长篇小说《香火》（笑言，2008）、散文集《青草地》（杜杜，2008）、诗歌集《朝露与落英》（2009）、作品集《笑言天涯 28 人自选集》（2011）等。此外，多伦多的诗人川沙有海龙出版社，他本人担任编辑。

至于华文刊物方面，加拿大华裔作家协会出版了 12 期中英双语刊物《加华季刊》，发表诗、散文、随笔和评论，可惜因为经费不足而停刊。综合性的刊物有温哥华海峰会出版的《海峰特刊》（1968）。以文学为主的刊物，还有加华笔会出版的不定期刊物《笔荟》。以服务华人移民而设立于 1973 年的中侨互助会旗下的出版社每月出版报刊《松鹤天地》，除了提供资讯外，还设有文学专栏。不列颠哥伦比亚大学华人学生在七十年代出版了《华思集》，现在该大学学生出版的 Perspectives（《观点》）是中英文刊物，设计和思维活泼。

加拿大的华文报章也不时提供版面给个别的文学团体。例如，加拿大华裔作家协会在 1990 年获《大汉公报》提供双周专辑，连续 10 期，由创会会长卢因编辑；2001 年 10 月开始，获《星岛日报》每月提供一次四分之三版的文学专辑"加华文学"，由慈善家方君学慷慨资助，2003年5月因改版停止。2005年开始，《环球华报》在推动华人文学方面也作出了努力，提供版面，每周一个专辑给加拿大华裔作家协会；2010年改为双周；2012年秋开始，该报提供整个版面，每两周介绍一个会员作家的作品和评论，图文并茂，引起很大正面反响。温哥华的《大华商报》开辟有文学版面，作者大多数来自中国。多伦多华人作家协会于1994年在《明报》加东版逢周日刊登会员专辑，1995年改为双周刊登，到1998年1月为止；2001年，该会获《星岛日报》每两周出版会员作品专辑"湖畔"，共出版了51期，至2003年为止。《明报》从1996年到1998年，由来自上海曾留学日本的传媒学者丁果负责"明笔"文学版面，其稿子来源地除了加拿大、美国之外，还包括了两岸三地以及欧洲，体现了跨国的华文文学活动。[1] 加拿大的中等

1. 感谢丁果提供资料。

城市例如埃德蒙顿、卡尔加里、温尼辟等，都有依靠广告存活的小型报纸。例如埃德蒙顿免费取阅的《爱华报》和《光华报》，每周出版，在大量的广告页之外，留有少量的篇幅登载文学作品。

四、　特辑与评介

除了加拿大的报章之外，中国大陆、香港杂志也以特辑形式登载华人作家的作品，向该地读者推介。以下是一些例子：

1. 中国文学杂志《长城》2004年第5期，刊登"加华文学特辑"，收入洛夫、汪文勤、韩牧的诗，叶嘉莹的词，李盈的译诗，梁锡华、痖弦、陈浩泉、卢因、梁丽芳、王洁心的散文以及刘慧琴、亚坚、曹小莉的小说。

2.《香港文学》2004年第7期，刊登"加拿大华文作家作品展"，包括痖弦和梁丽芳的评论，叶嘉莹、洛夫、汪文勤、韩牧、王祥麟、丐心、布迈恪（梁锡华、施淑仪翻译）的诗作，张翎、卢因、周肇玲、亚坚、余曦的小说，金依、陈浩泉、刘慧琴、葛逸凡的散文。南京大学教授刘俊应邀为特辑写了总评。

3.《华文文学》2007年第5期，刊登"加华文学研究专辑"。刊登公仲、林楠、陈瑞琳、赵庆庆和梁丽芳关于加拿大华文文学的评论。2010年第5期在《加华文学研究》一栏下，刊登

了吴华、徐学清和马佳的评论文章。

4.《香港文学》2008 年第 11 期，刊登纪念诗人布迈恪（Michael Bullock）专辑，发表了梁丽芳、施淑仪、陶永强、卢因、金圣华等人的悼念文章。

5. 上海的《文学界》2009 年第 6 期出专辑，介绍加中笔会的曾晓文、孙博、李彦和陈河的小说。

6. 香港文学杂志《文综》2010 年第 11 期推出特辑，登载加拿大华裔作家协会成员到敦煌旅游的文章。2010 年第 12 期，出版加中笔会专辑。

7. 中国评论杂志《世界华文文学论坛》2010 年第 2 期和第 3 期刊登吴华、徐学清、马佳、陈浩泉、赵庆庆、林婷婷、梁丽芳等加拿大华人文学评论文章。

8.《香港文学》在 2013 年春，推出加拿大华裔作家协会的专辑，内容包括谢兆先和曾永昌的译诗，黎玉萍的散文，施慧卿的札记，陈浩泉、丐心、梁丽芳的诗，梁兆元、陈丽芬和卢因的散文。

有关加拿大华文文学的著作方面，在中国较早出现的，有赖伯疆的《海外华文文学概观》（1991）。这本著作简单介绍了加拿大华裔作家协会的成立和早期的作者和作品，例如卢因的散文和小说、梁丽芳的新诗。[1] 学者陈贤茂的四卷本《海外华文文学史》（1999）是个浩大的工程，规模宏大，介绍的加拿大华人作家有梁锡华、陈浩泉和东方白，以及其他作家的个别篇章。[2]

1. 赖伯疆：《海外华文文学概观》，第 205—216 页；广州：花城出版社，1991 年版。

2. 陈贤茂：《海外华文文学史》（第四卷），第 437—485 页，第四章"加拿大华文文学"，许燕执笔，厦门：鹭江出版社，1999 年版。

在文学奖方面，中国文学界对于海外作者，开始采取了开放的态度。2009 年，中华文学基金会和中山市委、市政府主办全球首个"中山杯"华侨文学奖。第一届的获奖作品是张翎的《金山》，诗歌方面是洛夫的《雨想说的》。陈河获得郁达夫文学奖（2010 年首届郁达夫文学奖中篇小说奖《黑白电影里的城市》）。所有这些，都证明中加文学交流方兴未艾。

第四节　加拿大的华文小说（一）：长篇小说的两个浪潮

20 世纪上半叶，在种族歧视的阴影之下，华人的发展空间狭隘，绝大多数华人作家写作并非为了成名成家，而是为了身心有所寄托，他们以自己熟悉的古典诗歌、民歌、粤剧班本等形式来表达思乡思亲之情与异国他乡的感受,至于篇幅较长的小说(无论是短篇还是长篇)的创作,因为缺乏写作的主观和客观条件, 以及发表的渠道, 难以达成。

后期的华人文学场域, 从作者背景、文学气氛、出版渠道、读者期望等角度来看, 业已不可同日而语。有些在原居地业已享有盛名的作家, 他们一到达异国, 凭着文化资本, 迅速成为领袖型人物。有些留学生, 以及进入职场的专业人士, 凭他们的努力和天分, 利用普及的电脑科技, 制作篇幅较长的小说。大陆港台的发表园地为他们开放, 近些年, 海外华文文学在中国受到读者关注, 海外华人文学在 21 世纪已经成为一门新发展的学科。在这些有利条件之下, 华文创作也从前期的随意书写成为刻意追求的文学事业了。

一、 长篇小说第一波：港台作家的开拓角色

从 20 世纪 60 年代到 90 年代, 来自港台的作家如冯冯、东方白、文钊、马森、朱小燕、葛逸凡、梁锡华、陈浩泉等, 以他们的文学素养和创作经验, 较早地以加拿大作为背景来创作, 激起长篇小说创作的第一个浪潮。他们的创作链接了五四文学的浪漫主义和现实主义传统, 摄取了 1960 年代现代派文学的技巧, 吸收了香港国际大都会的自由人文主义精神, 浸染了枫叶国开放自由的思维方式和氛围, 是诸多元素共同作用之下的混合产物。他们那些带有现代派风格的小说实验 (例如马森的某些小说), 已经彻底脱离了 20 世纪上半叶的岭南民间写作和古典诗歌的吟唱。很多人知道白先勇、於梨华、欧阳子等生活在美国的华人作家, 其实在差不多同时或稍后, 加拿大也有一批优秀的作家。

以下描述的作家, 大约结合他们移民加拿大和作品出版时间的先后而排列。巧合的是, 在计分移民法仍未实施的 1965 年, 已经有数位港台作家来到枫叶国了。

冯冯 (1931—2004) 是个传奇人物, 生于广州, 本名冯培德 (字士雄), 父亲是乌克兰人, 母亲是广西壮族人。他 1949 年随海军到台湾, 1964 年以长篇小说《微曦》四部曲轰动一时。他通晓多国文字, 曾任翻译。1965 年因遭受政治迫害潜离台湾到温哥华。1970 年代曾任《大汉公报》编辑。他 1997 年到莫斯科谒见俄罗斯总统叶利钦, 观看俄罗斯联邦交响乐团和莫斯科芭蕾舞团的演出, 演出作品是他创作的《水仙少年》和《雪莲仙子》, 他并获得乌克兰国家音

乐学院荣誉学位证书。

冯冯是个多产但不滥制的作家。他的文笔优美流畅，所营造的故事具有浓烈的浪漫主义色彩。他的叙述跳跃性强，能抓住人物的精神和感情精髓，加以生动的对白，引人入胜。1965 年移民加拿大后，出版有长篇小说《昨夜星辰》（1968）、《冰山后面的迷雾》（1971）、《冰涯》（1977）、《紫色北极光》（1980）、《哭泣的枫紫》（1980）和自传体长篇《雾航》（2003）。冯冯的短篇小说集《柯飘湖》（1972）可能是最早出现的加拿大华文短篇个人集。

冯冯的《哭泣的紫枫》[1] 通过描写一对经历磨难的异国恋情来批判种族歧视和文化偏见。

1. 冯冯：《哭泣的紫枫》，台北：皇冠出版社，1982 年版（第一版 1981）。

他把小说的时空放在二十世纪六七十年代的温哥华。17 岁的温妮跟来自澳大利亚的篮球队员迈克相爱，因为受过歧视而对西方人充满仇恨和偏见的父亲极力反对他们相好。迈克与温妮在球队见证下结婚，但因为温妮未满 18 岁，迈克被温妮父亲控告入狱。两代人之间的藩篱无法逾越。迈克获得保释后回到澳洲，澳洲的白澳政策百般刁难亚裔，迈克为了筹钱让温妮入境澳洲，答应为一家广告公司表演高空风筝飞行。温妮到达之日，迈克竟在飞行时意外丧生。作者把加拿大与澳洲白人社会的种族歧视联系起来批判，震撼有力。最后，女主人翁领了丈夫的保险金后，没有留在澳洲也没有回到加拿大，而是到印度加入了特雷莎修女的救济扶贫行动。这个峰回路转的情节升华了女主人翁的爱情，也把爱情与反对种族歧视的主题提升到更高的宗教境界。这个提升的情节其实非偶然，它流露了作者日后皈依宗教的心迹。

东方白（1938— ）是个探索型的小说家，原名林文德，台湾人，台湾大学农业工程系水利科毕业。他 1965 年到加拿大萨省大学（University of Saskatchewan）深造，1970 年获博士学位，1974 年移居埃德蒙顿，任该省水文工程师。东方白以加拿大为背景的长篇小说《露意湖》（1978）[2]，是加拿大较早描写留学生恩怨情仇的文本。小说以才子佳人的套路开头，

2. 东方白：《露意湖》，台北：尔雅出版社，1978 年版。

男主人翁是来自台湾的研究生，他在西雅图邂逅也是学生的女主人翁，两人一见钟情，可是随着情节发展，却走向才子佳人模式的反面，陷入偏见造成的无可奈何之中。女方母亲对男主人翁有偏见，不断设置障碍，让二人无法见面。人物被捆在封建混绕的人事之中，无法在新土地上发芽成长。小说的空间是跨国的，人物往返于台湾、西雅图、埃德蒙顿之间，所追求的爱情却始终没有兑现。反讽的是，故事发生在爱城（埃德蒙顿的另一个译名），主人翁到处追寻的正是爱。1982 年，东方白的长篇《浪》（《浪淘沙》四部曲中的一部）获得吴浊流文学奖。他

是个多产作家，出版了 20 多部著作，其中以 150 万字的家族长篇小说《浪淘沙》（1990）最为著名，他的作品屡屡获奖。退休后，搬到多伦多。

　　1969 年移民加拿大的文钊，原名刘敦仁。他生于上海，年幼到香港，然后到台湾，大学毕业后赴西班牙攻读西班牙文学和世界艺术史。他移民加拿大后，在不列颠哥伦比亚大学和多伦多大学作研究和教西班牙文。1978 年首次访问中国，从此投身中加文化交流，主办和协办数十项目，包括 1980 年维多利亚与苏州结成姐妹城市。1980 年，他在人民文学出版社出版的中篇小说《雁归行》，是中国出版的第一部海外华人作家的小说，因为写到海外生活，引人注目，非常畅销。他还出版了长篇小说《生存》和《挣扎》（1982）。后者写二十世纪七八十年代海外华人获得安定富足的生活的同时，又觉得有所不足的矛盾心理。来自广东和台湾的周、李两家人，晚年对远在大陆的家乡既怀念，又怀有成见甚至恐惧。通过出生于台湾的青年黄国宏先到中国教书，回来告诉他们中国的进步，才消除恐惧，组团回祖国观光，李伟哉最后的感悟说出小说的主题意念："先人们艰苦创业，不仅在这里为后来者打下根基，铺平了道路，也寄托了他们殷切的愿望：不要忘记自己的血统，不要忘记自己是黄炎子孙，无论在世界上哪一个角落，都要热爱中国。"[1] 文钊后期的作品，还有《地中海的圣女》，分别在上海文艺出版社、广西

1. 文钊：《挣扎》，184 页，南宁：漓江出版社，1982 年版。

人民出版社和香港银河出版社出版。他还出版了散文集《太平洋彼岸的书信》《斑点狗眼里的世界》和游记《悠游中的沉思》。

　　马森（1932—　）是探索型的作家。他原籍山东齐河县。1958 年毕业于台湾师范大学国文系及国研所，1961 年赴法国巴黎电影高级研究学院研究电影和戏剧，并肄业于巴黎大学汉学系。1972 年转到不列颠哥伦比亚大学读社会学，获博士学位。他先后执教于法国、墨西哥、加拿大、英国、香港和台湾多所大学，并任《联合文学》总编辑。他著作甚丰，学术著作有《马森戏剧论集》，长篇小说有《巴黎的故事》《生活在瓶中》和《夜游》，短篇小说集有《孤绝》《北京的故事》，散文有《墨西哥忆往》《大陆啊，我的困惑》等等，共 80 余部。他退休后居卑诗省首府维多利亚市，撰写中国现当代文学史。

　　马森的长篇小说《夜游》[2] 是对个性解放的探索，是二十世纪六十年代末七十年代初嬉皮

2. 马森：《夜游》，《马森文集》（小说卷 2），台北：文化生活新知出版社，1992 年版。

士运动对东方留学生的精神震荡的写照。主人翁是来自台湾的人类学女研究生，她嫁给一个英裔人类学教授后，因为忍受不了对方的古板虚伪，在受到一个女同性恋者的同情和引导下，寻

找自由和解放自我，并与日益无理取闹的丈夫离婚。她在一个酒吧认识了一个年轻美男子麦柯，彼此产生了爱情。但是麦柯嬉皮士式的颓废、不成器以及孤僻的脾性也令她失望。小说没有依照一般小说的逻辑来个大团圆。结尾并没有把所谓的幸福带给女主人翁，她在异国文化氛围中追寻，认识自我和提升自我。

朱小燕1969年从台湾移民加拿大之前，已经在台湾出版了引起争议的长篇小说《烟锁重楼》。她在加拿大重新开始，获得会计执照，任职税务局。她在加拿大写的首部长篇小说《浪中人》（1989）[1]，用冷峻的笔尖写追求金钱、爱情、事业的失衡和失望。小说围绕着埃德蒙顿一对年

1. 朱小燕：《浪中人》，台北：皇冠出版社，1989 年版。

老的异国夫妻维克与茉莉之间的矛盾展开，吝啬的维克年老虚弱但脾气古怪，坐在轮椅上还对茉莉作威作福，常常流露出带有歧视的嘲弄，茉莉逆来顺受，一心等待维克死去获得他的丰厚财产。茉莉歇斯底里的报复心态渗透整个文本。作者穿插了一对贪婪的华人市长夫妇，每次他们出现都企图获得维克和茉莉的捐款或古董，小丑政客的虚伪显露无遗。茉莉的好友约芬是一个缓冲性人物，她是维克和茉莉的说话对象。维克终于被茉莉的恶言气死，反讽的是，茉莉获得了遗产后，患得患失中经常见到维克的鬼魂，心理受到责备，在旅游欧洲途中心脏病发作去世。崇尚爱情的约芬，终于等到野心勃勃的政客男友巴伦的求婚。这部小说节奏紧凑，对话针锋相对，步步紧迫，很有张力。茉莉与维克结婚三十年，似乎已经失去了家乡的话题和记忆，家国话题的缺席折射出无根的飘渺和失落。

葛逸凡出生于中国河北，1965 年从台湾移民加拿大，定居于内陆风景优美的卡隆那市（Kelowna）。她 1989 年创作的《加拿大的花果山》（再版改名《金山华工沧桑录》）[2]，是加拿

2. 葛逸凡：《金山华工沧桑录》，温哥华：加拿大华裔作家协会，2007 年版。

大第一本写广东四邑铁路华工命运的长篇小说。家乡之情、祖国之爱、华人身份的自觉洋溢全书。作者没有凭空写早期华人的困境和奋斗，而是在厚实的历史资料基础上，结合人物塑造和故事的戏剧安排，写成这本引人入胜的具有史诗意蕴的现实主义求索小说。小说以四个主要人物到金山追求金山梦开始。作者营造了他们不得不离乡背井的贫困背景。作者用陌生化手法，写他们到达金山后遇到的新鲜事物，带出文化误读的幽默。但是，小说中流露更多的是修筑铁路的艰辛和险恶，同工不同酬种族歧视的屈辱，铁路建成后不获承认的无奈，更不用说与家人长久分隔的苦苦思念，以及无法回乡娶妻生子的终身孤独。作为在社会边缘游走的他者，这几个人物是早期华人历史的缩影。

梁锡华集作家与学者于一身，1960年代从香港移民到加拿大，在不列颠哥伦比亚大学亚洲系以徐志摩的诗为题，获得硕士学位，后到伦敦大学继续深入研究徐志摩，获博士学位。毕业后，在加拿大东部的圣玛利大学任教，后转到香港中文大学，再到岭南大学任教，直至1990年代初退休回加拿大。梁锡华是个严谨的学者，也是风格独特的作家。退休后，创作不断。他的长篇小说《爱恨移民曲》（1997）[1]比上述的几个长篇更具跨国意味，他用既悲悯又冷峻的视角刻

1. 梁锡华：《爱恨移民曲》，香港：华汉文化事业公司，1997年版。

画两个有亲缘关系的香港家庭及其亲友们的曲折移民路。他们有的移民加拿大，有的移民印尼，有的移民南非然后转到美国、再到加拿大，他们绞尽脑汁，要离开香港。作者塑造了一对纯情的青年男女方起鹏与依云，男的为了爱情放弃家里的丰厚财源、打工求学，女的为了爱情放弃跟父母到英国、独自到蒙特利尔谋生。达到彼岸的移民家庭未必快乐，"太空人"方宏远的家庭悲剧是某些移民家庭的宿命。他妻子突然到深圳拆穿他"包二奶"的秘密、还与"二奶"厮打，"二奶"孩子受伤死亡，妻子也受伤瘫痪、失去知觉后不久去世。突然的变故使得方宏远心灰意冷。作者神来一笔，方宏远到台湾遁入空门忏悔余生，不再留恋什么移民和设厂赚钱。他的难兄难弟陈禄是他的影子，同样地，他移民印尼后寻花问柳，给人下了降头，[2]身体无力如棉，

2. 这是南洋的女子怕华人男子回乡后不回来，于是，在他身上下符咒，叫下降头。

最后忏悔信了基督。两人历劫沧桑后，殊途同归于宗教。无论移民到哪儿去，心灵的自得才是依归。无独有偶，这跟冯冯在《哭泣的紫枫》最后部分带入宗教的悲悯情怀异曲同工，梁锡华早年曾受过基督教的传道训练，他利用方宏远的觉悟把小说带向更高的境界。

冯湘湘原名冯穗芳，广东电白人，1979年从广州到香港，曾在香港任记者和编辑。她写小说、散文和电影剧本。1980年代末移居多伦多，已出版的作品有散文集《在水之湄》《悠悠我心》和《人在香港》，小说集《娱林外史》和《唐人街皇后》，人物特写集《加拿大移民众生相》（合著）等。她对武侠小说创作情有独钟，出版有《西域天魔》《月落乌啼》和《剑侠悲情》。1997年，《剑侠悲情》获得"第一届皇冠武侠、科幻小说大赏"特等奖。《西域天魔》获中国文联《世界华文文学》双月刊世界华文小说优秀奖。

1991年移民香港的著名女作家亦舒，与倪匡、金庸合称为香港文坛三大奇迹，倪匡为其兄长。亦舒五岁从中国大陆来香港，14岁出版第一部小说。她思维活泼，构思出人意料，是香港言情文学的代表人物。她著作甚丰富，出版小说200多种，读者遍及华人世界。她的个别小说融入加拿大元素，顺手拈来，自然老到。例如她的长篇《不易居》（1996）塑造了两个从上海

来温哥华求学的女子石子和碧玉的不同际遇。碧玉怕吃苦，去做脱衣舞娘，被黑社会所杀。洁身自爱的石子一边上大学一边在餐馆打工，暑假时，更做一个香港"太空人"家庭的全职保姆，照顾三个孩子。这个家庭的豪宅叫"不易居"。"不易居"此处具有双重意义：加拿大对石子和碧玉不易居，对于两岸三地经商的离婚雇主，又何尝易居？石子洁身自爱，决绝了两个男子的好意，自力更生，结局不落俗套。亦舒另一个长篇小说《纵横四海》(2009)[1]，写 19 世纪末

1. 亦舒：《纵横四海》，北京：中国妇女出版社，2009 年版。

到 20 世纪初主人翁离开心爱的村中女友翠仙、经历磨难到加拿大艰苦谋生的故事，其中插入了他先后遇见少年时代和后来成为革命者的孙中山（虽然用了谐音名字）的情节，增添了历史真实性。

　　1992 年移民加拿大的陈浩泉，原籍福建。他 1962 年从福建到香港，中学毕业后入报社工作并发表长篇连载小说，1973 年出版诗集《日历纸上的诗行》。1987 年他参与筹组香港作家联会，为发起人之一。他的多部小说都贯穿着离散主题，他的《海山遥遥》写侨眷生活、《扶桑之恋》写中日两代的恩怨情仇、《断鸢》写越南难民、《香港九七》写"九七"与香港移民潮、《天涯何处是吾家》写香港的大陆移民、《寻找伊甸园》写移民加拿大的中国移民。出身报界的他有敏锐的观察力，能在新的环境中提取创作资源。他的小说人物很有实感，在文化、社会、个人的多层次交织和冲突中，演绎出生动感人的故事来。他的《寻找伊甸园》（2004）[2] 以温

2. 陈浩泉：《寻找伊甸园》，温哥华：加拿大华裔作家协会，2004 年版。

哥华为背景，写三个移民家庭的遭遇和追求。他们获得法律保障不受歧视，有足够的钱财来往加拿大与原居地之间，文化震惊似乎并不明显。他善于将新闻事件融入情节中来增强小说的可信性和地域性。三个家庭的悲欢离合是中国大陆、港台华人离散状况的隐喻。故事交错发展：来自中国大陆的留学生因为妻子要来而杀死女友；来自台湾的男子失业，把妻子与两个孩子杀死然后自杀；来自香港的商人在中国"包二奶"，儿子吸毒，女儿制造绑票，弄得家庭四分五裂。他们都是为了寻找心目中的伊甸园到加拿大，但却又因为迁移而衍生出不可预知的悲剧。叙述者从一个西人画廊的田园生活获得启发，认同加拿大这块土地；又从三文鱼游离源头到大洋世界的旅途中觉悟到：人和鱼一样，要咸淡皆宜，适应他乡的生活，随遇而安。

　　把加拿大背景写进小说的还有来自台湾并曾在香港培正中学任教的王洁心，她的长篇《风在菲沙河上》（2004）[3]，是少有的以加拿大为背景的华文爱情推理小说，情节引人入胜，很有

3. 王洁心：《风在菲沙河上》，温哥华：加拿大华裔作家协会，2004 年版。

可读性。故事情节始于香港，一场火灾后，女主人翁受伤整容，被安排移民到温哥华，照顾一

个瘫痪的富家子，陷入一个贩毒诈骗案子中而不自知。虽然生活在湖光山色中，但是古堡式的建筑背后却是机关重重的恐怖陷阱。作者把悬念处理得很有节奏，出身孤儿的女主人翁最后获得康复的富家子的爱情，犯罪者亦被擒，加拿大的治安和法律获得正面的描述。

二、　长篇小说第二波：充满活力的新移民作家

从 1990 年代末至 21 世纪初这个时段内，来自中国的新移民作家推出一批中长篇小说，给加拿大的华文文学带来一股新的力量。他们有留学生，有陪读的配偶，有技术人员，有商业专才等不同背景的人士。他们利用业余时间创作，到目前为止，获得可喜成绩。这个看似突发的现象可能与几个因素有关：首先，他们在原居地复杂而政治化的经历与加拿大的自由气氛形成强烈的对比，因而激发成篇；其次，他们个别在原居地已经开始舞文弄墨，生活安定之后重新执笔写作；第三，他们的作品多在原居地发表，读者面广，获得较大的回馈和成就感。有评论家把多伦多地区作家在小说方面的成就命名为多伦多小说家群。[1] 以下的作家论述，大致结合他们移民到加拿大的时间和作品的出版时间排列。

1. 吴华：《"发愤著书"与"锦心绣口"：论"多伦多小说家群"现象》，见《中外论坛》，2005 年第 3 期，第 38—41 页。又见 孙博：《为新移民文学奠基——加拿大中国笔会扫描》，收入陈浩泉主编：《枫华正茂：加华文学评论集》，第 9—16 页，温哥华：加拿大华裔作家协会，2009 年版。

古华（1942—　）是 1980 年代初在中国已经成名的作家，他的小说《芙蓉镇》被拍成电影，甚受欢迎，也受到了一些极左派的批评和压制。他 1988 年来加拿大参加卡尔加里冬奥文艺节之后决定定居加拿大。他先住在温哥华，1990 年代搬家到卫星城市三角洲区（Delta）。他笔耕不辍，在台湾出版了《毛泽东与他的女人们》（笔名京夫子）等数本历史演义小说，很有可读性。古华曾经受邀到很多国家的大学或团体演讲。他可能是极少数能够依靠稿费生活的加拿大华文作家之一。可惜到目前为止，他仍未把加拿大生活写进他的作品中。不过，值得注意的一点是，古华这些挥洒自如的演义作品，无疑也带有加拿大价值观的省思。

新移民作家中，来自温州的张翎（1957—　）1983 年毕业于复旦大学外文系，1986 年到卡尔加里大学攻读英国文学硕士，后到美国辛辛那提大学（University of Cincinnati）学习，获听力康复学硕士。她曾经住过加拿大几个城市，最后定居多伦多。她 1990 年代后期开始发表作品，一发不可收拾，成就卓越，受到广泛注意。她的小说《羊》《雁过藻溪》《余震》《阿喜上学》《生命中最黑暗的夜晚》分别获选中国小说学会 2003、2005、2007、2010、2011 年度排行榜，《余

震》由冯小刚拍成电影《唐山大地震》，2010 年上演，获得很大的成功。此前，她发表了《望月》

（又名《上海小姐》，1998）、《交错的彼岸》（2000）和《邮购新娘》（2004），小说中人

物的命运转折，千丝万缕地联系着故国和异乡的空间。

　　张翎的《金山》[1] 写 19 世纪末从广东开平县到加拿大一个华侨家庭的四代沧桑，这本书获

1. 张翎：《金山》，台北：时报文化出版社，2010 年版（繁体字版）。

得首届华侨文学奖，美国企鹅出版社翻译成英语出版（2011），引人注目。小说以方得法家族

为叙述中心，用某一年或几年时段为标题，侧写人物的命运变迁。作者交错使用侨乡开平与金

山（维多利亚、铁路建筑工地、温哥华、新西敏寺）为场景，人物和情节在时空的替换中发展。

方得法 16 岁（1879 年）到加拿大参加太平洋铁路的建设，历尽艰辛，还受过伤，筑路完毕，

开洗衣馆谋生。他 31 岁回乡娶妻六指，两个儿子后来陆续到了金山，但六指始终未能成行。

加拿大的种族歧视政策，从人头税到禁止华人入境，使得六指来加拿大的梦想一次一次落空。

方得法不忍心失明的母亲没人照顾而希望六指留下，也是他们分隔的原因。阴差阳错，方得法

最后在加拿大去世。解放后，六指被贫农抢夺家财，混乱中死在管家的枪下。作者把历史资料

融入情节和人物活动之中，重现了华人可歌可泣的金山沧桑。小说由方得法的外曾孙艾米回乡

处理方家碉楼托管手续、追问家族历史开始，最后也以她将要在碉楼举办婚礼作结，首尾相接，

完成了一个圆形结构。

　　李彦（1957— ）生于北京。1995 年，她的英语自传长篇小说 Daughters of the Red Land 获加

拿大全国小说新书奖提名和滑铁卢地区文学艺术杰出女性奖。小说以受政治运动迫害的家庭为

焦点写几个在艰难中成长的儿女。2002 年李彦获得中国文艺协会（台湾）颁发的海外文艺工作

者奖章，2010 年中国作家出版社出版 Daughters of the Red Land 的中文本《红浮萍》。

　　李彦的中篇小说《羊群》[2] 写大陆来的新移民为了获得心灵上的安慰，到教会寻求基督教

2. 李彦：《羊群》，收入《羊群》，第 1—47 页，上海：上海人民出版社，2008 年版。

的真理，在这个过程中发现教会也非神圣之地，社会上的等级观念和人性中的善恶亦弥漫其中。

移民人物在西方追求宗教信仰这个题材比较少见。李彦 1999 年出版的长篇小说《嫁得西风》[3]

3. 李彦：《嫁得西风》，收入《羊群》，第 92—328 页。

聚焦华人移民女性在加拿大的生活和追求，更涉及宗教主题。这是一本带有女性主义意识的小

说。作者文笔锋利，从女性的视角来看男性、看生活、看事业、看爱情，栩栩如生。所描写的

几个女性来自台湾和中国大陆，虽然成长背景不同，思维也有差异，但是都具有憧憬和斗志，

相比之下，男的几乎都是猥琐、无良、背叛。来自台湾的女性仍在努力追求与男性平等；来自

中国大陆的女性在经历半边天宣传和榨取后，反讽地竟产生回归家庭的愿望。作者利用中华妇女会的几个聚会把生活在枫城的女性人物聚合到一个彼此倾诉、扶持，但又不可避免互相角力的集体空间。这个结构无论在人物出场和后来的发展上，还是在回应主题上都很有说服力。作者交错使用正叙和倒叙使得人物的过去和现在混成一体。台湾与中国大陆是这些人物过去的场景，这些过去的场景又深深制约着和影响着她们现在的行为、处境和思绪。在《羊群》中出现过的基督教再度成为人物活动交锋的背景。作者生动地描写了来自无神论国度的新移民对基督教教义的好奇和疑问，又以米太太这个热心传道的人物引出后来放弃博士学位而专攻神学的两个大陆留学生。对于宗教的再三探索显示了李彦小说的一个独特的精神关注。

孙博，原名孙曰融，1962 年生于上海，毕业于上海师大中文系。1990 年移居加拿大，曾为滑铁卢大学访问学者。居多伦多，从事新闻工作，现为 365 网络电视的总监。他的创作以中国新移民为主要对象，叙写他们在加拿大的种种困惑：从新移民的挣扎（《男人三十》[2000]、《茶花泪》[2001]），到回流还是留下的两难选择（《回流》[2002]）和小留学生的遭遇（《小留学生泪洒异国》[2004]）。《茶花泪》被评为"融侦探推理、异国情爱于一炉，既有史蒂芬金的警异，又有张爱玲式的荒凉"。小说描写了女主人公章媛媛从中国到东京，从东京到加拿大短暂而悲泣的人生旅程，2001 年由中国青年出版社在北京推出。《回流》依然由中国青年出版社在 2002 年出版发行，是第一部表现"海归派"回国创业的长篇小说。20 世纪末，留美博士高峰、留日硕士罗永康筹集资金回流上海，和中学同窗周天明在浦东创办"新世纪生化公司"，岂知他们也将自己的命运带向了坎坷之旅。《回流》在上海广播电台播出，后拍成电视剧。《小留学生泪洒异国》是孙博继《小留学生闯世界》访谈录后精心打造的第一部反映中国小留学生在加拿大生存状况的长篇小说，再一次实践了作者"站在东西文化交汇点上，关注重大社会问题，竭力反映时代变迁"的信念。他还出版了纪实文学《枫叶国里建家园》和散文集《您好！多伦多》。他有多部作品被改编为广播剧、电视剧在中国播放。孙博与曾晓文在 2010 年共同创作的电视剧《中国创造》获得第四届（2010 年度）中国作家鄂尔多斯文学奖，随后被拍成 33 集电视连续剧《返航》。他与人合编有《西方月亮》（2004）、《叛逆玫瑰》（2004）、《枫情万种》(2006)、《旋转的硬币》(2007) 和《走遍天下》（2008）。

陈河，原籍温州，原名陈小卫。在中国当过兵，曾为温州作协主席。1994 年到阿尔巴尼亚做药品生意，1999 年移民加拿大，从事商品进口贸易，停笔十多年后，2006 年再度写作，在中国文学杂志上发表十多篇中短篇小说。他根据在阿尔巴尼亚被绑架的经历写成长篇小说《被绑架者说》（2006），引人注目。此外，他还有长篇小说《致命的远行》（2007）和《沙捞越战事》（2009）。他发表了中篇小说《黑白电影里的城市》（2009）和《去斯可比的路》（2010），前者以苏联解体后东欧城市为背景，获首届郁达夫文学奖。2010 年，他的长篇《布偶》登上中国小说学会排行榜。2012 年，中国作家出版社推出了他的长篇小说《红白黑》，这是一部惊心动魄的时代血泪史诗，一段草根华人的传奇蛇头经历，一部悲欢离合的深沉生命恋曲。[1] 最近，

1. 参见《中国作家网》的相关介绍。

他以抗战时期马来亚和新加坡华人的抗战历史为背景的长篇小说《米罗山营地》在《中国作家》发表（2012 年第 8 期）。陈河被不少评论者认为是加拿大目前最有潜力的华人作家之一。

　　陈河发表在《人民文学》2013 年第 7 期的中篇小说《猹》，刚刚获得《人民文学》年度奖。这是一篇栩栩如生地讲述在多伦多的"我"和猹（其实就是加拿大常见的浣熊，英文名为 Raccoon）斗智斗勇的故事。作者写浣熊一家四口的"长征"回根据地——"我的后院前庭"，以及写浣熊的眼神和体态，皆活灵活现的神来之笔！开篇，陈河借鲁迅小说中闰土的故事为引子，仿佛是有声有色、有惊有叹地说着加拿大闰土的故事。这样的章法，难怪中国大陆的读者也喜欢，尽管他们可能并不熟悉小说中的"猹"。这里，我们看到了"生态小说"的另一种写法。[2]

2. 此段关于陈河《猹》的评述，为马佳所写。

　　曾晓文，南开大学硕士毕业。1994 年到美国求学，获得理科硕士；2003 年移民加拿大，从事信息系统管理工作。她在海内外报章和杂志发表八十余篇小说。她的短篇小说《网人》获得 1996 年《中央日报》文学奖。她的短篇小说《苏格兰裙和三叶草》入选人民文学出版社的《21 世纪年度小说——2009 年短篇小说》。她以自身经验为题的长篇小说《梦断得克萨斯》[3]（后改名《白日飘行》，2010）曾在《世界日报》连载。女主人翁的经历脱胎于作者本人在美国无

3. 曾晓文：《梦断得克萨斯》，天津：百花文艺出版社，2006 年版。

端入狱的经历以及出狱后到多伦多寻找新生活的过程，情节引人入胜，富传奇色彩。另一本小说《夜还年轻》[4] 与《梦断得克萨斯》是姐妹作，合称为美加两部曲。《夜还年轻》把笔尖扩

4. 曾晓文：《夜还年轻》，北京：法律出版社，2010 年版。

展到多伦多的新移民遇到的挫折、无奈和挣扎。最近，她在江苏文艺出版社出版了散文集《背对月亮》（2012）。

　　黎玉萍来自广东佛山，现居温哥华。她 2011 年出版长篇《突围》[5]。故事围绕一个药厂干

5. 黎玉萍：《突围》，温哥华：加拿大华裔作家协会，2011 年版。

部对一个退伍军人的迫害展开。虽然书写的是"文革"时期的伤痕，但是从文学技巧、哲学思考、

批评维度来看，都明显地超越了伤痕文学。本书结构细密，情节层层递进，紧扣人物的感情和思维逻辑。作者建构了一个令人惋惜愤慨的冤案和一段刻骨铭心但被恶劣势力强行拆毁的爱情。女主角余微霞质本洁来还洁去，以死明志。男主人翁唐唯楠不甘被奴役，逃离到偏远乡间，被收容、被接受甚至结婚生子的艰险经历与流浪汉文学中的浪漫旅程大相径庭。牺牲了无数精灵去建造的乌托邦原来是重重关卡的城堡，他要从中突围而出是何等的困难。他的自杀回应了女主人翁高尚情愫的同时，宣示了知其不可为而为的英雄反抗姿态。

青洋，原名施慧卿，1988年移民加拿大，现居温哥华，著有小说集《黑月亮》[1]，包括了她的短篇和中篇。她的中篇《黑月亮》侧重点是一个爱情记忆的追寻和消逝。这是一篇心理现实小说，男主人翁为了一段尘封的感情二十多年来在美国自行遵守承诺等她出现，成为一种近乎荒诞的仪式。他知道她去了加拿大，便到温哥华寻找，在一本图书馆借来的书页内偶然发现了她的字迹，但是相聚始终落空。《黑月亮》的几个叙述者都用第一人称，在不同时空交错地进行内心独白。这些记忆中零散的点滴，读者要串联起来，才成为顺时的故事情节。作者的主人翁不是一般移民小说那些猎获一次次胜利的成功者。她不写大团圆结局，不写有志者事竟成的世俗逻辑，而擅长写独白式的心理律动，写生活中的哲学感悟。她的重心不是跨国经历，而是精神追寻的过渡空间。

居住在温哥华和北京两地的汪文勤的长篇小说《冰酒窝》[2]，写来自中国云南的年轻女子在加拿大大学毕业后进入一个旅行社工作后的遭遇，从她遇到的人、事和个人情感的瓜葛展开，工作又把她带回中国，地缘空间的转换扩张了文本的视野。在结构上，作者利用一个佛教大师给女主人翁的偈子把整个故事连贯起来。

贝拉（本名沈镭），生于上海，居住在多伦多。近年出版了《911生死婚礼》《贝拉神秘国》《伤感的拉撒布兰卡》和《魔咒钢琴》（2007），引起媒介注意。《魔咒钢琴》围绕一架老式的黑钢琴徐徐展开故事情节，定格在"二战"时从远东逃难到上海的波兰裔的犹太钢琴家亚当和他的中国恋人李梅。

此外，还有原志的《不一样的天空》(2003)、余曦的《安大略湖畔》(2003)和为力的《追逐》(中国画报出版社，2008)。《不一样的天空》是一部31万字的长篇小说，写一群1980年代末来到加拿大陪读的女性们的故事。以温哥华为主要背景，作者以移民的身份、女性的视角细腻贴

切地描画了神采各异、命运不同的陪读女性在异国天空下的众生相。《安大略湖畔》写新移民
在异国他乡的故事，焦点集中汇聚在安大略湖畔的一座名叫列克星顿的豪华公寓。这是一场公
寓业主——主要是来自中国的新移民为维护自己的权益和公寓董事会斗争的故事。公仲认为这
部小说超越了早期诸如《北京人在纽约》《曼哈顿的中国女人》观感式的宣泄，具备了思辨和
哲理意味。[1] 加拿大华裔作家笑言在给为力的《追逐》所写的书评中这样说："为力的新作《追
逐》几乎集中了流行小说的所有要素：越狱、复仇、追杀、床戏、吃恶心东西、有情人终成眷
属……这些元素被她用巧妙的情节与令人喘不过气来的悬念串在一起，而牵起这条线的是一个
罪大恶极的外逃贪官。"[2]

1. 见公仲载于《多维时报》2006 年 1 月 13 日的相关评论。

2. 见《文心社》2008 年相关网页。

　　诗人川沙既写小说也写诗，他有长篇小说《阳光》（2004）、诗集《春夜集》（中英双语，
刘洪翻译，2006）和最近在华山文艺出版社出版的 90 万字、分上下卷的《蓝花旗袍》（2012）。
小说《蓝花旗袍》以一个弃儿在经历了战争和政治风暴之后寻找母亲和替父寻仇的凄美动人故
事为主线。来自广州的空因毕业于埃尔伯塔大学，现居温哥华，2010 年出版了小说《太阳草》，
写女性的追求。已经回流的阎真，毕业于湖南师范大学中文系，1988 年到加拿大圣约翰大学社
会系学习。1992 年回国，出版了《白雪红尘》（1996），受到文坛关注。另外，其他的作品有
栾文胜在湖南文艺出版社出版的长篇小说《父亲的秘密》（2011）、文章在九州出版社出版的
长篇小说《失贞》（2012）、居住在埃德蒙顿的陈苏云出版了《冰雨》（2003）、渥太华的笑
言出版的《没有影子的行走》（2002）和《香火》（2008）。从以上的叙述可以看到加拿大华
文中长篇小说创作势头的旺盛。

第五节　加拿大的华文小说（二）：题材缤纷的短篇小说

一、短篇小说选本、合集

　　华人作家团体运作了一段时间后，一般都考虑出版选集。自 1990 年代末以来，加拿大华文

作家团体相继出版选集。一个特点是，他们都没有把范围限制在会员之内，而是面向整个加拿大。另一特点是这些选集是综合性的，一般包括散文、短篇小说、新诗和评论等。加拿大华裔作家协会的《加华作家系列》陆续出版的几本选集，例如《枫华文集》（陈浩泉编，1999）和《白雪红枫》（陈浩泉编，2003），收集了以会员为主和加拿大各地个别非会员的散文、小说、诗、评论。此外，还有散文集《枫雪篇》（刘慧琴编，2006）和短篇小说集《枫雨同路》（陈浩泉编，2010）。

加拿大华文作家选集一览

加东多伦多华人作家协会出版了包括散文和短篇小说的合集《多华文集》（2000）和《枫情》（2007）。前者包括54位作家的作品，由何睦、姚船、思华、梁枫、骆奕同、苏绍兴合编；后者包括38位作家的作品，由伍秀芳、王俞帼英、黄严焕卿、陈世彬、黄基全合编。多伦多的中加会出版了短篇小说选集《西方月亮》（2004）和《旋转的硬币》（孙博编，2007）。

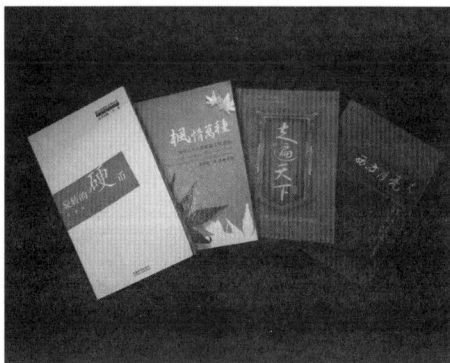

加拿大华文作家作品选集一览

加拿大的生活带给加华作家们源源不断的创作资源。空间迁移导致家庭解体、婚姻破裂是移民文学的常见主题。例如陈浩泉的《他是我弟弟，他不是我弟弟》[1]是由一场交通意外开始的，哥哥受了重伤，需要亲人签字才能做手术。17岁的弟弟未成年，不能签名，但却找不到父母，

1. 收入《枫雨同路》，第91—102页，温哥华：加拿大华裔作家协会，2009年版。

整个故事马上陷入紧张的悬念中。使得情节更为复杂的是原来这两个人是没有血缘关系的"兄弟"。弟弟 Jack 的父亲（来自香港）与哥哥 Jimmy 的母亲（来自台湾）都是再婚，为了贸易生意，他们经常在温哥华、香港、台北和中国大陆之间飞来飞去，过着"太空人"的生活。分散各地的家庭、跨国的经济利益获取是地球村时代许多华人的写照。而亲情，此刻却受到冷落。倒叙中，作者写了这两个兄弟自生自灭，只顾开名车开派对的荒唐生活。故事结尾处，弟弟仍然在恐慌中寻找，而哥哥的生命危在旦夕。

　　麦冬青的《"秦香莲"的演出》[1]是一篇不可多得的佳作，写的是"太空人"家庭的悲剧。

1. 收入《枫华文集》，第177—181页，温哥华：加拿大华裔作家协会，1999年版。

故事以丈夫向妻子表白他在香港有了"二奶"而且怀有身孕开始。女主人翁参与粤剧团演出，剧目竟然是与她命运相同的千古弃妇秦香莲。人生如舞台，而台上的女主角竟是三重身份的合体：现实中的她、千古弃妇秦香莲、舞台上的秦香莲。现实与历史、历史与艺术舞台、人生的舞台，虚实相叠，寓意深远。

　　赵廉的《玫瑰》[2]把为了移民而弄得婚姻、家庭支离破碎的题材推向另一个层面。罗丝（即

2. 收入孙博编：《旋转的硬币》，第64—72页，成都：成都时代出版社，2007年版。

ROSE，玫瑰）为了实现一家人的移民梦，把幼小的女儿留在中国，由丈夫抚养。她先到美国，为了生计做保姆。移民多伦多后，当上测试城市空气质量的实验员。小说情节不落俗套，家庭团聚却是噩梦的开始，女儿不认她，丈夫对他冷漠。她搬出独居，还继续寄钱给他们，但后来，他们竟然自动失去联系。她打听到丈夫去了香港发展，女儿上了大学。作为移民怨妇的故事到此可以结束，但是，作者笔端一转，把悲观的结局转升到女性自我实现的正面方向。玫瑰觉悟了，她已从管家的角色解放出来了，她自由了，可以过自己的日子了。

　　新移民在新土地上的适应和挣扎过程是惯用的主题。例如汪文勤的《姓甚名谁》[3]，以体谅

3. 汪文勤：《姓甚名谁》，收入《枫雨同路》，第154—175页。

的口吻侧写一对来自中国的夫妇为了生活做出的种种尝试，甚至包括放弃中国人"行不改姓，坐不改名"的传统信念。男主人翁为了找工作，改了个英文名字所罗门；为了做洗地毯工作，改作肯；为了讲授成功学，改了个印度名字释迦默哈穆德。近乎滑稽荒诞的一连串改名行动既体现了主人翁的适应能力，又流露出个人认同的努力和困惑。

　　有写移民后由于价值观的差异而造成悲剧的。葛逸凡的《我们的儿子跟别人的不一样》[4]，

4. 收入《枫雨同路》，第14—16页。

写一对从台湾来加拿大投靠儿子和媳妇的老夫妇，被懂得钻营政府救济金的儿子和媳妇不断索取，从本来有房子有积蓄沦为靠救济金过日子，而儿子和媳妇却到美国生活去了。小说令

人疼痛的地方是自始至终这对老夫妇一直坚守自己的传统价值观，他们坚信自己的儿子跟别人的不一样，是不会抛弃他们的。作者保持了距离的视角，没有站出来谴责，但达到的效果更为恐怖。

有写从西方的生活态度反照自身的价值观的。李彦的《异草闲花》[1]从一个人对工作和人生的衡量取舍中写叙述者对传统观念的反思。学院的总会计师丹尼突然辞职不干使叙述者大惑不解："按照中国人的生活逻辑和价值观念，对他的决定，我仍是很难彻底理解。"丹尼这个从小对摆弄斧、钻、锯和装修有浓厚兴趣的加拿大人却有他独特的看法，"辞职的事，我已经思考了很久。干到六十五岁再退休，是可以多得不少钱，但我有限的生命就会继续浪费掉。如果现在就能去干我最喜欢的事，那么余下的生命里，每一天我都能愉快地度过"。受到感染的叙述者骤然醒悟到自己"出国二十多年来，何曾考虑自己的兴趣何在？"于是做了决定，准备追寻自己心灵的快乐。

1. 收入《枫雨同路》，第125—127页。

二、 个人短篇小说集

加拿大华文作家的个人短篇小说集为数不多，现试举三个例子。较早出版个人短篇小说集的是冯冯，他的《柯飘湖》（1972）包括27个短篇，题材广泛，不以完整的故事为依归，而以生活的切面为主，一个场景、一段对话，可发挥成篇。冯冯的语言流利自然，富有弹性，充满了叙述活力。他的《望船的孩子》[2]开始场景是一群淘气的孩子在圣罗伦斯河畔的沙滩上嬉戏，

2. 收入冯冯的《柯飘湖》，第9—14页，台北：皇冠杂志社，1972年版。

互相取笑，其中一个口气一转，把注意力转到远处站着望船的孩子，这些孩子充满歧视的语言冲口而出，互相比拼，他们似乎无知的说话中却暗藏了整个社会的偏见。小说的张力随孩子的恶言节节上升，听者有意，最后两句分行，作者写望船的华人孩子的内心独白：

> 哪一天才有中国国旗的轮船来呢？
> 望船的小小"支那蛮"悄悄地留下眼泪了（第14页）。

自始至终，望船小孩不发一声。无声的委屈、无声的抗议，最后落在一个良好的愿望上。

这个结尾与郁达夫《沉沦》的结尾中男主人翁呼喊"中国你快强起来吧"异曲同工。冯冯这种首先不露声色、最后"图穷匕见"的手法也用于另一个短篇《小城之剪》[1]中。小城里的几个

1. 收入冯冯的《柯飘湖》，第67—76页，台北：皇冠杂志社，1972年版。

嬉皮士年轻人在一个戏台上剃光头，台下看客不知就里，问为什么要剪掉头发，你一言我一语，到最后，主持人才出来说是为了一个慈善目的，筹钱是为了一个失去双腿的青年人。小城的人马上从好奇、反对转向感动、支持，争着出高价叫他们剪发。标题小说《柯飘湖》[2]写的是一

2. 收入冯冯的《柯飘湖》，第58—66页，台北：皇冠杂志社，1972年版。

个凄美的爱情悲剧神话，法国青年柯飘爱上了印第安女子妮娜，但是，印第安人不容许，两人假作分手，待纷争平息后再相聚，女子说每年在他生日那天晚上会在山谷中叫他的名字。若干年后，青年回来，他听见女的叫他的名字，但不见人影，他的回应却引来杀身之祸。原来，妮娜早已牺牲了。柯飘湖（Lo Lac Qu'Appelle）位于加拿大中北部，印第安人命名为柯飘湖以纪念这段恋情。冯冯以简单的结构，利用两个现代男女情侣泛舟湖中的谈话引出这个动人的故事，在华人作家中写印第安人的传说，可谓独到。

马森是学者型的作家。他的短篇小说集《孤绝》[3]包括15个短篇，他企图摆脱惯性常规，

3. 马森：《孤绝》，台北：联经出版社，1979年版。

采用现代主义的笔调直切入人的灵魂，哪怕是暴露自己的弱点和丑态，也在所不惜。这些短篇恰好配合了他企图表达的现代人那种前无古人后无来者的片刻孤独和无助。他的《父与子》[4]

4. 马森：《孤绝》，第1—10页，台北：联经出版社，1979年版。

创作于1976年，写父子之间难以启齿的互相关怀，以及父母离婚对儿子造成的创伤。《孤绝》[5]

5. 马森：《孤绝》，第61—76页，台北：联经出版社，1979年版。

写于1977年7月，聚焦一个离婚男子在异国寒冷冬夜的偶遇。而这个偶遇（过气妓女）也如同他一样，与家人（长期留医双腿残废的父亲）疏离，他们彼此所知甚少，流露的真情也随即消逝。但是，他们在短暂的邂逅中互相倾诉了一向不为人知的内心秘密，之后各自恢复往日的孤绝日子。马森在1977年12月写于埃德蒙顿的《雪的忧郁》[6]中，描述了一个来自香港

6. 马森：《孤绝》，第77—86页，台北：联经出版社，1979年版。

的患胃病的男留学生，在-30℃的冬日，偶遇一个来自台湾的女留学生，在两人一起喝咖啡的短暂交流中，他感到了温暖和关怀。她离去后，他恢复了忧郁，这时降至-40℃的寒冷隐喻了他的心境。

来自香港的作家卢因（1935— ），原名卢昭灵，生于香港。1950年代初开始写作，鼓吹现代主义文学，在《文艺新潮》发表小说。1957年获得《文学新潮》小说奖第二名。卢因的《一指禅》（1999）[7]包括了16个短篇。卢因的思想活泼，想象力丰富，意象奇峰突出，上下古今

7. 卢因：《一指禅》，香港：华汉文化事业公司，1999年版。

顺手拈来，都可以用到人物身上，令人意外惊喜。例如，他的《闺房情趣》写夫妻之间的喜怒

哀乐。叙述者是丈夫，做侍应生的妻子被"醉翁"调笑，她回骂"醉翁"。"醉翁"竟然要叙述者（丈夫）道歉，后者不肯，两人大打出手，幸而懂功夫的妻舅相助，把"醉翁"打退。这篇小说由懂一点功夫的丈夫第一人称观点来写，黑色幽默中隐藏异国谋生的委屈和无奈。

三、 加拿大华文小说的特征

短篇小说的短小体制有利于写生活切面，因此，异国对移居者所产生的种种冲击，无论街头即景、办公室政治、邻居闲话都可以入题，更不用说婚姻破裂、爱情失落、空虚寂寞、欠赌债自杀等震撼人心的事件了。从这个角度看，短篇小说无疑是最能及时反映华人移民生活的虚构形式。相比之下，长篇的篇幅提供了更大的空间，人物在异国土地与原乡之间的来来往往，命运的迂回曲折，林林总总的细节，都可以有机地融入到情节中去，建构人物的种种故事。

从中加文学交流的角度来看，以华人移民在加拿大的经历为题材的小说，可以归纳以下几个特征。

第一，小说时空的跨国化。东方白的《露意湖》发生在1970年代的埃德蒙顿、美国华盛顿和台湾。陈浩泉的《寻找伊甸园》中的人物从香港出发，然后聚焦1990年代的温哥华。葛逸凡的《金山华工沧桑录》开始于广东侨乡，大部分发生在19世纪末到20世纪中叶的温哥华以及卑诗省内陆。张翎的《金山》发生在侨乡和加拿大，《邮购新娘》发生在多伦多和温州。孙博的《回流》出现此地和彼地的时空转换。梁锡华的《爱恨移民曲》中的人物分散在香港、加拿大、南非、美国等几个国家和地区。这些小说几乎都以原居地为旅程的出发点，到达异国之后，新的环境成为中心，情节再度大大展开。有些人物向前方迈进，有些却与原居地有着千丝万缕的关系。过去与现在、彼处与此处，互相交错交缠，引出许多故事来。

第二，因迁移引起的冲突。人物迁移到加拿大（异国）后，新的情况引发新的冲突。比如代沟冲突（《紫枫的哭泣》中的极权父亲与在加拿大出生的女儿之间的矛盾）、文化冲突（《浪中人》中即使结婚30年，异族夫妇仍存在不可逾越的鸿沟）、种族冲突（《金山华工沧桑录》中早期华人受到白人的歧视）、情爱冲突（《爱恨移民曲》中"太空人"婚姻的背叛和报复）、权益冲突（《安大略湖畔》中少数民族主客与大厦管理层的冲突）等等，不一而足。冲突是小说的重要元素，由空间迁移而产生的冲突影响着小说的戏剧性发展和人物的成长变化。大人尚且如是，对于小留学生来说，缺乏父母照顾，还要适应异地生活，克服语言障碍，在学业上与本土学生竞争，压力之大可想而知。孙博的《小留学生》即是触及这类题材的小说。

第三，旅程与探求主题。因为小说涉及迁移，人物迁移的目的乃是为了追求更好的未来。可是，如何追求？追求的代价是什么？这是最值得思考的主题。《金山华工沧桑录》中的四个男子，由侨乡到"金山"寻找财富；《寻找伊甸园》中的三个家庭，到加拿大寻找一个理想家园；《爱恨移民曲》中两个家庭及其朋友，从香港到加拿大寻找稳定和爱情；《紫枫的哭泣》中的土生华裔女子，到澳大利亚追随她的至爱；《金山》中的主人翁，单身到加拿大，建铁路开洗衣馆开荒地，谋求富足；《嫁得西风》中的几个女性，到加拿大是为了逃离不幸的婚姻和追求自我的发展；《邮购新娘》中的女主人翁，到加拿大是为了寻找爱情，却在失去爱情后获得自尊。这些寻求母题，成为离开本土到新土的故事的前动力。

第四，原乡文化与移居国文化的取舍。第一代的移民人物大多游走于两地之间（不论是肉体上或是精神上），故此，他们的世界观是亦中亦西的不同程度的混合。从接受加拿大（西方）文化影响的角度来看，有几种呈现方式。第一种是批评残守古旧传统。例如冯冯的《哭泣的紫枫》中，在加拿大出生的女儿温妮就与古板和充满偏见的父亲水火不容，最后导致她逃离家庭。又例如梁锡华的《爱恨移民曲》中的方太太，因为迷信，反对儿子跟鼻子上有一粒墨的女子依云结婚，认为是败家相。她顽固不化，弄得儿子出走，她的死亡隐喻了她的价值观的过时。第二种是接受新的观点，文化环境变了，眼界开了，人物的行为和思想也在变。例如《嫁得西风》中的女性，在加拿大的社会保障之下，认识到自己的价值和权利，并以此捍卫个人的独立和尊严。第三种是从中西文化精要的融合中，获得醒悟。例如《寻找伊甸园》中的男主角从西人老画家选择归隐田园一事，认识到名利追逐的虚妄，顿悟到归真自然。加拿大价值观中的淳朴本真与中国道家的天人合一，殊途同归。

第五，华人自我形象的塑造。早期的华人因为中国长期处于弱势而感到自卑。例如冯冯的短篇小说《望船的孩子》中，那个中国孩子被嘲笑为"支那蛮"（Chinaman）。船是科学发达、船坚炮利的象征。他被白人孩子在海滩上嘲弄，痛苦中，他哀喊出来的是"哪一天才有中国国旗的轮船来呢？"[1] 此刻，个人的价值、尊严和国家的运势画上等号。到了 20 世纪末，华人移

<hr/>

[1] 收入冯冯：《柯飘湖》，第 9—14 页。

民的地位已经不可同日而语。虽然都是从作客他乡开始，在多元文化氛围下，法律赋予的个人

权利、自我尊严也获得体现。例如李彤的短篇小说《反客为主》[1] 以作为房东的叙述者与各种

1. 收入孙博编：《旋转的硬币》，第 125—130 页，成都：成都时代出版社，2007 年版。

各样的西方住客之间的瓜葛，探讨一种移民想当主人的心理期望。故事一开头，叙述者就问"怎

么样在加拿大活得——或者至少自我感觉像个主人？"她的做法是去做洋人的房东。她从遇到

的麻烦经验获得启示："忽然想到一个可通之理。我从小所受教育，讲人民当家作主，讲主人

翁的责任感，却极少有切身体会。到了北美，自己拥有了房产，做了屋主和房东时，才真正感

到作主人不仅有权利，更重的是责任。"在与所谓主流人士交往中，通过了解，达到互相尊重，

建立互信和友谊，成为社会的平凡一员，那就是最有意义的自我塑造。

第六节　专栏与散文：华文文学的"马赛克"

在加拿大，华文文学发表空间不多，社团刊物因为缺乏经费，屈指可数。除了互联网之外，

他们的发表园地有两个：一是当地的华文报刊；二是两岸三地的报刊。当地报刊的发表园地最

常见的就是专栏，参与的作者多，作品的风格品味和思维视野包罗万象，是华人对移居国最为

及时的观照。

一、　华文报纸的登陆和发展

华文报纸是散文"马赛克"的场域。来自香港的报刊在这方面有重要的贡献。《星岛日报》

1978 年在多伦多创立加东版，1983 年在温哥华创立加西版，还有后来创立的埃尔伯塔省版。

台湾《联合报》系的《世界日报》1987 年在多伦多创立加东版，1991 年在温哥华创立加西版。

1993 年，《明报》分别在温哥华创立加西版，在多伦多创立加东版。[2] 根据《星岛日报》前资

2. 徐新汉、黄运荣：《加拿大华文传媒的近况》，见 www.chinanews.com/news/2005/2005-08-16/26/612646.shtml

深编辑黄展斌的忆述，1986 年之前，北美有七份香港报纸：《明报》《星岛日报》《信报》《成

3. 笔者与《星岛日报》前编辑黄展斌的对话，2010 年 6 月。

报》《新报》《大公报》和《文汇报》。[3] 目前，销量最大的三份报纸是《星岛日报》《明报》

和《世界日报》。此外，2000 年 11 月创办的《环球华报》和稍后出现的《大华商报》，面向日渐庞大的中国新移民。除了以上的报纸之外，多伦多、温哥华、埃德蒙顿、卡尔加里、温尼辟、蒙特利尔等城市都有依靠广告收入来维持、免费赠阅的小报，它们之中有少数也会腾出篇幅给当地的文艺创作。

香港文化被认为是集精英现代主义与大众消费文化于一身。[1] 二十世纪七八十年代以来，

1. 这方面的讨论，见罗贵详：《几篇香港小说中表现的大众文化观念》，第 15—41 页，载陈炳良主编：《香港文学探赏》，香港：三联书店，1991 年版。

香港移民急剧攀升，香港文化的影响在加拿大的华人社区迅速扩大，其后又加入了中国新移民。香港通俗文学的三个类型，即爱情小说、专栏、武侠和科幻小说[2] 通过华文报纸的转载流向加

2. 黄维樑：《香港文学初探》，第 3—4 页，香港：华汉文化事业公司，1985 年版。

拿大，专栏写作更是华文报纸的必备部分。

二、 专栏：众声喧哗的表达空间

专栏是加拿大华人作家最常用的形式。为了展现加拿大生活的现状，华文报纸开辟专栏版面，邀请加拿大各地作者撰写专栏。来自香港的资深编辑黄展斌 1988 年率先在《星岛日报》创立 "枫林" 与 "枫趣" 两个副刊，二者篇幅占有四分之三版面。根据他的记述，《星岛日报》是最早聘请加拿大境内华人作者写专栏的报纸。1990 年代后，该报副刊扩大篇幅，从 2000 年到 2005 年的鼎盛时期，参与《星岛日报》副刊的作家，单是温哥华就有六十个，[3] 来自香港的

3. 笔者与黄展斌的对话，2010 年 6 月。

占绝大多数，阵容相当强大。此外，《世界日报》也转载香港等地的专栏文章。

从 20 世纪 90 年代中后期到 21 世纪第一个十年，这几份报纸的专栏作者此起彼落，有些写上几年，有些写一两年不等，例如阿浓的 "过眼集"，岳华的 "戏言"，陈浩泉的 "泉音"，卢因的 "枫华岁月"，苏赓哲的 "人文散墨"，陈孟贤的 "戏语人生" "千个太阳" 和 "活着就是"，金炳兴的 "丰叶流年"，石人的 "爽味斋随笔"，曾晓文的 "三地女人情"，孙白梅的 "万花筒"，黄基金的 "全心全意"，姚船的 "唐人街拾零" "微波荡漾" 和 "都市触角"，郭丽娥的 "浮世绘"，梁丽芳的 "点到即止" 等等。

此外，有多伦多作家远志在《大中华报》的 "枫园感怀" 专栏以及黄启樟在《现代日报》和《加拿大商报》的 "抛砖引玉" 专栏。温哥华中侨互助会出版的《松鹤天地》报刊，也提供专栏给该会的作者如石贝、麦冬青、许行、陈华英等。也有几个作者写一个专栏的，比如《明报》

的"六度音程"专栏便由加拿大华裔作家协会的六个成员轮流执笔。20世纪初，《星岛日报》曾设立"枫雪篇"专栏提供给该会会员轮流发表作品。

加拿大华文报刊专栏的特征，可归纳如下几点。首先，篇幅短，从四百字到六七百字不等；第二，见报周期短，从每天一篇到每星期两篇到三四篇不等，因此，内容具有及时性；第三，作者分布加拿大各地，反映各地的情况和人文风貌；第四，他们来自中国大陆、港、台、澳以及其他地区，背景复杂多元，各有专精，因是之故，华文专栏如百川汇海；第五，作者创作个性明显，每个专栏流露作者的品味、风格、兴趣；第六，内容没有限制，作者享有很高的自由度；第七，题材广泛，从政治、历史、社会、法律、教育、医药、移民到性别、时尚、人情、家庭、爱情等等，上天下地，无所不包。

这些专栏是华人的生态万花筒，他们的成功失败和喜怒哀乐，他们的信仰和价值观，都获得自由呈现。专栏是华文文学异地化的有力表征。它们天天见报，内容日日出新，紧贴世界政治、本地新闻、日常生活，可以说，这些作者是以方块字为媒介，在移居国的土地抒发全球性的话题特别是与加拿大或华人切身有关的话题，既富个性又能互相维系，建构成加拿大华文文学的"马赛克"。

三、 题材、风格多样的散文集

加拿大华文作家的散文、随笔和小品文集出版数量甚丰。他们的散文集有相当数量来自报刊文章，而且都是作者对于加拿大社会百态的观照、思考和回应。依照大约出版年份的先后，有以下一些例子。

20世纪70年代来自香港的作家卢因的《温哥华写真》（1988）是较早出现的散文集，该散文集以加拿大为背景，内容从个人感悟到自然风光、从地方选举到侨社活动，引起读者浓厚兴趣，在香港甚为畅销。

学者梁锡华1960年代移民加拿大，他的散文成就为世人公认。他在加拿大出版的个人散文集《还乡记：加拿大经验》（1990），从考试、派报、清洁工、买车到旅游北极圈，在嬉笑怒骂、引经据典之中，披露学子的艰辛和学者的无奈，又时刻不忘在新环境中学会适应，幽默潇洒且有风范。他对于加拿大北部风光的描述，为华文散文中少见。对于移民他乡，他有自己的见解，他在最后一篇《远托异国》写道："移民者不一定要全盘否定自己的文化才能在外国如鱼得水，但却必须接受当地民族的文化。其实以国际主义者的眼光看事物，华人在外若要事事华化是颇无聊的。狭隘的民族主义者根本不应该移民。"[1]

1. 梁锡华：《还乡记》，第 117—118 页，温哥华：枫桥出版社，1990 年版。

朱小燕 1969 年移民加拿大，出版有《与上帝合作的人》（1994）。她的散文是开放心灵的体现。她的散文可分为三类：一是家居生活和亲情，二是职场中所见所闻，三是人类生存问题的探索。[2] 朱小燕是个开放型的作家，无论她写残疾人，写老人院，写追查税务的辛酸，

2. 见梁丽芳的序言：《幽默、机智与开放的心灵——朱小燕散文初探》，第 7—19 页，收入朱小燕《与上帝合作的人》，台北：皇冠文学出版公司，1994 年版。

写自己的失魂落魄，还是写与丈夫的趣事，都能挥洒自如。她的视野广阔，例如，《谁情愿缺一门》[3] 用表面轻松其实严肃的笔法，写了她和一个残疾同事从认识到真正建立起平等友谊的

3. 朱小燕：《与上帝合作的人》，第 51—57 页。

过程。读朱小燕的散文，可以切实看到中西文化擦出的火花，而获得新的领悟。

陶永强毕业于不列颠哥伦比亚大学，是律师，也是曾获梁实秋翻译奖的翻译家，他的散文见于各大报章。他的《蜻蜓的复眼》（1990）对加拿大社会和法律问题有独特的看法。同样是律师的徐明耀著作颇丰，他有散文集《逍遥法外集》（1991）、《诚恳的偏见》（1994）和《重访罗斯顿》（1996），既具有知识性，也反映了他个人穷苦出身在异国求学的经历。

海洋生物学家贾福相（1931—2011），生于山东，1949 年到台湾，在美国华盛顿大学获得硕士和博士学位。他 1969 年到埃尔伯塔大学任教，并出任研究院院长。他 1980 年代开始用笔名庄稼创作散文，出版了散文集《独饮也风流》（1991）、《吹在风里》（1994）、《看海的人》（1999）和《星移几度》（2003）等，由于个人的学养和经历（从抗战到台湾到美国求学到加拿大大学任职），他的散文对于人情世态有特别的领会。他胸怀广阔，对中西方文化价值观作适度融合。他从海洋学的角度对《诗经》中的动植物意象花了 6 年时间翻译，于 2010 年出版《诗经国风英文白话新解》。[4]

4. 邱英美：《东风缓缓吹来：我所认识的贾福相教授》，《世界日报》，2001 年 9 月 5 日。

吕慧 1960 年代自台湾移民加拿大，她的《欢游五十国》（1995）记载了奇异的他国风光和旅游心境。她的《要擦亮星星的小孩》（1997）是亲情、友情、爱情的深沉表白。洪若豪毕业于香港中文大学，对音乐有深厚的造诣，经常发表关于音乐欣赏的文章。她的《音乐小品文》（1997）写音乐和人生的感应，独树一帜。

陈浩泉长期在《星岛日报》《明报》撰写专栏。他出版了《紫荆·枫叶》（散文与诗合集，

1997），即将出版的散文集有《家在温哥华》和《泉音》。他的散文可以说是理智型的，内容广泛，无论旅游风光、商场地铁、社团政客、谈文说艺、品评人物，都能够客观来看问题，表现出一种胸襟广阔的风范。他的散文《再没有乡愁》写得比较中肯："往后的日子，也许再没有乡愁了，那里可以让你安安乐乐地生活，那里就是你的家乡。真的牵肠挂肚吗？十几个小时的飞机就可以回去了，何必强说愁。比较实际的倒是，家乡已经好得令你不想再离开她了吗？我相信这正是大多数海外华人的期望。"[1]

1. 收入陈浩泉编：《紫荆·枫叶》，第 177 页，香港：华汉文化事业公司，1997 年版。

　　进入 21 世纪，个人散文集出版的势头更加强劲。麦冬青虽然九十高龄，但宝刀未老，仍然坚持写作，他的《突围》（1998）和《福溪岁月》(2008)都包括散文和短篇小说，灵感来自对人生的感悟和温哥华生活的观察。宇秀的《一个上海女人的下午茶》（2002）写她在温哥华的创业经历和生活。余玉书（1937— ）生于香港，广东台山人。1956 年就读于台湾大学中文系，1960 年毕业回港，1993 年移民加拿大。出版有《寓言散文诗集》（2005）、《植物的构图》（2007）和传记文学《半生戎马足千秋》（2001）。林婷婷来自菲律宾。她的《推车的异乡人》（1992）获得台湾侨联总会华文著述散文首奖。她的《漫步椰林椰园》（2006）描写她从菲律宾移民加拿大后的生活点滴，从菲佣的梦想到文学活动，再到记朋忆友，文笔真挚。她 2010 年与刘慧琴合编北美女作家的合集《飘鸟》。刘慧琴的《寻梦的人》（2009）以真挚的文笔写过去在中国的记忆和当前的生活。她曾任职于中国社会科学院外文所，1977 年移居加拿大后，曾经任会计，直至退休。她主编的《枫雪篇》（2006）收集了加拿大华裔作家协会会员的散文。杨裕平的《艺影录》（2006）是他作为中华文化中心艺术总监长期举办文化活动的心得。梁丽芳的散文集《开花结果在海外》（2006）写她在埃德蒙顿的教学和研究生活，包括了校园百态、汉学评说、中国当代作家作品、加华文学活动等，是加拿大比较少有的学者散文。

　　罗锵鸣(1948—2008)是个诗人，也是个资深传媒人，曾当《明报》主编。他的《煮字烹情》(2007)包括他少为人知的诗作，15 篇以一个字为题的社会文化评论(烟、念、惑、厕、缘、去、党、蠢、王、才、点、姓、误、报、愿)，观点非常独到。他在《白流与主流》[2]中，反驳了白人才是主流的观点，

2. 收入罗锵鸣：《煮字烹情》，第 198—202 页，香港：华汉文化事业公司，2007 年版。

并担忧部分华人"不自觉地认同'白流'观点，同样意味'白流'即'主流'，一切'向白看'，助长'以白为尊'的意识扩散，非'白'不足以显尊贵、非'白'便不是一等公民，忘记加拿

3. 收入罗锵鸣：《煮字烹情》，第 201 页，香港：华汉文化事业公司，2007 年版。

大的'多元'国策：多元文化、多元种族——这才是我们的'主流'。"[3]张士方的《十年磨一剑》

（2009）包括他的论述、散文和译作。梁兆元的《红楼旧事与君说》（2010），逻辑性和趣味性强，是他多年阅读《红楼梦》的心得。骆蕴琴（若智）生在上海，1948 年到香港，1955 年回大陆学习，1988 年重回香港。1997 年移民加拿大后，她曾在西门菲沙大学担任汉语教师，她的《岁月遗踪》（2010）回首细说她为了爱国从香港回中国大陆付出的沉重代价。曹小莉原籍南京，"文革"时期曾到内蒙古插队，回城后当过工人。1982 年移民加拿大，曾在不列颠哥伦比亚大学东亚系研究院进修。她曾从事地产经纪工作，文学创作不断，她文笔流畅、思想敏锐，她的集子《嫁接的树》（2011）包括诗作、散文和戏剧。曾晓文的《背对月亮》（2012）精选了她在过去 20 年间在海内外发表的散文随笔，诗意地记录了她在北美的生活经历、对人生和文学的感悟和对爱情、友情和亲情的体验。

散文得奖最多的，莫如吉羽。她原名胡守芳，东海大学外文系毕业，1976 年到加拿大埃尔伯塔大学攻读比较文学，因患癌症休学、接受化疗，后读室内设计。1981 年到不列颠哥伦比亚大学攻读建筑，1985 年获得学位。1993 年开始文学写作及翻译。她的散文富有弹性，用字准确，感性和理性交错应用，意境超脱。从 1994 年到 2012 年先后五次获得散文奖。

温哥华中侨互助会虽然是个慈善机构，但它名下的出版社也出版华人文学作品，例如合集《松风山岚集》（1998），散文集德慈的《尽我一生心》（1997）和《生命的告白》（2002）、陈孟玲的《这个世界不太冷》（2002）、森森的《缘》（2005）、黄孝廉的《视事纵横》（2008）、郑或的《忘情笺》（诗、散文、小说）（2000）和《闲情拾遗》（诗、散文）（2008）。

不能忽略的是，个别从香港移民到加拿大的老一辈传媒人，他们分布于加拿大东西部。资深作家杜渐原名李文健，香港出生，中山大学毕业，在香港任职编辑和翻译 30 年，创办杂志《开卷》和主编《读者良友》，1992 年移民加拿大，居住在多伦多。曾出版书评、小说和译作 30 多种。金依，原名张初，广东中山人，在香港从事新闻工作四十多年，同时写专栏和小说，1990 年代移民加拿大，除了之前出版三十多种著作外，来加拿大后出版了《素描香港》和《悲欢异地情》。

散文是最为直接的、最贴近生活的文体。这个文类的庞大作家群，以及他们表现出的活力和中西合璧的视野，使得他们成为中国以外最活跃最能反映加拿大社会脉搏和华人心态的写作群体。

第七节　写在枫叶国的诗篇和儿童文学

一、古典诗和新诗

（一）古典诗：《叶嘉莹诗词选译》

前期的华人文学，以古典诗歌创作最多，成就也最大。到了 20 世纪下半叶，写作古典诗词这个传统日渐褪色，但是有传统文化修养的加拿大华人，仍然用这个形式来表达他们的感情和思绪。不列颠哥伦比亚大学荣休教授叶嘉莹就是其中的佼佼者。在汉学一章已经介绍过她的学术成就，此处，将介绍一本非常独特的作品《叶嘉莹诗词选译》[1]。

1. 叶嘉莹：《叶嘉莹诗词选译》，陶永强翻译、谢琰书法。温哥华：中侨互助会出版，2007 年版。

这是一本设计优美，集诗词、书法和翻译于一体的作品。叶嘉莹的诗词、陶永强的翻译和谢琰的书法一同出现在对页，非常精致古雅。书中五十首诗词，从 1940 年夏天的《咏荷》到 2004 年 5 月的《妥芬诺度假纪事绝句十首之八》，表达了作者不同时段的遭遇和心绪：抗战期间丧母，赴台后丈夫与作者本人连同女儿分别入狱，出狱后流离失所，到彰化的私立学校任教，之后到台湾大学任教，其后到美国哈佛教学，再转到加拿大不列颠哥伦比亚大学任教，接父亲到加拿大团聚，父亲去世，五年后女儿与女婿车祸罹难，到中国讲学。她父亲来加一年便去世，她为此所作的《父殁》（1971 年春）写道：

老父天涯殁，余生海外悬。更无根可讬，空有泪如泉。昆弟今虽在，乡书远莫传。植碑芳草碧，何日是归年。[2]

2. 叶嘉莹：《叶嘉莹诗词选译》，陶永强翻译，谢琰书法。温哥华：中侨互助会出版，2007 年版，第 83 页。

她的女儿与女婿双双车祸罹难令她肝肠寸断。她写了十首诗，题为《一九七六年三月二十四日长女言言与夫婿永廷以车祸同时罹难日哭之成诗十首》，现在引其中第五首和第八首如下：

早经忧患偏怜女，垂老欣看婿似儿。何意人天劫变起，狂风吹折并头枝。

3. 叶嘉莹：《叶嘉莹诗词选译》，陶永强翻译，谢琰书法。温哥华：中侨互助会出版，2007 年版，第 95—97 页。

历劫还家泪满衣，春光依旧事全非。门前又见樱花发，可信吾儿竟不归。[3]

经历了风霜的她回到中国执教，以下词牌为《浣溪沙》的《为南开马蹄湖荷花作》（2002）乃是她报国心怀的形象写照：

> 又到长空过雁时，云天字字写相思，荷花凋尽我来迟。连实有心应不死，人生易老梦偏痴，千春犹待发华滋。[1]

1. 叶嘉莹：《叶嘉莹诗词选译》，陶永强翻译，谢琰书法。温哥华：中侨互助会出版，2007 年版，第 131 页。

2008 年 8 月 31 日，这本书在不列颠哥伦比亚大学亚洲中心举行首发仪式，叶嘉莹教授演讲、朗诵，王健表演快板，中外学界到会者数百人，是亚洲系有史以来为教授出书最隆重的一次盛会。

（二）新诗：洛夫、痖弦及其他诗人

新诗方面的发展比古典诗歌明显薄弱，20 世纪 50 年代后，只偶然在华人报纸上出现。1982 年温哥华成立的白云诗社是较早出现的新诗群，旗下的诗人曾在《大汉公报》上登载作品。成员有袁军、黄子（原名楚之翘）、梁楚（即梁丽芳）等。可惜这个新诗社因为成员的搬迁而没有持续下去。以上作者的诗作，明显地以加拿大为背景的有梁楚的《忘了》（1979）。这首诗写因天涯远隔而日渐褪色的情谊，诗中用了落基山、冰湖、雪原、小城与阳关等自然意象来构建这种无奈心境：

> 忘了是你／约我，还是我／约你／如旅云两朵／飘过／冰湖／荡过／雪原／相聚／冉冉下降／于落基山下的小城／／又忘了是春天／是秋天／还是什么天／发现你我／各已逐渐生了根／拔不动／飞不起／遥遥伫立／像隔了／阳关千万遍

冰雪景色是华人作品中常见的加拿大意象，以下陈浩泉的《哥伦比亚冰原》（1995）以惊叹的笔调写它的壮观：

> 脚下一片晶莹／是千万年的巨尺冷冻／冰雪水／久久埋藏着一个洁白的灵魂／／直到这一天／爬山车的巨轮／警醒了她千年的梦／冰化的高原上／枫叶旗飘扬着／

壮丽雄峻的骄傲 [1]

1. 收入陈浩泉：《紫荆·枫叶》，第57页，温哥华：加拿大华裔作家协会，1997年版。

1996年，著名诗人洛夫(1928—)从台湾移居温哥华，给荒凉的温哥华新诗场域带来了生机。洛夫也是个杰出的书法家，经常举办书法展览。他2003年发起成立漂木艺术家协会，举办别开生面的诗歌和音乐会。洛夫经常受邀到中国演讲，进行交流。中国的大学和文学机构数度为他开办诗歌朗诵会和研究会。2009年，他的故乡湖南衡阳市政府主办、衡南县政府承办的"2009秋·洛夫国际诗歌节"，吸引了来自日本、韩国、加拿大和中国各地学者数百人，有四万多群众参加开幕典礼。

洛夫经历了两次"流放"生涯，第一次是1949年从中国大陆到台湾，他认为这次"流放"最大的意义乃在于文学生涯的开创，许多重要的作品，以及由这些作品换来的奖项、荣誉、尊严和历史上的定位，都是在台北完成的。1996年，由于台湾内部政党恶斗与社会环境日趋恶化，他再度被迫远走海外，他自称为"二度流放"。他这次"流放"，是希望在有生之年，在一个安静的环境里，再多创作一些能令自己满意的作品。他在温哥华的居所中自辟一间名为"雪楼"的书房。他在书房里经营自己的独立王国。十几年来，他创作了自认为满意的成绩，共出版了十三部诗集（包括选集）、五部散文集、一部《洛夫访谈录》、一部四大册的《洛夫诗歌全集》。最令他满意的，是他的三千行长诗《漂木》。该诗已经由约翰·巴尔卡蒙(John Balcom)翻译成英语。[2]

2. *Driftwood: A Poem.* Trans. By John Balcom，Brookline，MA：Zephry Press，2007。感谢洛夫提供资料。

洛夫与痖弦（梁丽芳摄，2010.2）

人在暮年，远走异国他乡，不是所有的人都能适应的。洛夫认为由于加拿大尊重多元文化，使得他的身份焦虑日渐淡化。他对于中华文化的认同始终如一。托马斯曼那句名言"我托马斯曼在哪里，德国就在哪里"对洛夫启发很大。他曾经说过，"对我来说，由台北移居温哥华只不过是换了一间书房"。在异域写作方面，他体会到初期写作难免依靠捕捉过去生活中的题材，但是久而久之，在新环境中的际遇产生的新刺激，原民族文化与当地文化的矛盾，因而引起的苦恼和挑战，都能够使作品更为丰富、表现出更多层次。比如，收入《洛夫诗歌全集Ⅲ》中的《大鸦》《初雪》《经过渔人码头》《大冰河》以及《洛夫诗歌全集Ⅳ》中的《鲑，垂死的逼视》《异域》《松鼠家族》等，灵感都是来自加拿大的生活。加拿大的自然环境对他最具标志性的影响的无疑是《漂木》[1]中的第二章"鲑，垂死的逼视"。

1. 洛夫：《漂木》，台北：联合文学，2001 年版。

鲑鱼（就是三文鱼）每四年一次从太平洋洄游到它们的出生源头，即使遍体鳞伤，也不放弃。雌鱼产卵，雄鱼守在旁，它们把鱼子埋在安全的石块之下，体力耗尽，便双双死去。这是一种既神奇又震撼的自然现象。洛夫在阿当斯河亲眼所见这一壮观场面，受到启发而铸造成篇。鲑鱼的流放与回归意象，跟漂木的寓意互相呼应，是加拿大的大自然现象与中国传统和哲学以及个人的大彻大悟的完美结合。现引其中鲑鱼经历了遍体鳞伤的旅程，回归源头产卵死亡后，安然归于自然的一段：

我们终于在空无中找到了本质／新的机遇／也是新的轮回／麻麻的，有点痛／一种初醒时的怔忡／我们，安安静静的溶解／全生命的投资／参与一个新秩序的建构／一个季节之外的太和／我们开始／以另一种形式优游于／急湍与凶恶的漩涡中／十月的黄昏／隔年的雪比秋水温柔／河滩上的沙石比落叶温柔／我们载浮／载沉／最后在沙丘上相拥而眠／淡淡的夕阳／微温的梦／

我们等待蜕变成为蜉蝣／犹之一群白鸽／噼里啪啦从魔术师的衣袖中飞出／单细胞／富于蛋白质／此外就别无含意了／一种令人惊悚的／而有那么自然的／不存在[2]

2. 洛夫：《漂木》，台北：联合文学，2001 年版，第 102—104 页。

著名诗人、编辑痖弦（原名王庆麟，1935— ）生于河南，1949 年到台湾。20 世纪 50 年代初毕业于台湾复兴岗学院戏剧系，1954 年与洛夫和张默创立"创世纪诗社"。后担任《幼狮文艺》主编，带起文艺风气，栽培不少人才。1966 年参加美国爱荷华大学国际写作计划两年，1976 年再度到美国进修，1977 年获威斯康辛大学文学硕士。1977 年担任《联合报》副刊主编，直到退休。

1995 年安家加拿大，1998 年退休移居温哥华。曾回台湾成功大学、世新大学、育达学院等校担任驻校作家和客座教授，也做短期讲学和担任文学奖评审。2007 年，他获邀担任浸会大学驻校作家三个月，并在香港大学讲学。在港期间，参加了多次座谈会与香港作家交流，有五家文艺刊物出版"痖弦专辑"，引起了"痖弦旋风"。到加拿大后，出版的作品有《聚伞花序一集》、《聚伞花序二集》和《弦外之音》等。[1]

1. 感谢痖弦先生提供资料。

韩牧（1938— ），诗人。生于澳门，五十年代移居香港。澳门东亚大学文学硕士。在香港、澳门、新加坡出版过诗集《铅印的诗稿》（1969）、《急水门》（1979）、《分流角》（1982）、《回魂夜》（1983）和《伶仃洋》（1985）。他 1989 年底移民加拿大后出版了诗集《新土与前尘》（与夫人劳美玉合作，2004），包括他从 1969 年到 2003 年的诗作。此外，有《剪红集：韩牧艺评小品》（2006）和《韩牧评论选》（2006）。他最新的诗集为《梅嫁给枫》（2012）。他也是个书法家，专精甲骨文及隶书，曾在美国、中国大陆、台湾等地举办书法展，[2]并出版《何思撝书法集》（中

2. 感谢韩牧提供资料。

日英文版，1996）。他还出版了《韩牧散文选》（2008）。韩牧曾在 1984 年"港澳作家座谈会"上呼吁建立澳门文学。

韩牧以加拿大为背景的作品不少，以下的新诗《铜竹筒：博物馆中见先侨遗物》（2001）从烟具想到只身在外的先侨对妻子的怀念：

怎么去排解／无法排解的乡愁呢？／吸几口烟吧 ／／来自中国南方的水乡／习惯了家乡的烟具：／大竹筒／／隔一个渺渺的太平洋／严寒的加拿大／没有生长竹子／／铜片／一片片卷起来／就连接成／一个多节的大竹筒了／／一吸一呼之间／他见到了家乡的烟囱／厨房里在煮晚饭的妻子

作为加拿大华语诗人协会会长、加拿大中国笔会会员的川沙，是东部的知名诗人。他曾出版诗选集《拖着影子的人群》（2001）和《春夜集》（英汉对照，2006），还有关于他的诗作的评论集《川沙诗歌精品欣赏》（2010）。以下是他的代表作《摆渡人》：

摆渡人／摆渡／在乡野之河／日出日落／摆渡

　　　　把众生摆渡／成河／在／生死悲欢／几劫几世之河／摆／渡

　　　　摆渡人／如乡野河边草木乡野／叶长叶落／水涨水落／屹然／摇桨操舵

　　　　脸庞／日日如初／木讷腼腆／目光／如冥河边阴郁的卡戎＊／又象

　　　　寺庙里／和尚手指头敲打的木鱼／响声匀称／匀匀称称／看见／众生／深深入梦

　　　　（＊卡戎（Charon），希腊神话中冥河的摆渡者。2005 年秋加拿大多伦多）

　　此外，有来自武汉的黄冬冬的诗集《漂泊的孤帆》（2000），来自香港的陈中禧的《移民族》（1989）、《台风的日子》（1997）和《陈中禧短诗选》（中英对照，2003），还有李亚晟的双语诗集《镜框：白色 Snapshort》（2012）等等。

二、 儿童文学：阿浓、陈华英

　　在儿童文学创作方面加拿大华人作家比较少，具有代表性的有阿浓和陈华英。阿浓（1934— ）原名朱溥生，浙江省湖州人，13 岁到香港。曾任教中小学 39 年。他退而不休，1990 年代来加拿大后出版儿童文学三十多种，并且长期撰写报纸专栏，把加拿大的所见所闻融入创作之中，开拓了国际视野。他的作品屡屡在香港、中国大陆以及国际上获奖。《阿浓说故事 100》获"香港中文文学双年奖"，根据其剧本《天生你材》拍成的电视剧，获纽约电影电视节银奖和芝加哥电影电视节银奖。他的《树下老人》获"陈伯吹园丁奖"，《是我欣赏的温柔》获"冰心儿童文学奖"。他热心支持温哥华中文图书馆，经常担任华文学校和文化机构征文比赛评审，为华人戏剧演出编剧。他除了撰写专栏外，还在华侨之声电台主持"中文学堂"节目，甚受广大侨界欢迎。阿浓还经常受邀到香港以及中国大陆演讲。例如，2006 年 3 月他与陈华英一同到香港教育学院，与准教师分享儿童文学心理。他的儿童故事有意识地加入了加拿大的元素。他的《喂乌鸦的老人》[1] 是一篇可读性高的短篇。一个退休的独居老人，每天在他的后院用三文鱼

1. 收入阿浓：《不一样的故事》，第 138—140 页，香港：突破出版社，2007 年版。

和面包喂乌鸦，嘈吵的声音引来四周邻居的反感，他们将纸条放入老人的信箱，但是没有回应，于是，他们联名反映到市政府。几天后，市政府派人去查看，却发现老人已经去世许多天了。故事可以这样结束，但是作者引申出一个更有意义的主题。在丧礼上，人们知道老人原来是第

二次世界大战的退役军人，是木工好手，圣堂的椅子都是他做的。那么好的人竟然独居死去。一个年轻女孩于是提出成立老人关怀小组，未几，附近一百多个城镇也成立同样的组织。作者写年轻人带着小狗和小猫去访问老人，逗老人开心，这一个细节包含了另一个意义：连猫狗都去关怀人类，何况人呢？

陈华英 1995 年移民加拿大，著有四十多本儿童文学，是个多产的儿童文学家。她毕业于香港教育学院及珠海书院中文系，是音乐和中文教师、儿童月刊及周刊的专栏作家。她曾任香港儿童文艺协会理事和电视台编剧。陈华英善于捕捉儿童心理，幻想力丰富，文笔流畅。她多次获得"香港儿童读物创作奖""香港中文文学双年奖"和"中文文学创作奖"。移民加拿大后，温哥华的四时美景和风土人情都进入她的创作视野。身为中文教师，移民下一代的思维方式是她观察加拿大文化对华人影响的窗口。移民后，她创作儿童小说 6 种，大部分作品见于华文报刊，内容以加拿大风貌、华裔生活和旅游见闻为主。2010 年她的《美丽的十四天》，获得香港中文文学创作奖儿童文学组亚军。在这篇小说中，她写到加拿大的义工精神。

阿浓与陈华英都是著作等身的儿童文学家，他们的作品被选入香港的教科书，作品也在中国大陆发行。如果有一天他们的作品也被翻译为英文的话，将发挥更大的桥梁作用。

第八节 粤剧、话剧与舞台上的混合形式

加拿大华人的粤剧及其后的白话剧，一直保持着它们的活力。除了提供给离家背井的侨民娱乐消遣之外，百年来还为中国革命、赈灾、办学、抗战筹款做出贡献。到了 20 世纪 60 年代后，粤剧和粤语话剧因为香港移民大量入境而越来越兴旺（详见第三章）。到了 21 世纪，中国移民陆续增多，京剧和普通话话剧也陆续加入。最近一两年，一向用英语创作的土生华裔的戏剧开始采用中西合璧的形式，打破单一语言的框框，吸引了中西观众。戏剧是文学和表演艺术相结合的综合艺术，故此能够吸引更多不懂华语的观众，在跨种族和文化交流上，比纯文字作品更有效。

一、 粤剧

1982 年 6 月到 8 月，红线女首次率领广东粤剧团到温哥华，演出《搜书院》，引起轰动，正式启动了双方的粤剧交流。

根据不列颠哥伦比亚大学社会人类学教授罗碧丝 (Elizabeth Johnson) 的研究，除了香港之外，温哥华已经成为世界上粤剧演出最频密的城市，其次是多伦多和洛杉矶，再其次是新加坡和纽约。[1] 在电子媒体占主导的时代粤剧之所以能够在温哥华和多伦多等城市大为流行，乃是几个因素促成的。首先，广东和香港来的移民最早和最多，长久以来，粤剧是他们的主要娱乐方式; 其次，他们在原居地已经耳濡目染，即使没有浓厚兴趣看粤剧，也对粤剧的剧目相当熟悉; 第三，近年来的香港移民，大多选择温哥华和多伦多两地定居，于是这两个城市便成为粤剧的重镇。加拿大的其他城市如维多利亚、蒙特利尔、卡尔加里、温尼辟、埃德蒙顿都有演唱粤剧的音乐社或团体，虽然规模较小。

香港、中国大陆的粤剧戏班不时来加拿大演出。例如 2010 年 8 月 28 日，香港的粤剧团给温哥华的中侨互助会义演筹款，票价由 28 加元 到 108 加元不等。2010 年 9 月，温哥华举行了盛大的粤剧汇演，来自中国大陆和香港的粤剧戏班逐一登场，此类演出已经成为常态。

温哥华唐人街广东粤剧汇演的海报（梁丽芳摄，2010）

至于京剧的演出，则仍处于初始阶段，相信随着说普通话的华人移民日增，会有所扩展。2012 年 7 月 29 日，由中国国务院侨务办公室和中国海外交流协会主办、加拿大中国商会和温哥华中华会馆承办的"文化中国名将讲坛——走进京剧"在温哥华大剧院（The Center in Vancouver for Performing Arts）举行，这是一个良好的开始。

---

1. 参看她的论文 "Cantonese Opera in its Canadian Context: the Contemporary Vitality of an Old Tradition", in Theatre Research in Canada. vol.17, no.1/Spring 1996. See http://www.lib.unb.ca/Texts/TRIC/bin/get.cgi?directory=vol17_1/&filename=Johnson.htm

二、 舞台剧

从 1910 年代以来，粤语话剧就一直没有停止演出。20 世纪上半叶，醒群社、育英社、青年会和现象社等一直发挥它们的娱乐、教化、筹款功能，并强化华人对中华文化的认同（详见第三章）。

1980 年 7 月，温哥华"华侨之声"电台主持刘恒信邀香港学者何文汇和梁凤仪带团来参加温哥华"第一届话剧节"，7 月 23—24 日连续两天在女皇剧院演出《兴王府》，有英文字幕。笔者适逢其会，观看了演出。《兴王府》的故事取自五代时期的宫廷事件，情节跟莎士比亚的《王子复仇记》类似，全剧采用了鲜艳而简单的布景，演出水准高，获西方传媒报道，温哥华市长亲自设宴接待，是一次成功的交流。

温哥华中华文化中心文化艺术总监杨裕平积极推动戏剧，在他的努力下，1990 年成立中华文化中心话剧团。其宗旨是通过戏剧增加对不同文化的认识和了解，剧团成员包括专业和业余亚裔演员。他们演出《异乡人》《天远夕阳多》和《判》，探讨华裔在加拿大遇到的种种问题。因演出优异，该话剧团被选为不列颠哥伦比亚大学人类学博物馆的驻馆艺术团。

1993 年，由杨裕平负责监督和编辑，并与潘芷茜合作导演的话剧《判》，具有多方位的意义，剧本内容受到日本作家芥川龙之介（1892—1927）的《竹薮中》（后来黑泽明电影的《罗生门》来自此故事）的启发。该剧有中英两个版本，由两组演员在不同日期演出。这个模式既可以满足华人观众，又可以超越语言藩篱、向不懂中文的观众推广华人的艺术文化，值得推广。粤语版 1993 年 8 月 20—21 日在温哥华中华文化中心大楼、8 月 27 日在人类学博物馆演出，英语版 8 月 28—29 日在人类学博物馆演出，该剧还在 9 月 17—19 日参加温哥华边缘戏剧节的演出，面向广大观众，实现了没有语言障碍的交流。[1] 1994 年该剧团解散，2001 年重组，并在同年 11 月演出美国华裔戏剧家黄哲伦自传改编的剧目《金子》，[2] 该剧有粤语版（11 月 17—18 日）和国语版（11 月 24—25 日），以满足不同语言背景的观众。

1980—1990 年代，移民加拿大的港台影视人日渐增多。他们于 1995 年成立的影视人协会是个非营利团体，目的是回馈社会。2001—2006 年，该会捐出善款 25 万加元。他们不时到加拿大各大城市演出大型粤语话剧，深受欢迎。2007 年 3 月 30—31 日，他们演出由潘炜强导演的香

---

1. "判"（Judgement）演出说明书。1993 年 8 月印刷，温哥华中华文化中心与不列颠哥伦比亚大学人类学博物馆合办。
2. 《金子》演出说明书。2001 年 11 月印刷，温哥华中华文化中心主办。

港名剧《我和春天有个约会》，演员有不少是香港明星，例如岳华、黄淑仪、李琳琳、张翼、潘志文等。2001 年 10 月 5—6 日，他们演出袁报华导演的《七十二家房客》，非常轰动。袁报华曾在香港教育界任职三十多年，同时在丽的呼声、商业电台和香港电台创作节目并演出，他首次把后来疯迷香港观众的"讽刺短剧"引入香港，在香港演艺界为人敬仰。1995 年退休之后移民加拿大，在温哥华热心推广话剧，栽培后辈，乐此不疲。他协助指导的话剧团有芥菜种儿童剧团、情迷情人、温哥华支联会剧团、祭作舍等。[1] 2012 年 10 月 4 日，芥菜种儿童剧团首创了亲子剧场，演出三场儿童剧《我们是这样长大的》。

1. 感谢袁报华提供以上资料。

经常演出的祭作舍，英文名字叫 Sacrificium Society of Production，是个基督教剧社。1996 年 9 月演出《我的二次方》后，由部分演员共组而成，1998 年正式注册成立。该团集中演出福音剧，例如 2007 年演出《十诫系列》等，也演出其他题材的话剧，例如《异度情缘》《死亡别狂傲》《乘风归去》和《赌的传奇》等。2007 年 12 月，该团与加拿大史维会合作，演出《南京一九三七》。祭作舍是个活跃的话剧社，而且有一群年轻人参与，甚有潜力。

21 世纪以来，普通话话剧也陆续出现。2007 年，加拿大华人戏剧电影协会在温哥华演出由马锐导演的《雷雨》。2008 年，来自中国的音乐家唐康年的歌剧咏叹调作品《雷雨》乃是两岸三地音乐家合作演出的产物，该剧于 3 月 21 日在温哥华女皇大戏院上演。多伦多话剧团在 2009 年 7 月演出《跟我前妻谈恋爱》，2010 年秋天排演家庭话剧《狗魅情缘》，2012 年两次演出根据英国喜剧《乱套了》改编的黑色幽默喜剧《阳台上的秘密》。华裔演员和剧作家曹枫从南京大屠杀获得启发，其剧作《红雪》描述女主角与日本男子相恋，他们的爱情迫使他们三代人正视南京大屠杀的往事，引发起他们的内疚、痛苦、羞辱。这个舞台剧，获邀于 2012 年 11 月 27—28 日在上海国际当代戏剧节演出。曹枫毕业于多伦多大学，同时也是法国 Jacques Lecoq 国际戏剧学院的毕业生。

三、 中西合璧的戏剧

从交流的角度来看，华语话剧的观众绝大多数局限于懂华语的人士。最近，华人戏剧有了新的突破，就是中英语言混合演出。2001 年 4 月在多伦多作世界首演的歌剧《铁路》（Iron

Road）便是个成功的例子。该剧被认为是"具有普世故事的特质，在音乐和戏剧上，都能够吸引广大观众。"[1] 故事发生在 19 世纪 80 年代，以侨乡一个乔扮男装的女子为寻找父亲到加

1.www.ironroadoopera.ca/ir_worldprem.html

拿大参加建筑铁路为导线，描述华工在歧视下的艰苦、坚韧和斗争。歌剧作者陈嘉年（Ka-nin Chan）来自香港，1974 年毕业于不列颠哥伦比亚大学工程系，继而到美国印第安纳大学专攻音乐硕士和博士，1982 年开始任教于多伦多大学音乐系。他的作品曾多次获得国家奖。2001 年，《铁路》获得朵拉马伟莫尔音乐优秀奖（Dora Mavor Moore Award for Outstanding Musical）。[2]

2. 感谢陈嘉年提供以上资料。

华裔英语作家余兆昌的新作《金山惊魂》（Jade in the Coal）是中英双语混合演出的新尝试。话剧的背景设在 1900 年的金巴岭（Cumberland）矿区，故事讲述了工头为了私利而不顾矿工安危，导致死伤，并穿插一个三角爱情故事。剧中有来自广东的粤剧团在矿区演出一场宫廷与番邦之间的纠葛的情节以映射主要故事中的爱情。粤剧是戏中戏，粤剧部分先由梁丽芳翻译，然后由广州粤剧作曲家根据内容谱曲。导演是舞台艺术家海蒂·斯帕特（Heidi Specht），制作者是潘伽亚艺术公司（Pangaea Arts）。该剧 2010 年 11 月 24 日至 12 月 4 日在不列颠哥伦比亚大学的 Frederic Wood Theatre 首演，是传统粤剧形式和现代话剧在舞台上的有机结合。

改编自中国文学作品的电影不时在加拿大上演，特别是在每年温哥华、多伦多和蒙特利尔的国际电影节，这给加拿大各界观众带来新鲜的异国艺术享受，不在此赘述。

第九节　百川汇海：华文作家在加拿大

加拿大的华文作家基本上都是第一代移民。前期发表作品的作家，大多数来自岭南。后期的作家，如果以来源地来分类的话有两大类：一是来自香港和台湾；二是来自中国大陆。因为政治社会背景不同，他们的作品在选材、风格上也有所区别。在出版渠道方面，有中国大陆背景的作家，绝大多数在中国大陆发表作品，并因而较易获得读者甚至荣誉；港台的作家多在港台发表，受众比较狭窄。当然，活跃的作家则多处发表。如果从写作资历来看，这些作家可以

分成两大类，一是在原居地已经出名，一是来了加拿大之后才开始写作。前者之中，有退休后移民加拿大的，例如梁锡华、洛夫、痖弦等在原居地已有盛名。后者之中，有来留学或者工作的，如近年成名的张翎等一批新移民作家。

但是，无论他们来自何方，何时开始写作，他们都在枫叶国生活，呼吸枫叶国的空气，不期然地，他们的作品都浸染着加拿大元素，正是这些元素，造就了他们作为加拿大华文文学的特色。即使把文本的场景或意象设置在中国，作者的视角距离也有意无意之间流露出来。目前，这些作家主要在三个大城市：加西卑诗省的温哥华、安大略省的多伦多和魁北克省的蒙特利尔。

加西方面，华人作家集中在卑诗省，也有少数在邻近的埃尔伯塔省。二十世纪六七十年代来自香港的作家（包括在香港成名后移民加拿大和在加拿大才开始写作的作家）有谢琰、梁锡华、陶永强、徐明耀、梁丽芳、施淑仪等；二十世纪八九十年代移民到加拿大的作家有许行、梁燕城、陈浩泉、胡菊人、刘美美、韩牧、劳美玉、亦舒、余玉书、阿浓、圆圆、丐心、石贝、陈华英、刘国藩等，还有已故的王敬曦、金刀、罗锵鸣、王洁心、也斯，以及已经回流香港的陈中禧、颜纯钩、水禾田。

二十世纪六七十年代从台湾移民来加拿大的作家依时序有冯冯、东方白、叶嘉莹、文钊、朱小燕、马森、贾福相、胡守芳、陈若曦（后到美国，之后回台湾）等，其中贾福相已经去世（2011）。九十年代以后到加拿大的有周肇玲、洛夫、痖弦。周肇玲已回流。

中国大陆背景的作家因为历史因素出现比较晚，二十世纪七十年代末移民到加拿大的刘慧琴算是比较早的。八十年代到加拿大的有曹小莉、陈丽芬、古华、丁果、刘慧心、廖中坚、施慧卿和梁兆言；九十年代以后到加拿大的有梅娘（已故）、宇秀、陈苏云、黄冬冬、王选、微言、林楠、文野长弓、汪文勤、龚翠莲、孔书玉、空因等，还有常住北京的汪文勤，来自菲律宾的林婷婷和来自新加坡的王祥麟。[1]

1. 参考陈浩泉：《加拿大华文传媒与加华文学》，载《世界华文文学论坛》，2010 年第 2 期。

加东方面，来自香港的华人作家有黄国彬（已回流）、王亭之、戴天、杜渐、苏赓哲、冯湘湘、梁枫、金炳兴、苏绍兴、陈孟贤、潘国健、伍子明和已经去世的石人、金依、余缘治、余柏深等。[2]

2. 参考陈浩泉：《加拿大华文传媒与加华文学》，载《世界华文文学论坛》，2010 年第 2 期。

来自中国大陆的作家，除了个别之外，最早也是八十年代中后期才移民加拿大，20 世纪末和 21世纪初开始活跃。有些作家在中国杂志上发表作品，适逢中国文坛对海外华人的文学开始注意，他们也因此能在短时间内取得成绩。活跃在多伦多的作家有赵廉、张翎、陈河、李彦、孙博、余曦、曾晓文、川沙、为力、贝拉和已经回流的阎真等。活跃在渥太华的作家有笑言，活跃在法语区魁北克省蒙特利尔的作家有郑南川、紫云、冰蓝、朱九如、刘伯松、刘爱丽、扬格、高高、绿萍、穆彦等。[1]（详看法语区章节）因为篇幅有限，加上力有不及，遗漏难免。

1.www.lubynews.com/view.php?tid=3738&cid=9

结语

华文作者绝大多数是第一代移民，因而不可避免地具有不同程度的唐人街情结。唐人街可以视为这种离而不散情怀的图腾。唐人街是早期华人工作、娱乐、吃喝、交友、聚居的场所，也是信息交流的场所。唐人街通常在城市的中心地带，但却是个边缘存在。这个实质的或者想象的地域，是个综合文本。"对于白人社会来说，唐人街是个被看作异国风情的地域，是转换口味时偶然光顾的厨房；它是黑眼睛黑头发黄皮肤异乡人留恋之所，也是个神秘莫测的迷宫。随着国际犯罪组织的猖獗，甚至被认为是黑社会头目出没的黑暗区。"[2]

2.梁丽芳：《打破百年沉默：加拿大华人英文小说初探》，第22页。收入加拿大华裔作家协会编：《枫华文集》，温哥华：加拿大华裔作家协会，1999年版。

从19世纪后半叶到21世纪的现在，唐人街仍然是很多华人精神归属的象征。很多华人不居住在唐人街，也不必要到唐人街才买到适合原乡口味的食物和用品，衣食住行跟唐人街可以说没有直接关系。不过，如果有传统庆典，如果有跟祖国相关的活动，又如果某个政客提出要拆迁唐人街的楼宇，或是建筑足以影响唐人街经济和形象的方案，唐人街主人的心态便立即调动起来。这个由早期华人在不得已的环境中造成的"城堡"图腾，一直延续到今天，相信还会延续下去。即使那些住在外地的华人，来到大城市的唐人街，也会光顾和浏览一下才觉得释怀，仿佛完成了一次想象的"回归家园"。

从1970年代到21世纪这四十年来，华文文学先后因为香港和中国大陆的移民的补充而保持了生命力，日益茁壮。这些都体现在华人文学团体的交流活动上，比如国际华人文学研讨会、文学讲座、征文比赛和论文评奖等。这些民间的文学活动，不但促进了加拿大华人作家之间的文学交流，还扩大和延续了与中国大陆、港、台和其他地区的文学交流。我们看到他们在新诗、散文、小说、戏剧的创作上，都有相当可观的成绩，有的还通过翻译进入国际视野。近年来，随着海外华人文学在中国本土受到注意，生活在加拿大的一些华人作者也顺势获得青睐。种种迹象显示，中加之间，无论直接和间接的文学交流，都正在朝着一个正面的方向迈进。

　　华文文学是横的移植，像散播了的种子，它在移居国的空气中发展。新的移民带来新的刺激，生生不息。他们的作品随着他们文化认同的蜕变，融入移居国元素，形成亦此亦彼的混合内容。加拿大的华文文学，其实是处于两个文化系统的交叉地带：这个地带既纳入加拿大文学的范围内，也同时纳入原籍国中国文学延伸范围内。因此，它具有双重性。这个特殊位置，提供了一个弹性的中间角度。作家主体可以在这个空间驰骋想象，可以指点江山，以超越的姿态表达自己。华文文学在原籍国的接受程度无疑远远大于移居国。如何强化它的交流能量，是个挑战！如何利用交叉地带的位置发声，同样是个挑战！

第五章　　方兴未艾的加拿大华裔英语文学
（上）：诗歌、短篇小说和散文

引言

　　一如我们在本书前言中强调的，作为离散文学的一种，加拿大华裔的华文文学可以从不同的角度去观照。在第三章和第四章关于加拿大华文文学的论述中，我们已经看到了中国元素和加拿大华文文学发生、发展和变迁内在密切的关联，而在接下来的第五章、第六章中，由于作家身份、写作语言、写作题材、写作方式技巧等方面的不同甚至是巨大差异，我们会意识到加拿大华裔英文文学和中国文学之间更为复杂微妙的关联。简而言之，就是加拿大华裔英文文学在主题取向上的三个焦点：中国话语、故土情怀和异国情调。这三个方面既呈现出不同时代的渐次递进，又有彼此交错，甚至互相重叠。要想透彻地理解这样复杂的关联，除了对华裔英文作家各种形式的代表性作品的分析批评外，还有必要将加拿大华裔英文文学整体性地置于跨越三个世纪（从 19 世纪中叶到 21 世纪初）的大背景下加以审视。

　　加拿大华人由于长期遭受歧视和隔离，成为社会的边缘人，显现出集体的话语沉默（collective silence），不唯社会政治层面，文学上也是如此。如果说这种集体的沉默在社会政治层面的被打破，是以 1947 年《排华法》的被废除和华人获得选举权为标志，那么加拿大华裔英语文学（以下简称为加华英语文学）真正崛起的雏形则是 20 世纪 70 年代才形成的。加华英语短篇小说的起源虽可以追溯到 19 世纪末水仙花姐妹（Sui Sin Far, 1865—1914 & Winnifred Eaton Reeve, 1875—1954）的开山之作，并由水仙花的妹妹温妮芙蕾延续到 20 世纪 50 年代，但毕竟势单力薄，不成气候。20 世纪 70 年代末，以 "加拿大亚裔作家工作坊"（The Asian Canadian Writers'

Workshop）主编的加拿大华裔和日裔英语作品选《难舍的稻米》[1] 为先声，
_{1.Sean Gunn ed. *Inalienable Rice: A Chinese and Japanese Canadian Anthology*. Intermedia Press, 1979.}
加华英语诗歌和短篇小说第一次集体亮相。90 年代末的《云吞：加拿大

华裔诗歌选》（以下简称《云吞》）[2] 将加华英语诗人整体推出，已蔚然成势。
2.Andy Quan and Jim Wong-Chu eds. *Swallowing Clouds: An Anthology of Chinese Canadian Poetry.*
与英文诗歌创作的态势类似，90 年代初华裔作家的英文短篇小说依托选集
Vancouver: Arsenal Pulp Press, 1999.

《多嘴鸟：当代加拿大华裔作家作品》（以下简称《多嘴鸟》）[3]，以群体
3.Bennett Lee and Jim Wong-Chu eds. *Many-Mouthed Birds: Contemporary Writing by Chinese Canadians.*
的方式开始逐渐跨入主流文学。21 世纪初华裔作家第一本英文短篇小说
Vancouver: Douglass & McIntyre, 1991.

集《敲锅：当代加拿大华裔作家作品选》（以下简称《敲锅》）[4] 更令人
4.Lien Chao and Jim Wong-Chu eds. *Strike the Wok: An Anthology of Contemporary Chinese Canadian*
刮目相看。这 4 本渐次推进、显现加华英语作家整体情状的选集，以及
Fiction. Toronto: TSAR Publications, 2003.

20 世纪 80 年代中期后不断涌现的加华英语作家的个人选集（诗歌和短篇

小说）、文学性传记和长篇小说，使以加拿大和中国大陆为主体的读者

和批评界终于意识到了加拿大华裔英语作家这一群体的存在。

　　从 19 世纪和 20 世纪之交的水仙花的开山之作，到 20 世纪初第一份

由华人主办的英文报纸[5]，再到 1979 年《难舍的稻米》出版，对饱受主
_{5.Chinese News Weekly。参见本书第一章的相关部分。}
流社会排挤、被极度边缘化、直到不停息的抗争后终获尊严的加拿大华

人来说，可谓筚路蓝缕、跌宕起伏而意义非凡。水仙花的"在纸上为他

们[6] 而战"的小说和《难舍的稻米》中华裔作家的主要作品里集中表现出
_{6. 这里的"他们"，水仙花用以泛指华人。}
早期华人被歧视、被羞辱的历史，以及他们对主流社会本能地逃避躲闪、

不解、无奈乃至怨恨抗争的心态和行动。作品的题材上呈现了典型的"漂

流和聚合"，进而形成了第一阶段的主题特征：中国话语。"漂流"是

当年淘金热散去后，尤其是太平洋铁路完工后大量滞留在维多利亚和温

哥华一带的华工为了生存不得不向北、向东几乎是无目的的迁徙和游走，由此也带来了精神上的无所归依：回不得自己的祖国和所来自的家乡，同时又由于文化和语言的限制，以及白人主流社会对华人的不平等对待和歧视，华人无法在居住国被认同，漂流便是唯一的可能；而"聚合"则是华人在历经千难万险、忍辱负重、终于站稳脚跟后的理性复苏和精神诉求。因此，所谓的"中国话语"，除了华裔英文作家（尤其是诗人）大都围绕着 19 世纪中期由淘金热和修建太平洋铁路而构成的以"苦力"（coolie）为特征的加拿大华人移民史，控诉当时白人主流社会的不公平，追溯亡灵的冤屈，表达后来者的愤懑和反思之外，更体现出他们依靠互助式的社区团体，一次次地向主流社会解释、诉求、抗争的打破沉默的强烈意识，并以中国人特有的吃苦耐劳、聪明能干、顺从忍让的品性洗刷主流社会对他们肆意的扭曲和污名化——诸如苟且偷生、无知（没有现代意识）、无德（没有信仰）、贪财自私等，从而彰显出华人忍辱负重、吃苦耐劳和坚忍不拔的精神和毅力。通过对这一时期主要作品的解析，我们得以形象地还原加拿大华人社会和加拿大历史的艰难而重大的变迁：华人逐渐聚合的力量迫使主流社会不得不顺应时变给华人一席之地，继而开始承认历史上对待华人的不公，并终于承认华人对加拿大社会的贡献。

1991 年出版的《多嘴鸟》，1999 年出版的诗集《云吞》以及同时期前后的其他代表性作品，形成了加华英语文学的第二阶段。相比《难舍的稻米》中华裔作家作品所负载的公平、正义等道德政治寓意，《多嘴鸟》在呈现多元化景象的同时，更多的是对自我身份的审视和对族裔文化的探寻，即所谓的"故土情怀"，另外，作品本身的文学表现力也进一步加强。"故土情怀"其实是在文化寻根的精神旅程中漾起的别样情愫，是华裔英文作家们在争取到特有的以中国话语为背景的族裔身份后，对附着在自己身上的另一种文化的向"精神更深处"的漫溯，故乡的一切在千山万水阻隔中的情状更加强了他们对母国或族裔文化的眷念向往。中华、中国、汉字、汉人、唐人街、中国城成为了当时不少加华作家们创作的灵感，乃至作品的支柱。比如弗雷德·华（1939— ）1985 年的著名长篇散文组诗《等待萨省》[1]就是以对中国的访祖为主线，被称为加华

1.Waiting for Saskatchewan. Winnipeg: Turnstone Press, 1985.

英文诗歌中最早的"寻根文学"；1990 年李群英（SKY Lee）的长篇小说《残月楼》出版，作者设计了如魔幻般传奇剧的背景，借用了中国传统的口述历史和故事的元素来讲述与王家联系着的不同族裔（华裔、土著印第安人）、不同地域（加拿大、广东和香港）、不同性向（异族恋、乱伦、同性恋）的跌宕起伏的故事；而 1994 年的长篇传记文学《妾的儿女们》的作者则是由一叠卷缩在角落、被长期冷落的外祖父、外祖母时代往来于加拿大和中国的书信以及那些脆旧泛黄的老照片牵引着走向大洋彼岸的广东四邑，去找寻这个离散家族的另一半。

　　第三阶段以 1999 年的《云吞》为界域，加上 2003 年的加华英语小说集《敲锅》，一直延续至今。《云吞》以及《敲锅》从内容和创作手法上更可以窥见加华作家英语创作的实绩。在《难舍的稻米》和《多嘴鸟》中，诗歌所占的比重并不大，入选的诗人和诗的类型也有限，但这

种现象则被《云吞》的出现所打破。诗集《云吞》在主题意象、创作手法、诗人类型等方面皆丰富多彩。其实，加拿大是个诗的国度，很多出名的小说家都写得一手好诗，如拥有"加拿大文学女王"桂冠，并在中国享有相当知名度的小说家玛格丽特·阿特伍德（Margaret E. Atwood, 1939— ）便同时是一位多产的诗人。《敲锅》入选的作家虽然和《难舍的稻米》及《多嘴鸟》有重叠，但在当时堪称是对加华英语短篇小说创作的一次最新的检阅，让我们看到了它在加拿大主流英文文学领域的异军突起，并不断攻城略地的势头。从《云吞》《敲锅》中崭露头角并带有先锋意识的刘绮芬、安迪·关、黎喜年等，加上长篇小说、传记文学的脱颖而出、欣欣向荣，戏剧、文学评论的相继登场和更迭，显现出加华作家英语创作第三个阶段的主题，即特有的异国情调——在开放杂糅、背向叛逆下对中国元素的再创造。新晋升的年轻一辈华裔作家没有了早期前辈和中华文化的骨肉相连，他们生于加拿大、长于加拿大，遥远的中国是他们父母的饭碗——不能剥夺的稻米，而对他们却可能只是水中月、镜中花，但东方的元素依然能让他们脱颖而出，令人刮目相看，并衬托起他们的神秘和飘渺。

第一节　诗歌：从呐喊寻觅到斑斓的放歌

最早的加拿大华人诗歌可以追溯到 19 世纪中叶被囚禁在加拿大西海岸窄小的移民中心禁闭间等待甄别的华工在墙上留下的诗句——被称为“壁诗”（poems on the wall），或者是他们邮寄回家的信函中表达孤独想念的诗篇，但这些控诉的诗篇一直被加拿大社会所藏掖和忽视，直到 20 世纪 70 年代才经由英语媒介而“重见天日”[1]。加拿大诗歌自 20 世纪 40 年代的“加拿大诗歌复兴运动”，到 60 年代的繁荣，再到 70 年代学术地位的建立，成为了加拿大文学中的主流体裁。[2] 但在 20 世纪 70 年代之前，几乎所有的诗人都是白人，这种状况直到 70 年代末和 80 年代初才有所改观。赵廉认为造成这种改变有三个原因：一是加拿大的原住民对欧洲 500 年殖民统治的拒绝和抗议，二是加拿大少数族裔版图的扩大，三是 20 世纪 70 年代末到 80 年代初加拿大采取的多元文化政策对少数族裔文学创作的鼓励。[3] 在这样的背景下，加拿大华裔诗人也纷纷登场，并渐成气候，像朱霭信（Jim Wong-Chu）、关山（Sean Gunn）、余兆昌（Paul Yee）、黎云（Laiwan）、简穆・易思美（Jam. Ismail）、弗雷德・华（Fred Wah）[4]、伍露西（Lucy Ng）、刘绮芬（Evelyn Lau）等。其中，弗雷德・华和刘绮芬等还多次获得各类重要的英文诗歌奖项，也有一些诗人因题材的新颖、形式或技巧的独特而进入主流批评界和媒体的视线。20 世纪 70 年代初到 90 年代的第一阶段，华裔诗人的诗作大都围绕着 19 世纪中期由淘金热和修建太平洋铁路而构成的以华工苦力为特征的加拿大华人移民史，控诉当时白人主流社会的不公平，追溯亡灵的冤屈，表达后来者的愤懑和反思。90 年代末开始的第二阶段，以刘绮芬、关嘉祥等为代表，不仅题材空间无限辽阔——从街头雏妓、虐恋到同性恋，而且在立意和手法上也更多样化。进入 21 世纪以来，加华英文诗歌的主角多为 1960 年代及 1970 年代生人，如前述的刘绮芬（1971）、关嘉祥（1969），以及之后会专节论述的陈伟民（Weyman Chan，1962）、黎喜年（Larissa Lai，1967）、黄锦儿（Rita Wong，1968）等，他们在第二阶段题材的开阔、立意的多元和手法的多样之基础上，分别创立了各自独特的诗风。

1979 年，《难舍的稻米》收录了三位华裔诗人的作品，他们分别是关山（Sean Gunn）、朱霭信（Jim Wong-Chu）和余兆昌（Paul Yee）。1991 年，华裔作家选集《多嘴鸟》有更多

1.1977 年，当年主要是拘留、甄别到岸华人的维多利亚海关移民局大楼被拆，在墙壁上发现了残存的中文壁诗，随后，维多利亚地理系教授黎全恩将其翻译成英文。详见第三章梁丽芳的相关论述。

2. 关于诗歌部分的论述，见 George Woodcock（1912—1995）的 *Literary History of Canada：Canadian Literature in English*. Ed. Carl F. Klinck. Toronto：University of Toronto Press，1976.

3.Lien Chao，*Beyond Silence：Chinese Canadian Literature in English*. Toronto：TSAR Publications，1997，p. 123.

4. 按 Fred Wah 自己的说法，他的爷爷的中文名字是关存礼，父亲为关富列。但这里还是沿用普遍接受的英译名。

的诗人入选，包括获得总督奖的弗雷德·华和总督奖提名的刘绮芬。1999 年关嘉祥和朱霭信又合编了诗集《云吞》。书名的"Swallowing Clouds"来源于广东话发音的两个汉字"吞"和"云"。云吞又通常被叫做馄饨，是中国珠江流域和长江流域日常享用的小食。在北美以广东一带移民为基础发展起来的华人社区、唐人街，云吞成为中国饮食文化的标志性符号。编者之一的关嘉祥认为，这种象征着中国人生活中的诗意和想象的食物也最能体现中国人的含蓄和谦逊：咸水清汤—云里雾里—囫囵吞下—马马虎虎。他欲借这样的颠覆意象来表达他对入选诗歌的肯定和赞赏，因为入选诗人包含了多重身份，探讨了各类主题，表现了双重和多重文化的现实，是真实生活的火花。所以，《云吞》这个题目不仅表现出加拿大华人饮食文化的精妙和丰富，更透露出这里华人共享的性情和品质。

《云吞》是迄今为止最完备的加拿大华裔诗人的合集，收集了 25 位身份年龄不同、主题风格迥异的华裔诗人的作品，其中有全职的作家、有社会活动家、有学者、有学生、有编辑、有医生、有护理人员，还有一位邮递员。有一些已经建立了在国内和国际的创作声望，像弗雷德·华、刘绮芬、余兆昌、朱霭信、黎喜年、赵廉；有些驰骋在不同的写作领域，已经发表了一系列作品，像余兆昌、朱霭信、刘绮芬等；有的诗人的作品常常出现在各类文学期刊上，也有的只是刚刚起步。其中，不少作品曾经发表于女权主义的杂志，或者是男（女）同性恋的刊物，显现出女性主义、同性恋爱的主题，凸显出诗在突破惯常伦理、彰显精英意识方面的前瞻性和先锋性。关嘉祥认为，诗集中体现华裔诗人的共同点——他们以这样一种文学方式来表达自己，但在现今的加拿大社会却极少引起关注。他认为，本质上，诗人都是被放逐者，即使诗作迈过了黄金期，但诗人依然表现出他们的另类，他们的独立遗世。

关嘉祥还特别强调了加华诗人的种族和肤色导致的另一种被社会的放逐。不少移民诗人的经历更让他们发出了强烈的疑问：我们到底当属何方？是祖辈、父辈所来自的厚重的黄土文明造就的神秘东方古国？还是生我养我的浩淼无垠的北美大地？在这里，文学意义上的被放逐和学术意识上的主动离散不期相遇而重合。

以下择而言之的诗人，乃是按第一首诗作或第一部诗集发表的年份排列，并不限于入选《云吞》的诗人。他们无论性情、经历、职业，还是意念、手法、风格，都绝不雷同。

一、 关山：让诗在节拍里舞蹈

关山是一位音乐家，所以他的诗格外注意乐感。他出生在温哥华，是第四代华裔。关山既是一个贝斯手，又是一位唐人街的社会活动家。他曾经是中华会馆董事会的成员，又是加拿大亚裔作家工作坊和加拿大华裔作家工作坊(The Chinese Canadian Writers' Workshop)的创始人之一。他的三首诗《方向》《融化》和《流逝》[1]在《难舍的稻米》中按由短至长排列，他的第三首长诗又被收入到了1991年加拿大华裔作家的作品集《多嘴鸟》里。看得出来他的诗歌有着强烈的节奏感和浓烈的音乐色彩。比如在《流逝》中，他以表示节奏的"click"起始，又以此结束。诗的行进中除了重复使用"click"外，还穿插了其它类似的表节奏的词：da、beep、bok-bok、bam、pow等，听起来有着摇滚乐一般的效果，这样的特点可能也受惠于诗人曾加盟过一家folk-rock乐队的经历。因此，很明显，这首诗带着风格和形式上的实验性。

1.*Orientation #, assimilation, and then something went.*

二、 弗雷德·华：寻血液里的华裔之源

弗雷德·华(Frederick James Wah/Fred, Wah) 20世纪60年代中期就开始发表作品，这在加华英语作家中凤毛麟角，之后，便一发不可收拾，从20世纪70年代开始到本世纪的头一个10年，诗作不断，保持着旺盛的创作力。目前，他是所有加华英语诗人中作品最多、获奖最多、知名度最高者。1985年，他以长篇散文组诗《等待萨省》[2]荣获加拿大总督文学奖的诗歌奖，此奖是加拿大文学领域的最高奖项。他除了写诗，也写小说和论文，集诗人、小说家和评论家于一身。2011年年底，弗雷德·华凭借在加拿大诗歌界的杰出成就和知名度，荣获"2012—2013加拿大国会荣誉诗人"（Canadian Parliamentary Poet Laureate）称号。

2.*Waiting for Saskatchewan. Winnipeg: Turnstone Press, 1985.*

弗雷德·华出生于萨斯喀彻温省（简称萨省）的激流镇（Swift Current），他的祖父关存礼因为20世纪初加拿大歧视华人移民的人头税和1923年的排华法案，无力将侨乡的妻室儿女接到加拿大，无奈之下便和自己经营的中式咖啡馆中有着苏格兰和爱尔兰血统（Scots Irish）的出纳弗洛纶丝·坦波尔（Florence Trimble）结婚。弗雷德·华的父亲在加拿大出生，但

在中国长大，拥有一半中国血统和一半爱尔兰—苏格兰血统。他的母亲原籍瑞典，6 岁来到加拿大。弗雷德·华丰富杂糅的血统明显地反映在其创作中，身份认同成为其诗歌最主要的主题，其中，《等待萨省》最为典型。2006 年散文诗体自传小说《钻石烧烤店》[1] 依然延续了这一主题。

弗雷德·华的作品大都散见在各类文学期刊和小出版社中。他一直是《公开信》（*Open Letter*）杂志的主编。同时他还编辑《西海岸线》（*West Coast Line*），并和他人合作，负责世界上第一份网上文学刊物《激流》（*Swift Current*）。他迄今为止共有 17 部作品问世。按年代，主要作品为《拉尔多》[2]《树》[3]《诗选：葬在烟湾的北欧之神》[4]《自名伤悼》[5]《抓住麻雀的尾巴》[6]《等待萨省》《思想之心的乐章》[7]《目前为止》[8]《家乡自在的小巷》[9]《钻石烧烤店》《光的宣判》[10] 和《是一扇门》[11]。

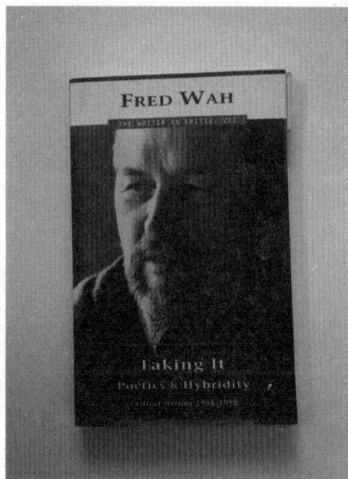

弗雷德·华的论文集

1980 年的《诗选：葬在烟湾的北欧之神》是他的早期作品集，从中我们可以读到诗人对自然景象、语言和记忆的歌咏；1981 年《自名伤悼》被誉为是最重要和最耐久的，来自最善于歌咏的蒂什（Tish[12]）诗人的长诗；1991 年的《目前为止》是 1990 年围绕着弗雷德·华当下作品的访谈，《蒙特利尔报》（*Montreal Gazette*）评论道：本书"将华的诗歌创作的探索引向本质"；1992 年的《家乡自在的小巷》用那些如蓝调音乐般的即兴吟诵和出乎意料的双关语探索了当代诗歌语言的各种可能性。诗集分为两辑，分别命名为《思想之心的乐章》和《艺术结》，第一辑是 1987 年同名诗集的延续。诗集在形式上（结构、

1.*Diamond Grill*. Edmonton：NeWest, 1996.

2.*Lardeau*. Toronto：Island Press, 1965.

3.*Tree*. Vancouver：Vancouver Community Press, 1972.

4.*Selected Poems：Loki is Buried at Smoky Creek*. Vancouver：Talonbooks, 1980.

5.*Breathin' My Name With a Sigh*. Vancouver：Talonbooks, 1981.

6.*Grasp The Sparrow's Tail*. Kyoto：Nagata Bunshodo, 1982. 这本诗集是作者专赠给家人和朋友的，只印了 300 册。

7.*Music at the Heart of Thinking*. Red Deer：Red Deer College Press, 1987.

8.*So Far*. Vancouver：Talonbooks, 1991.

9.*Alley Ally Home Free*. Red Deer：Red Deer College Press, 1992.

10.*Sentenced to Light*. Vancouver：Talonbooks, 2008.

11.*is a door*. Vancouver：Talonbooks, 2009.

12.Tish，原本是指 1961 年由不列颠哥伦比亚大学的学生诗人创办的诗刊的名字，后来成为了聚集在这个诗刊周围，认同一样的诗歌理论，形成了具有某些共同特征的诗人团体的代称。Tish 在上个世纪 60 年代开始的加拿大诗歌运动中很有影响。也被称之为"蒂什诗歌运动"。在本书第七章亦有相关的论述。

句法、语法）的突破常规和对诗歌音乐性的偏爱，使得同行感觉到"是被音乐牵引着，听不到言词"（诗人 Jam.Ismail 语）。

2006 年的《钻石烧烤店》无论是遣词造句，还是篇章结构，都看似漫不经心，散乱随意——对话没有标点，标题可能就连着正文，全书分为 132 节，少则半页甚至三四行，大都一两页，最多不超过三页，节与节之间不一定前后承接。但所有的描述都围绕着父亲的"钻石烧烤店"展开，所有情绪和思忖都指向种族、宗族和身份认同。有评论者这样生动地评价："《钻石烧烤店》将记忆、菜谱、历史和叙述炒在一起，如此地可口和暖胃，就像是用钱可以买到的精心烹调的最好的酸辣汤。"[1]

1. 见 *Diamond Grill* 的封底评论

2008 年的《光的宣判》是意象—文本组合而成的系列诗行。诗集提供给了读者大容量的对话，优美的视觉感受和独特的方言文本。《光的宣判》是弗雷德•华和其他各类艺术家合作的结晶，包括混合媒体艺术家、表现艺术家、视觉艺术家、多媒体艺术家、电视艺术家、摄影家、画家、动画艺术家等。2009 年的《是一扇门》动用诗歌对"突然"的刻画能力去颠覆闭合 (subvert closure)：突然的问题，突然的转变，突然的打开。写作充满即兴灵感，整个诗作的文本混合着旅行、探究、纪实。第一部分，蓝色伊萨多拉（Isadora Blue）沿着尤卡坦半岛的一个村落的海滨，看到了那些遭受飓风摧残的破碎之门。其他三章中回荡着同样的主题，带着对杂糅和"中间性"（betweenness）的诗意探讨。整个诗作围绕着门的意象展开：门也许是晃荡着可以被踢开的，门可能是虚设的，门又可设计成滑动的。这部诗作获得了 2010 年卑诗省图书奖中的诗歌奖。

弗雷德•华以诗歌为主体的一系列创作实绩，贯穿始终的是以华裔为主要家族背景的个人身份认同的挖掘继而延伸开去的对加拿大多种族、多族裔、多元文化社会群体的整体关注——一个和谐社会所需要的彼此的宽容、理解乃至悦纳。就像他在《钻石烧烤店》里所做的那样，既写了白人对华人的歧视，也言及了华人对白人的不屑。这让我们想起 19 世纪和 20 世纪之交加华英语作家的先驱水仙花说过的：把我的右手给西方，把我的左手给东方。这个跨越三个世纪 100 多年的文学母题（motif）昭示着我们，追求族裔间的宽容、理解、和睦相处依然任重道远。

三、　朱霭信：唐人街的鬼魂和唐人街的精神

朱霭信（Jim Wong-Chu, 1949—　）生于香港，4 岁时作为养子被姊姊带到加拿大，他在艺术学校完成了 4 年的学习，70 年代定居温哥华。作为诗人和编辑的他，和关山一样，也是加拿大亚裔作家工作坊的创办人之一。他迄今发表、出版了多种诗作，其中有 1986 年的自选集《唐人街鬼魂》[1]。他是《多嘴鸟》《云吞》《敲锅》的主编之一，同时参与了多种文学艺术竞赛的

1.*Chinatown Ghosts*. Vancouver: Pulp Press Book publishers, 1986.

评判，充当了很多文化工程项目的历史顾问，被称为加华英语文学的"教父"。

《唐人街鬼魂》以温哥华的唐人街为出发点，在含有讥讽、悲悯和伤逝的基调上歌吟了加拿大华人的历史、传统以及生存状态。开篇之作就题名为《传统》，描画了源自纪念屈原、而后又成了长江流域以及长江以南地区年节食物的粽子。以精描细琢剥开粽子的动作将加拿大华裔历史和中国传统巧妙地糅合在一起，突出两者内在的千丝万缕的联系。一首《孟尝养老院所见》（*Scenes from the mon sheong home for the aged*），描写了一位因白人工程师的失误而导致身体精神双重伤害的筑路华工。另一首类似的诗作《四叔》（*Fourth Uncle*）是"我"和一位维多利亚城华工亲戚的对白，这位单身老华工的最后梦想仅仅是死在华人墓地的近旁。讽刺诗《机会均等》（*Equal Opportunity*）以复调的形式、讥讽的手法，描述了早期华工从严格地被限制在最后的车厢，到规定只能坐在最前面的车厢，一直到最终可以自由地选择乘坐车厢的变化过程。而这样一系列的变化，都是因为数次的交通意外死了白人之后才不得不做出的调整。诗中多有直接聚焦于唐人街的隽永短章，如《片打东街》（*Pender Street East*）、《雨帘》（*Curtain of Rain*）。诗人也没忘记曾经长期在父权阴影下沉默忍耐的唐人街的传统女性，像《母亲》（*Mother*）所刻意表现的。

四、　刘绮芬：逃家女孩的"俄狄浦斯之梦"

刘绮芬（Evelyn Lau, 1971—　）以自传《逃家女孩的日记》[2]一举成名，进而树立起和许

2.*Runaway: Diary of a Street Kid*. Toronto: Harper Collins, 1989.

多加华英语作家截然不同的叛逆女孩形象，但她并没有止于此，而是一发不可收拾，在诸如文学传记、散文、诗歌、短篇小说、长篇小说等众多的写作领域屡屡有所斩获。仅以诗歌为例，

她迄今已发表了 5 本诗集《你非你所言》（1990）[1]、《俄狄浦斯之梦》（1992）[2]、《奴隶屋》

1.You Are Not Who You Claim. Victoria, B.C.: Press Porcepic Books, 1990.

（1994）[3]、《高音》（2005）[4] 和最近的《柔性地活着》（2010）[5]。还因《俄狄浦斯之梦》获得

2.Oedipal Dreams. Beach Holme Publishers, 1992.

加拿大总督文学奖的提名，刘绮芬成为迄今为止这一奖项最年轻的入围者。

3.In the House of Slaves. Toronto: Coach House Press, 1994.

　　和前述回溯、反思早期华裔历史沧桑、种族歧视的朱霭信、余兆昌，以及执着于家族史和

4.Treble. Vancouver: Polestar, 2005.

身份认同的弗雷德·华、伍露西等不同，刘绮芬在其诗歌创作中也一如她在自传和小说中的风

5.Living Under Plastic.Fernie, B.C.: Oolichan books, 2010.

格——逃离家庭背景、决绝族裔传统、背向中国文化。无疑，她是加拿大华裔诗歌创作第二阶段的典型。三本诗集皆围绕着女性性工作者（妓女）、男性顾客（嫖客）和施虐者—受虐者这样循环的主题展开。在表现形式上，也使用了类似于其他华裔诗人的"对话"方式，但具有个性特征的是"我—你"的对应模式。"我"是妓女，受虐者；而"你"则是嫖客，施虐者的指称。这一模式被赋予了道德的寓意，"我"的弱势无力、不得不依靠出卖身体和精神维持生存和"你"常常的居高临下、随心所欲自然造成强烈的对比、冲突。但"我—你"的对应模式、对立的紧张程度在三本诗集中有所不同。如果说在《你非你所言》里，这一模式的对立以及作为叙述者的"我"忿忿不平的谴责频频带给读者强烈的冲击力，那么在《俄狄浦斯之梦》中，"我—你"消弭为平等的生意伙伴的关系，或者是女病人（因出卖身体的行为和精神心理上的排斥所致）和她的精神医生的弗洛伊德式的爱恋。而在《在奴隶屋下》，"我—你"的对应模式更集中在施虐和受虐上。其实，从诗集的题名便可联想到。在这里，"我""你"的角色有了转换，"我"成了彼此身体上的主宰——施虐者，而"你"或者男性的一方，虽然拥有经济上的支配权，但在 S&M（虐恋）的过程中却彻头彻尾地服从于前者。由此可见，《在奴隶屋下》已经跳出了诗人自己性经历的窠臼，而将性产业置于浪漫化的、甚至是审美的境地。故此，有评论者认为，刘绮芬诗中的人物都是类型化的。在创作技巧上，有评论者认为其作品中复调叙述者、女性视角以及内心独白三足鼎立，建构起了作品中的自我主体。复调叙述者真实地再现了自我的成长，女性视角为女性主体赢得理解和同情，而内心独白中的挣扎栩栩如生地凸现出主体的反思。《你非你所言》是米尔顿·爱考恩人民诗歌奖（The Milton Acorn People's Poetry Award）[6]的

6.The Milton Acorn People's Poetry Award 是为纪念加拿大著名诗人米尔顿·爱考恩（Milton Acorn, March 30, 1923—August 20, 1986）而设。爱考恩

得主。

是一位蜚声加拿大诗坛的著名诗人，享有"人民诗人"的美誉。1987年，米尔顿·爱考恩人民诗歌奖设立，它每年被授予那些杰出的"人民诗人"。

　　《俄狄浦斯之梦》获得加拿大总督文学奖的提名。顾名思义，这本诗集运用了许多弗洛伊德精神分析的情节和意象建构氛围、轮廓。封底有评论两则，其一称：

"忏悔式的，令人着迷的，满是智慧的，刘绮芬的诗描述了使人不快的性欲的、精神的潜在世界，这样的世界只有通过诗人特殊的能力打开并且治愈伤口后才能忍受。我被这些无法推开的诗所感动，所扰乱，所伤悼，同时我也被预警：这样的诗的产生并不是为着舒适的阅读，但却难以忘怀。"[1]

1. 评论的作者是加拿大女性诗人、作家麦瑞琳·包伟玲（Marilyn Bowering）。

布兰·佛赛特（Brian Fawcett）写道："这些诗歌是原始而愤怒的。它们同时携带着聪慧，串珠一般连接着不可思议的深邃一刻。在她的主题的那些黑暗闪烁处，人们不该忘记那里自始至终有位作家在那里，一位惊世骇俗的天才。她比她所有前代的诗人都更有勇气。"

《在奴隶屋下》有些是散文诗，或者说是随笔式的联想回忆。像第一部分中的《无所发生》《在奴隶屋下》《你的花园堆满椅子和石头》等。本集的封底有肯萨拉（W. P. Kinsella）的评语："狂放果敢，充满想象力，刘绮芬继续扩展着她的艺术界域，用一种原创的和反正统的方式探索着未有标识的地界。"

2005 年的《高音》依然是以作者擅长的两性探究为母题，一如徐志摩诗所言"撑一支长篙，向青草更青处漫溯"，语调上趋于相对的冷静平和，带着同情、敏锐的精确，在咏叹调般的反复吟咏中，使诗意诗情更加内在和深入。诗集分为四个部分，分别是《红女人》（The Red Woman）、《四处游荡》（Travelling Nowhere）、《致命诱惑》（Fatal Attraction）和《家庭戏剧》（Family Drama）。但总体反应平平，其中的一些篇章被认为过于冗长、反复。

但 2010 年的《柔性地活着》却得到多方好评，被认为是诗人对自己过去沉湎其间的两性关系和激情伤害这类主题的远离。在这本诗作中，我们看到刘绮芬在记忆和当下、过去和现实的编织中，着力勾勒出家族历史、病痛、死讯和逝去的哀恸。哀伤的调子里蕴含着品质的力量和道德的信念，一扫以往的放浪、颓废。由此，《柔性地活着》获得了 2012 年的派特·洛瑟奖（Pat Lowther Award）。

其实，从接受学的角度看，刘绮芬越是刻意"漂白"自己，越是招引着读者的注意力和阅读兴趣。因为《逃家女孩的日记》中那个穿梭在温哥华各色街巷的华裔雏妓的形象已经粘连在不少读者乃至评论者记忆的视网膜上，他们总是在诗人的早期形象和后续写作中不自觉地进行着对比和校正，以获得一种特殊的阅读满足。但《柔性地活着》也让读者看到，一位那么深恶痛绝于家庭父母、族裔背景的离经叛道者，有朝一日也会打开那扇被自己刻意锁闭的门扉，走入个人—家族历史记忆的深处，去探索那个梦魂牵绕的神秘地域。从这个意义上，刘绮芬既是瞬间闪耀的，又是持久悠远的。她在处女作《逃家女孩的日记》的第一期，是加拿大文坛的奇峰突起；在《俄狄浦斯之梦》为代表的第二期，部分印证着"最有潜力作家"的实力；而到了21世纪后，经历喧哗骚动、沉淀和转折，她以新的形象散发出新的魅力。以"传统族裔文化受害者"加"街头雏妓"的标签形象闪亮登场的刘绮芬，曾经一度让华裔社区感到蒙羞甚至不齿，其本人也曾恨恨地大声宣称自己并不属于任何特定的族裔，而是标准的加拿大作家；但时过境迁，风平浪静之后，这样的情形正在悄悄改变着。2011 年，刘绮芬荣获温哥华第三位"桂冠诗人"（Poet Laureate）的称号。[1] 出道时刚刚年届 18 岁、豆蔻年华的新生代，现在业已穿越不惑之年，

1. 参见 2011 年 10 月 23 日的《明报》。

我们有理由期待着这位标新立异的华裔诗人、作家的下一个华丽转身。

五、 赵廉：英中双语抒中西之情

　　赵廉（Lien, Chao, 1950— ）的两本诗集里中英两种文字的并列出现显得别具一格。[2] 赵

2. 可以比较黎云（Laiwan）收入《多嘴鸟》中的《语言霸权》一诗。

廉生于中国大陆，1984 年到加拿大求学，后在约克大学获得英语文学的博士学位。她集诗人、小说家和评论家于一身。虽然赵廉以英语写作为主，但亦有中文作品问世。她在 1997 年出版的英文评论著作《不再沉默：加拿大华裔英语文学》中，有专章评介加华英语诗人的创作。[3]

3. 见 "Dialogue: A Discursive Strategy in Chinese Canadian Poetry" in *Beyond Silence: Chinese Canadian Literature in English*. Toronto: TSAR

　　1997 年出版的诗集《枫溪情》[4] 是中英双语的长篇叙事诗。叙述了一位女性从中国到加拿

Publications, 1997.　　　　　　　　　　4. *Maples and the Stream: A Narrative Poem.* Toronto: TSAR, 1997.

大 14 年的漫漫路程。两种语言并列，彼此映照，讲述着一段联袂着困惑和绝望、梦想和希望的故事。衬映出一代人对生活自由和艺术表达自由的不懈追求。2004 年出版的另一部诗集《切肤之痛》[5]，同样用中英两种文字创作。诗集中，亚裔加拿大人所承受的语言切变、身份认同、

5. *More Than Skin Deep.* Toronto: TSAR, 2004.

整合融入的主题以不同的遭遇一一呈现。而这些遭遇本身又转变成加拿大多元文化中始终胶着的两个重要元素——"冲突"和"交融"的隐喻。

　　以加拿大中英双语诗人的身份，赵廉还参加了 2010 年上海世博会期间由加拿大蒙特利尔蓝色都市基金会主办的"蓝色都市诗歌翻译擂台——国际诗歌翻译朗诵会"（Blue Metropolis Translation Slam-International Poetry and Translation Event），和上海的于是女士一道，

现场翻译了加拿大诗人莫里兹（A.F.Moritz）的作品；在莫里兹本人朗诵了自己的诗歌后，两位译者即兴译诗中细微的差别和精妙的不同，引起与会者踊跃的讨论。诗人、译者以及观众一起交流互动，分享了他们对莫里兹诗歌的理解以及翻译过程中对文字、韵律节奏的把握。[1]

1. 参见 2010 年 9 月 17 日的《中国作家网》。

六、 查佘温：东方不亮西方亮

查佘温（Sherwin Tjia, 1975— ）被称作是后现代、超现实主义诗人，他的诗作显现出粗粝和不规则的特征。查佘温出生在多伦多的一个华裔家庭，现居蒙特利尔，既是诗人又是

2.*Pedigree Girls.* Toronto: Insomniac Press, 2001.

画家。他出版过连环漫画《名门之女》[2] 系列，以及两本诗集《文雅短章》[3] 和《世界是个失

3.*Gentle Fictions.* Toronto: Insomniac Press, 2001.

恋者》[4]。《文雅短章》显示了诗人在艺术手法上的不拘一格，其中既有传统的格式、又有创新

4.*The World is a Heartbreaker.* Toronto: Coach House Books, 2005.

的篇什，比如有的是现成文本的重新组合（《寻找珍宝》(*Treasure Hunt*)，有的是抒情短诗（《就那样悬挂着》(*Hanging There Like That*)，描述美国著名抽象雕塑家亚历山大·卡尔德的"动态"作品），有的是编排成袖珍小说形式的叙事诗（《在你知道它之前》(*Before You Know It*)，最后还插入了他在后来的诗集《世界是个失恋者》中悉数采用的所谓的"伪俳句"。整个诗集表达了一种温柔亲切而又桀骜不驯的世界观。《世界是个失恋者》由 1 600 个无韵脚的三行诗节构成，每行诗句通常两三个字母，每页三行三列的诗节拼合，视觉上像是"炸薯条"。查佘温说他自己是在写伪俳句，因为俳句这个形式对他而言最不受拘束。"我会给一首诗写一个很酷的题目，但诗本身并不依赖于它，所以，我便去掉了这个掮客。"他如是评价自己的诗。诗的内容关乎情感和不安，散发着诗人无边的思绪和细微的观察。无疑，《世界是个失恋者》最醒目的特点在于它的形式——诗集的装帧呈四方形，如同音乐 CD，如果加上设计怪异的封面（以一个头部占据二分之一强的大头人物为主），如此后现代的结构和写法在目前为止的华裔诗人中可谓无出其右，同样，查佘温不像很多华裔诗人或自然或刻意表现出自己的族裔背景，如果不算他喜欢用的"伪俳句"，我们甚至看不出他的诗作中任何的东方色彩。在我们选择论及的华裔诗人中，唯有刘绮芬和他在创作手法和意象母题的选择上有一些相像。

七、 关嘉祥：让"走出橱柜"的身体带着魂灵漫游

关嘉祥（Andy Quan, 1969— ）的诗歌和小说惯于探索性别取向和不同文化身份交互作用的方式，所以，他"走出橱柜"，乐于公开自己同性恋的身份，并积极参加各类同性恋活动的举动便自然具备了文学性。他生于温哥华，是第三代华裔。关嘉祥既是作家、诗人、歌手兼作曲家，又是社区活动爱好者。他先后在加拿大特伦特大学（Trent University）和约克大学（York University）读书。毕业后，周游列国，后常住澳大利亚的悉尼。曾热衷于摔跤，酷爱旅行。

《云吞》是关嘉祥和朱霭信合编的加拿大华裔诗人的选集。《倾斜》[1]是他的第一本诗集，

1.*Slant.* Roberts Creek, BC: Nightwood Editions, 2001.

正好和他的第一部小说集《月历男孩》[2]同年出版。2005 年他的另一本短篇小说集《六种体位：

2.*Calendar Boy.* Vancouver: New Star Books, 2001.

情色描写》[3]写了同性恋的性和色欲。2007 年他出版了第二本诗集《枫树壁火》[4]。他的短篇小

3.*Six Positions: Sex Writing.* San Francisco: Green Candy Press, 2005. 4.*Bowling Pin Fire.* Winnipeg: Signature Editions, 2007.

说集都涉及了同性恋题材，颇得评论界关注。

《倾斜》通过对仪式—消散—发现—重生的回溯，歌吟了华裔的漂流史。同时也让我们看到了地球村轮廓下的种族、性别和日常生活。无论是华人漂移历程中的童年和家庭，还是同性恋、社区和成人礼，或者是文字譬喻的漫游，都归结于诗人提出的问题：人去何方，情归何处？诗集显露了年轻诗人特有的机智、尖锐、从容和沉思。

2007 年出版的诗集《枫树壁火》建立在早期的记忆、性和文化之上，该诗集是关嘉祥诗歌创作的一个制高点。诗集分为三辑：《相生相伴》（*What We Live With*）、《你所追随的》（*All You Are After*）和《朗诵你的诗》（*Speaking Your Poetry Aloud*）。《枫树壁火》描画了一个成长在温哥华唐人街的华裔孩子并不中规中矩的生活经历。诗人以年轻人自由无畏的精神去看世界，去看那些难忘的事件和时刻。小学里的规矩和同伴之间的争斗，年轻时对任何新鲜事物的尝试，诸多的第一：第一次听詹妮·米歇尔（Joni Mitchell）[5]的蓝调、第一

5.加拿大著名的民谣、摇滚乐和蓝调乐歌手和音乐家，同时也是诗人、画家和社会活动家，1943 年生于埃尔伯塔。

次痛失朋友、第一次和男性共舞。诗集还表现了中年阶段最早的困惑，家庭的紧密缠绵和离散聚合的友情，爱的偶遇和忠诚，对未知的地球一方旅行的兴奋和留恋，所有这些成就了反思回忆的分量和内涵。

关嘉祥的两本主要诗集《倾斜》和《枫树壁火》都或多或少地包含着中国元素。比如《倾斜》第一辑中的第一篇《在途中》（*En route*）就回溯了家族的离散漂流，第二辑《成长的指环》

（*Growth Rings*）也在童年少年的回忆中展现了华裔的历史和社区文化。《枫树壁火》更是从一个华裔孩子的成长中串联起族裔文化之根。

八、 陈伟民：以《洗衣房噪声》走近总督奖

陈伟民（Weyman Chan，1962— ）2008 年以诗集《洗衣房噪声》[1] 入围总督文学奖。他

1.*Noise from the Laundry*. Vancouver: Talonbooks, 2008.

的创作以诗歌和短篇小说为主。陈伟民的父母是来自广东台山的移民，他出生于埃尔伯塔省的卡尔加里，职业是电子显微镜技师。2002 年，他的诗作《工作中》（*At Work*）为他赢得了国家杂志奖(The National Magazine Awards)诗歌类银奖。他有两本诗集出版。2002 年出版的《朗月》[2] 分为三辑：《我把这些动物还给你》《屈从的信条》和《在星球间穿行》。诗作围绕着

2.*Before a Blue Sky Moon*. Calgary: Frontenac House, 2002.

一个失去生母的华裔家庭展开，涉及到了圣洁的天堂、赎罪回报、孩提记忆、迁徙行旅、个人之爱等意象和主题，用象征"阴"的月亮等中国元素营造出一个沉郁而魔幻般的意境。诗集还具备了某种程度的自传性，因为诗集开篇的题辞为：献给父母和他们的父母。在第一辑《我把这些动物还给你》中也有多篇诗体散文在散漫、悠长和缠绵的回忆中涉及到诗人朦胧凄凉的身世，他早早离世的母亲，陪伴父亲回乡祭奠祖母的经历以及自己中文名字"伟民"的由来。所以有评论者认为，"《朗月》感人至深地讲述了家族和伤逝的故事"（Robert Hilles 语）。《朗月》2003 年获得埃尔伯塔图书奖的诗歌奖等奖项。弗雷德·华在封底的短评中写道："当诗人在描述离散的悲苦时，'这里'总是一个不可能的'那里'。诗人在情感、辨析和言辞上的特点都表现在他对自我欲求的机智而敏锐的关注中。"在诗人 2008 年出版的另一本诗集《洗衣房噪声》中，诗行游走在时空造成的层层景象中——中国史前史、家庭的爱情和生存故事——以字里行间惆怅的描述引领读者寻觅漫游其间。诗中的先贤包括一个五千岁的带着点金石的农历兔，戴着太阳面具的长者，一个在超越死亡的黑暗图景下搜索星座的望远镜专家。他们谆谆告诫：只要我们敞开心扉，就能进入一个新世界。2010 年出版的最新诗集《皮下：对自我的警示》[3]

3.*Hypoderm: Notes to Myself*. Vancouver: Talonbooks, 2010.

似乎是要重建诗歌的定义。他强调诗不是末日一刻狂喜的情绪宣泄，而是生存的文献和所思所想。对道德的观察、喻示和认定流贯在诗人汪洋恣肆的诗意之下。

在前已言及的带有自传色彩并夹杂着诗体散文的诗集《朗月》中，陈伟民特意言及了他中

文名字的来历。他出生的 1960 年代，正是中国大陆各种各样的革命形式风起云涌的时刻，所以，他父亲以革命的名义期待着自己儿子"功成名就"。诗人还在一首诗中以三个汉字"人""大""天"的联系，显示出中国文字和文化的深远魅力。另外，《朗月》中不时涉及的父子返祖寻根、台山的风俗仪式，配之以月亮阴郁的色调和母性的象征，使得整本诗集的中国元素异常突出。

至于他的成名作《洗衣房噪声》，陈伟民在采访中认为，它反映了他个人对世界的探索，也是他作为一个诗人寻找生命的希望，以及在思考"神是什么"中的挣扎。诗集中多首诗涉及神灵，包括他的生肖——兔。他的诗多是一小片一小片的思潮累积，再集合而成，所以，这本诗集花了 6 年时间才得以完成。[1]

1. 参见 2008 年的《中国新闻网》相关介绍文章。

九、　黄锦儿：华裔女性诗人的全球化目光

黄锦儿(Rita Wong,1968—)是位学院派诗人,前期的诗作视野开阔,在贯穿始终的对和平、爱和正义的普世价值的虔诚信念下不时地嵌入对历史、文化、种族等问题的内心独白；后期则将批判的目光聚焦于全球化背景下人类的共同命题。她出生在卡尔加里，分别获得埃尔伯塔大学的英语硕士学位和不列颠哥伦比亚大学的档案学硕士学位，曾经在中国等地教授英语，现居温哥华。她也是社会活动人士。1997 年被授予加拿大亚裔作家工作坊新人奖。2002 年她在西门菲沙大学的博士学位论文题为《无定的漂泊：从文学中亚裔的族裔性反思劳工》。现任教于艾米丽·卡尔大学 (Emily Carr University) 的艺术设计专业。除了和黎喜年合作的《女巫醒着》[2] 之外，她还出版过诗集《智力问题》[3]，诗集《智力问题》分为四组，探测了童年、历史和欲

2.Sybil Unrest. Burnaby, BC: LINEbooks, 2008.　　　3.Monkeypuzzle. Vancouver: Press Gang Publishers, 1998.

望的雷区，穿行在家庭、种族和阶层的界域上。其中命名为《转换》（Transidual）的一辑诗篇，主要记录了诗人在中国的文化寻根之旅，它们是《中国人和非中国人》（Chinese & Not Chinese）、《双唇之间的扬子江，长江，想念之河》（Lips Shape Yangtze, Chang Jiang, River Longing）和《嘿，中国》（Hello, China）。她 2007 年出版的诗集《觅食》（Forage）获得了出版卑诗省的诗歌奖。《觅食》中，诗人对现时国际政治版图和由它催生的不公正进行了辛辣批评，其中贯穿着诗人切中时弊的尖锐观点，比如：公平正常的商业交往早已随着对原初殖民地毁灭性的打击而结束。

十、 黎喜年：齐泽克式的反讽和学院派的多元

　　黎喜年（Larissa Lai, 1967— ）与黄锦儿诗作的风格接近，他们合作了长诗《女巫醒着》。黎喜年的早期诗作《八十年的沐浴》（*Eighty Years Bathing*）入选《多嘴鸟》，带有梦幻的回溯以及远古的迷离。黎喜年出生于美国的加利福尼亚，在加拿大的纽芬兰长大。她在不列颠哥伦比亚大学获得学士学位，2006 年在卡尔加里大学获得博士学位。现任教于不列颠哥伦比亚大学英文系，同时也为《加拿大文学》（*Canadian Literature*）编辑诗歌。她以小说创作见长，

1.*When Fox is a Thousand*. Vancouver: Press Gang, 1995.

1995 年出版的《千年狐》[1] 入围 1996 年的加拿大小说新人奖 [2]，2002 年出版的另一部长篇小说《咸

2. "Books in Canada First Novel Award" 1976 年创立，每年遴选出上一年首次发表的 5 篇以上的长篇小说入围角逐。

鱼女孩》[3] 屡获奖项。

3.*Salt Fish Girl*. Toronto: Thomas Allen Publishers, 2002.

　　2008 年她和黄锦儿合作的长诗《女巫醒着》由两位女诗人通过电子邮件的对话构成，共分三辑，表现了两位诗人对性别、种族、阶级、地理、运动、权力和希望等多重话题的再思考。诗篇的写作从 2003 年的香港开始，时值 SARS 爆发和美国入侵伊拉克，诗集历经数年而就。两位诗人在聆听美国有线电视新闻网（CNN）和英国广播公司（BBC）的世界新闻、美国国务院发言人的发言、广告和 JackFM 节目的同时，试图重新定位当代文化的内涵。长诗建立在幽默的基调上，在战争和资本交叉的十字架上大声地呐喊，有着鲜明的学院派女性主义色彩和齐泽克（zizek）式的对资本帝国主义的辛辣嘲讽和批判。黎喜年 2009 年出版的第一本个人诗集《自动旋转》（*Automaton Biographies*）[4]，包含四首彼此关联的长诗，分别为《瑞秋》（Rachel，

4.*Automaton Biographies*. Vancouver: Arsenal Pulp Press, 2009.

灵感来自电影《银翼杀手》（Blade Runner）和相关小说《机器人梦到电动羊了吗？》（*Do Androids Dream of Electric Sheep?*））、《流行式样》（*Nascent Fashion*，探讨现代战争）、《香肠》（Hem，围绕着 1960 年代被美国宇航局送往太空、名叫"香肠"的大猩猩展开）、《自传》（*Auto Matter*，诗意的类自传），表现了涉及到动物、机器、语言等个人和文化的历史。有评论者认为黎喜年通过组诗展现了自我身份和在目前的地理、技术状况下何谓人类或后人类（post-human）的命题。同时，在技巧上，组诗混合着通俗文化的暗喻和后结构主义的理论，伴随着断裂的抒情性。[5]

5.Mark Callanan in Quill and Quire, December 2009 issue.

　　黎喜年的诗作不像她的小说，很少显现中国元素。她更热衷于以后现代学院派多元的宏观视角和齐泽克式反讽的微观探照，表达她对异常纷繁迷茫的世界乱象的独立审视和犀利批判。

第二节　各领风骚的其他诗人

还有一些各具特色，值得一提的诗人。

简穆·易思美（Jam. Ismail, 1940— ）1963 年移居加拿大，之前曾在香港和印度居住过。她的《神圣的文本》（*From Sacred Texts*）是首长诗，结构较复杂，分成从 a 到 g 的 7 章，每章又以数字分段。最后的 g 章，是个五线谱。《神圣的文本》在文字学、语义学、语法学、语音学等方面全方位地解构了所谓的霸权语言。英文的字词和句子故意不用大小写，口语的、随心所欲的日常话语穿插其间。这样对英语语言的结构、重构和去语法化，和弗雷德·华的《等待萨省》《钻石烧烤店》颇有几分相似。她的其他诗作中，还杂糅进了粤语、印度语、法语等，它们既成为了诗歌主题的显要部分，又起到了结构诗体的作用。

李伯清（Paul Ching Lee, 1949— ）出生在广东，十岁随父母移居加拿大，在滑铁卢大学学习土木工程，后定居卑诗省。《多嘴鸟》选本中的小诗《满地宝》（*Port Moody*）就是他定居的温哥华附近的港口城市。他曾翻译过宋词并写过反映 19 世纪温哥华昆布兰社区的类小说（parafiction）。

余兆昌（Paul Yee, 1956— ）收入《难舍的稻米》中的两首诗为《终言（2）》（*Last Words* II）和《草龙》（*The Grass Dragon*）。前者表达了对以往修建太平洋铁路华工的追思，以刚性的笔触刻画出年轻华工的力量、辛劳和无奈；后者细描了从采草到拼接草龙的整个制作过程，赋予加拿大制造的草龙以中国的精魂。

苏斌（Ben Soo, 1960— ）出生在香港，1969 年移居加拿大蒙特利尔，之前其诗作已经入选了两本诗选《湖畔诗人》(*Lakeshore Poets*) 和《穿越：魁北克当代英语诗选》(*Cross/Out: Contemporary English Quebec Poetry*)。在《多嘴鸟》中，《普兰提斯和岛》(*Prentiss and the Island*) 以及《边缘乐队》(*The All Edges Band/Estuary, Side Two/Lizards*) 入选。前一首为分节的长诗，共七章。

黎云（Laiwan）生于津巴布韦(Zimbabwe)。她 1977 年移民加拿大。1983 年毕业于一所艺术和设计学院。同年在温哥华创办了奥尔画廊（Or Gallery）。她的《语言霸权》（*The*

Imperialism of Syntax）其实是一首诗的中文版和英文版，但形式上是两首对应的诗。前一首是英文名，中文内容；后一首是中文名，英文内容。诗作特别的体例表现出对后殖民主义的反讽。[1] 由于诗人本人不懂中文，因此，中英文的翻译并不对称，引起了诸多语言学、语义

1.参见 *Beyond Silence*, p.129.

学和文字学上的讨论和争议，但诗人此举的基本动机在于揭示主流语言极为强势的情形下，诗人本族裔语言所产生的抗拒力量。在《语言霸权》里，语言的丧失显现为交错的情感。这样的对文化、语言、历史遗落所产生的失落，一再地出现。这首《语言霸权》可以和本节前述的简穆·易思美的《神圣的文本》相比较，《语言霸权》在英语和族裔语言（汉语）的冲撞中，凸显出族裔语言本能地对强势英语的抵抗，而《神圣的文本》则刻意地解构、破坏英语的规则，并适时地穿插进各类族裔语言，含蓄地追求不同语言—文化的交融整合。黎云其他主要的诗作包括收录在《云吞》中的长诗《身体记录（2）》（*Notes Towards a Body II*），以及发表在《西线》（*Western Front*，1992 年）上的《独特眼光的距离》（*Distance of Distinct Vision*）等。

　　柯温爱（Lydia Kwa，1959— ）出生于新加坡，1980 年来加拿大。她的两首诗《和鸡蛋花共存》（*Still Life with Frangipani*）和《兰花谜语》（*Orchid Riddles*）借植物的斑斓意向表露爱的心迹。她在多伦多大学完成了心理学课程的学习，并短暂在温哥华担任心理医生。她的第一本诗集题名为《女英雄的色彩》[2]。

2.*The Colours of Heroines*. Toronto：Women's Press, 1994.

　　露西·吴（Lucy Ng）出生于卑诗省的本那比（或译作伯纳比，Burnaby），毕业于不列颠哥伦比亚大学。她曾经赢得 1990 年加拿大广播公司文学竞赛（CBC Literary Competition）的二等奖。散文体诗《阴郁的诗体》（*The Sullen Shapes of Poems*）有着和弗雷德·华相似的对家族史的追溯。在 9 首单体诗结构而成的组诗中，以"我"——一个第三代华裔的女儿和父母之间的对话，缓缓再现了在种族歧视历史背景下挣扎的先辈。诗人在组诗里还通过新年丰盛的食物和欢快鲜艳的景色形象地描画了由中加文化特质融合而成的加拿大华裔文化。[3] 阅读者

3. 参见 *Many-mouthed Birds*, p.162.

无疑会有这样的印象：在这样的文化氛围里，才有可能从华裔第一代和第二代的挣扎奔波到第三代艺术家和诗人的诞生——这其实也是几乎所有加拿大少数族裔或多或少经历的过程。因此，组诗的基调是明亮的。

　　开篇言及的华裔诗人在主题表现上的三个阶段多有交错的渐进："离散聚合"—"寻根访

祖"—"开放杂糅"，带出了华裔英文诗作的意象特征，那便是或隐或现的中国元素，无论是"中国话语""故土情怀"还是"异国情调"，中心的指向都是中国文化。因此，西方语境中的中国元素，北美社会中的东方思维，构成了华人和主流社群不间断的生活方式和精神灵魂的冲突、纠葛、缠绕、交融。在祖辈沉重压抑的阴影下，华裔诗人充分运用了诗的倾诉、宣泄、对话、互动功能。这样的特点在弗雷德·华的《等待萨省》《钻石烧烤店》及朱霭信的《唐人街鬼魂》中都有集中、突出的表现。

另外，在形式技巧上，华裔诗人也呈现出了两个方面的共性，一是利用"对话"的方式建构诗体，二是大量运用了散文诗的格式。之所以如此，前者的原因在于大量的华裔诗作关涉到华人的社区历史、家族史、个人身份认同以及内心的倾诉，"对话"的生动、灵活、易于延展和开掘的特点正好符合这类主题的要求；后者是因为在传统的纯粹诗歌体例和相对自由的散文之间的舞蹈，可以摆脱文字、句法、音韵的束缚，让诗的节奏更加地舒展、灵动和飘逸。

除此之外，作为最为个性化的文学形式，诗歌更能表达出不同诗人的千姿百态，尤其是艺术手法上的不拘一格。从关山摇滚乐般的诗作节奏，到弗雷德·华富有音乐感的散体长诗，到朱霭信简练而深邃的讽刺，到刘绮芬的基于精神分析学说而架构的氛围、情调，到查佘温的"伪俳句"，到关嘉祥诗歌语言的机智、尖锐和从容，到赵廉对中英两种文字的娴熟运用，到陈伟民神秘的象征和沉郁而魔幻般的意境，一直到黄锦儿、黎喜年齐泽克式的反讽等等，加华英语诗人在带着脚镣的歌舞中，吟唱出了华裔华人特有的灵性、幽深的精神和同样博大的内心世界，生动而有力地颠覆了主流社会对之长期持有的或明或暗的刻板印象（stereotype）：一心向钱、势利实际、没有信仰、无知蛮横、缺乏灵性和没有精神生活。而这样的艺术特征和效果在加华英文创作中是绝无仅有的。

第三节　短篇小说（上）：从唐人街内的传奇到唐人街外的故事

如本章开篇所言，加拿大华裔的英文短篇小说的起源可以追溯到 19 世纪末水仙花姐妹的开山之作。水仙花在 20 世纪初不幸病逝，但其妹妹温妮芙蕾的写作一直延续到 1950 年代。1970 年代末开始，《难舍的稻米》为先声，《多嘴鸟》《敲锅》随后接连登场，这 3 本选集集中展示了加华英语短篇小说多元的艺术技巧和主题表现。锦上添花的是，刘绮芬、李群英、方曼俏、关嘉祥、黄俊雄等都分别出版了自己的个人短篇小说选集。此外，还有一些散见在加拿大各类英语文学刊物上的短篇小说，以下的论述主要围绕着水仙花姐妹、集体选本和作家的个人选集展开，以集体选本和个人选集为界，分为两部分，以期勾勒出加华英语短篇小说的轮廓和特征，尤其是贯穿其间的中国元素所扮演的角色。

一、 水仙花姐妹的作品：筚路蓝缕的开山之作

目前学术界公认的北美华裔英文文学的拓荒者是水仙花姐妹，即姐姐水仙花（爱蒂斯·伊顿，Sui Sin Far/Edith Maude Eaton，1865—1914）和妹妹温妮芙蕾·伊顿（Winnifred Eaton Reeve，笔名 Onoto Watanna，1875—1954）。但有趣的是，美国学术界多倾向于把水仙花看作是美国最早的华裔女性作家，加拿大的学者则认为两姊妹是加拿大最早的用英文写作的华人作家。造成如此分歧的主要原因便是她们生前在美加两地的居无定所和穿梭奔波。

水仙花，出生于英国的麦克勒斯菲尔德（Macclesfield），父亲是位英国商人，母亲是中国人。这对异族夫妻共育有 14 个孩子，水仙花为长女。爱蒂斯·伊顿的作品展示了其致力于北美华人权益的努力，她自诩"在纸上为他们而战"，虽然她本人只有一半血统是中国（另一半是英国），但她不仅不回避她的中国印记，反而有意识地强化，水仙花的笔名便缘由于此，至今在蒙特利尔市皇岗墓园中水仙花的墓碑顶端，我们依然能够清晰地看到四个篆刻的中文字：义不忘华，这更铭记着北美华人对她永远的感念。这一点，恰好和她的妹妹温妮芙蕾相反，后者为了便于成名和取悦读者，给自己起了个日语的笔名，许多作品也是以日本或日本文化为依托。

水仙花当时这种特立独行、大义凛然的做法，为她日后赢得了作家之外更广泛的声誉。1970 年代后，随着北美学术界和读书界对其作品和身世了解、研究的不断深入和拓展，爱蒂斯·伊顿以短篇小说家、记者和为弱势群体（特别是少数族裔移民和有色、混血人群）呼吁的社会活动先驱被载入历史。她从早期的英国女性"爱蒂斯·伊顿"到后来的中国女人"水仙花"，再到最后的"没有国籍"的"欧亚人"，不仅跨出了身份认同的迷障，而且勉力实践着建立一个没有种族差别的"一家人"社会的宏大理想。

水仙花的早年，因家庭的原因，四处迁徙，最终才在蒙特利尔安顿下来。18 岁那年，水仙花在蒙特利尔《每日之星报》（*The Montreal Daily Star*）找到了一份虽然寡淡但可以勉强维生的速记工作。几乎与此同时，她的创作也开始起步。她的小说和散文接二连三地在加拿大和美国的报章杂志上发表。随后，她的第一篇涉及北美华人的短篇小说出现在纽约的《飞叶》（*Fly Leaf*）杂志上。

1897 年，水仙花独自离加，踏上了远行的路程。她去了美国，甚至到了更南边的牙买加，为那里的报纸撰写文章。但感染的疟疾，使她不得不再次重返蒙特利尔。在病情逐渐好转后，她迁居到旧金山，这里已然成形的华人社区给她关注北美华人的社会活动和创作提供了生动的背景和丰富的素材，可惜的是，她很难找到施展文学才华的机会，周围也没有志同道合者，加上生活的窘迫，她不得不在 1900 年再次折回蒙特利尔。但她羸弱的身体又无法支撑蒙特利尔漫长严寒的气候，于是，她只好再次打点行装，这次她选择了西雅图，在随后的 10 年中，西雅图成了她主要的居住地。

《春香夫人》[1] 是水仙花的第一部小说集，作品写于 19 世纪末和 20 世纪初，但直到 1912

1.Mrs. *Spring Fragrance*. A. C. McClurg and Company of Chicago, 1912.

年才得以在美国出版，这距离她去世仅两年之隔。这部小说集被分成两部分，《春香夫人》是写给成年人的，《华童故事》(*Tales of Chinese Children*) 则是为孩子们写的。故事的背景是西雅图和旧金山，反映了早期北美华人家庭的生活，特别是欧亚混血移民、新近亚裔移民和白人移民之间的文化冲突。在一篇带有嘲讽意味，题名为《在自由的土地上》(*The Land of the Free*) 的小说中，水仙花表现了歧视性的移民政策给亚裔移民所造成的痛苦。她的作品《来自一个欧亚混血儿的精神履历》(*Leaves from the Mental Portfolio of an Eurasian*) (1909)，是作者带有宣言色彩的自传，描述了她形成"一个家庭"理想的心路历程。她的其他作品还有

《一个被歧视的华人》（*A Chinese Ishmael*）（1899），《爱之鸟》（*The Bird of Love*）（1910），

《秋扇》（*An Autumn Fan*）（1910），《中国稻田里的爱情故事》（*A Love Story from the*

Rice Fields of China）（1911），《华人学生陈恒言》（*Chan Hen Yen, Chinese Student*）（1912）

等。《华人学生陈恒言》中那位来自江苏苏州书香门第的留学生在经历了一场几乎让他放弃救

国理想的爱情游戏后，幡然悔悟。水仙花作品的一些主题至今仍然出现在不少作家的笔下，比

如族裔之间的相互理解和自我认定的需要、个人和社区需求的平衡、传统和移民变迁的冲突、

背负多重种族和文化之人的两难境地等。[1]

1. 参见 Amy Ling and Annette White-Parks eds. Mrs. *Spring Fragrance and Other Writings*. Urbana and Chicago: University of Illinois Press, 1995.

　　由于爱蒂斯·伊顿的英年早逝，加上她当时"不合时宜"地对北美华人地位执着地关注，

妹妹温妮芙蕾与其相比，在作品的数量和商业上的成功要远超于她。但对两姐妹来说，有一点

是一样的，那就是她们同样地居无定所，同样地奔波于美加两地。在 20 岁时，和姐姐一样，

温妮芙蕾也旅行至牙买加，后来，去往芝加哥。不久，她出版了自己第一部、也被认为是北美

华人的第一部英文长篇小说《日本小姐——一个日本人和美国人的罗曼史》[2]，本书的第一版

2. *Miss Numè of Japan: A Japanese-American Romance*. Baltimore: Johns Hopkins University Press, 1899.

1899 年出版。小说讲述了一对日本伴侣和一对美国伴侣之间的爱情历险。那对日本伴侣虽然自

小就订婚，但彼此根本没有爱意，相似的情况也出现在那个美丽的美国女孩子和她的未婚夫那

里。最终，经过一连串巧合，他们终于都摆脱了对方，尤其是那位日本女孩在那个曾经是白人

女孩未婚夫的美国年轻人那里找到了真正的幸福。温妮芙蕾笔下的日本女性都是浪漫化的所谓

"新女性"，她们不甘于被日本传统文化所束缚，她们之所以具有吸引力，不仅在于东方式的

美丽和纯洁，也在于她们敢于出头露面、公开追求自己的理想。由温妮芙蕾的真实出身，不难

看出，她作品中的日本新女性，都是她想象中的现代东方女性的模特儿。

　　成名后，温妮芙蕾搬到了纽约，1917 年，温妮芙蕾结束了第一次婚姻，并和第二任丈夫返

回加拿大，在西北的埃尔伯塔省定居下来。1924 年到 1931 年，她和丈夫分居两地，自己重回纽约，

为不同的杂志撰写短篇小说和散文。1932 年从纽约再次回到埃尔伯塔的卡尔加里后，温妮芙蕾

只是零星地发表一些文字。她是在 1954 年 4 月由美国返加的途中突然去世的。

　　从温妮芙蕾去世的 1950 年代一直到 1970 年代末的二十多年，正是加拿大的华人团结一致，

全力为消除早期强加在华人头上的歧视条例（如排华法案），争取平等权利而如火如荼的奋斗

时期。或许是政治上的抗争和诉求太重要了，太需要直接的情感表达和宣泄，因此，已经打破

沉默、逐渐在社会上发出自己声音、并开始进入许多专业领域的华人和华人社区，却似乎遗忘掉了加拿大英语文学这个蔚然成型，并越来越对加拿大人的生活品质、精神追求、形象塑造产生内在深远影响的领域，以至于造成了在加拿大英语文学中华人形象的缺位、扭曲，某种程度上也助长了主流社会对华人的刻板印象。这样的状况直到《难舍的稻米》和《多嘴鸟》这两部选集的出现才得以改变。而从小说创作方面，作为华裔英文小说诗歌集的《多嘴鸟》则更是承上启下，功不可没。李孟平（Bennett Lee，《多嘴鸟》编辑之一）撰写的前言揭示的另一个源自中国传统文化的原因，能够帮助我们更全面地理解从水仙花姐妹到《多嘴鸟》之间的"断代"。总而言之，水仙花姐妹的出现是个另类，而《多嘴鸟》的面市则可谓应运而生。

二、《多嘴鸟》：多嘴多舌地打破沉默

在由李孟平撰写的选集简介中，他认为早期的华人大都是"裸身"抵达加拿大，加上之后加拿大政府的排华法令和节节攀升的人头税，形成了长达几十年的所谓的华人单身社会——这是个被极度边缘化的地带。这样的情形直到1950年代才被打破。新一代当地出生的华人开始积极争取发展的机会，但写作却不在他们向往的名单中，原因是中国的传统观念一般只能接受写小说或写诗作为一种闲情逸致，它的非实用性和可能的风险根本不被鼓励当做事业来追求。所以，这个集子中的作品代表了对这种传统的文化价值观的反动。

这本集子中作者的年龄从10岁到50岁不等。编者们首先考虑的是写作者年龄、背景和风格等的多样性。大部分的作品专注于传统的描写手法，但也有一些是语言和形式的实验之作。大部分是诗歌和短篇小说，但也有一些是已经出版和正在写作中的长篇小说的节选，像李群英（SKY Lee）的《残月楼》(Disappearing Moon Café)、崔维新（Wayson Choy）的《玉牡丹》(The Jade Peony) 和郑霭玲（Denise Chong）的《妾的儿女们》（The Concubine's Children) [1]
1. 这部英文文学传记最近被翻译成中文，由重庆出版社2013年1月出版，题名为《妾的儿女》。
在如此多样化的格局内，有一些重复的主题出现，尤其是在第二代第三代加拿大本土出生的华裔作家那里出现。比如，对身份的拷问，结果是导致了对历史上华人个体和集体的探究。探究常常始于自己的家庭，便产生了探索式的自传故事(autobiographical detective story)。这就是

弗雷德·华在他选自《等待萨省》的诗歌《精英》（Elite）中所展示的。他回溯自己的"异国身份"（exotic identity）至其父亲的双重身份：从加拿大到中国，再到加拿大；从山区到草原省份，到卑诗省，再到萨省；从小镇到小镇；从餐馆到餐馆，只为了寻找一个可以叫做家的安顿之处。郑霭玲小说式自传《妾的儿女们》以她自己家族的过去为线索，表现了她的外祖父从中国到加拿大，又从加拿大到中国这样循环往复的过程，作品以作者的母亲回中国寻根作结。

在许多选篇中，客居（sojourner）成为早期加拿大华人移民的主导。他们向往着金山淘金，然后衣锦还乡，或者勉强生活在异国他乡，但是在意识和行为上跳不出唐人街的范畴。

余兆昌的《1939 年的草原之夜》（Prairie Night 1939）中主人公高顿（Gordon）的内心矛盾和煎熬正是由于在异国他乡的孤独和矛盾的生活理想所起，因此，是"客居"主题下的第一个导向。

余兆昌（左）、李群英、朱霭信（摄于 1990，余兆昌提供）

而应侃（Garry Engkent）的小说《为什么我的母亲不会说英语》（Why My Mother Can't Speak English）则是"客居"主题下的第二个导向："母亲"看上去是的的确确长期生活在加国，但其思想行为却和在中国的家乡故里无异。小说以一个并非罕有、颇为曲折的故事探讨了第一代深受中国传统道德伦理（如"三纲五常"之类）影响、无条件地依附丈夫的女性华人移民的悲哀。"母亲"四十岁来加拿大后，就基本上没有学过英语。只会说自己的名字以及一些餐馆菜名和简单的会话。她的丈夫把她和儿子申请到加拿大后，害怕让她学会了英文，抛头露面，就以种种借口将妻子深锁"厨房"；久而久之，"母亲"便也习以为常。作品反映出中国传统文化中的男性至上、女性依顺，即便在海外的土地上，也依然阴魂不散。其中的深刻之处在于：这样的依附是如此地潜移默化、根深蒂固，以至于"我"的母亲在父亲去世后，仍然生活在过去丈夫构建的窠臼中，画地为牢，不谙世事，远离社会，只以一份中文的"大报"

（《大汉公报》）跟现实保持着零散的联系。因此，与其说作者是在展示中国传统文化在异国他乡顽强的生命力，不如说是作者通过"母亲"的守旧（相夫教子，从一而终）、无知（在加拿大生活多年后，居然长时间不知道成为公民的基本权利和福利，不会英语，担心拿不到公民身份而寻思要贿赂法官）、可怜（丈夫在世时，被丈夫活生生地"绑"在终日灰暗的厨房和他的活动半径内）、可叹（丈夫去世后，如同失去了飞翔能力的家禽，寂寞寡居），含蓄指责了中国传统文化对自然人性的摧残。从小说不动声色、几近白描的叙述和淡淡幽默的背后，读者能觉察出作者期盼华裔移民重建自我、尽早融入所居国社会的意识，而从女主人公的角度，也能感受到她在丈夫去世后缓缓复苏的自我意识。

应侃 1950 年代从广东移民加拿大。他拥有渥太华大学英语文学的博士学位，专攻莎士比亚和文艺复兴时期的戏剧，他在数所加拿大大学教授英语文学和创作，包括多伦多大学。研究专著包括《小说／非小说：阅读和修辞》[1] 及《基础工程：如何建立写作技巧》[2]。

1.*Fiction/Non-Fiction: a Reader and Rhetoric*. Toronto: Harcourt Canada, 2001.
2.*Groundwork: Writing Skills to Build On (2001)*. co-authored with Lucia Engkent

应侃曾在多伦多的辛尼卡学院（Seneca College）和瑞尔森大学（Ryerson University）教授与文学史和写作相关的课程。他的小说关注移民经历、母子关系以及文化价值。他曾经动笔写过反映 1920—1970 年一个华裔家庭在加拿大的长篇历史小说，名为《中国人没机会》（*A Chinaman's Chance*）。他的其他短篇小说包括《访问》《圣诞节的鸡》等。

《玉牡丹》（*The Jade Peony*）是"客居"这个主题的拓展。祖母牢固地坚守着从中国带来的所有传统，尤其是带有神秘色彩的对祖先和死者的祭拜，以及祖先和死者的显灵。这样的"祭拜—显灵"，如同魔咒，在祖母死后，留给了深受其影响的小孙儿一段时间无法消除的梦魇，因为他失去了联系过去世界的最紧密的纽带。但小说的最后，一场补做的仪式，终于让祖母索魂的"魔咒"和"显灵"随之灰飞烟灭——毕竟，年轻的一代的一只脚已经迈出了唐人街的门槛。

在《多嘴鸟》中，读者还能体会到，那种吃苦的能力（忍受艰辛没有抱怨，服从权威不敢违背，内化悔恨而对世界展现沉静高尚的面孔，痛苦、坚韧地生存），被认为是来自中国人灵魂的特殊才能。女性，尤其是那些用她们平静的勇气忍受自我痛楚的女性随处可见，无论是《玉牡丹》中的祖母，《妾的儿女们》和《为什么我的母亲不能说英语》中的母亲，《八十年沐浴》（*Eighty Years Bathing*）中的老女人，还是《必须戴上安全帽，穿上安全靴》（*Hardhats and Safety Boots Must Be Worn on This Project Survive*）和《玻璃》（*Glass*）中的自我叙述者。因为自我的体验，女性作家对中国传统有更多的批判。自然地，男性被描绘成妄自尊大的、权威的、有决定权的、不负责甚至是孩子气的。

　　当一些加华作家似乎天生拥有了指向文化认同的宗族意识和主题后，他们首先是作家，然后才是文化认同的目击者。如同一些评论者注意到的，少数族裔的作家至少具备两种文化的经验，一种是主流的、显在的，另一种也许是被抑制的但却植根在其历史的记忆中的。[1]

1. 以上论述部分编译自李孟平为《多嘴鸟》写的前言。

　　《多嘴鸟》中还有一些颇具特色的作品。比如《梅布尔的冰球赛》(Mabel's Hockey Game)。从长度上来说它应该是个中篇。有趣的是，故事里的主角并不是华人，而是一位叫梅布尔的寡居的妇人。她在特立尼达(Trinidad)一户富裕的中国医生家做女佣，就要退休了。这是 1960 年。梅布尔在一个偶然的机会里，居然爱上了美洲男人典型的运动：冰球。并由此成为了冰球运动场的"明星"，还从中尽享了生命中从没有过的大喜大悲、跌宕起伏的情感波澜。作者温斯顿·金 (Winston Christopher Kam) 就出生于特立尼达，受到中国、加勒比海和加拿大的三种文化的交相影响。

朱霭信和郑霭玲 (梁丽芳摄 , 2010.10)

　　储安妮（Anne Jew）毕业于英属哥伦比亚大学，有英语文学学位。她的小说发表在 Proem Canada[2] 和 A Room of One's Own 等杂志上。《所有人在唐人街都喧哗》(Everyone Talked Loudly in Chinatown)以"我"的垂死的奶奶，"我"的白人男朋友，以及幼时和奶奶去唐人街的经历相串联和印证。对中国文化和中国背景似乎含有潜在的敌意，表现出"背向和叛逆"的主题，奶奶的死象征着"我"和中国

2. 这是一本着力推广 16 到 26 岁之间富有潜力的新兴作家和诗人的杂志。

传统文化之根的剥离。

正如《多嘴鸟》的书名所暗喻的，本书中的作者便是这样容易被认为是多嘴多舌的人，因为他们打破了华人社会惯常的沉默。他们用自己勇敢的行为挑战了中国文化的传统——不为功名利禄，但求以文学的方式抒发情怀，为自己的族裔造像；他们还挑战了加拿大社会，让他们看到了华人的多元性——华人不仅可以是成功的商人和专业人士，同时，华人中也有甘于以舞文弄墨为生的。这样的信念的发展，直接催生了另一本选集《敲锅》的诞生。

三、　《敲锅》：在中国式的回音壁上激起更大的回声

《敲锅》由赵廉和朱霭信主编，是继《多嘴鸟》后，加拿大华裔作家短篇小说实绩的一次总检阅。取名"敲锅"，是希望通过这样喧闹的集体发声，让华裔作家的作品更多地进入加拿大人的文学视线，更深地为主流文学媒体所关注和接纳。小说集中的作品千姿百态，从内容、题材、形式、手法等方面各逞其能。作品在立意、取材、技巧和规模等方面都超越了《多嘴鸟》，显现出华裔短篇小说创作的人才辈出、蔚为壮观的广阔前景。

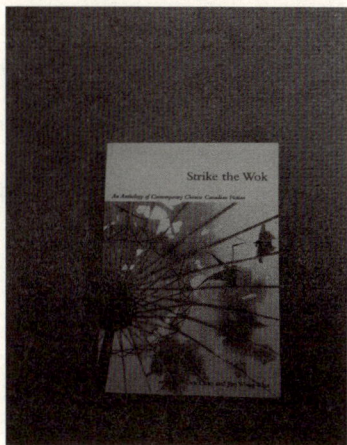

加拿大华裔英语短篇小说选集《敲锅》

打头阵的是黎喜年的《两座房子和一架飞机》（*Two Houses and an Airplane*）。两所房子、两个省份、两个国家、两个世界、两种文化、两代人、两位女性、两个男人、两种语言、两种身份，所有的这些整合成双重的想象，让人仿佛觉得任何存在其实都是他人的一个部分。作者特

有的想象力将"离散"和"杂糅"两个主题交融在一起。紧接其后的李群英的《迷途女生还者的标记》（The Mark of a Stray Female Survivor），是作者构思中的长篇小说的片段，显现了类似的"离散"主题和鬼魂故事的特点。

余兆昌、崔维新和关嘉祥的作品聚焦于男性世界的情感纠葛。余兆昌的《朋友》（Friends）写了一群华人单身汉在中国城茶楼聚会，话题所及无非是赌博、嫖妓、中国的家人以及华人有限的发财商机。小说中秦（Chin）——一位年轻单身汉和方（Fong）——有家室子女在中国的年长者，两位主角之间模糊不清的父子关系，揭示着历史上种族歧视背景下华人"光棍社会"的畸形生存状态。和余兆昌的《朋友》类似，崔维新的《南京》（Nanking）以杰克·伦敦的笔法，揭开了一段父子的隐情：原来儿子的母亲是长期相依为命的"父亲"的姐姐，而他真正的父亲却是从未谋面的另一位，并且和他加拿大"父亲"有着难以启齿的同性恋关系。其实，这样的关系在中国过去传统的戏班子里并不罕见。这是从一个全新的角度写早期华人的"光棍社会"。关嘉祥的《蚂蚁》（Ants）是关于两个男同性恋者的精致短篇。以蚂蚁意象从消极到积极、从阴郁到明亮的转换，细腻地描述了 Jerry 和 Mike 之间的一段刚刚发展起来的情感经历。

和以上三位男性作家男性世界情感的描摹相对应，柯温爱等四位女性作家笔下的非常态的父女关系或触目惊心、或令人感慨。柯温爱（Lydia Kwa）的《湿疹》（Eczema），以一个 7 岁女孩子让人窒息的平静口吻展示了父亲在她得了湿疹后对其的虐待。Jessica Gin-Jade 的《就是些头皮屑》（Just Dandruff）和《湿疹》有相似处，写了父亲对女儿的性虐待，但作者表面冷静的叙述更使人震惊。艾丽丝·坎南（Alexis Kienlen）[1] 的《锁》（Locks）是母亲去世后的典型的华裔父女关系的写照：父亲的压抑、冷漠、对女儿缺乏温情的管教和控制，对应着女儿的渴望爱怜、内心的反叛和冲出窠臼的欲望，以致最后的冲突无可避免。《平衡》（Versus）的作者洛丽塔·司徒（Loretta Seto）[2] 以一个欧亚混血女孩子的视角，表现了她试图在离异的白人母亲和中国背景父亲之间找到平衡的复杂痛苦挣扎的过程。Opal 在十几岁的年龄不得不承受父母因文化不同和性格差异所造成的裂隙，并试图去弥合，这对她显然是份内心不能承受之重。

爱德华·李（Edward Lee）、赵廉、艾瑞丝·李（Iris Li）、吴普生（Goh Poh Seng，1936—2010）和方曼俏的作品从不同的角度展示了华裔移民或居民眼中崭新的异国生存背景

1. 艾丽丝·坎南有法国、德国、中国、英格兰、爱尔兰和苏格兰的多重血统。2007 年她出版了诗集《她的红衫梦幻》（She Dreams in Red. Calgary: Frontenac House, 2007），2011 年出版了她的第二本诗集《13》（Frontenac House）。

2. 洛丽塔·司徒在 UBC 取得艺术学的硕士学位。她的另一篇小说《阵雨》（Rain Fall）发表在 2001 年的 Transition。她的儿童插图小说《月饼》（Mooncakes）2013 年由 Orca Books 推出。她另外还有独角戏"Why Weight？"（2011 年在温哥华首演），小电影"Once a Fish"（2007 年的 Reelworld Film Festival，加拿大杰出小制作电影奖）等。参见她的网页 http://www.lorettaseto.com/。

和生活环境。爱德华·李从当时正在写作中的长篇小说中节选的章节《进入遥远的国度》，让我们一窥小说中的主人公一家 1950 年代移民至阴冷而又充满种族歧视的新斯科舍省（Nova Scotia）的生活场景，面对如此冷酷严峻的生存状态，女主角居然想成为艺术家而非家庭餐馆的帮手，可见人的爱美天性的顽强。

编者之一的赵廉以《邻居》（Neighbours）显现了文化的互动所产生的双向效果，故事的女主人公萨莉刚刚搬到了多伦多市区最繁华和最有活力的区段：世界上最长的穿越市区的南北向大街——央街和东西长街埃格林顿街交汇之处，喜爱都市气氛、在北京呆了 30 年的萨莉在央街和埃格林顿街的十字路口就能强烈地感受到这个加拿大最大都市的多元文化色彩。艾瑞丝·李的《讽刺快照》（Snaps-A Satire）以对话的形式讽刺了加拿大某些出版商为曲意迎合市场而不惜拙劣地指导作家塑造刻板定式的华人形象。

吴普生出生于马来西亚的吉隆坡，祖先来自中国。吴普生被称为新加坡英语文学之父，创作了大量以新加坡为背景的小说、诗歌，1986 年移民加拿大后的近十年中，他以行医为主，后因帕金森氏病退休养病，直到 2010 年去世。[1] 他曾经在爱尔兰读医学院，这个离他出生地十分

1. 参见 www.gohphoseng.com。

遥远的北方岛国特有的地理、宗教、文化、历史的神秘和悠久，杂糅进了他的自传体小说《离奇的故事和一位年轻的西洋化的东方青年的巧遇》（Tall Tales & Misadventures of a Young WOG (Westernized Oriental Gentleman)）。一如长长的篇名所揭示的，这个短篇小说布置精巧，构思奇特，充满异国情调。

方曼俏（Judy Fong Bates, 1949— ）的《金山外套》（The Gold Mountain Coat）选自她 2001 年的短篇小说集《瓷器狗和一间中式洗衣房里其他的故事》（以下简称《瓷器狗》）[2]，

2. China Dog and Other Tales from a Chinese Laundry. Toronto: Sister Vision, 1997.

细腻感人的笔触下，读者感受到的是早期华人在典型的安省小镇的筚路蓝缕、勤勉简约的生活。

当地主流社会的居民对带有不同文化背景的移民的混合着好奇、成见乃至偏见的情感取向和行为举止在林天慧（Fiona Tinwei Lam）[3] 和王金（Gein Wong）的笔下表现得很生动。林

3. 林天慧同时也是位生活在 BC 省的女诗人。她的两本诗集《示》（Intimate Distance. Nightwood Editions, 2002）、《赏菊》（Enter Chrysanthemum.

天慧的《寻找特殊的华裔女士》（Seeking Special Chinese Lady）刻画了刻板印象、成见是

Madeira Park, BC: Harbour Publishing, 2009），前者是她的处女诗集，表现了家庭、伴侣和爱人的亲密关系，探讨了悔恨、挣扎以及爱这些宽泛的主题，

如何扮演文化定义者的角色的，那位寻找东方情调女性的"猎手"其实对"猎物"的内在特征

后者是关于家庭、爱情和丧失的思忖。

一无所知，或并不在意甚至有意无意地忽略，在他的眼里只有"猎物"五彩斑斓的羽毛和袅娜的外形。王金的《墙洞》（A Hole in the Wall）中，我们看到新移民是如何被他们的加拿大

白人同事以高人一等、趾高气扬的态度对待的。

"背向和反叛"的主题出现在一篇题名为《高级扒手，惊艳龙女》（*Shoplifting Tiger, Bomb-making Dragon*）的小说中。作者查佘温（他主要是作为诗人出现在本章之前的相关论述中）通过在多伦多华人集聚的世嘉堡（Scarborough）区出生的两个大学女生的街头招摇、吸食珍珠奶茶、酒吧买醉，刻意表现了出生在加拿大典型的华人家庭下一代的认同危机和无所依靠的彷徨。

不少小说刻意在形式和技巧上独具匠心，标新立异。大卫·徐（David M Hsu）的《神童：一个历史教训》（*Prodigies: A History Lesson*）有其结构上的特点：真实的历史事件和人物，以及虚拟的个人经历交错并置，拉近的历史幕布上映衬的个人生活被赋予了更丰富的意义。《送货》（*Card Order*）的作者黄俊雄是一位擅长小小说的作家，这篇在选集中最短的作品写了一位留学生在尚不熟悉的异国语言和文化环境中发生的小故事，读来亲切。苏斌（Ben Soo）的《古董》（*Antiques*）在风格和手法上标新立异——通过去掉引号和不用大写的 I 表示"我"，正印证了作者自己说的"风格就是故事"。吴功勤的《廉价剃须刀片》（*Cheap Razor Blades*）像极了他的长篇小说《香蕉仔》（*Banana Boys*），快节奏的、独白式的、无头无绪的新生代的自我倾诉，充满着挣脱的张力。弗雷德·华的短篇《肯氏饭馆（外二章）》（*Hardly Ever Go into King's Family Restaurant*）依然是诗人的散文，散漫的诗篇，与其说是小说，不如说是追忆逝水年华的抒情美文。在《多嘴鸟》中已经出现的温斯顿·金，这次入选的《阿莫的再教育和未竟理想》（*The Re-education of Ah Mow and His Subsequent Undoing Thereof*），荒诞而无厘头，像是以童话的形式讽刺一位好逸恶劳的中国移民。

其他的一些小说在题材、内容和意象上各有所长。郭凯诚（Khoo Gaik Cheng）的《仪式》以中国传统的礼仪带出一则爱情插曲。瑞兹·周（Ritz Chow）的《渗透的生活》（*A Porous Life*）由对不同皮肤状态的痴迷探究，表现了源自中国的"南人"与"北人"之间的悠久的偏见。吴克艮（Kagan Goh）的《为爱而生》（*Life After Love*）题材特别，写的是一群患有精神疾病的年轻人在病院中的瞬间。《家丑》（*Family Secrets*）的作者余锦仙（Kam-Sein Yee）

1. 葛瑞丝·秦出生在马来西亚。她同时也是一位戏剧和电影制作人，并参与剧本的编辑、推广和表演。她的小说还出现在 CBC 电台的网上档案馆中。参见 http://www.vaff.org/vaff-team 的相关介绍。

借垂死老人的口揭开了一段日本侵占马来西亚时，一个马来人家族充当日军帮凶的往事。葛瑞丝·秦[1]（Grace Chin）的小小说《姆妈的厨房》（*Ma's Kitchen*），写了兄妹之间扑朔迷离的纠结以及不可弥合的怨怼和疏离。邓敏灵（Madeleine Thien）的《子弹列车》（*Bullet Train*）是选集的压卷之作，本篇选自她的第一本短篇小说集《简单食谱》[1]。小说以一

1.*Simple Recipes*. Toronto: M&S, 2001.

个特别组合的家庭中三个成员的不同视角将读者带入由屋顶、直升机、楼房的 17 层组成的空间，三个人以不同的方式向不同的方向飞翔，都试图摆脱各自家庭的束缚。

四、《巨龙和繁星》：掀起神秘幻想小说的中国风

2010 年刚刚出炉的带有明显中国元素的英语神秘幻想小说集《巨龙和繁星》[2]，由加拿大的两位华裔英语作家蔡

2.*The Dragon and the Stars*. New York: Daw Books, INC., 2010.

文信（Eric Choi）和麦家玮（Derwin Mak）主编，收录了来自世界各地的华裔幻想小说作家的 18 篇作品，书的封面印着：18 篇原创故事将丰富的中国传统文化和幻想小说、神秘作品的想象光焰熔为一炉。也正如前言所说：虽然 18 篇作品的作者在个性、风格等方面各不相同，但共同点在于，他们都表现出对自己华裔身份的自豪——虽然他们中的许多成长在远离中国的异国他乡。《巨龙和繁星》的出现，

《巨龙与繁星》

让人耳目一新，它以一个崭新的形式颠覆了以往对加华英语文学创作的刻板印象，其中的作品不再纠缠于先辈的苦难和历史的不公，而是表现了华人想象中的历史、文化、生活以及梦境中的理想，也给加华英语文学增添了新的体裁、新的气象和新的未来。

例如，小说集之第一篇《犬字》（*The Character of the Hound*，作者唐尼·皮（Tony Pi）），以南宋著名

将领岳飞被秦桧陷害为背景，想象出在岳飞神灵指挥下，通过狗神、口神附体的南宋士兵，神勇倍增，识破叛徒，取回河图（hetu），挫败了金军的图谋。第二篇《余小姐的运道》（*The Fortunes of Mrs Yu*，作者查理士·谭（Charles Tan）），以幽默的笔调讲述了余小姐的不幸故事。在一次惯常的和闺中密友们在金龙中餐馆聚餐后，余小姐因数张幸运签语饼(fortune cookies)皆显示空白而引发了一系列接踵而至的霉运。收入本书的麦家玮的科幻小说《北极熊携带着邮件》（*The Polar Bear Carries the Mail*），讲的是未来的某个时刻中加两国在加拿大北部原住民市镇丘基尔（Churchill）合作建立用于商业和旅游的太空发射基地。位于香港的中资公司克服环境保护者带来的种种障碍，终于使用中国的长征火箭，实现了加拿大"北极熊号"飞船的处女航，而跟随"北极熊号"首航的邮件的正面是当地因纽特人的海上女神赛娜（Sedna），背面则印着"此邮件是用改变了世界文化进程的中国四大发明之一的纸制作的"。

以上三篇作品，前两篇属于神秘类作品，最后一篇当归于科幻类，但都以不同的方式衔接着中国文化。《犬字》的作者出生于台湾，自小因祖父开设的家庭作坊式的印刷公司而接触到大量铅铸的汉字，而后成为加拿大麦吉尔大学(McGill University)文字学的一名博士，这个精致的短篇充分体现了作者的童年爱好、学术背景以及对南宋岳飞传说的熟稔；《余小姐的运道》的作者则将北美中餐馆极为常见的幸运签语饼和元朝末年朱元璋在月饼中夹进"正月十五起事"字条的民间故事巧妙地串联；《北极熊携带着邮件》让读者在欣赏作者想象力的同时，也感受到他对中国的古代文明、宇宙奥秘、空间探索和带有强烈的神话色彩的加拿大印第安原住民文化的热衷。

麦家玮（右）、蔡文信（中）与马佳
（梁丽芳摄，2010.10）

第四节　短篇小说（下）：形态各异的"中国剪纸"

一、 邓敏灵：《简单食谱》

　　邓敏灵（1974— ）出生在温哥华，分别在西门菲沙大学和不列颠哥伦比亚大学求学。父母是马来西亚的华人，后移民加拿大。她曾经练习了 7 年舞蹈，后转向写作，同时写短篇和长篇。2001 年她被加拿大作家协会（The Canadian Authors Association）授予 30 岁以下最有希望作家奖。邓敏灵的第一本著作是 2001 年出版的短篇小说集《简单食谱》，荣获温哥华城市图书奖和艾瑟·威尔森小说奖（The Ethel Wilson Fiction Prize）。加拿大短篇小说女王爱丽丝·芒罗（Alice Monroe）高度评价《简单食谱》："明晰从容，情感纯净。"另有类似的评价认为邓敏灵的语言精雕细刻，有着水晶般的晶莹。[1] 这本短篇小说集由 7 个故事组成。故事中的人

1. 见 2002 年 7 月 9 日 Bill Robinson 发表在书评网站 *Mostly Fiction Book Reviews* 上的相关评论。

物大都处在表面平静但蓄势待发的危机中，由代沟和族裔文化的差异所引起的各类精神损失让生活笼罩在若隐若现的阴影中，但向往、亲近和希望是这些小说的基调。小说集的第一篇便是用做书名的《简单食谱》，通过回忆父亲做米饭和做活鱼的简单却风格化的方法，表现出华裔移民家庭特殊的代沟问题，含蓄而温情。

二、 方曼俏：《瓷器狗》

　　如前所述，方曼俏 1997 年出版了短篇小说集《瓷器狗》。作者幼年时从中国广东随母亲移居加拿大，她的童年和少年都是在安大略省的小镇度过的。她还有长篇小说《巨龙餐馆的子

2.*Midnight at the Dragon Café*. Toronto: M&S, 2004. 书名中的 "Café" 其实是指华人经营的餐馆。另外，"Café" 这个词本身也有小型餐馆的含义。

夜》[2]（2004）和传记《找回记忆的年头》[3]（2010）。她的小说曾经发表在加拿大各类文学刊

以前常用的译名是《巨龙咖啡馆的子夜》，这里据此做了修改。　3.*The Year of Finding Memory: A Memoir*. Toronto: Random House Canada, 2010.

物或收集在不同的文学选集中，也在加拿大 CBC 电台播送过。《巨龙餐馆的子夜》获得了美国图书馆协会的阿列克斯奖（Alex Award Winner, American Library Association, 2005）。

　　《瓷器狗》收有 8 个短篇，压轴的就是《瓷器狗》。《瓷器狗》的名字令人有温馨的联想，但却镶嵌着一个鬼魂招灵的阴森森的故事。一个叫李明（Lee Ming）的家庭主妇恐惧于夫家从

其曾祖父到父亲的接连自杀是因为鬼魂的魔咒，所以，战战兢兢地听从巫婆的指令买了一只巴掌大小的瓷器狗赶鬼，从巫婆那里刚吃了定心丸回家，却发现儿子因救一只真的狗而丧命车轮之下。需要强调的是，李明丈夫的曾祖父是自杀的，但据说是因为残忍地杀了极其贪婪的地主家一只珍贵的狮子狗而被招魂的。第一篇《姐姐的恋人》（My Sister's Love）写了 13 岁才从香港移居到加拿大小镇的姐姐和一位多伦多 40 多岁富有的单身商人无疾而终的爱情故事。8 篇小说中《凉食》（Cold Food）、《幸运的婚礼》（The Lucky Wedding）、《鬼妻》（The Ghost Wife）的主题都是母女关系。小说集的前言是崔维新写的，他强调了作者的才华和不拘泥于族裔背景的开放眼界，并没有将笔下的人物——那些历经精神和心理磨难的第一代、第二代华人简单地等同于牺牲者，而是从他们过去和现在的故事里挖掘出不同族裔都可以感同身受的经历和情感，并凸显出每个个体在这段历史中的他者形象。他进一步阐释道：方曼俏笔下的人物拥有着道德的宇宙，因为他们明白爱和宽容、善良和邪恶的广度，他们同时也一定感受到了那个混淆了他们对这个新大陆理解的神秘力量。对第一代被盲目地驱赶着被同化、被主流化的移民而言，来自族裔文化深处的民间信仰对自身的影响要远远超过自己的想象。最后他认为，方曼俏的语言言简而意赅。

三、 关嘉祥：《月历男孩》和《六种体位：情色描写》

在关嘉祥自己的网页上，[1] 他自述是个怀揣三本护照的世界游民。这可能跟他的家族血缘

关系，因为从他父亲的身世追溯，他是第三代中国移民，而从他母亲的家族上溯，则是第五代中国移民了。2007 年关嘉祥成为了澳大利亚公民。

《月历男孩》（2001）先是在加拿大出版，一年后澳大利亚企鹅丛书再版，收有 16 个短篇。故事被置于世界各地的斑斓背景中，表现了"月历男孩们"[2] 在加拿大、欧洲和澳大利亚的周

2. 只有《几乎就要飞了》（Almost Flying）中是女主角。

游中解构族裔背景、显影文化传统、找寻希望和爱情、寻求身份认同和自我超越的多元主题。作者轻松地从街头诙谐的口语，转到快速的自言自语，到让人兴趣盎然的移民口吻。关嘉祥喜欢两条线索平行的叙述方式，如《怎么做中式米饭》（How to Cook Chinese Rice）、《移民》（Immigration）。男性同性恋文化的写真是大多数篇章的题材和主题，但在不同小说中的分量和

书写方式都不尽相同。比如在《移民》中，作者将前辈为摆脱贫困、寻求财富而渡尽劫波来到金山淘金的漂流历险和"我"为获得精神上的自由——找到同性恋的家园而离家出走，四处寻觅的过程平行地对应、展开，在物质满足和精神追求的对比中，表现两代华人漂流的质的不同。前辈在新大陆的筚路蓝缕，固然要忍受白人的白眼甚至侮辱，而"我"为同性恋的性取向试图突围，则要承受家庭、文化习俗和社会更多有形无形的阻碍。

《六种体位：情色描写》（2005）是关嘉祥的第二本短篇小说集。小说集用诗人的语言和局外人的另类声音将读者带向一次轻松而有趣的洲际旅行。旅行中的俱乐部、浴场和性聚会不但展示了同性爱五光十色的活动场所，而且在这样的展示过程中，细腻地挖掘了幻想、不安、刻板和吸引的根源。关嘉祥将自己作为一个名声不佳的同性恋部落的亚裔男性的身份坦然地公之于众，编织进他的描写中，没有丝毫忸怩，却带着调皮的幽默。其中既有不得善终的浪漫遭遇，也有狂欢晚会上的不良勾当，以及对所谓亚洲"小白脸"刻板印象的回击。总之，《六种体位：情色描写》不仅让我们看到了作者对男同性恋行为令人耳目一新、深思熟虑而富有创造力的描写，同时也赞美了纯粹的性爱。

四、 黄俊雄的小小说

黄俊雄（Harry J. Huang/ Freeman J. Wong）2007 年在澳大利亚悉尼的麦克瑞大学（Macquarie University）以研究 TQA(Translation Quality Assessment) 的论文获得博士学位。1980 年代任教于中国广州的中山大学，1989 年起，在多伦多的辛尼卡学院教授英语。他是中翻英的翻译家和优秀的英语小小说（又称微型小说）作家。在加拿大、中国大陆、香港和台湾都广受好评。他在加拿大和中国出版了 4 部英文小小说选集。比如 1990 年他的英文小小说选集《无中不生有——中国微型小说精选》（*Nothing Comes of Nothing-A Treasury of Chinese Mini-Stories*）由加拿大马赛克出版社出版，分为六辑，共收有 44 篇从中文译出的小小说。[1] 他还将 100 多位中国作家的微型小说翻译成英语，包括欧阳山、秦牧、冯骥才、蒋子龙等的作品。2005 年荣获中山图书奖。

1.Oakville, Ontario: Mosaic Press, 1990.

2004 年黄俊雄出版了题名为《北美故事》的小小说选集。顾名思义，20 篇微型故事都是来自北美的现实生活。作者运用幽默、讽刺的手法，揭露人类社会的阴暗面，引起世人对伦理道德和讹诈骗财等社会问题的关注。对话和情节设计鲜活、生动独到。

　　黄俊雄的《英译中国小小说选集（一）（汉英对照）》和《英译中国小小说选集（二）（汉英对照）》，2008 年由上海教育出版社出版。选编的目的是为了让英语读者一窥中国小小说的面貌，从 20 000 余篇小小说中精选了 126 篇，包括 10 篇古代作家的作品。《北美华报》《世界日报》等北美中文媒体都给予了热情的肯定。

五、 李群英：《肚皮舞者》

　　李群英(SKY Lee, 1952—)出生于不列颠哥伦比亚省。是不列颠哥伦比亚大学艺术系的毕业生，她同时还持有道格拉斯学院（Douglas College）护理学证书。她是加拿大亚裔作家工作坊的成员。她是作家、女权运动者和同性恋权益支持者。其本人也是一位女同性恋者。[1] 李

1. 参加英文 wikipedia 中的相关词条。

群英最早的创作是为一本题名为《教我如何飞翔》（*Teach Me to Fly, Sky fighter!*）（1983）的图画书做插画。1990 年她的长篇小说《残月楼》[2] 出版。

2.SKY, Lee. *Disappearing Moon Café*. Vancouver: Douglas & McIntyre, 1990.

　　1994 年出版的《肚皮舞者》[3] 是一本收有 15 篇短篇小说的合集。小说集以跳肚皮舞来换取

3.*Bellydancer*. Vancouver: Press Gang Publisher, 1994.

生存的女人作为象征，让读者领略了女性主义的各种主题。小说中有各式女性人物，除了肚皮舞女外，还有提袋女孩（bag girl）、女同性恋的来自远古的旅行者等，通过她们，情色、性爱、女性的独立意识、同性恋权益等主题一一浮现，比如《安全"性"》（*Safe 'Sex'*），主题就超越了单纯的"性"层面，渗入了温情母爱等。也有些作品让我们联想到《残月楼》中出现过的情景，比如第一篇《打碎的牙齿》（*Broken Teeth*），主要表现了出生在中国的母亲和出生在加拿大的女儿之间的这个北美华裔英文小说中典型的母女冲突的母题。

六、 刘绮芬：《新鲜女孩及其他》和《选择我》

　　刘绮芬的《新鲜女孩及其他》[4] 1993 年在加拿大推出，一年后又同时在美国和英国推出，

4.*Fresh Girls and Other Stories*, Toronto: Harppercollins Publishers Ltd., 1993.

随后又有了香港和台湾的多种中文版本。这是一本由 10 个短篇组成的集子。以第一篇作为书名。

由于刘绮芬雏妓和吸毒的经历在自传体小说《逃家女孩的日记》中的披露，使其一夜之间成为媒体和公众关注的焦点人物，并产生了轰动效应；加之《逃家女孩的日记》被相继翻译成德语、法语和西班牙语出版，一定程度上提高了出版商的兴趣，所以，她的这部短篇小说集继续走高的市场效应，也就不出意料了。

依照莫妮卡•雷顿（Monique Layton）的研究，当时的刘绮芬具备了成为雏妓的三个主要条件，她属于高危反叛的年龄组；作为第一个女儿，她承受着家庭巨大的压力；她的家庭由母亲主导，父亲处于从属的位置。[1]另外，温哥华的特殊地理位置和气候——毗邻加州、港口城市、气候终年温润，又给了从妓者单身行动，不隶属于任何帮派的条件。琳达•若杰斯（Linda Rogers）认为，作为文学作品，《逃家女孩的日记》瑕疵毕现但充满潜力；作为社会学文本，它价值无量。[2]

1.Layton, Monique. *Prostitution in Vancouver (1973—75)-Official and Unofficial Reports*. A Report to the BC Police Commission Submitted in September 1975. Vancouver: Department of Sociology & Anthropology of University of British Columbia, pp.17—42.

2.Rogers, Linda. "Fire and Fury from a Precocious Poet". *Vancouver Sun*, 14 Oct, 1989:H5

《新鲜女孩及其他》中一篇名为《玫瑰花》（*Roses*），开首带有典型的伊芙琳•刘模式：

"我 18 岁的生日后，那位精神病医生走进了我的生活。他系着丝质的领带走近我，黑色的眼睛被线条和皱纹半隐半遮。他用他上流社会的口音，轻巧的幽默，还有诸如《洛丽塔》、《O 娘的故事》这类书籍调教我。他的嘴唇薄俏，但在我的嘴唇中间却丰润起来，满是甜甜的异国的味道。"

这样的描述，从《逃家女孩的日记》"震撼登场"后，就一再重复出现，显然作者一段时间津津乐道于此，可能是迎合了市场需要，但在艺术手法上却了无新意，是所谓的洛丽塔式交杂淫荡的纯情的杂拌。

第 4 篇《愉悦》（*Pleasure*）写的是所谓的虐恋，或者是变态的情欲——通过对女性身体的变形扭曲来满足。第 5 篇《婚姻》（*Marriage*）表现的是中年有家室的成功男性和 19 岁少女的恋情，以作者这个时期同样惯用的第一人称的少女口吻展开故事，不同的是，女主角渴望着爱情导向美满的婚姻。第 6 篇《玻璃杯》（*Glass*）曾收入《多嘴鸟》。开首便是一句：她爱任何菱形的东西，真的或假的。给人犀利的视觉刺激。小说中涉及性器官的词汇出现频率甚高。第 7 篇《沉迷之夜》（*Fetish Night*）背景放在晚间俱乐部。同性恋式的两位女人，Sabina 和 Justine 去一个有男性裸体招待的晚间俱乐部，和其中装扮成充满欲望、伺机寻找猎物的男奴彼此挑逗、调情。

小说有不错的节奏感。还有《同情》（Mercy）、《公寓》（The Apartments）和压轴的《老者》（The Old Man）。刘绮芬的绝大多数作品都有一种朦胧浪漫的情调。像《老者》的开篇：

> "老人住在对街的一个餐馆里，与画廊、画框店和书店为邻。"[1]
> 1.page 99: An old man lives across from a restaurant in a neighborhood of art galleries, picture-frame stores, and bookshops.

高跟鞋是频繁出现的道具和意象。小说中的老人，已在他的垂暮之年，基本性无能，要靠年轻女人的假意奉承和挑逗获取间或的勃起。小说的结构依然是以"我"的意识流为筋络，依然是开放的结尾。中间一段写了经济低迷对性工作者的影响，使得"我"不得不以老人为依赖，形成了双重依赖。

《选择我》[2] 是刘绮芬的第二本小说集，收有7篇小说，《家庭》（Family）、《远足》
2.Choose Me. Toronto: Doubleday Canada, 1999.
（The Outing）、《夏日好去处》（The Summer Place）、《忠诚夫君》（A Faithful Husband）、《郊区住宅》（Suburbia）、《沙漠里》（In the Desert）、《蓝色天空》（Blue Skies）。如同《新鲜女孩及其他》，主角无一例外皆为年轻女性，主题围绕着她们心仪的却不能真正或完全拥有的男性展开，从情爱的角度探究了人际关系的复杂性。《温哥华太阳报》评介说本书中刘绮芬的语言优美时尚，充满深邃的张力。

七、 赵廉的《中国结》

赵廉的短篇小说集《中国结》[3]，顾名思义，是反映华人移民几十年来以多伦多这座最能体
3.The Chinese Knot and Other Stories. Toronto: TSAR, 2008.
现加拿大多元文化和多元社会特色，同时亦充满自我更新的生命力，千变万化的北美大都市为中心的生活万象。所有的故事都是从小处着眼，但却更贴近各个人物斑斓多姿的情感世界，他们新生的爱情、他们面临的孤独、他们的家庭危机、他们需要战胜的种族歧视的幽灵，都被作者一五一十地娓娓道来。

八、 南希·李的《仙逝女孩》

南希·李（Nancy Lee, 1970— ）出生于威尔士，从小随父母移民到加拿大西部。她有中国和印度双重血统。她在 UBC 获得艺术学硕士学位，现任教于西门菲沙大学，教授写作和出版。南希 2003 年出版短篇小说集《仙逝女孩》。这部小说集里的故事以一位专拣女性性工作者为谋杀对象的连环杀手浮出水面为背景，构成了关注所谓的"垃圾女孩"的系列小说。作者以辛辣深邃的笔锋探究着加拿大社会中情色、情感和亲情混合的精神界面。《仙逝女孩》还被娱乐杂志《当下》（now）评为年度小说集。她的第一部长篇小说《年代》（*The Age*）于 2014 年 3 月 11 日出版发行。在出版社（McClelland & Stewart）的介绍中，我们知道，南希把一个青春期女孩凯莉（Gerry）和好友易安（Ian）起伏不定的爱情故事放在 1984 年的温哥华。当时，苏联的军舰游弋在大西洋，世界处在"冷战"的后期，因此，这代人的生活常常处在核战争的阴影下。有评论认为，这部小说的问世，使得南希·李作为新晋小说家，会更加引人注目。

第五节 散文：重拼马赛克

历史上，散文在英语文学中的地位和影响无法和戏剧、小说比肩，但同样源远流长，生生不息。细细划分，可分为宗教哲学类随笔、历史短章、人物素描、游记、采访自述、演讲、作家创作漫谈、文学评论等。在加拿大的英语文学中，散文同样熠熠生辉，不少作家的采访自述、演讲都是可鉴的精品。随着华裔英语作家的声名鹊起，他们越来越多的包括采访、演讲、评述、创作谈在内的各类散文散见在不同的杂志、电台、电视和文学网站上，其中也不乏流传甚广或取得各类奖项的。比如郑霭玲（Denise Chong）的演讲《身为加拿大人》（Being Canadian）就被广为传播和收集。

1990 年，李群英迎来创作生涯中的第一个高峰。这一年，除了成名作《残月楼》的发表，她还参与了一本散论集《说出来：穿越文化的女性和语言》[1]。这本文集基于 1988 年在温哥华

1. *Telling It: Women and Language across Culture*. Vancouver: Press Gang Publishers, 1990.

召开的一个研讨会。文集探讨了原住民、女同性恋和亚裔加拿大女性所经历过的种族主义和同性恋恐惧症（homophobia）。李群英是本书的主编之一，并贡献了四篇文章。

刘绮芬的《敞开心扉——对至今为止一段生命的反思》（2001，以下简称《敞开心扉》）[1] 应

1.Inside Out: Reflections on a Life so Far. Toronto: Doubleday Canada, 2001.

该归类为随笔类。全书分为 8 个部分。扉页引用了菲茨杰拉德（F. Scott Fitzgerald）在《了不起的盖茨比》（The Great Gatsby）中的两段话：所以我们要占上风，船行抗激流，/ 不让自己无限地被拽入过去。[2] 从中我们可以一窥作者的心路历程。毫无疑问，浪迹街头的雏妓经

2.So we beat on, boats against the current, /Borne back ceaselessly into the past.

历固然使她一夜成名，但也给她的一生造成了抹不掉的阴影。她写道："我试图忘记街头学到的任何有价值的东西，就为了融合进去，成为新人。"[3] 她回忆起很多看了她自传后写信给她

3. 本书英文版第 7 页。

的性工作者，她们后来结婚了，开始了别样的生活，所以，她们从来没和家人朋友言及过自己的过去。[4] 无论作者在《逃家女孩的日记》中怎样挣扎着喊出这段经历对她独立成长、远离畸

4. 本书英文版第 7 页。

形家庭的好处，可她现在有时夜晚回宿，走过市中心街角的妓女，犹如鱼鲠在喉，惊恐不安。那些眼睛笼罩在浓妆中，那些大腿在短小的裙子和剑一般的后跟中伸展着，都和她以往噩梦般的过去对接。眼中的这些似曾相识的景象，让此时此刻的作者，宁愿没有任何关于过去的记忆。[5] 其实，拯救刘绮芬的还是写作，尤其是渴望写作成名的盼念，如她自己所言："写作

5. 本书英文版第 18 页。

总是比我的存在更大。"[6] 与此同时，作者亦承受着抑郁症的困扰，在《抑郁的家园》（The

6. 本书英文版第 4 页。

Country of Depression）一章中，她说自己曾经可以以一份《环球邮报》（The Globe and Mail）打发从早餐到下午的时光，她觉得抑郁常常伴随着一定程度的自恋。《父亲形象》（Father Figures）一章里，作者回溯了她早期有距离地对占据她身心的老师的迷恋，而非那些同龄人熟悉的在课间躲在小树林里接受满脸雀斑的小男生盲乱的接吻。然后宠爱她的父亲，成了她的中心，或者像作者说的她成了父亲的中心。她的形象反映在父亲的镜片里，占领了父亲的整个视线。但随后弟弟出生，父亲的爱一点点地被弟弟所蚕食，加上对母亲掌控的逃避，作者不得已逃进了写作和幻想的空间。其实，作者强调的是对父爱的渴望，很少掺杂如弗洛伊德恋父情结（Electra complex）般的性的成分，而是在他人眼中和关切里寻找安全感的需要。

《巾帼——华裔加拿大女性的声音》[7]（以下简称《巾帼》）是一部加拿大华裔女性的访谈录。

7.Jin Guo: Voices of Chinese Canadian Women. Edited by The Women's Book Committee, Chinese Canadian National Council. Toronto: Women's

编者选取了不同时代、不同职业、不同性情的加华女性代表，见证加拿大的历史进程中的女性，

Press, 1992.

特别是少数族裔女性的抗争和命运的变迁。具体而言，《巾帼》有以下重要的社会历史、文本

和文学价值：

第一，《巾帼》挑战了以往单纯地把早期加拿大华裔历史等同于"单身汉社会"的说法，认为华裔女性也是其中的参与者和见证者。比如，1860 年 3 月，就有一位被称为李文（Mrs. Kwong Lee）的华裔女性跟随其商人丈夫从旧金山抵达加西。第二，许多年长的被采访者都经历过和华裔男性一样的种族歧视以及特有的性别歧视，双重的歧视导致她们在职场遭到更多的困境和被拒绝。第三，很多最终以妻子或女儿身份进入加拿大的华裔女性，都不同程度地遇到了新的家庭问题，诸如不同族裔间的通婚、欧亚混血的后代。第四，本书记录了华裔女性在加拿大身份地位的历史变迁，从早期第一代和第二代的祖母、母亲辈的"纸新娘"到现今的职业女性和社区活动人士。第五，很多华裔女性认同她们的中国背景和加拿大居民的双重身份，并能相对自由地在实际生活中加以调整和转换。第六，作为口述历史，《巾帼》自然具备了学术上的文本价值，同时，所有这些个人的真实而生动的故事，也带有相当程度上自传体文学的特征。[1]

1. 此段关于《巾帼》的论述，参照了赵廉的《不再沉默》（Lien Chao, *Beyond Silence: Chinese Canadian Literature in English*. Toronto: TSAR Publications, 1997.）中的相关章节。

余兆昌 2007 年的讲座《成为一个作家》[2] 是多伦多公立图书馆海伦·斯塔博斯纪念讲座的

2. "Becoming a Writer", Toronto Public Library, The Number Nineteen of The Helen E. Stubbs Memorial Lectures, 2007.

第 19 讲，他以他创作的少儿小说，特别是带有鬼魂意象的、荣获加拿大总督文学奖儿童小说奖的《鬼魂火车》为中心，讲述了自己成长为一个华裔英语作家的特殊过程，强调了他的小说的历史感。

结语

本章所述的加华作家的英语诗歌、短篇小说和散文的异军突起，从宏观的角度看，是随着加拿大社会的多元化进程同步发展的，属于少数族裔英语写作潮流中的一支。加拿大少数族裔的英语写作因为不断涌现的优秀作家，打破了传统的加拿大英语文学的板块，引起越来越广泛的注意。具体而言，加华作家的英语短篇小说在这三者中成就最大，也最引人注目，这当然跟读者和出版市场不无关联。其实，加华诗人的英语诗歌也是熠熠生辉。而散文作为加华英语作家的自留地，可以任情抒发，一吐胸中块垒，也不可忽视。题材方面，无论是早期的加华作家，还是后起的，大都涉及到自己的华裔背景，不同的是，早期侧重于对先辈移民历史的追溯和对种族歧视的控诉，而后期则更多表现中国传统文化和加拿大主流文化之间的冲突和因出生地、教育背景和成长历程不同而引起的代沟。但主题和意象却是多元纷呈，从离散—聚合到身份认同，从女性主义到同性恋权益，从鬼魂的意象到唐人街元素，不一而足。而从这三个方面创作的形态来看，当然有迹可循，比如 20 世纪 70 年代末到 80 年代中期，集中在对加拿大主流社会对华裔社区排斥、歧视乃至某种程度上的整体拒绝的反思和批判，表现这一时期华人的苦难、艰辛、痛苦甚至绝望，主题集中沉凝，笔调严肃辛辣，手法相对传统单一。1990 年代开始，则无论题材、主题、意象、手法，都呈现出多元的景象，例如，鬼魂的意象、同性恋的题材、女权主义主题、魔幻现实主义等不一而足。就艺术手法而言，传统的写实主义占据主导，但精神分析、意识流、魔幻现实主义、解构主义、后殖民批判等散见其间。正如我们给这一章短篇小说一节的题名"从唐人街内的传奇到唐人街外的故事"，加华作家的英语诗歌、短篇小说、散文的写作走过的正是这样一条逐渐开放、不断包容的路径。

第六章　　方兴未艾的加拿大华裔英语文学
（下）：长篇小说、传记文学、戏剧和评论

引言

　　本章所涉的文学类型——长篇小说、传记文学、戏剧和评论，无论在数量、质量和影响上都以前两者为主。而且长篇小说和传记文学联系紧密，有的作品甚至介于两者之间。至于戏剧，由于读者和观众的限制，所以便显得"势单力薄"；而学术色彩的文学评论因其相对的滞后性，专门的著作更是屈指可数，但随着加华英文作家作品的蓬勃发展而呈现不断增长之势。另一个现象是，创作者大都是第二代、第三代乃至数代之后加拿大本土出生的华裔，也有一些出生于既非加拿大又非中国。还有，不少作家都是兼涉不同的创作形式，且多有建树，最近出现的一个新现象也值得一提，便是已经有加拿大华裔作家的中文作品被翻译成英文等外国语种，并在加拿大或其他国家出版发行。比如张翎 2009 年在中国大陆出版的长篇小说《金山》[1]，在

1. 北京：北京十月文艺出版社，2009 年。

2011 年年底由加拿大企鹅出版社以英文版的形式在加拿大出版发行。[2] 另外，

2.Gold Mountain Blues. Toronto：Viking Canada, 2011.

《残月楼》等一些加华作家的英文作品也陆续被翻译成中文出版。

第一节　长篇小说的厚积薄发（上）：从中国魂到中国元素

如果说加华作家的英文短篇小说更大程度上是让读者知道了这样一个新兴的创作团体的出现，那么，主题特异、意象斑斓的加华作家的英文长篇小说则使加国批评界和学术界意识到了这个新兴创作群体的特质、魅力和厚积薄发、蔚然成风的态势。李群英、崔维新、余兆昌、方曼俏、黎喜年、邓敏灵等一干作者接连获得包括加拿大总督文学奖在内的各类奖项或提名，无疑丰富了加拿大的英文长篇小说的创作，也在某种程度上改写着这一重量级的创作形式在加拿大的历史。

一、 余兆昌[1]：写给儿童、青少年的中国童话和故事

1. 以下作家的排序按照他们发表的第一部小说的年代为序。如同年，则以作家姓氏的拼音顺序为序。

余兆昌出生于萨斯喀彻温省的司巴丁（Spalding），在温哥华的唐人街长大。他很小的时候便成为孤儿，是靠姨妈和姨夫抚养大的，期间，受到姨妈很深的影响。他拥有不列颠哥伦比亚大学历史学的硕士学位。他既写诗，也写小说；既有抒情短诗，也有长篇作品；既有成人题材的小说，也有相当数量的儿童文学创作。他的主要创作大体上可以分为两类：一类是以儿童和青少年为阅读对象的作品，像他获得总督奖的《鬼魂火车》[2]（Ghost Train）；一类是关于

2. Ghost Train. Paintings by Harvey Chan. Toronto: Groundwood Books, 1996.

唐人街和华人移民历史的作品，像《咸水埠》（Salt Water City，1988）。1996 年他的《鬼魂火车》荣获同年度的总督文学奖的英语类儿童文学奖。本书被贝蒂·关（Betty Quan）改编成同名话剧，并于 2001 年在多伦多的青年剧院（The Young Peoples Theatre）上演。余兆昌的儿童小说在题材上分为两类，一类是依托中国的神话传说讲述早期华人或华童的故事，另一类反映了当代中国移民家庭不同的情状。他的语言幽默风趣，手法多变，笔触深入到孩子们独特的精神世界，所以，纵然作品繁多，但绝少重复。他还有一本传记作品《抗争和希望：华裔加拿大人的故事》[3]，是讲给少年儿童听的早期华人移民丰富多彩的往事。

3. Struggle and Hope: The Chinese in Canada. Umbrella Press, 1996.

《三叔的诅咒》[4]（1986）中的女主角莉莉安在父亲神秘失踪，三叔要卖掉家族生意，全家人

4. The Curses of Third Uncle, Illustrations by Don Besco. Toronto: Lorimer, 1986.

被迫返回中国的接踵而至的灾难下，试图找到父亲踪迹。有评论者认为，《三叔的诅咒》是余兆

5. 见陈中明、贾洪波的论文《"教我飞翔"：余兆昌笔下加籍华人女性之文学与文化研究》，载《世界华文文学论坛》2010 年第 2 期。

昌迄今为止最出色的小说，并对作者描写女主角的智慧大加赞赏。[5]1991 年出版的青少年小说《雪

吟玫瑰：一个美妙的传说》[1]，有着顽皮的、恶作剧般的幽默。"雪吟玫瑰"是美菱最拿手的自创

1.*Roses Sing on New Snow: A Delicious Tale.* Pictures by Harvey Chan. Toronto: Douglas & McIntyre, 1991.

菜肴，但却被掌控餐馆的父兄据为己有。直到有一天，中国南方的一个省长前来唐人街访问，每

个中餐馆送上一个他们最拿手的菜以示欢迎，其中，"雪吟玫瑰"很受省长青睐，并想当场学做，

但美菱的两个哥哥却一筹莫展，只好请美菱上场表演。《雪吟玫瑰》表现了在加拿大一些自由民

主和个性几被扼杀的传统中国社区，华裔女性怎样巧妙地展示东方女性的智慧和个性。[2]

2. 本章对一些作品的描述，参阅了相关的英文介绍文字，恕不一一注明。

　　《鬼魂火车》依托中国式灵魂转世的寓言模式，讲述了一个优美凄厉的故事。女主人公春

燕的父亲千里迢迢，漂洋过海，前往北美修筑铁路，留下她和母亲日日守盼在中国南方的小村

子里。春燕有只魔幻的手，能画出出神入化的画儿。父亲终于让她前往北美见面，但当她千辛

万苦到达时，得到的却是父亲的死讯！后来，父亲化为鬼魂托梦给她，让她画出的"火车"行

驶在他和其他劳工修筑的铁路上。作者的文字优美、犀利，富有感染力。

　　《冲破牢笼》[3]（1994）讲述的是品学兼优同时又有足球天赋的华裔学生王火根的故事。在

3.*Breakaway.* Toronto: Douglas & McIntyre, 1994.

1930 年代的温哥华，华人除了受到席卷北美的经济危机的重创，还要面对甚嚣尘上的种族歧视。

王火根的家庭以农场耕作为生，作为男性，王火根对家庭未来的经济起着支撑作用。作品在悬

念迭起、冲突不断的情节中让我们看到年轻的主人公是如何兼顾家庭的重任、学业的进步和天

赋的发展。《阁楼里的男孩》[4]（1998），写了一个刚从中国乡村移民到北美大都市的男孩眼中

4.*The Boy in the Attic.* Pictures by Gu Xiong. Toronto: Douglas & McIntyre, 1998.

所见的奇诡之事，昭示着友情是可以治愈心理精神病症的力量。

　　插图本小说《玉镯》[5]（2002）是写给幼儿园和小学低年级的儿童的。故事开始的背景是

5.*The Jade Necklace.* Illustrated by Grace Lin. Vancouver: Tradewind Books, 2002.

19 世纪末的中国南部沿海。在一次猛烈的暴风雨中，女主人公元晔的父亲葬身大海。随后她被

家人送往北美新大陆开始了女仆的生活，在救护女主人的过程中，元晔在那次暴风雨中落入大

海的鱼形玉镯失而复得。《收骨人的儿子》[6]背景是 1907 年，一个 13 岁的华人孩子不仅要克服

6.*The Bone Collector's Son.* Vancouver: Tradewind Books, 2003.

对父亲从坟墓收集的尸骨的恐惧，还要在一个鬼魂出没的宅子里做男仆。另一本插图本小说《一

首唱给爸爸的歌》[7]（2004），反映的是中国戏剧在华人社区的困境。主人公林蔚的父亲的剧团

7.*A Song for Ba.* Pictures by Jan Peng Wang. Toronto: Douglas & McIntyre, 2004.

面对日益锐减的观众，陷入了入不敷出的窘况，父亲被迫由扮演武生而转为扮演旦角，导致精

神上不能适应这样的转变，又很难掌握旦角的高音唱法。在一筹莫展之际，儿子挺身而出帮助

爸爸度过难关。

8.*Bamboo.* Illustrated by Shaoli Wang. Vancouver: Tradewind Books, 2005.

　　2005 年出版的《竹》[8]，没有鬼魂的介入，但依然有童话色彩。农夫"竹"和农家女"明"

相爱结婚，然后，"竹"远赴金山"淘金"，但他的妻妹却横行霸道，让"明"处在非常窘迫困苦的生活中。但故事的结局却是典型的中国传统式的"恶有恶报，善有善报"。

2007 年出版的配图小说《舒丽和泰玛蕊》[1] 中，舒丽和父母两年前移民加拿大，在温哥华

1.*Shu-Li and Tamara*, Pictures by Shaoli Wang. Vancouver: Tradewind Books, 2007.

的商业闹市区开了一家中式鸡味小食店（Chinese deli），她的同班同学泰玛蕊最近刚刚搬到了舒丽家的附近。舒丽和泰玛蕊经历了流言蜚语和种种不快，成了真正的好朋友。两年后出版的续集《舒丽和迭戈》[2]（2009）是为 7 ～ 9 岁的孩子写的小说。舒丽和同学迭戈为邻居照看爱

2.*Shu-Li and Diego*, Pictures by Shaoli Wang. Vancouver: Tradewind Books, 2009.

犬，但它却走失了，两人历经波折，最终找回了那只走散的狗。

余兆昌的新著《学会飞翔》[3]，主题和基调上都与之前的儿童和青少年小说有所不同。同是

3.*Learning to Fly*. Vancouver: Orca Book Publishers, 2008.

来自中国的移民，杰生和他的母亲及小弟住在一个封闭保守的小镇。杰生想改变自己局外人的状态，但不幸沦入一帮问题少年中，并和警察发生了冲突。最后，杰生通过和一位当地出生的少年的友谊，找到了自己的归宿。

余兆昌最新的青少年小说是 2010 年出版的《铁血》[4]。小说以年幼的李显光 1882 年 3 月 13

4.*Blood and Iron: Building the Railway*. Toronto: Scholastic Canada, 2010.

日到次年 5 月跟随父亲离开广东老家前往加拿大西岸修建太平洋铁路一年多的日记为结构，记录了早期加拿大华工从漫长难捱的海上遭遇开始一直到不得不忍受繁重危险的筑路工作、艰难恶劣的生活条件以及在对白人工头无休止欺诈忍无可忍后奋起抗争的完整过程。书末李显光的一张收入支出表最后只剩下了加币 42 元多，按照当时的价格，这只够他买一张回中国的船票。也就是说李显光一年的劳作分文未剩——因为当时的工头推翻了铁路完工后免费提供给华工一张回程船票的承诺！这就等于免费为当时的白人铁路大亨和大大小小的工头们打了一年的工，这是何其不动声色的讽刺和控诉！

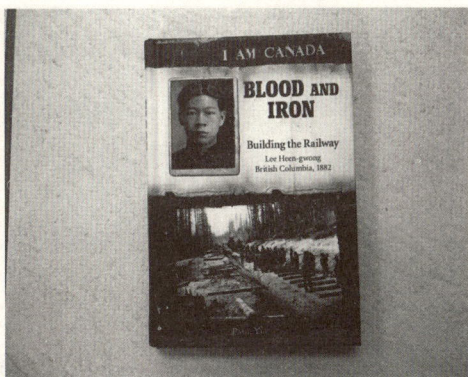

余兆昌的《铁血》

二、 李群英：一鸣惊人的《残月楼》

这里有必要先稍稍谈及围绕李群英中英文名字互译而产生的故事，因为这也涉及到类似的加华英语作家名字互译的一个有趣的现象。李群英的英文笔名 SKY Lee 中的 "SKY" 是她的英文名字 Sharon Kwan Ying 每一个英文字的第一个字母的拼合，Sharon 是她的英文名字，Kwan Ying 是 "群英" 的粤语读音，有些研究者把她的笔名译为 "李天空" 或是 "李天"，显然有误。李群英的《残月楼》[1]（1990）被誉为首部全景式地反映加华移民的长篇小说，获得 1990 年的

1. *Disappearing Moon Café*. Vancouver, Douglas and McIntyre, 1990.

温哥华图书奖，并入围同年的总督文学奖，由此奠定了其在加拿大英语文学界的地位。

《残月楼》在时间跨度、空间覆盖和人物设计等方面，都堪称大手笔。小说以温哥华唐人街王家四代人的归化历程和悲欢离合的家族史缩影了从 19 世纪中后期到 20 世纪 90 年代的加拿大华人移民史。1892 年，小说的主人公王贵长，被温哥华的华人慈善总会雇佣，沿太平洋铁路线收集筑路华工的尸骨，以便集中埋葬或送还故土。在艰难搜寻的长途跋涉中，王贵长结识了印第安姑娘科罗拉，并产生了恋情。科罗拉产下了一个名叫庭安的男婴后不久便撒手西天。后来王贵长回国结婚，娶妻梅兰，生下儿子崔福。不久，王贵长在唐人街办起了餐馆 "残月楼"，并将庭安收养，但对其隐瞒了真相。随着王贵长生意的日益兴隆，他的第三代也纷纷出生长大。其中的婚外情、乱伦引发的家族内部层层叠叠的矛盾和纠葛是被第四代的女性凯揭开的。而凯本人最后飞往香港，和自己的同性恋人一起生活。作者设计了如魔幻般传奇剧的背景，借用了中国传统的口述历史和故事的元素（凯作为搜寻家族历史的记录者，记录了外婆芳美、长辈莫根的回忆和言说）来讲述王家的故事。[2] 李群英说过："我一直担忧着说出了自己家族被禁止

2. 书中人名借用了梁丽芳的中文翻译。参见梁丽芳的《打破百年沉寂：加拿大华人英文小说初探》。载《世界文学》，1998 年第 4 期，第 288—300 页。

说出的历史。我泄露了这个密码。"这个密码就是重写了困惑痛苦的家族过去，把它翻晒在大庭广众之下，而这么做，在中国传统和华人社区那里，都是禁忌——所谓的 "家丑不可外扬"。用她自己的话来说，"我们自己筑就了围绕自身的沉默和无形的长城"，而作者恰恰有意毁坏了它。另一方面，《残月楼》借乱伦这个负面的隐喻，恰到好处地用来对加拿大历史上的种族歧视和隔离政策提出更具震撼力的批判，同时，这种 "旧瓶装新酒" 的写作技巧和叙事策略，也促成了《残月楼》艺术上的成功。[3]

3. 参见梁丽芳的相关论述。出处见上。

关于李群英的英文研究资料在加华作家的英语作家中可谓非常丰富，它们可以分成两部分。

一部分散见在美国研究者的文章和著作中，像2008年贝拉·亚

当斯（Adams，Bella）在她的《美国亚裔文学史》[1]中涉及

1.*Asian American Literature*, Edinburgh: Edinburgh University Press,2008.

到《残月楼》；马丁·凯奇（Kich，Martin）在2000年的《美

国亚裔小说家》[2]中有《李群英》一节。另一部分则是加拿

2.*Asian American Novelists: A Bio-Bibliographical Critical Sourcebook*, ed. Emmanuel S.

大学者的，比如，Beauregard, Guy Pierre 的《加拿大亚裔文

Nelson, 197—203. Westport, Conn.: Greenwood Press.

学：李群英、弗雷德等作品中的离散干预》[3]。还有相当一

3. "Asian Canadian Literature: Diasporic Interventions in the Work of SKY Lee, Joy

部分是博士论文的论题，如2000年埃尔伯塔大学多米尼哥

Kogawa, Hiromi Goto, and Fred Wah". Ph.D. dissertation, University of Alberta, 2000.

（Beneventi，Domenic A）的《加拿大都市文学中三维的

空缺和绝望的他者》[4]等。

4.Spatial Exclusion and the Abject Other in Canadian Urban Literature.

李群英的《残月楼》

三、　崔维新：书写加拿大华裔的史诗

崔维新（Choy，Wayson；1939— ）出生于温哥华，

曾在不列颠哥伦比亚大学研修文学创作。1967—2004年任

教于多伦多哈姆博学院（Humber College）。1999—2002

年为多伦多卡胡兹剧院（Cahoots Theatre Company）的

总监。他的主要作品包括长篇小说《玉牡丹》[5]（1995），

5.*Jade Peony*. Toronto: Douglas and McIntyre,1995.

自传体文学作品《纸影》[6]（1999），长篇小说《如歌往事》[7]

6.*Paper Shadows*, Toronto: Viking, 1999.

（2004），文学自传《依然如故——生死备忘》[8]（2009）。《玉

7. 又译为《生死之间》*All That Matters*. Toronto: Doubleday Canada, 2004.

牡丹》连续获得温哥华城市最佳书奖、安大略省最佳书本

8.*Not Yet: A Memoir of Living and Almost Dying*. Toronto: Doubleday Canada, 2009.

奖、吉勒奖（Giller Prize）等多种奖项。《纸影》获得加拿

大总督奖提名奖。《如歌往事》2005年摘得加拿大安大略

省延龄草图书奖（Trillium Book Prize）英文书类别桂冠。

2006年2月，因在文学创作上的成就，崔维新被授予加拿

大最高成就奖——加拿大勋章。

《玉牡丹》是崔维新的第一部长篇小说，历时18年才

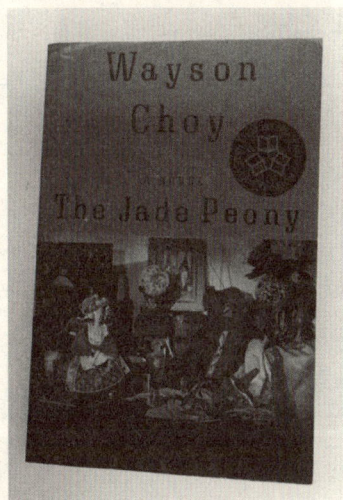

崔维新的《玉牡丹》

完成。1995 年初版，之后数次再版。故事以二十世纪三四十年代的温哥华唐人街为背景，讲述了一个华人移民家庭四个孩子金俭、忠心、祝良和石龙的成长经历。虽然生活在同一个屋檐下，成长于同一个唐人街，但由于性别、年龄的差异，他们的童年不尽相同，并且都不得不面对成长的困惑和痛苦。作者细腻、逼真地刻画了那个跌宕起伏、风云变幻的时代中移民家庭孩子的独特心理感受和情感历程。也着重表现了"二战"中日本侵略中国的历史背景以及珍珠港事件中华裔和加拿大主流社会、日裔居民相处的复杂情形。整个家庭中的三代人其实象征着中加两种文化的冲突和融合：被称为婆婆的祖母是中国传统与文化的象征；父亲致力于争取华人在加的权利，对婆婆很多古板守旧的做法不以为然；第三代的子女在对中国文化既依恋又排斥的交缠中，想变得"像个加拿大人"。小说同时还把笔触伸向三兄弟的精神和内心，揭示了他们如何在加拿大社会的生活模式和来自父辈的中国传统之间找到自己的身份认同。书中甚至还描述了当时尤其不为华人社会所认可的第二个孩子忠心的同性恋倾向和情愫，作者对此描述的标新立异之处在于，他并没有直截了当渲染忠心对自己同性恋倾向的发现和接受，而是运用了道家阴阳结合的方法含蓄点出。这里，我们不妨引用一段忠心的内心独白："弗兰克·袁是太阳，我记得我是这么想的，我也记得婆婆对林太太说的，'忠心是月哦'。是这样的，我喃喃自语着，一边穿上外套——我的盔甲，我就是月。"[1] 小说的睿智和幽默也被评论界所称道。

1.Jade Peony，1995，p.118.

《如歌往事》书名来自《论语》子路篇中的孔子名言"言必信，行必果"的第一句，[2] 表
2.With Words，All that matters is to express truth（言必信）.
达出作者以文学的方式追寻历史真实的信念。这部小说可看作是《玉牡丹》的续篇，因为故事情节和《玉牡丹》看起来几乎是并行的，但在结构上是通过 20 世纪 30 年代和 40 年代温哥华唐人街一个特殊家庭中的长子金俭的视线展开故事。1926 年，金俭刚 3 岁，当时的中国灾荒和内战连绵不绝，金俭的家庭生活在水深火热之中。正巧，在温哥华唐人街生意兴隆的陈三叔因为丧妻失子急切地需要帮手，便将自己出生地广东台山和自己同姓的金俭一家 (婆婆、父亲、金俭) 以近亲的名义移民至温哥华，组成新的家庭以延续家族产业。不久，金俭的父亲又迎娶了同样来自广东家乡的新妻，也就是金俭的后母。然后，金俭有了一个妹妹和一个领养的弟弟。再以后，后母又生了一个小弟弟，如此，这个特殊的家庭可谓人丁兴旺，欣欣向荣。同时，在唐人街陈家又以家教严格、彼此关爱而受人尊重。

像周围许多的邻居一样，陈家不得不在令华人移民窘迫的环境中挣扎着活下去。自从修筑

太平洋铁路的帐篷被拆除，唐人街蜂窝般的出租屋里便挤满了失业的华工。海风夹杂着在菲沙河谷煤矿和炼焦厂传来的刺鼻烟味，回旋在每一个房间。夜间货车巨大的噪声摇撼着窗户，但按照婆婆诙谐的说法，那是龙王爷在闹着玩呢。因为不管怎样，金俭一家不会像在台山老家那样忍饥挨饿，在这里，他们至少可以把生下的女婴留在家里抚养长大，而不用像老人家（婆婆）那样被卖给别人做童养媳，背上永远留着鞭子抽打的疤痕。

　　然而，在陈家的新生活里，永远存在着新的金山梦和旧的中国文化的冲突。老人家不喜欢金俭说英文，那些丧失了"中国头脑"的孩子被老人称为"竹升"[1]。因此，金俭必须在英文学

1. 梁丽芳提供的译名，这是广东华侨的俗语。用来笑那些中文和英文都不地道的土生华人，如竹子一样两头不通。

校和中文学校都努力用功，还要帮助婆婆给她的麻将搭子做饭。如果金俭冒犯了她，她便会让他吃"糖炒栗子"。

　　虽然婆婆叮嘱金俭要和自己的同胞在一起，不要把不是中国人的"野蛮人"带进房子，但金俭和杰克——一位爱尔兰男孩，却发展了一段持续的友谊。金俭也有了女朋友简妮，她的妈妈是婆婆的麻将搭子，还开着一家街角的杂货店。此时，中国处在日本侵占东北三省的煎熬中，接着，随着日本侵略军不断深入中国腹地，中国军队不得不奋起反击，于是，全面的抗日战争爆发，不久，第二次世界大战爆发。学校的男孩子们登记注册，准备上战场，不少华侨回国参战。杰克也终止了高中的学业，即将前往香港战区。之前因为杰克和简妮短暂的恋情，一度使得金俭和杰克的友谊跌至最低点，此时，两人冰释前嫌。但让金俭大惑不解的是，虽然他视加拿大为自己的国家，但这个"自己"的国家却不接受来自中国甚至是出生在中国的士兵。与此同时，金俭邻居的养女美英因为和附近日本社区的日裔男青年产生恋情而同时被两个社区所不容，最终，美英以自杀的方式结束了这段类似罗密欧和朱丽叶式的爱情悲剧。故事的结尾处，金俭和简妮有了孩子，他们的好友杰克也没有像传说中那样死于战场，而是荣归故里。这是一个明媚开放的结局，昭示着经过战争洗礼的加拿大，会让各个族裔过上安定和睦的生活。

　　《如歌往事》追踪着金俭，当他从社区和家庭里学到了责任和回报，当他在一个非常分化的城市里走向成年，当他面对着什么最关乎生活需要而要做出决定时，他变得成熟而有独立见解。小说把笔触延伸到主人公性格深处。崔维新相信，用细节展示真实，这便是优秀的写作所要孜孜以求的。

　　但不止于此，作为史诗般地重新建构加拿大华裔历史的这部小说，它昭示我们的是超越族

裔界限的思想：种族背景并非是个人身份认同的决定因素，生活在这样多元的文化环境中，大家所向往的是不同文化和传统和睦共处的美好理念。

四、 黎喜年：中国神话和狐仙故事的杂糅

之前的三位华裔作家余兆昌、李群英和崔维新的长篇小说，虽然各有千秋，风格迥异，但总体而言具备不少的共性。比如都以浓墨重彩表现早期华人的历史，将淘金、修筑铁路、搜寻遗骨、唐人街打拼、抗议种族歧视、平权运动等情节和故事通过不同的人物形象，以独特角度和手法一一呈现，同时他们也都竭尽所能，将各自具备的中国文化素养转化为小说中形式各异的中国元素。之后的华裔作家那里，这两个特点或许还隐约存在，但已非主角，因为他们已然跳出了历史小说的框架，同时，更创造性地使用中国元素。在余兆昌、李群英和崔维新笔下，对祖先踪迹的历史寻根和自身成长的身份认同交错呈现，后起的华裔作家则聚焦于身份认同过程中和当下社会的衔接。让我们首先来看黎喜年的小说。

1.Larissa Lai, *When Fox Is a Thousand*. Vancouver: Press Gang publishers, 1995. *When Fox Is a Thousand* (With new afterword.) Vancouver: Arsenal Pulp, 2004.　　　　　　　　　　　　　　　　　　2.*Salt Fish Girl*. Toronto: Thomas Allen Publishers, 2002.

黎喜年著有长篇小说《千年狐》[1]（1995，2004 年重印），《咸鱼女孩》[2]（2002）。前者获得埃斯屈基金新晋小说家奖（Astraea Foundation Emerging Novelist Award），并入围篇章图书奖小说一等奖（Chapters/Book in Canada First Prize）。黎喜年的长篇小说是纵横古今丰沛想象和信手拈来独特思忖的混合。她的故事在时空交错的时间隧道中自由浪漫地展开，她的人物在她魔杖一般的笔下生动地变幻年龄、身份、性情。她的小说善于捕捉中国元素，并巧妙地将其拆散、重组。

《千年狐》其实是对中国古代神话，特别是蒲松龄鬼狐故事的生动演绎。在这部让人梦牵魂绕、遨游古今的小说里，一个狐仙缠上了阿提密丝·王——一个生活在现代温哥华的妙龄女子。狐仙带给她一千一百多年前唐朝女诗人鱼玄机的魂灵。姿色倾国、才情过人的女道士鱼玄机被控妒忌谋杀了同样貌美的年轻女佣绿翘而香消玉殒。《千年狐》将千年历史、神话传说、动荡的现代都市相杂糅，借此展开了有关亚洲女性、性别、家庭、忠诚以及时间流的想象和神思。小说的智慧、诙谐、无处不在的想象力，更是让其不同凡响。魏全凤和赵晓涛认为，《千年狐》中"神话与现实结合"的精妙构思来自于对中国神话主人公千年狐和历史传奇人物鱼玄机的改

写。这一技巧既是华裔弥合断裂历史的策略，也是移植中国文化、与西方他者对话的手段，更是他们进行身份建构的需要。[1]

1.《重写中的文化移植与主体建构——析加拿大华裔女作家拉丽莎·赖篇小说〈千年狐〉》，《当代文坛》2010 年第 1 期。

《咸鱼女孩》同样是个借助神话故事并以丰沛想象力为翅膀的现代寓言。不过，这次的主人公换成了一位随时间和地点不断变换形态和模样的不老女性。女娲化身为在 19 世纪中国动荡颠沛生活中苦苦挣扎的女人，而在 2044 年的加拿大西岸，一位名叫米兰达的女孩也是身处困境。故事就在女娲和米兰达交替出现中展开，而联系她们的是弥漫的异味——女娲的鱼腥味和米兰达的榴莲臭。小说以魔幻现实主义的方式结构，展示了资本的力量在我们每一根血管中的涌动。未来世界里，魔力超群的大型股份公司控制着所有的城市，工厂的工人形同机械，而中产阶级就是电视中的游戏而已。小说以中国的神话原型和文化传说，表现了性别、荣誉以及人类对未来生化技术黑暗势力的挑战。但有评论者认为，这部小说在人物的转换、情节的切变和结构的整合上略显生硬，急于表达的批判性主题掩盖了小说本身丰富的想象和意象。[2]

2. 参见 Craig Taylor 在 2002 年 10 月一期《Quill & Quire》上的评论。

这样的批评的确看出了《咸鱼女孩》的瑕疵，但如果我们将作者和这本小说放在千禧年之交的全球化现象和以西方社会为主战场的同样猛烈的反全球化社会运动背景下，便容易理解带有明显学院派背景和独立知识分子意识的黎喜年"醉翁之意不在酒"了。以 1999 年 WTO 在西雅图召开部长级会议而遭到成千上万个组织抗议的西雅图事件[3]为象征，世纪之交的加速发展

3. The 1999 WTO Ministerial Conference protests in Seattle.

的全球化进程中，反对以大型跨国股份公司为代表的全球化的理论和运动也风起云涌，受到这一事件的触动，加拿大著名作家、社会活动家娜奥米·克莱恩（Naomi Klein，1970— ）的著作《拒绝商标》[4]应运而生，并且很快风靡全球，成为反对跨国巨头掌控下的全球化的理论标识。

4. No Logo. Knopf Canada, 2000.

娜奥米在 2002 年、2007 年接连推出了同一议题下的另两本著作，分别是《篱笆和窗》（Fences and Windows，自选集）、《震撼主义》（The Shock Doctrine，台湾时报出版社 2009 年推出中文版）。《咸鱼女孩》的主题明显契合了这一背景。

五、 李彦：从《红浮萍》到《雪百合》的中国背影

李彦（Li Yan，1955— ）在获得中国社会科学院新闻硕士学位后，于 1987 年赴加拿大学习。她此前在北京担任过记者和英语翻译，现在加拿大滑铁卢大学教授汉语和中国文化等课程。

李彦是以中英文同时写作的双语小说家，她的主要作品有英文长篇小说《红浮萍》[1] (1995)、

1. *Daughters of the Red Land*. Toronto: Sister Vision, 1995. 此书经作者自己翻译成汉语，已由作家出版社于 2010 年 1 月出版发行。

《雪百合》[2] (2009)，中文长篇小说《嫁得西风》[3]，中文作品集《羊群》[4]（其中收录了包括《嫁

2. *Lily in the Snow*. Toronto: Women's Press, 2009.　　3. 北京：文化艺术出版社，2000 年版。此书初版在香港，由明镜出版社出版。

得西风》在内的不同时期、不同体裁的代表作）。李彦还有一些散见于报刊杂志和文集的中英

4. 上海：上海人民出版社，2008 年版。

文小说、翻译作品等。《红浮萍》曾获 1996 年度加拿大全国小说新书奖提名 (Book in Canada
First Novel Award 1996 Finalist)。李彦也是第一个荣获滑铁卢文学艺术杰出女性奖的华裔作家。

　　《红浮萍》以一个中国家庭中外婆、母亲雯和自叙者"平"三代女性为主角，在着力表现
近现代中国女性争取自由、独立的跌宕起伏中，展示了一幅 20 世纪中国社会风云变幻的历史
长卷。正如《多伦多星报》所介绍的："这部震撼人心的史诗性小说跨越了七十多年时间，写
下了一个在红色舞台上演出的家庭悲剧。作者以生动的笔触娴熟地将中国社会历史上错综复杂
的矛盾化繁为简，将中国文化、哲理、传统价值观编织在一起，写出一部扣人心弦、催人泪下
的小说。书中的几位女主人公皆有鲜明复杂的个性，人物刻画栩栩如生，跃然纸上。小说高潮
迭起，充满了令人撕心裂肺的场面，为读者提供了一个社会的广角。"[5]

5. *Toronto Star review*, Saturday, Jan. 13, 1996, K15.

　　香港《亚洲周刊》指出："《红浮萍》的意义不仅在于描述了人性的扭曲，更在于剖析造
成这一现象的社会机制。作品的悲剧色彩，正来自作者揭示历史真实的胆识。西方读者正是从
这几代女性的蕴含丰富的沉浮故事中，感受到中国妇女自我解放的艰难，从而了解中国社会内
部的变革动力及未来走向。"[6] 温哥华 KINESESS 杂志更道出了李彦作品的独特之处："同是用

6. *Asian Weekly Magazine*, September 16—22, 1996, p.72.

英文写作的大陆女作家郑念与张戎在她们的书中叙述了'文革'的苦难，也把出国作为解脱的
手段。但李彦的小说通过反映在国外的生活扩展了这个层面的涵义。"[7]

7. *Kineses Review* by Rita Wong in February 1996, p.10.

　　2010 年，由作者亲自翻译的中文版《红浮萍》由作家出版社出版发行。虽然离英文版原著
的问世已经过了整整 15 年，但《红浮萍》在大陆读书界和评论界依然获得好评。评论家贺
绍俊点评道：作者"更用心地选择那些具有文学色彩的语言，使得小说充满了书卷气和典雅性。
李彦摆脱了中国作家难以摆脱的语言思维定势，从容地对待中国经验中的芜杂现实纠葛，为当
代文学如何处理中国经验提供了有益启示。"[8]

8. 《人民日报》2010 年 1 月 26 日。

　　《雪百合》是李彦的第二本英文小说。目前，已有数篇英文评论发表。《雪百合》讲述了
一个来自中国，曾经是新闻记者的现代知识女性 Lily（百合）在安大略省一个叫枫镇 (Mapleton)
的故事。反映了她调整、适应现代加拿大社会的曲折过程。Lily 当初移民加拿大的动机源于她

对白求恩纯真崇高的理想主义的神往，她想在这个哺育了这样一个纯洁灵魂的国度重新塑造自己的人生，但现实却和她的理想产生了巨大的落差，虽然小镇基督教的宗教气氛颇浓，但折射在她眼里的各色信徒却根本无法和想象中一如圣徒的白求恩相吻合，并且，犹如"圣人在自己的家乡都是遭遇冷落的"，加拿大人普遍对白求恩报以惊诧、冷落甚至是不屑，也让她耿耿于怀。另外，小说中 Lily 和母亲 Grace 的冲突以及最后的和解，也写得曲折迷离，引申出代沟的不分国度，无论种族，更表现出特殊时代背景下的母女恩怨。

李彦的写作风格，正如她自己所言，是纪实性的，她的题材大都来自她对生活的观察和自己的亲身经历，即便是虚构和想象，也尽量使之符合生活的逻辑，这和她所受的新闻和历史的学术训练，以及曾经有过的记者经历不无关系。[1]

1. 参阅 2010 年英文版的《中国经贸聚焦》（*China Business Focus*）第 140 期。

第二节 长篇小说的厚积薄发（中）：精神突围下的叛逆、挣扎和思忖

一、 刘绮芬：《第三者》的魅力

在加华英文小说家"寻根访祖到身份认同"的过程中，产生了两种分化，一是逐渐地被中华文化和文明源远流长的特质、博大精深的魅力和不断更新的生命力所折服，二是部分甚至整体上对中国传统文化的沉默无语和背离叛逆。这后一方面的结果主要有两个原因，一是第二代加华英语作家在加拿大接受教育和成长的过程中，自觉或不自觉地受到加拿大主流社会一些对中国传统文化的负面评价（诸如迷信落后、糟粕叠加、不合时宜）影响，未能深入了解自己的族裔文化；二是 1980 年代以后，第二代、第三代华人为融入主流社会，拓展自身的发展空间而采取了特有的行为策略（具体表现为青春期个性的张扬——逃离家庭的藩篱，香蕉仔式的抗争——为"漂白"而剥离传统）。

刘绮芬（Evelyn Lau）的创作实绩主要体现在她的文学体自传、诗歌和中短篇小说中，她

至今为止唯一的一部长篇小说《第三者》[1]有台湾国际村出版社的中文译本。在主题、风格和

1.*Other Women*. Toronto: Random House Canada, Aug 22 1995.

技巧方面和她其他体裁的创作多有重合之处，但细读之下，仍有一些新鲜、独特之处。

《第三者》的部分章节在成书前曾在加拿大一些不同的文学杂志上刊登过。小说通过第一人称"我"（菲沃娜），以及第三人称菲沃娜的交错呈现，表现菲沃娜——一位艺术学院的妙曼年轻单身女教师和年长有妻室的富商雷蒙之间的爱情纠葛。菲沃娜对雷蒙的依恋、痴迷和雷蒙的冷静、距离感形成了鲜明的对比。小说中，还穿插了菲沃娜母亲的一段埋藏在日记中的婚外恋，以及菲沃娜在加州的一位女性朋友甚为珍视的移情别恋。整部小说以梦幻、凄迷的调子写就，多为女主人公的想象、梦境、梦魇（fantasy）。但男女主人公的情色写得相当节制，一反作者最初的自传《逃家女孩的日记》或其他涉及性爱的短篇小说的汪洋恣肆。有评论认为，《第三者》在题材和情调上可以比拟法国著名女作家玛格丽特·杜拉斯的《情人》，多变的时空切换、贯穿的内心独白、意识流和超现实的氛围和环境，都带着新小说的特征。也有评论者对小说的语言表达多有赞词：清晰、细腻、高雅、诗一般的深邃。[2]

2. 见《第三者》（*Other Women*. First Vintage Edition, 1996）的封底。

二、 胡功勤："香蕉仔"放浪形骸下的苦闷

2000 年美加书店里出现了一本有雅皮士风范的英文小说《香蕉仔》[3]。作者胡功勤（Terry

3.Terry Woo, *Banana Boys*. Toronto: The Riverbank Press, 2000.

Woo）称自己也是位香蕉仔。那么什么是所谓的"香蕉仔"呢？按作者的说法，"香蕉仔看上去并不是真正的华人，至少很多时候的行为并不像华人。他们都是CBCs——加拿大出生的华人。他们像香蕉一样，外面是黄色的，但内里却是白色的"。[4]

4. 见 *Banana Boys*（《香蕉仔》）一书的封底。

胡功勤 1971 年在加拿大安大略省南部出生，先后居住在多伦多、西雅图、纽约和旧金山。他在书中自我介绍说他非常喜欢冰球、爵士乐、breaks 和 trance breaks[5]、加州、炭黑（Black

5.breaks 和 trance breaks 是流行音乐的一种，主要以打击乐器或电子（琴）乐器演奏。

and Tans）、族裔平等、浇肉末番茄汁的宽面条、烛光晚餐和悠闲的水滨漫步。[6]从中我们可

6. 见 *Banana Boys*（《香蕉仔》）一书的封底前插页。

以看出胡功勤在当时也是位"潮人"。其实他这样广泛的兴趣爱好，崇尚平等自由的生活态度，不拘小节、性之所至的浪漫情怀也都反映在《香蕉仔》中。

这部小说的结构在当时可谓摩登。每章中的每一节的最后都标有电脑文件 word 的储存格式".doc"；除了最后一章的最后一节，每一节都以主要人物的名字命名，这里面，从第一章

到第四章，每一章每一节都是以五个"香蕉仔"的名字为题，顺序为：鲁克（Luke）、德武（Dave）、谢尔（Shell）、瑞科（Rick）和迈克（Mike）。小说以鲁克去美国波士顿看望妹妹为始，以迈克放弃硕士学业，只身前往美国寻找写作灵感的旅程为结，中间穿插了瑞科的纽约、加州等地的商务、休闲之旅，谢尔从多伦多调至渥太华的经历和德武的各地穿梭。五个"香蕉仔"结识于在加拿大滑铁卢大学求学期间，之后的工作或学业又都以多伦多为轴心。

　　20 世纪末的美加，尤其是纽约、多伦多这样的大都市，由各种族裔组成的多元文化已经成为这些都市文明和市民文化的标识和符号，虽然种族歧视仍然或隐或显，但已绝然不可能像 20 世纪初那样大行其道。在这个意义上，五位年轻有为的都市中产阶级的精英们不同程度地以雅皮士的方式享受着现代都市的便利和优越，他们择时旅行观光、漫游水滨海滩、泡吧泡妞、出入夜总会咖啡馆、下馆子品赏各类美食、欣赏冰球等典型的北美体育盛事等等，不一而足，当然他们也都各自勤奋地在自己的领域打拼着。但同时，种族歧视和不平等的幽灵在他们成长的年代和日后跻身精英阶层后依然挥之不去，而他们来自家族和家庭背景的中国文化在他们身上打下了深入肌理的烙印，这些烙印又使得他们自觉不自觉地和他们努力追求的西方主体文化价值进行着比照对应。结果是，这种比照对应强烈时所产生的肤色和情感撕裂的灼热和痛楚，让他们悲伤于自己永远无法企及的纯粹，即非黄非白，既不能根本上认同自己的族裔文化，又不可能完全被主流文化所拥抱的尴尬。这样植根于内的矛盾和无奈，使他们反过来产生了一种逃避、自虐的倾向。五位"香蕉仔"几乎人人都视酒吧买醉、夜总会放浪形骸和派对狂饮为生活中的不可或缺，有的甚至将其当作生命之魂。醉酒之外，旅行和远足，也被赋予了逃避、纵情、远离尘嚣的意义。当然，对"香蕉仔"们而言，旅行和远足，尤其是往来美加之间的旅程，也让他们在两种文化的或微妙或显在的差异里，去寻找新的生活状态和新的生命意义。

三、凯文·庄：另类的《巴洛克新星》[1]

1. *Baroque-a-Nova*. Toronto: Penguin Books Canada Ltd., 2001.

　　凯文·庄（Kevin Chong, 1975— ）出生于香港。曾就读于不列颠哥伦比亚大学和美国哥伦比亚大学，在后者获得了写作学的硕士学位（MFA in fiction writing），现居温哥华。凯文除了写作小说等文学作品外，还写专栏。他还练习武术，并在一些电影中担任角色。他积极参与温哥华的地下音乐活动，是位吉他手。《巴洛克新星》是他的第一部小说。他的第二本书是纪实作品《尼尔·杨的国度》[1]，作者通过 2005 年和三位气味相投的好友共同的长途旅程，

1.*Neil Young Nation*, 2005.

回溯了加拿大著名的摇滚乐歌手和作曲家尼尔·杨（1945— ）1960 年代（1965、1966）横贯北美大陆的巡演和音乐成就。这部幽默灵动的作品也浸淫着作者对这位年轻时代音乐偶像的由衷敬佩和眷念。

《巴洛克新星》2001 年在加拿大出版后，次年又在美国、法国出版。[2]《纽约时报》评论

2.Putnam, 2002; Balard, 2002.

这部小说"具有可读性，有点灰暗，成年人看的书"。小说对诸如荣誉、激进主义等提出了咄咄逼人的问题。主要情节围绕着主人公——18 岁的中学生扫罗展开，表现了他寻找爱情、宽容之情的经历。作者的语言风趣而有激情。小说的结构相当别致，所有的故事在一周七天内发生。周一的早上，扫罗因在课堂上发表他对一本禁用的教科书的看法而面临被开除的危险，晚上又传来从小将他遗弃的母亲——著名的乡村民谣歌手，在泰国自杀的消息。这两桩事件的交替发展，构成了一周所有跌宕起伏并交缠在一块的情节主线。

2011 年他的又一部小说出炉，题名为《美丽加遗憾》[3]。终于，我们在这部小说中看到了

3.*Beauty plus pity.* Vancouver: Arsenal Pulp Press, 2011.

作者族裔背景的显现——这是一部关于一个现代移民的悲喜剧。主人公麦肯·关（Malcolm Kwan）是位生活在温哥华的华裔移民，20 多岁的样子，正要开始他的模特儿事业，可是几乎同时发生的两件事情突然改变了他的人生轨迹：他的父亲，一位电影制作者，驾鹤西归；他的未婚妻弃他而去。就在这时，他认识了名叫海德丽（Hadley）的女孩，却没想到她其实是他父亲的私生女。而麦肯·关的母亲则一方面依然沉浸在丧夫的悲伤里，一方面却又愤愤然自己的儿子和老公的私生"女"好上了。

小说强调了麦肯·关的"艰难岁月"：他既要努力地克服华裔文化和主流文化的冲突，重新定位自己，还要为父母对他隐藏了如此惊天的秘密而费心地猜测找寻缘由。有评论认为这本小说是布考斯基（Henry Charles Bukowski）和伍迪艾伦（Woody Allen）绝妙的炒烩，细密、尖锐而充满乐趣。2014 年 4 月，凯文·庄的另一部关于加拿大著名赛马的传记作品《北方舞者：激励了一个国度的传奇骏马》面世。

四、 陈泽桓："寻密小说"中展现"刻板印象"

陈泽桓（Marty Chan，1965— ），主要是剧作家，同时也是青少年小说作家。关于他的
创作经历和他的剧作，我们将在后面章节详叙。他的《点心日记》和三本小说——《冻僵脑袋
的神秘》[1]《食尸鬼探秘》[2] 和《狂颠的科学老师的秘密》[3] 皆来自于他童年和少年生活的经历。
2010 年 9 月，他的新作《寻密网络打手》[4] 发行，如此，构成了他以《点心日记》为源头的"寻
密"青少年小说系列。

1.*The Mystery of the Frozen Brains*. Saskatoon: Thistledown Press, 2004.

2.*The Mystery of the Graffiti Ghoul*. Saskatoon: Thistledown Press, 2006.

3.*The Mystery of the Mad Science Teacher*. Saskatoon: Thistledown Press, 2008.

4.*The Mystery of the Cyber Bully*. Saskatoon: Thistledown Press, 2010.

《冻僵脑袋的神秘》改编自陈泽桓知名的广播小品《点心日记》。故事发生在埃尔伯塔省
一个偏远的法语小镇上。小说中的华裔男孩马迪——和作者一样的英文名字——生活在一个受
到法裔、英裔乃至乌克兰裔文化多重影响的社区，这些族裔在马迪的眼中都是"红脖子"，而
他和他的家人则被这些"红脖子"包围着，像是外国人。但马迪和"红脖子"男孩瑞米建立起
了非同寻常的友谊，这使得他的童年依然充满生趣。除了在书中试图消除人们惯常的对华裔和
其他少数族裔的偏见和刻板印象，陈泽桓轻快的幽默主宰了故事的语调。本书夺得了 2005 年
埃德蒙顿图书奖(City of Edmonton Book Prize)。

《食尸鬼探秘》讲的是一个同样叫马迪的华裔孩子和他的朋友是如何揭开一个令人恐惧的
秘密的。《狂颠的科学老师的秘密》延续了陈泽桓的幽默和他的对青少年心理的洞悉。在这本
小说中，故事由崔娜的自行车被偷而起。马迪和瑞米在侦破自行车被盗的过程中，不仅发现了
新来的科学老师可能是作案者，而且发现他们彼此都喜欢上了崔娜。最终马迪意识到，当女孩
子的神秘围绕在他们之间，关于友谊、忠诚和信任的表达就似乎不再那么明确了。小说细腻地
描摹了处在青春期萌动的少男少女微妙的心理和精神变化。概而言之，三本"寻密"青少年小
说系列都涉及到了族裔偏见和刻板印象这一在加拿大社会挥之不去的痼疾。

2009 年，陈泽桓出版的《真实故事》[5] 是一本图画小说。一个怯懦的孩子抱怨他的两只"绅
士猫"（tuxedo cats）弄乱了他的卧室，并把厨房也搞得一塌糊涂，导致这两只聪明顽皮的猫
咪在晚上弄出不服的噪音，以作为对小主人的报复。

5.*True Story*. Ink Jockey Inc, 2009.

2011 年的新作《一次侥幸的逃脱》[6] 的主人公是一个叫巴拿巴的少年，他和他的家人以及
部落居住在哥伦比亚省的森林里。巴拿巴有趣而率真，他经历着跟同龄人一样的成长烦恼：身

6.*A Close Shave*. Toronto: University of Toronto Press, 2011.

体的变化、不讨喜的女孩子、让人难堪的父母。但在所有这些不快之上的是，他要努力保守他们这个部落成员的一个难以启齿的缺陷——他们的小脚。

五、 方曼俏："残月楼"之后的"巨龙餐馆"

　　方曼俏的《巨龙餐馆的子夜》[1] 的背景是 20 世纪 60 年代加拿大安大略省的一个小镇。女

1.*Midnight at the Dragon Café*. Toronto：McClelland & Stewart，2004.

主人公素珍（Su-Jen）是镇上唯一一户华裔家庭的女儿，她随同母亲从香港到此和父亲团聚。父亲尽全力打拼一个更好的家族未来，但母亲却心存怨怼，惶恐着自己的美丽和对热闹繁华生活的欲望不久就会被小镇的寂寞和孤独扼杀。但在一个夏天，素珍同父异母的兄长的到来，却使一切都发生了变化。父亲早早加在兄长身上的继承开拓家族事业的担子让他不堪重负，动辄想逃离而追求自己理想生活的念头使他和素珍的母亲结成了同盟，并由此发展成一段不伦之恋。小说用简约亲切的笔调写成，通过素珍洁净童稚的眸子，让我们看到了一段由无从实现的渴望和难言的秘密编织成的曲折迷离的往事。

　　比较 14 年前，也就是 1990 年李群英的《残月楼》，虽然两者都以早期华人经营的餐馆为故事发生的最重要的背景，也都涉及到了家庭或家族内部的乱伦之恋，并且都以女性的眼光扫描和探视跌宕起伏、内藏玄机和秘密的家族史，都表现了东西文化的冲突和交合在不同历史阶段的华人身上的不同反映。但《残月楼》是文学传记式的家族类小说，而《巨龙餐馆的子夜》则是更有故事性的虚构作品；前者的历史跨度大，从 19 世纪后期修建太平洋铁路开始直到 20 世纪末，而后者的故事则始于 20 世纪 60 年代；如果说《残月楼》家族内部层层叠叠的矛盾和纠葛所构成的惊天秘密是被第四代的女性凯揭开的，那么，《巨龙餐馆的子夜》的黑夜和暗地所产生的隐秘则是一点点地被素珍的眼睛和耳朵所摄取。结构上，《残月楼》是一树多枝，王贵长是家族之树的主干，由他而衍生出多重的家庭枝叶，而《巨龙餐馆的子夜》则是双线并行：素珍眼中的家庭——父母兄长、她自己的世界——学校和同伴。《残月楼》以多重多面的人物的回忆、探究和经历来结构—解构庞杂纷乱的家族史，而《巨龙餐馆的子夜》则用素珍的眼睛充当摄影镜头，一幕一幕有序地录下巨龙餐馆内外的所有场景和故事。相似之处在于，两部小说都是以人物来再现历史，构造故事和情节。

六、　林浩聪：《放血和奇疗》的另类和《校长的赌注》的新颖

林浩聪（Vincent Lam, 1974—　）的《放血和奇疗》[1]，获加拿大 2006 年度吉勒奖。林浩
聪出生在安大略省的伦敦市，是越裔华人后代。他在多伦多大学学医，现在是多伦多东区总医
院急诊室的医生，同时也是国际空中疏救和北极、南极远征医疗船的成员。[2] 在小说的扉页，
作者引用了加拿大著名医生和教育家威廉姆·奥斯陆（Sir William Osler, 1849—1919）的名
言"医学是不确定的科学，是可能性的艺术"，所以，医学是科学和艺术的结合。《放血和奇
疗》是作者的处女作。一家电影制作公司（Shaftesbury Films）在 2009 年底拍摄了根据《放
血和奇疗》改编的同名电视连续剧。2006 年他还和另一位医生合作撰写了科普书籍《流行感冒
和你》[3]，加拿大著名女作家玛格丽特·阿特伍德（Margaret Atwood）还专门为此书撰写了前言。
他的题名为《校长的赌注》[4] 的小说于 2012 年出版。同年 10 月，《校长的赌注》获得加拿大总
督文学奖（Governor General's Literary Awards）的提名。

1. Vincent Lam. *Bloodletting & Miraculous Cures*. Toronto: Anchor Canada, 2005.

2. international air evacuation work and expedition medicine on Arctic and Antarctic ships.

3. *The Flu Pandemic and You*.

4. Vincent Lam. *Headmasters Wager*. Toronto: Doubleday Canada, 2012. Its Anchor Canada edition was published in 2013.

《放血和奇疗》以加拿大医学院几位学生、医生为主人公。描述了他们从医学院的紧张学
习到更富挑战性的现实生活过程中所产生的种种情感关系，并通过急诊室、医疗疏散行动以及
造成普遍恐慌的新病毒（沙司病毒）对医疗人员的侵袭，展现了当下西方医疗界的情状。男主
人公菲兹杰拉德在小说一开始还是一位在考医学院的白人学生，他一度的女朋友明是华裔后代。
他跟明的关系则反映了一个白人眼中的华裔女性和华裔后代自身的文化确认之间的差异。那么，
作者林浩聪是否已经完成文化身份确认的路程？在一次加拿大广播电台的采访中，他说："在
加拿大有一个第二代群体，他们有很多共同的东西。我属于移民的第二代，我发现我跟印度、
乌干达的第二代移民有更多的共同点，这些共同点在我的祖母身上是找不到的。当然有很多文
化的联系，我只能在我的祖母身上找到。而这个第二代的现象属于加拿大社会的主流文化。"[5]
在这里，林浩聪提出了一个更为开放的观念，在认同于加籍华裔的同时，他又指出了他与其他
族裔后代的文化共同性，《放血和奇疗》的四位人物各自独立，均朝着不同的方向发展。这种开
放性的包容性的观念，使第二代或者之后的华裔的文化身份的认同和确认充满着变化的因素。[6]
在加华英语作家中，这样的题材、主题和作者的写作理念都是崭新的。

5. 加拿大 CBC 广播电台 Michael Enright 采访林浩聪，2006 年 2 月 6 日。

6. 徐学清：《文化身份的重新定位：解读笑言的〈香火〉和林浩聪的〈放血和奇疗〉》，载《世界华文文学论坛》，2009 第 1 期。

《校长的赌注》是林浩聪 2012 年的最新小说。这部小说时空跨度是 20 世纪 30 年代到 70

年代的中国大陆、香港和越南。但主要背景放在了 1966—1975 年十年间的越南南部城市堤岸（Cholon）[1]。故事围绕着珀西瓦尔·陈——堤岸最有名望的私立英语学校校长的传奇人生展开。

堤岸在 1975 年被北越攻陷前，曾经是华人集聚的地方，因为贸易的活跃和商业的繁荣，赌场、

1. 堤岸现为胡志明市的一个郡。历史上曾是集赌场、鸦片烟馆和妓院为一体的声色犬马之地。这里是越南华人集聚的地方，胡志明市约 50 万华人大都居住在此地。唐人街也位于此。

妓院和餐饮云集于此，因此，富有的铂西瓦尔·陈有意无意间成了不挑剔的美食家、按耐不住的赌徒、无可救药的情场猎手。当然，作为华裔和私校的校长，他并不愿意张扬他的好赌和好色，以免招惹带有种族歧视的妒忌和惩罚。他长袖善舞，有本事贿赂走马灯似换来换去的官员，以保障他的陈氏英语学校的头块牌子。和华裔的妻子塞西莉亚（Cecilia）不同的是，陈校长一直保持着海外华人特有的中华文化传统——说潮州话，家中设祖先的牌位，春节朝拜寺庙，并时常将其灌输给自己的儿子大仔（Dai Jai）。从做米商的父亲那里继承的商业头脑，使他总能敏锐地抓住商机。他无力也无心去关注围绕他的妒忌和攻击，但他在麻将台上观察对手脸色，然后见机下赌的能力常常出神入化，无人能敌。

但棘手的麻烦还是找上门来了，他的独生子因在课堂上公开宣称华人不必学越语而被南越的秘密警察拘捕，好不容易通过他手下神通广大的教师兼好友迈克（Mak）的牵线，花巨资救出了儿子，但不久大仔又被政府列入征兵计划，这下，陈校长的关系和财富显得不怎么够用了，于是，只好让大仔三十六计，走为上策。在儿子远走中国的孤寂日子里（之前他已经和结发妻子离婚），他在一位越南和法国的混血女人杰奎琳（Jacqueline）以及她所生的儿子那里找到了安慰。可惜好景不长，不久后偶然机会中得知杰奎琳是儿子大仔的恋人，而被他视为己出的靓仔（Laing Jai）更被证明是儿子和杰奎琳的结晶，这样的精神打击加上拼力搭救儿子逃出"文革"动乱的中国所遭受的身体折磨，几乎让一度志得意满的陈校长崩溃。而此时，南越和北越并没有因为美国的撤走而媾和，反而将南北战争引向了最剧烈的状态，因此，战争的漩涡又将他一步步地带入风暴眼。最终，随着南越政权的倒台，靠财富、赌博和拜神祭祖屡屡化险为夷的陈校长不仅财产尽失（房产充公、大把旧币作废），而且儿子大仔被救出中国后，又在北越军队的南下作战中丧命，情人杰奎琳也终因无法承受扭曲情感的煎熬而撒手人寰。穷途末路的陈校长只好铤而走险，涉海外逃。

林浩聪出手不凡，初登文坛，便以处女作《放血和奇疗》摘下 2006 年度的吉勒奖。《放血和奇疗》赢的是热门的题材和多元族裔背景人物的奇妙组合和散状发展，展示了第二代不同

族裔移民的差异中的共性，共性中的差异。但《校长的赌注》则回到历史中去搜寻，挖掘了一个越南华裔的曲折变幻的故事。这部看似亦喜亦悲的小说，其实是部内蕴深沉的悲剧。作者将海外华人不闻政治、一心赚钱的畸形集体意识放在 1930 年代到 1970 年代急剧动荡的世界——尤其包括中国在内的东亚、东南亚的环境中，表现了外部环境和异域文化对海外华人生存轨迹的钳制和对其命运的左右。由此可见，历史寻根的作品从早期余兆昌他们那里一直到当下的林浩聪笔下，几乎没有中断过。这也说明作为离散文学的加华英文小说，华裔移民史题材依然是个富矿区，值得小说家们继续挖掘和共享。

七、 柯温爱的《空白地》和《行者童僧》：东方神秘文化的结晶

　　柯温爱 2000 年出版了她的第一部小说《空白地》[1]。在作者的自述中，我们看到，这部荡漾着诗意的作品有着音乐般的节奏和结构。四位华裔女性人物的声音犹如四个不同的声部，巧妙地将过去和现在、新加坡和加拿大、想象和真实、精神和生存组合成一首交响乐。从新加坡移民的吴兰（Wu Lan）在温哥华的公立图书馆偶尔发现了两位 1920 年代初新加坡性工作者的资料，她想象着她们的生活；其实，此时此刻，她和她的母亲正不得不痛苦地面对她们生命中最重要的男人——前者的父亲和后者的丈夫的自杀。虽然小说的基调并不轻松，且弥漫着欲罢不能、欲说还休的扭曲纠结的氛围，但也表现出个体不断超越痛苦的精神和想象的力量。在小说的最后，作者如此写道：

　　　"愿这孩子活着学会记忆和遗忘。

　　　当我转开身去，继续我的行程，我感到这女孩子小小身体中迸发的能量追随着我。

　　我听见自己的心怦怦地跳着。"[2]

1.*This Place called Absence*. Winnipeg: Turnstone Press, 2000.

2.*This Place called Absence*. P212.

　　小说不仅通过时空（新加坡—加拿大）的瞬间切变，人物（20 世纪后期的吴兰和母亲，20 世纪初的两位情同姐妹和同性恋者 ah ku—当时新加坡对华裔妓女的称呼）的同步转换，表现出魔幻现实主义的诸多特征。而且，通过中国文化中诸如汉字、民间宗教、中医等的神奇奥妙，

强化了这一通行的写作手法的个性化。比如，作者利用女主角吴兰的姓在普通话中的四声变化所带来的四种不同的含义——巫、无、舞、误，折射出"我"身世身份的扑朔迷离："我"祖辈从香港往新加坡的迁移，"我"父亲的突然自杀，"我"的同性恋性向，"我"的心理诊疗师的职业。这些关系纵横交错，造成了"我"内在情怀和外部世界的无限外延和交汇。

唐纳德·格里奇（Donald Goellnicht）在他的论文《"切入转换"：质疑加华英语离散小说》[1]中，将《空白地》和黎喜年的《千年狐》（2005）并列为在质询和重释加拿大华裔主观

1. " 'Forays into Acts of Transformation': Queering Chinese-Canadian Diasporic Fiction". From the book Culture, Identity, Commodity-Diasporic

性过程中的先锋之作。从经典的离散研究的角度，两位作家都试图重新结构过去和远方"祖国"

Chinese Literature in English. Hong Kong: Hong Kong University Press, 2005.

的历史和神话，她们在解读中国和新加坡的历史时，使用了加拿大的视角，而在重新设想加拿大的历史时，则又加入了中国的主题和全球化的叙事方式，因而，"家"在她们的笔下既是这里，又是那里。

2005 年柯温爱出版了以唐代为背景的小说《行者童僧》[2]。她称这是部跨越历史的带有神

2. The Walking Boy. Toronto: Key Porter Books, 2005.

秘东方文化的小说。年轻单纯的宝释受师傅兔唇的派遣踏上朝圣之路，去搜寻师傅以前的朋友。宝释是男女同体的行者侍僧。最终，宝释在女皇武曌的密谋中被困。这种自中国古代神秘传说中寻找灵感、构架故事框架的做法，让我们想到黎喜年的《千年狐》和《咸鱼女孩》。当然，柯温爱和黎喜年在驾驭中国神话传说方面多有不同。黎喜年往往是借中国古代神话和狐仙志怪小说的壳，来表现自己以睥睨和调侃为基调的后现代批判意识，而柯温爱是以给西方读者讲东方远古神秘莫测的故事为中心。

《脉搏》[3]是柯温爱 2010 年的新作，关涉爱情、生死以及彼此相依。小说的背景是 2007 年

3. Pulse. Toronto: Key Porter Books, 2010.

多伦多的唐人街。娜塔莉亚在她幼时恋人的儿子舍林突然死去的噩耗中，陷入了对自己祖国新加坡的怀念，因为舍林的死可能牵扯到娜塔莉亚的往事，于是，她决定返回新加坡，去寻找真相。故事云遮雾障，曲折迷离。

八、　邓敏灵：在永远的不确定中追求确定

邓敏灵 2001 年出版了短篇小说集《简单食谱》，同年写了针对青少年读者的插图本小说《中

4. The Chinese Violin. Vancouver: Whitecap Books, 2001.

国小提琴》[4]。后者的主人公玲玲和父亲从中国移民到加拿大，陌生的语言和陌生的环境让她茫

然无措，但是一把作为礼物的小提琴让她和周围建立起了联系。

她的长篇小说《确定》[1] 摘得亚马逊加拿大图书奖新人奖(The Amazon.com ／ Books in

1. 也翻译成《确然书》。Madeleine Thien, *Certainty*. Toronto: McClelland & Stewart, 2006.

Canada First Novel Award)。

《确定》写的是"二战"战火中的流离失所和家族成员之间的纠葛交缠。葛儿的父亲马修和青梅竹马的安妮在家破人亡后逃入马来西亚丛林，但不幸失散，战后重逢，却又被现实阻隔，无法重圆旧情。其他种种围绕父母、情人等的秘密，都在葛儿不息的找寻中揭开。有评论认为，邓敏灵是从容驾驭长、短篇小说的天才，在长篇小说的创作中，她处理复杂情节、创造鲜明角色的能力让人惊叹。在一次采访中，邓敏灵言及她之所以写这样一部表现"二战"时期的东南亚生活的小说，最初的动因来自她祖父的故事：他战前为日本占领军做事，战后又被日军枪杀，这其中的扑朔迷离是让她一直萦绕于心的根子。但她的小说的重心依然是家庭和移民。这也和她的移民经历有关，她是家里唯一在加拿大出生的孩子，这就造成了她身心无碍地接受出生的环境，又在精神上自然地靠近生在异国的父母、兄长和姐姐。她承认《确定》的一个中心主题是身份认同，但同时这部小说又被她赋予了更广阔的意象空间，比如安妮和史派克虽然来自差异巨大的环境和地域，但却能找到共鸣。小说以贯穿的历史和记忆为结构的主线，分作9章，故事穿行在温哥华、"二战"时日军在马来西亚的军用机场驻地珊达堪(Sandakan)、雅加达、荷兰的小村子伊斯布莱奇特姆（Ysbrechtum）。马修30岁的女儿葛儿在小说的开卷就已经死去，但精神和灵魂却和所有活着的人息息相关。邓敏灵说她的姐姐看了她的第一部小说后曾说："好像是透过了一面破碎的镜子看到了自己生活中的细节，但反映了不同的镜像。"邓敏灵认为，自传的元素和想象的东西会糅合进小说里，而自我的生活是激发想象的基础。邓敏灵还认为，她之所以倾向于写小说，而不是写文学传记，是因为她喜欢小说更能够触及心灵的能量。[2] 《确定》的书名最初源于作者母亲的死，如此的大悲大恸让她陷入人生

2. 参见文学网站 Water Bridge Review 相关内容。

无常的悬浮状态，后来又受到叶礼庭的哲学论著《陌生人的需求》[3] 的启发：追求确定。作者

3. Michael Ignatieff（叶礼庭／迈克尔·伊格纳蒂夫）, *The Needs of Strangers*. 叶礼庭（1947— ）曾经担任过不列颠哥伦比亚大学和哈佛大学的教授，是

把曾经在她的母校担任过教职，并蜚声学界和政界的叶礼庭的这本论著中的一段话作为题词：

著名的作家、学者和政治家。2005 年被英国《前景》杂志选为全球 100 位最有影响力的公共知识分子的第 37 位。叶礼庭曾任加拿大反对党——自由党的领袖。

"他说如果我们就这样放弃对确定性的期盼，那我们就可以面对最坏的情形。但我们中间谁

《陌生人的需求》（*The Needs of Strangers*, 1984）是一本哲学政论，以生动的语言探讨了政治想象的危机和生存的艺术。

有这个能力去这么做呢？"最终，小说中的人物都超越了各自特有的经验而被对确定性的共同追求连接在了一起，这时，谁好谁坏、孰是孰非都已退而次之，作为人类的我们最终难舍对

过去、现在和未来明晰的划分和解读。

　　邓敏灵 2011 年的新作《周边的狗》¹ 是一本描写红色高棉残暴统治的小说。柬埔寨在 19 世
纪中期西方殖民统治时期，长期沦为法国的殖民地，"二战"时期又被日军占领，之后迭经
1970 年代初的高棉共和国和之后为红色高棉统治的民主柬埔寨政权。此外，柬埔寨传统上浓郁
的佛教文化和王国政体，使得这个多灾多难的国度和它颠沛流离的国民，都被笼罩在一层神秘
的面纱里，引起众多西方作家、研究者和读者的浓厚兴趣。红色高棉三年零八个月短命的统治
结束，越南入侵，造成了大量的难民，其中一部分流向西方国家，包括加拿大。加上 20 世纪
末国际法庭对红色高棉主要领导人的审判，揭示出了红色高棉诸多血腥的屠杀和惨无人道的行
径，柬埔寨和红色高棉再次成为了西方读书界的热门话题。正因为此，也更考验作者驾驭题材、
创造新意的能力，否则，便容易沦为哗众取宠的投机之作。所幸的是，《周边的狗》一经发表，
便得到不少好评。史柯布森（Johanna Skibsrud）在加拿大著名的白领大报《环球邮报》上说："如
果你准备只读一本加拿大的书，那就是这本了。"文学评论杂志《笔与纸》（Quill & Quire）
写道："邓敏灵再次显示了自己以准确、诗意的笔法创造生动悠远想象的才能。她在字里行间
透出的自信是很多成熟的作家都无法企及的。"《泰晤士报》评论说："这样真实洞察的著作，
可以重塑历史。"

　　小说循着成年后的简妮（Janie）萦绕不去的梦魇般的童年记忆带着读者走回红色高棉时代。
简妮小时候的一天，全家被红色高棉不由分说地驱赶到乡下，父亲被迫离开家人，不知所终。
母亲带着"我"（Janie）和弟弟一路艰难跋涉，在山地丛林里安营扎寨，从此生活在极度的恐
惧中：他们无时无刻不被红色高棉的士兵和干部严密监视着，周围几乎每天都会有人失踪，成
千上万的人因饥饿而疫。最后，简妮在历经千难万险后逃出魔窟，但失去了所有的亲人。

　　三十年后已经生活在蒙特利尔、有了家庭和孩子的简妮，突然离家出走，躲到了和她有类
似经历的朋友和导师 Hiroji Matsui 的家里。Hiroji 的兄弟 1970 年代曾经到过柬埔寨，在设在柬
泰边境的人道机构工作，并在那里陷入情网，但 5 年后，红色高棉掌权，他兄弟从此从人间蒸发。
之后，Hiroji 一直不能忘怀自己兄弟的遭遇，于是，Hiroji 也复制了简妮的做法，某一天，不辞而别。
在简妮看来，Hiroji 一定是去了柬埔寨，去找寻自己的兄弟，摆脱一直萦绕不去的梦魇和痛楚，
一如简妮自己要做的。所以，最终简妮飞回曾经的祖国，在找寻 Hiroji 的过程中，粉碎了噩梦

般的历史，重组了自己生命的历程。

邓敏灵在这部小说里超越了族裔的界域，从被迫迁徙的角度切入了离散文学的一个核心话题：对很多被迫迁徙者而言，他们的精神深处一直蛰伏着一头怪兽，它会在你毫无提防的某个时刻，一跃而出，吞噬你的整个生活，因为你活着，便承负着你所有逝去的家人和离散的家族尖锐的苦难。另外，这部小说依然延续着她的成名作《确定》中的哲学命题：人类无法遏制的对生存和生命的确然性的追索。

第三节　长篇小说的厚积薄发（下）：随心所欲，各显其能 [1]

1. 本节中所言及的作家按其姓氏的拼音顺序排列。

李淑芳（Jen Sookfong Lee）是土生土长的温哥华新起的作家。2007 年她出版了处女作《东端》[2]，描述了三代居住在温哥华唐人街陈姓家族的故事。时间横跨从 1913 年祖父背井离

2. Jen Sookfong Lee, *The End of East*. Toronto：Knopf Canada, 2007.

乡落脚温哥华直到 21 世纪初的两个世纪 90 多年。小说是以女主角第三代的珊蜜・陈（Sammy Chan）的视角展开的。在结构和主题上延续了《残月楼》《巨龙餐馆的子夜》等小说。李淑芬另有青少年小说《避难所》（*Shelter*），她在诗歌创作方面也颇有建树。

有评论认为，2011 年出版的小说《良母》[3]进一步奠定了李淑芳作为加拿大优秀作家的地位。

3. Jen Sookfong Lee, *The Better Mother*. Toronto：Knopf Canada, 2011.

小说描写了两个原本互不搭界的人因偶然的机会相遇，之后在寻找彼此的过程中挣扎着发现自己真正的所属。故事从 1958 年开始，当 8 岁的丹尼（Danny）外出给父亲买烟时，突然弄丢了父亲给的钱！情急之中，他闯进了中国城，在一个夜总会的后台，他被跳滑稽舞的薇儿小姐（Val）的缎带和丝绸长袍所吸引，薇儿小姐颇为感动地送给了丹尼一包烟和她丝绸长袍上的丝带。成年后的丹尼坚持认为薇儿小姐是理解他自己和家人的钥匙，便发誓要再次找到她。与此同时，薇儿也在一次次地努力成为明星。故事的主要背景放置在 1982 年一反常态燥热的温哥华，同一年，美国疾病控制中心发现了一种无法治愈的新病症，并以"获得性免疫缺陷综合症"为其命名，它的英文简写为 AIDS，即中文音译艾滋病。于是，这一年，人类不可遏制地陷入了对艾滋病的恐慌中。作者把主人公放在象征着世界末日（瘟疫和反常的天象）的背景下，显示出

强烈的悲剧张力。《良母》的主题是表现"丢失—寻找—发现（真相和情谊）"的过程，是一个孤单灵魂漂移至另一个孤单灵魂的渴望。在温哥华这样沉积着许多集体记忆的多元城市，有太多这样被孤单笼罩的灵魂在漂移、游荡。

翁云芳（Yuen-fong Woon, 1943—　）是维多利亚大学亚洲—太平洋系的教授，之前在不列颠哥伦比亚大学获得社会学博士。《被拒的妻子》[1]是她 1999 年出版的小说。小说是在作者采访了大量受到 1923 年排华法案影响的女性的基础上创作的。1930 年代中国南方的一个小村落，素萍被许配给一个移民加拿大的男人，但排华法案阻止素萍进入加拿大和丈夫团聚。在经历了连年的饥馑、动乱、日本侵略和内战后，直到 1950 年代的社会主义革命，素萍才带着孩子通过香港到达了加拿大。但面对陌生的丈夫和全新的环境，她不得不再一次接受挑战。小说给"二战"后历经磨难移民加拿大的第一代华裔女性造像，凸显她们从中国到加拿大迁徙和变迁过程中所有的苦难、勇气和成就。

1.The Excluded Wife. McGill-Queen's University Press, 1999.

艾尔莎·谢（Elsie Sze）在香港出生长大，目前定居在多伦多。投入创作之前，曾做过教师和图书馆员。她以小说写作为主。艾尔莎喜欢去全然陌生的世界各地旅行，这成为她小说的背景和灵感源泉。她的短篇小说常常发表在香港、美国等的杂志上。

谢的首部小说《回归——一个中国人的故事》[2]，2006 年获得《前言》杂志小说奖年度奖（Foreword Magazine Fiction Book）的提名。故事以 1997 年香港回归为契机，反映了出生在 20 世纪 20 年代战乱的中国的主人公兴涛以及家人从 1949 年离开大陆到香港，直到香港从英国手中重新回归祖国的历史过程。围绕着整个家族的爱、勇气和生存的信念在兴涛女儿的回忆里徐徐展开。

2.Elsie Sze, *Hui Gui: A Chinese Story*. Willowdale: BTS Publishing House, 2005.

她的近作《菩萨心》[3]是她去不丹（Bhutan）旅行后的激情之作。讲的是一对孪生姐妹发生在不丹的故事。玛丽安（Marian）是典型的理想主义者，而露西儿（Ruthie）则是位自以为是的虚无主义者。当露西儿得知玛丽安在不丹失踪的消息后，从加拿大赶来寻找。不久，露西儿打听到玛丽安不仅准备前往西藏朝拜一位心仪的和尚，同时一位神秘的藏人也在找寻她的姐妹。小说在一个接一个的悬念中铺展开去，充满神秘、惊险和浪漫。我们不仅看到了不丹如诗如画、宛若仙境的美景，更感受到了无纤尘环境中这对性格、观念迥异的孪生姐妹发现真正自我的心路历程。

3.Elsie Sze, *The Heart of the Buddha*. Emerald Book Company, 2009.

艾尔莎·谢虽然已有两部小说出版，但尚未引起主流媒体和批评界的关注。

叶婷行（Ting-Xing Ye，1952—　）最出名的作品是 1997 年出版的文学体自传《苦风一孤叶》[1]，之后，她基本转型为类似余兆昌那样的青少年小说作家。

1.*Leaf in the Bitter Wind*. Toronto：Doubleday Canada, 1997.

叶婷行出生在上海,在"文革"期间,因为父亲的资本家身份,兄弟姐妹都被归为"黑五类",受到迫害。16 岁,叶婷行去一个劳改农场上山下乡,接受贫下中农再教育。"文革"后期,叶婷行上了北京大学,获得英语文学学位,随后在上海政府部门做翻译,在此期间,她结识了她后来的丈夫,加拿大作家和教师威廉姆·贝尔（William E. Bell）。叶婷行 1987 年移民加拿大。1997 年发表了自传《苦风一孤叶》。同年,她出版了第一本插图本图书《三个和尚没水喝》[2],其实就是中国读者耳熟能详的寓言故事《三个和尚》的英文改写;1998 年出版了

2.*Three Monks, No Water*. Annick Press 1997.

第二本插图本图书《秤秤大象》[3],第三本同类型的图书书名为《共享天空》[4]。2000 年出版了

3.*Weighing the Elephant*. Toronto：Annick Press,1998.　4.*Share the Sky*. Annick Press, 1999.

短章小说《雪百合》[5]。描写了一位生活在 19 世纪中国的女孩子雪白合,是怎样反抗残忍的裹

5.*White Lily*, a chapter book, Doubleday Canada, 2000.　6.*Throwaway Daughter*, a Young Adult novel, 2003.

脚陋习的。2003 年到 2008 年写了三本以青少年为对象的小说《弃女》[6]《我的名字叫阿四》[7] 和

7.*My Name is Number Four*, a Young Adult non-fiction, 2007.

《山妖,水妖》[8]。2009 年,她以一本通俗读物《中国人想到的：令人惊奇的发明创造》[9],生

8.*Mountain Girl, River Girl*, a Young Adult novel, 2008.

动地介绍了中国不同时代的发明创造,至今仍在使用的各种器具。

9.*The Chinese Thought of It：Amazing Inventions and Innovations*. Annick Press, 2009.

第四节　传记文学的欣欣向荣：解开百年中国结

传记文学(testimonial writing/creative memoir)的写作是迄今为止加华英语文学中最为重要的写作样态。作为华裔作家,他们的家庭家族、前辈先人大都蕴藏着深厚的历史,他们自身抑或有着丰富的人生经历,将这些素材打造成文学性的传记作品,便有事半功倍的效果。因此,以传记文学（或文学传记）的形式书写加拿大华裔的历史和现实,解开百年中国结,便成为诸多加华英语作家的拿手好戏。

一、 刘绮芬：逃家女孩写的逃家日记

刘绮芬的《逃家女孩的日记》[1] 是她的成名作，也是在
加拿大文学界，以及主流社会、华人社区、社团，乃至华
人女性团体备受争议、反应各异的作品。它不仅连续登上
畅销书的排行榜，而且在 1993 年被加拿大 CBC 广播公司
改编成长达 2 个小时的电视剧。在加拿大历史上，这是华
裔女作家的作品第一次如此地广受瞩目。一些华裔女性团
体甚至将其称为"恶之花"，抗议说这是对华人女性的"抹
黑"。从文学批评的角度分析，《逃家女孩的日记》之所
以畅销，是因为刘绮芬近乎白描式地真实展示了她从 15 岁
开始作为雏妓的两年街头流浪生活，袒露了期间一个花季
少女所经历的混杂着性交易、吸毒、流浪、街头犯罪等跌
宕起伏的心路历程。作者最擅长的是对卖淫现象及情欲扭
曲的生动描述。不论描绘女孩初次卖淫的经历，或买春男
人的恶行恶状，或施虐狂或受虐狂的细节，生动的情景都
跃然纸上。此外，作者在写实的同时，不忘辅之以对理想
生活情状向往所产生的诗情画意。所以，"逃家女孩"其
实是在两个世界的边缘危险地游走，一个是昏暗晦涩的街
头巷尾，另一个是明亮灿烂的华厦通衢。

《逃家女孩的日记》共分 8 章，从 1986 年 6 月 18 日
起到 1988 年的 1 月 20 日止，差不多两年的时间。非常细腻、
逼真地复写了作者作为雏妓的颠沛流离、居无定所、惊魂
难定的生活万象。许多细节的呈现，非亲身经历难以想象
和描摹。

一般而言，《逃家女孩的日记》是刘绮芬为逃离家庭

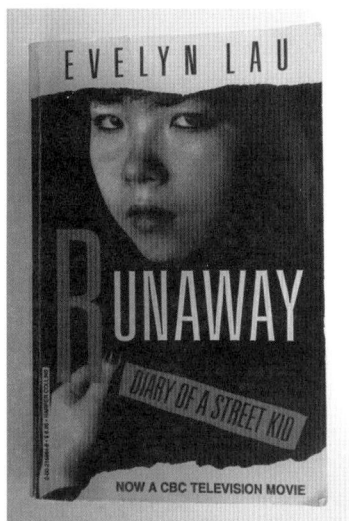

刘绮芬的《逃家女孩的日记》

1.*Runaway: Diary of a Street Kid*. Toronto: HarperCollins Publishers Ltd., 1989. 中译本
有台湾国际村在 1996 年出版的《逃家——一个街头少女的日记》。

和家庭所属的华裔文化的经历所作的记录，总体上显示出对中国元素、东方理念的背离，但也不尽然。以下两段描述依然可见挥之不去的中国元素：

"中国人有迷信的，说冰雹是厄运的先兆。当 Melanie 开车带走我时，天开始下冰雹了。天空，鼓鼓囊囊地都是云。"[1]

1. 马佳译自《逃家女孩的日记》，第155页。

"我去禅宗中心冥思。宁静里嵌入了各种目的。那座房子的客厅和饭厅打开变成一个空间，铺着金褐色的地毯，空气中弥漫着香火味，即可触摸。"[2]

2. 马佳译自《逃家女孩的日记》，第158页。

正因为《逃家女孩的日记》的丰富和饱满，才给文学界、政治—社会学界，提供了一个可以作多重解读的文本。就它的文学意义而言，它在作者身份（二代移民、雏妓、少年作家）、题材（未成年的色情业、吸毒和流浪现象）、主题（身份认同、自由、堕落、理想）等方面的独特，在加华英语传记创作中更显得卓尔不群。

二 、林星：幽默隽永的《西方华童》

林星（Sing Lim）的《西方华童》[3]（1991）描写了1920年代温哥华唐人街的童年故事。

3. *West Coast Chinese Boy*. Toronto: Tundra Books, 1991.

作者当时和他的兄弟姐妹们居住在形同监狱的公寓里。引人注目的是周围的邻居：楼下的音乐家、一楼的杂货店老板还有中医。书中有不少段落描写了唐人街的传统节日、盛大的葬礼、各种仪式以及秘密会社等。《西方华童》文笔幽默、又颇有见地，受到评论界的好评。

三、 郑霭玲：写三代华裔女性的加拿大故事

郑霭玲（Denise Chong，1953— ）生于温哥华，是第三代华裔。1975年在不列颠哥伦比亚大学获得经济学学士学位，1978年在多伦多大学获硕士学位。她的主要作品为传记文学《妾

4. *The Concubine's Children: Portrait of a Family Divided*. Toronto: Penguin Books in Toronto (Viking), 1994. 中文也被翻译成《姨太太的儿女们》。

的儿女们》[4]（1994）、纪实文学《照片中的女孩》[5]（1999）。《照片中的女孩》的创作灵感来源于

5. Denise Chong, *The Girl in the Picture : The Kim Phuc Story*. Toronto: Viking Press, 1999.

越战时期美军记者拍摄的一张著名新闻照片，照片中的越南小女孩赤身裸体，惊恐地张嘴大哭。

作者对这位照片上的小女孩——来加拿大隐居的越南女性进行了艰难而不懈地跟踪采访以及深度解析。

《妾的儿女们》曾经在加拿大《环球邮报》的排行榜上持续了 93 周。获得了多项奖项，包括温哥华城市图书奖。根据本书改编的话剧 2004 年春在纳莱摩的剧场首演。《妾的儿女们》和《照片中的女孩》都入选了总督文学奖并被翻译成多种语言出版。不仅如此，郑霭玲的演讲也很出色。其中一篇《身为加拿大人》（Being Canadian）被广为传播和收集。

《妾的儿女们》是郑霭玲的第一部长篇文学传记作品。以生动的小说般的笔墨详尽地记录了作者的外祖父陈森、外祖母美英、母亲温妮和其姐弟萍、楠、元（同父异母），在加拿大和中国两地发生的依依往事。美英是陈森的第二个太太，即俗称的妾，陈森的原配黄婆则一直留在中国，而美英和陈森结婚后就双双来到加拿大，两人大多数的时间里一直生活在温哥华的唐人街。在此期间，陈森数次返回广东老家陈家坪，并用主要是美英在唐人街餐馆做侍女挣得的钱修起了豪华气派的中西合璧的宅楼。萍、楠自小便被送回陈家坪，和黄婆以及元生活在一起，并且由于父亲陈森将她们姐妹俩的加拿大出生证卖给他人而再也没能重返出生地。这部家族史表现了分处北美和中国两地的同一家族内部成员之间因政治、社会、文化上的落差所引起的各种冲突和纠葛，时间更是跨越了一个多世纪，从 1848 年陈森的父亲首次踏上北美的土地来寻找所谓的金山，一直到 1987 年作者和母亲温妮第一次回到中国大陆去会面她们在太平洋彼岸的家族成员。

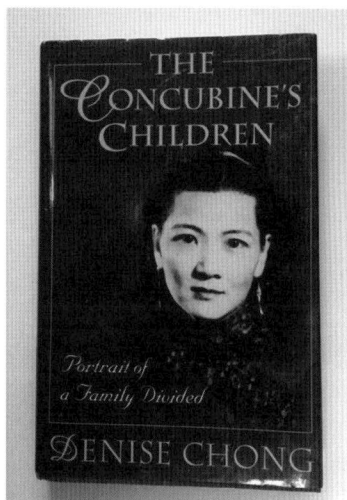

郑霭玲的《妾的儿女们》

这部传记的一大亮点是以白描的手法细腻入微地描述了陈森和美英的恩恩怨怨，用生动的细节立体地塑造了陈森和美英的形象。尤其是美英的形象和当时传统的"金山婆"相比，特立独行，引人注目。美英初到华埠，先是不得不依附于丈夫陈森，但在终于付清陈森所谓的"买身钱"后，她决然离开陈森，带着女儿独立生活，并自由地（有时是心血来潮式地）选择同居的男性。幼小的女儿甚至不止一次发现醒来时身边会睡着陌生的"叔叔"，加上赌博和酗酒的不良生活习惯，造成成年后的女儿对母亲长期的不解和怨恨。

《妾的儿女们》的另一个特点是因为传记中故事的曲折多变、跌宕起伏，竟让人有虚构的感受，甚至不敢相信它的真实性，也使评论者难以将其简单地归类为非虚构类文学作品。其实，这里引出的是一个加华英语文学很有意思的现象：有的虚构类作品因为人物、情节或细节的过于逼真，让读者觉得是在读传记；而有的非虚构类的作品却因为人物、情节或细节的过于生动，让读者恍若在读小说。这也从一个方面说明了文学性传记和传记性小说在结构、手法和情节设计上的交互渗透。从文学母题的角度，我们也可以说，是多灾多难历史的变幻莫测造就了这两类作品的丰富多彩。

四、 黄明珍：在加拿大写中国行囊里的中国故事

黄明珍（Jan Wong, 1953— ）出生于蒙特利尔，职业为新闻记者。1988—1994 年，黄明珍担任过加拿大《环球邮报》驻北京记者。她的父亲比尔·黄是以自己名字命名的连锁自助餐馆的创始人。她的主要作品有《神州怨：我从毛泽东时代走到现在的长征》（或译作《红色中国布鲁斯》，1996 年，以下简称《神州怨》）[1] 等。

1.Jan Wong, *Red China Blues: My Long March from Mao to Now*. Toronto: Doubleday Canada, 1996.

《黄明珍眼中的中国——来自一个不是那么老外的记者的报道》[2] 这部共有 17 章的传记里，

2.Jan Wong's China: *Reports from a Not-So-Foreign Correspondent*. Toronto: Doubleday Canada, 1999.

她以采访对象为切入口，向读者呈现一个个不同的中国生活的横断面。比如她采访同性恋者，跟采访者讨论西藏问题和毒品走私问题等等。该书被加拿大的《麦克林》（Maclean's）杂志评为"了解一个神秘社会的绝妙窗口"。

1996—2002 年，黄明珍在《环球邮报》上开设专栏"和……午餐"，从独特的个人观察和

3.Jan Wang, *Lunch With*. Toronto: Double Day Canada, 2000.

感受的角度刻画了一系列加拿大名人，后来这些访谈录积集出版，名为《与黄明珍共进午餐》[3]。

在这本书中，一贯激进好胜、口无遮拦的这位"名记"尝试着把美食和动人的故事串联起来，一改以往作品的风格，让读者在轻松、愉悦的氛围中欣赏她笔下的名人风姿和名人掌故。她把和她同进午餐的嘉宾名流分别置入"典范"、"美人"、"先锋"、"美食家"等分类中，其中，我们看到了诸如玛格丽特·阿特伍兹、马友友、弗雷德·伊顿（加拿大最大的百货经销商）、刘绮芬等人的饶有情趣的侧影。由于对名人出语直率或不逊，这本书还引起了包括个别被邀进餐的名人在内的一些争议。

黄明珍的两部彼此有关联的文学传记《神州怨》和《中国告密者——在北京寻找原宥》[1]
1. Jan Wang, *Beijing Confidential: A Tale of Comrades Lost and Found*. Toronto: Doubleday Canada, 2007.
分别于 1996 年和 2007 年发表。《神州怨》主要讲述了她从 1970 年代初开始一直到 1990 年代初作为学生、记者在北京学习、工作和生活的丰富经历。1972 年，年仅 19 岁的黄明珍带着对"左翼"运动和社会主义中国浪漫的理想，来到这个依然神秘的东方古国——也是她父母的祖国远游，并因一个偶然的机会旋即成为了北京大学"文革"期间第一批外国留学生中的一个（其实只有两位，另一位是来自美国的华裔女生）。

在主题上，《中国告密者》是《神州怨》的拓展和延伸；在结构上，《神州怨》采用的是标准的回忆录的叙述方式，而《中国告密者》则是将记忆穿插在现实的描述中。2006 年 8 月，黄明珍带着家人进行了 20 多天的北京之旅。这个看似休闲的旅行，其实是作者"诚惶诚恐"的追寻—反思—忏悔之旅。她曾在早年留学北大期间和美国的一位华裔留学生艾瑞卡·秦 (Erica Jen) 共同告发了一位试探性地想通过她们的帮助去美国留学的女同学银。在长达 30 多年的岁月里，黄明珍一直纠结在她和她的美国同伴的"可耻"行为可能对银所造成的伤害中。经过不懈的努力，黄明珍终于在 2008 年北京大学的西门重逢了自己的"被告发者"。这时，银已经改换了姓氏，成了陆银，只因为要摆脱不堪回首的耻辱和痛苦。陆银并没有像作者想象的那样劈头盖脸地谴责她，但黄明珍和艾瑞卡·秦的那次告发，加上陆银其他多达二三十条的所谓罪状，致使陆银在毕业前夕招受集体批判并马上被遣送到东北农村劳教。这样由陆银自己娓娓道来的惨痛往事，还是让黄明珍悔恨不已。这部传记的深刻独到之处不仅在于作者几乎是矢志不移地要找到自己的"被告发者"，向受害者送上哪怕是一个迟到的忏悔，更在于对比了同样导致了这个"被告发者"遭受屈辱和磨难的绝大多数其他人，包括室友、同学、教授、领导等事后的推诿、掩盖和逃避。

　　黄明珍作为加拿大传媒名人，素以口无遮拦、言论大胆而知名，但有时也因出言不慎而得罪人，成为备受争议的作家。2006年9月13日，蒙特利尔一所英语大学预科学校道森学院(Dawson College)，发生了一起枪击案。一名女生中弹身亡，二十名学生受伤。9月16日，黄明珍在多伦多《环球邮报》发表评论说，在17年里蒙特利尔发生了三起校园枪击案，究其原因，是魁北克的移民或移民子女有不满情绪。这种不满情绪，她认为，是魁北克省的《101语言法案》和所谓纯种的魁北克人的种族主义造成的。此言一出，魁北克人哗然。为平息事件，魁北克省总理让·沙莱(Jean Charest)在9月20日发表致黄明珍的公开信，强烈谴责她的说法，并要求她向魁北克人民公开道歉。次日，加拿大总理哈帕也公开表态，指责黄明珍的说法是没有根据、十分粗暴和不负责任的。加拿大议会甚至通过议案，要求黄明珍公开道歉。一时间，黄明珍的电子邮箱爆满，每天收到数百件电邮。有人辱骂她，有人威胁她，有人恐吓她，有人甚至叫她"滚回中国去！"（请注意，她是出生和成长在蒙特利尔的第三代中国移民）《环球邮报》的主编格林斯庞(Greenspon)在舆论的压力下，不得不声明，专栏作家的观点只代表她个人，不代表报社。这使她有被报社抛弃的感觉，十分气馁，夜不能寐，白天无精打采，写不出文章，不知不觉间竟患上了忧郁症。在心理医生的精心治疗下，黄明珍终于渐渐走出了生活和事业的低谷，战胜了忧郁症。她把这段个人饱受挫折的经历，写成了回忆录，题为《走出忧郁》(Out of Blue)，于2012年5月出版，希望以此引起人们重视：工作环境和舆论压力会使当事人患上忧郁症。此书出版后，受到舆论好评，一度被多伦多《环球邮报》列入畅销书名录。

　　黄明珍现已退休。但实际她是退而不休，继续对国家大事发表高见，著书立说，或应邀在加拿大广播电台主持节目，甚至登上大学讲坛教授新闻学。[1]

1. 关于黄明珍的这一节，为统一篇章计，并入了张裕禾的部分论述。

五、　崔维新：从《纸影》到《生死之间》

　　崔维新的《纸影——唐人街童年备忘录》[2]（以下简称《纸影》）在某种程度上，是他带

2. Paper Shadows: A Chinatown Childhood. Toronto: Viking Canada, 1999.

有自传性的小说《玉牡丹》的延伸。《纸影》荣获1999年总督文学奖纪实作品类（非小说类）提名，并摘得2000年的埃德娜·斯代伯勒纪实作品奖(Edna Staebler Award for Creative Non-Fiction)。成年后，因为偶然得知自己被领养的身世，勾起了作者对童年往事的追忆。

崔维新选择 20 世纪 40 年代到 50 年代加拿大急剧动荡变幻的 10 年为背景，由对个人身份的探究，揭开了诸多华裔家族、社区隐秘，借以批判加拿大历史上不公正的移民政策，并描画了当时不同族裔的生存实景，在更大的范围内，循着童年清澈的目光，反思历史，破解谜团，寻找真实。如同他在正文前引用的广东谚语"三岁定八十"，寻找历史的真实，是崔维新创作的一根贯穿的经脉。1995 年出版的《玉牡丹》和《纸影》，加上 2004 年出版的小说《如歌往事》，构成了他找寻历史的三部曲。后现代主义认为，所有所谓历史的真实其实都是某种历史的碎片，都是主观的、不可靠的，因此，还原历史的真实，是危险的。但对崔维新而言，他记忆中的历史往往是太真实了而偏偏产生断裂和疑窦，他是在梳理真实记忆的过程中发现了不真实的真实，这其实是后现代主义历史观的另一种阐释。

　　《生死之间》[1] 是崔维新的又一本文学自传。他正文前的题词是：献给所有明白爱无定则
1.*Not Yet: A Memoir of Living and Almost Dying.* Toronto: Doubleday Canada, 2009.
的人。如同不少那个年代（1940 年代）出生成长的加华英语作家，他一直在写自己，但《生死之间》之前的自己是过去的自己，历史记忆中的"我"，而《生死之间》里的自己则是现在和未来的自己，一个走出回忆框架、走过死亡阴谷、走进自由境界的自己。

六、　叶婷行：自传里的"革命中国"

　　叶婷行的自传《苦风一孤叶》（1997）的背景是 1966 年到 1974 年间的"文革"时期。其父亲解放前曾经是上海一个橡胶厂的老板。1950 年代工厂收归国有，父亲被罚做体力劳动，不久去世。接着，母亲也在贫愤交加中，患上胃癌离开人世，留下叶婷行和她的兄弟姐妹。那时，叶婷行才 13 岁，幸好姨婆收留了他们。

　　"文革"开始，有着黑色血统的叶婷行，虽然刚刚 16 岁，但她依然赴江苏大丰县的农场上山下乡。在大丰的 6 年中，她挺过了艰苦的体力劳动，也曾违心地揭发过自己的朋友。1974 年，她侥幸获得了去北京大学学习的机会。1987 年她戏剧性地和加拿大作家威廉姆·贝尔相恋结婚，后迁居加拿大。

　　有评论认为，《苦风一孤叶》具备了乔治·奥威尔《1984》的风格，呈现了当时的中国意识形态凌驾于一切的畸形状况，任何小资产阶级的言行会马上遭到整治和清算，而任何政治立

场的转换又会马上改变你的命运。

20 世纪 80 年代中期到 90 年代的西方出版界，类似的以 1949 年前后的中国历史为背景，并以女性为主角的传记或传记小说相继面世，有蔚然成风之势。像郑念的《上海生死劫》[1]（1986），

1.Nien Cheng, *Life and Death in Shanghai*. London: Grafton Books, 1986.

张戎的《鸿》[2]（1991），闵安琪的《红杜鹃》[3]（1994），李彦的《红浮萍》（1994），加上

2.Jung Chang, *Wild Swans*. London: Simon and Schuster, 1991.   3.Anchee Min, *Red Azalea*. Pantheon Books, 1994.

叶婷行的《苦风一孤叶》（1997）等。其中后两部皆为加华作家的作品，而《上海生死劫》的作者郑念“文革”后离开中国的第一站便是加拿大的渥太华。《苦风一孤叶》虽然后出，但风头不减，不仅在加拿大上了排行榜，还被翻译成了德语、法语和土耳其语等多种文字，而且在德国、日本、美国和澳大利亚也一度畅销，在西方读书界和评论界也是颇受好评。《神州怨》的作者黄明珍说：“这是一部讲述一位中国女性在‘文革’中遭遇的引人入胜的长篇佳作。”派瑞克·卡瓦纳福（Patrick Kavanagh）在《渥太华公民报》写道：“叶婷行用如此生动的想象和极速推进的冲量来讲述她的故事，让读者觉得是在读一本精美绝伦的小说。”美国的《城市观察》（Cityview）推荐说：“这是一本可以当做精致的草根族历史来看的让人不能释手的小说，它也是表现一位女性战胜现实的真实故事。”

2007 年，叶婷行另一本长达 240 页的文学自传《老四》[4]出版。1997 年出版的《苦风一孤叶》

4.Ting-Xing Ye, *My Name is Number 4*. Toronto: Doubleday Canada, 2007.

后的 10 年，同样体裁、相似背景的作品对作者和读者都是一个考验。叶婷行这次把读者群界定为年轻读者，因此，重心放在父母相继撒手人寰，她和兄弟姐妹被姨婆收养，到“文革”初期自己的青少年时代。14 岁成为孤儿，16 岁文化大革命开始便被强行送到远离家乡的农场做农活借以表示对其黑色资本家背景的惩罚，这样残酷的遭际显然和现在绝大部分的西方青少年读者形成了天壤之别。正是这样精心设计的切入点，使得《老四》依然获得了并不逊于《苦风一孤叶》的成功。评论界对这部作品的幽默、生动和对荒诞的一针见血，都给予了很高的评价。有评论还指出，因为作者引人入胜的想象力和作品本身迅疾的冲击力，使得它的叙述赶得上任何一本上佳的小说。[5]它在主题上依然是《苦风一孤叶》的自然延续。传记借用大姨婆的话“阿

5.派瑞克·卡瓦纳福（Patrick Kavanagh）语。见《渥太华公民报》（the Ottawa Citizen）。

四是个劳碌命”作为作者未来命运的谶语，虽然并不美好，但暗含着不怨天尤人、努力克服时世艰难的东方式的勇力以及儒家“贫贱不能移”的积极人生哲学。

七、 关大卫：远去童年的悲情

关大卫(Kwan，Michael David，1934—2001)在 2000 年出版了自己的文学自传《童年往事》(*Things That Must Not Be Forgotten A Childhood in Wartime China. Oregon: Macfarlane Walter & Ross*，2000，本书也被译为《不应忘却的事物》《忆童年》等)。同一年，《童年往事》荣获雾山奖 (Kiriyama Prize) 的非虚构类作品奖。雾山奖 1996 年创立，2008 年结束，是专门授予那些反映太平洋和南亚地区人民生活和文化交融的奖项。本书还获得 2002 年的加拿大 - 日本英语文学奖 (Canada-Japan Literary English-language award)。《童年往事》首版后，又不断重印，并在澳大利亚和英国出版。本书屡获好评，黄明珍在《环球邮报》评论称，这是她读过的关于中国的最为感动和发人深省的书籍。

《童年往事》主要描写的是作者一家在抗战前后的境遇。关出生在北平，父亲是中国人，但母亲是瑞士人。战前，关的父亲是一家铁路公司的高级员工，一家人的生活优裕幸福。抗战时期，关的父亲被迫为日本人工作，但暗地里也和抵抗组织联系。战后，关的父亲被认为是亲日分子而遭逮捕。1946 年，12 岁的关大卫先是被送往上海祖母处寄养，不久离开大陆，前往香港，却没意识到，这一别竟成了和家人的永诀。

关大卫 1963 年移居温哥华，他同时也是一位颇有成就的翻译家。他另外还写有《中国寓言》(*The Chinese Storyteller's Book Supernatural Tales*) 等作品。

八、 赵廉：“虎女”重生

赵廉的《虎女》[1] 是关于虎年出生的女主人公在 20 世纪后期成长变化的文学自传。虎女出

1.*Tiger Girl (Hu Nu)： A Creative Memoir*. Toronto： TSAR Publications，2001.

生时就不受家族的欢迎，1 岁时差点被当做童养媳送到乡下去。她成长在“文革”动乱的时期，目睹了“文革”对传统价值的颠覆和对信仰的摧残，之后，她也加入了红卫兵，但因为无法面对它毫无理性的冷酷而退出。传记运用了第一和第三人称交叉的手法，展示了虎女这代中国人在当时政治风云变幻和女性依然被歧视的环境中的重生。

九、　弗雷德·华：诗意盎然的"钻石烧烤店"

　　弗雷德·华的《钻石烧烤店》(2006)在体例上别出心裁，获得诸多赞誉。因为出自诗人之手，所以，没有通常的章节，每一个标题下，大都是一页或者顶多两页的文字，却又勾勒出一个完整的故事。常常标题就是那个故事的起始句。

　　虽然篇章短小，又是围绕着前辈在激流镇（Swift Current）开设的半中半西的起名为钻石烧烤的中餐馆展开的，但主题多元、内容丰富。作为回溯以华裔为主体的混合型（mix）移民家族历史的自传体小说，早期白人主宰的社会背景下，族裔冲突、肤色认定、种族歧视乃不可回避的主线，比如作者以其瑞典裔母亲回忆的口吻说道：那时，每个人来自世界的某个角落，几乎没人在意种族和族裔，差别和不同再正常不过。可是，当他母亲和他带有二分之一中国血统的父亲要结婚时，种族的藩篱自然就形成了，直到他的外祖父母看到他的金黄头发和蓝眼睛，才抑制了他们的焦虑。

十、　周小姗：给华裔祖辈立像

　　周小姗（Lily Chow，1931—　），祖籍广东顺德，出生在马来西亚的吉隆坡，于 1967 年移居加拿大，在不列颠哥伦比亚大学先后获得教育学的本科和硕士学位。长期从事汉语教学和中华文化的传播工作，同时研究加拿大华人历史。她的第一本著作《北方的寄居者》[1]，书写了

1.Lily Chow, *Sojourners in the North*. Halfmoon, BC: Caitlin Press, 1996.

华人从淘金热开始一直到当今在卑诗省的中部和北部生存和发展的历史图景。2000 年她的第二本加拿大卑诗省华人历史传记《追逐他们的梦想》[2]，以公元 458 年慧深等 5 个和尚和他们的徒

2.Lily Chow, *Chasing Their Dreams*. Halfmoon, BC: Caitlin Press, 2000.

弟历经千难万险，远涉重洋从中国来到北美，在这个日后被他们称为"扶桑"的蛮荒之地，企图说服当地的土著居民信奉佛教为引子，带出 19 世纪后期被淘金热和修建加拿大太平洋铁路的高薪所编织成的"金山梦"诱惑而来的中国早期移民的艰难时世。残酷的现实是，"扶桑"根本不是慧深嘴里的世外桃源，金山之梦只是南柯一梦，之后更是噩梦不断。书中有一段 1900年的日记，来自一位鱼肉罐头厂的华裔苦力写道：

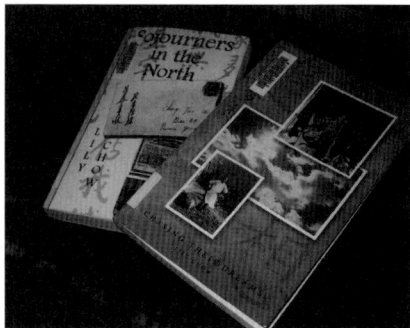

华人英语作品《北方的寄居者》《追逐他们的梦想》

"我怎么也忘不了她蚕丝一样的肌肤和年轻女人散发的特有的香味。虽然我在我们婚礼的那晚才见到她，但我第一眼就喜欢上她了。我想她和我的父母和睦相处，做个人人称道的好媳妇。我求我的父母不要亏待她，要像对待自己女儿一样地待她。不过现如今，我父母还没有什么抱怨，只说她常常整日地梦游兮兮。"

如果说这就是金山梦，其实，这是在"金山"做的中国梦，是无数在当时的卑诗省苟活着的华工内心的一点点亮光。

十一、　方曼俏：在记忆更深处漫溯

方曼俏的《找回记忆的年头》[1]不仅在形式上和《妾的儿女们》大同小异，而且在内容上

1.*The Year of Finding Memory*. Random House Canada, 2010.

也有相似之处。故事以作者89岁的父亲在多伦多士巴丹拿路的中区唐人街的自家屋子的地下室自杀开始。惨案发生前不久，方曼俏刚刚和父亲一起吃过午饭。心碎和蒙羞，使得作者长时间地不能启齿谈论父亲的死。同时，母亲力图消灭掉父亲所有痕迹的反常举动也让作者不禁心生疑窦。三十年后，方曼俏来到广东开平——父亲祖辈生活过的村子一探究竟。从亲戚的嘴里，她了解到了当年父母是如何碰面，继而结婚的。她的父亲1930年回乡时，雇佣了她的母亲作为乡村学校的老师。当时她的母亲刚刚结束了一段悲惨的婚姻，逃难流落到开平。1947年，父亲的结发妻子去世，父亲接受了母亲的提议，回到开平与其成婚，1949年方曼俏出生。三十年后方曼俏奔赴开平，发现她有13个各种各样的兄弟姐妹——她的父母三次婚姻的"产品"。但黄明珍批评道，作者并没能很好地利用这些足以写成史诗的素材，内中的许多人物也都面目不清。她认为方曼俏对现代中国的政治、经济和历史所知甚少，难以驾驭这样一种涉及到家族纽

带、移民和乡村生活的作品。方曼俏没能深入了解她那些
留在中国的亲戚的生存状态，也就丧失了表现她的父母复
杂生活的戏剧性因素。与此形成对比的是，方曼俏对加拿
大的把握就显得胸有成竹，她 1955 年 6 岁时随母亲移居加
拿大，在多伦多以北的城市柏瑞（Barrie）的一个小镇成长。
她第一天就遭遇到了一个蓝眼睛的白人孩子骂她是中国猪，
并用一大团雪打得她满脸是血。在家用洗衣机出现之前。
方曼俏的记忆里满是在自家洗衣房后院玩耍，瞪眼从窗帘
的后面看来来往往的顾客。她记得父亲和母亲的种种故事，
比如，她那位受人尊敬的乡村小学教师的母亲是怎样一边
小心翼翼地用一只手护住自己的鼻子和嘴，一边用铁勺把
洗衣锅里的漂浮物剔除。[1]

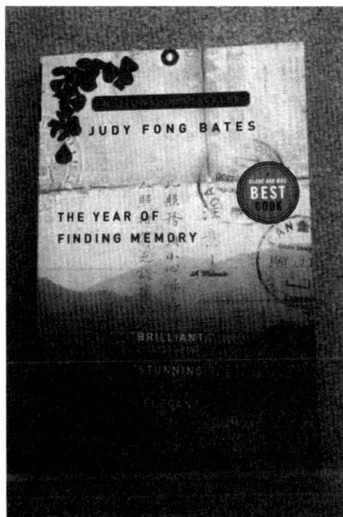

方曼俏的《找回记忆的年头》

1.*National Post*, May 8, 2010.

　　传记的最后，方曼俏也没解开她父母不幸婚姻的疑团，
也许，她根本就没想刻意地去解开谜底，而是想通过成长
了的华裔第二代移民的记忆带读者去重温前辈特有的悲欢
离合。

第五节　戏剧：加拿大舞台上的华人故事

　　从公元前 6 世纪至公元前 4 世纪的古希腊戏剧——雅
典的悲喜剧，到文艺复兴时期莎士比亚剧作风靡欧洲的舞
台表演，影响所及，以至后来的铁腕政治家丘吉尔说：我
宁愿失去一个印度，也不肯失去一个莎士比亚！从 19 世纪
德国浪漫主义戏剧的先驱歌德，到现实主义戏剧的创始人

易卜生、后继者萧伯纳，直到推倒"第四堵墙"、追求史诗性戏剧的现代表现主义戏剧大师布莱希特一直到呈现诸多戏剧元素的百老汇歌剧，西方戏剧曾经何等辉煌！20 世纪中叶以来，受到电影的日益进逼，戏剧的舞台越来越逼仄，但却依然以各种变换的形式顽强地存在着。比如在加拿大安大略省的斯特拉特福德莎士比亚节（Stratford Shakespeare Festival）和位于尼亚加拉湖滨小镇的萧伯纳节（Shaw Festival）。再就是那些浸淫其中，也乐在其中的戏剧艺术家和各类观众。在这样的背景下，可以想见作为华裔英文戏剧家的珍贵。这里我们着重介绍的是陈泽桓（Marty Chan, 1965— ）、贝蒂·关（Betty Quan）和温斯顿·金（Winston Christopher Kam）。

一、 陈泽桓：《妈，爸，我在和白人女孩同居》

出生于埃尔伯塔省省会埃德蒙顿市的陈泽桓，六岁左右就因为父亲要用积攒的有限资金开设杂货店而移居北部小镇麦廉维尔（Morinville）。那时，他的家庭是当地唯一一户华人家庭。陈泽桓从小便因为满是鬼点子和艺术气质，而被父母认为是错生了。而他的作家梦则源于他在 10 年级时，英文老师布置的命题作文：梦想卧室。因为他的作文充满着特殊的想象力而受到英文老师的鼓励，让陈泽桓在梦想的卧室想象着未来的作家梦，而非仅仅是子承父业，当一个杂货店的老板。[1] 他在埃尔伯塔大学期间的一段往事常常被他自己津津乐道。原来他刚进大学时

---

1. 参见 Dave Jenkinson 撰写的有关陈泽桓的人物素描。载曼尼托巴大学图书馆出版的 CM Magazine。

的专业是华裔父母最期待自己孩子上的工程学，但他实在是"不成器"，第一学期的总分才 1.3 分（9 分为最高），两个学期的平均分也只有 3 分，创造了工程系有史以来最差的记录，所以，一年后他被"踢出"了大学。但经过一年的打工后，他重回学校，并最终如愿以偿地选择了自己最想学的戏剧专业。最后他的学位是一个特殊的混合学位：专业是英文，专修是戏剧。陈泽桓毕业后，曾在政府部门工作过，同时利用一切机会练习写作，他当时的梦想就是给农业部长写发言稿。他对儿童文学写作的热情来自他作为演员参与了电视系列剧《杰克和孩子》（Jake and the Kid）和《指导》（Mentors）的拍摄，因为他想利用他写少儿电视剧脚本的经验，创作不受预算、地点和演员限制的真正的儿童小说。他的自 1994 年开始，每周一集，持续了 6 年半的广播小品《点心日记》(Dim Sum Diaries) 源于他早先为一家华裔周报撰写的故事。这个

长篇连续小品以幽默的方式告诉读者在埃德蒙顿的中国人是怎么生活的。小品以他自己的童年故事为蓝本，后来他在其中加上了一个虚拟的姐姐温迪（Wendy），以至于他生活过的小镇上的华裔邻居追问他父亲：你哪里来了个女儿？[1]

1. 参见赵庆庆的《写戏·演戏·导戏·说戏——加拿大华裔剧作家陈泽桓采访实录》，《华文文学》2006 年第 4 期，以及 Dave Jenkinson 的人物素描。

他主要的剧本有《妈，爸，我在和白人女孩同居》[2]（1998）、《禁山之凤》（紫禁凤凰，

2.*Mom, Dad, I'm Living with a White Girl* (1998), in Anne Nothof ed. *Ethnicities: Plays From The New West*. Edmonton: NeWest Press, 1999.

The Forbidden Phoenix）、《大家的英雄》（*A Hero for All*）、《石中之剑》（*The Sword in the Stone*）、《麦琪的最后舞蹈》（*Maggie's Last Dance*）、《唐的宝丽来》和《骨屋》（*The Bone House*）等。

陈泽桓的成名作，两幕喜剧《妈，爸，我在和白人女孩同居》的灵感来自剧作家自己类似的生活经历，但更深层的原因则是对加拿大社会中族裔偏见和刻板印象的反思和戏谑。陈泽桓在采访中谈到过他在大学一年级参加中国同学会的情形，当时因为大部分同学都来自香港，他被视为外黄内白的"香蕉仔"、CBC 而不被认同。这样的经历，使陈泽桓意识到，偏见和刻板印象在一个族裔的内部也存在着。而对华裔来说，同样存在着对白人等其他族裔的偏见。对上升到整个加拿大所谓马赛克式的多元文化的社会环境，它的弊端便是如陈泽桓所言的文化割裂（Cultural Divide）。为此，安妮·诺斯费（Anne Nothof）评论道：

> "陈泽桓的'英雄'挥舞着双刃的手里剑（shuriken）：他拒绝完全地顺从于父母的期待，但也拒绝加拿大社会同化的压力。在这个剧中，'加拿大的'既被讥讽为固有的理所当然的种族主义，又被当做冷漠和视而不见的象征。主人公被置于两种文化之间，他既被'白人'社会所承诺的自由所吸引，但最终又意识到，他无法将他自己从族裔文化的传统里剥离出来。在这个喜剧中没有最后欢庆的婚姻，因为盛宴（komos）已被颠覆。"[3]

3. 安妮·诺斯费的简介：《打碎马赛克》，出处同上。

幽默是贯穿在陈泽桓大部分作品中的基调。他自己是这么体会幽默的："幽默是我看待这个世界的方式。我相信这部分来自于我在那个小镇的成长过程，那个时候我所有的一个生存本能是，我意识到，如果我能让人们在我的笑话里笑出声来，那么，他们就会停止笑话我，然后，我们彼此就会有建立友情的共同点。"有评论者认为，他的创作中既有传统现实主义的元素，又加入了后现代主义和后殖民主义批判的视角。[4]

4. 参见赵庆庆的《写戏·演戏·导戏·说戏——加拿大华裔剧作家陈泽桓采访实录》。

《禁山之凤》（1993）别出心裁地在戏剧中加入寓言故事，借助美猴王西游为自己的子民

寻找富饶的北国土地（暗喻加拿大）的情节，戏剧性地表现了华人的移民史并赞美了华工对修建太平洋铁路的贡献。不仅如此，作者还加入了京剧的一些表演手法，比如脸谱和做打等。作者自认为《禁山之凤》是中国戏曲和西方戏剧的杂拌。但也有评论者指出，作为一出主要观众是青少年的寓言剧，《禁山之凤》对历史的处理显得过于简单化 [1]。以寓言和神话故事来表现

1. 参见 Byron Laviolette 发表在 Eyeweekly.com 上 Theatre 一栏的有关评论文章，2009 年 2 月 9 日。

早期华工的历史，在余兆昌等的小说中已出现过，但将寓言故事、中国武术和京剧的脸谱说唱、念打杂糅进戏剧中，并呈现在舞台上，这还是第一次。

　　由于他在戏剧创作上的成就，他曾多次获得过埃尔伯塔的斯特琳戏剧奖（Sterling Award）和提名，并获得过 1999 年哈佛大学的亚当斯华人戏剧协会奖等其他多项奖项。

二、 贝蒂·关的"母语"

　　贝蒂·关（Betty Quan）是个剧作家。她写舞台剧，也写广播剧和电视剧。她和众多的华裔作家一样，毕业于不列颠哥伦比亚大学。如前所述，她将余兆昌的《鬼魂火车》改编为话剧，并于 2001 年上演。她的其他戏剧作品包括《母语》[2]《海洋》（One Ocean）、《南希·赵进了龙口》（Nancy Chew Enters the Dragon）、《龙珠》（The Dragon's Pearl）等。《母语》

2.Mother Tongue. Montreal: Scirocco Drama, 1996.

是一个别开生面、标新立异的剧本。背景放在温哥华的一个特殊的华裔家庭，中年守寡的母亲带着两个孩子，女儿是个胸怀抱负的建筑系学生，而 16 岁的儿子不幸在 5 年前失聪。它把粤语、英语和美式手语杂糅在一起，表现了家庭忠诚、青春理想、代沟和文化差异的多重主题。

这个剧本获得了 1996 年总督文学奖戏剧奖的提名。《海洋》被收入题名为《不再苍白：来自

3.Yvette Nolan, Betty Quan, George Bwanika Seremba eds. Beyond the Pale: Dramatic Writing From First Nations Writers & Writers of Colour.

原住民和有色民族的戏剧作品集》的选集中。[3]《南希·赵进了龙口》则被收入另一本戏剧作品

Toronto: Canada Press, 1996.

选《走上舞台：加拿大女性剧本选》[4]。除了剧本创作，贝蒂·关还写过儿童文学类的家庭自传

4.Taking the Stage: Selections from Plays by Canadian Women. Edited by Cyndi Zimmerman. Toronto: Playwrights Canada Press, 1994.

《曾经有过的满月》[5]。伊丽莎白·关的父亲在北美新大陆功成名就，但一直想念着中国的故里。

5.Once Upon a Full Moon. Toronto: Tundra Books, 2007.

在 20 世纪 20 年代初期的一天，伊丽莎白和她的家人踏上了由火车、轮船、渡轮、人力车和步行所组成的漫漫长途。最终，伊丽莎白和兄弟姐妹们看到了未曾谋面的祖母。在长途跋涉的过程中，伊丽莎白明白了，家其实就在心里，无论我们在哪里，月亮都会把我们带回家的。

三、 温斯顿·金笔下的唐人街"单身汉"

温斯顿·金（Winston Christopher Kam）有数篇剧作，包括《单身汉》（*Bachelor Man*）、《给吴的信》（*Letters to Wu*）和 *Les Vamyrs Extant*。在由丽娜·李（Nina Lee Aquino）编辑的 *Love+relAsianships* 一书中收有《单身汉》一剧的剧本。[1] Yoon, Jean 的《中国戏剧在加拿大：开阔的画面》（*Chinese Theatre in Canada：The Bigger Picture*）发表在 2002 年的《加拿大戏剧评论》（*Canadian Theatre Review*）上，论及到了温斯顿的剧本创作。此文后被收入《少数族裔，多元文化和互动文化的戏剧》（*Ethnic，Multicultural，and Intercultural Theatre*）一书。[2]

1.Toronto：Playwrights Canada Press, 2009.

2.Ric Knowles and Ingrid Mündel eds. Toronto：Playwrights Canada Press, 2009, pp.94—105.

《单身汉》的背景时间是早期排华法案甚嚣尘上的 1929 年 7 月 1 日——加拿大的国庆节，背景地点是多伦多的一家兼营住宿的中式茶馆（约翰茶旅社）。作者在 1985 年对剧本主题的阐释中，是这样说的："《单身汉》讲的是一群中国男人被迫重新审视他们和他们的女人的关系，并在此过程中，（更好地）了解他们自己。"[3] 剧中多有男性角色，如约翰茶旅社的老板约翰（John），

3.*Beyond Silence*, p.66.

参加过早期修建太平洋铁路的老华工连（Lian），土生土长、并在"一战"中丢掉了一只胳膊的高（Kao），早年在中国因新婚妻子的抗婚悲剧而产生了同性恋倾向的黄（Huang），欧亚混血儿昆（Kung），最年轻的茶旅社打工仔阿四（Asi）。女主角只有两位，餐馆吴姓老板的妻子吴梅和春妮，前者甚至只在剧中匆匆露过一面，但对应着剧作家对剧本主题的阐释，两位女性角色的分量却很重。吴梅平时卑谦顺从、任劳任怨，但在家庭中却享受不到平等的地位和人格，尤其令其羞辱的是，她的丈夫竟然应约翰和连的要求，要她和高共宿一夜，一来换取银钱，二来解除高的处男之身。吴梅忍无可忍，终于含冤自尽。春妮生活颠簸，几经曲折被卖到"金山"当妓女，但她不甘于被侮辱的低贱地位，为自己的身份和权益，以及当时华人集体的悲惨命运和不公正的待遇而奋勇抗争，不仅赢得了自尊，也赢得了单身汉们的尊重。《单身汉》将加拿大历史上对华人采取的严苛的种族歧视的丑陋一页和华人社区内部传统的根深蒂固的性别歧视同样放在聚光灯下比照、审视，一律加以批判和鞭笞，提升和扩大了作品的主题。

艺术表现上，《单身汉》遵循三一律，并遵循着亚里士多德的戏剧模仿原则：以舞台表演重新阐释历史，以此找回丢失的或被否认的身份。

四、　余兆昌的《金山惊魂》等

2010 年余兆昌创作了新剧《金山惊魂》（Jade in the Coal），讲的是 1900 年一群在卑诗省的中国矿工，因一个粤剧团的到来，暂时摆脱了艰难的生活，在熟悉的音乐和想象的故事中获得了短暂的轻松和快乐。《金山惊魂》2010 年 11 月 24 日在温哥华的 Frederic Wood Theatre 首演，由本土的艺术家和来自中国、新加坡的粤剧艺术家联袂演出。

《妾的儿女们》曾经在《环球邮报》（Globe and Mail）的排行榜上持续了 93 周，轰动一时。根据本书改编的话剧 2004 年春在纳莱摩港口剧场（Nanaimo's Port Theatre）首演。

第六节　文学评论的兴起

旅加学者的英文文学评论涉及到这样几个方面。一是直接评论加拿大华裔作家的英文创作，像赵廉的《不再沉默》、苏珊娜·海尔夫的《书写连字符：当代加拿大华裔文学中的跨文化主义整合》[1]，以及陈中明的《道家对亚裔加拿大作家的影响》[2] 等；二是关于加拿大以外的中国，包括台湾、香港等的中文文学，如梁丽芳的《从红卫兵到作家：觉醒一代的声音》[3]；三是论述加拿大文学或者探讨创作经验和理论的论文和论著，如弗雷德·华、黎喜年、瑞兹·周（Ritz Chow）、李群英的作品等。

赵廉的《不再沉默》是第一本系统论述加拿大华裔英语创作的论著，在梳理加华作家创作历史的同时，解剖和批判了加拿大历史上制度化了的种族歧视，以及它所造成的主流社会压迫下华裔在加拿大文学中长期的集体沉默。论著集中探讨了自 20 世纪 70 年代开始兴起到 90 年代逐渐繁荣的加华英语创作的历史背景、创作发展、写作模式和手法、主要作家和风格等，被誉为加华英语文学研究领域的开山之作。

苏珊娜·海尔夫的《书写连字符：当代加拿大华裔文学中的跨文化主义整合》紧接着赵廉的著作《不再沉默》出版，所占据的材料与前者相比并没有大的不同，但在结构、立意、论述

1.Susanne Hilf, *Writing the Hyphen: The Articulation of Interculturalism in Contemporary Chinese-Canadian Literature*. Frankfurt: Peter Lang, 2000.

2.John Z. Ming Chen, *The Influence of Daoism on Asian-Canadian Writers*. The Edwin Mellen Press, 2008.

3.*Morning Sun: Interviews with Chinese Writers of the Lost Generation*. Armonk, NY: M. E. Sharpe, 1994.

角度和结论上都有所不同。苏珊娜·海尔夫花费了大量的笔墨对一些重点的作品（譬如文学传记《妾的儿女们》《钻石烧烤店》，小说《玉牡丹》《残月楼》和《千年狐》）从写作策略（结构模式、叙述技巧、风格设置、后现代主义运用）的角度进行了详尽的文本分析，凸显了加拿大华裔英文文学的文学价值。

陈中明的《道家对亚裔加拿大作家的影响》则偏重于道家思想对加华英语作家作品的主题影响，切入的角度相当别致，自成一家之言。全书分为六章，分为"平衡阴阳——男性作家作品中的创作原则、想象和象征主义""女权主义作家笔下的阴阳和宇宙道德观""日月和人性""和谐统一中山水意象的诗情画意""道家世界中的田园""道家的诗意回归和再生"等方面，是道家美学在加华英语作家作品中创造性的运用。

郑绮宁（Eleanor Ty），现为威尔弗里德·劳雷尔大学英语系教授。郑绮宁专门研究加拿
大亚裔和亚裔文学。她的两本专著《北美亚裔叙事中的政治显像》[1] 和《解扣：全球性和北美
亚裔写作》[2] 分别于 2004 年和 2010 年出版。她编著有《北美亚裔身份认同：连字号之外》[3] 和《加
拿大亚裔的超越族裔个人叙写》[4]。

1. *The Politics of the Visible in Asian North American Narratives*. University of Toronto Press, 2004.
2. *Unfastened: Globality and Asian North American Narratives*. University of Minnesota Press, 2010.
3. *Asian North American Identities: Beyond the Hyphen*. Bloomington: Indiana University Press, 2004.
4. *Asian Canadian Writing beyond Autoethnography*. Waterloo, Ontario: Wilfrid Laurier University Press, 2008.

2005 年香港大学出版的论文集《文化，身份，商品：华裔英语离散文学》中，至少有 4 篇文章具体论述了加拿大的华裔英语离散文学。黄锦儿（Rita Wong）的《市场力量和强势的欲望：读刘绮芬的文化劳工》（*Market Forces and Powerful Desires: Reading Evelyn Lau's Cultural Labor*），详析了刘绮芬写作中性欲望的主导和文化市场推波助澜之间的互动关系；周丽丽（Lily Cho）的《"味觉如何记忆生活"：弗雷德·华诗歌中的离散记忆和社区》（*"How Taste Remembers Life": Diasporic Memory and Community in Fred Wah's Poetry*），是从离散文学角度对这位著名加华英语诗人作品的解读；唐纳德·克里奇的《"切入转换"：质疑加华英语离散小说》（*"Forays into Acts of Transformation": Queering Chinese-Canadian Diasporic Fictions*），以黎喜年的《千年狐》（1995）和柯温爱的《荒原》（2010）为例，深入探讨了到那时为止的加华英语离散小说的特点；盖·比瑞格（Guy Beauregard）的《离散的困惑：英文加华文化产品简论》（*The Problem of Diaspora: On Chinese Canadian Cultural Prodution in English*），以弗雷德·华的诗体小说《钻石烧烤店》和芮洁德·方（Richard Fung）的电视片《血海》（Sea in the Blood, 2000）为例，加上他对各种离散理论的梳理和解剖，

提出了他对加拿大华裔文学和文艺作品研究理论的批评和建议。

梁丽芳的《从红卫兵到作家：觉醒一代的声音》(*Morning Sun: Interviews with Chinese Writers of the Lost Generation*)（1994）通过对 26 位知青文学的代表作家的访谈，以及开篇的介绍，全景式地凸现了"文化大革命"结束后的新时期文学的特征。梁丽芳祖籍台山，成长于香港，多年担任埃尔伯塔大学东亚系的教授。1987 年与友人合作创立加拿大华裔作家协会，现任副会长。梁丽芳还有专著《柳永及其词之研究》（1985）、散论集《开花结果在海外》[1]（2006）

1. 温哥华：加拿大华裔作家协会，2006 年。

等。其中，《开花结果在海外》中有多篇论述到加华作家的英语写作。1998 年她在《世界文学》发表《打破百年沉默：加拿大华人英文小说初探》[2]，向中国大陆读者介绍加拿大华裔作家，特

2.《世界文学》，1998 年，第 2 期，第 278—290 页。

别分析了长篇小说《残月楼》《玉牡丹》和《妾的儿女们》。她的论文《扩大视野：从华文文学到华人文学》（2003）以美国和加拿大华裔英语作品为例，提出了把海外华人用居住国写的文学纳入研究范围的观点。[3]

3. 见《华文文学》，2003 年，第 5 期，第 15—20 页。

弗雷德·华的《七：乔装打扮：诗论和杂糅：1984—1999 文论》(*VII: Faking It: Poetics and Hybridity: Critical Writing 1984—1999*) 是由华本人和他的编辑合作的。按照华的观点，批判性思维也是一种探求和发现。华在本书中展示了写诗即为批判式的思想。在他 15 年组合的写作中，有文论，有评论，也有零散的记录，更重要的是，本书收入了他关于当代诗和身份认同的诗意即兴之作（improvisation）。这 15 年批判性思想和文化创造的写作过程，也形成了本书杂糅的文风，不仅灵敏地反映了时代的变化，同时也为研究华本人杂糅的身份认同提供了样本。

黎喜年的文评往往运用诸如后殖民主义批评等现代批评模式。瑞兹·周则以文学评论见长，其作品见于加拿大女性和诗歌杂志，也被收录进多种选集，著名的有《北美洲的反亚裔暴力》[4]

4. *Anti-Asian Violence in North America*.

和《另类女性：当代加拿大多元文学中的女性》[5] 等论文。瑞兹·周和黎喜年互有文学讨论往

5. *The Other Woman: Women of Coloring Contemporary Canadian Literature*.

来，都敢于写常人所不愿写或不敢写的东西，观点虽有时偏激，但常发人深省。[6]

6. 参见赵庆庆的《郁郁哉，温哥华的华裔文学》。

1990 年，在李群英的成名作《残月楼》发表的同时，她还参与了一本散论集《说出来：穿越文化的女性和语言》[7]。

7. *Telling It: Women and Language Across Culture*. Vancouver: Press Gang Publishers, 1990.

值得一提的是一本有关加拿大亚裔文学艺术创作和评论的季刊杂志《宣纸》(*Ricepaper*)。这本杂志的前身是 1994 年由加拿大亚裔作家工作坊成员（Asian Canadian Writers'

Workshop（ACWW））编辑的通讯，只有区区 8 页，双面打印的非出版物。现在这本杂志每期都以相当的篇幅刊登加拿大亚裔作家——主要是华裔作家的新作、作家之间的互动、作家访谈和书评等。例如在 2010 年秋季的第 15 卷第 3 期《专栏和评论》的栏目下，率先刊登的是元老级的加华英语诗人和评论家弗雷德·华和跨越诗歌小说创作的新秀黎喜年关于后者个人诗集《自动旋转》（*Automaton Biographies*）的对话。两人就诗歌创作技巧（比如"盗用"（embezzle）这个词在诗歌写作中被解析、拓展为"藏掖"和"隐匿"的手法）、诗歌的节奏以及在诗歌和小说的写作过程中作者是否可以获得同样的快乐等论题，展开了饶有情趣、充满机智的探讨。期间，黎喜年还引用了她的广东话背景，著名的"不知庄子之梦为蝴蝶与，蝴蝶之梦为庄子与"的庄子哲理思辨，从语言学和哲学的角度回应了弗雷德·华的设问。

第七节　作家、作品在中国：回娘家

加华英语作家和中国作家的交流互动到目前为止并没有形成规模，主要的一些活动都发生在 21 世纪的第一个十年。另一个方面，越来越多的加拿大作家的作品已经或正在被翻译成中文在中国出版，比如 2013 年，南开大学出版社推出了包括《残月楼》在内的 4 本一套的"加拿大华裔获奖文学译丛"。

受上海文学节的邀请，郑霭玲于 2005 年 3 月 13—15 日访问上海。在此次访问中，她讲述了家族历史的回忆以及回忆在重建家族和个人历史中的作用。

2005 年 11 月 14—18 日，黎喜年、弗雷德·华、黄锦儿等在台湾参加了名为"跨界的多元文化：加拿大新锐作家台湾行"的活动。在台湾中央大学等学校分别作了 Betweeness or Hybridity（弗雷德·华）、《加拿大的马赛克写作》（*Writing the Mosaic in Canada*，黄锦儿）、《跨界的多元文化》（弗雷德·华，黎喜年）等系列讲座。

2008 年 3 月，在上海作协主办的"故乡和他乡"系列讲座中，邓敏灵在上海图书馆做了《母亲的衣裳》（*My Mother's Dresses*）的讲演。[1] 这个讲座是著名作家、上海市作协主席、复旦

---

1. 见上海作协官网《文学会馆》。

大学教授王安忆发起的"上海写作计划"的第一届的主要活动之一。邓敏灵是这个计划首批获邀的包括澳大利亚、日本在内的三个外国作家之一。王安忆如此谈论这个计划的宗旨："作家们毋须向作协提交任何作品，而作协也没有要求或者期望他们日后一定要书写跟上海有关的东西。'写作计划'的目的仅仅是为了让他们获得一次跟上海接触的机会，他们将来相信一定会记起这段日子，并同时能记住这城市所发生的变化。"[1] 2008 年 3 月 14 日下午，邓敏灵应上海

1. 唐睿：《王安忆和她的"上海写作计划"》，载《西祠胡同社区》，2009 年 12 月 26 日。

国际文学节之邀，以她最新作品《确定》为议题与来自上海交通大学的老师和同学们进行了一次有关"寻找定义"的对话。她向大家介绍了她的个人经历和她小说中所描述的战后生活、人性的勇敢及人生不断寻求的定义，并就加拿大文学、多元化社会等话题与在场的师生进行了讨论。本次讲座由上海交通大学加拿大研究中心以及加拿大驻沪总领事馆携手举办。[2] 2008 年 3

2. 见《中国加拿大研究网》（Association for Canadian Studies in China, ACSC）。

月 17 日下午，在加拿大驻沪总领事 Susan Gregson 女士等的陪同下，邓敏灵访问宁波大学，与师生一起探讨加拿大文学与多元文化。

黎喜年参加过上海的作家节。她在加拿大驻上海总领事的陪同下于 2009 年 3 月上旬分别到复旦大学和南京大学举行题为《杂糅·种族·生态文学》（Remembering the Future: Myth, Migration and Biotech Bodies）的讲座，并与学生交流。

2010 年，为期三周的上海国际文学节举办期间，弗雷德·华应邀在第三周的 3 月 20 日做了讲座：《诗样年华》（Messing Around with Mr. In-Between）。之前的 3 月 18 日，弗雷德·华在南京师范大学外国语学院做了同样题目的讲座，并和听众热情互动。[3]

3. 见 3 月 24 日的《江苏新闻网》报道。

结语

本章中所论述的加华作家英语创作中的长篇小说、文学传记和戏剧，凸现出一些明显的特点。

一是在题材上或多或少都涉及到了移民和移民史（包括与此同时的中国近现代史），扩展在题材上集中表现为客居—离散漂流—孤独彷徨—杂糅聚合的流向。身份认同、种族歧视和偏见、融入主流、文化寻根、多元意识等焦点主题都在不同的文本中得以形象的展示和文学意义上的探究。由此，在创作手法上也就形成了主要的写作模式。故事大都在过去式的回溯中生成和发展，文学传记就不用说了，长篇小说也常常有一个当代的叙述者，他们基本上是这些历史

故事的部分亲历者；小说在结构上以线性结构或双线结构为主。

　　二是集中表现的题材是儿童或青少年故事。从早期的余兆昌，到中期的崔维新、方曼俏，到稍后的陈泽桓、叶婷行等，都纷纷涉足，余兆昌还因此获得了总督奖。

　　三是 20 世纪 90 年代是加华作家英语长篇小说和传记文学的高峰期，很多作家的处女作和成名作都是在这个十年中诞生的。像李群英的《残月楼》（长篇小说，1990），郑霭玲的《妾的儿女们》（文学传记，1994），刘绮芬的《第三者》（长篇小说，1995），黎喜年的《千年狐》（长篇小说，1995），崔维新的《玉牡丹》（长篇小说，1995）、《纸影》（文学传记，1999），李彦的《红浮萍》（长篇小说，1995），陈泽桓的《妈，爸，我在和白人女孩同居》（剧本，1995），贝蒂·关的《母语》（剧本，1995），余兆昌的《鬼魂火车》（长篇小说，1996），叶婷行的《苦风一孤叶》（文学传记，1997），黄明珍的《神州怨》（文学传记，1997），翁云芳的《被拒的妻子》（长篇小说，1999）等。这里，除了《残月楼》，其余都是 20 世纪 90 年代中期或以后出版的，不仅如此，这些作品包括了迄今为止加拿大华裔英语长篇小说、传记文学乃至戏剧剧本中的诸多佳作。这至少说明从 1979 年的日裔华裔作家选集《难舍的稻米》开始，一直到 1992 年的加华作家的英语短篇小说和诗歌选《多嘴鸟》这十几年的时间，给加华作家英语创作在 20 世纪 90 年代的后 5 年的"井喷现象"做了有力的铺垫。

　　四是 21 世纪以来的十多年中，虽然这三种形式的创作在数量上不及上一个十年那样集中，但在题材、主题和手法上却更加多姿多彩，突破了上一个十年在题材上的相对局限、主题上的相对狭窄和手法上的相对传统。比如余兆昌的《玉镯》（2002）等一系列青少年小说和陈泽桓的《禁山之凤》（2003），以童话或寓言表现早期移民历史；方曼俏的《找回记忆的年头》（2010）的手法虽然和《妾的儿女们》相似，但将笔触更多地探入历史人物内在复杂的情感和精神世界；胡功勤的《香蕉仔》（2004），表现了出生在加拿大的移民后代离开家庭、走向社会过程中的身份认同的困惑和挣扎；黎喜年的《咸鱼女孩》（2002）和柯温爱的《行者童僧》（2005）运用中国元素：远古神话和宗教色彩的传说，来演绎她们心目中的现代传奇或传奇中国。凯文·庄的《巴洛克新星》（2001）、陈泽桓 2004 年开始的"寻密"儿童系列小说以及林浩聪的《放血和奇疗》（2006），题材和主题基本和自己的族裔身份无涉。而从 1990 年代后半期开始，还出现了一批所谓的"难民文学"或"流放文学"，这些作品多为文学传记或自传类小说，

像《野猫》[1]《中国红花》[2] 和前面已提及的《苦风一孤叶》和《红浮萍》。[3] 李彦的《雪百合》

1.Jia-Lin Peng, *Wild Cat: stories of the Cultural Revolution*. Dunvegan, Ont. : Cormorant Books, 1990.

则把一个在中国流传至今的加拿大英雄和圣者的传说带回到现实中的加拿大。

2.Zhen-Hua Zhai, *Red flower of China*. Toronto : Lester Publishing, 1992.

　　五是本章中三个方面的创作也展示了作者诸多艺术上的特点和创新，比如《放血和奇疗》

3. 参见梁丽芳的《打破百年沉寂：加拿大华人英文小说初探》，载《枫华正茂——加华文学评论集》，加拿大华裔作家协会，2009 年。

中节奏的张力，《第三者》带着新小说特征的多变的时空切换、贯穿的内心独白、意识流和超

现实的氛围和环境，《咸鱼女孩》里的魔幻现实主义手法，《禁山之凤》插入的京剧脸谱和打斗，

《香蕉仔》在结构上的摩登（比如，每章中每一节的最后都标有电脑文件的储存格式".doc"）

和《巴洛克新星》的别具心思（以一周作为故事的起点和终点）等。总之，彼此都生动地展示

了创作手法的灵活多变以及创作理念的与时俱进。不同作家的语言也都各有千秋，余兆昌儿童

和青少年小说生动而充满童趣的幽默，弗雷德·华小说的散文诗体，崔维新笔下众多人物掺杂

着粤语的俚语、俗语的个性化表达，《香蕉仔》的快节奏，《千年狐》流畅的时空切变，《残

月楼》的大气和《巨龙餐馆的子夜》的清澈典雅等等，不一而足。

　　再一个特点就是作家的地域分布，大部分作家来自以温哥华为中心的西岸地区和围绕多伦

多的东部地区，但以温哥华居多。比如长于温哥华，学成于温哥华，之后远走他乡，云游四方，

笔下却依然是围绕着温哥华的人情故事的崔维新；更有不少作家都曾就读于不列颠哥伦比亚大

学；还有，祖籍广东或来自香港的作家居多，并且又多是第二代移民。

　　最后，需要再次强调的是，加拿大华裔作家的英文作品从 21 世纪初开始在中国大陆和台

湾的创作界、研究界、读书界和出版业引起了越来越多的关注，像我们在本章的第七节中所简

述的，不仅有加华英语作家接二连三地受邀在大陆的文学活动和高校做交流和讲学，同时也陆

续有研究者把目光投向加华英语作家和作品，举办学术活动，[4] 并且有出版社策划了加华英

4. 像 2010 年 7 月 23~24 日在多伦多约克大学举办的首届"加拿大华裔／华文文学国际学术研讨会"，40 余位研究加华文学的专家学者、多伦多的华文作家

语作家作品有规模的翻译、出版。在中加文学交流日趋频繁的大背景下，随着加华英语文学的方

出席研讨会。在会上发言和作学术报告的，半数以上来自中国大陆的学界和创作界。本次研讨会由加拿大约克大学语言、文学、语言学系，加拿大中国笔会

兴未艾，这样的互动、交流、研究和译介无疑会更加广泛、深入和持久。

和中国暨南大学文学院联合举办。

第七章　　加拿大文学在中国的接受与传播

引言

　　本章收集整理了有关加拿大文学的译著和研究成果，并重点参考查阅
了国内关于加拿大研究的学术网站。本章共分为六个小节论述，第一节对
加拿大英语文学的发展历程和现状进行简要的综述。其余各小节主要按照
时间顺序，分别从加拿大经典文学作品的重要中文译作（包括诗歌、小说、
戏剧），关于亨利·诺尔曼·白求恩（Henry Norman Bethune,1890—
1939）的文学作品、电视电影介绍，中国学者、研究者以加拿大文学为主
题发表的专著及论文的统计简介，中国关于加拿大文学的学术研究的发展
和现状概述，以及近年来加拿大作家、学者在中国的重要文学学术活动等
方面，进行归纳与阐述，力求全方位展现加拿大文学在中国的接受与传播。

第一节　加拿大英语文学的发展与现状 [1]

1. 本节主要参考朱徽著《加拿大英语文学简史》，成都：四川大学出版社，2005年版；冯建文主持的国家社科项目《加拿大英语文学发生与发展研究》，2004年。

　　追溯加拿大英语文学的发展历程，可以粗略地分为四个阶段：萌芽期、成型期、发展期和繁荣期。在英属殖民地时期，加拿大英语文学开始萌芽。虽然两百多年的文学史并不算长，但加拿大英语文学早期的发展轨迹独特，并在1867年成立联邦政府以后取得了长足的进步，从那时起，真正的加拿大文学也开始形成。尤其在进入20世纪60年代以后，加拿大英语文学以大批具有代表性的、享誉世界文坛的作家以及少数族裔英语写作为特点，呈现迅猛且多元化的发展，并已成为继英、美文学后的一支强劲的英语文学力量，受到了学术界的广泛关注与研究，形成了一门独立的学科。加拿大英语文学的萌芽是宗主国英国文学在加拿大传播、嫁接后形成的非本土发生的文学的自然结果。

　　从1763—1867年这百年间，英国取代法国成为加拿大的统治者，大量的英国移民与殖民者从欧洲大陆来到加拿大，为其带来了欧洲尤其是英国的传统、思想、文化等。文学的创作理念以及通过文学体现的世界观和价值观，在那个时候也几乎直接嫁接到加拿大国土上，这主要是加拿大独特的历史文化与人文环境形成的结果。

　　首先，加拿大最早的居住者为土著，他们的生存环境较为原始，并没有形成用文字记录的文学，而是采用口头述说的形式。因此，外来文学只能直接在本土文学缺乏的加拿大大陆上进行移植。此外，在英国殖民者以前，法国殖民者已经在加拿大统治了160年，将他们对欧洲文化精神的继承带到了这里，并通过欧洲人的思想与价值体系记录与叙述着异质环境中发生的一切，深刻地塑造与勾勒了早期的加拿大文学。

　　英国人在全面接管加拿大的殖民统治权以后，大批英国移民为加拿大带来了他们的文化风俗和生活方式，而且在美国宣告独立后，大批效忠英国皇室的移民涌入加拿大，聚居在圣劳伦斯河沿岸和加拿大东部地区，增加了英国传统在当地的影响。因此，反映早期英国移民者的加拿大英语文学开始出现。

　　加拿大英语文学在萌芽期虽然大部分继承了英国文学的传统，创作模式和作品风格也有明显的模仿和移植的痕迹，但加拿大早期文学创作者们却也力图通过自己的笔触展示加拿大独特的自然风光与生活环境。因此，处于摸索阶段的加拿大英语文学作品既沿袭了当时欧洲大陆风行的小说、诗歌和戏剧等类型，也有真实记录早期加拿大自然风光和移民生活的书信、游记和传记等文学形式。

萌芽时期有两个突出的特点，即歌颂壮阔绮丽的加拿大自然环境与记载拓荒与冒险恐惧的二元对立。文学作品中这种主题的矛盾对立恰如其分地反映和记录了英属殖民地时期英国移民在加拿大的生存与体验。这种两面性突出的文学基调贯穿于加拿大英语文学的各个发展阶段，成为了加拿大英语文学特有的主题。

这一时期有许多探险家和拓荒者的作品，他们的探险与游记文学是当时文学的一大特色。如亚历山大·亨利（Alexander Henry，1739—1824）的《1760 至 1776 年跋涉加拿大及印第安地区历险记》[1]，约翰·富兰克林（John Franklin，1786—1847）的《北极海记行》[2]，约瑟夫·豪（Joseph Howe，1804—1873）的《西行散记》[3] 和《东行散记》[4] 等。

1.Travels and Adventures in Canada and Indian Territories between the year 1760 and 1776,New York: I. Riley. 1809.
2.Narrative of a Journey to the Shores of the Polar Sea, 1823.
3.Western Rambles,1828.　4.Eastern Rambles,1830.

加拿大英语文学萌芽时期也出现了一批具有代表性的作家，如被加拿大著名文学批评大师诺斯洛普·弗莱（Northrop Frye,1912—1991）誉为"真正的加拿大幽默的创始人"的托马斯·麦卡洛克（Thomas McCulloch,1776—1843），19 世纪加拿大第一位享有国际声誉的作家并被公认为是北美幽默作品及加拿大文学奠基人的托马斯·钱德勒·哈利伯顿（Thomas Chandler Haliburton,1796—1865），以及以凯瑟琳·帕尔·特雷尔（Catherine Pare Trail,1802—1899）和苏珊娜·穆迪（Susanna Moodie,1805—1885）姐妹为代表的女性作家。

从 1868 年开始一直到 1914 年第一次世界大战前，这段时期内的加拿大英语文学发展进入到成型期，或者被称为创始时期。

独立国家的成立是加拿大标志性的历史事件，加拿大人的国家与民族意识高涨，并在相关人士的带领下掀起了"加拿大第一"（Canada First）的政治运动。而文学上与之呼应的标志性运动便是在此浪潮中首先挺身而出的一批年轻诗人，他们被统称为"联邦诗人"（Confederation Poets），他们在加拿大英语文学从萌芽期向成型期过渡的阶段中起着承上启下的作用。他们当中的佼佼者有查尔斯·乔治·道格拉斯·罗伯茨（Charles G.D Roberts, 1860—1943）、布利斯·卡曼（Bliss Carman,1861—1929）、阿奇博尔德·兰普曼（Archibald Lampman,1861—1899）和邓肯·坎贝尔·司各特（Duncan C. Scott,1862—1947）。

这些诗人虽然受到欧洲浪漫派诗歌及美国超验主义的影响，但在加拿大建国后，他们越来越不满足于照搬欧洲的文学传统，而倡导用自己的眼睛发现和观察加拿大的自然环境与社会生活，渴求通过诗歌创作来探讨加拿大的民族身份。因此"联邦诗人"的作品无论是在题材、形式和内容上都着力表现和强调是加拿大的而非欧洲的。

如果说加拿大英语文学在萌芽期主要由诗歌独领风骚的话，那么进入到成型期的加拿大英语文学则是以小说的迅猛发展为亮点。小说这一文学体裁的盛行与否与经济有息息相关的联系。随着加拿大联邦政府的逐步统一，西部开发使得东西连贯后各个城市的繁荣发展，加拿大的国力逐步增强，人民的生活水平不断提高。人们对以小说阅读作为消遣的方式趋之若鹜，小说读者人数激增，这样的现状加速了小说的创作与出版。

而一批小说家们目睹和亲身体验了加拿大国土上各个地区的快速发展、国家地位的提高以及民族凝聚力的加强，他们广泛收集素材，诉诸小说的形式表现出多样性的主题，不仅有注重地理风貌描绘和人物性格刻画的乡土文学，也有徘徊于对英国宗主国的深深怀念与强势美国文化之间的国际主义题材，还有以加拿大西部开发为背景的历史主题等。这些小说作品从经济、政治、文化、历史、社会和宗教等不同角度展示着加拿大进入联邦初建时期的社会生活百态。

在加拿大英语文学经历成型期的近半个世纪中，独具加拿大民族特色的小说逐渐由萌芽走向成熟，并在20世纪初期达到第一次高潮。在这一时期，涌现了一批享誉世界的加拿大小说家，其中包括幽默大师斯蒂芬·巴特勒·李柯克（Stephen Butler Leacock，1869—1944），他被认为是加拿大现代文学的开拓者。他的作品包括严肃小说、幽默小说和随笔等多种形式，写作风格轻松诙谐，一改以往加拿大文学创作中谨慎呆板的作风，用乡土文学的新体裁为加拿大的小说注入了新鲜血液，开辟了新的道路。此外，欧内斯特·汤普森·塞顿（Ernest T.Seton，1860—1946）和查尔斯·道格拉斯·罗伯茨（Charles G.D.Roberts，1860—1943）两位作家共同开创了被认为最具有加拿大乡土气息和地方色彩的文学体裁"现代动物故事"（the realistic animal story）。他们将创作视线投向荒野，以动物为主角，用动物的行为象征人类，探讨动物与动物、动物与荒野之间的关系，倡导同属于自然界一部分的人类与动物应保持平等和谐的关系。

值得注意的是，随着19世纪末20世纪初加拿大女权主义运动拉开序幕，小说界也涌现出了一批闻名加拿大甚至享有国际声誉的女性小说家，她们与众多男性作家并驾齐驱，为当时的加拿大文坛增添了一抹独特的女性色彩。其中有两位来自东部沿海省份的享有国际声誉的女性小说家：玛格丽特·马歇尔·桑德斯（Margaret M. Saunders, 1861—1947）和露西·穆德·蒙哥马利（Lucy Maud Montgomery, 1874—1942），她们擅长儿童文学创作，她们的代表作品已经成为世界儿童文学的经典，笔下的人物也因其可爱的性格及独特的经历风靡全球，受到各国读者们的喜爱。

从第一次世界大战开始到 20 世纪 50 年代末，为加拿大英语文学的发展时期。在这短短的不到半个世纪的时间里，加拿大先后经历了参加第一次世界大战、20 年代短暂的经济繁荣、30 年代的经济大萧条、英联邦的成立、英帝国的逐渐瓦解及第二次世界大战时加拿大作为同盟国参战等，这些都对加拿大的社会和人民生活产生了巨大的影响，也直接引导加拿大文学进入了一个全新的发展时期。世界格局的重新洗牌，英国与美国对加拿大政治经济等各方面影响力的更迭，反而增强了加拿大人的民族意识，真正具有民族特征的加拿大英语文学也正是从这一时期开始的。

"一战"后经济的繁荣促进了文学的发展，一系列加拿大本土杂志期刊开始大量涌现，宣传并扩散了加拿大民族文学；同时，加拿大作家协会和加拿大最具影响力的文学奖项总督文学奖相继成立，成为文学创作的强劲动力；随着经济大萧条时期的到来，展现加拿大人民顽强与坚忍不拔毅力和精神的现实主义作品也应运而生。经历英联邦成立与第二次世界大战后，加拿大成为完全独立的国家，美国的影响力开始超越其前宗主国英国，美加亲密的联盟关系刺激了加拿大经济的繁荣。此外，移民数量大大增加，为加拿大的社会与经济带来了更多的活力。这些因素使得加拿大文学呈现出良好的发展态势，不再依附于欧美文学，形成了自己的独立地位。

在这一时期，小说、诗歌和戏剧都呈现出各自的新特点。概括来讲，小说开始了从浪漫主义向现实主义过渡，出现了一批或以西部草原和移民生活为主题，或以大都市如多伦多、蒙特利尔等为背景的现实主义小说，同时在"一战"和"二战"结束后还出现了反战小说。其中最富盛名的小说家包括休·麦克伦南（Hugh MacLennan, 1907—1990）和罗伯逊·戴维斯（Robertson Davies, 1913—1995）。麦克伦南的作品以加拿大为背景，探讨社会与人生，被认为是第一个倡导加拿大文学传统的作家；而戴维斯受哈利伯顿和李柯克等幽默作家的影响但又超越了他们，采用多种文艺理论进行创作，为自己的作品和人物进行了深度上的拓展，拓宽了加拿大的文学传统。

诗歌方面，继"联邦诗人"之后，加拿大诗歌界先后出现了"蒙特利尔诗歌运动"（或"麦吉尔诗歌运动"）和"神话派诗人"，完成了加拿大诗歌运动中心由蒙特利尔向多伦多的转移，象征着加拿大现代派诗歌的崛起。

这一时期的诗人深受当时英美现代派诗歌的影响，要求完全摆脱英国浪漫主义诗歌的陈旧模式，开创自己民族的诗歌传统，成为了加拿大现代诗歌的先驱。这些诗人们创作的诗歌主题开始呈现多样化的特性，不再是早期对湖光山色的浪漫讴歌，而是既有借助自然景物有所喻指的意象诗，也有关注人性与宇宙性的现实主义诗歌，还有反映社会觉悟和社会中人的现代诗歌。

同小说和诗歌一样，加拿大戏剧文学在这一时期也取得了长足的进步，出现了各种标志性运动。先后组织了自治领戏剧节（The Dominion Drama Festival, 1932—1970），成立了加拿大广播公司（Canadian Broadcasting Corporation, CBC, 1932），掀起了受爱尔兰剧作家们影响的小剧场运动，兴起了职业剧团，这些都引领加拿大戏剧走上了本民族化的发展道路。出现了广播剧、工人戏剧和职业戏剧等独特形式，为第二次世界大战后加拿大戏剧的真正繁荣奠定了坚实的基础。

加拿大英语文学从 20 世纪 60 年代开始走向繁荣期，并一直持续至今。文学领域繁荣景象的形成与政治、经济、文化等多方面因素相关。

首先，第二次世界大战以后，加拿大的国际地位得到提高，内政外交进入了稳定的发展期，加拿大人的民族自豪感与国家意识进一步增强，作家们也将描绘、讴歌和塑造加拿大体现在文学创作中。其次，加拿大受两次世界大战的影响较小，经济得到了长足的发展，但对于美国这个头号超级大国的依赖也在日益增长。加拿大文学界与出版界竭力阻止美国势力对本国出版业的干预与控制，激发出强烈的民族主义。

同时，加拿大政府完成了从二元文化向多元文化政策的调整过渡，使得加拿大的民族特征呈现出显著的多样性，族裔文化得到保留与发展，形成了共同的加拿大民族归属感。这在文学上集中体现为越来越多的作家以本国历史与生活为背景进行创作，而移民作家将关注点由早期的"生存"（survival）向"身份"（identity）问题的转换与探究。

从 20 世纪 70 年代开始，加拿大英语文学逐渐成为了一门成熟的学科，许多国家（包括中国）的高校和研究单位都设立了独立的加拿大文学课程，将其作为研究方向和课题进行学术探讨。这些方面共同促成加拿大民族文学形成独树一帜的发展模式，开始走上了真正的繁荣道路。

加拿大文学的繁荣在小说、诗歌、戏剧等各个方面都有明显的体现，一批新崛起的文学名家，俨然成为至今为止加拿大文学卓著成就的代表者。

小说界的繁荣期始于 20 世纪 60 年代玛格丽特·劳伦斯（Margaret Laurence, 1926—1987）、新晋诺贝尔文学奖得主艾丽丝·芒罗（或译作爱丽丝·门罗，Alice Munro, 1931—　）和玛格丽特·阿特伍德（Margaret E. Atwood, 1939—　）三位女性小说家的出现。新时期的加拿大小说家们受到后现代主义的影响，对现代文明、人性问题、女性问题、生态问题、族裔小说和移民故事等进行反思与关注，并且在写作手法和技巧上顺应国际文学发展的潮流，呈现出独有的多元文化背景，令人耳目一新。

加拿大诗歌更成为 1960 年代加拿大文化复兴时期的先锋。此时，涌现的一批有才华的诗人，打破了加拿大诗歌界的沉默，为早期以加拿大国家与民族为主题、后期转向国际视野与人文关怀的诗歌创作主题做出了很大贡献。这些诗人的巨大成就也得到了总督文学奖的认可，陆续获奖的诗人包括玛格丽特·阿特伍德、乔治·鲍尔林（George Bowering, 1935—　）、帕特里克·莱恩（Patrick Lane, 1939—　）、洛娜·克罗泽（Lorna Crozier, 1941—　）、弗雷德·华（Fred Wah, 1939—　）和斯蒂芬妮·博尔斯特（Stephanie Bolster, 1969—　）。

这一时期加拿大再次出现了诗歌运动高潮，即"蒂什"诗歌运动（TISH Movement），由一批青年诗人在温哥华发行的诗歌刊物《蒂什》（TISH）而得名。这一场发生在 1960 年代的诗歌运动，标志着加拿大诗歌创作中心的又一次转移，逐渐由东部的多伦多和蒙特利尔地区移到了以温哥华为中心的西部。

加拿大的戏剧文学在进入繁荣期后可以用此起彼伏、交替发展来形容。由于相继受到国家主义浪潮、后现代文艺思潮、女权主义运动等的影响，加拿大的民族戏剧日渐成熟，趋向多元化发展。在此时期，出现了关注国家、社会命运的实验戏剧，复兴了具有乡土气息的地方戏剧，新晋了关注土著民族和移民文化的戏剧作品，同时还涌现出一批优秀的女性剧作家，向以男性为统治地位的戏剧界发出了挑战的声音。

进入到新千年，加拿大英语文学持续繁荣，文学作品的主题更加丰富，写作技巧和手法更加朝主流文学靠拢，创作的视野突破了本土意识，开始关注世界和社会中的群体，国际意识更加浓厚。

同时，少数族裔和移民写作持续蓬勃发展，土著、法裔、华裔、日裔等民族文学已经占有一席之地，并涌现出了一批具有代表性的作家。这些少数族裔作家或已是第二、三代移民，他们的关注焦点已经从移民身份问题和移民历史故事转向了自我生活和人性思考的书写。

但是现阶段加拿大文学的内部联系与特征并不明显，新时期的作家也难以与二十世纪六七十年代的文学大家相比肩。一直以来，缺乏文学经典和文学界的领军人物，已经对加拿大文学的推广和进一步发展造成了一定的困难。但是，这个形势已经转变，2013年艾丽丝·芒罗获得诺贝尔文学奖所带来的动力和鼓舞，将使得加拿大英语文学获得世界的关注。

第二节　加拿大英语文学作品在中国的翻译和出版

如果说20世纪60年代以前，加拿大英语文学只是处于主流文学——英美文学的边缘，相信很多人都会认同。因为早期加拿大文学主要模仿和移植英国文学传统，并受到了美国文学的束缚。"然而从1867年加拿大联邦建立后，加拿大文学经历了'启蒙时代'到'二战'后的空前繁荣"，[1]出现了如斯蒂芬·巴特勒·李柯克、查尔斯·罗伯茨、露西·穆德·蒙哥马利、

1. 魏莉：《加拿大英语诗歌：从"启门时代"到"联邦诗人"》，载《内蒙古大学学报（哲学社会科学版）》，2010年第1期。

威廉·麦克伦南（William McLennan, 1856—1904）等出色的作家。尤其是被称为"加拿大的文艺复兴时期"的20世纪60年代，伴随着加拿大多元社会的成熟，加拿大英语文学作品更为多元化和具有国际视野，进入了繁荣阶段，出现了一批享誉国际的小说家和戏剧家，如玛格丽特·阿特伍德、玛格丽特·劳伦斯、艾丽丝·芒罗和迈克尔·翁达杰（Michael Ondaatje, 1943— ）。正是由于加拿大文学的持续发展和加拿大作家的辛勤耕耘，加拿大文学逐渐成为世界文学的重要组成部分，传播到世界各地。加拿大文学作品在中国的翻译出版，更是促成了

中国学界对其系统化的研究。

一、 小说

加拿大小说真正起步应该是在 1867 年加拿大联邦成立后。殖民地时期（1620—1867）的加拿大文学主要由欧洲殖民者的游记、日记、散文等组成，而小说戏剧也只是沿袭欧洲传统。尽管加拿大小说较诗歌发展相对缓慢滞后，但 1867 年建立联邦后，加拿大人的国家民族意识逐步形成，在国力增强、人民生活水平逐渐改善的情况下，出现了一大批著名小说家，也诞生了加拿大最早的一批经典小说，这些早期著名小说家的作品在中国也有相关译作。

幽默大师斯蒂芬·李柯克是最为中国读者熟知的早期加拿大小说家，被称为加拿大的马克·吐温（Mark Twain，1835—1910）或查尔斯·狄更斯（Charles Dickens，1812—1870）。他的作品充满了一种淡淡的、含蓄的幽默感，他善于从平淡无奇的日常生活中提炼出一些为大家司空见惯却又往往熟视无睹的可笑的和不合理的东西并加以放大，让读者产生共鸣而发出会心的微笑或无奈的苦笑。他的作品十分耐咀嚼、有回味、发人深省，他通过幽默与讽刺艺术地表现了人生的种种尴尬、痛苦与悲哀，怀着悲天悯人之情嘲讽了人性的弱点，如自私、自负、贪婪、虚伪，在针砭人类社会的不平等、不公正等弊端的同时，也向人类的同情心、仁爱精神和献身精神发出了笑的请柬。他最具代表性的系列幽默小说在中国都有译本，并以单行本和作品集两种形式出版发行。如奠定其在加拿大文学史上不可动摇地位的著名长篇小说《小镇艳阳录》[1] 和《阔佬历险记》[2]，代表作品集有《李柯克幽默随笔选》[3]《李柯克幽默作品选》[4] 和《李柯克谐趣作品集》[5] 等。

2.Arcadian Adventures of the Idle Rich，Forgotten Books，2008.

1.Sunshine Sketches of a LittleTown，Forgotten Books，2008.   3.蓝仁哲编选，重庆：重庆出版社，1984 年版。

4.莫雅平译，桂林：漓江出版社，2000 年版。 5.莫雅平译，北京：人民文学出版社，2006 年版。

《小镇艳阳录》是一部由几个既相对独立又相互关联的短篇故事合成的长篇小说，最初在《蒙特利尔之星》上连载，是李柯克应邀专门为加拿大读者写的以加拿大为背景的小说。在这部作品里，李柯克为我们塑造了一个牧歌情调与喜剧色彩交融的加拿大小镇——玛丽波莎镇（Mariposa），也为我们刻画了一群既可笑又可爱的镇民——玛丽波莎人。玛丽波莎是李柯克以他生活过的安大略省的奥瑞里亚（Orillia,Ontario）为原型塑造的加拿大小镇。这里绿树成荫，湖泊如镜，人们在明媚的阳光下过着田园牧歌生活。正是在这样一种和谐的牧歌式氛围下，李柯克为我们讲述了镇上发生的一件又一件趣事、怪事，在挪揄镇民们可笑的人性弱点的同时，颂扬了他们的可贵品德。在《小镇艳阳录》里，李柯克还成功地刻画了一连串的人物，如史密斯先生、帕普金先生、佩帕莱法官、周恩大牧师和巴格肖先生等等，通过他们的奇趣故事表现了玛丽波莎生活的方方面面，如商业、宗教、婚姻、政治等等。该作品原本是作者为加拿大读者所写的，但却受到了全世界读者的喜爱，已被公认为是李柯克最主要的代表作之一。

被视为《小镇艳阳录》姊妹篇或续集的《阔佬历险记》也是由几个既相对独立又相互关联的故事组合而成的。在《阔佬历险记》里，李柯克将视角设定在一座美国都市中，通过描写阔佬们所进行的以金钱为中心的活动，表现了普鲁托里亚街上流社会生活的众生相。与《小镇艳阳录》中那种生机勃勃的牧歌情调和喜剧气氛不同的是，在《阔佬历险记》里读者更多地看到的是上流社会人格的蜕变和精神的死亡。在该书中，李柯克从众多角度展示了拜金主义下的一切蝇营狗苟对人心和社会的腐蚀。

李柯克作品中译本书影

与查尔斯·罗伯茨一起创造了"现代动物故事"这一文学体裁的欧内斯特·汤普森·塞顿（Ernest T.Seton, 1860—1946）创作了大量动物故事，被称为动物文学之父。其中已被译为中文并出版的著作有《野性之美》[1]，该书中塞顿将目光投向最具野性的狼身上。在《我所熟知的野生动物》[2]一书中，塞顿用详尽真实的材料、丰富生动的语言展现了大自然各种野生动物情感的一面。它们的故事精彩感人，然而却都以悲剧的一生收场，令人唏嘘不已。另一方面，塞顿也通过这些野生动物强调了作品的道

1. 周达扬译，北京：大众文艺出版社，2004年版。

2. *Wild Animals I Have Known*, New York: Dover Publications, Unabridged edition, 2000. 柯可、唐晓忠译，西安：陕西人民教育出版社，2005年版。

德意义。他告诉人们，人类身上至少体现了动物的某些成分，而动物在某些方面也表现出人类的属性。

最近出版的《动物英雄》[1] 是一本彩绘译本，描绘了不畏怯陷阱和猎枪、捍卫自己领土和
1.*Animal Heroes*, New York: Charles Scribner's Sons, 1905. 聂传炎译，长春：时代文艺出版社，2010 年版。
荣誉的大黑狼；像老虎一样凶猛的山猫；迎战猎狗，为自己赢得自由的长耳野兔；不畏灰狼的小白狗；改变了挪威国家命运的白驯鹿……它们凭借自己的勇敢、机智、不畏强暴，赢得了生命的尊严和自由的生活，并成为了它们所在世界里当之无愧的英雄。

这一时期，东部沿海省份出现了两位以创作儿童文学见长的女性小说家，她们的作品也为中国读者所熟悉。一位是玛格丽特·马歇尔·桑德斯，她的代表作《美丽的乔：一只小狗狗的自传》[2] 受到了中国读者的喜爱。另一位儿童文学巨匠露西·穆德·蒙哥马利以红头发小女孩
2.*Beautiful Joe: An Autobiography*, Public Domain Book, 2003. 于惠平译，贵阳：贵州人民出版社，2004 年版。
安妮为主人公创作的系列小说风靡全球，尤其于 1917 年出版的《绿山墙的安妮》[3] 最为中国读
3.*Anne of Green Gables*, Wordsworth Classics, 1994. 任珊珊译，北京：华文出版社，2005 年版。
者熟悉。蒙哥马利将故事背景设定在爱德华王子岛，以清新流畅、生动幽默的笔触，讲述了纯真善良、热爱生活的女主人公小安妮。安妮自幼失去父母，十一岁时被人领养，但她个性鲜明，富于幻想，而且自尊自强，凭借自己的刻苦勤奋，不但得到领养人的喜爱，也赢得老师和同学的敬重和友谊。安妮也被马克·吐温称为"继不朽的爱丽丝之后，最令人感动和喜爱的儿童形象"。该书问世至今，已先后被翻译成 50 多种文字，在全世界发行了 5000 多万册，并被多次改编成电影、电视和舞台剧。在中国，20 世纪 90 年代有十几个出版社纷纷推出该书的中文译本，目前国内唯一得到原著方正式授权的是 2005 年纪念中国与加拿大建交 35 周年之际，由华文出版社推出的《绿山墙的安妮》译本。

早期还有很多颇具代表性的小说家，如加拿大第一位畅销书作家拉尔夫·康纳（Ralph Connor, 1860—1937），前文提到的威廉·麦克伦南，加拿大早期女性作家萨·珍妮·邓肯（Sara J.Duncan, 1861—1922）、艾丽·琼斯（Alice Jones, 1853—1933）和内莉·麦克朗（Nellie McClung, 1873—1951），但遗憾的是他们的小说没有中文译本出版发行。

从加拿大小说开始发展到 20 世纪 60 年代之间也出现了一批颇具知名度的小说家，其中最为中国读者熟悉的是休·麦克伦南。麦克伦南的小说以描写加拿大的现实生活为主，具有浓厚的地方色彩，因此他也堪称加拿大民族文学的代表作家。
4.*The Watch Ends the Night*, Great Britain: Billing and Sons Limited, Guildford and London, 1959. 蓝仁哲译，重庆：重庆出版社，1987 年版。
这位多次荣获总督奖的作家最终以其充满激情的小说《长夜漫漫》[4] 第五次获得这一加拿

大文学最高殊荣，而该作品也被认为是麦克伦南最优秀的作品和代表作，并以创作了文学中的"白求恩"形象闻名。小说主要刻画了三个形象鲜明、性格各异的人物：乔治·斯图尔特、凯萨琳·卡里和杰罗姆·马特尔。作者通过这三个人物的经历和彼此之间的爱情婚姻纠葛，揭示了二十世纪三四十年代加拿大人的生活观念和命运。

20 世纪 60 年代，加拿大文学进入了辉煌的繁荣时期，众多知名小说家中尤以玛格丽特·阿特伍德、玛格丽特·劳伦斯、艾丽丝·芒罗三位女性小说家、斯里兰卡裔小说家迈克尔·翁达杰最为出名。

玛格丽特·阿特伍德是"当代加拿大最杰出的女作家之一"，被誉为"加拿大文学女王"，享有很高的国际声誉。

阿特伍德 1939 年出生于首都渥太华，1946 年随家庭迁往多伦多，并在那里度过了中学和大学时光。从中学起，阿特伍德就保持优异成绩并获得奖学金进入多伦多大学学习，期间著名文学批评大师诺思洛普·弗莱对她进行了点拨，由此激发了阿特伍德走向了文学专业创作和研究的道路。从多伦多大学毕业以后，阿特伍德前往美国继续深造，在麻省拉德克利夫学院获文学硕士学位，后又求学于哈佛大学，攻读博士学位。阿特伍德将自己的职业规划也设定在院校范围内，从美国毕业归国后，她不仅在不列颠哥伦比亚大学担任英语讲师，并成为了美国、加拿大和澳大利亚多所高校的驻校作家。

正是由于阿特伍德拥有专业的文学教育背景、深厚的文学素养以及扎根高校前沿潜心创作的经历，她才在文学创作和批评领域取得了持续不断的卓著成就。阿特伍德的文学创作从诗歌开始。她在 19 岁时就发表了第一篇诗作，并凭借诗歌获得了美加多项文学大奖。然而相较之下，为阿特伍德带来盛誉的却是其小说。

作为一名多产的后现代主义作家，阿特伍德创作了大量结构视角独特的小说，且这些小说的主人公多为女性，所以她常被认为是一名女性主义小说家。此外，阿特伍德的作品还关注人类与环境的关系以及在此背景中人的生存与身份问题。阿特伍德同时也是拥有中文译著最多的加拿大作家，她的作品在 2000 年以后主要由上海译文出版社、南京大学出版社、译林出版社等相继出版。

1.*The Edible Woman*, London: Deutsch, 1969. 刘凯芳译，南京：南京大学出版社，2008 年版。

阿特伍德在小说创作领域中有多部重量级的作品，如其第一部长篇小说《可以吃的女人》[1]

一经问世，便引起文学界的广泛关注。其他三部被公认为

1.*Lady Oracle*, New York: Simon and Schuster, 1976. 甘铭译，南京：南京大学出版社，2009 年版。

阿特伍德的优秀小说均获得过英国布克奖的提名，它们分

2.*Cat's Eye*, New York: Doubleday, 1988. 杨昊成译，南京：译林出版社，2002 年版。

别是：《女仆的故事》[1]《猫眼》[2] 和《别名格雷斯》[3]。而

3.*Alias Grace*, New York: Nan A. Talese, 1996. 梅江海译，南京：南京大学出版社，2009 年版。

代表阿特伍德最高文学成就的作品《盲刺客》[4] 是她的第

4.*The Blind Assassin*, London: Virago, 2001. 韩忠华译，上海：上海译文出版社，2003 年版。

十部小说，长达 40 多万字，最终为她在 2000 年赢得了有

"文学奥斯卡"美誉的当代文学最高奖——布克国际文学

奖（Man Booker International Prize）。布克奖评委对获

奖作品及作者作了高度评价："该书视野宽广，结构精彩

并富于戏剧性。书中的感情纠葛描写丰富多彩。"

阿特伍德以诗意化的笔触，描写生活细节和人物心理

活动。这是一部结构复杂奇巧、故事里套故事的小说，采

用双线条的叙事模式，充分展示了阿特伍德非凡的创作技

巧。小说的主人公是姐妹俩——艾丽丝和劳拉，并且这是

以艾丽丝为第一人称的回忆录。小说一开始，妹妹劳拉就

在车祸中死去；姐姐艾丽丝生活在死者的阴影中，不断回

忆着快要湮没的往事。而有关盲刺客的故事是劳拉生前所

阿特伍德《盲刺客》书影

写，描述了在动荡的二十世纪三十年代，一个富家小姐和

一个逃亡中的穷小伙子的充满危险的恋情。当这对恋人在

租借的房子里频频约会的时候，两人想象出了发生在另一

个星球的故事（故事中的第三个故事）。这个虚幻的故事里

充满了爱、牺牲和背叛。现实生活中也正是如此，艾丽丝

嫁给了富商理查德，在外人看来，这是一桩美满的婚姻。

殊不知，理查德将魔爪伸向了小姨子劳拉，于是，劳拉的

车祸就令人产生了怀疑……

阿特伍德是一位多产的作家，已发表小说、诗歌、文

学评论三十余部，共计出版了 14 部诗集、11 部长篇小说、

5部短篇小说集和3部文学评论。国内也有多篇译作或译著出版发行，如《羚羊与秧鸡》[1]《珀
1.*Oryx and Crake*, New York: Nan A. Talese, 2003. 韦清琦译，南京：译林出版社，2004年版。
涅罗珀》[2]《浮现》[3]《肉体伤害》[4]《神谕女士》[5]《道德困境》[6]《黑暗中的谋杀》[7]《蓝胡子的
2.*The Penelopiad*, New York: Canongate, 2005. 韦清琦译，重庆：重庆出版社，2005年版。
蛋》[8]和《好骨头》[9]。大量的中文译著和对阿特伍德生平及作品的解读让中国读者对这位女
3.*Surfacing*, New York: Simon and Schuster [1973, ©1972]. 蒋立珠译，南京：南京大学出版社，2008年版。
作家有了比较全面和深刻的了解。
4.*Bodily Harm*, New York: Simon and Schuster, 1982. 刘玉红译，上海：上海译文出版社，2009年版。

作为另一名加拿大当代最负盛名的女作家，玛格丽特·劳伦斯是二十世纪六七十年代加拿
5.*Lady Oracle*, New York: Simon and Schuster, 1976. 甘铭译，南京：南京大学出版社，2009年版。
大文学复兴时期举足轻重的作家之一，也是加拿大著名现实主义女作家。劳伦斯出生在曼尼托
6.*Moral Disorder: stories*, New York: Nan A. Talese, 2006. 陈晓菲译，南京：南京大学出版社，2009年版。
巴省的尼帕瓦镇（Neepawa），先辈为来自爱尔兰和苏格兰的移民。她生活的家乡小镇也成为
7.*Murder in the Dark*, London: Virago, 1994. 曾敏昊译，上海：上海译文出版社，2010年版。
了其创作的系列小说的背景。
8.*Bluebeard's Egg*, Boston: Houghton Mifflin, 1986. 柴妞译，南京：南京大学出版社，2010年版。

劳伦斯的创作大致可分为两个时期：一是以她在非洲的生活经历为创作素材的时期，另一
9.*Good Bones*, London: Bloomsbury, 1992. 包慧怡译，上海：上海译文出版社，2010年版。
是以她虚构的加拿大西部草原小镇马纳瓦卡（Manawaka）为创作背景的时期。其中，马纳瓦
卡五部系列小说代表了劳伦斯的最高成就，她运用独特的女性写作方式，刻画出一群执着探求
存在意义及自我价值的女性形象，并以此来挑战以男性视角为中心的文学传统，凸现了劳伦斯
为阐述女性在父权制的话语中"言说生命真相"而作出的抗争所采取的写作策略。其中第二部
马纳瓦卡小说《上帝的玩笑》[10]使她获得了1966年加拿大总督文学奖的殊荣。
10.*A Jest of God*, Toronto: New Canadian Library, 2008.

出版于1964年的马纳瓦卡系列小说的第一部《石头天使》[11]奠定了劳伦斯在加拿大文坛的
11.*The Stone Angel*, New York: Knopf, 1964. 秦明利译，南京：译林出版社，1999年版。
重要地位。小说以第二代苏格兰移民生活为背景，运用第一人称视角，通过对九十高龄的哈格·希
伯利太太临终前两三个星期内发生的各种生活事件的描写，以及她对自己一生中幸福、痛苦、
矛盾和挣扎等往事的回忆，塑造了一位一生都在与命运和恶劣的自然环境不屈不挠抗争的具有
石头般坚强性格的女性形象，富有浓厚的人文色彩。

作为劳伦斯的经典之作，《石头天使》被赋予了强烈的女性主义特征，集中体现在作者对
女主人公哈格·希伯利角色的塑造上。劳伦斯有意地把哈格独立的骄傲品性放在她与三代男人
的关系中揭示：她的父亲杰森·卡利、她的丈夫布拉姆·希伯利，以及她的两个儿子玛文和约翰。
她的父亲是她对抗的第一个男人。当她犯了错，父亲用尺子打她的手时，"我不能让他看见我
流泪，我愤怒已极……看见我的眼睛是干涸的，他便愈加愤怒，仿佛我不流泪便是他的失败一
样"。后来，当哈格遇到布拉姆，她不顾父亲的反对，按自己的意愿与布拉姆结了婚，而她父
亲没有参加她的婚礼。

布拉姆是唯一一个把她"视为哈格——而不是女儿、姐妹、母亲、甚至妻子——的人",然而他们的结合让哈格得以正确地审视他们的关系。"结婚后他在我身上留有痕迹很多年,然而我从未想过它是爱情"。他们婚后不久,她就感到她的血液和感官与他很和谐了,然而这隐藏着丧失独立的危险。无论是精神还是身体,哈格都不能容忍它们对其他人产生依赖感,所以她从未让他知道。"我不大声叫喊,确信所有的颤抖都是内在的"。她对自己能保持自己的骄傲而感到自豪。而后来,当她离开布拉姆时,他也没有留她,因为他知道她根本留不住。而她之所以离开他,是因为她的独立受到了威胁。

在哈格的眼中,大儿子玛文是个比较迟钝的人,并且好像对生活没有什么热烈的兴趣,而小儿子约翰则在上学前就能流利地数到一百,在她眼中,他像她自己的父亲那样具备一种自强不息的精神,这与哈格自己是一样的,所以她更喜欢约翰。然而她看错了,约翰并不像天使雅各那样明确地知道自己想要什么,他华而不实,喜欢新奇刺激,最终因此失去了性命。而玛文实际上却正是她理想中的那种自强不息的人,尽管这种自强不息是以一种平庸甚至卑微的生活进行的。玛文 17 岁就参军上了战场,从战场上回来,先是伐木,之后又当了搬运工。然而在哈格看来,玛文是个无名战士,是那种谁也不知道名字的小卒,而她需要的是一个天使,一个雅各。在玛文身上,劳伦斯寄托了这样一种信念:每个人,无论有名还是无名,只要坚定自己的生活信念,都可以成为有力量的天使。玛文貌似被生活所驱逐,实际上却是在现实的而非理想的条件下,对生活的一种明确和坚定的选择。

劳伦斯赋予了哈格骄傲和独立,但并未完全摒除她的脆弱,这使得哈格的性格更为复杂。在她发怒的时候,在她对抗着父亲和丈夫时,内心脆弱的那根神经也时而颤动。她在父亲不允许她去教学时,虽然"坚强地站在楼梯的最后一个台阶上"怒视着他,然而最终没有走出去,而是留在家里为父亲管理账目,替他扮演着女主人的角色,做所有他希望做的事情,尽管她认为这是在偿还他为她的教育所付出的金钱。在她离开布拉姆时,虽然她十分平静,并且认为一切将重新开始、一帆风顺,并与过去一刀两断,但她从未抹去布拉姆留在她身上的痕迹,尽管那不是爱情。"在那些说不清的不眠之夜,最后我不得不求助于镇静药,来抹掉布拉姆令人忧郁的巨大男人的形象。白日里我从未想起过布拉姆,但在夜里,有时我会在半梦半醒的状态中转向他,发现他不在身边时,我会感到一种切肤的空虚,仿佛黑夜笼罩了我的心,为此有时我在梦里会回到他的身边"。这本是独立的哈格所要抗拒的，然而，生活，即使最平淡的生活也是强有力的，它塑造了哈格的脆弱。

被誉为短篇小说之王的艾丽丝·芒罗出生并现居于加拿大，是当代英语文坛著名的短篇小说作家。芒罗 1931 年出生于安大略省，父亲是牧场主，母亲是一名学校教师。芒罗十几岁时就开始写作，1949 年她进入西安大略大学主修英语，次年在一份校园文学杂志发表了第一篇作品——《影子的维度》。在校期间她还做过餐厅服务员、烟草采摘工和图书馆员，但她并未毕业即离开学校与詹姆斯·芒罗结婚。1963 年，芒罗夫妇移居维多利亚，在那里经营图书事业。1972 年，艾丽丝与詹姆斯离婚。她回到安大略，成为西安大略大学的驻校作家。1976 年，芒罗与地理学者杰拉德·弗雷林结婚，夫妇二人搬到安省克林顿镇外的一个农场，后又搬到镇上。此后，除了 1979—1982 年间在外游历，她大部分时间一直住在那里。值得一提的是，那段游历期间，芒罗在 1981 年夏天曾随一个七人组成的加拿大作家团来过中国。

芒罗一生笔耕不辍，执着于短篇小说的写作，迄今为止共出版发表了十一部短篇小说集和一部由相互关联的故事组成的长篇小说。凭借优秀的作品和持续地创作，芒罗获奖无数。她于 1968 年发表了自己第一套系列小说《快乐阴影之舞》[1]，并因此荣获加拿大最高文学奖——总

1.Dance of the Happy Shades, New York: McGraw-Hill Ryerson, 1968.

督文学奖，她先后三次问鼎该项大奖，同时还是 2009 年布克国际文学奖获得者，并陆续赢得北美及英国的多项文学大奖，如吉勒文学奖（两次）、英联邦作家奖、莱南文学奖、欧·亨利奖、美国全国书评人奖等十三种文学类大奖。

最能肯定芒罗一生文学成就的莫过于瑞典文学院将 2013 年诺贝尔文学奖授予这位已 82 岁高龄的加拿大伟大的女性作家。颁奖词将芒罗介绍为"当代短篇小说大师"（master of the contemporary short story），这是对她在短篇小说创作领域所获得的非凡造诣的肯定和奖励。

芒罗的许多作品都流传甚广，她近年的作品常发表在《纽约客》《大西洋月刊》(The Atlantic Monthly)、《格兰德街》（Grand Street）、《巴黎评论》（Paris Review）等杂志上。其短篇小说《越山而来的熊》(The Bear Came Over the Mountain) 被改编为电影《柳暗花明》（Away from Her），于 2006 年多伦多国际电影节成功首映，得到评论界和观众的双重肯定，并曾获奥斯卡最佳改编剧本奖提名。

芒罗的写作风格独特。由于她出生在加拿大安大略省的温厄姆（Wingham）小镇，因此

很多作品都以这个安大略省西南小镇的生活为背景和素材，有突出的地方性特点。芒罗的故事往往通过日常生活的镜头，透视人的处境，以及人与人之间的关系，虽描写普通生活，涉及的却都是和生老病死相关的严肃主题。她尤其将目光投注于平凡女性的生活，精确地记录她们从少女到人妻与人母，再度过中年与老年的历程，擅长贴近女性心理的波折与隐情，既细致入微，又复杂难解，看似脆弱，却又坚忍顽强。芒罗小说中的人物往往个性温和、内敛，故事冲突大多波澜不惊，阅后却给人留下悠长的余香和回味。

芒罗笔触简单朴素，但却细腻地刻画出生活平淡真实的面貌，给人带来很真挚深沉的情感，简单的文字带来丰厚的情感，这恰好显示了文学最本质的能量。很多人把她和写美国南方生活的福克纳和奥康纳相比，美国犹太作家辛西娅·奥齐克（Cynthia Ozick）甚至将芒罗称为"我们时代的契诃夫"。而在很多欧美媒体的评论中，都毫不吝啬地给了她"当代最伟大小说家"的称号。

芒罗虽然在国际文学界地位举足轻重，作品影响范围广泛，但此前却一直在中国出版市场上遇冷，中国读者对这位享誉世界的作家作品知之甚少。在 2013 年之前，中国书市仅有一部芒罗的作品被引进，是由北京十月文艺出版社出版、著名翻译家李文俊所译的《逃离》[1]。该小说集是芒罗 2004 年的作品，由 8 个短篇小说组成，其中的 3 篇互有关联。《世界文学》2007 年第 1 期曾对该书作过介绍，并发表了对芒罗的一篇访谈录，此文对了解芒罗与她的《逃离》一书都很有帮助。

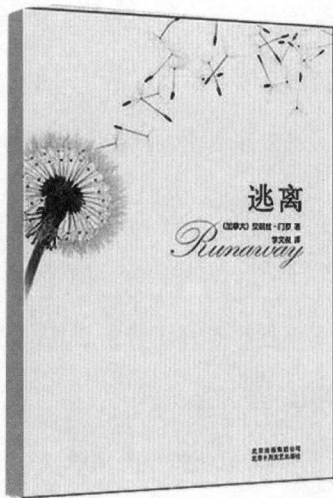

《逃离》中译本书影

1.Runaway, Toronto: McClelland and Stewart, 2004.

随着芒罗成为诺贝尔文学奖的新晋得主，她的作品已经开始得到中国国内书商、出版社和读者的关注，各种引进、翻译和出版计划已经提上日程。其中，引进芒罗《逃离》一书的新经典文化有限公司已于芒罗获诺奖之后对该书加印十万册。同时，还推出了芒罗的新作《亲爱的生活》[1]。该小说依然是讲平凡人的生活，一个富有的年轻女孩和处理父亲遗产的已婚律师相恋，

1.*Dear Life*, Toronto: McClelland and Stewart, 2012.《亲爱的生活》（姚媛译）2014年5月由北京文艺出版社推出。

结果陷入绑架事件。一个年轻的士兵离开战场，回家去找未婚妻，却在路上碰到另一个女人，和她坠入爱河……故事仍然发生在芒罗的家乡休伦湖附近。

此外，译林出版社也已签下艾丽丝·芒罗七部重要作品的版权协议，分别是《太多的欢乐》[2]《快乐阴影之舞》《仇恨、友谊、礼仪、爱、婚姻》[3]《女孩和女人的生活》[4]《公开的秘密》[5]《一个善良女子的爱》[6]和《爱的进程》[7]，囊括了芒罗早、中、晚各个时期最具代表性的短篇小说作品。出版社有关人士表示，芒罗作品的版权引进早在2013年上半年就已基本谈妥，出版社将首先出版《公开的秘密》一书。其他尚未有中译本的作品将安排最合适的译者开始翻译工作，这七部作品2013年下半年陆续出版。

2.*Too Much Happiness*, Toronto: McClelland and Stewart, 2009.
3.*Hateship, Friendship, Courtship, Loveship, Marriage*, Toronto: McClelland and Stewart, 2001.
4.*Lives of Girls and Women*, New York: McGraw-Hill Ryerson, 1971.
5.*Open Secrets*, Toronto: McClelland and Stewart, 1994.
6.*The Love of a Good Woman*, Toronto: McClelland and Stewart, 1998.
7.*The Progress of Love*, Toronto: McClelland and Stewart, 1986.

中国的《世界文学》等刊物也多次对芒罗的作品进行翻译与评介，如《外国文艺》2009年第4期上周洁翻译的《空间》。该文于2006年6月5日发表在《纽约客》（*The New Yorker*）杂志上，以女性的爱情、婚姻、日常生活为视角，反映女性自我成长的主题。本篇的主人公是一个生活在丈夫阴影下的小镇妇女，因为一段平常的同性交往，引来丈夫的无端猜疑和残忍报复。巨大刺激和痛苦使她行尸走肉似地活着。同样饱受煎熬的丈夫在有关异度空间的冥想之中获得了解脱。女主人公受到启发，个体意识有所觉醒。后来在一场车祸中，她帮助挽救了一名还未成年的年轻司机的生命，在将一己之爱投射于外的过程中，找到了自己的异度空间，摆脱了依附，实现了真正的自我救赎。

由于加拿大女作家在加拿大英语文学领域有举足轻重的地位，因此中国也有学者专门关注女性作家作品，并出版了部分作品的译著，如《加拿大女作家短篇小说选》[8]《丛林中的艰苦岁月》[9]。此外，弗朗西丝·布鲁克（Frances Brooke,1724—1789）的作品《艾米莉·蒙塔古往事录》[10]是一部由228封书信改写而成的故事，时间跨度从1766年4月到1767年11月。故事描述的是三对恋人的爱情，围绕着恋爱、求婚、感情及终成眷属展开。这部作品被认为是加拿大的第一部小说，并第一次以小说的形式向英语世界展示了加拿大的自然风光和风土人情，

8.赵璃选译，开封：河南人民出版社，1994年版。
9.Susanna Moodie, *Roughing It in the Bush*. Toronto: New Canadian Library, 1989. 冯建文译，兰州：敦煌文艺出版社，1999年版。
10.*The History of Emily Montague*, London: J. Dodsley, 1769. 逢珍译，北京：民族出版社，2006年版。

开创了加拿大本土小说的先河。

　　除了前文提及的三位重要的女性小说家，移民作家迈克尔·翁达杰也是这一时期的著名作家。翁达杰 1943 年出生于斯里兰卡，11 岁时随母亲移居英国，在伦敦读小学和中学。19 岁移居加拿大，受大学教育并获文学硕士学位。毕业后定居加拿大，在多伦多约克大学教授英语文学，同时从事文学创作。特殊的身世和经历使他的作品带有鲜明的多元文化特色。他认为自己"既是亚洲作家，也是加拿大作家，也可能是二者的混合"。从种族上说，他本人就是多元混合血统的"产物"，其祖先中既有印度人，也有荷兰人和英国人。

《艾米莉·蒙塔古往事录》中译本书影

　　翁达杰是一位多产的作家，迄今为止已出版了诗集、小说、回忆录、文学评传等十余部，还发表过文学评论文章等，是位很有天赋的后现代主义作家，早在 1970 年代就形成了自己独特的写作风格。

　　加拿大著名文艺理论家琳达·哈钦（Linda Hutcheon，1947—　）指出：在文学中，我们对体裁的界限也持同样的怀疑。用克罗耶奇（Robert Kroetsch, 1927—2011）[1] 的话讲，"现代主义文学限定了边界，现在需要的是一种冲破这些界限的后现代主义文学"。翁达杰正是这样一位"冲破界限"的后现代主义作家。

1. 加拿大著名小说家、诗人、后现代主义作家。

　　翁达杰涉及的领域主要是诗歌和小说，但他最大限度地对传统的文学形式进行了反叛和颠覆，打破了小说与诗歌以及其他文学体裁之间的阻隔，将诗歌、笔记、传记、医学档案、病史记录、新闻报道等融入小说。尤其重要的是，他颠覆了小说创作的传统套路。在他充满激情和诗意的笔

下，虚构与事实、抒情与机智、反讽与幽默、诗歌与小说、新闻与笔记、访谈与想象等等，完美地融为一体。翁达杰以其杰出的叙事艺术拓展了小说的疆界。

他的作品给图书分类带来了麻烦，有些机构只能将他的作品粗略地分为"散文"和"诗歌"两类；也有不同的研究人员将他的同一部作品分列在"回忆录""小说""散文诗"等不同的目录下。他被誉为"风格的熔炉"，也被称为所谓"跨文体"或"跨文本"写作的积极探索者和实践者，还被赞为"兼顾视觉效果和听觉效果的诗人小说家"。

翁达杰的多部译著在中国出版发行，如被评论家称为"编史元小说"的后现代主义作品《经过斯洛特 / 世代相传》[1]《一轮月亮与六颗星星》[2]《身着狮皮》[3]和多部荣获图书大奖的作品。其中最为经典的当数获英国布克奖的《英国病人》[4]，此外还有获吉尔奖和美第奇奖的《菩萨凝视的岛屿》[5]。他的第五部小说《遥望》[6]获加拿大总督文学奖。

作为翁达杰影响力最为深远的作品，小说《英国病人》及由此改编的同名电影让其风靡全球，也让他成为第一位获英国布克奖（1992 年）的加拿大大作家，并从此跻身于国际知名作家行列。

1.Running in the Family, New York: McClelland & Stewart, 1993. 侯萍、闻炜、姚媛译，南京：译林出版社，2000 年版。
2. 张琰译，南京：译林出版社，2000 年版。
3.In the Skin of a Lion, New York: McClelland & Stewart, 1987. 姚媛译，南京：译林出版社，2003 年版。
4.The English Patient, New York: McClelland & Stewart, 1992. 章欣，庆信译，北京：作家出版社，1997 年版。
5.Anil's Ghost, New York: McClelland & Stewart, 2000. 陈建铭译，长沙：湖南文艺出版社，2004 年版。
6.Divisadero, New York: McClelland & Stewart, 2007. 张芸译，北京：人民文学出版社，2010 年版。

《英国病人》凸显了前文中提及的翁达杰的"跨文体"创作风格，而最为突出的，是它的后殖民主义倾向。《英国病人》中，迈克尔·翁达杰以一种优美而抒情的笔调，营造出了一个在第二次世界大战末期，已渐渐远离战争的弥漫着朦胧诗意的"心灵田园"。生活在这如画"田园"中的四个人：战争中失去了父亲与"孩子"、已身心疲惫的年轻的加拿大女护士哈纳；在飞机中全身烧焦、终日躺在病床上追忆着沙漠与爱人、连姓名与身份都成为疑团的"英国病人"；机警、聪明，对英国人怀有某种"好感"，每天冒着生命危险与敌人武器制造者勾心斗角，解拆地雷与炸弹引信的锡克族工兵基普；战前的窃贼，战争中却因偷盗成为英雄，并为此付出双手拇指的代价，依靠整日吸毒而求得解脱的意大利人卡拉瓦焦。

他们生活在如画的风景之中，却无法享受战争结束后渐渐到来的和平与安宁。在他们看似平静的生活中，时时刻刻都在发生着一种情感的纠葛与冲突，哈纳对"英国病人"的依恋，以及希望摆脱空虚与孤独而对基普产生的方式奇特的爱情；卡拉瓦焦以一种父亲的情感关心、爱护着哈纳，并希望她能摆脱对"英国病人"的情感，从而对这个全身焦黑、垂死的"英国病人"产生的怀疑；工兵基普对于哈纳的感情，以及在信仰破灭后，他对感情的抛弃……这一切的一切，便构成了这部作品情节发展的主线。四人始终生活在对往事的回忆当中，希望能从思索中重新找回人生的方向。可是，他们最终失败了。除了基普在原子弹爆炸后，带着彻底粉碎的信仰，回到了家乡，回到了旧有文化的怀抱中，逃避开思想与情感的痛苦与折磨以外，作者没有对其他人的生活给出一个归宿。

翁达杰通过这个优美的故事，深刻地体现了人在第二次世界大战中的迷惘与彷徨。但他的深意还不仅于此，对于我们，"二战"似乎已是遥远的过去，但是实际上，世界仍没有从战争的废墟中重新建立起道德与信仰的大厦，而且随着战后世界经济以前所未有的速度的发展，高节奏的生活方式，物质化、功利化的行为运作，现代社会对人们在精神上与情感上的冲击也达到了前所未有的程度。

进入新千年尤其是近年来，加拿大文学的发展依旧如火如荼。并且伴随着全球化的进程，加拿大文学呈现出更为丰富多彩的一面。

加拿大集诗人、小说家、音乐家于一身的莱昂纳德·科恩（Leonard Cohen，1934—　）写于 1966 年的后现代主义元小说《大大方方的输家》[1]，在 2003 年与中国读者见面。这部早期后

1.*Beautiful Losers*, Vintage, Reissue edition,1993. 蓝仁哲，唐伟胜译，南京：译林出版社，2003 年版。

现代主义文学作品通过"我"——一个英裔民俗学家，和"我"的导师、同性恋伙伴——法裔民族主义者 F 之间的断续交流、回忆以及仅存于他们意念中的"我"的妻子——印第安女子伊迪丝和历史上第一个印第安贞女圣徒凯瑟琳·特卡奎萨的言行、生平的片断描写，表现了二十世纪六十年代西方那段躁动的历史、放浪的生活。

新千年最令人关注的是著名畅销书作家娜奥米·克莱恩（Naomi Klein），其在 2005 年大卫·赫尔曼（David Herman）所著的《全球公共知识分子排行榜》中，排名第 11 位。她

2.*No Logo*, Picador, 2002. 徐诗思译，桂林：广西师范大学出版社，2008 年版。

的两部代表作《NO LOGO：颠覆品牌全球统治》[2]和《休克主义：灾难资本主义的兴起》[3]让

3.*The Shock Doctrine: The Rise of Disaster Capitalism*, Picador, 2008. 吴国卿，王柏鸿译，桂林：广西师范大学出版社，2010 年版。

她成为了全球最有影响力的公共知识分子与文化观察者之一，致力于依靠作品深入剖析品牌世界及其背后的经济文化动作机制与操控流程，揭示全球经济一体化下的真实世界、真实选择，以及真实的希望。

另外，出生于萨斯喀彻温的鲁迪·威伯（Rudy Wiebe，1943—　），作为加拿大当今最有

4.*The Temptations of Big Bear*, New York: McClelland & Stewart, 1995. 赵伐译，重庆：重庆出版社，2001 年版。

才华的作家之一，长期从事小说、散文和戏剧创作，"迄今已发表小说 14 部，散文 4 部，剧本 2 部，

5.*A Discovery of Strangers*, Toronto: Vintage Canada, 1995. 赵伐，傅洁莹译，重庆：重庆出版社，2001 年版。

其中长篇小说《大熊的诱惑》[4]和《发现陌生人》[5]曾荣获加拿大最高文学奖——总督文学奖。

他的作品多围绕历史题材，关注印第安民族和门诺教徒等边缘群体的境遇，文风厚重、凝练，

寓意深远，被誉为'兼具福克纳和巴尔扎克的特点'（《加拿大读书报》）"。[1] 上文提到的

1. 赵伐：《关于加拿大作家鲁迪·威伯作品"阐述性阅读"的对谈》，载《宁波大学学报（人文科学版）》，2005 年第 2 期。

两部长篇小说——《大熊的诱惑》和《发现陌生人》和他的另一部长篇小说《天伦之爱》[2] 均

2. *Sweeter Than All the World*, Toronto: Knopf Canada, 2002. 赵伐、张陟、郑茗元译，重庆：重庆出版社，2004 年版。

在中国翻译出版。

除此之外，译林出版社从 2000 年至 2005 年出版了由南京大学姚媛翻译的三部加拿大作家

扬恩·马特尔（Yann Martel, 1963— ）的小说。其中《少年派的奇幻漂流》[3] 获得 2002 年度

3. *Life of Pi*, Mariner Books, 2003. 姚媛译，南京：译林出版社，2005 年版。

英国布克奖，被评为亚马逊网站 2002 年度最佳图书、《纽约时报》年度杰出图书、《出版家周刊》

年度最佳图书、《洛杉矶时报》年度最佳小说，2004 年又获德国图书奖。该书目前已被翻译成

42 种语言，在全球热卖 700 万册。

无论从什么方面来看，该书都是一部奇特的小说，它讲述了一个不可思议的海上冒险故

事。一个名叫"派"的少年遭遇船难，与一只孟加拉虎一同在海上漂流 227 天，历经意想不

到的生存困境最后获救。它是一个扣人心弦的历险故事，一个关于人类在宇宙中的位置的寓言，

一部引人入胜的超小说……机智使它更有活力，恐怖为它增添了趣味，它是一位不同寻常的

天才的作品。作为这样一部横空出世、令人惊艳的畅销小说，人们在赞叹马特尔奇妙的想象

力与创作力的同时，也评论称这是一部"最不可能被影像化的小说"。然而，由福克斯公司

投资、国际知名华人导演李安（Ang Lee, 1954— ）执导，将这部最不可能被拍成电影的小

说进行了精彩的建构和制作，在 2012 年为全球观众奉献上了这一道感官与心灵同时受到巨大

震撼的 3D 电影大作。在 2013 年 1 月第 85 届奥斯卡金像奖评比中，《少年派的奇幻漂流》获

奥斯卡最佳导演奖、最佳摄影奖、最佳视觉效果奖和最佳原创音乐奖 4 项奖项。电影的热卖

与获奖再一次引发了大众对原著小说以及电影与原著小说情节比较的热烈讨论，尤其是对于

李安将原著进行的重新删改与润色、加入宗教色彩以及影片最后的结局猜测更是成为了一时

的热点。

除了加拿大知名小说家最具代表的各个单行本被译成中文在中国得到推广外，加拿大的短

篇小说也是一大亮点，一些从事加拿大文学研究和翻译的学者也编译了不少优秀的短篇小说选

集。如蓝仁哲编选的《加拿大短篇小说选》（重庆出版社，1985），施咸荣编选的《加拿大短篇

小说选》（人民文学出版社，1985），蒋立珠编选的《欲对你说——加拿大短篇小说精选》（中

国文联出版公司，1991）及其续集《冰河之滨》（中国文

联出版公司，1994），赵瑀选编的《加拿大女作家短篇小说选》

（河南人民出版社，1994）等。[1]

1. 蓝仁哲：《加拿大文学在中国的接受》，四川外语学院学报，2002 年 11 月第 18 卷，第 6 期。

《加拿大女作家短篇小说选》书影

二、 诗歌

　　加拿大诗歌最早起源于 18 世纪中叶殖民地时期，探险
家、旅游者的游记文学以及描写加拿大自然风光、反映地
方社会风采的诗作是重要组成部分。19 世纪后期，随着加
拿大联邦政府的建立，加拿大诗歌发展迅速，这一时期诞
生了著名的"联邦诗人"，他们中的四位卓越代表便是前
文中提及的查尔斯·乔治·道格拉斯·罗伯茨、布利斯·卡
曼、阿奇博尔德·兰普曼和邓肯·坎贝尔·司各特，他们
的大部分诗作被收录在《加拿大联邦诗人诗选》[2] 中，受到
中国读者的关注。联邦诗人的诗作代表了这一时期诗人的
创作传统，他们效仿英国浪漫主义和美国先验主义，多以
描绘加拿大的自然风光和人民生活为主。

2. 冯建文译，开封：河南人民出版社，1996 年版。

　　20 世纪 20 年代开始，加拿大现代派诗歌开始崛起，
出现了被誉为"加拿大文学史上第一位重要的现代派诗人"
的威廉·罗斯（William W.E Ross,1894—1966）。但这
一过渡时期中加拿大诗人的诗歌中文译作并不多。在经历
了 20 年代的蒙特利尔派诗人时期后，50 年代出现了一批多
伦多"神话派诗人"，具有加拿大特色的现实主义诗歌风
格逐步形成。这一阶段著名诗人还包括埃德温·约翰·普
拉特（Edwin John Pratt, 1882—1964）、多萝西·利夫
赛（Dorothy Livesay, 1909—1996）、厄尔·伯尼（Alfred

Earle Birney，1904—1995）和欧文·莱顿（Irving Layton，1912—2006）。

伴随着 20 世纪 60 年代的文化复兴，加拿大诗歌的发展也进入到一个横向及纵深发展的阶段。"60 年代末及 70 年代末的加拿大诗歌的主题涉及国家主义、生态平衡和地域文化等。70 年代后期及 80 年代初的诗歌主题是女权、性和政治等"。[1] 1960 年代诗坛的"蒂什运动"使加

1. 朱徽：《加拿大英语文学简史》，第 172 页，成都：四川大学出版社，2005 年版。

拿大诗歌创作中心从东部开始西移，并以温哥华为中心。这一时期著名诗人包括之前介绍小说时提到的阿特伍德、翁达杰、阿尔·珀迪（Alfred Wellington Purdy，1918—2000）、乔治·鲍尔林等。20 世纪 80 年代以后的加拿大诗歌则继续保持了这种蓬勃发展的势头。

总体看来，加拿大诗歌在中国的传播远不如小说和散文，其原因在于从事专业翻译的人才数量和译作质量有限。不过仍然具有代表性的译作，如四川大学朱徽的《加拿大抒情诗选》[2]，

2. 成都：四川大学出版社，1995 年版。

选译了 65 位加拿大诗人具有代表性的抒情诗 100 首，按诗人出生年月编排。其中大部分为英语诗，少量是法语诗，绝大多数诗作系首次译成中文。该书以 20 世纪诗人的作品为主，兼收历代抒情诗名篇。为编译本书，译者曾去加拿大实地考察，获得了大量的第一手资料。书中还对每位诗人作了简单中肯的评介，所收作品基本勾勒出加拿大抒情诗的概貌。因此一经出版，该书也成为了中国研究加拿大诗歌学者的必读书。

此外，作为《中国加拿大交流丛书》组成部分的《加拿大英语诗歌概论》[3]，旨在对加拿大

3. 逢珍编译，北京：民族出版社，2008 年版。

英语诗歌作一个简要的介绍，以该国文学史上的重点诗人为主，时间跨度从早期殖民地时期至 20 世纪末。该书正文共有 6 章，不过 20 世纪 60 年代以后出生的诗人及作品并没有收入该书，因此新一代的加拿大诗坛新秀没有得到介绍。

另外由董继平编译的旨在促进重庆—多伦多城市文化交流的《四季的枫叶——多伦多诗选》[4]

4. 重庆：重庆出版社，1995 年版。

则是中国第一部加拿大诗歌选集的中译本，收录了多伦多市 34 位诗人的 200 余篇诗作。《加拿大联邦诗人诗选》[5] 系统收录了加拿大诗歌史上享有盛名的联邦诗人诗作的译著。另外，丛书

5. 冯建文选译，郑州：河南人民出版社，1996 年版。

《二十世纪英语诗选（上中下）》[6] 也收录有加拿大诗歌译作。

6. 傅浩编译，石家庄：河北出版社，2003 年版。

三、 戏剧

与小说、诗歌相比，戏剧应该是加拿大历史最悠久的文学形式，因为在欧洲殖民者来到之

前，当地土著人就有了戏剧活动。后来从欧洲传入的戏剧虽然也受到了地方文化的影响，但上演的还多是风靡欧洲的莎士比亚或其他英国剧作家的剧目。最早的英语戏剧于 1787 年在加拿大东部城市哈利法克斯（Halifax）上演，因为当时美国东部的剧团受到清教徒的排斥，只得北上到加拿大东部继续发展。

19 世纪是加拿大戏剧的萌芽期，殖民地经济的发展大大促进了剧团剧院的出现和发展，从而刺激了戏剧的创作。这一时期的英语戏剧多以军营戏剧、诗剧和政治讽刺剧为主，方式仍以模仿欧洲为主；而法语戏剧则多以喜剧为主。

进入 20 世纪，兴起于爱尔兰的小剧场运动影响和鼓舞了加拿大的戏剧文学创作。加拿大的戏剧文学从此走上了民族化的发展道路。这一时期重要的剧作家有梅尼尔·尼尔森（Merrill Denison，1893—1975）和赫尔曼·沃登（Herman Voaden，1903—1984），后者更是"加拿大先锋派戏剧和表现主义戏剧的重要开拓者"[1]。除了小剧场，自治领戏剧节（The Dominion Drama Festival）、工人戏剧、广播剧等在伴随着社会文化发展的多元化相继出现的同时，也推动了加拿大戏剧文学的多元发展，而前面已介绍过的很多著名小说家和诗人同时也是享有声誉的剧作家，如利夫赛和罗伯逊·戴维斯。

1. 朱徽：《加拿大英语文学简史》，第 120 页，成都：四川大学出版社，2005 年版。

加拿大戏剧在整个加拿大文学发展的繁荣期也进入了相对蓬勃的发展阶段。受 1960 年代美国"垮掉的一代"（Beat Generation）思潮的影响，加拿大戏剧题材变得新颖大胆，并且具有浓郁的地方色彩；同时女权主义运动的兴起也催生了加拿大戏剧界的一批女剧作家们。这一系列成熟的多元化发展使加拿大戏剧有了自己的民族标签，跻身世界之林。在全世界享有盛名的加拿大剧作家包括获得不少戏剧奖的戴维·弗伦奇（David French，1939— ）、获奖最多的地方剧女剧作家莎伦·波洛克（Sharon Pollock，1936— ）和 1980 年代最成功的剧作家朱迪思·汤普森（Judith Thompson，1954— ）等。加拿大戏剧的中文译作并不多，主要被收录在戏剧编导、戏剧翻译家吴朱红的《吴朱红外国戏剧译丛》[2]中的《西方现代戏剧译作（第 2 辑)》，其中加拿大卷包括《纪念碑》（第一部引进到中国的加拿大话剧）、《明枪暗箭》（加拿大总督奖作品）、《测谎器》（当代加拿大著名实验戏剧作品）。

2. 北京：中国传媒大学出版社，2008 年版。

第三节 关于白求恩的重要文学作品及剧作

在中加交流史上，有一位象征两国友谊的著名人士的形象得到了集中凸显和广泛传播。这位尤其在中国人民心中享有极高知名度的加拿大友人正是毛泽东《纪念白求恩》中的主人公亨利·诺尔曼·白求恩。

白求恩出生于安大略省格雷文赫斯特小镇（Graven Hurst），是一名加拿大共产党员，国际共产主义战士，著名胸外科医师。白求恩为中国人民所熟知是在中国抗日战争期间，他受加拿大共产党和美国共产党的派遣，到延安援助中国共产党，却不幸在抢救伤员的手术中引起感染，后救治无效逝世。

白求恩连续工作、勇于自我牺牲奉献的精神受到了毛泽东的高度赞扬，中国人民耳熟能详的《纪念白求恩》一文，最早是毛泽东在 1939 年 12 月 21 日为八路军政治部、卫生部将在 1940年出版的《诺尔曼·白求恩纪念册》写下的，后来编入了《毛泽东选集》。

当时的一些八路军将领，在同一时期也写了关于纪念白求恩的文章，如 1940 年 1 月 4 日晋察冀军区报纸《抗敌三日刊》以整版的篇幅刊发了时任晋察冀军区司令员的聂荣臻的《纪念白求恩同志》和副司令员吕正操的《纪念白求恩大夫》两篇重要文章[1]。朱德在白求恩逝世三周
年之际，也曾在《解放日报》发表文章《纪念白求恩同志》。这些文章颂扬和宣传了白求恩的
国际主义精神，号召仍然在抗击日本侵略的民族战争中艰苦奋战的广大中国军民，学习他的共产主义精神、国际主义精神、对工作认真负责的精神。

周而复（1914—2004）是中国介绍白求恩事迹的第一人。他的长篇小说《白求恩大夫》[2]
是在 20 世纪 40 年代完成的多篇关于白求恩的报告文学的基础上创作而成的。该小说保留了八路军高级指挥员真实姓名，并在真人真事的基础上进行了高度的文学概括。虽然《白求恩大夫》
并不是关于白求恩的真实传记，但其影响深远，不仅被翻译成了多种语言在多国出版发行，而且根据该小说改编的影视剧、绘本也强化塑造了白求恩大夫这一形象。中国最早的关于白求恩的电影是拍摄于 1964 年的《白求恩大夫》，其剧本便是由编剧张骏祥、赵拓改编自周而复的这部小说。但由于当时的种种政治及经济原因，该片直至 1977 年国庆才举行全国公映。

---

1. 在新扩建的白求恩纪念馆，可以看到吕正操当年参观白求恩故居后留下的墨迹。

2. 北京：作家出版社，1959 年版。

自 1970 年代末以来，有关白求恩的研究开始向学术研究领域发展，其标志为新资料、新作品不断出现，研究范围得到拓展与深入，研究人员数量增加。1979 年 11 月，人民出版社为纪念白求恩逝世 40 周年，编辑出版了《纪念白求恩》一书。这本书不仅囊括了上文提到的重要人士的文章，比如毛泽东、聂荣臻、周而复、白求恩身边工作人员等，还有大量外国友人的回忆和纪念文章，更有白求恩自己的十数篇文章。1984 年，章学新编著的《白求恩传略》由福建人民出版社出版，这是中国人第一部关于白求恩的传记作品，白求恩的史学形象开始出现。该传记取材于白求恩的部分信件及当年同事、翻译的回忆录等，塑造了一个精神世界丰富的真实的白求恩，也标志着对白求恩的研究从政治宣传、文学刻画向历史研究转型。与白求恩同来中国的加拿大护士琼·尤恩 (Jean Ewen) 的回忆录《在中国当护士的年月》[1]，告诉了人们白求

1.China Nurse: 1932—1939, Toronto: McClelland & Stewart, 1981. 黄诚, 何兰译, 北京: 时事出版社, 1984 年版。

恩不仅是一名英雄，也是一个脾气暴躁、甚至会发火骂人的普通医生。此外，在白求恩于中国工作期间，新西兰女传教士凯瑟琳·霍尔 (Kathleen Hall) 曾给予他极大帮助。从后来的《凯瑟琳·霍尔传》[2] 一书中，读者可以了解到白求恩作为一个现代人的情感世界。

2.Thomas Oliver Newnham, Dr. Bethune's Angel: the Life of Kathleen Hall, Michigan: Foreign Languages Press, 2004. 石家庄: 河北人民出版社, 1993 年版。

在中国之外白求恩研究领域，有三本由加拿大人编撰的研究著作非常重要：泰德·阿兰 (Ted Allan, 1916—1995) 和西德尼·戈登 (Sydney Gordon) 共同撰写的《手术刀就是武器：

3.The Scalpel, the Sword, New York: Monthly Review Press; Revised Edition(January 1, 1952).

白求恩传》[3]，罗德里克·斯图尔特 (Roderick Stewart) 的《白求恩》[4]，以及拉里·汉奈特 (Larry

4.Norman Bethune, Toronto: Fitzhenry & Whiteside, 2002.

Hannant, 1950—　) 的《一位富有激情的政治活动家——国际主义战士白求恩作品集》[5]。其中，

5.The Politics of Passion: Norman Bethune's Writing and Art. Toronto: University of Toronto Press, 1998. 李巍等译, 济南: 齐鲁书社, 2005 年版。

汉奈特的作品是目前国内外白求恩研究最全面的著作。书中如实记载了白求恩的成长、情感、婚姻和反法西斯主义的斗争，全方位地展示了他大半生的经历。尽管该书中的白求恩可能会与中国人民心中固有的形象有所不同，但通过阅读，读者可以触摸到一个真正伟大的灵魂，感受到一种高尚的品质和动人的情感。

泰德·阿兰和西德尼·戈登都是白求恩的生前好友。阿兰与白求恩还一起参加过西班牙战争，相知甚深。他俩为写这部传记，沿着被宋庆龄称为"世界英雄"白求恩的足迹，作了历时十一年的调查研究，访问了加拿大和美国的许多城市，到了英国、法国、西班牙、意大利、奥地利、瑞士、苏联，最后到了中国。这也保证了这部传记的内容丰厚，材料翔实，生动感人。其中关于白求恩在中国生活部分的重要资料来源便是周而复的小说及他手中其他尚未正式出版的资料。该书于 1952 年首先在美国波士顿出版，1954 年由上海文艺出版社的前身平明出版社

出版其中文译本，书名译为《白求恩大夫的故事》，宋庆龄为其作序。该书在过去半个多世纪多次修订再版，2005 年，上海文艺出版社又一次修订再版，从加拿大近年发现的有关资料中精选了大量插图，图文并茂地展现了白求恩不平凡的一生。在这部书中，读者可以看到白求恩的多才多艺。他是高明的医生，同时也是画家、诗人、军人、批评家、教师、演说家、发明家、医学著作家兼理论家。这部传记收录了白求恩的不少日记、书信与讲稿，真实地展现了他的广阔深遂的内心世界，十分感人。在他弥留时写的遗嘱中，仍挂念着许多朋友，包括他的离婚妻子，希望为她"拨一笔生活的款子"，以尽自己的责任。他说："告诉加拿大和美国，我十分地快乐，我唯一的希望是能够多有贡献。"

白求恩被视为中加两国友谊的使者，从 20 世纪 60 年代至今，国内也诞生了多部反映白求恩的影视剧作。除了前文提到的使白求恩成为中国电影史上最著名的外国人形象之一的《白求恩大夫》，1997 年加拿大拍摄了一部名为《白求恩》的英文电影。1990 年，中国、加拿大、法国三国根据加拿大作家的小说合拍了一部片名为《白求恩——一个英雄的成长》（A Hero's Path）的传记片。此外，1977 年还有一部由加拿大拍摄的、唐纳德·萨瑟兰（Donald Sutherland，1935— ）主演的英文电影《白求恩》。

而最近的关于白求恩的影视剧作则是 2006 年登陆中国中央电视台一套黄金档的中加合拍 20 集电视剧《诺尔曼·白求恩》，这是第一次在电视屏幕上艺术地揭示和演绎白求恩的故事，穿越历史烟云带观众重温了白求恩短暂的 49 年人生历程。加拿大广播公司（Canadian Broadcasting Corporation）也购买了该剧在加拿大的播放版权，这也是该公司第一次购买中国制造的电视剧。

与研究书籍、学术论文相比，文学与影视创作的确能将白求恩的研究成果推广到大众层面，但这些作品更偏重于追求艺术造诣，在一定程度上忽略了白求恩人物与事迹的真实性。

近年来，研究白求恩的各种研究会渐次成立，并积极展开活动。[1] 比较重要的有在 1997 年

1. 齐丽：《从政治宣传到学术研究——我国白求恩研究 70 年概况》，载《上饶师范学院学报》，第 29—34 页，2010 年第 30 卷第 4 期。

成立、总部设在北京的"中国白求恩精神研究会"与白求恩医科大学北京校友会。这些研究会的成立也标志着中国白求恩研究的范围不断扩大，研究方向不断拓展以及研究的整合趋势不断加强。

当然，对白求恩的研究仍以历史和文学性研究为主，但通过对白求恩研究历程的梳理，可

以看出中国白求恩研究由政治性宣传向以史实为依据的学术性研究转型。由于历史资料的不断丰富和深入发掘，白求恩的文学形象也从早期单一的只讲奉献精神的英雄式人物向一个有血有肉、情感丰富、性格健全的人物形象过渡。同时，由于中加交流的不断深入，国内外研究白求恩的资料也交互使用、相互印证，更加丰富了白求恩研究，使得该领域研究呈现出勃勃生机。

第四节　中国学者对加拿大文学的研究

一、背景

1970 年中加建交后，两国关系开始走向正常的发展轨道，1973 年，周恩来总理和加拿大前总理杜鲁多创立了两国官方交流项目"中加学者交流项目"，旨在增进两国间的相互认识和了解。它为中加双方培养了大批的高级人才，极大地促进了中加友谊的发展。至 1978 年，国内第一批高校教师和学生赴加留学深造，他们中的一部分人学成回国后在自己的科研教学中开始关注加拿大文学在中国的地位。在此推动下，中国加拿大研究会终于于 1984 年在四川外语学院成立，开始有计划地在中国开展多学科性的加拿大研究，文学领域更是汇集了大部分学者，而以高校为主的各个加拿大研究中心陆续成立，尤其以 1990 年代发展最为突出。在全球化进程不断加快、中国不断开放和中加友谊不断发展的大背景下，加拿大研究会和各地加研中心也更有组织化、体系化地茁壮成长。

二、期刊杂志论文发表

尽管近几年加拿大英语文学相关研究论文呈下降趋势，研究活动也不再如 1970 年代和 1980 年代加拿大文学刚进入中国那样得到持续发展，但不能否认加拿大英语文学一直是中国加拿大研究的传统课题，可以说中国加拿大研究始于文学，最突出的翻译和研究成果也出自文学领域。除了之前介绍的主要文学译作，在中国 CSSCI 来源期刊中外国文学目录下的几种核心刊物，如《世界文学》《外国文学评论》《当代外国文学》《外国文学研究》等学术期刊上，都发表有与加拿大文学相关的学术研究论文。

《世界文学》先后三次编选和推出了"加拿大文学专辑"，一次载于 1988 年第 2 期，该辑涵盖面较广，包括加拿大英、法语文学，其中英语文学含短篇小说 2 篇，散文 3 篇，幽默小品 3 篇，剧本 1 部；法语文学含诗歌 7 首。另一次载于 1990 年第 5 期，题为"'加拿大作家莫利·卡拉汉专辑'，封面是卡拉汉的画像，辑内包括他的短篇小说 11 篇和 1 部文学回忆录《在巴黎的那个夏天》；1994 年第 5 期再次推出加拿大当代英语文学专辑，封面是 Margaret Atwood 的画像"。[1]

1. 韩静：《近十年 (1998—2008) 中国的加拿大文学研究》，载《南京财经大学学报》，2008 年第 2 期，总第 150 期，第 90—93 页。

除此之外，1998 年第 6 期的《世界文学》编辑了加拿大当代女作家作品专辑。近十年来发表在《世界文学》上的研究作品还有 2003 年第 4 期"世界文坛热点"专栏中的《后现代、后殖民视野中的加拿大英语文学》（傅俊），2004 年第 6 期的《从殖民地到全球化：面对超级强邻美国的加拿大文学》，2006 年第 3 期的《加拿大女作家玛格丽特·阿特伍德出版故事集〈帐篷〉》（匡咏梅）及 2008 第 6 期的《论麦克洛德的短篇小说〈当鸟儿带来太阳〉》。

《外国文学评论》创刊于 1987 年，是中国外国文学研究领域权威性的刊物，相关的加拿大文学研究论文有袁宪军发表在 1993 年第 2 期上的《生存：玛格丽特·阿特伍德笔下的永恒主题》。

在《当代外国文学》上发表的文章有 1982 年第 1 期黄仲文的《〈莫利·卡拉汉短篇小说集〉评介》，1987 年第 4 期黄仲文与张锡麟合写的《加拿大英语文学的特征和发展》，1991 年第 4 期莫雅平的《玛格丽特·阿特伍德诗五首》，2002 年第 4 期的《寻找生存的意义——兼评〈打破沉默：华裔加拿大人的英语文学〉》（刘捷），2003 年第 2 期的《当代加拿大文学的一位缔造者——罗伯逊·戴维斯》（郭继德），2004 年第 3 期的《加拿大华裔作家崔维新的〈纸影：唐人街的童年〉评析——重构·隐秘·语言》（赵庆庆），2004 年第 4 期的《互文与颠覆——阿特伍德小说〈预言夫人〉的女性主义解读》[2]，2006 年第 3 期的《论女性话语权的丧失与复得——解

2. 傅俊、薛冰莲，第 115—120 页。

析阿特伍德的短篇小说〈葛特露的反驳〉》[3]以及《〈肉体伤害〉与后殖民政治》[4]。

3. 傅俊、韩媛媛，第 96—101 页。   4. 潘守文，2008 年第 1 期，第 86—92 页。

《外国文学研究》上早在 20 世纪 80 年代就有关于弗莱研究的文章发表：《弗莱的批评

5. 张隆溪，1980 年第 4 期。   6.1993 年第 3 期，第 26—30 页和第 34 页，人大复印资料同年 8 月转载。

理论》[5]。后来分别发表的有《加拿大作家克罗耶奇小说创作论》[6]《加拿大华裔英语文学的兴

7. 罗婷，2001 年第 3 期，第 127—132 页。   8. 傅俊，2001 年第 4 期，第 133—137 页。

起》[7]《异质文化的吸收与变形：透视日本的"安妮热"》[8]《〈可以吃的女人〉与现代犬儒主

义》[1] 和《阿特伍德小说〈使女的故事〉的生态女性主义解读》[2]。

1. 人大复印资料 2006 年第 7 期转载。　　　　　　　　　　　　　　　　2. 张冬梅、傅俊，2008 年第 5 期，第 154—162 页。

　　除了以上提到的几种重要的外国文学期刊，其他学术期刊上也有不少有关加拿大文学的研究论文发表，如《外国文学》1981 年第 10 期有黄仲文发表的《加拿大的英语文学》《用自己的方式讲故事——加拿大后现代作家玛格丽特·阿特伍德》[3] 及 2008 年第 6 期的文章《论阿特

3. 王丽莉，2005 年第 3 期。

伍德文学作品中的历史再现》[4]。《加拿大的英语文学》一文是在二十世纪七八十年代中加文化

4. 傅俊，第 49—54 页和第 125—126 页。

交流活动日益增加的背景下，对加拿大英语文学的发展概要的介绍。最新的文章还有《充满生命力的新兴文学——评〈加拿大英语文学史〉》（耿力平，2010 年第 6 期），该文也是耿力平作为译者之一对该书作的评介。

　　《国外文学》上刊登有袁宪军的《当代加拿大英语文学批评综述》[5] 和《生存：玛格丽特·阿

5. 袁宪军，1992 年第 2 期，第 74—89 页和第 106 页。

特伍德笔下的永恒主题》，还刊登有《后现代手法与加拿大民族特性的巧妙结合——读罗伯特·克罗耶奇的小说〈养种马的人〉》[6] 和《多元文化语境下族裔身份的解构与建构——评阿

6. 傅俊，1992 年第 4 期，第 91—100 页。

特伍德的〈强盗新娘〉》[7]。

7. 潘守文，2007 年第 2 期，第 110—118 页。

　　《译林》2002 年第 6 期上有郭继德发表的《20 世纪加拿大文学的主题与人物形象》。此外，对玛格丽特·阿特伍德文学创作生涯进行回顾的《植根故土，情牵世界——玛格丽特·阿特伍德四十五年创作生涯回顾》[8]，从阿特伍德迄今为止的作家生涯的三个阶段入手，探讨她内心深

8. 袁霞，2007 年第 5 期。

处的加拿大情结是如何一直萦绕着她，滋养着她的才情的。另外 2006 年第 3 期上发表有胡慧峰的《〈银翅蝠〉：加拿大儿童文学史上的新篇章》。

　　通过资料搜集，《外国文学动态》上发表的加拿大文学研究的论文主要围绕阿特伍德的作

9. 张群，1994 年第 4 期。

品进行评论分析。其中包括《阿特伍德：现代生活的阐述者》[9]《加拿大文学生存谈（上）》[10] 和《评

10. 赵慧珍，2002 年第 3 期。

玛格丽特·阿特伍德新作〈帐篷〉》[11]。而在 2003 年的第 4 期和第 5 期上连续载有《"他是地

11. 袁霞，2007 年第 3 期。

球上的最后一个人"——读阿特伍德最新小说〈羚羊与秧鸡〉》（傅俊）和《人类毁灭与幸存的寓言——阿特伍德出版新作〈羚羊与秧鸡〉》（海舟子）。

　　从以上对中国主要译介外国文学的期刊杂志的罗列统计看来，关于加拿大文学的部分介绍研究虽然在数量上不算太少，但比较零散，前后承接关系松散，研究主题局限性及重复性较大，主要重视对个别作家（如阿特伍德）及他们的作品进行反复解读研究，以及旨在对整个加拿大文学做系统性的梳理介绍。相较之下，新生代的作家及作品还有少数族裔加拿大英语文学译介

及研究未受到及时关注和研究。

除了学术期刊，也有加拿大文学研究的相关论文见诸各高校学报报端，不过数量相当稀少且难以构成研究体系，也多以某位作家的某部作品进行研究，其中阿特伍德仍然是得到中国学者持续关注和研究得最多最深的作家之一，如《反面乌托邦文学传统看阿特伍德的小说〈女仆

> 1. 傅俊、陈秋华，《南京师大学报》（社会科学版），1999 年第 2 期，第 97—100 页。

故事〉》[1]。同时吉林大学潘守文发表了一系列以阿特伍德作品为研究对象的论文，如《论〈盲

> 2. 《天津外国语学院学报》，2005 年第 5 期，第 58—61 页。　3. 《北京第二外国语学院学报》，2006 年第 10 期，第 59—63 页。

刺客〉的不可靠叙述者》[2]《从〈别名格雷斯〉看阿特伍德的逃生哲学》[3]《评后殖民语境下的〈逃

> 4. 《世界民族》，2006 年第 4 期，第 79—82 页。　　　5. 《解放军外国语学院学报》，2006 年第 6 期，第 84—87 页。

生〉》[4]《从〈羚羊与秧鸡〉看阿特伍德的人文关怀》[5] 和《阿特伍德缘何重述神话？》[6] 等。

> 6. 《外语教学》，2007 年第 2 期，第 74—77 页。

三、 其他著述和论文

虽然加拿大文学研究论文在中国核心期刊上的发表如某些学者根据数据统计总结道"加拿大文学研究论文还处在此类核心刊物的边缘"[7]，但是由于第一、二代加拿大文学研究的领军人

> 7. 韩静：《近十年 (1998—2008) 中国的加拿大文学研究》，载《南京财经大学学报》，2008 年第 2 期，总第 150 期，第 90—93 页。

物们的专业积累和耕耘不辍，还是有相关具有重大学术科研价值的著述出版。然而从出版时间和数量来看，中国的加拿大文学研究著述活动主要在 1990 年代，近年来的加拿大文学研究几乎处于停滞断层阶段。相应地，加拿大文学研究的著作、论文数量的有限也是导致加拿大文学在中国一直被视为边缘文学的重要原因之一，如此一来，更阻碍了加拿大文学在中国的推广和扩大影响。笔者现将中国关于加拿大文学的部分重要研究成果及著述按时间顺序归纳如下：

《加拿大探索》[8] 是对加拿大各个领域进行综合探讨和研究的第一部著作，其中收录的文

> 8. 陈林华主编，长春：吉林大学出版社，1992 年版。

章有翁德修、王丽莉、傅景川等学者写的《玛格丽特·劳伦斯作品浅析》《加拿大短篇小说述评》和《"平静"中的骚动与呼唤——当代魁北克戏剧述评》。

自 1992 年开始，由北京大学中国加拿大研究与学术合作中心负责编写的《加拿大掠影》[9]

> 9. 后改名为《加拿大研究》继续出版。

是一部中国—加拿大交流丛书，也是一部多学科性学术丛书，以社会科学为主，兼顾自然科学。主要内容包括加拿大政治与外交、政策与法律、经济贸易、语言文学、土著与多元化政策、教育等。截至 2010 年 4 月，该丛书已出版 4 本。

南京大学外国语学院加拿大文化研究中心的成果《加拿大文学论文集》[10] 包括诗歌、小说、

> 10. 陈宗宝主编，南京：译林出版社，1992 年版。

戏剧三部分，收录有如莫雅平、黄志钢、吴秀霞等学者的文章《加拿大英语诗歌综述》《试论

阿特伍德〈可食用的女人〉的深层涵义》和《试论加拿大女作家玛格丽特·劳伦斯及她笔下的妇女形象》。

由南开大学加拿大研究中心陈炳富、韩经纶于 1992 年主编的《加拿大研究论文集》中收录有《加拿大小说的文体浅析》（夏乙琥、朱柏桐）、《加拿大短篇小说的多元文化特色》（谷启楠）等几篇加拿大文学研究的论文。

《加拿大的文学》[1] 是一部译作，收录了 5 篇加拿大文学研究者的研究作品，分别对加拿

1. 吴持哲，徐炳勋译，呼和浩特: 内蒙古大学出版社, 1992 年版。

大的因纽特、印第安、法裔、英裔文学的历史现状进行了概况介绍。

出版于 1998 年的《加拿大百科全书》（*The Canadian Encyclopedia*）[2] 则是当今中国加

2. 蓝仁哲，廖七一、冯光荣，刘文哲编，成都: 四川辞书出版社, 1998 年版。

拿大研究的权威著述，700 多页的文字涵盖了加拿大政治、经济、文化的各个方面，是一部中国学者研究加拿大的很好的工具书。

1998 年, 胡慧峰获得加拿大国际事务部委托项目《加拿大儿童文学系列》（翻译）; 1999 年, 南京财经大学加拿大研究中心赵慧珍获得加拿大国际事务部委托项目《加拿大英语女作家研究》[3]。民族出版社于 2006 年出版了赵慧珍的专著《加拿大英语女作家研究》，书中重点介绍

3. 韩静: 《近十年 (1998—2008) 中国的加拿大文学研究》, 载《南京财经大学学报》, 2008 年第 2 期, 总第 150 期。

了 20 世纪 60 年代以前 18 位加拿大英语文学中著名的女作家。1999 年, 山东大学加拿大研究中心主任郭继德出版专著《加拿大英语戏剧史》[4]; 四川大学出版社 1999 年出版的教学科研文集《外

4. 郑州: 河南人民出版社, 1999 年版。

国语言文学与文化论丛（二）》中收录有朱徽的《20 世纪加拿大英语诗歌述评》; 而 2003 年第 2 期《外国文学研究》上刘建锋发表的《加拿大联邦诗人诗歌述评》则是集中对 19 世纪 60 年代四位联邦诗人的代表诗作进行赏析。

专门著述中，国内学者涉及到玛格丽特·阿特伍德作品的研究成果尤其突出，其中包括得到国家社科基金立项的南京师范大学傅俊的《玛格丽特·阿特伍德研究》[5]。傅俊还在“国家

5. 南京: 译林出版社, 2003 年版。

九五社科基金重大项目”《20 世纪外国文学史》（上下卷）[6] 中负责编写“加拿大文学史”部分。

6. 上海: 复旦大学出版社, 2007 年版。

傅俊等编著的《加拿大文学简史》按时间顺序将加拿大文学发展分为五个历史时期，每一时期用一编来论述，最后另设了一个“第六编”，用以涵盖并突出加拿大文学发展中的一些特殊因素。此外，由于加拿大在语言上的特殊性——英语和法语同时为加拿大的官方语言，其文学史也必然由这两种语言所写的文学史——加拿大英语文学史和加拿大法语文学史两个部分组成。因此，该书的每一编又都包含了“英语文学”和“法语文学”两个部分。

复旦大学出版社于 2007 年出版的《傅俊文学选论》的第二编"加拿大文学与文化"收录了其撰写的 14 篇加拿大文学与文化方面的学术论文。这些论文多以加拿大文学史研究和女性文学为主题,如《1867 年至第一次世界大战期间的加拿大英语文学》《两次大战期间的加拿大英语文学》《重构女性缺失的历史——达夫妮·马拉特和她的小说〈历史中的安娜〉》和《"旷野"——女性的归属:论〈苏珊娜·莫迪的日记〉》。

在以加拿大文学研究为课题的加拿大国际事务部委托项目中,宁波大学赵伐获得 5 项,包括《迪威伯小说研究》《加拿大文学大词典》《加拿大文学研究与教学》《加拿大历史题材英语小说》和《加拿大获奖文学作品译介》[1]。

1. 韩静:《近十年(1998—2008)中国的加拿大文学研究》,载《南京财经大学学报》,2008 年第 2 期,总第 150 期。

由南京财经大学冯建文和赵慧珍以逢珍笔名合著的《加拿大英语诗歌概论》[2]是国内首部

2. 北京:民族出版社,2008 年版。

系统研究加拿大英语诗歌的专著,其出版得到了加拿大政府的资助,出版后受到国内外学术界的重视,也受到诗歌爱好者的欢迎。该书涉及的范围较广,从加拿大早期殖民地时代的诗歌开始,一直到 20 世纪末,基本上概括了加拿大英语诗歌的发展全貌。除各时期的代表性诗人和诗作外,还重点讨论了早期诗歌、联邦诗人、蒙特利尔诗歌运动、现代诗人、当代女诗人、西海岸诗人、土著族裔诗人和少数族裔诗人等论题。

译自威·约·基思(W. J. Keith)的《加拿大英语文学史(修订扩充版)》[3]系统地评论、

3. 耿力平,俞宝发,顾丽娅译,北京:北京大学出版社,2009 年版。

总结了加拿大文学中诗歌、小说、戏剧的起源和发展,画龙点睛地介绍各个文学范畴中的代表人物及他们的主要作品。书的结尾更是详尽地列出加拿大英语文学史上的主要作家的简要生平、主要作品的出版信息、主要批评文章和著作,为学者和读者提供了极大的便利。同时也揭示了这一新兴文学过去与现在之间的联系,准确地勾勒了加拿大英语文学的风貌。该书被认为是目前论述加拿大英语文学史的最权威的著作。

该书的英文原版初版由英国著名的朗文(Longman)出版社出版发行,是朗文"英语文学介绍系列丛书"的加拿大篇。同时在 2006 年 12 月,该书在加拿大由专门出版加拿大文学作品及研究著作的豪刺出版社出版。

四、 学术活动

由于加拿大文学在中国的传播有限，以及相关研究工作欠缺体系化和延续性的缘故，以加拿大文学为主题的学术活动发展也受到了限制。通过对相关资料的查阅和搜集，笔者发现在中国举办的规模较大的纯加拿大文学学术会议屈指可数，而文学多以加拿大综合性学术活动的组成部分得到研究者的陈述和探讨。

近二十年在中国举办的以加拿大文学为主题的重要学术活动及研讨会大多数都是与诺斯洛普·弗莱（Northrop Frye, 1912—1991）相关。

诺斯洛普·弗莱是 20 世纪加拿大著名美学家、文学理论家和神学家，也是 20 世纪屈指可数的大师级思想家和最有影响力的人之一。弗莱在学术界是一位承先启后的人物，居于现代和后现代之间。或者更确切地说，他是现代主义文艺批评的最后一个巨人，同时也是后现代主义批评的第一位重要人物。

诺斯洛普·弗莱出生于北美一个有着浓厚宗教氛围的家庭。弗莱的母亲终生保持着对宗教生活的热情，在对弗莱宗教与文学艺术的熏陶方面起了至关重要的作用。随着父亲生意的不景气，幼时弗莱一家人生活越来越拮据，但母亲宁愿住简陋狭小的房子也坚持拥有《圣经》、文学名著、百科全书和钢琴。正如弗莱在《神力的语言》中指出的，《圣经》以生动的故事给童年时代的弗莱留下了深刻印象。另一个对他产生重要影响的是 18—19 世纪的英国诗人威廉·布莱克（William Blake, 1757—1827）。弗莱从大学时代开始接触布莱克，并被其深深吸引，这种影响贯穿了弗莱的一生。

弗莱的贡献和成就表现在许多方面。他以《批评的解剖》[1]一书而闻名，认为文学批评应

1.Anatomy of Criticism, 1957.

具有方法论原则和自然科学的连续性。此外，弗莱的主要著作有《可怖的对称：威廉·布莱克

2.Fearful Symmetry: A Study of William Blake, 1947.　　　　4.The Stubborn Structure, 1970.

研究》[2]《同一性寓言：诗的神话研究》[3]《顽强的结构：文学批评与社会研究》[4]《批评之路》[5]

3.Fakles of Identity: Studies in Poetic Mythology, 1963.　5.The Critical Path, 1971.

和《伟大的代码》[6]等。

6.The Great Code: The Bikle and Literature, 1982.

弗莱建立的神话—原型批评理论（Myth and Archetype Criticism）曾一度在二十世纪五六十年代的西方文论界与西方马克思主义和精神分析学起过"三足鼎立"的作用，也奠定了他作为一名具有世界性影响的文论家的地位。同时，作为英语国家杰出的理论大师和加拿大在

国际文学界的主要发言人，弗莱为加拿大的文化和文学从
"边缘"逐步向中心运动作出了重大贡献。

弗莱的批评理论最早于 20 世纪 80 年代初被介绍到中
国，以张隆溪于 1980 年发表在《外国文学研究》上的评论
弗莱的文章及 1983 年发表在《读书》第 6 期上的《诸神的
复活——神话与原型批评》为标志，弗莱及其最负盛名的
原型批评理论开始得到中国学者的广泛关注和研究。

中国关于弗莱的学术研讨会分别有 1994 年和 1999 年
两次。由北京大学与加拿大多伦多大学维多利亚学院联合
主办，中国教委、加拿大驻华使馆、中国比较文学学会、
南京大学犹太文化研究中心等单位赞助的"诺斯洛普·弗
莱与中国"国际研讨会于 1994 年 7 月 13—17 日在北京大学
举行。在为期四天的大会发言和讨论中，来自加拿大、中
国和美国的近三十位学者和专家出席会议并就弗莱的理论
和学说、弗莱学说对中国的影响等问题发表了许多有见地
的观点。此次弗莱国际研讨会也是国内理论界首次专门讨
论一位西方当代文艺理论家的国际性研讨会。

《伟大的代码》书影

1999 年 7 月 15—19 日，由内蒙古大学、多伦多大学维
多利亚学院及北京语言文化大学共同主办的诺斯洛普·弗
莱国际研讨会在加拿大驻华大使馆的大力支持下在内蒙古大学
顺利举行，本次会议主要探讨弗莱理论体系的学术价值以及
弗莱在各国文学中尤其是中国文学中的接受，多伦多大学弗
莱研究中心的欧格莱迪也来华参加了此次国际研讨会。在中
国召开的这两次以弗莱研究为主题的国际研讨会，进一步拉
近了中国和西方在弗莱研究方面存在的差距，使中国学者可
以获得更广阔的视野去发掘弗莱理论中更深的内涵。

另外于 2008 年 3 月 29 日在山东大学威海校区举行的"2008 加拿大文学研讨会"被视为一次真正意义上的中国加拿大文学学术研讨会。此次研讨会由中国加拿大研究会主办，哈工大（威海）、山东大学威海分校联合承办，有来自加拿大和山东大学、北京大学、北京外国语大学、首都师范大学、南京师范大学、南京财经大学、吉林大学、云南民族大学、西南大学等十几所高校的 40 余名专家、学者参加。本次大会共收到 33 篇论文，较为全面地展现了加拿大文学的研究范畴和方向，是一场高水平的国际学术研讨会。[1]

1. 近年来，以文学和文化历史研究为主的加拿大研究国际学术会议时有召开。比如 2014 年 6 月北外加拿大研究中心主办的"21 世纪的加拿大华裔研究：回顾与展望"。

五、 中国加拿大文学研究的博硕士论文 [2]

2. 本小节内容主要来源于中国知网 CNKI 平台。

到目前为止，尽管国内许多高校都成立了加拿大研究中心，但是加拿大文学却并没有成为一个独立研究的专业方向得到重视和推广，因此能全身心投入加拿大文学研究的研究者多是靠自己的专业积累和坚持摸索着进行研究，而很难得到专业指导和文献帮助，因此高层次的专著论文少之又少。尤其是青年学者和研究者很容易在最初的热情下因为研究材料的匮乏和专业指导的有限而放弃，在查阅完所有的关于加拿大文学的博士论文，我们很遗憾地发现相关博士论文和专著只有两部，其中之一是潘守文于 2007 年出版的专著《民族身份的建构与解构——阿特伍德后殖民文化思想研究》[3]，"这篇博士论文可以说是中国真正意义上的第一篇以加拿大文学为选题的论文"[4]；另一篇是山东大学刘海丽 2008 年创作的博士论文《弗莱文学人类学研究》，这是对弗莱运用文学与人类学交叉学科进行文学批评实践的研究性论文。

3. 长春：吉林大学出版社，2007 年版。

4. 韩静：《近十年（1998—2008）中国的加拿大文学研究》，载《南京财经大学学报》，2008 年第 2 期，总第 150 期。

相比博士论文专著，关于加拿大文学的硕士论文在数量上明显占优。在 CNKI 知识网络平台收录的数据库检索中，根据中国优秀硕士学位论文全文数据库上的数据显示，从 2002 年至 2010 年以加拿大文学为研究方向的优秀硕士论文共有 70 篇，而通过对这 70 篇优秀硕士学位论文的了解归纳，我们得出以下发现。

（一） 关于加拿大文学的优秀硕士学位论文数量从 2007 年开始才显著增多。而在 2002 年至 2006 年 5 年间，根据中国优秀硕士学位论文全文数据库上的数据，共计只有 19 篇加拿大文学方向的优秀硕士学位论文。在这 19 篇论文中，仅南京师范大学就有 7 篇，占总数的近 1/3，指导教师都是傅俊，而其中 6 篇都是对玛格丽特·阿特伍德作品的研究。这说明早期的加拿大文学研究仍是个别导师指导下小范围的单独研究，没有多面、多主题地进行展开。

（二）硕士研究生论文的研究范围仍然未得到拓展。首先，从研究作品看，硕士研究生们主要还是把目光集中在传统意义上的知名作家，如阿特伍德、玛格丽特·劳伦斯、弗莱等。而具体到研究作家们的作品和理论时，选题又显得比较狭隘。比如研究劳伦斯的作品，多集中于研究其马纳瓦卡系列小说，弗莱则多是其著名的神话—原型批评理论。而阿特伍德作品较多，相对来说其文本的选择面较广，70 篇论文中总共就有 47 篇以其作品为研究对象。

其次，从研究主题来看，仍然以两大方向为主：一是对生存、身份问题的探索，如《由受害走向幸存：玛格丽特·阿特伍德作品中的"生存"主题研究》[1]；二是女性主义研究，尤其是生态女性主义在文学作品中的表现，这 70 篇论文中有 12 篇都是以女性主义作为研究方向，且选取的文本作品都出自阿特伍德，如 2009 年和 2010 年都分别有一篇从生态女性主义角度对阿特伍德的《羚羊与秧鸡》进行研究的论文。而笔者再仔细阅读对比所有论文的摘要发现，很多对文本进行女性主义研究都侧重于女性身份的探究，从而将早期对加拿大民族生存、身份问题的关注与女性主义批评结合起来，将加拿大文学研究具体化了，这也算是研究的纵向发展。

> 1. 王晓丽，福建师范大学，2009 年版。

另外，对于加拿大英语文学重要组成部分——少数族裔文学的研究论文几乎可以说是一块缺失。与研究已相对系统成熟的美国华裔文学相比，5 年间只在 2010 年有一篇关于研究加拿大华裔英语作品的论文《奋斗与希望》[2]。而其他重要族裔如犹太裔、日裔等的英语文学完全未得到关注。

> 2. 刘天玮，内蒙古大学。

第五节　中国的加拿大研究中心概况[3]

> 3. 本小节信息收集于中国加拿大研究网及各高校加拿大研究中心网站。

1984 年 12 月 10 日—14 日，中国加拿大研究会（The Association for Canadian Studies in China, ASCC）经过长时间的准备，在重庆的四川外语学院举行了筹建和创立大会。五个最早的创始单位分别为：四川外语学院加拿大研究所、武汉大学美国加拿大经济研究所、社会科学院外国文学研究所、北京大学西班牙语系和广州外国语学院（现广东外语外贸大学）魁北克文化研究中心。大会经过认真讨论，制定并通过了《中国加拿大研究会章程》，讨论了当时一段时期内将开展的各种切实可行的研究计划和活动，并提出了逐步按学科和地区开展活动的设想。

1985 年 6 月，中国加拿大研究会在加拿大蒙特利尔召开的"国际加拿大研究理事会"（The International Council for Canadian Studies, ICCS）全体理事会议上获得通过，成为其第十个成员。从此，中国的加拿大研究加入了国际行列，与国外同行之间的交流来往空前密切起来。

根据中国加拿大研究会于 2006 年出版的中国加拿大研究手册收录情况，经过二十几年的发展，中国加拿大研究会从最初的五个发起单位壮大到如今的 43 个会员单位，分布在全国各地的加拿大研究中心共计 45 个。会员单位组成成分主要是全国各高校和科研机构，会员主要是高校教师、专家和学者。

中国加拿大研究会在 1984 年成立伊始只有 5 个倡议单位，整个 1980 年代也只有 9 个会员单位，其中包括如今加拿大研究仍进行地如火如荼的四川外语学院、山东大学、上海外国语大学、内蒙古大学等。

进入 1990 年代，伴随着中加关系的深入成熟发展和大批留加访加学者陆续归来，加拿大研究队伍日益扩大，加入中国加拿大研究会的会员单位达到 20 余个，中国的加拿大研究进入繁荣阶段。新鲜血液的输入也促进了加拿大研究领域向多学科、跨学科的方向发展，涉及加拿大的语言、文学、历史、政治、经济、民族、文化、教育、法律、传媒等诸多学科。

这一时期的北京大学、北京外国语大学及中国社会科学院的加拿大研究中心就是其中的佼佼者，多位加拿大研究领域的领军人物和知名专家学者便是来自这几所高校及机构。还有一些会员单位在加拿大研究的专门领域也有瞩目的成绩，如成立于 1990 年的兰州大学加拿大研究中心关于加拿大文学和法律有重要研究成果，包括与《飞天》文学月刊合办《枫之叶》文学专栏、

1. 刘艺工、杨士虎著，北京：民族出版社，2002 年版。

专著《加拿大民商法概论》[1]、译著《加拿大法律制度》[2]；内蒙古大学、南京大学主要注重加

2. 杰拉德·高尔著，刘艺工、杨士虎译，兰州：兰州大学出版社，1997 年版。

拿大文学的研究，特别是南京师范大学以傅俊为主对阿特伍德的研究对其作品在中国知名度的打开及提升有很大的助推作用；武汉大学注重加拿大经济研究；大连外国语学院成立加拿大魁北克语言文化研究所对魁北克语言文化进行专门研究。

进入 21 世纪，世界一体化进程加快，中加两国交往及各层次人员往来更加频繁，学术思想交流也互通无阻，全国各加拿大研究中心得到更多的政府支持，对外交流活动丰富，加拿大研究逐渐受到关注，这从近十年来又陆续有十几所高校成立加拿大研究中心并加入中国加拿大

研究会可见一斑。

在 2010 年 10 月底中国加拿大研究会第十四届年会于北京外国语大学举行后，经过了三年时间的协调与寻找下一任主办单位，中国加拿大研究会第十五届年会暨国际学术研讨会终于于 2013 年 9 月 21—22 日在广东外语外贸大学得以召开。本届年会的主题是："金融危机之后的内政外交：现状、问题和前景"。

中国加拿大研究会年会的召开是中国研究加拿大的学者同行们交换学术意见、展现最新科研成果，并与国际加拿大研究者们相互学习与分享的最大和最直接的平台，同时也密切了各会员单位和会员之间的联系，共同促进加拿大研究在中国的蓬勃发展。

第六节　加拿大作家、学者在中国的文学活动

通过相关资料查找，笔者发现加拿大作家、学者在中国进行的文学活动记录相当有限，这与加拿大文学一直以来在中国没有得到系统及延续性的介绍和研究有很大关系。国内读者缺乏对加拿大文学的基本认识和关注，因而许多加拿大国内知名甚至具有国际知名度的作家作品并没有打开中国图书市场，相应的交流活动也寥寥无几。

根据资料考证，[1] 比较突出的一次加拿大作家赴华活动是 1982 年，在结束了中国行的第

---

1. 参考马佳的收集整理。

二年，七位加拿大作家共同出版了一本名为《加华大——七人帮的回忆录》的旅行回忆录。结伴而行的这七名作家中，有三名女性，她们分别是小说家和戏剧家阿黛尔·维斯曼（Adele Wiseman）、小说家艾丽丝·芒罗和来自魁北克的小说家、诗人兼批评家苏珊娜·派迪斯（Suzanne Paradis）。其余四位男性为诗人派杰克·利安（Patrick Lane）、小说家和诗人罗伯特·克罗齐（Robert Kroetsch）、《加拿大小说杂志》（Canadian Fiction Magazine）的编辑盖福瑞·汉克（Geoffrey Hancock）和诗人兼编辑凯瑞·盖德斯（Gary Geddes）。七位作家中，无疑艾丽丝·芒罗迄今最为知名，罗伯特·克罗齐在加拿大文坛也享有较高的知名度，他还是率先在加拿大引进后现代主义的作家。另外，罗伯特·克罗齐和凯瑞·盖德斯都曾经是大学教授。凯

瑞·盖德斯将自己的文章命名为《中国日记》，他在日记中巧妙地穿插进去他翻译的李白和杜甫的诗歌；罗伯特·克罗齐将在中国行程的每一天都写在明信片上，然后寄给自己的两个女儿；派杰克·利安将中国之旅中最精彩的部分以诗歌的形式呈现出来；艾丽丝·芒罗的《穿过玉帘》是她接受盖福瑞·汉克的采访，其中最有趣的是她言及在中国度过的 50 岁生日庆典；阿黛尔·维斯曼在情真意切的长篇散记里，除了在中国旅行的所行所思，还回忆了她在 1960 年夏天试图从香港进入中国大陆而不得的一段遗憾经历，也侧重描写了在北京丁玲家中做客以及数月之后丁玲和陈明访问加拿大的细节；苏珊娜·派迪斯的回忆文章诗文并茂，展示了作为女性诗人和作家的细腻和耽思；最后一篇《中国首旅》，盖福瑞·汉克评点了在中国的所见所闻，除了对中国历史、文化和现实的神秘莫测表现出足够的好奇和思忖外，也直言不讳地谈到了他对中国当代作品的失望。其实，前面一点是本书所有 7 位作家都有所表现的，后者也在几乎所有作家的笔下以或多或少，或者干脆是避而不谈的方式流露出来。

艾丽丝·芒罗

除此之外，有记录可循的几次加拿大作家在中国的文学活动都集中在近期，这些文学活动多是以书展和研讨会的形式开展，而加拿大学者们多是应邀到高校做主题讲座。

1.2006 年，备受称誉的加拿大作家米里亚姆·托尤斯 (Miriam Toews) 女士以她的小说《复杂的善意》[1] 荣获中国人民文学出版社颁发的文学奖。加拿大驻华大使馆新闻文化参赞伊恩·波

1.A Complicated Kindness, Toronto: A.A. Knopf Canada, 2004.

切特 (J. Ian Burchett) 先生代表托尤斯女士接受了这一殊荣。

2. 加拿大文学在中国研讨会暨范德海格 (Guy Vanderhaeghe,1951—) 《走下坡路的男人》[2] 中译本新书发布会于 2008 年 9 月 6 日在北京举行。此次研讨会由渥太华大学英国文学教授、

2.Man Descending, Emblem Editions; Trade pbk. ed. 2000 edition,2000.

著名文学评论家戴维·斯坦斯 (David Staines) 和加拿大文学多产译者赵伐承办。在研讨会上，

中国加拿大研究专家与加拿大作家和评论家讨论了加拿大文学在中国的教学、研究、翻译和推广等问题。此次研讨会与其他的文学研讨会完全不同，两国的出版商和书商进行接触以便了解中国迅速发展的图书市场。加方参会者包括小说《简单食谱》[1] 和《确定》[2] 的作家邓敏灵（Madeleine Thien）及其他加拿大作家、评论家、出版商和文化代理人，中方则包括中国译者和中国加拿大研究专家、出版商以及从事加拿大文学研究的研究生。

3.2009 年 5 月，加拿大汉学家、卡尔加里大学德语斯拉夫语和东亚研究系副教授、前加拿大驻华大使馆文化参赞胡可丽（Claire Huot）博士，与加拿大小说家、诗人和翻译翼波（Robert Majzels）在南京财经大学做题为 "85：中国诗歌接受程度的试验：一个多媒体，跨文化的研究" 的讲座。

4.2010 年 6 月，加拿大著名奇幻文学作家盖伊·加夫里尔·凯在北京参加了关于其作品的研讨会。此次研讨会由《科幻世界》杂志社和北京师范大学中国儿童文学研究中心联合主办。研讨会上，奇幻文学作家、研究学者及读者就盖伊·加夫里尔·凯的作品以及国内外奇幻文学发展状况进行了研究探讨。盖伊·加夫里尔·凯的奇幻作品从真实的历史人物、事件中取得灵感，在此基础上将故事设置在一个虚构的背景下展开，形成了独具特色的 "仿历史奇幻小说"，相关代表作有《提嘉娜》[3]《阿拉桑雄狮》[4] 等。

不过从近年的中加文学交流活动来看，也有令人欣慰之处，就是已在加拿大文学界形成一定规模影响的华裔英语作家和国内文学界的互动开始密切起来。以下便是笔者收集整理的相关活动记录。

1.受上海文学节的邀请，凭借《妾的儿女们》[5] 获得 1994 年总督文学奖提名的郑霭玲于 2005 年 3 月 13—15 日访问上海。在此次访问中，她讲述了家族历史的回忆以及回忆在重建家族和个人历史中的作用。

2.2005 年 11 月 14—18 日，黎喜年（Larissa Lai）、弗雷德·华、黄锦儿（Rita Wong）赴台湾参加了名为《跨界的多元文化：加拿大新锐作家台湾行》的活动。在台湾中央大学等学校分别作了 Betweeness or Hybridity（弗雷德·华）、《加拿大的马赛克写作》（Writing the Mosaic in Canada，黄锦儿）及《跨界的多元文化》（弗雷德·华，黎喜年）等系列讲座。

1.Madeleine Thien, *Simple Recipes*, Toronto: McClelland & Stewart, 2001.

2.Madeleine Thien, *Certainty: A Novel*, New York: Little, Brown and Co., 2007.

3.*Tigana*, Roc / Penguin Putnam, Special 10th Anniversary edition, 1999.

4.*The Lions of Al-Rassan*, Harper Voyager, Reprint edition, 2005.

5.*The Concubine's Children*, Toronto: Penguin Books, 1994.

3.2008 年 3 月，在上海作协主办的《故乡和他乡》系列讲座中，邓敏灵（Madeleine Thien）在上海图书馆做了《母亲的衣裳》（*My Mother's Dresses*）的讲演，[1] 并应上海国际

1. 见上海作协官网《文学会馆》。

文学节之邀，以她最新作品《确定》（*Certainty*）为议题与来自上海交通大学的老师和同学们进行了一次有关"寻找定义"的对话。邓敏灵向大家介绍了她的个人经历和她小说中所描述的战后生活、人性的勇敢及人生不断寻求的定义，并就加拿大文学、多元化社会等话题与在场的师生进行了讨论。本次讲座由上海交通大学加拿大研究中心以及加拿大驻沪总领事馆携手举办。[2]。2008 年 3 月 17 日下午，在加拿大驻沪总领事 Susan Gregson 女士等的陪同下，邓敏灵

2. 见《中国加拿大研究网》（Association for Canadian Studies in China, ACSC)

还访问了宁波大学，与师生一起探讨加拿大文学与多元文化。

4. 另一位华裔英语作家黎喜年参加过上海的作家节。她在加拿大驻上海总领事的陪同下于 2009 年 3 月上旬分别到复旦大学和南京大学作了题为《杂糅·种族·生态文学》（*Remembering the Future: Myth, Migration and Biotech Bodies*）的讲座，并与学生亲切交流。

5.2010 年的上海国际文学节上，以《钻石烧烤店》[3] 成名的弗雷德·华应邀作了讲座《诗

3.*Diamond Grill*, Edmonton: NeWest Press, 1996.

样年华》（*Messing Around with Mr. In-Between*）。此前，弗雷德·华在南京师范大学外国语学院作了同样题目的讲座，并和听众热烈交流。[4]

4. 见 3 月 24 日的《江苏新闻网》报道。

6.2013 年 9 月，"南开跨文化交流中心研究丛书·加拿大华裔获奖文学译丛"新书首发式暨学术座谈活动在南开大学举行，南开大学副校长朱光磊、加拿大华裔获奖文学译丛作者、著名作家郑蔼龄、李群英、朱蔼信、方曼俏四人为丛书首发剪彩。加拿大使馆文化事务官员（Cultural Affairs Officer）葛宁（Ge Ning）、南开大学出版社、跨文化交流研究院、文学院

5.*Disappearing Moon Café*, Douglas & McIntyre, 2006.

领导及师生也参加了活动。"加拿大华裔获奖文学译丛"丛书共四本，包括《残月楼》[5]《巨龙餐

6.*Midnight at the Dragon Café*, Counterpoint, 2005.

馆的子夜》[6]《三叔的诅咒》[7] 和《玉牡丹》[8]，由南开跨文化交流研究中心资助，南开大学出版

7.*The Curses of Third Uncle*, Toronto: James Lorimer,1986.　8.*The Jade Peony*, Picador USA, 1998.

社出版。这几部作品曾多次在加拿大和北美地区荣获过文学奖项，并被多所高校选为文学、文化教育的参考书目，影响十分广泛。这套丛书甄选的作品主要创作于 20 世纪 80 年代中期之后的二十年，为我们展现了加拿大历史与文化深处的一个重要而生动的侧面。不仅描绘了异域故事，更是异质文化冲突、交融的范本。通过阅读，通过超越性的跨文化视野，通过中西方文化中那些熟悉或陌生的元素，读者将会有前所未有的新鲜与思考，获得全新的阅读体验。

7. 与此同期，加拿大驻北京大使馆赞助加拿大 5 位华裔作家参加在中国广州、上海、天津

和北京举行的书展，由 2013 年 9 月 21 日至 29 日在上述 4 个城市，巡回展出 5 位加拿大华裔作家作品的中译本。这 5 名作家分别是郑蔼龄、李群英、方曼俏、崔维新（Wayson Choy）和余兆昌（Paul Yee）。他们的作品包括《妾的儿女们》（郑蔼龄）、《巨龙餐馆的子夜》（方曼俏）、《玉牡丹》（崔维新）、《鬼魂列车》[1] 及《三叔的诅咒》（余兆昌）。其中 3 位作

1.*Ghost Train*, Groundwood Books, 2010.

家郑蔼龄、李群英和方曼俏和加拿大亚裔工作室的奠基人、温哥华诗人朱蔼信（Jim Wong Chu）同行，参与多所大学的研讨会。

结语

据了解，目前在英语世界里，华裔作家已经跻身主流，成为加拿大多元文化的重要组成部分。近三十年来，他们已创作了一批文学作品，讲述了华人移民的辛酸创业史和对北美社会经济文化发展所做出的贡献，呈现了百年来加拿大华人社会生活的各个层面。这种文化碰撞与交融，对于文化学者而言，开拓了研究新领域；对于国内的广大文学爱好者与对加拿大关心的读者而言，他们得以用更深入的视角来审视加拿大的文化内涵。

世界华裔文学创作正日益受到关注，这一方面得益于华裔作家的杰出才华，也得益于海内外文化交流的日益深入。人们已经不满足于异域风光的猎奇，而希望更加深入地对异域文化的根脉展开了解。对于国内读者而言，更多地接触的是欧洲、美国华裔作家的作品，而加拿大华裔文学作品却鲜能与国人见面，这不能不说是一种深深的遗憾。因此，南开大学翻译出版的这套丛书补上了这段文化交流中的空白，开了个好头，相信以后更多华裔英语文学的翻译与推广，以及华裔英语作家与国内的交流将在促进中加文化交流过程中做出新的贡献。

尽管加拿大文学已经在世界文学之林占有了一席之地，众多知名作家层出不穷，同时也有一部分优秀的加拿大文学作品被翻译成中文为中国读者所熟悉与喜爱，但是由于加拿大文学的系统与深入研究相对薄弱，导致中国读者对加拿大文学缺乏全面的认识和持续的关注。

同时，中国对加拿大文学的研究仍然更多地停留在对部分作品和作家的介绍和解读上，忽略了当代的一些优秀文学作品和新生代作家，使得中国加拿大文学研究缺乏活力与生机。这种文学研究的滞后性直接影响了加拿大文学在中国的持续传播与推广，也影响了中加文学交流，

尤其是加拿大作家与文学研究者在中国开展文学活动。加拿大文学在中国的交流活动多是一些作家接受邀请进行的演讲、访学和研讨会，主题不够鲜明，交流活动缺乏延续性。这种面对面的文学推广与交流活动的系统性的缺乏，也相应地阻碍了加拿大文学在中国的进一步传播与接受。

第八章　　魁北克人心中的华人形象：
　　　　从现实生活到艺术虚构

引言

　　魁北克是加拿大面积最大的省。面积将近 155 万平方千米，相当于法国、德国、西班牙、葡萄牙、荷兰五国国土面积的总和。这里居住着近 800 万人口。工商业发达，资源丰富。经济上是加拿大仅次于安大略省的第二大省。蒙特利尔是加拿大仅次于多伦多的第二大城市。全省人口的几乎二分之一集中在蒙特利尔及其毗连的卫星城市里。蒙特利尔有北美小巴黎之称，是世界上仅次于巴黎的第二个法语人口最集中的城市。这是个国际大都会，世界各种文化在此交汇、融合。在这样的大都会里，当然不会没有华人的存在。

　　从 1880 年起，不堪忍受白人歧视和残酷剥削的华工便开始从加拿大西部逐渐向东部的大城市迁徙。在 1890—1900 年间，一批来自加拿大西部和广东省的华人来魁北克省定居。到 1901 年，魁北克省总共有 1 037 名华人，其中 888 人选择蒙特利尔作为定居点。他们在西部开矿山、筑铁路攒下的积蓄十分微薄，只能做些小本生意，维持生计。他们凭着勤劳和智慧，在洋人的世界里打拼。他们团结互助，彼此扶持。同乡会、宗亲会、洪门会等组织为他们的落户生根提供了实际上的支持。他们采用中国人古老的"请会"或称"打会"的方式，筹集资金，一人或两三人合伙开设手工洗衣作坊。自己既当业主也当工人，还为自己的亲属、同乡和同胞提供就业的机会。他们的房子常常前面是店，后面是作坊，楼上是住家，生活十分清苦。

　　1877 年，在蒙特利尔已经有了第一家华人洗衣店。到 1891 年，华人洗衣作坊便发展到 14 家。1911 年，华人手工洗衣作坊发展到 284 家，[1] 几乎垄断了蒙特利尔的洗衣业。洗衣市场渐渐饱和，华人之间的压价竞争和高

1. 这里的统计数字皆引自 Denise Helly, Les Chinois à Montréal 1877—1951(德尼丝·海利著：蒙特利尔的中国人)，IQRC(魁北克文化研究所)，1987 年版。

额的营业执照税，使得洗衣业利润日趋微薄。加上华人移民加拿大的人头税已涨至 1 000 加元，要想从广东乡下弄来亲友充当廉价劳力，已十分困难。华人便开始转向其他职业谋生。有人开香烟店，有人开理发店，有人开成衣店，有人开糖果店。开洗衣作坊积累了资本的人，开始投入餐饮业和经营进出口贸易。1902 年，蒙特利尔的下城，华人聚居的地方，开始形成规模不大的唐人街。蒙特利尔唐人街的发展跟蒙特利尔本身工商业的发展和人口的增长密切相关，也跟华人移民数量的增加密不可分。蒙特利尔的唐人街跟北美其他大城市的唐人街一样，起初是华人聚居和经商的地方，可是经过一百多年的发展，随着华人移民人数的增加和华人移民结构的改变，唐人街不再是华人的聚居地。华人渐渐走出唐人街，散居于城市的各个角落，进入了社会的各行各业。

蒙特利尔唐人街

今天生活在蒙特利尔大区的华人，如果把新老移民以及他们在当地出生的子孙加在一起计算 ，不下十万之众 。他们中的许多人常常能操三四种语言。他们在公共场合多用英语和法语，但在家里和华人之间，通常使用普通话或广东话。他们的子女大都被送往英语大学完成学业，而且成绩优异者居多，毕业后大都能找到工作，进入白领阶层。他们跟温哥华和多伦多的华人不一样。在那两座城市里，华人人多势众，无论遇到什么事情，都不难获得华语服务——购房、买车、投资、经商、看病、吃药、算账、报税、打官司、甚至坐班房，如果需要，都可以获得华语服务。吃穿用可全部依赖唐人街和新型的华人商城。这当然大大方便了华人新移民的安家落户。他们当中不少人虽不谙英语，在这两个城市里也能如鱼得水，找到工作，生活自如。但从融入主流社会的角度来说，则非常不利。有些人甚至因此得出一个错误的印象，似乎仍然生活在中国，不存在融入主流社会的问题。在蒙特利尔，华人毕竟是少数族裔，居住比较分散，这在客观上迫使华人新移民努力学习法语。何况，魁北克省有 101 语言法案，明确规定法语是魁北克省的唯一官方语言，移民的子女一定要送入法语学校读书，等等。移民必须适应接纳国（pays d'accueil）的社会生活，包括政治生活、经济生活和文化生活，以便逐步融入主流社会。

政治环境和社会环境的压力，给新移民融入社会起到一定的推动作用。但融入接纳社会（société d'accueil），并不是一蹴而就之事。特别是第一代华人移民，他们来到加拿大时，文化身份大都已经铸就，价值体系已经建立，衣食住行的生活习惯已经形成，性格已经定型，加之语言能力较差，融入接纳社会的困难比其他族裔更大一些，因而他们常常被魁北克人另眼相看。

第一节　魁北克人眼中的华人形象

　　中国移民在加拿大受歧视是众所周知的事实。当他们在 19 世纪末来加拿大参加太平洋铁路建设时，就受白人雇主的残酷剥削，他们的工资只有白人工资的三分之一或一半。白人劳工把华人视为劣等民族，指责他们不文明、没有理性、愚昧肮脏、嫖娼吸毒、身患传染病、不遵纪守法、抑制天性、廉价出卖劳力。白人劳工把劳动力的贬值和找不到合适的工作都归罪于华人。加拿大从西到东，各种报刊上都刊载蔑视和侮辱华人的言论。1899 年，蒙特利尔的新闻报（The Gazette）上刊登了这样一段言论："中国佬是多余的，不仅在蒙特利尔，在魁北克省和安大略省的任何一个城市里，都是多余的。中国佬使基督教徒劳工失去工作，无论从什么角度来说都不是我们想要的人口。"

　　直到 20 世纪中期，魁北克人还有一个吓唬小孩的习惯。如果小孩不听话，大人就会说："你不听话，我把你送到中国人那里去。"意思是说，让孩子拿着家里的脏衣服送到华人开的洗衣店去洗。小孩为什么看见中国人害怕呢？因为华人洗衣店的柜台很高，孩子个子矮小，要把一包衣服举过头顶，才能送到柜台上。华人老板没有笑脸，没有客气话，呆板的面孔没有一点表情，一句话也不说就收下衣服，把取衣对号牌子的另一半交给孩子。孩子拿着对号牌子撒腿就往家跑。

　　那时好莱坞电影中出现的旧金山的华人形象，还是脑袋瓜后面拖着大辫子（或者大辫子盘在头顶上），穿着布底鞋、短打、扎脚裤，不是黑社会成员，就是开餐馆或大烟馆的老板，或者躺在鸦片烟床上抽大烟。这就是译成法语的好莱坞电影给魁北克人留下的华人形象。

　　今天魁北克的老人，还记得他们上小学的时候，曾参加过"买中国小孩"（acheter les petits Chinois）的募捐活动。[1] 他们出二毛五分钱就可买到一张卡片，卡片上印着一幅中国小孩的照片。买卡片的小学生可以给卡片上的孩子起个自己喜欢的名字。这样他似乎就帮助了一个饥饿的中国孤儿，养活了他。一位老人回忆说，当时二毛五分钱对孩子来说，是个不小的数目，但还远不足以养活一个孩子。可是他们确信，他们节约下来的买糖果的零用钱，一定用到了正当的地方，所以从来没有追问过他们的善款究竟派了什么用处。这种办法也许可以激起儿童的恻隐之心，产生对中国儿童的同情。另一个老太太回忆说，当她小时候嘴刁、挑食时，妈

1. 这是天主教会的修女组织圣婴会在十九世纪上半叶倡议的一种向儿童募集善款的办法。经教会领导同意后，首先在法国的小学里推行。圣婴会修女们到学校去告诉法国小孩：中国小孩吃不饱穿不暖，生病没钱治，父母就把他们扔到荒郊野外或垃圾桶里。到二十世纪初，这一活动传到了魁北克，一直延续到二十世纪的六十年代。

妈就会对她说："把这吃了！想想中国小孩！"这也是影射生活在饥寒交迫中的中国小孩。圣婴会修女们在中国传教的任务主要是在医院、育婴堂（即今孤儿院）和教会学校里工作。总之，善良的魁北克人如果不歧视你的话，你至少也是他们同情和怜悯的对象。笔者三十多年前第一次来到魁北克时，就听魁北克朋友亲口讲过他们小时候"买中国小孩"的故事，并开玩笑地说："你们也许是我们买过的中国小孩，现在到我们这儿来了，欢迎欢迎！"

　　说起在华服务的圣婴会的修女们，我们就不能不谈一谈魁北克耶稣会会士到中国传教的故事。在中国传教时，耶稣会士跟当时的中国人民有过亲密接触。他们在中国的体验和感受有助于我们明白魁北克人民心中的华人形象是怎么形成的，魁北克人民对华人的感情是怎么产生的。

　　1918 年，魁北克天主教耶稣会开始向中国的徐州教区派送传教士，到 1955 年撤回全部传教士，在中国一共存在了 37 年。先后共有 93 名魁北克耶稣会传教士在那里服务过。这些传教士或是神父，或是修士，在去中国前接受过专门的培训，到中国后先在上海徐家汇耶稣会的总部接受半年到一年的汉语训练，然后才去徐州教区上任。他们在传教期间不断寄回有关中国的通讯报道。这些通讯报道主要发表在《强盗》[1] 杂志上，也有少数传教士将自己的中国见闻写成了专著。《强盗》杂志在 1935 年 7—8 月号上刊登过一则启事，称该杂志的订户有四千人。这在当时是销量相当不错的宗教杂志，因为阅读的人不仅是宗教界人士，而且他们的亲朋好友，出于关心远在地球那边的亲人，也互相传阅。每一期的读者，保守估计也在万人以上。对于一个当时只有 300 万左右人口的省份来说[2]，杂志拥有这样多的读者群，说这是一份具有相当社会影响的杂志，是一点也不夸大的。何况，20 世纪上半叶，天主教会掌握着魁北克的教育和医疗卫生事业，对法语加拿大人的思想意识具有强大的影响力。耶稣会士们从中国寄回的通讯报道无疑直接影响到法语加拿大人对中国和中国人的看法。

　　我们知道，当时的徐州地区，旧称徐州府，下辖八个县，方圆 1 400 千米，处于苏皖鲁豫四省交界处。黄河故道曾从此经过，陇海铁路、津浦铁路、京杭大运河贯穿其间。徐州府地处战略要冲，自古以来是兵家必争之地。这一地区是刘邦故里，文化积淀丰厚，但农民是这块土地上的主体，务农是他们的主要生产活动。据 1931 年 10 月《强盗》杂志的报道，徐州地区 600 万人口当中，95% 是农民。这就是当年魁北克耶稣会传教士在中国的活动范围和工作对象。他们凭着悲天悯人的情怀和要把中国变成基督教国家的抱负，在这一地区建教堂，传播基督教思

---

1. 该杂志于 1930 年 3 月 25 日创刊，创办人是耶稣会海外传教财务管理处的负责人拉伏瓦神父（le Père Lavoie）。他曾在 1924—1928 年间被派往中国徐州地区传教。《强盗》杂志既为联系教友、家属和募集资金开辟了一个渠道，又为在中国传教的耶稣会士提供了一个发表中国见闻和传教经验的园地。这些杂志现珍藏于蒙特利尔耶稣会秘书处档案室。

2. 根据魁北克统计局公布的官方数据，魁北克的人口 1931 年是 2 874 662；1941 年是 3 331 882；1951 年是 4 055 681。

想，培养吸纳基督教徒；办学校，启民智，传播西方科学知识。他们生活在农民中间，跟他们有亲密的接触。他们看到了些什么，又是怎样向加拿大魁北克地区的同事和亲友们报道的呢？我们根据《魁北克耶稣会士在中国 1918—1955》[1] 一书以及个别专著提供的资料作了以下的归纳。

1. 雅各·朗格莱著，《魁北克耶稣会士在中国 1918—1955》(Les jésuites du Québec en Chine 1918—1955)，魁北克，拉瓦尔大学出版社，1979 年版。

1. 一个贫穷落后的中国

年轻的雷诺神父（Le Père Renaud）对当时沛县的农民做了如下描述：

"虽说几乎所有的老百姓都极端贫困，但这地方很富饶。人口太多。尽管每年两熟，土地仍养不活所有的人。"（38 页）

"在我（传教的）这片土地上，没有一个有钱人。（农民）冬天穿的衣服是旧的，破的，打了补丁，退了颜色，而且不总是很合身，一律都很肮脏。大部分人没有换洗的衣裳，因此，整个冬天，不能脱下脏衣服来清洗，也不能洗澡。"（39 页）

2. 一个封建的宗法社会

派去中国传教的耶稣会士，其中有些人就是来自魁北克的农民家庭。他们对中国的家庭体制和社会性质做了以下的记述和分析：

"把天子皇权推翻的革命只是表面的变动，而整个内部组织原封未动，或者几乎是原封未动。共和国的缔造者们梦想国家现代化。他们颁布了几部宪法，几百条法令，改革教育制度，鼓励发展工业，及时地，又不适时宜地，宣讲三民主义。当然，他们取得了某些成效。可是经过三十年的宣传，徐州地区跟中国大部分地区一样，管了中国人四五千年的制度，在帝制取消之后没有明显的改变。因为，共和国不得不考虑黏附在民族敏感神经上的父权制度。实际上，中国人先是家庭的成员，然后才是政府的庶民，而家庭的管辖权要比君主的管辖权早许多世纪。皇帝是外加在家长们之上，而不是取代家长们。家长们的权威已经就是法律。这两种权力——国家首脑的权力和家长的权力，总是互相共存，彼此超越的，因为他们在两个不同的范畴里行使。这两个范畴毗连，但不混淆。共和国不赞成这两种权力共存，但非常谨慎，避免正面攻击父权制度。法律限制父亲的权力，但遇到违法的情况便睁一只眼闭一只眼，指望随着时间的推移，人心会归顺而不发生冲突。这就是为什么在徐州地区，直到 1948 年年末共产党取得政权，中国社会强大的架构——家庭、家族就像个半自主的小国，依然如

故。"（125—126 页）

传教士的观察和分析是有事实根据的，但是，如果说家庭内部人际关系的运作全靠权力和高压来维持，那也未必。有的传教士注意到，一般的中国家庭的夫妻之间存在着"牢固的友谊"或者至少是"理性的和谐"。父亲爱孩子，为了确保子女有个好的前程而拼命挣钱，做出牺牲。这些都是好父亲。"在没有把握的情况下，家长先征求妻子、族长、兄弟和其他亲戚的意见，然后才下指令。而他的命令，从总的来说，证明他谨慎，有见识和照顾家族群体的利益。……最终，人们会相信，这些享有绝对权力的丈夫，大都老老实实地受更具远见或更具魄力的妻子的操纵。"（129 页）

传教士们认为，在中国的家庭体制里，妇女的地位是低下的。"……妇女的角色定位由来已久：生孩子，抚养孩子，给一家人烧饭做衣。她像人们所写的那样，是奴隶，是母亲职责的奴隶。从七八岁起，小姑娘就要开始学习：照顾最小的弟妹，拾柴烧锅，看牛或驴子，以及其他家务，一步一步地学会管家。婚后进入婆家，她不得不适应和服从婆家人的性格、习惯和口味，要想反抗是徒劳的。"（129—130 页）

3. 一个没有婚姻自由的中国

在封建的宗法社会里，父母包办婚姻是不可避免的。传教士以西方的观点看待这一问题，觉得是不可接受的。一位传教士写道：

"问题是给两个娃娃订婚，常常娃娃年龄还很幼小。这件事与两位当事人毫无关系。两家通过媒人或媒婆经过长时间的讨价还价，最终达成协议。于是写出两份订婚协议，一份给男方，一份给女方，总是通过中间人。订亲的两个孩子也许只有十岁或十二岁，有时还不到，我们就明白他们不可能有什么推辞的借口。他们只有听'老爹'说了算，听老人说了算。退婚的事是相当罕见的。这样做可能会吃官司。"（168 页）

传教士们认为，这种为互不相识的男女儿童订婚的做法，不仅落后，而且很不人道。

"对中国的年轻女孩子来说，这是多么残酷的命运。有一天，她突然知道她早已许配给了一位不相识的男子，到了规定时候，就一定要把自己的身心献给这个从未见到过的人。"（169 页）

"要一个离奇的订婚和结婚的例子吗？多么缺德啊！一位姑娘已经订了婚，而跟她订婚的那个小伙子在结婚之前去世了。如果姑娘的家庭同意（姑娘自己不得不被动地服从），可以把姑娘送到未婚夫家去，在那里举行正式的结婚典礼，'过门'典礼。从今以后，姑娘就是死去的未婚夫的家庭成员。她死后将跟他葬在同一个墓穴里。"

（169 页）

4. 一个战火连绵不断的中国

这些传教士在徐州地区亲眼目睹了中国现代史上的大动荡、大变动，见证了军阀混战、北伐战争、抗日战争、解放战争和中华人民共和国的成立。每次战争，受害最深的是农民。征兵、征粮、征用住房，百姓苦不堪言。所以，洛宗神父（Le Père Lauzon）认为，中国农民的极度贫困是政局不稳、连年战乱造成的。他在文章中写道："这里的农民非常纯朴，很快便成了我们的朋友。他们唯一的不幸是战争给他们造成的极度贫困。中国在过去的五十年里，每十年就要换一次政府，而这种情况似乎还没有结束。"（39 页）

5. 一个盗匪猖獗的中国

徐州地区在中国历史上是匪患肆虐的重灾区之一。清王朝被推翻之后，徐州地区一时天下大乱，甚至皈依了天主教的中国信徒也参与抢劫活动。

"徐州地区有土匪，我们可以追溯到非常遥远的过去。这里确实是个适合土匪生存的巢穴，可以迅速进入三省的通道，每个省都有独立的治安体系。如果歹徒在河南被追捕，他可以躲到徐州去，那里无人知道他的劣迹，因此也没有人来打扰他。如果不得不换个地方，他可以溜到山东或安徽去。这样，数百人一伙的匪帮可以自由地从一个省到另一个省，围着徐州转，把徐州当做作案和销赃的基地。除了这些外地的匪帮，还有许许多多本地的帮会。自从日本人来了之后，贫穷、群龙无首的农村，获得武器的方便，以及有时为了自卫而不得不攻击，这些都使土匪数量有增无减。……稍有反抗，他们便杀人，表现出闻所未闻的贪婪，特别是他们把抢劫当作报复手段的时候。"（40—41 页）

耶稣会传教士在徐州教区传教的这几十年里，社会动荡不安，秩序极为混乱。主教和传教士们的住所，以其西式建筑的外貌，给人以富庶的印象，对匪盗具有不可抗拒的诱惑力，因而也受到匪盗和黑社会的骚扰：敲诈勒索，巧取豪夺，放火烧教会学校，捣毁主教和传教士的住所，甚至威胁他们的生命。在传教士们寄回魁北克的通讯中，有许多涉及这方面的文章。可是传教士们发现，这些匪盗头头，不仅没有凶神恶煞的外貌，而且个个都有一副绅士的面孔和举止。

　　"中国的强盗也一样，穿戴十分整齐。第一个来光顾我住所的，精神抖擞，穿着一身做工精细的绸缎长衫，淡淡的蓝色，带有青紫色的镶边，不无帅气；长衫剪裁得体，裤脚长短适宜；双手白白净净，谈吐文雅。在这位绅士面前，我深感羞愧，觉得对当地讲究的礼仪竟如此无知。在几个星期里，我为自己那笨手笨脚的施礼和上茶的方式，而感到脸红。我的客人太聪明了，并没有为此而生气。他客客气气到甚至要向我证明，我对他的接待使他感到宾至如归，以致他请他手下的那帮人把我花园里的梨子全部摘光。他在离开时经过马厩，把我心爱的马也牵走了。后来我们跟匪盗的关系总是这样客客气气。接着其他的匪盗来了，每次都穿得整整齐齐。……那里也一样，土匪很注意善待宗教。十月的一个傍晚，夕阳照在我教堂的小园窗上，我看见路过的土匪头头，一枪打死了一个自己人，一个调皮的小伙子，因为他向教堂漂亮的窗户扫了一梭子子弹，把窗玻璃打得粉碎。我奔下去握了握那只完成了一个文明行为的勇敢的手。"（142—143 页）

以上的描写，出自亲身经历过强盗造访的拉伏瓦神父的手笔，不仅含有苦涩和无奈，而且也藏着幽默和讥讽。

6. 黄河泛滥，农田被淹

徐州地处黄淮平原，气候不太冷，也不太热，但受季风影响，每年春夏两季雨量充沛。如果四五月间春雨不下或不足，麦田就会干旱，影响收成；如果太多，麦田被淹，也会影响收成。如果春雨接着七八月份的秋雨下个不停，那就必然导致水灾而颗粒无收。黄河曾在这里夺淮入海，形成冲积平原，河汊纵横，所以在历史上水灾多于旱灾。传教士们在这里看到的，主要是水灾给当地老百姓带来的灾难。

1935 年，一位传教士曾为《强盗》杂志写过这样一篇报道：

　　"传教团收到从北方传来的消息称，黄河泛滥，洪水汹涌而至。于是不能把小学生留在学校里读书，因为家长要孩子们回家抢收麦子，趁麦田未被洪水淹没之前。……当天晚上洪水就到达了我们这里。村庄北沿，原本干涸的灌溉渠，已经流淌着滚滚而下的洪水，洪水溢出渠道，形成巨大的水塘，把整个村庄团团围住。第二天，水塘也泛滥了。从本县北面边界直到把本县分成两半的铁路线，离我住房只有一百米左右，在二十千米的范围内，所有麦田都淹没在洪水之中了。……大批村民向山上逃去。这些不幸的农民带着一点从田里抢收下来的、还未成熟的豌豆和蚕豆，撑着高粱秆儿编成的筏子离去，看了叫人心酸。过四五个月，将是饥荒，致人死亡的饥饿。"（40页）

7. 荒年乞讨，卖儿鬻女

传教士们注意到，每遇荒年，乞讨的灾民不绝于途。吃不饱肚子的农民有时不得不卖儿鬻女。下面是雷诺神父写的一段卖女儿的描述：

"饥饿使人失去了一切同情心。好几家人家，特别是小女孩和年轻的媳妇（由于营养不良）面孔浮肿，要不就瘦得皮包骨头，而男孩子们脸上气色很好。父母做了选择，他们把想方设法得来的面粉和高粱留给老大或身体最结实的男孩。其他的孩子靠偷窃或乞讨生存。受到特别优惠的孩子眼睁睁看着自己的弟妹一天天消瘦下去，直到饿死。……除非把他们卖给人家。为了救他们一命，也为了别的人家能够传宗接代，有人便用妻子和姑娘跟人家换一斗谷子，或一两块钱。这样，困难不大的人家就会用很少的钱买到女仆或媳妇。可是，这些不幸的女子大都被人贩子卖入了娼门。在马青集附近的一些村子（当时是1907年）成了不折不扣的奴隶市场。巴斯塔尔神父（le Père Bastard）由于及时得到消息，把几个天主教徒赎买了回来。在睢宁，买卖妇女的交易是如此猖獗，县长忍无可忍，把关进牢里的十五六个人贩子处了死刑。"(174页)

8. 谦谦君子，礼仪之邦

传教士们觉得中国"老百姓单纯、温和、俭朴、耐心，待人接物注意公平合理，与人为善。他们凭其父权制度和闭关自守，而保留着许许多多天生的美德"（38页）。

传教士们注意到中国人在社交中遇到一个不熟悉的人，交谈时使用敬语和谦辞。例如，问对方"贵姓？""今年贵庚？""府上在哪里？"回答是："鄙人姓……""痴长……""寒舍在……"等等。但，他们同时认为中国的社交礼节太过复杂。

"在四书五经里，'礼仪'的规定有三百条，'行为'的规定有三千条。如果说，如此多的规定，会使主张自决的美国人或加拿大人有点儿望而生畏，不过，请放心，无须把这么多的礼节教给徐州府的可怜的孩子们。…… 很久以来，代代相传的家庭教育和社会教育已经使每个人都符合繁文缛节的要求……。我们可以说，中国孩子学会繁文缛节的实用知识是出于本能。这在别的国家，是要经过专门学习的，比如说在外交学校里。而在这里，所有的农民，甚至一字不识的农民，在日常的人际交往中便学到了这些知识。所以，我们可以说，就好像出于本能一样，每个人都知道礼节的规定。在任何需要施礼的场合，他都会受本能的指引。所以，我们也不要以西方人的方式，试图界定中国礼节。不要在中国人的礼节中寻求心态的表露，而主要是遵循具体情境规定的一套礼节或礼仪。"（154 页）

西方人说话直率，有啥说啥，不怕得罪人。中国人则比较客气，说话婉转，怕伤害了对方。徐州的传教士对中国人的这种行为方式很是赞赏。

9. 迷信与民俗混淆不清

传教士们在他们的报道里，有许多关于农民迷信活动和民俗的描写。民俗里有迷信的成分，或者说，迷信活动经过千百年的演变，百姓可能已经说不清活动的来源，而变成了民俗。传教士们更加分不清楚了。他们在报道中描绘旱灾时农民出去求雨，过年时祭拜天地、烧香磕头、放鞭炮。"农民在过年时把家里装饰一新，墙上贴了许多新年的祝愿。如，多子多孙，牛羊满圈；酒满缸，粮满仓；聚宝盆，铜变金；五谷丰登，万年太平；学如孟轲，智如仲尼……"（164 页）我们还读到一段关于庙会的记述：

"正月十六是举行黄楼庙会的日子。徐州的妇女和姑娘们是一定会去的。因为这是纪念一位女性的英勇行为。从早晨七八点钟到晚上八九点钟，她们成群结队去赶庙会，手里拿着（黄纸做的）元宝和香，挤满了黄楼庙四周。……现在的黄楼庙坐落在徐州城的东北角，靠近新新（Hsin hsin）滩，是一座古老建筑，摇摇欲坠的样子，四周用柱子撑着。只有屋顶上的飞檐斗拱还残存着些许昔日的光彩。内部是个破旧不堪的大殿，三尊泥塑像盖满了灰尘。这三尊塑像是苏轼、他的弟弟苏辙和他的女儿苏姑娘。"（165 页）

北宋年间，苏东坡曾任徐州知州，上任不久，黄河决口，洪水奔腾而下，直抵徐州城郭。苏东坡率领军民日夜防洪，"庐于城上，过家门而不入"。他领导人民抗洪，使徐州城没有被洪水淹没，保护了人民的生命财产，此事史上有记载。但他是否有个十三岁的女儿舍生抗洪，纵身跳进黄河，遂使大水退去，今已无从查考。老百姓为了纪念苏轼的政绩和她女儿的英勇事迹，为他们塑像供奉。据徐州旅游网称，这一习俗绵延至今，每年正月十六日仍在这里举行庙会，并于 1988 年重建了黄楼。这天成了女性的节日，因为苏姑娘是女性的骄傲也是女性的榜样。民间传说变成了民间习俗，真假难辨，民俗与偶像崇拜混在一起。这样的例子在中国俯拾皆是。一些比较宽容的耶稣会传教士已把这些文化现象视为民俗，但严格遵循教廷指示的传教士，总是按一神教的信念来观察，而贬之为偶像崇拜或迷信活动。

　10. 传统医术——草药与针灸

　　耶稣会传教士在徐州传教期间，徐州城里已有一家基督教教徒开设的西医医院。天主教修士也开了一家诊所。这些医疗服务，当时只有城里的有钱人才看得起，一般的农民是看不起的。为广大农民服务的主要是传统的中医和中草药。拉弗图神父在他的《加拿大人在中国：徐州府

1. 爱德华·拉弗图（ douard Lafortune）著，《加拿大人在中国：徐州府掠影》（Canadiens en Chine, croquis du Siutcheoufou, Mission des jésuites

掠影》[1] 一书中记述了他的门房给人看病的故事。

du Canada, Montréal, Action pastorale, 1930）。这里转引自雅各·朗格莱著，《魁北克耶稣会士在中国 1918—1955》。

　　"他给病人最常开的处方是贴膏药。膏药在全中国都非常流行，功效和价格有很多种。我相信，膏药里一般没有任何化学的东西。像古时候一样，膏药是用研成末的药草根做的。此外，这位老先生还会针灸。所有传教士都说，好的土医生会用他们大大小小的金针创造奇迹。……他对疾病的分类跟我们不一样，药的分类更加不一样……，他的诊断并非不可靠，他开的药方也不是随随便便的。丝毫不像那些混迹在某些码头的药剂师学徒——他们只求把商品卖出，不管买药的人手中有没有医生的处方；也丝毫不像江湖郎中——他们要的是巫术而不是医术。我的门房老袁当然比较老练。他的医学词汇是本土的，也是他那个时代的。……什么时候全中国会有大学毕业的西医呢？可以肯定，我们徐州府那些囊中羞涩的穷人，还会在很长一段时间里，去找或多或少是老式的中医看病。"（96 页）

　　拉弗图神父在这里对中国的传统医学作了肯定，表示了他对中国古老医术的尊重。在耶稣会士留下的珍贵文献中，这是不可多见的文字，既没有傲慢的口气，也没有西方文明高人一等的态度。另一位神父还见证了针灸的神奇效果，啧啧称赞。一位病人似乎得了羊痫风，或者歇斯底里症。病人脉搏缓慢，直挺挺地躺着，像个死人。村里人以为他中了魔，要给他驱魔，但

被神父阻止。神父给他抹了临终圣油，可是晚上病人的病又发作了。

  "我又来到他的床头，这次带来了一位信佛的老中医。他同意看在天主教的面子

上，收起他那装神弄鬼的一套。然后他拿出金针，在病人头顶上扎了一针，病人立即

睁开双眼，完全正常；一针扎在头须里，另一针扎在耳后，病人便逐渐苏醒过来。"

  （97 页）

  目睹小小银针起死回生的这一幕，对那个时代的一位西方人来说简直是不可思议的，神父不禁赞曰："说实话，这些中国人确实有些神奇的绝招！"

  魁北克在华传教士所写的中国见闻，毋庸说，只限于徐州教区这一小块地方，而不是长江三角洲的发达地区，更不是中国的全部。如果从社会学和人类学的视角去解读那些报道和专著的内容，传教士们的观察和描述相当精准，且不乏深刻的分析。这些写实的通讯报道，其社会影响丝毫也不亚于美国著名作家赛珍珠的小说《大地》。顺便说一句，《大地》的故事背景是安徽宿县的农村，耶稣会士们的传教地区是徐州及其四周的农村。两地毗连，风俗人情几乎完全相同。一个是虚构的小说，另一个是生活的实录。如果说，美国人在二十世纪三十年代是通过阅读《大地》来了解中国和中国人的，那么，在同一时期，许许多多的法语加拿大人是通过阅读《强盗》杂志上的报道以及传教士们有关徐州地区的专著来了解中国和中国人的。生活的真实，为艺术的虚构提供了素材，而这些素材一旦重新从作家的笔下流淌出来，就会进入读者的精神世界。在魁北克文学还处于襁褓之中的岁月里，耶稣会士们写的这些异国风情十足、充满人道精神的通讯报道，描绘生动，叙事流畅，毫不夸张地说，在魁北克文学成长的道路上留下了不可磨灭的足迹，提供了写实的范例。耶稣会士们用他们的生花之笔，把旧中国和旧中国人的形象，深深地刻在了老一辈法语加拿大人的记忆里。他们在文章中所表现出来的博大胸怀，对中国和中国人民的好感、同情以至怜悯，都深深感染了一代法语加拿大的读者。对生活在魁北克的华人读者来说，这些陈旧的"已经泛黄"了的记忆，逐渐远去、慢慢变得模糊起来的记忆，会使他们陷入无尽的回味与沉思之中。

第二节　华人形象在魁北克人心中的变化

20 世纪 60 年代，魁北克经历了一个社会现代化加速的过程，发生了平静的革命[1]。教会失

去了作为精神领袖的地位，撤出了教育领域和医疗卫生领域。各种社会思潮涌进了大学校园。

中国的"文化大革命"对魁北克的知识分子和青年大学生有很大的吸引力。他们从电视中（当

时魁北克黑白电视已经普及）得到许多有关中国红卫兵闹革命的信息。工会领袖和年轻的知识

分子对中国的"文化大革命"十分向往。他们阅读马克思的《资本论》，研究毛泽东的小红书，

成立马列主义和毛主义的政党。他们印刷报纸，转载《人民日报》的社论，张贴海报，举行纪

念毛泽东的集会或介绍毛泽东思想的报告会。他们在大学校园里设摊位，出售他们的出版物和

宣传品，发展党员。当"文化大革命"在中国已经结束，已经被否定时，毛泽东消灭三大差别

的理想在魁北克的大学校园里仍有不少支持者。他们这些"沙龙里的革命家"对中国的现实不

甚了了，对中国在"文化大革命"中所发生的一切完全无知。在魁北克左倾知识分子的心里，

毛泽东是他们的偶像，因为他提出的不断革命的思想，在他们看来，为世界一切被压迫的民族

和国家，提供了自我解放的希望和办法。这些六十年代的左倾知识分子的形象，到了八十年代

已经反映在魁北克的文艺作品里。魁北克著名的小说家弗朗馨·诺埃尔（Francine No 1），

在她的小说《玛丽丝》（Maryse）中有一段十分幽默的描述。这是蒙特利尔的一群年轻大学生。

他们出生于中产阶级或小资产阶级家庭，脱离生产实践，从未有过劳动人民的生活体验。他们

大谈特谈资本主义制度的腐朽，要推翻这个制度，实现社会公平和正义。有一次，他们在餐馆

聚会时争论了起来。他们当中的一位诗人，嘲笑他们的出身，调皮地开玩笑说：

　　　"如果我是你们，同志们，我就放弃学习，到工厂去干活。工厂，一切都在那儿！"

　　　然后他用优美的歌喉即兴吟唱道：

　　　"真正的道路在中国

　　　真正的生活在工厂

　　　真正的处女是妹虑卿

[1]. 平静的革命 (la révolution tranquille) 是指 1960 年魁北克在自由党领导下，为促进社会的现代化，所启动的一系列的经济、政治和制度的改革。从广义上来说，泛指 1960 年代和 1970 年代历届政府为实现魁北克社会的现代化所做的努力。

　　　　　真正的母亲在厨房

　　　　　郎的妹呀请想一想"

　　中国和中国人的形象从生活走向艺术的另一个例子，是 1985 年在魁北克上演的《龙之三部曲》（La trilogie des dragons）。这是一部大型现代剧。全剧不是在舞台上演出，而是在剧场当中的一个长方形的平台上演出。观众坐在两边或四周的梯形看台上。这样当然就没有习惯上的舞台背景。演出的平台上只有一个简陋的有窗有门的小木屋、一些沙土和偶尔出现的几件道具。第一部，《绿龙》（1915—1935），故事发生在魁北克市的下城，现在已成为停车场的唐人街旧址上。第二部，《红龙》（1935—1955），故事发生在多伦多的士巴丹拿街一间鞋子店里。第三部，《白龙》（1985），故事发生在温哥华机场内。全剧跨越了大半个世纪，涉及到三代人的不同命运。剧中的人物或多或少与中国或东亚有着千丝万缕的联系。我们在这里无意分析剧本的全部内容，只关注中国和中国人的形象是如何反映在魁北克的戏剧里，呈现在世界观众面前的。

　　1. 中国人外语掌握不好。中国洗衣店的王老板戴一副圆镜片的老式眼镜，英文发音不准，语法错误，英国人也听不懂他说什么，要加上手势才能明白他的意思。

　　2. 中国人不注意卫生。洗衣店很肮脏，发出难闻的臭气，被孩子称为中国人的气味。楼梯过道里的蜘蛛会掉到行人的头颈里。

　　剧中两个十二三岁的小女孩来中国洗衣店取洗好的衣服时，敲洗衣店的门无人回应，便推开门上的小窗，把头伸进去呼喊。此时，这两位调皮捣蛋的小丫头，有一段对中国人大为不恭的对话：

　　　　　"弗朗索瓦兹：啊吃，好臭……中国人的臭味儿。

　　　　　雅娜：嘘！（她敲门）掐你死先生！我来取我父亲送洗的衣服……

　　　　　弗朗索瓦兹：麦西先生！中国菜先生！

　　　　　雅娜：好啦！别这样！

　　　　　弗朗索瓦兹：怎么，你的床单，你要还是不要？

　　雅娜：当然要啦。

　　弗朗索瓦兹：好，那就让我叫门。（她喊道）中国佬，屙疤疤！"（44—45页）

　　3. 中国人喜欢赌博，爱打麻将（这是中国人特有的娱乐和社交活动），而且是精明的"赌徒"。剧中不仅提到打麻将，而且洗衣房业主王先生还兴致勃勃地跟香港出生的英国人克劳福德学打扑克。酗酒的理发店老板莫兰在神智不清的情况下坚持要赌钱，列宾阻止也阻止不了。王先生的儿子王礼接受了他的挑战。经过三个回合，莫兰输得倾家荡产，不仅输掉了理发店，也输掉了怀有身孕的十五岁的女儿。最后，不得不把自己的女儿送给王礼做老婆。

　　4. 中国人重视家庭和亲情。他们不声不响，积攒钱财，接济国内的亲人；想方设法把自己的家人弄到加拿大来团聚。

　　"*莫兰（理发师）：该死的列宾，你这个收敛尸体的殡仪馆老板！眼下，你们这些人赚大钱。你们，还有中国人！中国人…… 他们不会大声抱怨，中国人。他们能忍耐，他们攒钱，然后把钱往中国寄。接下去，他们要做的第一件事，你知道，就是让全家人都到这儿来。他们知道，时间对他们有利。他们藏在自己的木屋里逮老鼠，抓住老鼠的尾巴，先放在锅里煮，然后放在炉上烤。烤熟以后去皮，切成小块，便装在盘子里给我们吃。*

　　列宾（殡仪馆业主）：瞧你说的，莫兰，这不是真的。中国人，他们是不吃老鼠的。"（36—37页）

　　洗衣作坊的老板王先生有两个孪生姐妹，穿着中国传统的服装，担水洗衣，埋头做工，不说一句话（在舞台上没有一句台词）。王老板去世后，他们便随侄儿王礼先生去多伦多生活。侄儿在多伦多有一家中餐馆。闲时，她们以画扇面为乐。剧中描写她们从橱里拿出水盂、水碗、颜料、毛笔，放在桌上，准备画扇面。雅娜向来访的弗朗索瓦兹介绍说：

　　"*她们是寡妇。像许多生活在多伦多的中国妇女一样，她们从来没有学过英文，*

　　甚至从来没有走出过唐人街。她们总是过着与世隔绝的生活。在多伦多，她们好像生

活在中国一样。……她们整天以画画度日。她们在扇面上画她们国家的景色。她们越

画越详细。她们似乎想进入画中……进入她们祖国的山川，天空……她们似乎想回到

故乡去。……回到中国的肚里去。两个孪生姐妹似乎想回到母亲的怀里去。"（86—

87 页）

　　5. 中国人习惯饮茶。中国人请来客饮茶，就跟西方人请来客饮咖啡一样，已经从饮食习惯

上升到了礼仪的层次。剧本自始至终，一有机会便敬茶饮茶。这成了中国文化身份的一个标志

性的习俗。

　　6. 中国人有迷信思想。在香港出生并生活过的克劳福德对王先生的儿子说："不要在室内

撑伞，这是不吉利的！"王礼是在加拿大长大的，没有这种迷信思想，便回答他说："我不信

运气，也不信晦气。"（53 页）

　　7. 中国人跟魁北克人一样闭关自守，不容易接受外来文化。那位在香港出生的、卖鞋子的

商人克劳福德对王礼说："你知道，法裔加拿大人是不对外来文化开放的。"在加拿大长大的

王礼回答说："要对外来文化开放的，也许应该是我们吧。"（53 页）

　　作者为了塑造中国人的形象，营造气氛，可以说，把所有具有中国文化特征的元素都搬上

了舞台。除了上面提及的麻将牌、茶叶、折扇、毛笔、水盂、水碗，还有太极拳、道家的理论、

阴阳学术、灯笼、黄包车、鸦片烟等等。

　　魁北克人眼里的中国和中国人，并非都是负面的，也并非都是正面的。在一个世纪的时间里，

魁北克从农业社会走进了后工业社会。而在魁北克现代化的进程中，华人移民也做出了自己的

贡献。这一点是可以肯定的，不管魁北克人怎么看待华人。仅就蒙特利尔与上海在 20 世纪 80

年代结成姐妹城市一事来说，华人的牵线搭桥就十分重要。1991 年，这两个城市联手在蒙特利

尔建筑中国花园——"梦湖园"，成了蒙特利尔居民休闲娱乐的好去处，也成了蒙特利尔的一

个重要的旅游景点。更重要的是，中国花园的存在，大大提高了蒙特利尔作为国际大都会的知

名度，也丰富了蒙特利尔文化多元开放的形象。中国花园是上海市按照中国江南园林的风格设

计的。这里成了中国文化的一扇流光溢彩的橱窗，许多华人新移民更把这里当作宣泄和抚慰乡

愁的最佳去处。

让我们还是从现实生活回到艺术舞台上来，再回到《龙之三部曲》上来。用中国人和中国文化来贯穿长达六小时的马拉松式的现代舞台剧，这不仅在加拿大是绝无仅有的，而且在世界戏剧史上也是绝无仅有的。该剧 1985 年在魁北克市和多伦多市演出之后，1987 年参加蒙特利尔的美洲戏剧节，获得巨大成功，得到社会公认，并获得戏剧节大奖。在以后二十年的时间里，该剧曾在欧洲巡回演出，还到过北美洲、大洋洲、亚洲的 13 座大城市演出。加拿大的华人形象，或者说得更具体一些，魁北克的华人形象，如剧中所表现的那样，呈现在世界观众的面前。华人观众如果不能为华人的形象感到骄傲，但也不必为华人的形象感到悲哀。因为，那是历史。我们应以平常的心态去看待第一代甚至第二代移民留在接纳国人民心中的形象。剧本中所写的一切，不论是正面的还是反面的，主要是为了表达人的共性，为了反映文化多元共生、互相融合的加拿大和魁北克，既不是为了丑化中国人，也不是为了美化中国人。剧中酗酒、嗜赌的魁北克理发师和出生香港的英国小伙子，其形象也不比开洗衣作坊的中国老板靓丽多少，甚至还不如。

魁北克人民长期寻找自我，并自以为找到了自我，但在 1980 年全民公决失败之后，陷入了失望和痛苦之中。1985 年《龙之三部曲》的横空出世，让魁北克人重新回顾自己的历史，认识到他们本来就不是什么纯毛的（pure laine），而是多种文化融合的产物。剧本带他们走出省门，走出国门，帮他们摆脱自设的、痛苦的牢笼，让他们看看其他人民是怎么生存和发展的，让他们开阔眼界，打开思路，寻求新的灵感、新的发展策略。到哪里去看？到哪里去找？到太平洋对岸去，到亚洲去，到中国去，因为那里才是当今世界上经济最活跃、发展最迅速的地区。这是剧作家和导演所做的选择。于是，在第三部《白龙》里，观众看到，皮埃尔·拉蒙达涅获得了一份奖学金，准备到中国去学习东方艺术。

在第三部《白龙》的结尾处，在从温哥华飞往香港的班机上，法国航空公司的机长，对乘客讲了一段精彩的、意味深长的迎宾词。我们摘录一段如下：

"女士们，先生们，晚上好！你们的机长菲利普·冈比耶欢迎你们乘坐法国航空公司的 384 航班飞往香港。……你们如果从左舷窗向下看，你们可以看到温哥华市中心的唐人街，北美第二大的唐人街，现在已经成了一个米米小的光亮的网点。……唐

人街的中国人热情好客，其中许多人来自香港。……香港是无数出口商品的转运站，
也是国际商界许多大家族的后生——英裔青年的出生地。…… 太平洋好似一面镜子。
一边是香港，一边是温哥华。香港是黑色的，神秘的；温哥华是白色的，明朗的。二
者相映成趣。二者又各自为群山环抱，土地面积无法延伸，发展受到限制，而不得不
互相效法，向高空伸展。

　　……她们高楼林立，傲然相视。当夜色宁静，从高空鸟瞰下去，可在太平洋冰凉
的镜面上，欣赏她们的倒影。倒影相连，互补损益。太阳在温哥华落山之际，正是在
香港升起之时，遐想及此，尤感迷人。这两座城市如同孪生姐妹，正是 '道' 本身的
体现：阴阳互动，既成就了宇宙的统一，又统辖着宇宙的统一。女士们，先生们，如
果你们通过身边的舷窗再看一看：在我们上面，天空是黑的，但，是晴朗的。再过几
个小时，大自然将发生奇迹（他指指他头上的天空）：哈雷彗星将划过长空，身后拖
着长长的发光的尾巴。"（166 页）

　　这难道不是世界经济分工合作、东西方文化融合互补的一种隐喻，一种诗意的表述，一种
富于哲理的思考吗？

　　2006 年，罗贝尔·勒巴吉——《龙之三部曲》造就了这位魁北克大导演的国际名声，觉得
意犹未尽，在她的女友玛丽·密淑 (Marie Michaud) 的协助下，共同编出了龙系列的第四部《兰
龙》。故事的背景搬到了上海。主人翁就是来中国学习东方艺术的皮埃尔·拉蒙达涅——弗朗
索瓦兹的儿子。他在上海开了一间画廊，专门展览现代艺术作品。他有一位美术学院的女同学，
叫克莱尔·福雷，来上海寻找发展机会。他们在上海偶然邂逅，两人久别重逢，迅速坠入爱河。
可是一位在皮埃尔画廊里展出自己作品的中国青年女艺术家萧玲，横亘在他们之间。于是，一
场爱的三角使三位当事人都陷入了痛苦抉择的尴尬境地。在这极平常的爱情故事里，观众不仅
看到了一个热火朝天进行着现代化建设的大上海，一个现代与传统、贫穷与富裕、东西文化形
成强大反差的上海，而且也看到了体现在新一代中国青年艺术家身上的追求、期望和敢于创新

1. 我们至今没有看到该剧本正式出版。这里的介绍是根据网络上的资料编写的。2008 年 8 月该剧本曾由两位加拿大英语作家在上海的一家酒吧里用英语朗诵
过片断。

和竞争的个性，彻底颠覆了中国人在魁北克人心目中的形象。[1]

　　改革开放后的中国，经济发达，人民逐渐富裕起来，国家开始强大起来。华人，不论来自

台湾、香港、澳门，抑或大陆，成了加拿大和魁北克省移民的重要资源。魁北克省每年都要吸收数千华人移民和自费留学生。华人给魁北克带来的精神财富和物质财富是无法估量的。现在中国移民像法国移民一样，在魁北克变成了受欢迎的香饽饽。中国移民家庭重视子女教育，为了子女成材，不惜投入大量人力和财力。华人子女在小学和中学里，学习成绩一般都很优秀。总之，魁北克人对华人的看法发生了很大的转变。生活中的华人新形象，我们相信，有一天也会在魁北克作家的笔下，成为艺术形象的。

第三节　魁北克的汉语教学和汉学研究

我们首先声明，这里我们所说的汉学不仅是传统意义上的汉学，而且也包括当今加拿大和魁北克对中国现状——包括政治、经济、历史、地理、文学、文化等诸方面的教学与研究。过去汉学只限于中国古代的文学、历史、哲学、社会制度、宗教信仰等等的研究，而把研究中国现状的学者排除在外，这显然已经不符合 21 世纪世界经济全球化的实际状况。一个已经融入世界经济体系的中国，西方感兴趣的不仅是其过去的历史和文化，对当今中国所发生的一切，西方学者同样感兴趣。

魁北克人过去对中国的了解主要是通过法语著作和英语著作，能直接通过汉语著作研究中国的学者真是凤毛麟角。第二次世界大战之后，蒙特利尔的麦吉尔大学和蒙特利尔大学先后成立了东亚研究所，在这两个研究所里设有汉语课。在其他大学里，如魁北克的拉瓦尔大学，从 1970 年代起就有汉语课。但注册汉语课的学生，中途而废者多，坚持到底者少。一是学生感到汉语难学，二是学汉语没有中国政治、经济、历史、地理、文化、文学等课程的辅助，学生的学习热情很难维持长久。大学里没有中国研究专业（programme d'études chinoises），也就没有专业毕业证书，孤立地当作选修课来学，毕业后很难找到合适的工作。三是没有专业的汉语教师，既然没有汉学研究专业和毕业证书，当然也就没有经费来雇请专业的汉语教师。至今魁北克大学里除了自 20 世纪 90 年代后期以来逐步聘用的华裔教授之外，魁北克专事汉语和汉学研究的人才，真可谓屈指可数。我们在这里介绍几位通晓汉语且对汉学（包括传统意义上的汉学和当代中国社会和经济发展）有深入研究且成绩卓著的学者。

一、白光华（夏尔·勒布朗，Charles Le Blanc，1943— ），蒙特利尔大学荣休教授。魁北克大学里姆斯基分校毕业，蒙特利尔大学哲学硕士，美国宾夕法尼亚大学汉学博士，师从美国著名汉学家德克·卜德（Derk Bodde，1909—2003）。白光华长期担任蒙特利尔大学东南亚研究所所长，领导对东南亚的研究工作。负责主编《亚洲社会与文化》丛书。1983—1985 年间曾任加拿大驻华使馆一等秘书，负责文化和科学事务。他个人的兴趣是中国古代哲学，曾花费多年心血，将《淮南子》一书译成法文。他在汉学研究方面的声誉，主要来自他跟法国巴黎国家科研中心主任雷米·马蒂厄（Rémi Mathieu）合作完成的巨著《儒家学派》（*Philosophes Confucianistes*）。该书于 2009 年由法国伽利玛出版社出版，收入七星丛书。《儒家学派》一书首次把《论语》《大学》《中庸》《孟子》《荀子》和《孝经》在法国合集出版。此书的出版在法国引起轰动，获得巨大成功。这本厚达 1 500 多页的儒家经典竟然出人意料十分畅销，当年就售出 6 000 册。白光华教授声称，这是他职业生涯中最为重要的著作。他在解释《儒家学派》出版后获得成功的原因时认为：中国现在重新重视儒家所提倡的价值体系，是儒家学术自宋代朱熹提倡新儒学之后在中国出现的第三次高潮。此书的出版适逢其时，具有现实意义。他曾在《汉学家的职业》一书中这样写道："做汉学家，就是试图了解和使人了解中国社会和文化的方方面面。中国在文化上和地理上单独处于欧亚大陆的另一端，呈现为区别于印欧世界的另一个世界。汉学家的任务就是要说明这种区别，以便对中国的特殊性既要了解又要尊重，同时丰富西方的思想和情怀，促进地球上不可绕过的两极最大限度地公开对话。"这也是法国汉学奠基人让—皮埃尔·阿贝尔—雷米萨（Jean-Pierre Abel-Rémusat，1788—1832）当年所主张的观点。

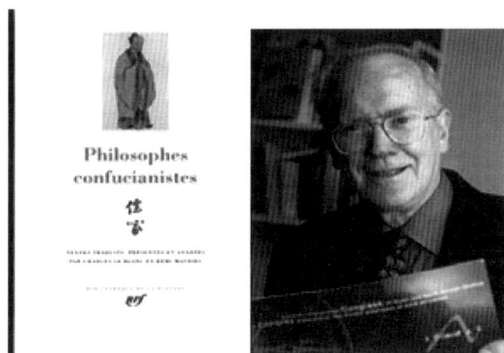

白光华及其著作《儒家学派》

二、玛丽—克莱尔·于奥特（Marie-Claire Huot，胡可丽），曾先后在蒙特利尔和温哥华学习中文，1981—1982 年间留学中国，学习中文。1987 年获蒙特利尔大学比较文学系博士学位。1990 年代一度出任加拿大驻华使馆文化顾问。回国后，任蒙特利尔大学东亚研究所研究员，同时从事汉语和中国文化的教学工作[1]。1994 年，法国巴黎皮基埃出版社出版她的《文化小革命》

1. 胡可丽现任教于卡尔加里大学的语言学、语言和文化系（Department of Linguistics, Languages and Cultures, University of Calgary）。

（*La Petite Révolution Culturelle*）。2000 年，美国杜克大学出版社出版她的《中国新文化纪实》（*China's New Cultural Scene: A Handbook of Changes*）。这两本书的共同特点是作者以艺术家和社会学家的眼光，描述了改革开放后八九十年代，中国在文学创作、电影制作、摇滚音乐、前卫艺术、传媒广告等诸方面所做的大胆尝试，所产生的巨大变化，同时没有忘记指出年轻人在金钱、饮食、娱乐、性和政治问题上表现出来的新观念，使大西洋两岸关心中国变化的广大读者，认识到正在崛起的中国的新面貌。当西方研究中国问题的专家们还把目光停留在经济体制和政治制度问题上时，胡可丽已经把她的镜头对准了中国在文化和意识形态上的变化。近年来，她在蒙特利尔大学国际研习中心（CÉRIUM）开办的暑期讲座里讲授关于当代中国的两个专题：《中国电影的两次新浪潮：在故事片与纪录片之间》（*Deux nouvelles vagues de cinéma en Chine: entre fiction et documentaire*）和《中国文学：不可绕过的作家》（*Littérature chinoise: les incontournables*）。下面我们简单介绍一下这两个报告的内容，以便知道胡可丽是如何介绍中国电影和中国文学在近二三十年间的发展和变化的。

1. 《中国电影的两次新浪潮：在故事片与纪录片之间》简介

在 1980 年代，中国电影的第五代导演登场，使中国电影走向世界，获得世界的公认。第一波的新浪潮是从陈凯歌导演的《黄土地》开始的。胡可丽追述了这一浪潮的发展过程，同时也分析和对比了张艺谋和田壮壮的早期电影。她在分析中提到的电影有陈凯歌的《黄土地》（1984）、《孩子王》（1987）和《霸王别姬》（1992），田壮壮的《蓝风筝》（1993），张艺谋的《红高粱》（1987）、《大红灯笼高高挂》（1991）和《满城尽带黄金甲》（2006）。然后，她讲述第六代导演的特色和他们与第五代导演的区别。她主要介绍了吴文光的纪录片《流浪北京》（1990）、贾樟柯的故事片《山峡好人》（2006）和纪录片《东》（2006）。[2]

2. 胡可丽还是即将出版的贾樟柯的文集《贾想》（Jia ZhangKe Speaks out）的第一英文译者。

2. 《中国文学：不可绕过的作家》简介

胡可丽从中国的四大名著（《红楼梦》《三国演义》《水浒传》和《西游记》）说起，指出这是中国人每人必读，也是中国销售量最大的古典作品。她简略介绍 20 世纪上半叶中国最伟大的作家鲁迅及其作品《阿 Q 正传》和《狂人日记》之后，便介绍 1949 年之后和 1980 年之前出生的几位作家，并分析他们的代表作品。被提及的作家和作品有姜戎及其《狼图腾》（2005），王安忆及其《长恨歌》（1996），莫言及其《丰乳肥臀》（1995），余华及其《许三观卖血记》（1995），王朔及其《现代狂人日记》（2007）。最后，她还介绍了八零后的新生代作家，如身体写作代表作家棉棉及其《糖》（2000），华裔英语作家郭小橹及其《恋人版中英词典》（2007），2008 年稿费收入 1 300 万元的郭敬明，以及口无遮拦的网络写手韩寒对茅盾、巴金、老舍和冰心老一辈文学大师的妄评。

三、吕彤邻（Tonglin Lu，1954— ），1978 年北京第二外国语学院法语系毕业。1983 年获蒙特利尔大学比较文学系硕士学位。1985 年获美国普林斯顿大学比较文学硕士学位，1988 年获比较文学博士学位。1988 年毕业后曾在加利福尼亚大学贝克莱分校做过一年研究工作，1989 年到依阿华大学亚洲语言文学系教中国现代文学，又到美国其他大学教学和做研究，2003 年应聘回到蒙特利尔大学比较文学系教授中国文学，现为教授。她教授两门中国文学课，一门古代中国文学，一门当代中国文学。古代中国文学课通过阅读译成法文的中国古代文学作品进行讲解。当代中国文学课主要是选择"五四"到 20 世纪 80 年代的优秀文学作品进行阅读和讲解。吕彤邻教授的研究范围包括中国文学、电影艺术、女性文学、文艺理论和全球化理论。她熟练掌握中、英、法三种语言，同时用三种语言进行写作和发表著作。在美国、英国、香港和中国大陆都曾发表学术著作。目前正在加利福尼亚大学人文科学研究所完成研究当代中国独立影片的专著《Documentary Aesthetics and Spectacle of Ideologie as Fantasy》。

四、李晟文（Shenwen Li，1960— ），1983 年毕业于湖南湘潭大学历史系，获历史学学士学位，1986 年毕业于中国南开大学历史研究所，获明清史硕士学位，1998 年毕业于加拿大魁北克拉瓦尔大学历史系，获历史民族学博士学位（ethnologie historique）。1999 － 2001 年间，先后在加拿大渥太华大学历史系、拉瓦尔大学宗教与神学研究院从事博士后研究。2002 年，受聘于拉瓦尔大学历史系，现为教授。

李晟文在拉瓦尔大学历史系读博期间，主要从事明清时期中西关系史、耶稣会士在华传教史的研究，并完成博士论文《十七世纪法国耶稣会士在新法兰西与中国传教策略研究》。李晟文的博士论文是目前唯一的一部对西方传教士在中国与北美的传教策略进行对比研究的专著，1999 年被魁北克省的 Félix-Antoine-Savard 基金会评为当年历史民族学方面的优秀博士论文。论文出版后，又于 2001—2002 年被加拿大人文与社会科学联合会（The Canadian Federation for the Humanities and Social Sciences）评为该年度法语类四部最佳著作之一。这在加拿大学术界是非常难得的荣誉。

李晟文于 2005 年 10 月在拉瓦尔大学主持首届国际汉学研讨会——"中西文明碰撞与对话"研讨会，探讨中西文化交流方面的各种现象。讨论会上的主要发言由李晟文主编成集，于 2009 年出版，题为《马可波罗以来的中国：欧洲与美洲的相遇与交流》。

五、塞尔基·格朗杰（Serge Granger, 1964— ），1990 年魁北克大学蒙特利尔分校历史系毕业，1996 年获魁北克康科迪亚大学历史系欧洲研究硕士学位，2002 年获该大学历史系亚洲研究博士学位。2003 年曾在印度古特拉邦巴罗达大学做印加关系研究，2004 年曾在中国河北大学加拿大研究中心从事加中关系研究工作。多年来先后在蒙特利尔大学、舍布鲁克大学、魁北克大学席库提米分校教授有关中国的课程。他曾对加拿大和魁北克跟中国和印度在历史和文化上的联系做过专门的研究。1990—1996 年间，每逢暑期他便带领学生去中国上中国文化旅游课。2005 年 3 月为蒙特利尔大学组织魁北克—中国讨论会。2007 年 4—5 月间为蒙特利尔大学组织魁北克—亚洲国际讨论会：他者的形象与故事。与会者来自印度、中国、泰国、日本、法国和加拿大。2010 年获得魁北克舍布鲁克大学应用政治学院教席，同时兼任舍布鲁克大学历史系客座教授。塞尔基·格朗杰是魁北克研究中国学的后起之秀。

六、安娜·吉利奥纳（Anna Ghiglione），巴黎第七大学远东学博士，曾在法国高等应用研究院和国际哲学学院作博士后研究，曾任教于法国波尔多第三大学、巴黎城北（Paris-Nord）大学。2002 年应聘任教于蒙特利尔大学哲学系和东亚研究中心。在哲学系教"中国人的精神世界"和"中国哲学的起源"两门课，同时在东亚研究中心教古代汉语。吉利奥纳太太继承法国汉学传统，专攻中国古代的哲学流派和宗教思想，并对中国古代大师们的思考中想象与哲学的关系，特别感兴趣。

安娜·吉利奥纳（Anna Ghiglione）

在魁北克学界研究中国政治、经济、哲学、历史、地理的教授和研究人员远远不止我们所介绍的这几位，能直接使用中文资料进行研究工作的人员随着华裔学者的参与，人数在逐渐增加，研究和教学的队伍在逐渐扩大。我们从上面几位学者的主要著述中可以看出，魁北克的汉学或中国学，在 21 世纪的第一个十年里，已经取得相当不错的成绩。随着这期间孔子学院相继建立，中文和中国文化普及程度的提高，不久的将来定会有更多的年轻学者加入到这支队伍中来。

我们在本节开头时说过，魁北克人对中国的了解主要是通过法语著作和英语著作，包括传教士们根据在中国传教的经验而写的报道和书籍。从 20 世纪 70 年代开始，魁北克已经有不少研究中国问题的先行者。如魁北克大学蒙特利尔分校(L'UQAM) 政治系教授、政法学院院长、国际政治和安全研究所所长雅克·莱维克(Jacques Lévesque) 教授，在 1970 年就发表专著研究中苏冲突和东欧问题；拉瓦尔大学政治科学系教授、魁北克高等国际研究所研究员、东亚和国际战略研究专家和加拿大国防部顾问钱拉·埃尔维（Gérard Hervouet）教授，在 20 世纪 80 年代初就参与发展与中国大学的校际关系，应邀到上海外语学院和北京外交学院讲学，并跟这两所大学建立合作关系，为这两所大学培养人材；蒙特利尔大学东亚研究所所长、海陆空运输和港口问题专家克罗德·龚多瓦（Claude Comtois）教授，对中国长江三角洲和台湾海峡的水路运输，对香港、上海和兰州作为国际港口的交通运输问题都做过专门研究；拉瓦尔大学行政管理学院的苏展（Zhan Su）教授，对中国的经济发展模式，对中国的崛起和在发展中所遇到的挑战，有深入的研究和独到的见解，被西方学界公认为中国发展问题研究的杰出学者；拉瓦尔大学地理系水问题专家弗雷德里克·拉塞尔（Frédéric Lasserre）教授，对中国南海水域的地缘战略和边境冲突问题，以及中国东北边境水域邻国分享问题做过专题研究。这些魁北克的前辈和近一二十年来各学科中新一代专家的出现，我们可以预见，魁北克的汉学或中国学，在 21 世纪未来的岁月里，定会取得更大的成绩。

第九章　　加拿大魁北克华人的文学活动

引言

华人移民魁北克已有一百多年历史。可是华人从何时开始拿起笔来记录他们在异国他乡的生活，述说寄人篱下的委屈、遭受歧视的屈辱、文化冲击的感受，抒发对亲友的离愁、对祖国的眷恋，回顾创业的艰辛，分享成功的喜悦……我们由于手头缺少文学的初始资料，如家书、私人日记，以及散见报章杂志的文章，很难对魁北克华文文学的诞生作出如实的、准确的叙述。就笔者所知，蒙特利尔有八九十岁的老华侨至今仍孜孜不倦用古体诗词来抒发自己的感情。在上世纪九十年代初，魁北克古壁中华协会出版的油印刊物《双桥通讯》上，每期都能找到一两篇文艺随笔。我们虽然不能从史的角度来记述这些零星存在的文学，但我们丝毫也不怀疑，凡有华人存在的地方，就会有华文文学的存在。

我们在下面记述的，仅仅是近二十年来出现在蒙特利尔和魁北克的华人文学活动。在这之前的空缺，我们只能留待后来人发掘、补充了。

第一节　魁北克华文文学的存在与发展（上）[1]

1. 魁北克华人作家协会现任会长郑南川先生为了给笔者提供资讯和数据，特地写了一篇魁北克华人作家协会诞生和发展的情况总结。该总结已于 2011 年 10 月分期刊登在魁北克《七天》周报《北往》副刊上，2012 年 2 月，又作为附录，刊登在协会出版的《岁月在漂泊》一书中，题为《一段移民文学成长的路程——魁北克华人作家协会十四年发展概述》。本章第一、第二节，即根据郑南川先生此文，以及冬苗、夏莲、邵云、紫云、胡宪、刘爱丽、王晓全、张芷美、冰蓝等会员们提供的资讯，撰写而成。笔者谨在此表示衷心的感谢。

一、 魁北克华文文学的诞生

从 20 世纪 80 年代起，移居魁北克省的华人逐年增多。到 90 年代中期，来自中国大陆、港、台的新移民和来自越、老、柬的华裔难民，为华文文学的发展和兴起准备了足够的受众。而且，这些新移民一般受中英文教育的程度比较高，就业于各行各业，散居于蒙特利尔市区和周边卫星城市里。他们不仅有阅读的要求，而且也有写作的欲望。在这同时，蒙特利尔为华人服务的华文媒体（包括平面媒体和网络媒体）也兴旺起来。这些报纸和网站，如果只登广告和翻译、转载加拿大的当地新闻，显然已不能满足华人读者群的需求。在报纸和网站上开辟文学园地，以吸引更多的读者，已是势在必行。最后，一些在大陆或港台有过文学创作和编辑经验的新移民，进入了蒙特利尔的华文新闻业工作，为华文文学的诞生和发展提供了编辑人才和"护花使者"。到了 90 年代，魁北克华文文学诞生所需要的条件就都具备了。

1997 年年初，《路比华讯》率先开辟文学园地"笔缘"。为团结蒙特利尔的文学爱好者和建立一支写作的队伍，时任《华侨新报》编辑的董淼先生倡议成立一个文学团体。他的倡议立即获得业界同仁和报社领导的热烈支持。他又建议此文学团体命名为"魁北克华人作家协会"。有同仁提出异议：我们怎么可以自封为作家呢？董先生的回答很简单："我们现在也许还不是作家，但我们可以朝着作家的方向努力。"此言一出，众人释怀，遂以"魁北克华人作家协会"的名义向政府有关部门登记注册，成为一个合法的、非营利性的文学团体，不拿政府任何津贴的、独立自主的民间组织。1997 年 3 月 17 日，加拿大魁北克华人作家协会，在蒙特利尔京都酒家举行成立大会，并宣布协会的宗旨是"以文会友，磋商文学"。第一届理事会由董淼任主席，诗人白墨和蒙特利尔大学教授嵇少丞任副主席，理事会成员有曾做过记者、作家和大学俄语教师的高嘉贺，曾在中国大陆的大学任教的康城。《华侨时报》社长周锦兴为协会名誉会长。

《路比华讯》的"笔缘"创刊号首先推出董淼以难民真实生活为题材的报告文学作品《断

魂之旅》，在当时的蒙城引起不小的轰动；高嘉贺的系列生活感悟篇《乡巴佬细数陈芝麻》，开始在另一家华文报《华侨新报》连载，芝麻细事，回味留香；白墨从唐人街叙事说起，用诗歌写了很多身边的小事；嵇少丞的杂文也频频出台。这些作品，为魁北克华文文学奠定了最初的基石。

魁北克华人作家协会在不到两年的时间里便进行了一次华丽的转身，从"以文会友，磋商文学"的初衷，变成"以文会友，走文学道路，把移民文学的创作视为己任"。"魁华作协"的文学园地——《路比华讯》上的"笔缘"栏目，从 1998 年 11 月第 87 期起，根据新的宗旨进行了改版。编者在改版告白中写道："有人说，我们是加拿大公民，却是中国人，可我们是中国人，却不再是中国公民。我们就是这样一批漂泊在海外的群体，我们需要刻画出这一群体生命的特别意义，'笔缘'就是这样把这一任务作为己任的。"在这同时，编者还宣布开辟新的文学栏目：如"诗情"篇，发海外情之诗吟；"一叶语"，叹生活之点滴感动；"小小说篇"，讲我的故事和思考；"创作语丝"，思创作之道和感受。这样，"笔缘"的文学性加强了，作者创作的方向性更明确了。

"笔缘"开办初期，"校园故事"因为反映了当时留学生生活的方方面面，颇受留学生和访问学者的欢迎。留学生小尘的专题文章，真实地记录了 20 世纪 90 年代留学生读书、打工和奋斗的经历。从 1998 年年末，魁北克华文文学开始走向新的阶段。

二、 21 世纪魁北克华文文学的蓬勃发展

进入 21 世纪以后，随着中国大陆经济上的崛起，海外移民物质生活条件的变化，文学创作在思想内容上，有了新的改变；与此同时，文友的素质也发生了变化。在这一段时间里，一群具有实力的年轻女写手们，使"笔缘"这块文学园地变得姹紫嫣红，浪漫而温馨。

21 世纪第一个十年的中期，"笔缘"版面再次发生变化，两个版面分成了"文友投稿"版和"作家专栏"版。参加"作家专栏"写作的，都是有写作经验的作者。他们轮流上阵，各显其长，把移民生活的方方面面，统揽其中。这些作者中，有专门以生活小事为视角的作者，如朱九如等；有以写杂文、评论为特长的方言；也有以写散文、随笔为特长的李敏等以及擅长写

游记的张建春。他们的作品给读者留下了深刻的印象。

2002 年 4 月，魁北克华人作家协会在《蒙城华人报》开辟第二个文学园地"红叶"。冰蓝是专栏的主编。"红叶"发表最多的是散文作品。十年来，"红叶"共办了一百多期，发表了45 万字的文稿，还出版了九期特刊，专门选登协会会员的各类获奖作品。另外，"红叶"专栏几乎每期都登一首气息清新的诗歌，颂景色，话人情，是协会新诗发表的主要园地。

2009 年 3 月，魁北克华人作家协会在协会会员、《七天》周报社长尹灵女士的倡议下，合作创办了第三个文学专栏："北往"。专栏由远航担任编辑，由《七天》负责最后的编审和付印。"北往"不仅发表小说、散文、随笔、诗歌类作品，还增加了文学评论、杂文和图片等内容。并邀请小虫等人参加专栏的写作，同时对外公开约稿。

为鼓励华文文学创作活动，"魁华作协"设立了"詹锯辉文学奖"。詹锯辉先生是蒙特利尔成功的房地产商人，热衷于文化活动。在他的资助下，"魁华作协"先后主办过四次"詹锯辉文学奖"。2001 年，"魁华作协"在詹锯辉和社会各界的支持下，举办了全加拿大华文文学奖活动，即"2001 年全国詹锯辉文学奖"。

中立者为"魁华作协"现任会长郑南川先生

为保证活动的成功，"魁华作协"第一次由主席出面，写信请求中国作家协会参与评审。中国作家协会委派鲁迅文学院教授、评论家何镇邦代表中国作家协会，赴蒙特利尔参加评选活动的全过程。协会还邀请到作家王蒙作为评审委员会的名誉主席。他为文学奖送上了亲笔题词"以母语寻找和缔造心灵的家园"。参加评审工作的还有：中国作家王安忆、诗人杨文翰、《明报》编辑王迅雷、《华侨时报》主编阮浪扬、"魁华作协"主席郑南川和副主席邵云。此项活动还收到了当时加拿大总理克里靖的贺信；魁北克地方政府官员也发来贺信表示祝贺。颁奖活动规模盛大，与会人数达到 500 余人。通过这次活动，协会正式与中国作家协会建立了合作关系，在以后的一些活动中，一直得到中国作协的帮助与支持。

2002 年夏天，协会邀请前往温哥华参加加拿大华裔作家协会举办的第六届华人文学国际研讨会的中国作家铁凝和项小米到蒙特利尔访问，参加由"魁华作协"主办的"中国与加拿大华文文学研讨会"的活动。当时，铁凝是中国作协副主席，项小米的小说《英雄无语》被改编成电影，获得"华表奖"。她们的到来，令"魁华作协"的会员深受鼓舞，大大提高了会员们的自信心。

2003 年，中国作家代表团来渥太华参加世界作家代表大会，并应"魁华作协"邀请，到蒙特利尔作了短时间的访问。应邀前来的有：蒋子龙、周大新、迟子建、徐小斌等作家。蒋子龙先生还专门作了"如何写作长篇小说"的报告。

2004 年，作协组织了文学奖征文活动，铁凝应邀作为评审委员会主席。她以十分认真的态度，对每一篇参赛作品都作了简评，使参赛作者受益匪浅。

在第八届协会主席方元的建议下，"魁华作协"创办了《电子月刊》和"魁北克华人作家协会博客"，以便加强协会会员之间的信息交流。2008 年 5 月开始，《电子月刊》正式跟会员见面。到 2011 年 9 月，共出 41 期，大约 41 万字。《电子月刊》每月一期，以内部交流的形式，通过邮件发送给所有会员。《电子月刊》受到了会员们的欢迎。负责编辑工作的冰蓝，使《电子月刊》成了大家不可缺少的"信息传送带"。"魁华作协"的博客也在同年创办，成了文友作品的展示平台。

三、 文学园地，百花盛开

魁北克华人作家协会在 14 年内，从拥有一个文学园地，发展到三个文学园地；写作的队伍一天天壮大，从开始时的 30 多人发展到 60 多人。2012 年 2 月，魁北克华人作家协会首次推出会员作品专辑《岁月在漂泊》，刊登了 60 位作者的 175 篇作品，总共有 40 万字，可谓洋洋大观。加上典雅大气的封面设计，这本厚实的专辑叫人爱不释手。书中收集的作品，题材丰富，形式多样，有散文随笔，也有短篇小小说，有游记诗歌，也有杂文评论。文章的质量虽然参差不齐，但作者们的努力是可敬可佩的。那些长短不一的篇章浸透了对祖国大好河山的依念，字里行间洋溢着浓浓的乡情，忠实地记录了在异国他乡落地生根的艰辛，为了融入接纳社会所做的努力，以及在事业上遇到的挫折和获得成功的喜悦。我们不会忘记，这些作者绝大部分并非专业作家，他们各人都忙着自己的营生，只是因为热爱文学，热爱中国文化，才拿起手中的笔，运用他们无法割舍的母语，抒写他们的移民感受。

十四年来，仅在"魁华作协"拥有的三个文学园地里，会员们就发表了六百余万字的文学作品。他们不仅在《路比华讯》《蒙城华人报》和《七天》周报的文学园地里发表作品，而且也在《华侨时报》《华侨新报》《新园地》（中法双语刊物）、《此时此刻》等报刊和网站的文学专栏里发表他们的文学作品，个别作者还在中外出版社出版自己的作品。我们在这里只介绍几位较有成就的作者。

（一）小说

郑南川，中国云南大学历史系毕业，毕业后留校任教。1988 年留学加拿大魁北克拉瓦尔大学，攻读英法近代区域经济政治史博士学位。1991 年从魁北克市搬迁到蒙特利尔后，开始写作。已发表各类文学作品百余万字。现为加拿大《华侨时报》"漂泊的梦"和《七天》文学版"北往"专栏作家。他是个多产的作家，既写小说，也写诗歌，还写散文和评论。《咖啡与女人》是他早期创作的一部中篇小说，"笔缘"从第 89 期开始连载。这部小说写了 20 世纪 90 年代一个留学生和两个女人的故事。一个是他的妻子，一个是他爱上的当地女人。一个男人从还没有完全开放的中国出来，在咖啡吧邂逅了一个当地的漂亮女孩法娣。于是，一段承载着中西文化冲突的感情纠葛，在男女主人翁之间展开。他恪守中国传统的价值观，一旦爱上，就忠贞不渝，一再误解法娣；而法娣对他在爱情上忠贞与否并不在乎。在爱情和性之间，演绎着两人文化上的差异。故事并没有写很多生活中的细节，主要围绕着性爱的冲突，讲着两个人的心理活动。咖啡在故事中具有象征意义：是浓浓的爱，夹杂着西式的情感呢，还是一刻的浓香，飘去的只是淡淡的遗忘？是西方的开放，还是固守东方的传统？这是一部心理小说。在同一时期，作者还发表另外两篇小说《两个女人的一周》和《两个男人的一周》。这两部小说是姐妹篇，讲了两个女人和两个男人在一周里发生的故事，讲了四个上世纪九十年代的穷学生是如何面对现实，如何选择自己未来的。他们从花钱到省钱，从攀比人家的生活到面对自己的家庭，从西方文化的趋同到抵触情绪的膨胀，小说紧贴着生活实际，在当时受到不少的好评。

郑南川从 2011 年开始在"笔缘"连载的长篇小说《那个漂亮女人为什么疯了》，讲述了 20 世纪 90 年代留学生在加拿大的家庭生活和奋斗创业的故事。小说以悲剧收场。作者把琐碎的平常生活，写得十分透彻：出国是他们人生中偶然的一次选择，而为生存奋斗并不是所有人的"美好"理想。人生的道路怎么走，有其偶然性，也有必然性。

陆蔚青写的中篇小说《追踪谎言》，讲一对夫妻出国后感情的变迁，从"追踪谎言"中回答了人生路的曲折与艰辛。连载于《七天》周刊。

雷植荣，笔名知庸，来自大陆台山，地道的草根文人，"笔缘"专栏编辑。他的小说《报应》《钱箱》《地铁奇遇结良缘》等，讲述了发生在我们身边的故事——那些来自中国乡下，又在国外打拼的农村人的生活。这些生活充满文化冲突，给读者以深刻的反思。

刘爱丽，常用笔名：何哲、蒲言、白鸥。来自香港。20 世纪 90 年代移居加拿大蒙特利尔。1997 年魁北克华人作家协会成立时，她是创会会员之一，多年来担任该会理事。2000—2006 年间，一面为"笔缘"负责组稿，一面写作个人专栏"择情篇"。文章《惊蛰》曾获得华文文学奖。迄今已创作了数十万字的作品。刘爱丽的文章清丽自然，她的作品蕴藏着一种默默的呐喊，像是沙滩与海水的对话，纯真而有力度。

虫，原名王晓全，从 2000 年开始，在蒙特利尔的中文报纸上以虫等笔名发表文章，代表作有《暗香》《老人》《婆婆》等。虫是这群女写手中的"实力派"。她以女性独有的视角描述移民生活。她善于观察，理解问题独到。她的作品大多写的是日常见闻，篇幅不长，文字精炼，从小事中讲出大道理，能使读者茅塞顿开，产生震撼。

穆彦的文章，讲的是房前屋后发生的事。她从家长里短中，讲出一个写作人的良心和责任。她的《初为房东》《记我的房客 J》《记我的老板兼朋友 J》等，把魁北克的普通老百姓、每天接触的邻居和顾客，写得栩栩如生，展示了街头巷尾的日常生活。

在"红叶"上发表的短篇小说，还有紫云的《小蕊的烦恼》、胡宪的《借种》、怀素的《痴女人》等。

也行，原名杨兰，来自台湾。她的"蒙城小叙"，以短小的蒙城故事讲述了自己的生活感受，也把移民的平民生活展示在大家的眼前，她的写作一直延续至今，成为大家熟悉的"小叙平常话"女作家。

朱建中，笔名于连，2012 年 7 月因癌症去世。他的力作《蒙城人物速写》，曾在《蒙城华人报》刊载，受到读者的关注。他计划写五十个不同的故事，五十个华人移民的生活素描，每篇五千字。

古沙，原名张庭华，曾在香港出版长篇小说《五味人生》。该小说目前在蒙特利尔的中法双语报纸《新加园》连载。2011 年，又完成了中篇小说《悲欢离合》的写作，讲述一对夫妻出国后遇到的家庭矛盾与冲突。

（二）散文

冬苗，原名董淼，1936 年生。在蒙特利尔居住期间，写作最多的是散文和杂感，并已结集出版，题为《西方"聊斋"》，计 42 万字（其中最后一篇《断魂之旅——女歌手偷渡记》，上海远东出版社曾于 1998 年 12 月出版过单行本）。《家住唐人街》是《西方"聊斋"》中最具代表性、最为感人的一篇。游子的思乡情、民族的自豪感，跟中华文化强烈的认同，只淡淡几笔，便跃然纸上，扑面而来。

冰蓝是协会第六届和第七届理事会的副主席。她的作品《梦见唐城》，是给人印象深刻的散文。她写身边小事，把对祖国的爱，凝结在那些担忧和期待里，让读者感到她那炙热的心海里，真挚的感情在激荡、在奔腾。这篇文章获得了魁北克"詹锯辉文学奖"。她善于用真实的故事说话，文笔平实而不虚夸，叙述细腻而不繁琐。

居正（原名赵新为）的散文《这个世界有鬼吗？》，写孩提时代一段躺在妈妈背上的感受，情真意切，催人泪下。

周宝玲来自香港。从香港热闹繁忙的国际都市来到一个寒冷而清静的北国，她用心记录了离情别恨和一时的迷惘。后来，她把在"笔缘"发表的作品，结集成书，以《纵然迷失》为书名，在香港出版发行。

金碧华是协会中写作时间最长的会员，在中国大陆时担任编辑工作，在"魁华作协"多次担任文学活动的评审委员。她笔下流淌的永远是关爱，是母亲和孩子的对话。

邵云，笔名袁真、文南。他写了许多回忆性的文章，文情并茂，扣人心弦。他作品中的悲情常常寄托着一种美好的期望。

斯眉是一位很有特色的专栏写手。2007 年她的博客荣登北美最大的中文网站《文学城》的

"优秀博客书架"。

九如的专栏以写小人物和朴实的人生故事感动着读者。《花妹》《我的母亲》是两篇让人读后难忘的作品。她对生命和生命价值的回答，是认同人类的普世价值：向往美好。她的文章乡土气浓，十分质朴。

晓月，在法国获得博士学位后移民加拿大。她的作品文字优美，内容细腻深刻。

绿萍，原名谢彩凤，生活经验丰富，先后写了八十余篇散文随笔，数十篇新闻纪实报道。她的散文乡情浓郁，她的纪实报道情真意切，打动人心。曾获《路比华讯》创刊八百期征文比赛一等奖。

张月楠，笔名夏莲等，其作品《五彩缤纷的雪花》曾获得 2001 年度"詹钜辉文学奖"，目前已移居美国新泽西州。

唐璜是一位在生活中踏踏实实，在写作上扎扎实实的作者。在他的作品中，可以读到打工仔的平淡生活，点滴故事，感致心头。

杨格是"笔缘"的新任编辑。她参加过两次文学奖竞赛，都获得了奖。

（三）报告文学

紫云（1950— ），原名马新云，曾在食品店烤面包，给人家做家教，在杂货店里当收银员，为摆脱精神上的苦闷、迷惘和孤独感，她寄情文学，写下了第一篇文章《我们是杂货店的老板娘》。这篇纪实文章反映了许多开杂货铺的华人老板娘的声音。她曾任作协理事，曾为文学园地"笔缘"组稿和编稿。还在该园地开设自己的专栏，命名为"流云星语"。她坚持将旅居海外的生活和感悟在专栏中一一表述。她将报道蒙特利尔华裔女士们的学习和生活的 33 篇纪实作品，结集成书，题为《女人一枝花》。她不仅为她们每人选择了一种花来代表她们，而且在每一篇的结尾填词一首歌颂她们。该书于 2009 年由大陆北方文艺出版社出版，获得读者与文友们的一致好评。

紫云同时是魁北克中华诗词研究会的会员。2004 年她拜诗人白墨为师，向他学作律诗，学习填词，并取得可观的成绩。迄今，她已在《华侨新报》的"诗坛"上发表了 500 多首古诗词，其中 15 首被收入大陆出版的《当代诗坛百家绝唱金榜集》第一卷，并获金奖，号称"百杰金榜诗人"。2012 年，紫云出版了个人的诗词集《紫云清卷》（中国文联出版社），收录了她用

100 多个词牌填写的 300 多首古体词，淋漓尽致地倾诉了自己的乡愁和亲情。

远航以写作游记知名。她的文章气势庞大、图文并茂，向读者打开了另外一个世界。从美国最南边的佛罗里达到加拿大的拉布拉多半岛，从加拿大最东部的纽芬兰到美国西海岸的旧金山，从中南美洲到墨西哥，从古巴到哥斯达黎加，她的足迹遍布美洲大陆，接着又向欧洲和非洲迈进。

胡宪也是个擅长写游记的好手。她以北极狐为笔名写的非洲游记和加勒比海游记令人读后难忘。她在北京长大，受锡伯族奶奶的影响很深，现在她是蒙特利尔《七天》报社的记者。她不顾危险，曾接受加拿大国防部的邀请和《七天》报社的委派，去阿富汗战争前线，担任战地记者。她所写的战地日记和系列报道，在民间和政界引起强烈反响。中国汶川特大地震发生后，她又亲赴灾区第一线进行采访，用镜头和文字把灾难的实际情况，把救灾募捐的活动，呈现在蒙特利尔华人面前。这些年来，由她直接采访写下的报告文学、专访文章有几十篇。

远航和胡宪也是写记实文学的好手。远航的《冬天里的雪猫头鹰》、胡宪的《都市里的野狐狸》，以加拿大的自然现象为背景，用自己的亲身感受写下了动物的传奇。这是我们在中国的城市里见不到的动物，也不可能发现的奇观。只有生活在高寒地带的独特环境里的人才会见识到，才会写得出这样的作品来。

（四）杂文和时论

方元，笔名碧溪居士，专栏作家。他针对现实生活中的社会、经济、文化等问题，以杂文形式，提出"质疑"，加以"评说"，引经据典，纵横捭阖，文章内涵丰富而深刻。他同时还在《七天》"言论版"担任"寒山碧水"专栏写作。

张毅(已故)是《笑谈人生》的专栏作者，值得一提。他长期身患疾病，生活十分困难，但是，他对文学的那股热情，让文友们深受感动。他的杂文和短评，在香港《明报》经常发表，文字精辟深刻。

郝宗康一直在《华侨新报》的专栏上发表杂文，评论华人生活中的"不良"习惯和传统陋习。文字幽默、辛辣，很受读者的喜爱。

除了在"笔缘""红叶"和"北往"这三个文学专栏发表作品的作家之外，还有在其他报刊上发表作品的政论家、中西文化比较专家、长篇小说家、杂文家。

雷门是《七天》周报和《华侨时报》的时事专栏作家，同时，担任《七天》周报"七天言论"专栏的主编。雷门是马来西亚第三代华人，接受的是西方教育。长期以来，他的随笔和专论，纵谈中国与国际形势，在蒙城社区有着相当的影响。他曾经在《华侨新报》长期写作，他的时事翻译作品有很强的新闻性和时事性，颇受读者欢迎。

林炎平于 2008 年由夏菲尔国际出版公司出版的《奥林匹克的启示——回眸中西文明》，是一本以散文形式书写的思想游记，优美的文字带领读者返回古希腊和文艺复兴时代，详述中西两种文明的差异，引发人们对中国历史和现状的思考。林炎平以商养文，于 2010 年向浙江大学捐资 100 万元人民币，设立"走向公民"基金，鼓励对希腊文明和希伯来文明的研究。同年 10 月，浙江大学出版社出版了中文版的林炎平对中西文明进行比较研究的专著《我们头上的灿烂星空》。

第二节 魁北克华文文学的存在与发展（下）

一、 现代诗

20 世纪 90 年代，"笔缘"拥有两个版面的时候，就开辟了"新诗集"专栏，以每周一篇的方式，连续发表了 80 余篇诗歌，并对诗歌组织点评，开展讨论。2000 年 5 月，协会编辑了《红枫叶诗抄》一书，收集了百余首已发表的新诗。诗集中的片片红枫叶，反映了华人移民群体的渴望与追求、困顿与迷惘、色彩斑斓的奋斗经历。

枫丹是这群诗人中最有才华的一位。他的诗，语意深长，耐人寻味，十分优美。"新诗集"收了多首他的诗作。

高嘉贺（1917—2012），曾在中国大陆出版过从俄文翻译的《尼伯尔诗选》（上海新文艺出版社）和《苏联歌曲集》（人民音乐出版社）。他出国后将自己在陶行知育才学校的亲身经历，以及旅居国外的所见所闻，写成《爱满天下》一书。2003 年，由北京文联出版社出版。2006 年，大众文艺出版社又出版了他的另一部散文集《乡土情缘》。

诗人中也有不到二十岁的年轻人。在 1999—2002 年间，王盟和王远征还是在读的学生。王盟在《三月的春天》里描写魁北克的春天，王远征在《翅》中表述自己的失落，都隽永而令人回味。

郑南川在坚持写小说的同时，也成了移民群体中写诗的发烧友。他前后写了 200 余首诗歌，发表在"笔缘""红叶"等文艺专栏里，并被收入"魁华作协"主编的《红枫叶诗抄》里。他的诗歌一半以上是为华人打工仔写的，表达他们的失落心情，为求生存而经历的艰辛。这些诗歌，格局不大，结构精致，充满隐喻，意象丰美。在蒙特利尔华文新诗坛上，他被视为写作意象诗的最佳诗人。1998 年，郑南川的诗歌《漂泊——写给海外创业的朋友们》参加了中国"跨世纪九八和平，友谊，繁荣，进步"作品大联展，在中国美术馆和中国军事博物馆展出。2013 年 1 月，郑南川出版了诗集《一只鞋的偶然》（*The Fortuities of a Shoe*），收入了近十多年的诗作。这是一本用汉、英双语出版的诗集，英文翻译由陶志健博士承担。这是魁北克首部用双语出版的诗集，为魁北克的华人文学走进主流社会，做了一次有益的尝试。

二、　古诗词

古诗词是中华文化的瑰宝，忠实地记录了中国人民的历史和思想感情。可是在白话文运动兴起之后，格律诗渐渐失去了在诗坛独占鳌头的地位，而被白话诗或自由诗所取代。但格律诗作为一种诗体或一种诗歌的形式，仍为不少人所喜欢。魁北克就有两个诗社，一个在蒙特利尔，一个在魁北克市。

蒙特利尔的诗社叫"魁北克中华诗词研究会"，成立于 1999 年。该研究会在《华侨新报》的支持下，得以在过去的 12 年里每周一次，从不间断，在《华侨新报》的"诗坛"专栏里，共发表了 13 000 多首古体诗词。这样的记录，不仅在海外是一个创举，就是把大陆、港、澳、台加在一起计算，恐怕也是绝无仅有的。《华侨新报》坚持弘扬中华传统文化，为研究海外华人文学发展史记录了宝贵的资料，实在难能可贵。

"诗坛"的坛主是已达耄耋之年的谭锐祥先生，而白墨先生则是魁北克中华诗词研究会的实际操作人、"诗坛"的主编。白墨，原名卢国才，1953 年生于金边，祖籍广东潮州揭阳，柬埔寨金边最大华文学校端华中学第 11 届专修班毕业。1970 年代，柬埔寨发生战乱，白墨在柬、越、泰三国之间颠沛流离，苦不堪言。1980 年以难民身份从泰国难民营来到加拿大。为了谋生，在常人难以接受的条件下工作，多次受工伤。他热爱中国古典诗词，完全靠自学成才。

白墨，摄于自家书房

1996 年他在《华侨新报》开辟"无墨楼·丽壁轩"专栏。15 年间，写了 730 多篇随笔，1 400 余首诗歌。2010 年 12 月初，白墨参加在台湾举行的第 30 届世界诗人大会，会上被联合国教科文组织承认的美国世界艺术文化学院授予荣誉文学博士学位。白墨载誉而归，蒙特利尔的华文媒体和加拿大广播电台国际部，纷纷对他进行采访报道。在他的不懈努力下，编辑出版了《谭锐祥诗词集》《郑石泉诗词集》《子汉诗词集》和《白墨诗词集》。而且把诗友的诗词作品编成集子在网上发表，供诗词爱好者欣赏、查阅。迄今已有 60 多位诗友的诗集被他发表到网上。

白墨先生是个勤奋多产的作家，且热心公益，乐于助人。坎坷的人生经历造就了他性格的坚强和刚毅，在蒙特利尔的华文文坛是个受人尊敬和热爱的作家。下面请欣赏一首白墨先生的诗作。

萍踪佛国，浪迹枫邦，喜赐余妻女。廿九载、移根驻足，立业成家；创会盟鸥，兰亭雅聚。诗坛唱和，文场驰骋，满城赓咏书盈屋；最难忘、是探亲之旅。湄江兄弟重逢，知足粗安，乐随贫富。

——莺红——白墨读紫云新著《女人一枝花》有感

蒙特利尔有魁北克中华诗词研究会，魁北克市华人也有一个诗社，叫"弘毅诗社"。"弘毅"二字出自《论语》"士不可以不弘毅，任重而道远"。成立于 2006 年。主要成员是在读的留学生，古典诗词爱好者。他们不定期地举行野外活动、家庭聚会、节日晚会，以联络感情、触发诗兴，把在海外拼搏奋斗的游子情怀诉诸笔端，记录漂泊人生的历程。"弘毅诗社"实际存在了两年。2006 年和 2007 年诗社结集两本《弘毅诗集》，发表在文学城网上。2008 年，"弘毅诗社"与文学城上的"温馨诗社"合并，"温馨诗社"实际上成为海外热爱古诗词的留学生以及古诗词爱好者共享的诗歌园地，诗友们大多写律诗、四言、五言、七言、绝句、词曲长短句，偶尔也有人写白话自由诗。魁北克原"弘毅诗社"的版主继续以"静水子"笔名在"温馨诗社"的版面上发表自己的新作。

静水子，原名周进，"弘毅诗社"创办人。周进在武汉大学期间受生物系教授、遗传学专家汪向明先生启发，开始学写古诗词，至今写了古诗词 700 余首。2002 年出版《东进扶桑诗存》，2004 年出版《丹枫雪雁集》。2008 年，将十年来所写诗词加以整理，将已出版的两个集子合二为一，共得 440 首，仍题为《丹枫雪雁集》。2008—2011 年间的诗作也已结集出版，题为《风流魁北克》。这两本诗集均由中文国际出版社印行。他的诗友雨晨教授在《丹枫雪雁集》的序言中写道：周进的"诗作内容广泛，有游记，有记事，有随感，有明志，或品评时事，或追忆往昔，思师友，独静处，无不成诗。博士曾经到过许多地方，阅历甚丰，对他来说，写写诗可谓厚积薄发，顺理成章。……读他的诗就可以同他一起分享其愉悦，分担其忧伤。其诗作跨越时空，留给读者无限的想象。"此录《圣瓦里埃观候鸟有感》（2006 年 5 月 25 日）为例：

年年岁岁观雪雁，今岁恰逢连阴天。

江山依旧桃花去，北美但添楚娇颜。

雁饥青田堪觅食，雁倦碧海枕波眠。

头领啾啾一声唤，万羽群起遮九天。

雁飞南北为温饱，我奔东西图康甜。

雁徙虽苦天伦乐，我分骨肉丝乃连。

羡君自由请传书，耶娘安心养天年。

海外自有乡党助，待得东风还家园。

三、　加拿大魁北克华文文学的发展方向

我们在前面对近二十年来加拿大魁北克华文文学的概况，做了粗略的介绍。加拿大的华文文学是加拿大华人群体的感情宣泄。加拿大华人群体有共同的语言文化，有共同的集体记忆，有大致相同的价值观和人生经历，也就是说，这个群体的成员分享着同一个文化身份，即中华文化身份。因此，华文文学作品当视为华人群体的代言。正因为华文文学是华人群体的代言，反映了华人群体的心声，所以才能够被华人群体的成员所理解、所欢迎。华人群体的成员也是这些文学作品的主要受众。

众所周知，华人跟来自其他国家的移民一样，一旦离开了祖居地，到达了接纳国，就会经历一个漫长的融入主流社会的过程。这个过程大体上分为两个阶段：

第一阶段，是功能性的融入阶段。新移民初来乍到，要学习接纳国的语言，适应当地的气候，穿着符合当地人的习惯，找个学校更新一下自己的专业知识，学会开汽车，找一份工作，了解接纳国的法律，了解当地的风土人情和工作文化等等，以便能在接纳国里运转起来，正常生活。这是移民融入接纳国的初级阶段。第二阶段，是文化身份的融入阶段。在这一阶段，移民会接受主流社会的某些价值观念，如民主的原则、男女平等的原则、尊重他人的自由、履行公民的义务和责任等等，并由此而调整自己的习惯和行为，采纳当地的生活方式，在家庭内部和在社会上按当地的习惯处理人际关系。对语言的掌握不再满足于能听能说，而且要能读能写，甚至熟悉接纳国的历史，能够分享当地人民的集体记忆和精神世界。当一个移民能够做到这些时，我们就可以说，他成功地重建了自己的文化身份，完全融入了接纳国。

对绝大多数移民来说，经过一个时期的努力，基本上都能完成初级阶段的融入，可是到了第二阶段常常会裹足不前，且长期滞留在那里。为什么会滞留在第二阶段呢？因为绝大多数的第一代移民，在离开祖居地时，文化身份已经铸就。要重建文化身份，这可不是一朝一夕就可以做到的。他们在接纳国的余生中，做得最好的，也只能是文化上的两栖人。

如果我们从这个角度去看待海外华文文学作品的内容，我们就会发现，作家们所写的内容都没有跳出移民融入主流社会的过程。学习语言的困难、谋生的不易、创业的艰辛、价值观的冲突、家庭的解体与重组，以及乡愁、失落感、迷惘感、失败的悲伤、成功的喜悦，哪一样不

是跟移民融入接纳国相关？而且这些内容会反反复复地出现，在每个移民身上或在每个移民家庭里都会演绎出不同的版本。因为，新移民不断到来，会继续书写、记录他们的漂泊生活和融入接纳国的过程。而老移民已经落地生根，他们作品的内容，已经跟祖居地的现实渐行渐远，跟接纳国的现实贴得越来越紧。紫云的报导文学《女人一枝花》中讲的，从总体上来说，是新移民在融入接纳国的初级阶段所遇到的困难和不怕困难，坚持奋斗，终于立住脚跟的故事。而郑南川的小说讲的，主要是新移民在融入社会的第二阶段所遇到的种种问题，而这些问题大多直接与文化冲突和文化身份的转变有关。

　　海外华文文学的发展方向应是致力于叙写华人移民融入主流社会的过程。在融入的过程中遇到的困难，克服的过程；他们在文化冲突中放弃了什么，又保留了什么；他们是怎样在不知不觉间重建自己文化身份的；他们在事业上经历了哪些挫折，又怎么获得成功的等等。华文文学对由移民构成的加拿大和魁北克来说，理所当然是加拿大文学和魁北克文学的组成部分。优秀的文学作品是没有国界的，也不会受语言和族群的限制。可以通过翻译把华文转换成英文或法文，以便接纳国的主流社会通过这些文学作品了解华人的心声，了解他们为融入主流社会所做的努力。这才是华文文学发展的方向和出路，也是华文文学为加拿大社会、为魁北克社会的建设和发展所做的贡献。

第三节　魁北克华人的法语文学

　　在加拿大魁北克省这个法语社会里，华人用法语从事文学创作或研究，只是近一二十年之事，且是个别的孤立现象，无史可记。我们仅在这里介绍两位获得社会认可并有一定社会影响的作家。一位是以写小说知名的应晨（Ying Chen），一位是以文论知名的张裕禾（Yuho Chang）。

一、应晨(Ying Chen，1961—)

应晨，上海人。1983 年毕业于上海复旦大学法国语言文学专业。1989 年赴加拿大蒙特利尔麦吉尔大学法语系攻读文学创作，1991 年获硕士学位。1992 年发表处女作 La Mémoire de l'eau（《水的记忆》），1993 年发表 Les Lettres chinoises（《自由的囚徒》），1995 年发表 L'Lngratitude（《再见，妈妈》）。第三部小说的发表，是作者生活中的一个转折。前两部作品还是学生的习作，而这部作品一经问世，即获得好评，在当年获得魁北克—巴黎联合文学奖。次年，该书由于畅销而获得魁北克书商奖和魁北克伊人（Elle）杂志女读者大奖。这些奖项是魁北克社会对她的创作才能的肯定，也为她开辟了走上专业作家的道路。在短短的数年之内，应晨获得魁北克社会的承认，并在文坛立住了脚跟。随着这部作品被译成英文、西班牙文、意大利文、波兰文和瑞典文发行，应晨在国际文坛也获得了声誉。这是极其难能可贵的。

应晨

（一）应晨成功的原因

应晨的成名作《再见，妈妈》讲述的是一个正值花季的女青年反抗传统价值观念的故事。主人公燕子，在改革开放潮水的冲击下，勇敢地挑战传统，争取个性解放与个人自由，从而跟母亲发生了严重的家庭冲突。母亲在书中代表了传统，视女儿为私有财产而严加保护，对女儿的交友和行为严加控制。家里的一切由母亲说了算，父亲也得听母亲的。母亲是家里的绝对权威，既专横又固执，固执到几乎近于偏执狂。燕子不堪忍受母亲对她的绝对占有，形成叛逆心理。她先是产生对母亲的憎恨，继而产生报复的念头。既然无法摆脱母亲自私的爱，她决定用死来解脱自己，并惩罚母亲，从而造成了一出人间悲剧。

　　一个具有中国文化背景的作家所创造的这个叛逆形象，为什么在西方会受到读者的欣赏和赞美呢？

　　首先，历史悠久的中国文化对西方读者始终是个谜。中国这个超级稳定的社会经历了两千多年，积淀了丰富的文化遗产。尽管有过无数次的暴力革命和改朝换代，分分合合，绵延至今，始终按照自己的速度前进，常常以其特有的智慧给世界各国人民以惊愕、惊喜和惊奇。

　　中国作家的作品被介绍到外国去的远远不及外国作家的作品被引进到中国的多。中国作家能用外国语言直接书写中国故事的，更是屈指可数了。所以，西方读者对以中国文化为背景的文学作品特别感兴趣，特别好奇。西方人想了解中国社会和文化的强烈愿望，是近三十年来欧美华裔作家的作品在西方取得较大社会效应的根本原因。不管是戴思杰用法文写的《巴尔扎克与小裁缝》（此小说经过改编拍成了电影，并由作者亲自执导）也好，还是闵安琪用英文写的《蓝皇后》也好，除了艺术上的成功之外，对于西方读者来说都起到了"解渴"的作用。应晨的小说《再见，妈妈》也属于这类成功的例子之一。

　　其次，代沟这个普遍存在的社会现象，虽然会因社会空间和文化语境的不同而有深浅的差别，但不会因时空的变化而消失。两代人的冲突主要表现在价值观念方面。第二次世界大战后，欧美国家兴起的女权运动，加上在二十世纪六七十年代发生的性解放运动，使西方妇女在两性关系问题上、在择偶问题上，享受着较多的自由和自主决定权。另外，她们也没有中国传统礼教的束缚。但这些并不说明她们没有行为规范，没有道德标准。年轻女性有时也会感到父母的叮嘱和管教对她们是一种约束，她们也会在《再见，妈妈》的主人公身上找到某种共鸣，并对燕子以死抗争的行为，抱有巨大同情。魁北克法文版《伊人》杂志的众多年轻的女性读者把选票投给这本书，使此书获得大奖，并非偶然之举。所以我们也就不难理解为什么在竞争法国女性文学奖费米纳奖、爱尔兰读者奖和加拿大总督奖时，此书能获得提名。

　　从 2002 年起，她的作品由蒙特利尔的北极出版社和巴黎的瑟伊出版社同时出版。应晨作为魁北克的法语作家，同时获得法国一家大出版社的认可，这说明她的作品能够打入欧洲市场。此外，应晨曾于 2001 年应邀担任加拿大文坛最高奖项加拿大总督奖的评委，并于 2002 年获得法国文化部颁发的骑士荣誉勋章，这可不是平庸的法语作家所能获得的殊荣。

(二) 应晨成名后发表的小说

在 1998—2010 年间，应晨一共用法文出版了六本小说和一本文论集。这六本小说依次是：《磐石一般》（1998）、《悬崖之间》（2002）、《骨瘦如柴的妇人跟她影子的争吵》（2003）、《家门口捡到的孩子》（2004）、《食人者》（2006）、《妻子变猫记》（2010）。一本文论集，即《黄山四千仞：一个中国梦》（2004）。这六本小说标志着应晨的文学创作逐渐走向成熟。这六本小说可以视为一个系列，作者用以探索小说主人公的内心世界。严格说，在这部系列小说里只有一个主人公，即以第一人称叙事的"我"。虽然这六本小说的叙述者都是"我"，但每本小说里的故事都是独立的，小说之间的故事并没有逻辑上的联系，因此后一篇并不是前一篇的续篇。

在以"我"为主人公的系列小说里，只有《家门口捡到的孩子》比较贴近现实生活。读者从叙述者对种种问题的思考中，感受到西方社会的妇女在婚姻和生儿育女问题上的迷惘与迷失。其中有许多女权主义的极端言论和嘲讽现实的弦外之音，生活在魁北克和西方社会的读者是不会无动于衷的。所以，编辑在介绍本书时写道："应晨现在出版了一本令读者感到如芒在背，瞠目结舌，以致哗然的书。……实际上，她是在向我们证明生存无计，可同时却事与愿违，让我们近距离地看清了那既令人厌恶又令人着迷，且令人难以捉摸的东西：生活。"编辑在本书封底上所写的这几句简单的内容提示，准确地抓住了小说主人公在书中隐隐约约流露出来的悲观的人生态度。

(三) 应晨小说的特点

应晨选择个人的内心世界作为探索的对象，进行审美的追求。她从第四部小说《磐石一般》起，开始努力寻求一条适合自己的创作路子。这路子表现出以下几个特点：

1. 为了写出人的普遍性，使作品具有普遍意义，应晨虚化生活背景，模糊时间概念，以致读者无法确知故事发生在什么国家、什么社会、什么地方、什么时代。应晨坦言，在她的作品里，"时空的参照变得非常模糊，甚至没有"。[1]

1. 引自法文版《黄山四千仞：一个中国梦》，蒙特利尔北极出版社、巴黎瑟伊出版社，第 115 页，2004 年版。

2. 为了便于敞开心灵的大门，应晨从她创作的第一部小说到发表的最后一部小说，全部是用第一人称来叙事。叙述者或是活生生的人（如《水的记忆》《自由的囚徒》），或是死者的幽灵（如《再见，妈妈》），或是活了几世几代、转世投胎的"我"（如《磐石一般》《悬崖之间》），或是"我"和"我"的影子（或拷贝、替身，如《骨瘦如柴的妇人跟她影子的争吵》），甚至在最后一部小说《妻子变猫记》里，叙述者是个由妻子变成的猫咪。在后期以"我"为中心的系列小说里，读者难以辨别叙述者是人抑或是鬼，是梦呓抑或是昏话，是精神分裂症患者的幻听抑或是幻觉。

3. 为了突破时空的限制，在六部以"我"为主人公的系列小说里，除了《家门口捡到的孩子》和《妻子变猫记》，故事的铺陈不再体现逻辑的发展。叙述者自由地游荡于现实生活和梦幻世界之间，往返于过去和现在，以致读者在阅读时一不小心便堕入五里雾中。作家李陀曾当着应晨的面说："应晨的作品像迷宫，《悬崖之间》充满了虚幻色彩，主人公跨越了生死，没有了身份，生者和亡人，过去和现在都糅合在一起。"[1]

1. 参见 2005 年 9 月 30 日李陀在南京师范大学法语联盟中心举办的中法作家文学对话研讨会上的发言。

4. 故意不把故事讲清楚，画面朦胧。应晨以女性特有的细腻把叙述者的心理活动表现得有声有色，入木三分（如在《骨瘦如柴的妇人跟她影子的争吵》《家门口捡到的孩子》和《妻子变猫记》里）。然而，读者不知道叙述者的长相如何，是白人还是黑人，是亚洲人还是欧洲人，是黄头发还是黑头发……书中不仅没有人物外形的描述，生存环境的描写也只有寥寥几笔。大部分内容是人物的心理活动和内心独白。因此，应晨的小说，犹如非具象的绘画，或抽象派的绘画。人们可以说，舒婷有朦胧诗，应晨有朦胧小说。所以，为应晨的后六本系列小说设计封面的画家，都画了一幅面目模糊的侧影，是活人是幽魂，读者见仁见智。

5. 为了表现她所认为的世界的不确定性、模糊性和真理的多样性，应晨在书中常用的手法是象征和比喻。她说："我希望每个句子，如果不是每个字的话，在意义明确和直白的同时，都能有双重的或模棱两可的含义。因为，我就是这样看待现实的。"[2]这样的追求有一定的冒险性，

2. 引自法文版《黄山四千仞：一个中国梦》，第 116 页，蒙特利尔北极出版社、巴黎瑟伊出版社，2004 年版。

在成功的情况下，可以达到言简意赅的审美效果，留下想象和回味的空间。但有时并不成功，读者不知道作者究竟要说明什么。就拿她自己比较满意的《悬崖之间》来说吧。应晨认为，"《悬崖之间》是一首独白形式的诗歌。书中的几乎每个句子都经过高声朗读的测试，所以我情愿人家把我看作作家，而不是小说家"。[3]这是她试图把诗歌揉入小说的一种尝试，在语言表达上

3. 引自法文版《黄山四千仞：一个中国梦》，第 114 页，蒙特利尔北极出版社、巴黎瑟伊出版社，2004 年版。

是成功的，像一部散文诗，并能使读者得到审美的乐趣。可是，书中的玉米地怎么就象征了农业文明的消失呢？读者怎么读不出这玉米地的象征意义呢？

综上所述，应晨对小说内容和写作技巧上的探索，既有成功的一面，也有不成功的一面。

从 1992—2010 年的 18 年间，应晨在文学创作上所做的探索，使她的作品形成了自己的风格。用她自己的话来说，形成了"一种很少描述、极其简练、内容紧凑的风格"。[1]

1. 引自法文版《黄山四千仞：一个中国梦》，第 115 页，蒙特利尔北极出版社、巴黎瑟伊出版社，2004 年版。

其实，从写作的技巧来说，她紧紧追随了意识流（她在文论中不止一次表达了对开创意识流先河的法国小说家普鲁斯特的欣赏，并自叹不如）、法国二次大战后的新小说流派和拉美的魔幻现实主义，把过去和现在、现实和梦境、幻觉和潜意识交织在一起，自由往返，颠覆了传统的小说写法和阅读习惯。但是有一个事实是不能忽视的，即她的作品"能看懂的读者越来越少"。[2]这是应晨自己告诉我们的，

2. 请参阅应晨与赵延的谈话，载 2002 年 9 月 12 日《青年报》。

虽说看重纯文学的批评家对她后期的作品评价很高。可是，读者看不懂她后期的小说，她并不以为意。她说还要坚持这样写下去。她解释说，这是她在大洋两岸看到的文学和文学评论的现状之后，所做的选择。"这也多少是诗学上的反叛，以抵制常常过于受族裔分类误导和极为注重作品社会特性和民族特性的阅读行为"。[3]反正，不管她怎么说，如果我们同时代的读者不能完全读懂她的作品，新生代的读者还能看得懂吗？这只能让历史来回答这个问题了。

3. 引自法文版《黄山四千仞：一个中国梦》，第 120 页，蒙特利尔北极出版社、巴黎瑟伊出版社，2004 年版。

二、 张裕禾（Yuho Chang，1936— ）

张裕禾是位跨文学、社会学和历史学的三栖学者，同时用中文和法文写作，扬州人。1955 年扬州中学毕业，考入北京大学西方语言文学系法语专业。1960 年毕业后，被

张裕禾(Yuho Chang)

派送上海外国语学院教授法语。

　　1963 年张裕禾出版第一本译作——法国音乐家克洛德·德彪西（Claude Debussy）的音乐评论集《克罗士先生——一个反对"音乐行家"的人》。该书出版后，姚文元在上海《文汇报》公开批判德彪西在音乐评论文章中表达的种种观点，从而在中国音乐界引起一场如何评价西方音乐文化遗产的争论，历时达一年之久。1966 年，"文化大革命"开始后，张裕禾因翻译此书和其他莫须有的罪名而靠边站、挨批斗，被剥夺参与政治活动的权利。1972 年大学复课，被允许重执教鞭。1978 年，晋升为讲师，并参加全国法语教师选拔考试，以上海考区成绩第一名被录取，被派往加拿大魁北克省拉瓦尔大学进修法国语言和文学。1980 年回国，重返上海外国语学院教书。1982 年，晋升为副教授，任新成立的法语系副主任。同年，中国法国文学研究会举行成立大会，被选为首届理事会理事和副秘书长。1980—1984 年间，积极著文介绍法国战后文学状况，介绍新批评和结构主义文学理论、新小说及其理论，参与《世界文学家大辞典》和《中国大百科全书》（外国文学卷）词条的撰写工作，率先在中国介绍魁北克的法语作家和著作，同时参与《巴尔扎克全集》的翻译工作。1984 年，获得加拿大国际开发署资助，重返魁北克拉瓦尔大学，转攻社会学。1990 年获社会学博士学位。在学期间和毕业后，曾先后在拉瓦尔大学政治系、魁北克大学里姆斯基分校历史系和教育系、舍布鲁克大学历史和政治系任教。1992 年与友人共同创办"魁北克间文化研究所"，从事间文化的研究和普及工作。

　　2004 年，他将历年发表过的文章收集起来出版了一本题为 Identités culturelles et intégration des immigrés（《文化身份与移民融合》）的专著。该书被一些大学的政治系、教育系和社会服务系选作本科生和研究生的参考书。该书中的重要文章有《民族文化与民族文化身份》《如何着手研究文化身份》《文化多样性与文化融合的关系》《文化身份重构问题》《间文化教育的适宜性》《移民融入社会的困难和帮助移民必须具备的知识和技能》《就业对留住移民和移民融入社会的重要性》和《为了消除种族歧视》等等。从 1993 年起，这些文章的前四篇，由作者从法文译成中文，陆续在中国的学术刊物和《人民日报》（海外版）上发表，个别文章或被中国网络转载，或被大学列入比较文学研究的参考书目。这些文章的重要性在于首次把"文化身份"这个概念引进中国，并以深入浅出的方式向中国学术界介绍了这一概念的外延和内涵、产生的时代背景、作为研究课题在理论上和实践上的意义。"文化身份"概念在 1993 年引进中国时，还鲜为人知。直到十多年后，这一概念才在中国逐渐普及，被《人民日报》这样的官方报纸所运用，也被中国学界广泛接受。到 21 世纪第一个十年的后期，文化身份已从后殖民时代的学术概念发展成为研究离散（diaspora）文学、融合文化和翻译学的重要视角。中国大陆有文章评论说："文化身份(cultural identity)这一概念于 20 世纪末经由加拿大华裔社会学家张裕禾以其《民族文化与民族文化身份》(1993) 一文引入中国语境，影响了全球化浪潮下中国当代的文学、文化研究。……文化身份为研究翻译家提供了一个崭新的视角，有利于我们深化对译者翻译文本的选择，翻译策略的使用，翻译意图等问题的认识。"[1]

1. 参阅张静著《译者的文化身份及其翻译行为——赛珍珠个案研究》，载《当代外语研究》2011 年第 2 期。

2009 年，魁北克北方出版社出版了张裕禾研究文化身份的法文专著 *Famille et identité dans le roman québécois du XXe siècle*（《二十世纪魁北克小说中的家庭和文化身份》）。该书通过剖析魁北克小说家所创造的一百多个人物形象，来探寻魁北克家庭内部人际关系和家庭体制在 20 世纪的演变过程。这是作者从社会学和人类学的角度，把文化身份理论用于小说分析的一个尝试。本书出版后引起魁北克社会的关注，作者曾三次应加拿大广播电台邀请，向全加拿大和世界法语国家介绍此书。此书不仅可以帮助新移民了解魁北克社会及其现代化的历程，而且也是加拿大英语地区人民，以及法语世界（Francophonie）各国人民了解魁北克社会历史和民族愿望的捷径。拉瓦尔大学文学教授马克西米廉·拉罗什先生在法文版序言中介绍说："让—夏尔·法拉多是魁北克文学社会学的开拓者，张裕禾沿着他的足迹前进，继承了文学社会学的研究工作。而且我们注意到，张裕禾在研究中加进了比较的视角，从而更新了文学社会学的研究工作。"从社会学的角度来说，中国读者可从魁北克社会的经验中得到启迪，密切关注家庭体制和家庭内部人际关系在现代化过程中的演变。从文学的角度来说，文化身份的视角，对当今离散文学和翻译学的研究，提供了新的手段。

第四节　魁北克华人的英语文学

在魁北克华裔用英语从事写作并产生社会影响的人，也是很个别和罕见的。我们在这里介绍三位给大家认识：第一位是以写自传体回忆录知名的张芷美（Zhimei Zhang），第二位是以记者和专栏作家知名的黄明珍（Jan Wong），第三位是生活在温哥华的 JJ Lee。黄明珍前已论述，此处从略。

张芷美（Zhimei Zhang, 1935— ）祖籍浙江温州。生在沈阳，长在北京。1985 年，年过半百的她，赶上留学大潮，来到加拿大，在哈利法克斯一间大学攻读新闻专业，并于次年获得学士学位。张芷美利用工作之余，把自己前半生在中国的经历用英文写成自传体回忆录 *Foxspirit, a woman of Mao's China*（《狐狸精：一个毛中国的女子》），于 1992 年在蒙特利尔出版。此书出版后，获得读者好评，次年便获得蒙特利尔英语文学促进会的非小说类文学奖。

张芷美从小学到高中毕业，接受的是英语教会学校的教育，养成了独立的个性和独立思考的习惯。她亲身经历了 1949 年之后中国所发生的历次政治运动，多次受到怀疑、审查和凌辱。她以惊人的记忆力和丰富的细节把她的故事慢慢道来。她讲得娓娓动听，引人入胜，使读者感同身受，与叙述者一起经历那段岁月，为维护人性和尊严而抗争。读者在书中看不到叙述者自怜的心态和怨恨的语气，有的只是平静、生动而幽默的叙事。读了此书，来自大陆的新移民重温了一段记忆犹新的历史，而西方读者则对毛泽东时代一个普通知识分子的遭遇有了比较真切的了解。该回忆录 1997 年被译成德文在德国出版发行，2008 年被译成法文在加拿大、法国、比利时和瑞士发行。法文版的书名为《我在红色中国的生活》。

张芷美不仅有出手不凡的写作才能，而且有高品位的艺术素养和审美鉴赏能力。她是一位艺术品收藏家。为了回报社会，为了让更多的人能够了解和欣赏到这些价值连城的中国艺术品，也为了能使这些艺术品得到妥善的保存，张芷美在 2007 年把她收藏的 800 件绣品，包括衣、帽、鞋、肚兜、荷包和各种绣片，无偿捐赠给了魁北克服装及纺织品博物馆（Musée du costume et du textile）。2009 年又把收藏的 90 件青花瓷器捐赠给蒙特利尔美术馆。这两家博物馆是首次收到如此贵重的华人捐赠。一时间，张芷美被魁北克新闻界誉为感动魁北克的中国女人。

如今 77 岁高龄的张芷美，精神矍铄，笔耕不止。她目前是魁北克华人作家协会的会员，不时为蒙特利尔华文报纸的文学专栏写些散文、小品，同时正着手书写回忆录的下卷，叙述她五十岁以后的移民生涯。

JJ Lee 是华人移民的第三代，生于蒙特利尔一商人家庭，在蒙特利尔度过童年和少年时期。大学建筑系毕业，是加拿大《温哥华太阳报》男性服装专栏作家，也是温哥华加拿大广播电台每周一次时装节目的主持人。他曾在温哥华唐人街的最后一家华人裁缝店（Modernize Tailors）里当过一年学徒。温哥华的加拿大广播电台曾在一部以商店为题材的获奖纪录片中介绍过他和他的"唐人街的最后一家裁缝店"。2007 年，他为加拿大广播电台的"见解"栏目编制过一期长达一小时的专题节目：西装的社会演变史。该节目即题为《男人的尺寸》。在此节目的基础上，他写成了一部自传体回忆录《男人的尺寸——父亲、儿子和一套西装的故事》。该书于 2011 年 9 月 27 日，由具有百年历史的麦克塞伦和斯蒂沃特（McCelland & Stewart）出版社出版发行。该书出版后，颇受读者欢迎，在 2011 年加拿大最高文学奖——第 75 届总督文学奖的 68 部提名名单中，赫然在列。该回忆录最终虽说没有获得非小说类的总督奖，但由于获得入围竞争，而大大提高了作者的知名度和作品的销售量。

　　故事从叙述者决定把父亲最后一件藏青色的旧西装改一改自己穿开始。在修改父亲西装的过程中，叙述者回忆起一件件往事。他父亲 4 岁时被他爷爷从广东接到蒙特利尔来生活，在爷爷身边长大，记不起父母长得什么模样。父亲 13 岁离开学校，进入餐馆打工，从餐馆大堂的帮工做起，一直做到饭店的经理；18 岁成家，生有四个孩子。父亲原是个性格开朗、衣着讲究的人。叙述者记得中国有句俗话，叫"佛要金装，人要衣装"。叙述者发现，父亲的衣柜里挂满了量身订做的各色各样的西装，有袖口装金扣的西装，也有跟西装配套的领带和太阳眼镜。小时候他喜欢钻到父亲的衣橱里去玩，摸摸闻闻爸爸的西装。他喜欢跟爸爸学打领结，但更喜欢放心地呆在爸爸身边，躺在爸爸身边和他一起看电视，一起比手劲。他不喜欢的是爸爸贪杯。由于贪杯而变得暴躁，粗暴地对待母亲，以致一个好端端的家庭被父亲毁了。母亲带着三个孩子和父亲分居。父亲便带着大儿子——叙述者来到了西海岸的温哥华。父亲从来没有试图改邪归正，而是日渐消沉，以至于不能自拔。父亲从一个饭店老板，变成一个潦倒的人，沦落他乡，靠兜售大百科全书谋生糊口。作为长子的叙述者对父亲失去了信心，不再抱有指望。父子俩渐行渐远，形同陌路。叙述者找到了一个代替父亲的人。这个人就是温哥华唐人街 Modernize Tailors 裁缝店的老板，一个能够量身订制西装的老师傅。量身订制西装，这是一门行将失传的手艺。80 多岁的老师傅不仅收叙述者为徒，向他传授技艺，而且教他做人的道理。叙述者拜师学做裁缝之后不久，他父亲年纪轻轻便去世，当时只有 52 岁。

整部作品围绕着西装的演变、西装的改旧翻新、师徒关系与父子关系四条主线展开。JJ Lee 说："我和父亲的相处曾经十分困难。当父亲过世十年后，我重新修改他的西装时，我开始去重组对父亲的记忆。对西装的修改及记忆的重组，使我对自己的父亲有了更多的了解。"JJ Lee 进一步写道："在写作的过程中，我领悟到，尽管我们之间的关系曾经非常糟糕，我仍需要我的父亲，我的父亲也需要我。"在故事结尾时，叙述者全神贯注，投入父亲西装的改旧翻新之中。其实，他对父亲的一生并没有更多的谅解，只是自己的自制能力增强了。叙述者作为长子，虽然在与父亲相处的过程中，经历了迷惘、痛苦、失望和愤怒，但他仍爱着、护着自己的父亲，尊重自己的父亲。

第五节　魁北克与中国在文学上的互动

魁北克和中国要在文学上产生互动关系，有两个先决条件是不能忽视的：一是文学作品的互译问题；二是中外作家的互访问题。

先说互译问题。中国文学作品在法语世界（Francophonie）的传播，主要是靠法国本土的翻译力量，其中也包括生活在法国的法籍华人，如著名的《红楼梦》法文版译者李治华。中国的四大文学名著都已有了法文译本，而且由伽利玛出版社精装出版，收入七星丛书。五四以来，鲁迅、巴金、老舍、沈从文等人的主要小说也大多译成了法文。近三十年来，法国汉学家的注意力主要集中在当代作家优秀作品的翻译和介绍上面。有关中国历史和中国古代哲学思想的法文翻译和研究著作，也相当完备，可以帮助读者理解中国小说。我们曾经在上面说过，魁北克研究汉学或中国学的学者主要依靠法文著作和英文著作，就是这个原因。目前在魁北克的大学里要给大学生讲中国文学课，阅读材料主要还是法国人译的中国文学作品。大学生即使学过几年中文，要能直接阅读中国文学作品，语言水平还是不够的。所以在魁北克要传播中国文学作品，不是有没有法文版的中国文学作品可读的问题，而是多少的问题，或是选择的问题。在中国除了专业外语院系的学生，能阅读法语原版文学作品的大学生恐怕是很少很少的。经过三十年的努力，魁北克的文学作品，包括小说、戏剧和诗歌，虽然已经有了不少译本，但从数量上来说，还远远不足以了解魁北克文学发展的概貌。关键的问题不是没有能力，也不是没有优秀作品，而是出版界背负着"经济效益"这个沉重的大包袱，始终迈不开大步向前走。这不能怪出版社，而是出版体制使然。西方世界，包括魁北克，学术著作和有价值的、但销路未必是最好的文学作品或新作家的作品，出版社总是可以向国家的管理部门申请到补贴。否则，文化建设或精神文明建设不是都成了空话吗？

第二个问题是中外作家的互访问题。互访是为了交流切磋，互相学习。我们以前提倡作家要走出书斋，到群众中去，深入生活，寻找创作灵感。但我们很少提倡作家应当把他们的作品拿给群众去检验。作品的好坏，似乎只是文学评论家的事儿，文学史家的事儿。二十世纪八九十年代，西方为了促进文化事业的发展，也为了发展旅游业，许多大城市都举办了戏剧节、古典音乐节、爵士音乐节、电影节、焰火节、风筝节等等。中国的上海、北京等地也有了类似的活动。文学能不能办节啊？魁北克尝试了而且获得了巨大成功。一是三河市 (Trois-Rivières) 的国际诗歌节 (Festival international de la Poésie)，二是蒙特利尔的国际文学节 (Festival littéraire international)。

魁北克三河市的诗歌节是由出版商加斯东·贝勒马尔 (Gaston Bellemare) [1]创办的。他在

1. 加斯东·贝勒马尔 (Gaston Bellemare)：莱福奇书籍 (Les écrits des Forges) 出版社老板，诗歌爱好者。

1984 年成立了非营利性的莱福奇基金会 (la Fondation Les Forges)。1985 年开办第一届诗歌节。魁北克的著名诗人和歌手菲利克斯·勒克莱尔 (Félix Leclerc) 应邀出席，成为荣誉嘉宾。他在开幕式上宣称，三河市是"诗歌之都"。此言一出，就给三河市定了性，使之获得了诗歌之都的美誉。第一届有 80 名魁北克诗人参加，但诗歌爱好者竟有 5 000 人出席。五年之后，外国诗人和记者蜂拥而至，有葡萄牙的、墨西哥的、法国的、美国的、澳大利亚的、黎巴嫩的等等，从而不得不更名为国际诗歌节。经过 16 年的发展，三河市的国际诗歌节成了世界诗歌特有的橱窗，得到西方媒体和公众的认同。

广东外语外贸大学的程依荣教授，1995 年在魁北克大学蒙特利尔分校讲学期间，曾应邀出席过三河市举办的第十一届国际诗歌节。虽然他在 1992 年已经有了魁北克诗选的雏形，参加这样的活动，使他确信他做了一件非常有益的事，对中加文学交流做了贡献，从文学交流史的角度来说，也可算是魁北克和中国在诗歌上互动的积极成果。

　　蒙特利尔的国际文学节是由一个非营利性的组织蓝色都市基金会（Fondation Metropolis Bleu/Blue Metropolis Foundation）承办的。蓝色都市基金会创立于 1997 年 7 月，创办人是魁北克的英语作家琳达·雷施（Linda Leith）太太[1]。

1. 琳达·雷施（Linda Leith, 1946—　）出生于英国北爱尔兰的贝尔法斯特，13 岁随父母移居蒙特利尔。成年后，嫁给一位匈牙利移民。他随丈夫先后在布

　　基金会于 1998 年举行第一届蒙特利尔国际文学节，每年一次，迄今已办了 14 届。国际文学节每年都邀请世界各

鲁塞尔、伦敦、巴黎和布达佩斯等欧洲城市生活，最后还是定居蒙特利尔。曾获伦敦大学文学博士。1993 年发表自传性质的小说 Birds of Passage（《候鸟》）。
1995 年发表 Tragedy Queen（《悲情王后》），2007 年发表 The Desert Lake（《沙漠湖》）（该小说以中国新疆塔克拉玛干沙漠为故事背景）。

国的作家来参加盛会，围绕各式各样的主题进行讨论，如战争与和平问题、寻根和移民问题、基因问题、文学翻译问题以及经济全球化问题。

　　2007 年，蒙特利尔第九届"蓝色都市"国际文学节活动，首次邀请中国作家参与盛会。上海作协派女作家张弘和朱晓琳前来参加。张弘和朱晓琳以流利娴熟的英语和法语，分别或共同参加了文学节开幕式、中国主题论坛、作品朗读会、英文主流媒体采访等十多场活动，还与当地华人媒体、华人协会、出版商和法语作家进行了多方交流，增进了彼此的了解。曾获得法国里昂大学现代文学硕士学位的朱晓琳女士，参加完文学节后，在蒙特利尔生活了一年多，对北美的这个法语社会进行了仔细的观察，也对北美的生活亲身体验了一番，回国后便创作了以留学生生活为背景的小说《魁北克磁场》。[2]

雷施（Linda Leith）访问上海（摄影：陈贤迪）。Photo JUDITH LERMER CRAWLEY

2. 朱晓琳热衷写留学生题材的小说，《魁北克磁场》是该题材的作品之一。上海文艺出版社，2009 年 4 月出版。

　　2007 年 11 月 20 日，蓝色都市基金会主席琳达·雷施博士和魁北克的著名儿童图书作家、插画家玛丽—露易丝·盖（Marie-Louise Gay）女士以及儿童文学爱好者雅各布·哈迈尔（Jacob Hamel）先生访问了中国浙江师范大学儿童文学研究所，并和中国的儿童文学界人士蒋风、

方卫平、韦苇、周晓波、彭懿、张弘、刘宣文等教授进行了学术交流，举行了一次国际儿童文学论坛。儿童文学研究所所长方卫平教授介绍了浙江师大儿童文学学科、儿童文化研究院的发展概况，阐述了本次论坛的宗旨和意义。赵霞以《当前中国儿童文学发展的几个关键词》为题，向与会者介绍了近年来中国儿童文学发展的概貌。报告围绕图画书、童年、卡通、青少年写作等关键词，对近年来中国儿童文学的发展特点作了生动的描述和思考。琳达·雷施博士向与会者介绍了加拿大文学概况。她从加拿大特殊的人口组成、语言、地理位置、政治等因素介绍了加拿大作家的写作背景和环境，这些因素使得加拿大文学独具一格。魁北克著名的儿童文学作家玛丽—露易丝·盖女士利用先进的多媒体，向与会者展示了加拿大原创图画书的独特魅力。浙江师大儿童文化研究院的彭懿则以《图画书在中国的出版近况》为题，向与会者介绍了目前中国大陆图画书的出版与推广情况。儿童文学研究所的钱淑英博士以《加拿大儿童文学印象》为题，介绍了近年中国学者对加拿大儿童文学的研究，以及加拿大儿童文学作品在中国的出版和接受情况。琳达·雷施博士以《文字之城》为题，介绍了蒙特利尔这座多族裔多语言的城市，以及举办了九届的蓝色都市国际文学节的情况，并跟与会者分享了她当年出版的小说 *The Desert Lake*（《沙漠湖》）的片断。而玛丽—露易丝·盖女士则介绍了她从为别人的文字画插图，到独立创作图画书的经历。她还与会者展示了她创作的数十本图画书，并将这些故事书捐赠给了浙江师范大学国际儿童文学馆。参与论坛的师生还就图画书创作过程中的问题、蓝色都市国际文学节的相关问题、中加儿童文学的交流问题等进行了探讨。[1]

1. 请参阅《中国儿童文化研究网》（www.chchc.cn）徐静静写的报道。

　　2008 年，蓝色都市基金会举办的第十届蒙特利尔国际文学节特别热闹，活动比往年更丰富。在短短四天的时间里竟组织了 191 项活动，其中有作品朗读会、报告会、现场访谈、圆桌讨论会、伴有音乐的文学和诗歌晚会，还为青少年举办童话晚会和作家现场指导写作的实践活动。这一年，上海来了两位女作家，一位是以写上海女性文学作品出名的唐颖，一位是青年女翻译家於是，还有一位来自英国的用法语写作的华人女作家韦韦。

　　2008 年 8 月 13 日至 17 日，蓝色都市基金会又在上海跟中国作家和出版商进行交流。他们带去了当年罗贝尔·勒巴吉和她的女友玛丽·密淑创作的《蓝龙》。8 月 31 日下午，在上海的格拉姆酒吧，由加拿大青年亚裔英语作家邓敏灵（Madeleine Thien）和魁北克阿拉伯裔英语

2. 加拿大亚裔英语作家邓敏灵和澳大利亚女作家盖尔·琼斯当时正应上海作家协会之邀，参加"上海写作计划"，成为 2008 年第一届的住沪作家。

作家拉维·哈吉（Ravi Hage）朗读剧本。然后，在澳大利亚小说家盖尔·琼斯（Gail Jones）[2]主

持下进行了讨论。

　　2010年9月13日，上海世博会期间，蓝色都市基金会为加拿大馆组织了一场别开生面的"诗歌翻译擂台"活动。次日，同样的活动在上海作家协会的大厅里又举行了一场。

蓝色都市翻译擂台

　　我们在本节开头曾经说过，各国文学之间要进行交流和产生互动的先决条件就是要进行作品的翻译工作。上面这段报道，让我们深深体会到，文学翻译的重要性和艰巨性。而蓝色都市基金会和上海作家协会，让译者、作者和读者在同一个平台上，在友好的、开怀的笑声中，对语言的微妙与魅力，对译诗的韵律与节奏，进行切磋、把玩、琢磨、品味，尽情享受，其乐融融。

　　这样的中外文学交流活动和中外文学上的互动，在21世纪里，会变得日益频繁，对我国的文学创作一定会起到推动作用，带来文学创作新的繁荣；也会让中国作家及其作品走向世界，让世界更好地了解中国、中国人和中国文化。

第十章　　魁北克法语文学在中国的传播

引言

　　魁北克在加拿大联邦体制内是个特殊的法语社会。在这个社会里孕育出来的文化，既不是法兰西文化也不是盎格鲁—萨克逊文化，而是北美特有的融合文化。同样，诞生、成长和发展在这个法语社会里的文学，既不是法国文学的延伸，也不是法国文学的分支。魁北克文学就是魁北克文学，它根植于诞生它的社会生活之中，其特色是跟产生文学的社会背景和文化语境密不可分的。魁北克文学的内容随着社会生活的变化而变化。自 20 世纪初，魁北克从农业社会向工业社会逐步转型开始，魁北克文学便紧紧地伴随社会现代化的进程，反映农业社会的瓦解、工业化和城市化所产生的社会影响、1930 年代的经济大萧条、阶级意识与民族意识的觉醒、二次大战后民族运动的高涨和发展、1960 年代平静革命引起的社会震荡和文化冲击、中产阶级的形成和现代价值体系的建立等。总之，魁北克的文学随着社会的成长而成长，随着社会的发展而发展。在魁北克社会现代化的百年历程中，魁北克文学形成了自己的个性。它种类齐全，风格多样，扎根社会，紧贴生活。无论小说、诗歌、戏剧还是青少年文学，魁北克都紧跟世界潮流。作家们善用现代写作技巧来表现魁北克现代社会的特色，以致在世界文学的大花园里，魁北克法语文学独树一帜。这一簇绚丽多彩的法语文学，过去在中国不仅读者不知其存在，就连学界也鲜为人知。这也难怪。如果不是法国总统戴高乐在蒙特利尔市政厅的阳台上高呼"自由魁北克万岁！"，[1] 中国人恐怕跟世界上许多国家的普通民众一样，连魁北克的存在也是不知道的。

1. 1967 年 7 月，法国总统戴高乐应加拿大总理的邀请正式访问加拿大。24 日在蒙特利尔市政厅的阳台上，戴高乐向聚集在广场上的十多万群众发表即兴演说。在演说的结尾，戴高乐高呼"自由魁北克万岁！"。这一违背外交礼节、介入加拿大内部事务的行为，令世人震惊，使加拿大跟法国的关系一度陷入紧张状态。戴高乐遂取消赴渥太华的行程，直接返回法国。次日，蒙特利尔的《义务报》发表社论，点评戴高乐的演说，称戴高乐高声一呼，立即"把魁北克纳入了世界的版图。"魁北克的主权派则因此大受鼓舞，立即筹建政党，从事政治活动，为争取魁北克的主权而奋斗。

第一节 20 世纪 80 年代的传播——摸索阶段

魁北克的法语文学，从目前我们掌握的资料来看，是从 20 世纪 80 年代开始传入中国的。1978 年中国实行改革开放政策后，一批批大学外语院系的法语教师先后赴加拿大进修、访学，或攻读硕士和博士学位。学成回国后，这些人成了第一批魁北克文学的介绍、翻译和研究工作者。

1980 年，从魁北克拉瓦尔大学访学归国的王泰来（北大）、程曾厚（南大）和张裕禾（上外）等人便立即着手魁北克文学的翻译、介绍工作。在他们的努力下，魁北克的作家首次被收进了《中国大百科全书（外国文学卷）》（中国大百科全书出版社）和《世界文学家大辞典》（四川人民出版社）。

1981 年，北京外国语学院出版的《外国文学》在第 10 期上率先刊发了加拿大文学专号，其中登载了署名嘉汶的介绍加拿大法语文学的文章，并选登了魁北克著名诗人和歌手吉尔·维尼奥（Gilles Vigneault）的三首诗歌（张放译）和著名剧作家马塞尔·迪贝（Marcel Dubé）的剧本《白雁归来》（王泰来译）。

1984 年，中国雨果研究专家程曾厚在南大出版的《当代外国文学》杂志第 4 期上刊登了玛丽—克莱尔·布莱（Marie-Claire Blais）的中篇小说《埃马纽埃尔生命中的一季》的中译本，并在同一期上刊登了译者对作者和该小说的评介文章。同年，北京出版社出版了王季然翻译的路易·埃蒙（Louis Hémon）的著名小说《玛丽亚·夏普德兰》的中译本，《译林》杂志刊登了张裕禾翻译的魁北克作家阿贝尔·拉贝基（Albert Laberge）的短篇小说《病人》。

1985 年，四川外国语学院的蓝仁哲主编的《加拿大短篇小说选》在重庆出版社的支持下问世。这是中国第一本集中介绍加拿大短篇小说的集子，其中收录了五位法语作家的六篇作品，西尔万·克拉潘（Sylvin Clapin）的《朱尔夫大兵发迹史》（张良春译）和《城与乡》（莫旭强译）、阿贝尔·拉贝基的《病人》（张裕禾译）、加布里埃尔·鲁瓦（Gabrielle Roy）的《死去的女孩》（黄新成译）、克莱尔·马丁（Claire Martin）的《需要乃创造之母》（张裕禾译）、罗杰·勒默兰（Roger Lemelin）的《耶稣受难图》（张裕禾译）。

1986 年 2 月，贵州漓江出版社出版了知名翻译家郑永慧翻译的伊夫·泰里奥（Yves

Thériault) 的《阿嘎古克》（中译本名为《爱斯基摩人》）。
这也许是中国出版的第一部描写加拿大爱斯基摩青年的爱
情故事的书。同年，《四川外语学院学报》第 4 期刊登陈
杰教授的论文《浅谈魁北克新小说的产生及其特点》。

　　1987 年，北京外国语学院出版的《外国文学》杂志在
第 12 期里为魁北克文学出了专辑，介绍魁北克的几位著
名作家和诗人及其作品的节译。如萨瓦尔 (Félix-Antoine
Savard) 的《放木排的师傅梅诺》（司徒双、罗嘉美合译）、
伊夫·泰里奥的《阿嘎古克》（双炎节译）、雅克·戈德
布 (Jacques Godbout) 的《双头巴比诺》（薛建成节译）、
加布里埃尔·鲁瓦的《马蒂娜下河之日》（雷雪译）、菲
利克斯·勒克莱尔 (Félix Leclerc) 的诗歌《绕岛一周》（陈
征译）、安娜·埃贝尔 (Anne Hébert) 的《镜子》(陈征译)、
诗人兼歌手吉尔·维尼奥的诗歌《同胞们》（晓丹译），
以及王泰来评介加布里埃尔·鲁瓦的获奖小说《短暂的幸福》
的文章。专辑里介绍的作家和诗人都是魁北克文学史上不
可绕过的作家和诗人。加布里埃尔·鲁瓦的《廉价的幸福》
（当译为《短暂的幸福》）也于 1989 年由北岳文艺出版社
出版，译者为小禾。

　　中国社会科学院外国文学研究所主办的《世界文学》，
这本中国最具权威性的外国文学杂志，在 1988 年第 2 期上
发表了一组"加拿大法语诗抄"，介绍了魁北克六位著名
诗人的七首诗歌：阿兰·格朗布瓦（Alain Grandbois）的
《少女之死》、圣德尼·加尔诺 (Saint-Denys Garneau)
的《伴侣》、丽娜·拉尼埃 (Rina Lasnier) 的《在水边》、
安娜·埃贝尔 (Anne Hébert) 的《夜》、加斯东·米隆 (Gaston

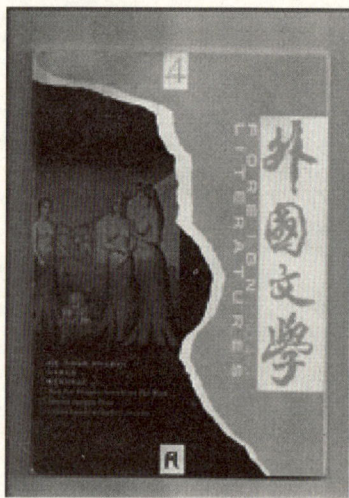

Miron) 的《十月》、海迪·布拉维（Hedi Bouraoui）的《玩具》和《永远徘徊》。翻译任务是由汤潮、罗芃和王泰来共同完成的。该杂志在同一年的第 3 期上发表了魁北克作家洛克·卡利埃（Roch Carrier）的短篇小说《失落在水中的秘密》（谷启南译）。

第二节　20 世纪 90 年代的传播——渐入佳境

如果说，20 世纪 80 年代中国介绍魁北克文学还处于摸索阶段，那么，90 年代魁北克文学的研究和介绍便渐入佳境了，有几件大事对魁北克文学的传播起了推动作用。

第一件大事是众多的高等院校和科研机构在 90 年代相继成立了加拿大研究中心或研究所。[1]
这表明了中国学界对加拿大研究的重视。一些外语院校，如上海外国语学院、北京外国语学院、大连外国语学院还成立了魁北克研究中心。这些研究中心或多或少都曾获得加拿大或魁北克省的支持。支持的形式是多种多样的。加方给这些研究中心赠送书籍和有关加拿大的资料，或是提供赴加从事短期研究工作的名额，或是帮助举办研究加拿大的国际学术会议、派遣加拿大的专家学者与会，或是资助出版研究成果，等等。这些研究机构不仅研究和介绍加拿大和魁北克的政治、经济和社会状况，也介绍文化方面的状况，其中包括文学和艺术。各高等院校的研究中心在中国加拿大研究会的协调下，每年都举行加拿大研讨会，并定期或不定期地出版自己的刊物，展示研究成果。这样，从事加拿大和魁北克研究的学者们由于有了发表研究成果的园地而备受鼓舞，同时也能使他们的研究成果惠及中国的同行和对加拿大感兴趣的广大读者。

第二件大事是南京大学外国语学院在 1993 年 4 月成功举办了一次魁北克文学国际讨论会。与会的不仅有中国国内各高等院校积极从事魁北克文学介绍和研究的学者以及中国作家，魁北克各大学还派了几位知名的文学教授出席会议，他们是魁北克大学蒙特利尔分校文学教授、著名文学评论家和出版人雅克·阿拉尔（Jacques Allard），文学教授、小说家、加拿大广播电台文学评论节目主持人安德烈·卡庞蒂埃（André Carpentier）和诺埃尔·欧戴（Noël Audet）教授，蒙特利尔大学教授米歇尔·皮尔森（Michel Pearsen），魁北克瓦莱菲尔德学院的

---

1. 据不完全的统计，成立加拿大研究所或研究中心的高等院校有：中国社会科学院，北京大学，南京大学，南京财经大学，北京外国语大学，复旦大学，上海外国语大学，南京师范大学，四川外国语学院，四川大学，天津师范大学，山东大学，南开大学，内蒙古大学，吉林大学，武汉大学，广东外语外贸大学，兰州大学，国际传播学院，北京理工大学，河北大学，海南大学，福州大学，贵州大学，云南师范大学，陕西师范大学，哈尔滨工业大学，西南大学，西南财经大学，西南科技大学，西北师范大学等等。

大众戏剧专家教授马塞尔·福丁 (Marcel Fortin)，拉瓦尔大学文学系教授马克西米廉·拉罗什 (Maximilien Laroche)，多伦多大学教授兼诗人塞西尔·克鲁蒂埃 (Cécile Cloutier)。蒙特利尔大学文学系教授雷吉纳德·哈梅尔 (Réginald Hamel) 因故未能出席讨论会，而由拉罗什教授代为宣读论文。这些专家学者的发言，帮助中国学者界定了魁北克法语文学，厘清了魁北克文学跟法国文学的关系，描述了魁北克戏剧的现代特色和后现代特色，追忆了魁北克幻想文学在 19 世纪的发展过程，勾勒了两位不同倾向的当代魁北克诗人的形象：克洛德·加弗罗（Claude Gauvreau）和雅克·费龙（Jacques Ferron）。这里值得一提的是，拉罗什教授在谈及诗人加蒂安·拉布安特 (Gatien Lapointe) 的著名诗歌《圣劳伦斯河赞歌》时，尝试运用中国传统哲学、阴阳对立统一的观点来评价诗人的成败，从而使魁北克的文学研究增添了新的视角。

中国与会的学者大多是曾在魁北克进修或攻读过学位的大学教师，他们在讨论会上汇报了他们各自对魁北克文学研究的成果。这次国际讨论会的主要推手和组织者，是南京大学教授陈宗宝（已故）。他在会上介绍了玛丽—克莱尔·布莱的《埃马纽埃尔人生中的一季》和于贝尔·阿甘 (Hubert Aquin) 的《下回分解》。王云云教授介绍了加布里埃尔·鲁瓦的小说《埃夫利娜，你为何忧虑？》。马秀兰介绍了阿尔莱特·库斯迪 (Arlette Cousture) 的《卡莱伯家的女孩们》。殷元昌评论了杰拉尔·贝塞特 (Gérard Bessette) 的小说《孵化》。程平高度评价了安娜·埃贝尔的名著《卡穆拉斯卡》。程依荣着重介绍了魁北克诗歌与民族主义运动之间的紧密关系。孙桂荣畅谈了她翻译安娜·埃贝尔的两部著名小说《卡穆拉斯卡》和《狂鸥》的经验。陈振尧在会上作了《向中国读者介绍魁北克文学》的发言。

魁北克文学国际讨论会开得很成功。南大的《当代外国文学》在当年的第 3 期上做了综合报道。北外的《外国文学》期刊在当年的第 4 期上发表了大会重要发言的摘要。这项以文学为主题的国际讨论会对魁北克文学在中国的传播起了重大的推动作用。

1990 年代的第三件大事是四川外语学院加拿大研究所和法语系在 1999 年 12 月成功地举办了中国首届魁北克研讨会，进一步推进了中国对魁北克的研究。此次讨论会的内容不仅涉及语言、教育、文学和艺术，而且也介绍了经济、科技、民族、社会、妇女地位、儿童保护以及对外关系。这是一次全面展示中国学人对魁北克社会认知的讨论会。其中涉及文学的部分，对魁北克的小说、戏剧和诗歌的起源、发展和现状作了全面的综述。这次讨论会的优秀论文已经结集为《魁北克研究论文集》，由重庆出版社于 2002 年 8 月出版，刘盛仪和杨艳如分别担任主编和副主编。被选入该集的文学论文有张良春的《魁北克当代小说评述》、程依荣的《国家诗的追求及艺术成就》、柳伊的《魁北克戏剧浅析》、冯光荣的《奈利冈诗歌译介》、路小明的《魁北克青少年文学的发展与出版》，以及重登了已故的张冠尧发表在《加拿大掠影》上的文章《魁北克文学的起源和今天人民最喜爱的歌手吉尔·维尼奥》，以资纪念。

在这三次学术讨论会的推动下，魁北克文学作品的翻译和介绍受到了应有的重视。90 年代在各种期刊杂志登载的译作和评论，以及出版社出版的专著，大致如下。

1991 年，北京外国语学院加拿大研究中心出版了《加拿大研究论文集》，其中载有三篇介绍魁北克文学的文章：孙桂荣的《剧坛怪杰、文坛奇秀——加拿大戏剧家、小说家米歇尔·特朗布莱》、紫曦的《安娜·埃贝尔——魁北克妇女的复仇女神》、陈宗宝的《诗的大地，大地的诗——读加蒂安·拉布安特的诗歌〈白雪骑士〉》，并附《白雪骑士》的译文。

1992 年，《世界文学》第 5 期发表了加拿大魁北克文学专辑，发表了加布里埃尔·鲁瓦的长篇小说《转手的幸福》（即《短暂的幸福》选译）和回忆录《悲伤和欣悦》（选译），安娜·埃贝尔的中篇小说《激流》，雅克·费龙和丽丝·高万 (Lise Gauvin) 的短篇小说各一篇——《省》和《手稿》，以及一组诗歌——以奈利冈 (Émile Nelligan) 的《冬夜》、阿兰·格朗布瓦的《让我们关上橱柜》、米隆 (Gaston Miron) 的《向爱走去》、保尔—玛丽·拉布安特 (Paul-Marie Lapointe) 的《一个年轻的反抗者的墓志铭》、罗兰·吉盖尔 (Roland Giguère) 的《玫瑰与荆蔓》、雅克·布罗 (Jaques Brault) 的《圣德尼大街》。同时还发表了四篇文论：著名魁北克文学评论家和蒙特利尔大学文学教授吉尔·马科特 (Gilles Marcotte) 的《加拿大法语小说中眩晕体验》和《流放之诗》，安娜·埃贝尔的《就连命名生活这样一个简单的问题，我们也只能支支吾吾》和让—克雷奥·哥丹 (Jean-Cléo Godin) 介绍魁北克概况的文章。文论和长篇选译都是出于林青的手笔，诗歌的译者是纪方。这一年，陕西人民出版社出版了中译本安娜·埃贝尔的《卡穆拉斯卡》（程曾厚译）。

1993 年 2 月，在加拿大魁北克政府驻香港办事处的协助下，上海外国语学院魁北克研究中心出版的《魁北克通讯》中，刊登了西方戏剧研究专家汪义群的《魁北克戏剧》一文，介绍了

魁北克戏剧创作和演出的发展过程。同年，北京大学加拿大研究中心的出版物《加拿大掠影》
（后改名为《加拿大研究》）第 2 期中刊载了原中心主任张冠尧（已故）的文章《魁北克文学
的起源和今天人民最喜爱的歌手吉尔·维尼奥》，现任中心主任陈燕萍的文章《不如归去——
评伊夫·泰里奥的小说〈阿嘎古克〉》和广东外语外贸大学西方语言文化学院程依荣的文章《安
东尼娜·马耶 (Antonine Maillet) 和她的戏剧〈脏女人〉》。

1993 年，殷元昌在南大的《当代外国文学》第 1 期上发表了于贝尔·阿坎的《对经唱谱》
的节译和评论文章。同年，殷元昌在武汉大学的《法国研究》第 1 期上发表了另一篇内容差不
多的评论于贝尔·阿坎的文章《一幅悲壮的历史画卷——试评阿坎的长篇小说〈对经唱谱〉》。
同年，原武汉大学法文系主任、法国研究所所长和《法国研究》杂志主编江伙生（已故）编译的《魁
北克当代诗选》，由湖北人民出版社出版，并在《法国研究》杂志上发表了《魁北克当代诗歌》
的论文。

1994 年，刘盛仪在《四川外国语学院学报》第 3 期上发表论文《魁北克戏剧浅析》。同年，
花城出版社出版了安娜·埃贝尔的获奖小说《狂鸥》（孙桂荣译本）。

1995 年，上海外语教育出版社出版了由王彤福和曹德明二位教授编辑的《加拿大文学词典》。
为一个国家的文学出词典，这在中国是不多见的。同年，孙桂荣博士和申慧辉主编了一本加拿
大女作家文集《房中鸟》（河北教育出版社），其中的法语作家作品皆由孙桂荣翻译。

1997 年，西南师范大学出版社出版了刘盛仪和冯光荣二位教授合著的《魁北克》。这是一
本全面介绍魁北克概况的专著。

1998 年，《世界文学》第 6 期发表了张曼玲翻译的两篇短篇小说：玛德莱娜·加农—马奥
内 (Madeleine Gagnon-Mahoney) 的《丑女》和玛丽露·马莱 (Marilu Mallet) 的《你好吗？》。

1999 年，《世界文学》第 2 期刊登了张放翻译的 5 首魁北克诗歌：米歇尔·拉龙德 (Michèle
Lalonde) 的《说实话》和丽娜·拉尼埃 (Rina Lasnier) 的《美》等 4 首。这一年《世界文学》
第 6 期上刊登了克洛德·马蒂厄 (Claude Mathieu) 的《自传》。

我们可以说，20 世纪 90 年代是魁北克文学作品的翻译和研究在中国最为活跃的时期。这
一时期发表的关于魁北克文学作品的论文和译作，由于种种原因，我们不敢说已经收集齐全。
尽管如此，我们仍可对这一时期魁北克文学在中国的译介情况有个大致的概念。

在中国文坛积极介绍、翻译和研究魁北克文学的专家和学者当中，首屈一指的当数北京外国语大学法语系教授孙桂荣。孙桂荣，1941 年生，河北沧县人。1960—1965 年间就读于北京外国语学院法语系。毕业后留校任教。1985—1988 年间留学加拿大，在魁北克拉瓦尔大学文学系研究魁北克文学，获得文学博士学位。归国后，继续任教于北京外国语学院，并教授魁北克文学。她在 1990 年代几乎每年都有译著和论文发表。

经过中国学者、翻译家和出版人二十年的共同努力，介绍给中国读者的魁北克文学作品，从数量上来说虽然还不是很多，但中国读者对魁北克的小说、诗歌和戏剧已经不再陌生。而且值得庆幸的是，除了健在的老一辈专家学者还在继续努力在中国传播魁北克文学外，新生代魁北克文学的研究和翻译工作者已经成长起来，并逐步走向成熟。

第三节　新世纪的传播——研究的深入与专业化

21 世纪的头十年里，中国对魁北克文学的研究、介绍和翻译，虽不及 20 世纪 90 年代那样活跃，但研究的课题似乎更专业、更深入了。

2000 年世纪交替之际，孙桂荣教授出版了力作《魁北克文学》（外语教学与研究出版社）。这是中国国内第一本全面介绍魁北克文学的专著。虽然作者谦虚，没有称其著作为"史"，但对对魁北克文学和对魁北克社会感兴趣的读者来说，这是一本可以引路的入门著作。同一年，广东外语外贸大学资深教授和翻译家程依荣先生经多年努力编译的《魁北克诗选》，终于在魁北克省政府的资助下，由香港开益出版社出版。该书收录了埃米尔·奈利冈、阿兰·格朗布瓦、圣德尼·加尔诺、安娜·埃贝尔、加斯东·米隆、吉尔·维尼奥、菲利克斯·勒克莱尔、皮埃尔·莫朗西 (Pierre Morency) 等 21 位魁北克著名诗人的 103 首诗歌。译者对魁北克诗歌做过专门的研究，多次在各种期刊上撰文介绍魁北克的诗歌。本书也收录了他以往发表过的论述魁北克诗歌的五篇论文，以及一篇蒙特利尔大学教授劳朗·马伊奥特 (Laurent Mailhot) 先生应他邀请而撰写的论及爱情诗的文章。

2001 年 10 月，吉林人民出版社出版了由大连外国语学院法语系主任方仁杰主编的《魁北克法语语言文化研究论文集》。该文集汇集了 20 多位作者（其中包括两位外籍教师）的 30 多篇文章，侧重介绍了魁北克法语的特点、文化特色、加拿大的多元文化政策、语言与社会、政治和历史的关系。在介绍魁北克文学部分，有方仁杰的《魁北克文学述评》、王大智的《试谈加布里埃尔·鲁瓦的小说〈转瞬即逝的幸福〉》、靳晗分析魁北克女作家欧德(Aude)的小说《穿西装的人》，以及方仁杰等人翻译的魁北克著名诗人和歌手吉尔·维尼奥和菲利克斯·勒克莱尔的 18 首诗歌，以及席琳·迪翁 (Céline Dion) 演唱的 11 首歌曲的歌词。

2002 年，《四川外语学院学报》第 3 期刊登了刘盛仪教授的论文《埃贝尔的〈狂鸥〉与圣经》，作者通过对《狂鸥》的取材和结构的分析，探讨圣经对作者的表现手法、创作思想和世界观的影响。这一年，上海译文出版社在"现当代文学丛书"中，收入了安娜·埃贝尔的著名小说《卡穆拉斯卡庄园》（孙桂荣译）。

2003 年，《云南民族大学学报》（哲学社会科学版）第 6 期刊登何昌邑的论文《双重异化：魁北克女同性恋文学简评》，作者对魁北克女同性恋文学产生的原因和发展轨迹进行了探讨，对这一客观存在的文学"异类"的内涵进行了解读。同年，孙桂荣和逸风合作将魁北克著名诗人、小说家李莎·卡尔杜齐 (Lisa Carducci) 的游记《大若天下》译成中文，由五洲传播出版社出版。卡尔杜齐是魁北克的著名作家，意大利裔，通晓多种语言。自 1990 年来到中国，在《北京周报》工作，找了一位中国丈夫，采访过许多少数民族地区，足迹遍及整个中国，写过许多有关中国的书籍。她在《大若天下》一书中，记述了自己十余年来在中国生活、工作的种种见闻、经历和感受，同时对中国文化、交通、教育、新观念等问题直言不讳，阐明自己的见解，忠实记录了中国社会生活十余年间的巨大变迁。一个曾获得过加拿大、意大利和魁北克 60 多项文学奖的著名作家，以西方人的视角，见证中国的变化，不仅可以帮助西方人了解中国，而且可以使中国读者从作者的眼中观照自己，获得启迪。

2000—2004 年间有一件值得提及的译事，即魁北克少年儿童文学作品引起了中国翻译工作者和出版社的兴趣。在蒙特利尔的助读出版社 (Éditions la courte échelle) 和皮埃尔·蒂塞耶出版社(Éditions Pierre Tisseyer) 的合作下，中方获得了一批魁北克优秀的少年儿童文学作品。2000 年 6 月，深圳海天出版社为少年儿童出版了一套"花季雨季海外系列"丛书，其中从加拿大法语地区引进的青少年儿童文学作品，有贝特朗·戈蒂埃（Bertrant Gauthier）的《给加佩拉的歌》、卡罗尔·弗雷歇特（Carole Fréchette）的《离家出走的卡门》（杨加佳译）、玛丽—弗朗茜娜·埃贝尔（Marie-Fancine Hébert）的《爱你，恨你》（何竞、小土合译）、玛丽兹·佩尔蒂埃（Maryse Pelletier）的《桥上的卓艾》（王丹译）、让—玛丽·布芭（Jean-Marie Poupart）的《阿历克斯的肚脐眼主义》（龙云译）和西尔维·戴洛西埃（Sylvie Desrosiers）的《马迪约的心事》（张靖译）。这批作品引起了中国2000年度宋庆龄儿童文学奖得主杨鹏先生的关注。这位有"幻想大王"之美誉的儿童文学家，在网上撰文评论说："这六部作品不约而同地涉及到了中国儿童文学的两大禁区——性与死亡。六部作品文笔优美，人物刻画细腻生动，触及到少年敏感心灵的最深处。毫不夸张地说，这组少年小说不仅为中国少年提供了抚慰心灵的精神食粮、为中国的教育者们提供了考察青春期少年心理和行为的文本，也为中国的儿童文学界推开了一扇少年情感文学的窗户。"2001年海天出版社又在这套丛书里推出张月楠翻译的玛丽—达尼埃尔·克洛多（Marie-Danielle Croteau）的《绑在船头的天使》。这本书收了《自由之风》《漂流世界》和《永恒的脚步》三个儿童故事。张月楠女士曾在魁北克大学的三河市分校进修并获得语言文学硕士学位。她对魁北克的少年儿童文学情有独钟。

2003—2004年间，张月楠女士应北京少年儿童文学出版社之约，主编了一套魁北克法语作家为少年儿童创作的文学作品，并由她和周光怡女士分工完成翻译工作。这套丛书包括卡萝尔·弗雷歇特的《两极女孩》、玛丽兹·佩尔蒂埃（Maryse Pelletier）的《钢琴课》、吉内特·昂福丝（Ginette Anfousse）的《心理突围》、大卫·欣凯尔和伊凡·博歇纳（David Schinkel et Yves Beauchesne）合著的《破旧的日记本》和《离家出走》，以及盖伊·德苏罗（Guy Dessureault）的《幽灵作证》。当代中国著名儿童文学作家兼批评家高洪波先生在"真诚六卷书"一文中写道："这套丛书反映的是当代加拿大少年儿童的生活现状，表现的是男孩女孩的少年心态，在我来说，既是一种理性的文学阅读，又是一种感性的诗意积累。借助这套丛书，通过这套荣获过加拿大各种奖项的青少年读本，我觉得自己进入了加拿大少男少女们的内心世界，也介入了他们单纯而又复杂的生活状态，感受着他们的欢愉和痛苦、无助或无奈，体味着在富裕的物质生活中依然存在青春期的苦闷。这六本书是不同家庭背景下的少男少女，具体说是写了三个女孩和三个男孩，表现手法也不尽相似，有的是主观叙述第一人称，有的则是客观叙述甚至时空交错，类似幻想小说，如《破旧的日记本》，但毫无疑问它们都代表了加拿大儿童文学创作（主要是小说创作）的最高水准，是我们了解世界上其他国家和地区同龄人生活的一个窗口，所以我愿意推荐给少年朋友。"这套丛书的出版还引起了加拿大官方的注意，时任加拿大总理的让·克里靖还特地给出版社寄来了一封祝贺信。信中说："贵社为在中国传播加拿大法语地区的文学作出了重要贡献，我谨向你们致以热烈的祝贺。由于你们的努力，为中国青少年出书的出版界加强了我们两个大国之间的文化联系，为此我向你们表示祝贺。你们的作为，在未来的岁月里，肯定会继续得到贵国同胞的敬重和赞赏。"

此外，上海世纪出版集团下属的少年儿童出版社也于 2004 年 9 月出版了张月楠翻译的儿童文学作家弗雷德尼克·德安特尼（Frédérick D'Anterny）的《星球孤儿——思朵丽娜》的第一卷《白狮子》。她介绍给中国青少年读者的作品都是经过精心挑选、译文信实可靠的益智作品。

以上这些青少年儿童文学作品的翻译与出版，填补了中加文学交流中由于从事纯文学研究的专家学者们的疏忽而留下的空白。

2007 年 12 月，外语教学和研究出版社出版了李洪峰博士和傅荣主编的《从中国看魁北克》。本书是对 2006 年 3 月在北京举行的魁北克文化研讨会进行的总结，收录了中外作者的 17 篇论文，其中有 5 篇文章分别论及了魁北克文学。它们是沈大力的《魁北克的记忆》，程依荣的《魁北克诗歌与中国》，陈燕萍的《怀念神圣的岁月——伊夫泰里奥作品中神秘的时间观》，宋晓薇的《应晨与她的小说〈水的记忆〉》，以及魁北克教师丹尼尔·贡斯当丹（Daniel Constantin）的《约兰德—维勒迈尔的多语言主张：在〈随心所欲的生活〉与〈舞神〉之间》。该书是用法文出版的，虽然不能与广大中国读者分享，但对推动中国学人和专业工作者对魁北克的认知和兴趣是大有裨益的，而且也可跟法语世界的专家学者们交流，展示中国学人的研究水平和深度。

2008 年 8 月，光明日报出版社的"探索文库"丛书，收录了方仁杰等人合著的《魁北克法语语言与文化》。该书可视为 7 年前吉林出版社出版的《魁北克法语语言文化研究论文集》一书的续编。该书分语言篇、文化篇和文学篇三个部分。论述魁北克语言和文化的篇章，与前一部论文集相比，显然更为深入和细致了。文学篇有四节，除了第二节是用法文书写，分析萨瓦尔的小说《放木排的师傅梅诺》的文体风格之外，其他三节分别是《魁北克文学的民族特性》《蓬勃发展的魁北克戏剧》和《魁北克诗歌光辉灿烂的未来》。这三节的内容虽然跟作者其他类似的文章大同小异，但有了许多补充和比较深入的分析。在《蓬勃发展的魁北克戏剧》一节里，作者回顾了魁北克戏剧发展的过程，介绍了格拉先·热利纳(Gratien Gélinas)、马塞尔·迪贝、米歇尔·特朗布莱、雷让·迪夏姆(Réjean Ducharme)等 10 位著名的剧作家和他们的代表作。在《魁北克诗歌光辉灿烂的未来》一节里，作者同样介绍了魁北克诗歌的发展过程和各种不同的流派和风格，并以极大的热情介绍了阿兰·格朗布瓦、圣德尼·加尔诺、加斯东·米隆、安娜·埃贝尔、吉尔·维尼奥等 10 位在魁北克享有盛名的诗人，以及他们的代表作品。笔者很高兴地从中看到，作者想要写一部魁北克文学简史的意图和未来这部简史的雏形。

同年 10 月，民族出版社出版了陈燕萍的专著《寻觅轮回: 伊夫·泰利奥小说中的神话世界》。作者分析伊夫·泰利奥小说中特有的神话世界，使中国读者感受到魁北克文学的魅力，从而增进中国读者对加拿大法语文学的了解。

我们在搜索信息的过程中，惊喜地发现魁北克当代最著名剧作家米歇尔·特朗布莱(Michel Tremblay)的剧作《永远是你的，玛丽露》在 2010 年 4 月被搬上了北京的舞台，从 4 月 15 日到 18 日在北京繁星戏剧村[1]的一个专业场子里演出了四场。负责这次演出的是一个 1995 年在北京成立的业余剧团，叫法国灯笼剧团。剧团的演员都是在北京工作的法国戏剧爱好者和受过专业训练的演员。他们把演出挣来的钱全部捐给中国的马大夫慈善基金会，帮助中国西北地区的孤儿们。善婷(Yzy Chautemps 1963—)是这出戏的导演，是位生活在北京的法国女士。她认为，这部特朗布莱的戏剧在中国演出有现实意义。这使我们更加坚信，优秀的文学艺术作品，可以通过翻译，跨越时空，发挥寄教于乐的功能，可以为不同文化背景的读者和观众共同分享。

总而言之，根据我们所获得的不完全的资料统计，中国学人在过去的 30 年里，已经向中国读者介绍了 78 位魁北克法语作家、小说家、戏剧家和诗人，发表了 90 多篇评介文章，30 多部长篇、中篇和短篇小说，4 部剧本，2 部诗集，1 部游记，数套供少年儿童阅读的故事丛书，150 多首诗歌，5 篇文学评论，多部介绍魁北克概况的专著和 1 部加拿大文学字典。参与这项拓荒工程的中外专家、教授和研究生达七八十人之多。

陈振尧在 1993 年南京大学举行的那次魁北克文学国际讨论会上，曾说过这样一段话:

---

1. 繁星戏剧村，位于北京西城区宣武门地铁站出口不远处，是全国首家规模最大的民营小剧场聚落，也是中国第一家采用"场制合一"运营模式的民营小剧场。繁星戏剧村是一个集戏剧制作、剧场演出、艺术展览、主题餐饮、咖啡酒吧、图书禅茶为一体的综合性文化创意园区。园区占地面积近 6 000 平方米，原为清朝贝子府。如今，戏剧村不仅保留着东方的古朴建筑，还加入了如 LOFT 建筑群、后现代主义油画、戏剧雕塑、戏剧海报长廊等一系列西方时尚元素，整体风格精致优雅、中西合璧。繁星戏剧村现拥有五个供专业演出用的小剧场，一个专业美术馆——繁星美术馆，四个高品质餐饮空间，另有书吧、茶室等。各种艺术的跨界融合使繁星戏剧村成为首都最具时尚品位的新地标。

"魁北克文学代表魁北克地区法语人民的心声，有极大的凝聚力。小说家、诗人、戏剧家、散文家和歌词作家有极强的责任感和使命感。他们歌颂先辈的开拓精神，关心人民的疾苦，揭露社会的黑暗，成为人民的代言人。而魁北克的读者热爱乡土文学，他们的热心和投入，令局外人感动不已。……作家和人民水乳交融，互相激励，互相支持。这种彼此理解，心心相印的真挚感情实在难在其他国家再现。"[1]

1. 引自陈振尧在魁北克文学国际讨论会上的发言《向中国读者介绍魁北克文学》，载北京外国语大学出版《外国文学》，1993年第4期，第63—64页。

这段话准确地表达了魁北克作家跟人民、跟民族、跟社会的紧密关系，也说明了中国读者从自身的经历出发，与魁北克文学作品有似曾相识或"相见恨晚"的亲切感。这就是为什么魁北克文学在中国能够获得学界的青睐，并经他们的努力而得以传播的真正原因。

魁北克文学在中国的翻译、介绍和出版，在过去的30年里，已经从无到有实现了零的突破，从一无所知到不再陌生，从简单介绍到深入研究，取得了相当不错的成绩。但我们也不无遗憾地看到，中国各高校从事法语教学的教师人数众多，但愿意投身魁北克法语文学研究的人则为数甚少，翻译的作品也不多，介绍和研究魁北克及其文学的文章和书籍常常内容重复。此外，在商业大潮的推动下，出版社由于担心亏本，使魁北克文学作品的翻译和研究成果常常处于十分尴尬的局面，如果得不到加方的资助，便难以跟读者见面。为了增进中加人民之间的了解，为了推进中加学术和文化之间的交流，为了促进人才的培养，这些都是需要不断改进的。

附录

一、人名地名中英法文对照 （不包括中文名字）

1. 重要人名 （由英法文翻译成拼音的名字）：

A

阿寿——Ah Sou/Ah Kong

阿贝尔·拉贝基——Albert Laberge

阿贝尔·洛佐——Albert Lozeau

阿贝尔·莫里斯——Albert Moritz

阿尔·珀迪——Alfred Wellington Purdy

阿莱特·库斯迪——Arlette Cousture

阿兰·格朗布瓦——Alain Grandbois

阿尼·莫兰·瓦瑟——Annie Morin Vasseur

阿奇博尔德·兰普曼——Archibald Lampman

阿塞尼·贝赛特——Arsène Bessette

阿瑟·斯密——Arthur Smith

爱德华·史密斯——Edward Smith

爱德华·威尔逊·沃勒斯——Edward Wilson Wallace

埃德温·约翰·普拉特——Edwin John Pratt

艾丽·琼斯——Alice Jones

艾丽丝·芒罗——Alice Munro

埃米尔·奈利冈——Émile Nelligan

爱弥·密斯乐普——Amy Hislop

安德烈·卡庞蒂埃——André Carpentier

安德烈·鲁瓦——André Roy

安迪·关——Andy Quan

安娜·埃贝尔——Anne Hébert

安娜·吉丽奥娜——Anne Ghiglione

安娜—玛格丽塔·马提奥—帕尔默——Aan Magerita Mateo Palmer

安妮·居里安——Annie Curien

安东尼娜·马耶——Antonine Maillet

安德鲁·安德东克——Andrew Onderdonk

奥雷连·波瓦凡——Aurélieun Boivin

B

白光华（夏尔·勒布朗）——Charles Le Blanc

白润德——Daniel Bryant

保尔·尚贝尔朗——Paul Chanberland

保尔—玛丽·拉普安特——Paul-Marie La pointe

保尔·帕朗多——Paul Parenteau

贝丽——Alison Bailey

贝蒂·关——Betty Quan

彼得·赫塞勒——Peter Hessler

比吉塔·林格韦斯特——Brigitta lindqvest

柏伊恩——J. Ian Burchett

布迈恪——Michael Bullock

布利斯·卡曼——Bliss Carman

C

查尔斯·伯顿——Charles Burton

查尔斯·狄斯——Charles Dickens

查尔斯·库容里——Charles T. Currelly

查尔斯·乔治·道格拉斯·罗伯茨——Charles G.D Roberts

陈伟民——Weyman Chan

陈泽桓——Marty Chan

陈志让——Jerome Chen

崔维新——Wayson Choy

D

大卫·赫尔曼——David Herman

戴安·勒里（戴安娜）——Diane Larry

戴尔菲娜·勒鲁——Delphine Le Roux

戴维·弗伦奇——David French

戴维·斯坦斯——David Staines

德克·卜德——Derk Bodde

德尼·德拉热——Denys Delâge

德尼丝·布歇——Denise Boucher

邓肯·坎贝尔·司各特——Duncan C. Scott

邓敏灵——Madeleine Thien

朵拉马伟莫尔音乐优秀奖——Dora Mavor Moore Award for Outstanding Musical

朵拉丝·瓦安斯利——Doris Walmsley

多萝西·利夫赛——Dorothy Livesay

杜鲁多（又译特鲁多）——Pierre Trudeau

杜迈可——Michael Duke

杜森——W.A.C.H.Dobson

E

厄尔·伯尼——Alfred Earle Birney

F

法拉·摩沙——Fara Moosa

范德海格——Guy Vanderhaeghe

方曼俏——Judy Fong Bates

方秀洁——Grace Fong

费立·贺顿——Philip Holden

菲利克斯—安东尼·萨瓦尔——Félix-Antoine

菲利克斯·勒克莱尔——Félix Leclerc

傅海坡——Gauting Herbert Franke

弗朗索瓦·里卡尔——François Ricard

弗朗西丝·布鲁克——Frances Brooke

弗朗馨·诺埃尔——Francine Nöel

弗雷德·华——Fred Wah

弗雷德里克·拉塞尔——Frédéric Lasserre

G

盖恩·葛斯德——Guion M. Gest

盖伊·加夫里尔·凯——Guy Gaviel Kay

盖依·琼斯——Gail Jones

格拉蒂安·热利纳——Glatien Gélinas

格里·阿巴科——Gary Abuckle

葛淑珊——Susan Gregson

古约翰（另有中文名顾约拿单）——Jonathan Goforth，

关大卫——Michael David Kwan

关山——Sean Gunn

H

哈铂（又译哈勃、哈帕）——Stephen Harper

海蒂·斯怕特——Heidi Specht

海伦·威利斯——Helen Willis

赫伯特·扎克——Herbert Jacques

赫德森·泰勒——Hudson Taylor

赫尔曼·沃登——Herman Voaden

胡可丽——Claire Huot

胡志德——Ted Huters

怀履光（又译怀特）——William Charles White

黄锦儿——Rita Wong

黄俊雄——Harry J. Huang/ Freeman J. Wong

黄明珍——Jan Wong

慧深——Hwui-Shan/Hoei-Shin

J

吉尔·埃诺——Gilles Hénault

吉尔·马科特——Gilles Marcotte

吉尔·维尼奥——Gilles Vigneault

吉拉尔·贝塞特——Gilles Bessette

季理斐——Donald MacGilliveray

雷吉纳德·哈梅尔——Réginald Hamel

雷皎华——Cameron Louis

雷米·马蒂厄——Rémi Mathieu

雷勤风——Christopher Rea

雷让·迪夏姆——Réjean Ducharme

利玛窦——Matteo Ricci

丽娜·拉尼埃——Rina Lasnier

李佩然——Vivian Lee

李群英——SKY Lee

李莎·卡尔杜齐——Lisa Carducci

李晟文——Shengwen Li

李淑芳——Jen sookfong Lee

丽丝·高万——Lise Gauvin

李提摩太——Timothy Richard

黎喜年（又译拉丽莎·赖）——Larissa Lai

理雅各——James Legge

梁丽芳——Laifong Leung

琳达·雷施——Linda Leith

林浩聪——Vincent Lam

林理彰——Richard John Lynn

林天慰——Fiona Tinwei Lam

刘绮芬——Evelyn Lau

路德·真肯斯——Ruth Jenkins

鲁迪·伯——Rudy Wiebe

露西·穆德·蒙哥马利——Lucy Maud Montgomery

路易·埃蒙——Louis Hémon

路易·贝多罗默——Louis Bertholom

路易丝·杜白蕾——Louse Dupré

路易斯·瓦安斯利——Lewis Walmsley

罗贝尔·勒巴吉——Robert Lepage

罗光普（又译罗明远）——Dr. Robert Baird McClure

罗杰·勒默兰——Roger Lemelin

洛克·卡里埃——Rock Carrier

罗兰·基盖尔——Roland Giguère

洛朗·马依奥特——Laurent Mailhot

罗德仁——Terry Russell

罗利耶·蒂尔炯（即蒂尔贡）——Laurier Turgeon

罗萨林——Rosalind

罗维灵——Dr. William McClure

M

玛德莱娜·加农—马奥内——Madeleine Gagnon-Mahoney

玛德莲·邓（邓敏灵）——Madeleine Thien

玛格丽特·阿特伍德——Margaret E. Atwood

玛格丽特·劳伦斯——Margaret Laurence

玛格丽·马歇尔·桑德斯——Margaret M. Saunders

马克·吐温——Mark Twain

马克西米廉·拉罗什——Maximilien Laroche

玛丽—克莱尔·布莱——Marie-Claire Blais

玛丽—克莱尔·于奥特——Marie-Claire Huot

玛丽—露易丝·盖——Marie-Louise Gay

马琳达——Linda Mah

马塞尔·迪贝——Marcel Dubé

马塞尔·福丁——Marcel Fortin

马田·星尔——Martin Singer

迈克尔·翁达杰——Michael Ondaatje

麦克唐纳——John A. MacDonald

梅尼尔·尼尔森——Merrill Denison

梅哲·马修斯——Major J. S. Matthews

孟马克——Mark Moon

米歇尔·布尧尔德——Michel Bujold

米歇尔·拉龙德——Michel Lalonde

米歇尔·帕朗——Michel Parent

米歇尔·皮尔森——Michel Pearsen

米歇尔·特朗布莱——Michel Tremblay

米海依·亚斯诺夫——Mikhail Yasnov

米列娜——Milena Dolezelova

明明德——Arthur Menzies

明义士——James Mellon Menzies

穆思礼——Stanley Monro

N

娜奥米·克莱恩——Naomi Klein

内莉·麦克朗——Nellie McClung

妮可·关——Nicole Kwan

纽尔·哈罗——Neal Harlow

诺埃尔·欧戴——Noël Audet

诺尔曼·白求恩——Norman Bethune

诺尔曼·迈肯斯——Norman A.M.MacKenzie

诺斯洛普·弗莱——Northrop Frye

O

欧德——Aude

欧内斯特 汤普森·塞顿——Ernest T. Seton

欧文·莱顿——Irving Layton

P

帕特丽亚·法钦洁——Petra Fachinger

派瑞斯·瑞吉纳特——Petrus Rijnhart

皮埃尔·莫朗西——Pierre Morency

皮埃尔·内沃——Pierre Nepveu

蒲立本——Edwin G. Pulleyblank

Q

启尔德——Omar.L.Kilborn

钱拉·埃尔维——Gérard Hervouet

R

让—居伊·皮隆——Jean-Guy Pilon

让—克·哥丹——Jean-Cléo Godin

让·鲁瓦耶——Jean Royer

让·马尔尚——jean Marchand

让—玛丽·勒克雷齐奥——Jean-Marie Le Clézio

让—皮埃尔·阿贝尔—雷米萨——Jen-Pierre Abel-Rémusat

让—夏尔·法拉多——Jean-Charles Falardeau

让—夏尔·哈维——Jean-Charles Harvey

饶夫·克罗塞——Ralph Croizer

热尔曼娜·盖夫蒙——Germaine Guèvremont

S

萨·珍妮·邓肯——Sara J.Duncan

塞尔基·格朗杰——Serge Granger

赛西尔·克鲁迪埃——Cécile Cloutier

森迪·麦塔伽特——Sandy Cécile Mactaggart

莎伦·波洛克——Sharon Pollock

沈仁德——Raft Zeb

圣德尼·加尔诺——Saint-Denis Garneau

史丹利·关——Stanley Kwan

施吉瑞——Jerry Schmidt

史恺悌——Catherine Swatek

史清照——Kate Stevens

施文林——Wayne Schlepp

水仙花（爱蒂斯·伊顿）——Sui Sin Far/Edith Maude Eaton

斯蒂芬·巴特勒·李柯克——Stephen Butler Leacock

苏珊娜·海尔夫——Susanne Hilf

素珊·卡尔森·瑞吉纳特——Susie Carson Rijnhart

孙广仁——Graham Sanders

T

泰维兹——Miriam Toews

唐纳德·郭林奇——Donald Goellnicht

特瑞·吴——Terry Woo

W

瓦尔德·库纳博士——Dr. Walter Koerner

王健——Jan W. Walls

王仁强——Richard King

魏安国——Edgar Wickberg

威廉·荷兰——William Holland

威廉·罗斯——William W.E Ross

威廉·麦克伦南——William McLennan

文焕章——James Endicott Sr.

温妮芙蕾·伊顿——Winnifred Eaton Reeve

温斯顿·林——Winston Christopher Kam

文幼章——James Gareth Endicott

文忠志——Stephen L.Endicott

伍冰枝——Andrea Clarkson

伍露西——Lucy Ng

吴克艮——Kagan Goh

X

西尔万·克拉潘——Sylvin Clapin

席琳·迪翁——Céline Dion

辛辛呢缇大学——University of Cincinnati

休·麦克伦南——Hugh MacLennan

Y

雅克·阿拉尔——Jacques Allard

雅克·布罗——Jacques Brault

雅克·费隆——Jacques Ferron

雅克·格里塞——Jacques Grisé

雅克·莱维克——Jacques Lévesque

颜克利——Kellee Ngan

扬恩·马特尔——Yann Martel

叶婷行——Ye Ting-Xing

伊丰·勒布拉——Yvon LeBras

伊夫·博士曼——Yves Beauchemin

伊夫·泰里奥——Yves Thériault

伊丽莎白·詹森——Elizabeth Johnson

翼波——Robert Majzels

应晨——Ying Chen

应侃——Garry Engkent

叶生——Yip Sang

于贝尔·阿甘——Hubert Aqui

余绮华——Teresa Yu

余兆昌——Paul Yee

约翰·巴尔卡蒙——John Balcom

约翰·罗宾逊——John Robson

约翰·米尔斯——John Mears

Z

查佘温——Sherwin Tjia

詹森——Graham Johnson

郑蔼玲——Denise Chong

郑绮宁——Eleanor Ty

朱霭信——Jim Wong Chu

朱迪·赛德林——Judith Zeitlin

朱迪思·汤普森——Judith Thompson

朱维信——Raymond Chu

2. 重要地名和其他名称:

A

爱德华王子岛（简称 PEI）——Prince Edward Island）

埃德蒙顿（曾译点问顿）——Edmonton

埃尔伯塔省（曾译亚拉钵打省，阿尔伯达或亚伯达省，亚省）——Alberta

埃尔伯塔大学（或译阿尔伯达大学）——University of Alberta

安大略省（简称安省，又译安切由省）——Ontario

B

卑诗省（又译英属哥伦比亚省，BC 省，不列颠哥伦比亚）——British Columbia

卑诗加华历史协会——Chinese Canadian Historical Society of British Columbia

卑诗省华人历史资料库——Historical Chinese Language Materials in British Columbia: An Electronic
Inventory

壁诗——poems on the wall

布克国际文学奖——Man Booker International Prize

不列颠哥伦比亚大学（又译卑诗大学，UBC）——University of British Columbia

布洛克大学——Brock University

C

常春藤桥——Ivy Bridge in Devonshire

D

多伦多（又译都朗度）——Toronto

多伦多大学——University of Toronto

多伦多大学—约克大学联合亚洲太平洋中心——University of Toronto-York University Joint Centre for Asia Pacific Studies（JCAPS）

F

菲沙河（又译佛雷泽河）——Fraser River

菲沙河谷——Fraser River Valley

弗雷泽大学（又译西门菲沙大学）——Simon Fraser University

G

伽比奥拉岛——Gabriola Island

甘露斯镇——Camrose

高贵林市——Coquitlam

格雷文赫斯特小镇——Graven Hurst

葛思德中国研究图书馆——Gest Chinese Research Library

广学会——The Christen Literature Society

贵尔傅大学——Guelph University

国际加拿大研究理事会——The International Council for Canadian Studies, ICCS

H

哈里逊温泉——Harrison Hot Spring

海外基督教传教协会——The Foreign Christian Missionary Society

汉密尔顿——Hamilton

滑铁卢大学——University of Waterloo

皇家安大略博物馆——ROM

J

纪念大学——Memorial University

加华历史协会——Chinese Canadian Historical Society of British Columbia

加拿大人文社会科学联会——Canadian Federation of Humanities and Social Sciences

加拿大人文社会科学理事会——Social Science and Humanities Research Council of Canada（SSRHC）

加拿大太平洋铁路（简称 CPR，或太平洋铁路）——Canadian Pacific Railway

加拿大亚洲学会——Canadian Asian Studies Association（CASA）

加拿大邮报——Globe and Mail

加拿大总督文学奖——Governor General's Literary Awards

加中学者交流项目协议——Canada/China Scholar Exchange Program

加中学生交流项目协议——Canada-China Student Exchange Program

金巴岭——Cumberland

旧金山（又译三藩市）——San Francisco

K

卡尔加里（或卡加利，卡技利）——Calgary

卡尔加里大学——University of Calgary

卡隆纳——Kelowna

卡姆罗斯市——Camrose

卡内基公司——Carneigie Corporation

康（科）克迪亚大学——Concordia University/Université Concordia

科博镇——Cobourg

克林顿镇——Clinton

魁北克省（简称魁省）——Quebec/Québec

昆特兰工业大学——Quantlen Polytechnic University

L

莱福奇基金会——La Fondation Les Forges

兰格拉社区学院——Langara Community College

兰色都市基金会——Blue Metropolis Foundation/Fondation Metropolis bleu

里贾纳大学——University of Regina

利铭泽加港文献馆——Richard Charles Lee Canada Hong Kong Library

里姆斯基市——Rimouski

联邦诗人——Confederation Poets

联合教会——United Church

M

马林基金——Mellon Foundation

马纳瓦卡——Manawaka

麦吉尔大学——McGill University/Université McGill

满地宝（又译穆迪港）——Moody Port

蒙克环球事务学院——Munk School of Global Affairs

孟马克——Mark Moon

蒙特利尔（又译满地可）——Montreal/Montréal

缅尼图巴（马尼托巴）大学——University of Manitoba

缅省——Manitoba

莫克顿教育局——Moncton School Board

N

纳乃磨（又译纳耐莫，纳奈莫，侨社译作乃磨）——Nanaimo

纽宾士维克省——New Brunswick

奴加生港——Nootka Sound

诺克斯神学院——Knox College

P

潘伽亚艺术公司——Pangaea Arts

片打街——East Pender

普济慈善总会——United Way

Q

魁北克大学里姆斯基分校——Université du Québec à Rimouski（UQAR）

魁北克大学蒙特利尔分校——Université du Québec à Montréal(UQAM)

魁北克省——Province du Québec

魁北克市——Ville de Québec

R

瑞尔森大学——Ryerson University

瑞纳森学院——Renison University College

S

萨省大学——University of Saskatchewan

萨斯喀彻温省（简称萨省）——Saskatchewan

三河市——Trois-Rivières

舍布鲁克（社博罗克）——Sherbrooke

舍布鲁克大学——University of Sherbrooke/Université de Sherbrooke

圣尔本大教堂——St. Alban's Cathedral

圣玛丽大学——St. Mary's University

士巴丹拿街——Spadina

世嘉堡——Scarborough，ON

斯坦来镇（斯特斯瑞）——Strathroy

T

太平洋事务杂志——Pacific Affairs

汤逊河谷——Thompson River Valley

淘金潮——Gold Rush

蒂什运动——TISH Movement

V

瓦莱菲尔德学院——Collège Valleyfield

W

维多利亚大学——University of Victoria

维多利亚市（又译域多利）——Victoria

维弗莱德·罗列大学——Wilfred Laurier University

维克利夫神学院——Wycliffe College

温哥华（又译云高华）——Vancouver

温哥华实验电影院——Vancouver Cinemateque

温尼辟——Winnipeg

渥太华（曾译柯多华）——Ottawa

渥太华大学——University of Ottawa

X

西安大略大学——University of Western Ontario

西门菲沙大学（又译西蒙·弗雷泽大学）——Simon Fraser University

新斯科舍省——Nova Scotia

新西敏寺——New Westminster

Y

亚太基金会——Asia Pacific Foundation

亚洲太平洋研究朱大为博士计划——Dr.David Chu Program in Asian-Pacific Studies

亚洲研究所——Institute of Asian Research

盐泉岛——Salt Spring Island

伊顿堂——United Church of Eaton's

约克大学——York University

约克大学亚洲研究中心——The York Centre for Asian Research

Z

郑裕彤东亚图书馆——Cheng Yu Tung East Asian Library

中国城（又译唐人街，华埠）——China Town/Quartier chinois

中国研究院——The Foreign Christian Missionary Society

中国研究中心——Center for Chinese Research

中加学者交换项目——Canada-China Scholar Exchange Program

自治领戏剧节——The Dominion Drama Festival

二、中国与加拿大文学交流大事记

（注：以下的大事记，侧重历史事件和英法文的著作或译作，至于华文作品则不在此列出。）

1788 年（清乾隆五十三年）

—数十名来自广东的铁匠和木匠随英国船长约翰·米尔斯(John Mears)抵达加拿大西部的温哥华岛

1857 年

—广东华人孟马克(Mark Moon)从纽约来到多伦多，阿寿(Ah Sou)从旧金山来到卑诗省。后者参与了菲沙河谷（Fraser River Valley）金矿开采和土地开垦

1858 年

—6 月 28 日，300 名华工从加勒比海由"俄勒冈号"(Oregon) 轮船运送到加拿大西岸的维多利亚（Victoria），拉开了华人劳工大规模进入加拿大境内的序幕

1867 年

—7 月 1 日，加拿大建国

—1867—1914 年，加拿大英语文学进入成型期

—1867 年前后，"加拿大第一"（Canada First）政治运动

—1867 年前后，"联邦诗人"（Canadian Poets）诞生

1875 年

—6 月 1 日，太平洋铁路开始兴建

1877 年

—蒙特利尔出现第一家华人洗衣店

1879 年

—维多利亚华人要求清政府驻英国钦差大臣郭嵩焘与加拿大政府交涉当地工会的排华

1881 年—1884 年

—从美国和中国到达加拿大修建太平洋铁路的华工达到了 15 701 人

1884 年

—6 月，在时任旧金山总领事的黄遵宪的主持下，在维多利亚成立了中华会馆（Chinese Benevolent Association）

1885 年

—11 月 7 日，太平洋铁路正式建成

—加拿大政府开始向入境的华人征收臭名昭著的人头税（Head Tax）

1886 年

—温哥华建市

1888 年

—多伦多设立的"中国内地北美分会"，成为加拿大有组织海外传教的先声

—最早的一批 15 名加拿大传教士到达中国。古约翰（Jonathan Goforth）与妻子 罗塞林（Rosalind Goforth）到中国传教

1896 年

—李鸿章到访加拿大

1897 年

—怀履光 (Bishop William White) 到福建建宁传教，至 1934 年才离开中国

—孙中山先后三次（1897、1902、1911）到访加拿大

1899 年

—温妮弗蕾·伊顿英文长篇小说《日本小姐——一个日本人和美国人的罗曼史》（*Miss Numè of Japan: A Japanese-American Romance*）出版

—维多利亚中华会馆创办乐群义塾，为加拿大华文学校的先声

—康有为先后三次（1899、1902、1904）（或说四次）到访加拿大，成立保皇会

1902 年

—蒙特利尔的下城开始形成规模不大的唐人街

1903 年（光绪二十九年）

—2 月 6 日，梁启超到访温哥华，停留至 4 月 16 日，在温哥华创办《日新报》，该报被称为加拿大华文报纸的鼻祖

1907 年

—《华英日报》成立，1909 年改名为《大汉日报》，1915 年改名为《大汉公报》，为加拿大历史最悠久的华文报纸

—季理斐编写的《百年中国新教传教史》出版

—最早的侨刊《新宁杂志》在台山（旧名新宁）创刊

—温哥华唐人街被暴徒破坏，店铺损失惨重

1910 年

—明义士 (James Mellon Menzies) 到中国河南北部传教

—冯自由来温哥华，担任《大汉日报》（后改名《大汉公报》）编辑

1912 年

—水仙花的小说集《春香夫人》（*Mrs. Spring Fragrance*）在美国出版

—萨省发生"女佣案"

1914 年

—至 1950 年代末，加拿大英语文学进入发展时期

—教育家梅贻琦由上海青年会派到温哥华的华人教会演说

1917 年

—明义士出版第一本甲骨文著作《殷墟卜辞》

—露西·穆德·蒙哥马利的《绿山墙的安妮》出版

1918 年

—魁北克天主教耶稣会开始向中国的徐州教区派送传教士

1921 年

—蔡元培到温哥华，筹款建北大图书馆

1923 年

—《排华法》出笼，开始了全面排华，至 1947 年才取消

1928 年

—梁思诚与林徽因在渥太华成婚

1930 年

—2 月 1 日，梅兰芳过境停留温哥华一天，转往美国

—3 月 25 日，《强盗》杂志创刊。为在中国传教的耶稣会士提供了发表中国见闻和传教经验的园地

1931 年

—古约翰的《中国的神妙生活》(*Miracle Lives in China*) 出版。

—林翰元成为《大汉公报》主编，在职 40 年。

1932 年

—至 1970 年，自治领戏剧节 (The Dominion Drama Festival) 组织成立

—加拿大广播公司 (CBC) 成立

1933 年

—胡适率团到维多利亚参加太平洋会议

1934 年

—加拿大最早的粤剧俱乐部振华声音乐社在温哥华成立

1937 年

—加拿大"总督文学奖"创立

—由古约翰妻子撰写的传记作品《古约翰的中国》(*Goforth of China*) 出版

1939 年

—抗战侨刊《禺声月刊》创刊，直至 1946 年停刊

1940 年

—《诺尔曼·白求恩纪念册》出版，收录毛泽东的《纪念白求恩》，后来编入《毛泽东选集》

—1940 年代，周而复创作长篇小说《白求恩大夫》，后于 1964 年改编成电影

1941 年

—怀履光代表多伦多大学颁荣誉博士学位给胡适

1942 年

—明义士完成博士论文《商戈研究》

1943 年

—怀履光创建并主持多伦多大学内的中国研究学院

1944 年

—吴稚晖到温哥华演讲筹款

1947 年

—5 月 14 日，《排华法》废除

1948 年

—文幼章创办《加拿大东方通讯》月刊

1953 年

—《侨声日报》在温哥华创立

1958 年

—标志战后新移民带来新作风的海峰会在温哥华成立

1960 年

—加拿大英语小说以玛格丽特·劳伦斯、艾丽丝·芒罗和玛格丽特·阿特伍德三大女性小说家的崛起为标志，进入繁荣发展期

—"蒂什"诗歌运动（TISH Movement）产生

—不列颠哥伦比亚大学亚洲系和亚洲图书馆同时成立

1961 年

—黄韬师父受聘来温哥华讲授粤剧，成为第一个以教授粤剧为由移民来加的表演艺术家

1967 年

—计分移民法开始实施，华人可以不受种族歧视地以计分法申请移民加拿大

1969 年

—加拿大亚洲学会（CASA）成立

1970 年

—10 月 13 日，中国和加拿大建立外交关系

1973 年

—"中加学者交流项目"签订

—《华侨之声》电台成立，用粤语在卑诗省内广播

1974 年

—上海复旦大学张锦江到不列颠哥伦比亚大学演讲，为中加建交后较早访问加拿大的学者

—郎宁（Chester Ronning）著《中国革命回忆录——从义和团运动到中华人民共和国》(*Memoir of China in Revolution: From the Boxer Rebellion to the People's Republic*) 出版

1975 年

—施吉瑞 (Jerry Schmidt) 成为获得不列颠哥伦比亚大学亚洲系中国文学专业博士学位的第一人

1977 年

—在维多利亚的一个羁留所大楼，黎全恩教授发现华人写在墙上的古典诗

—夏，上海芭蕾舞团来温哥华和多伦多演出现代芭蕾舞剧《白毛女》

1979 年

—《难舍的稻米——加拿大华裔和日裔英语作品选》（*Inalienable Rice: A Chinese and Japanese Canadian Anthology*；关山编辑）出版

—汉学家蒲立本（Edwin G. Pullyblank）从这年开始，一连七次到访中国，并成功订立中加学者交换计划

1980 年

—温哥华中华文化中心成立

—张隆溪率先在《外国文学研究》上发表评论弗莱的文章

—著名画家范曾受邀到不列颠哥伦比亚大学演讲

1981 年

—夏天，包括艾丽丝·芒罗在内的七位加拿大作家受邀首次访问中国

—11 月 23 日起丁玲访加，成为中加建交后第一位正式访问加拿大的中国作家

—汉学家王健（Jan Walls）出任加拿大驻中国大使馆文化和科学事务第一秘书，至 1983 年期满

1982 年

—7 位结伴在 1981 年夏天出访中国的加拿大作家出版旅行回忆录《加华大——七人帮的回忆录》（*Chinada：Memoirs of the Gang of Seven*）

—作家张光年、王西彦、谌容访问加拿大数所大学

—红线女率领广东越剧团到温哥华，演出《搜书院》

1983 年

—魁北克小说家弗朗馨·诺埃尔（Francine Noēl）的小说《玛丽丝》（*Maryse*）发表

—《星岛日报》在加拿大创立分社。

1984 年

—章学新著《白求恩传略》，这是第一部中国人撰写的关于白求恩的传记作品

—冯牧、刘亚洲访问不列颠哥伦比亚大学亚洲系

—中国加拿大研究会成立

1985 年

—弗雷德·华著名长篇散文组诗《等待萨省》（*Waiting for Saskatchewan*）出版并荣获加拿大总督文学奖的诗歌奖

—魁北克上演大型现代剧《龙之三部曲》（*La trilogie des dragons*）

1986 年

—朱霭信的英文诗歌自选集《唐人街鬼魂》（*Chinatown Ghosts*）出版

—人民艺术剧院到加拿大演出《茶馆》，英若诚导演

—获中国作协之邀，由卢因、梁丽芳、袁军组成的第一个华人作家访华团，访问中国两周（从 1986 年 12 月 19 日到 1987 年 1 月 2 日）

1987 年

—加拿大华裔写作人协会成立（1995 年后更名为加拿大华裔作家协会）

—《长夜漫漫》（*The Watch Ends the Night*），蓝仁哲译，重庆出版社出版

—北京外国语学院出版的《外国文学》杂志第 12 期为魁北克文学专辑

—中国社会科学院文学研究所所长许觉民首次访问数所加拿大大学的比较文学系和亚洲系（东亚系）

—鲍昌、刘湛秋、叶蔚林、严婷婷访问加拿大

—陈丹晨到埃尔伯塔大学演讲

—《世界日报》创立加东版

1988 年

—加拿大议会通过了《多元文化法案》，使多元文化以法律的形式固定下来

—刘宾雁到埃尔伯塔大学演讲

1989 年

—刘绮芬的英文文学自传《逃家女孩的日记》（*Runaway: Diary of a Street Kid*）出版

1990 年

—李群英的长篇小说《残月楼》（*Disappearing Moon Café*）出版，被誉为首部全景式地反映加华移民的长篇小说。《残月楼》获得 1990 年的温哥华图书奖，并入围同年总督文学奖

—中国、加拿大、法国合拍传记片《白求恩——一个英雄的成长》

—乐黛云到埃尔伯塔大学访问

1991 年

—《多嘴鸟：当代加拿大华裔作家作品》（Bennett Lee, and Jim Wong-Chu eds. *Many-Mouthed Birds: Contemporary Writing by Chinese Canadians*）出版

—《世界日报》创立加西版

—葛逸凡的《金山华工沧桑录》出版，这是加拿大第一本写铁路华工的长篇小说

1992 年

—《大汉公报》停刊

—刘绮芬的英文诗集《俄狄浦斯之梦》（*Oedipal Dreams*）获得加拿大总督文学奖诗歌奖的提名

—翁达杰凭小说《英国病人》成为首位获布克国际文学奖的加拿大作家，中译本 1997 年由作家出版社出版

—张芷美的文学自传《狐狸精：一个毛中国的女子》（*Foxspirit, a woman of Mao's China*）在蒙特利尔出版

—《世界文学》第 5 期发表了加拿大魁北克文学专辑

1993 年

—多伦多加中笔会成立

—4 月，南京大学外国语学院举办魁北克文学国际讨论会

—陈泽桓的剧作《禁山之凤》（*The Forbidden Phoenix*）出版

—《明报》分别在多伦多和温哥华创立加东版和加西版

1994 年

—多伦多华人作家协会成立

—郑霭玲的传记文学《妾的儿女们》（*The Concubine's Children*）出版并获得温哥华城市图书奖

　　—李群英出版短篇小说集《肚皮舞者》（*Bellydancer*）

　　—梁丽芳的《从红卫兵到作家：觉醒一代的声音》(*Morning Sun: Interviews with Chinese Writers of the Lost Generation*) 出版，是第一本介绍知青作家的英文著作

　　—"诺斯洛普·弗莱与中国"国际研讨会在北京大学举行

　　—刘恒、陆星儿获加拿大华裔作家协会与加中友好协会之邀，访问加拿大

　　—潘耀明一行受加拿大华裔作家协会之邀，访问温哥华

1995 年

　　—黎喜年的英文长篇小说《千年狐》（*When Fox is a Thousand*）入围 1996 年的加拿大小说新人奖

　　—《玉牡丹》（*Jade Peony*）连续获得温哥华城市最佳书奖、安大略省最佳书本奖、吉勒奖 (Giller Prize) 在内的多种奖项

　　—《纸影》（*Paper Shadows*）获得同年度的总督文学奖提名

　　—应晨发表 *L'Ingratitude*《再见，妈妈》获得当年的魁北克—巴黎联合文学奖

　　—李彦的英语自传长篇小说 Daughters of the Red Land 获加拿大全国小说新书奖提名和滑铁卢地区文学艺术杰出女性奖

　　—加拿大女作家文集《房中鸟》（孙桂荣、申慧辉主编；河北教育出版社）出版，其中的法语作家作品皆由孙桂荣翻译

　　—5 月，陈忠实等受加拿大华裔作家协会之邀，到温哥华演讲

　　—8 月，也斯访问温哥华，并作演讲

1996 年

　　—余兆昌的《鬼魂火车》(*Ghost Train*) 荣获同年度总督文学奖的英语类儿童文学奖

　　—贝蒂·关的《母语》（*Mother Tongue. Montreal*）出版并获得同年度总督文学奖戏剧奖的提名

　　—黄明珍的自传《神州怨》（*Red China Blues: My Long March from Mao to Now*）

出版

1997 年

—3 月 17 日，加拿大魁北克华人作家协会在蒙特利尔成立

—赵廉的英文评论著作《不再沉默：加拿大华裔英语文学》（*Beyond Silence: Chinese Canadian Literature in English*）出版

—方曼俏短篇小说集《瓷器狗》（*China Dog and Other Tales from a Chinese Laundry*）出版

—叶婷行的文学体自传《苦风一孤叶》（*Leaf in the Bitter Wind*）出版

1998 年

—陈泽桓的成名剧作《妈，爸，我在和白人女孩同居》出版

—白先勇、池莉、牛玉秋访问温哥华，参加由加拿大华裔作家协会主办的第二届华人文学国际研讨会

—陈若曦受加拿大华裔作家协会之邀，访问温哥华，并作演讲

—魁北克华人作家协会成立

1999 年

—12 月，四川外语学院加拿大研究所和法语系举办首届魁北克研讨会

—《云吞：加拿大华裔诗歌选》（关嘉祥和朱霭信合编；Andy Quan and Jim Wong-Chu eds. *Swallowing Clouds: An Anthology of Chinese Canadian Poetry*）出版

—诺思洛普·弗莱国际研讨会在内蒙古大学举行

—於梨华、刘登翰、袁良骏、少君访问温哥华，参加由加拿大华裔作家协会主办的第三届华人文学国际研讨会

2000 年

—胡功勤的《香蕉仔》（*Banana Boys*）出版

—玛格丽特·阿特伍德的《盲刺客》获布克国际文学奖

—汉学家胡可丽的《中国新文化纪实》（*China's New Cultural Scene: A Handbook of Changes*）出版

—孙桂荣的《魁北克文学》出版（外语教学与研究出版社）

—李晟文的博士论文《十七世纪法国耶稣会士在新法兰西与中国传教策略研究》出版后，于 2001—2002 年被加拿大人文与社会科学联合会（The Canadian Federation for the Humanities and Social Sciences）评为该年度法语类四部最佳著作之一

—程依荣编译的《魁北克诗选》由香港开益出版社出版

—何镇邦、阿成访问温哥华，参加由加拿大华裔作家协会主办的第四届华人文学国际研讨会

2001 年

—10 月，吉林人民出版社出版了由方仁杰主编的《魁北克法语语言文化研究论文集》

—关嘉祥的英文小说集《月历男孩》（*Calendar Boy*）出版

—邓敏灵的英文短篇小说集《简单食谱》（*Simple Recipes*）出版

—"魁华作协"举办首届"全国詹锯辉文学奖"

—吴瑶玲等访问温哥华，参加由加拿大华裔作家协会主办的第五届华人文学国际研讨会

—苏童受不列颠哥伦比亚大学亚洲系之邀，访问温哥华，并作演讲

—陈嘉年创作的歌剧《铁路》（Iron Road）在多伦多首演

2002 年

—8 月，重庆出版社出版《魁北克研究论文集》

—黎喜年的英文长篇小说《咸鱼女孩》（*Salt Fish Girl*）出版

—铁凝、项小米、孙隆基等访问温哥华，参加由加拿大华裔作家协会主办的第六届华人文学国际研讨会

—张炯受加拿大华裔作家协会之邀，到访温哥华，并作演讲

2003 年

—华裔作家英文短篇小说集《敲锅：当代加拿大华裔作家作品选》（Lien Chao and Jim Wong-Chu eds. *Strike the Wok：An Anthology of Contemporary Chinese Canadian Fiction*）出版

—代表阿特伍德最高文学成就并荣获布克国际文学奖的长篇小说《盲刺客》（*The Blind Assassin*）的中译本由上海译文出版社出版

—2003—2004 年间，张月楠应北京少年儿童文学出版社之约，主编了一套魁北克法语作家为少年儿童创作的文学作品

2004 年

—方曼俏的《巨龙咖啡馆的子夜》（*Midnight at the Dragon Café*）出版

—收有 8 篇艾丽丝·芒罗作品的短篇小说集《逃离》（*Runaway*；李文俊翻译），由北京十月文艺出版社出版

2005 年

—受上海文学节的邀请，郑霭玲于 3 月 13 日—15 日访问上海

—华文出版社推出著作方正式授权的《绿山墙的安妮》的中译本

—吴泰昌、木令耆等访问温哥华，参加由加拿大华裔作家协会主办的第七届华人文学国际研讨会

2006 年

—林浩聪的《放血和奇疗》（*Bloodletting & Miraculous Cures*；2005）获加拿大 2006 年度吉勒奖

—弗雷德·华的散文诗体自传小说《钻石烧烤店》（*Diamond Grill*）出版

—6 月 22 日，加拿大总理斯蒂芬·哈珀在渥太华国会举行正式"道歉"仪式，平反华人移民法案，宣布对遭受《排华法》损害而尚存的受害者及亲属进行赔偿

—邓敏灵的长篇小说《确定》（Certainty）摘得亚马逊加拿大图书奖新人奖

—中加合拍 20 集电视剧《诺尔曼·白求恩》

2007 年

—11 月 20 日，蓝色都市基金会主席琳达·雷施（Linda Leith）太太一行访问中国浙江师范大学儿童文学研究所

—12 月，外语教学和研究出版社出版了李洪峰、傅荣主编的《从中国看魁北克》

—陈建功、公仲等访问温哥华，参加由加拿大华裔作家协会主办的第八届华人文学国际研讨会

—张翎的中篇小说《余震》被评上中国小说学会的排行榜

2008 年

—3 月，在上海作协主办的《故乡和他乡》系列讲座中，邓敏灵作了《母亲的衣裳》的演讲

—8 月，光明日报出版社出版方仁杰等人合著的《魁北克法语语言与文化》

—10 月，民族出版社出版了陈燕萍的专著《寻觅轮回：伊夫·泰利奥小说中的神话世界》

—陈伟明以诗集《洗衣房噪声》（Noise from the Laundry）入围总督文学奖

—真正意义上的中国加拿大文学学术研讨会"2008 加拿大文学研讨会"举行

—《独陪明月看荷花：叶嘉莹诗词选译》（Ode to the Lotus: Selected Poems of Florence Chia-ying Yeh）出版

—方方等访问加拿大

—白烨、刘庆邦、格非、刘震云访问加拿大

2009 年

—3 月上旬黎喜年分别到复旦大学和南京大学举行题为《杂糅·种族·生态文学》的讲座

—温斯顿·金的剧本《单身汉》（*Bachelor Man*）被收入 Love+relAsianships 一书

—艾丽丝·芒罗获布克国际文学奖

—魁北克著名汉学家白光华与人合作的巨著《儒家学派》（*Philosophes Confucianistes*）由法国伽利玛出版社出版

—张裕禾的法文专著 Famille et identité dans le roman québécois du XXe siècle（《二十世纪魁北克小说中的家庭和文化身份》）由魁北克北方出版社出版

—台湾作家朱天心等受不列颠哥伦比亚大学亚洲系之邀，访问温哥华，并作演讲

—余华受不列颠哥伦比亚大学亚洲系之邀，访问温哥华，并作演讲

—张翎的长篇小说《金山》出版

2010 年

—3 月 20 日，受上海国际文学节的邀请，弗雷德·华做了讲座《诗样年华》

—4 月，魁北克当代剧作家米歇尔·特朗布莱（Michel Tremblay）的剧作《永远是你的，玛丽露》在北京演出

—带有中国元素的英语神秘幻想小说集《巨龙和繁星》（*The Dragon and the Stars*；蔡文信（Eric Choi）和麦家玮（Derwin Mak）主编）出版

—柯温爱的第一部小说《空白地》（*This Place Called Absence*）出版

—上海世博会期间，蓝色都市基金会为加拿大馆组织了"诗歌翻译擂台"活动

—余兆昌的《金山惊魂》在温哥华不列颠哥伦比亚大学首演

—陈河的长篇小说《布偶》上中国小说学会排行榜

2011 年

—张翎的长篇小说《金山》的英文版由加拿大企鹅出版社出版发行

—李淑芳的第二部长篇小说《良母》（*The Better Mother*）出版并受到好评

—JJ Lee 的文学自传《男人的尺寸——父亲、儿子和一套西装的故事》出版并获同年度第 75 届总督文学奖的提名

2012 年

—2 月，魁北克华人作家协会首次推出会员作品专辑《岁月在漂泊》

—林浩聪的《校长的赌注》（*Headmasters Wager*）获得同年度的总督文学奖提名

—扬恩·马特尔的小说《少年派的奇幻漂流》被改编成电影，引起轰动

—季红真、朴宰雨、潘耀明等访问温哥华，参加加拿大华裔作家协会主办的第九届华人文学国际研讨会

—陈河的长篇小说《红白黑》发表

2013 年

—9 月，南开大学举行"南开跨文化交流中心研究丛书·加拿大华裔获奖文学译丛"新书首发式暨学术座谈活动

—10 月，白先勇受不列颠哥伦比亚大学亚洲系之邀，到访温哥华，并在多处作演讲

—10 月 10 日，艾丽丝·芒罗获得 2013 年诺贝尔文学奖

参考文献

（本书提到大量作家和学者的著作书目，因为篇幅所限，不一一列入）

一、 中文参考文献（按拼音顺序、作者姓名顺序排列）

B

白润德（Daniel Bryant）.加拿大汉学概况.张西平：欧美汉学研究的历史与现状.郑州：大象出版社，2006.443—448.

C

陈炳良主编.香港文学探赏.香港：三联书店，1991.

陈国贲.烟与火：蒙特利尔的华人.北京：北京大学出版社社，1996.

陈翰笙.华工出国史料汇编.北京：中华书局，1985.

陈浩泉编.枫华正茂——加华文学评论集.温哥华：加拿大华裔作家协会，2009.

陈浩泉编.枫雨同路——加华作家小说选.温哥华：加拿大华裔作家协会，2010.

程依荣编译.魁北克诗选.香港：开益出版社，2000.

D

大汉公报编辑部.大汉公报诗词汇刻.温哥华：大汉公报社，1957.

董延寿.加拿大传教士怀履光与洛阳文物被盗.中原文物.2005 年第 6 期.

F

方辉.明义士和他的藏品.济南：山东大学出版社，2000.

房建昌.加拿大基督教传教士瑞吉纳特夫妇在青海藏族地区的传教活动及其他.青海师范大学学报（社会科学版），1988 年第 2 期.

方仁杰主编.魁北克法语语言文化论文集.长春：吉林人民出版社，2001.

方仁杰等著.魁北克法语语言与文化.北京：光明日报出版社，2008.

方熊晋.谈谈五邑文化的特征与人文价值.李巍主编:侨乡文化探研.广州:广东人民出版社,2004.81—89.

冯自由.加拿大之党务.蒋永敬编:华侨开国革命史料.第173—174页.台北:中正书局,1977.

傅海波（Gauting Herbert Franke）.寻觅中华文化:对欧洲汉学史的一些看法.古伟瀛译.汉学研究通讯,第11卷第2期,1992（6）：89—95.

H

韩静.《近十年(1998—2008)中国的加拿大文学研究》.南京财经大学学报,2008年第2期,总第150期。

何培忠主编.当代海外中国学研究.北京:商务印数局,2006.

黑燕.台山侨乡血泪史.（三册）.出版社、出版地不详,1952.

黄则臣.中国人在加拿大.www.crewweekly.com

黄维樑.香港文学初探.香港:华汉文化事业公司,1985.

J

季理斐.基督教新教在华传教百年史（1807—1907）

蒋永敬编.华侨开国革命史料.台北:正中书局,1977.

K

康有为.康南海先生诗集.台北:中华民国丘海学会编印,1941.

康有为.康南海先生游记汇编.台北:文史哲出版社,1979.

L

蓝仁哲主编.加拿大短篇小说选,重庆出版社,1985.

蓝仁哲.加拿大文学在中国的接受.四川外语学院学报,2002年11月第18卷,第6期。

雷基磐编.徐孤风先生诗词集.温哥华:出版社不详,1966.

李东海.加拿大华侨史.出版地不详:加拿大自由出版社,1967.

李权时主编,李明华、韩强副主编.岭南文化,广州:广东人民出版社,1993.

李崴.侨乡文化探研.广州:广东人民出版社,2004.

李未醉、高伟浓 . 简论加拿大早期华商的活动 . 商业时代·学术评论 .2006 年第 13 期 .

梁丽芳 . 开花结果在海外 . 温哥华：加拿大华裔作家协会，2006.

梁丽芳 . 打破百年沉默：加拿大华人英文小说初探 . 世界文学，1998 年第 4 期，288—300.

梁丽芳 . 扩大视野：从海外华文文学到海外华人文学 . 见：陈浩泉主编：枫华正茂：加华文学评论集，温哥华：加拿大华裔作家协会，2009.105—117.

梁启超 . 新大陆游记 . 新闻丛报，1903.

林岳鋆 . 林岳鋆文稿彙编 . 非出版物，2003.

刘进 . 五邑银信 . 广州：广东人民出版社，2009.

刘权 . 广东华侨华人史 . 广州：广东人民出版社，2002.

刘盛仪主编 . 魁北克研究论文集 . 重庆出版社，2001.

洛夫 . 洛夫诗歌全集 . 台北：普音文化事业股份有限公司，2009.

洛夫 . 漂木 . 台北：联合文学出版社，2001.

M

马佳 . 爱释真理——丁光训传 . 香港：基督教文艺出版社，2006.

麦礼谦 . 从华侨到华人 . 香港：三联书店，1992.

梅伟强 . 侨刊乡讯 . 台山历史文化集第六编 . 北京：中国华侨出版社，2007.

梅伟强、张国雄主编 . 五邑华侨华人史 . 广州：广东高等教育出版社，2001.

梅伟强、关泽峰 . 广东台山华侨史 . 北京：中国华侨出版社，2010.

莫东寅 . 汉学发达史 . 郑州：大象出版社，2006. 初版 1949.

莫砺锋编 . 神女之探寻：英美学者论中国古典诗歌 . 上海：上海古籍出版社，1994.

Q

钱仲联编 . 人境庐诗草笺注 . 上海：古典文学出版社，1957.

S

司徒树浓 . 旅加吟草 . 出版地点、年份不详，约 1965.

宋家珩主编 . 加拿大人在中国 . 北京：东方出版社，1998.

宋家珩、董林夫合著 . 中国与加拿大：中加关系的历史回顾 . 济南：齐鲁书社，1993.

宋家珩、李巍合编 . 加拿大传教士在中国 . 北京 : 东方出版社，1995.

孙法理译 . 郎宁回忆录——从义和团到人民共和国 . 北京：工人出版社，2007.

W

魏莉 . 加拿大英语诗歌：从"启门时代"到"联邦诗人". 内蒙古大学学报（人文社会科学版），2006 年第 3 期 .

温哥华中华会馆百年特刊 . 1906—2006.

文忠志 . 出自中国的叛逆者：文幼章传 . 李国林、周开顽、叶上威、罗显华译 . 成都：四川人民出版社，1983.

吴华 . "发愤著书"与"锦心绣口"——论"多伦多小说家群". 中外论坛，2005 年第 3 期：38—41.

伍荣仲 . 作为跨国商业的华埠粤剧——20 世纪初温哥华排华时期的新例证 . 罗丽译 . 中华戏曲，2008 年第一期 .

X

徐新汉、黄运荣 . 加拿大华文传媒的近况 . 见：www.chinanews.com/news/2005/2005-08-16/26/612646.shtml

Y

宴可佳 . 中国天主教 . 五洲传播出版社，2004.

严明 . 清代广东诗人研究 . 台北：文津出版社，1991.

叶春生 . 岭南俗文学简史 . 广州：广东高等教育出版社，1996.

于语和、庚良辰 . 近代中西文化交流史 . 太原：山西教育出版社，1997.

Z

张西平 . 传教士汉学研究 . 郑州：大象出版社，2005.

张裕禾 . 如何着手研究文化身份 . 耿龙明、何寅主编：中国文化与世界（第四辑）. 上海外语教育出版社，1996.

张裕禾 . 文化身份重构问题 . 跨文化对话 . 上海文化出版社，2003 年第 13 期 .

周发祥、李岫主编 . 中外文学交流史 . 长沙：湖南教育出版社，1999.

朱徽 . 加拿大英语文学简史 . 成都：四川大学出版社，2005.

朱佳木 . 序言 . 何培忠编 . 当代中国学研究 . 北京：商务印书馆，2006.

二、 英法文参考文献（按作者姓名英文字母顺序排列）

A

Anderson, Kay J. *Vancouver's Chinatown: Racial Discourse in Canada, 1875—1980.* Montreal: McGill-Queen̂s University Press, 1995.

Andrée Le Guillou(dir), *DIRES-CHINE*, la Revue du cégep Saint-Laurent, Montréal, Volume 7, Numéro 1, Printemps 1989.

Asheroft, Bill, with Gareth Griffiths and Helen Tiffin. *Post-Colonial Studies: The Key Concepts.* London: Routledge, 2003.

Austin, Alvyn J. *Saving China: Canadian Missionaries in the Middle Kingdom, 1888—1959.* Toronto: University of Toronto Press, 1986.

Austin, Alvyn J. *Missionaries, Scholars, and Diplomats: China Mission and Canadian Public Life,* in Marguerite van die ed., *Religion and Public Life in Canada, Historical and Comparative Perspectives.* Toronto: University of Toronto Press, 2000.

B

Begg, Alexander. *History of British Columbia from its Earliest Discovery to the Present Time.* Toronto: W.Briggs, 1894; repr. 1972.

Bennett Lee and Jim Wong-Chu ed. *Many-Mouthed Birds: Contemporary Writing by Chinese Canadians*. Vancouver: Douglas and McIntyre, 1991.

Berton, Pierre. *The Last Spike*. Toronto: McClelland and Steward, 1971. Toronto: Garamond, 1988.

Bourdieu, Pierre. *The Field of Cultural Production*. New York: Columbia University Press, 1993.

Brassard, Marie et al. （texte）. Robert Lepage （Mise en Scène）, *La Trilogie des dragons*, Montréal, INSTANT MÊME, 2005.

C

Canadian Steel: Chinese Grit. Vancouver: National Executive Council of the Canadian Steel, Chinese Grit Heritage Documentary, 1998.

Canadian Steel, Chinese Grit. Vancouver, B.C.: Moving Images Distribution, 1998.

Chan, Anthony. *Gold Mountain: The Chinese in the New World*. Vancouver: New Star, 1983.

Chao, Lien. *Beyond Silence: Chinese Canadian Literature in English*. Toronto: TSAR, 1997.

Chao, Lien & Jim-wong Chu eds. *Strike the Wok: An Anthology of Contemporary Canadian Fiction*. Toronto: TSAR Publications, 2003.

Chen, John Zhongming. *The Influence of Daoism on Asian-Canadian Writers*. Lewiston, NY: The Edwin Mellon Press, 1994.

Chow, Lily. *Sojourners in the North*. Halfmoon Bay: Caitlin Press, 1996.

Craig, Terrence L. *The Missionary Lives: A Study in Canadian Missionary Biography and Autobiography*. Leiden: Brill, 1997.

D

Dong, Linfu. *Cross Culture and Faith: The Life and Work of James Mellon Menzies*. Toronto: University of Toronto Press, 2005.

E

Evans, Brian. *Ronning and Recognition: Years of Frustration, Canada and the People's Republic of China, 1949—1970*. Toronto: University of Toronto Press, 1991.

Endicott, Stephen. James G. *Endicott: Rebel Out of China*. Toronto: University of Toronto Press, 1980.

G

Geddes, Gary etal. *Chinada Memoirs of the Gang of Seven*. Dunvegan, Ontario: Quadrant Editions, 1983.

Goforth, Jonathan. *Miracle Lives of China*. Toronto: University of Toronto Press, 1931.

Goforth, Rosalind. *Chinese Diamond for the King of Kings*. Toronto: Evangelical Publishers, 1920.

Goforth, Rosalind. *Goforth of China*. McClelland and Stewart, 1937.

Goforth, Rosalind. *Climbing: Memories of a Missionary's Wife*. Toronto: Evangelical Publishers, 1940.

Guèvremont, Germaine. *Marie-Didace, Montréal, Éditions Beauchemin*, 1947.

Gunn, Sean ed. *Inalienable Rice: A Chinese and Japanese Canadian Anthology*. Intermedia Press, 1979.

H

Helly, Denise. *Les Chinois à Montréal 1877—1951*, IQRC, 1987.

Helly, Denise. *Les buandiers chinois de Montréal au tournant du siècle*, Recherches sociographiques, Vol. XXV, No3, 1984.

Hilf, Susanne. *Writing the Hyphen: The Articulation of Interculturalism in Contemporary Chinese-Canadian Literature*. Frankfurt: Peter Lang, 2000.

Hsu, Immanuel C. Y. *The Rise of Modern China*. New York: Oxford UP, 1970.

Huang, Evelyn and Jeffery, Lawrence ed. *The Chinese Minority in Canada, 1858—1992: A Quest for Equality, in Chinese Canadians: Voices from a Community*. Vancouver: Douglas and McIntyre, 1992, pp. 264—275.

J

Johnson, Graham. *The True North Strong: Contemporary Chinese Studies in Canada*, China Quarterly, No.143 (Sept. 1995), pp. 851—866.

K

Klinck, Carl F. ed. *Literary History of Canada: Canadian Literature in English*. Toronto: University of Toronto Press, 1976.

L

Lafortune, s.j. Édouard. *Canadiens en Chine : Croquis du Siutcheoufou. Mission des Jésuites du Canada*, Montréal, L'Action Paroissiale, 1930.

Lai, David Chuenyan. *Chinatowns: Towns within Cities in Canada*. Vancouver: University of British Columbia Press, 1988.

Langlais, Jacques. *Les Jésuites du Québec en Chine 1819—1955*, Québec, PUL, 1979.

Lee, Bennett & Jim-wong Chu eds. *Many-mouthed Birds: Contemporary Writing by Chinese Canadians*. Vancouver: Doughlas & McIntyre; Seattle: University of Washington Press, 1991.

Leung, Laifong. *Morning Sun: Interviews with Writers of the Lost Generation*. Armonk: M.E. Sharpe, 1994.

Li, Peter S. *The Chinese in Canada*. Toronto: Oxford Unversity Press Canada.1988.

M

Ma, Ching. *Chinese Pioneers*. Vancouver: Versatile Publishing Company Ltd., 1979.

MacGillivray, D. (Donald). *A Century of Protestant Missions in China 1807—1907,*Being the Centenary Conference Historical Volume. Shanghai: the American Presbyterian Mission Press,1907.

N

Ng, Maria and Philip Holden ed. *Reading Chinese Transnationalism: Society, Literature, Film.* Hong Kong University Press, 2006.

Ng, Tung-king. *The University of British Columbia Chinese Literary Collection: A Report, Pacific Affairs*, Vol.50, No.3 (Fall 1977), pp. 473—485.

Noël, Francine. *Maryse*, Montréal，VLB，1983.

P

Pan, Lynn ed. *Encyclopedia of the Chinese Overseas*. Cambridge,MA: Harvard UP, 1995.

Pulleyblank, E.G., *William L. Holland's Contribution to Asian Studies in Canada and at the University of BritishColumbia*, Pacific Affairs, Vol.52, No.4（Winter，1979—1980), pp. 591—594.

Q

Quan, Andy & Jim-wong Chu eds. *Swallowing Clouds: An Anthology of Chinese Canadian Poetry*. Vancouver: Arsenal Pulp Press, 1999.

R

Report of the Royal Commission on Chinese Immigration. Ottawa: Order of the Commission, 1885.

Rijnhart, Susie Carson. *With the Tibetans in Tent and Temple: Narrative of Four Years of Residence on the Tibetan Border, and of a Journey into the Far Interior*. Chicago, Toronto: F.H. Revell, 1901.

Ronning, Chester. *A Memoir of China in Revolution-From the Boxer Rebellion to the People's Republic*. New York: Pantheon Books, 1974.

Ronning to SSEA (Secretary of State of External Affairs), June 16, 1950. DEA 550055-B-40. Report of the Royal Commission Appointed to Inquire into the Methods by which Oriental Laborers Have

Been Induced to Come to Canada. Ottawa: Government Printing Bureau, 1908.

S

Shirane, Haruo. *Attraction and Isolation: the Past and Future of East Asian Languages and Cultures, Professions, 2003, pp. 66—75.*

Singer, Martin. *Canadian Academic Relations with the People's Republic of China since 1970*, Vol 2: China Profiles of Canadian Universities/Supplementary Materials. Ottawa: The International Development Research Centre, 1986.

Singer, Martin. *Academic Relations between Canada and China, 1970—1995*. Ottawa: Association of Universities and Colleges of Canada, 1996.

Starkins, Edward. *Who Killed Janet Smith?* Toronto: Macmillan, 1984.

T

Taylor, Charles. *Six Journeys*, A Canadian Pattern. Toronto: Anansi, 1977.

W

Wakeman, Frederic, Jr. *The Fall of Imperial China*. New York: Free Press, 1975.

Walmsley, C. Lewis. *Bishop in Honan: Mission and Muesum in the life of William C. White*. Toronto: University of Toronto Press, 1974.

Walmsley, C. Lewis & Dorothy Vrush Walmsley. *Poems by Wang Wei: the Painter-poet. Rutland*, Vt, C.E.: Charles E. Tuttle Company Inc., 1968.

Ward, W. Peter. *White Canada Forever*. 2nd ed. Montreal and Kingston: McGill–Queen's UP, 1990.

Wickberg, Edgar ed. *From China to Canada: A History of the Chinese Communities in Canada*. Toronto: Mcclelland & Stewart Ltd.,1982.

Wickberg, Edgar. *Global Migrants and Performing Chineseness, Journal of Chinese Overseas, 3:2* (November), 2007, pp. 177—193.

Worrall, Brandy Lien. *Finding Memories, Tracing Routes: Chinese Canadian Family Stories*. Vancouver: Chinese Canadian Historical Society, 2006.

Worrall, Brandy Lien. *A Chinese Canadian and Aboriginal Potluck*. Vancouver: Vancouver: Chinese Canadian Historical Society, 2008.

Yee, Paul. Chinatown: *An Illustrated History of the Chinese Communities of Victoria, Vancouver, Calgary, Winnipeg, Toronto, Ottawa, Montreal and Halifax*. Toronto: James Lorimer & Company Ltd., Publishers, 2005.

Yee, Paul. *Saltwater City*. Vancouver : Douglas & McIntyre, 2006.

Ying Chen. *La Mémoire de l'eau*，Montréal，Leméac/Arles,Actes Sud,1992.

Chang, Yuho. *Intégration et Intégration des immigrés*，Québec，IRFIQ,2004.

Zhou, Peter X. ed. *Collecting Asia: East Asian Libraries in North America, 1868—2008*. Ann Arbor, Michigan: Association for Asian Studies, Inc.,"Asia Past & Present: New Research from AAS" series, No.4, 2010.

L

Lafortune, s.j. Édouard. *Canadiens en Chine : Croquis du Siutcheoufou. Mission des Jésuites du Canada*, Montréal, L' Action Paroissiale, 1930.

Lai, David Chuenyan. *Chinatowns: Towns within Cities in Canada*. Vancouver: University of British Columbia Press, 1988.

Langlais, Jacques. *Les Jésuites du Québec en Chine 1819—1955*, Québec, PUL, 1979.

Lee, Bennett & Jim-wong Chu eds. *Many-mouthed Birds: Contemporary Writing by Chinese Canadians*. Vancouver: Doughlas & McIntyre; Seattle: University of Washington Press, 1991.

Leung, Laifong. *Morning Sun: Interviews with Writers of the Lost Generation*. Armonk: M.E. Sharpe, 1994.

Li, Peter S. *The Chinese in Canada*. Toronto: Oxford Unversity Press Canada.1988.

M

Ma, Ching. *Chinese Pioneers*. Vancouver: Versatile Publishing Company Ltd., 1979.

MacGillivray, D. (Donald). *A Century of Protestant Missions in China 1807—1907,*Being the Centenary Conference Historical Volume. Shanghai: the American Presbyterian Mission Press,1907.

N

Ng, Maria and Philip Holden ed. *Reading Chinese Transnationalism: Society, Literature, Film.* Hong Kong University Press, 2006.

Ng, Tung-king. *The University of British Columbia Chinese Literary Collection: A Report, Pacific Affairs,* Vol.50, No.3 (Fall 1977), pp. 473—485.

Noël, Francine. *Maryse*, Montréal，VLB，1983.

P

Pan, Lynn ed. *Encyclopedia of the Chinese Overseas.* Cambridge,MA: Harvard UP, 1995.

Pulleyblank, E.G., *William L. Holland's Contribution to Asian Studies in Canada and at the University of BritishColumbia*, Pacific Affairs, Vol.52, No.4（Winter，1979—1980）, pp. 591—594.

Q

Quan, Andy & Jim-wong Chu eds. *Swallowing Clouds: An Anthology of Chinese Canadian Poetry.* Vancouver: Arsenal Pulp Press, 1999.

R

Report of the Royal Commission on Chinese Immigration. Ottawa: Order of the Commission, 1885.

Rijnhart, Susie Carson. *With the Tibetans in Tent and Temple: Narrative of Four Years of Residence on the Tibetan Border, and of a Journey into the Far Interior.* Chicago, Toronto: F.H. Revell, 1901.

Ronning, Chester. *A Memoir of China in Revolution-From the Boxer Rebellion to the People's Republic.* New York: Pantheon Books, 1974.

Ronning to SSEA (Secretary of State of External Affairs), June 16, 1950. DEA 550055-B-40. Report of the Royal Commission Appointed to Inquire into the Methods by which Oriental Laborers Have

编后记

随师兄去府上拜访钱林森教授，满怀激动与期望，已是九年前的事了。那天讨论的出版项目，占去此后我编辑生涯的主要时光，筹划项目、联系作者、一次又一次的编写会，断断续续地收稿、改稿，九年就这样在焦急的等待、繁忙的工作中过去了，而九年，是一位寿者生命时光的十分之一，是我编辑生涯中最美好的日子……每每想到这里，心中总难免暗惊。人一生有多长，能做多少事，什么是值得投入一生最好时光的事业？付诸漫长时光与巨大努力的工作，一旦完成，最好的报偿是什么呢？这些问题困扰着我，只是到了最后这段日子，我才平静下来。或许这些困惑都是矫情，尽心尽力、无怨无悔地做完一件事，就足够了。不求有功，但求告慰自己。

《中外文学交流史》17卷终于完成，钱老师、周老师和各卷作者们付出了巨大的努力，我心怀感激。在这九年里，有的作者不幸故去，有的作者中途退出，但更多的朋友加入进来。吕同六先生原来负责主持意大利卷，工作开始不久不幸去世。我们深深地怀念吕同六先生，他的故去不仅是中国学术界的巨大损失，也是我们这套丛书的损失。张西平先生慷慨地接替了吕先生的工作，意大利卷终于圆满完成。朝韩卷也颇多波折，起初是北大韩振乾先生承担此卷的著述，后来韩先生不幸故去，刘顺利先生加入我们。刘顺利先生按自己的学术思路，一切从头开始，多年的积累使他举重若轻，如期完成这本皇皇巨著。还有北欧卷，我们请来了瑞典的陈迈平（万之）先生，后来陈先生因为心脏手术等原因而无力承担此卷撰著。叶隽先生知难而上。期间种种，像叶隽所说，"使我们更加坚信道义的力量、人的情感和高山流水的声音"。李明滨、赵振江、郅溥浩、郁龙余、王晓平、梁丽芳、朱徽先生都是学养深厚的前辈，他们加入这个团队并完成自己的著作，为这套丛书奠定了坚实的学术基础，也提高了丛书的品位。卫茂平、丁超、宋炳辉、姚风、查晓燕、葛桂录、马佳、郭惠芬、贺昌盛先生正值盛年，且身当要职，还在百忙之中坚持写作，使这套丛书在研究的问题与方法上具备了最前沿的学术品质。齐宏伟、杜心源、周云龙都是风头正健的学界新秀，在他们的著述中，我们看到了中外文学关系史研究的美好前景。

这套书是个集体项目，具有一般集体项目的优势与劣势，成就固然令人欣喜，缺憾也引人羞愧。当然，最让人感到骄傲与欣慰的是，这套书自始至终得到比较文学界前辈的关心与指导，乐黛云教授、严绍璗教授、饶芃子教授在丛书启动时便致信编委会，提出中肯的指导意见，以后仍不断关心丛书的进展。2005 年丛书启动即被列入"十一五"国家重点图书出版规划项目，2012 年，本套丛书获得国家出版基金资助，这既为丛书的出版提供了保障，我们更认为这是对我们这个项目出版价值的高度肯定，是一种极高的荣誉，因此我们由衷地喜悦，并充满感激。

丛书是一个浩大的学术工程，也得到了我们历任领导的高度重视和大力支持。2005 年策划启动时，还没有现今各种文化资助的政策，出版这套丛书需要胆识和气魄。社领导参与了我们的数次编写会，他们的睿智敬业以及作为山东人的豪爽诚挚给我们的作者留下了深刻的印象。丛书编校任务繁琐而沉重，周红心、钱锋、于增强、孙金栋、王金洲、杜聪、刘丛、尹攀登、左娜诸位编辑同仁投入了巨大热情和精力，承担了部分卷次的编校工作，周红心协助我做了许多细致的工作，保证了丛书项目如期完成。

感谢书籍装帧设计师王承利老师，将他的书籍装帧理念倾注到这套丛书上。王老师精心打磨每一个细节，从封面到版式，从工艺到纸张，认真研究反复比较，最终将传统与现代、中国与世界、文学与学术和书籍之美完美地融合在一起。丛书设计独具匠心而又恰如其分。

《中外文学交流史》17 卷在历经艰辛与坎坷之后，终得圆满，为此钱老师、周老师付出了巨大的努力。钱老师作为项目的发起人、主持人，自然功德无量，仅他为此项目给各位老师作者发的电子邮件，连缀起来，就快成一本书了。2007 年在济南会议上，钱老师邀请周老师与他联袂主编，从此周老师分担了许多审稿、统稿的事务性工作。师兄葛桂录教授的贡献是独特而不可替代的，没有他的牵线，便没有我们与钱老师、周老师的合作，这套丛书便无缘发生。

大家都是有缘人，聚在一起做一件事，缘起而聚、缘尽而散，聚散之间，留下这套书，作为事业与友情的纪念，亦算作人生一大幸事。在中国比较文学学术史上，在中国出版史上，这套书可能无足轻重，但在我自己的职业生涯中，它至关重要。它寄托着我的职业理想，甚至让我怀念起 20 多年前我在山东大学的学业，那时候我对比较文学的憧憬仍是纯粹而美好的，甚至有些敬畏。能够从事自己志业的人是幸福的，我虽然没有从事比较文学研究，但有幸从事比较文学著作的出版，也算是自己的志业。此刻，我庆幸自己是个有福的人！

祝　丽

图书在版编目（CIP）数据

中外文学交流史．中国-加拿大卷 / 梁丽芳，马佳主编．--济南：山东教育出版社，2014
ISBN 978-7-5328-8562-6

Ⅰ.①中… Ⅱ.①梁…②马… Ⅲ.①文学—文化交流—文化史—中国、加拿大 Ⅳ.① I109

中国版本图书馆 CIP 数据核字 (2014) 第 198018 号

中外文学交流史 中国-加拿大卷

钱林森　周宁　主编
梁丽芳　马佳　主编 / 梁丽芳　马佳　张裕禾　蒲雅竹　著

总　策　划：祝　丽
责任编辑：祝　丽　尹攀登
装帧设计：王承利

主　管：山东出版传媒股份有限公司
出版者：山东教育出版社
　　　　（济南市纬一路 321 号　邮编：250001）
电　话：(0531) 82092664　传真：(0531) 82092625
网　址：http://www.sjs.com.cn
发行者：山东教育出版社
印　刷：济南大邦印务有限公司
版　次：2015 年 12 月第 1 版第 1 次印刷
规　格：787mm×1092mm　16 开本
印　张：31.5 印张
字　数：576 千字
书　号：ISBN　978-7-5328-8562-6
定　价：98.00 元

（如印装质量有问题，请与印刷厂联系调换）　印厂电话：400-0531-118